आर. गुप्ता® कृत

पॉपुलर मास्टर गाइड

हिमाचल प्रदेश पुलिस

कांस्टेबल

भर्ती परीक्षा

- परीक्षा की आधुनिक पद्धति एवं नवीनतम पाठ्क्रमानुसार
- विशेषज्ञों द्वारा रचित उत्कृष्ट अध्ययन सामग्री एवं वस्तुनिष्ठ प्रश्नोत्तर

2027
EDITION

रमेश पब्लिशिंग हाउस, नई दिल्ली

प्रकाशक

ओ॰पी॰ गुप्ता, **रमेश पब्लिशिंग हाउस**

प्रशासनिक कार्यालय

12-H, न्यू दरियागंज रोड, आफिसर्स मेस के सामने,

नई दिल्ली-110002 ✆ 23275224, 23245124

E-mail: info@rameshpublishinghouse.com

For Online Shopping: www.rameshpublishinghouse.com

विक्रय केन्द्र

• बालाजी मार्किट, नई सड़क, दिल्ली-110006 ✆ 23282525 📱 9354373464

• 4457, नई सड़क, दिल्ली-110006

Book Code: R-1804

ISBN: 978-93-5012-774-2

मूल्यः ₹ 380

मुद्रकः दीपक ऑफसैट, दिल्ली

अनुक्रमणिका

पिछले प्रश्न-पत्र

हिमाचल प्रदेश पुलिस कांस्टेबल

भर्ती परीक्षा, 2025

(Exam held on 15-06-2025)

1. 'गुरु गुड़ ही रहे, चेले शक्कर'– लोकोक्ति का अर्थ है:

A. गुरु चेले से आगे बढ़ गए।

B. चेला गुरु से भी आगे बढ़ गया।

C. चेले का व्यवहार गुरु से भी मधुर हो गया।

D. गुरु का व्यवहार यथावत् रह गया।

2. मुझे साँप से बहुत डर लगता है। रेखांकित पद संज्ञा का प्रकार है:

A. व्यक्तिवाचक B. भाववाचक

C. जातिवाचक D. द्रव्यवाचक

3. मैं घर जाकर पढ़ लिया करता हूँ। इस वाक्य में मुख्य क्रिया है:

A. जाकर B. पढ़

C. लिया D. करता हूँ

4. एक तुम ही थे जिस पर मैं भरोसा कर सकता था। रेखांकित पद अव्यय का प्रकार है:

A. निषेधार्थक निपात B. बलदायक निपात

C. समुच्चयबोधक D. संबंधबोधक

5. किस शब्द में संयुक्त स्वर का प्रयोग नहीं हुआ है?

A. एकड़ B. ओषधि

C. अंगद D. औघड़

6. मैं इस समय कुछ कहना-सुनना नहीं चाहता। इस वाक्य में मुख्य क्रिया है:

A. कहना B. सुनना

C. कहना-सुनना D. चाहता

7. 'पक्षी' शब्द का सही पर्यायवाची चुनिए:

A. रात्रिचर B. नभचर

C. दिनकर D. पयोधर

8. सही विलोम चुनिए:

A. अपेक्षा – उपेक्षा B. एक – दो

C. शीत – शीतोष्ण D. सामिश्र – असमिश्र

9. 'सोना, धतूरा, गेहूँ' का अनेकार्थी शब्द बताइये:

A. खग B. आली

C. कर D. कनक

10. 'मोर नाचता है' वाक्य में कौन-सी क्रिया प्रयुक्त हुई है?

A. क्रिया विशेषण B. अकर्मक क्रिया

C. सकर्मक क्रिया D. इनमें से कोई नहीं

11. 'अपने पांव पर खड़े होना' मुहावरे का सही अर्थ चुनिए:

A. एक पैर पर खड़ा होना

B. स्वार्थ सिद्ध करना

C. आत्मनिर्भर होना

D. इनमें से कोई नहीं

12. 'हाथ कंगन को आरसी क्या' लोकोक्ति का सही अर्थ चुनिए:

A. स्वयं अयोग्य होना, दोष दूसरों को देना

B. प्रत्यक्ष को प्रमाण की आवश्यकता नहीं

C. सामर्थ्य के अनुसार कार्य करना चाहिए

D. परिश्रम अधिक, फल कम

1. B	2. B	3. B	4. B	5. C	6. D	7. B	8. A	9. D	10. B	11. C	12. B

13. भाषा की लघुतम इकाई चुनिए :

A. ध्वनि B. स्वर
C. व्यंजन D. वर्ण

14. 'चाँद' का एकार्थी शब्द चुनिए:

A. मयंक B. अनुपम
C. बटोही D. भुजंग

15. जो शब्द लिंग, वचन, कारक, काल, पुरुष के कारण परिवर्तित नहीं होते हैं, उन्हें क्या कहते हैं?

A. विशेषण B. समास
C. विकारी शब्द D. अव्यय

16. हिन्दी में कितने स्वर हैं?

A. 9 B. 7
C. 8 D. 11

17. समुच्चयबोधक अव्यय के कितने भेद हैं?

A. दो B. तीन
C. चार D. पाँच

18. 'हार मान लेना' के लिए कौन-सा मुहावरा प्रयुक्त होगा?

A. गले पड़ना B. कलेजा फटना
C. घुटने टेकना D. जान पर खेलना

19. निम्नलिखित में से विशेषण छाँटिए:

A. मूर्धन्य B. यज्ञ
C. सत्य D. मधु

20. सोना-चाँदी शब्द किस प्रकार की संज्ञा है?

A. व्यक्तिवाचक B. भाववाचक
C. द्रव्यवाचक D. समूहवाचक

21. एक समलम्ब चतुर्भुज का क्षेत्रफल 105 cm^2 है तथा इसकी ऊँचाई 7 cm है। यदि समांतर भुजाओं में से एक भुजा दूसरी भुजा से 6 cm लंबी है, तो समांतर भुजाओं का योग क्या होगा?

A. 25 B. 30
C. 35 D. 40

22. यदि एक घन मीटर बर्फ का भार 720 kg है, तो 50 cm लंबाई वाले बर्फ के घनाकार ब्लॉक का भार क्या होगा?

A. 75 B. 80
C. 85 D. 90

23. एक दुकानदार अपने ग्राहकों को 10% की छूट देता है और फिर भी एक उत्पाद पर 20% का लाभ कमाता है। यदि उत्पाद का क्रय मूल्य ₹ 450 है, तो अंकित मूल्य है:

A. 500 B. 540
C. 600 D. 640

24. a, b, c, d और e का माध्य 28 है। यदि a, c और e का माध्य 24 है, तो b और d का माध्य क्या है?

A. 31 B. 32
C. 33 D. 34

25. एक क्रिकेट मैच में, एक बल्लेबाज ने 42 गेदों में से 8 बार चौका मारा। इस बात की संभावना है कि उसने चौका नहीं मारा, है:

A. $\frac{4}{21}$ B. $\frac{7}{21}$
C. $\frac{12}{21}$ D. $\frac{17}{21}$

26. किसी डेटा का arithmetic mean और mode 24 और 12 हैं, तो इसका median क्या है?

A. 18 B. 20
C. 22 D. 25

27. मीना अपने एक्वेरियम के लिए एक दुकान से एक मछली खरीदती है। दुकानदार 5 नर मछलियों और 7 मादा मछलियों वाले एक टैंक से यादृच्छिक रूप से एक मछली निकालता है। निकाली गई मछली के मादा मछली होने की संभावना है:

A. $\frac{2}{12}$ B. $\frac{5}{12}$
C. $\frac{6}{12}$ D. $\frac{7}{12}$

13. D	14. A	15. D	16. D	17. A	18. C	19. A	20. C
21. B	22. D	23. C	24. D	25. D	26. B	27. D	

28. यदि किसी समकोण त्रिभुज के दो न्यून कोण बराबर हों, तो प्रत्येक न्यून कोण होगा:

A. 30°　　B. 45°
C. 60°　　D. 90°

29. एक बस पहले 100 किमी की यात्रा 100 किमी/घंटा की गति से करती है। यह अगले 150 किमी की यात्रा 90 किमी/घंटा की गति से करती है। बस की औसत गति क्या है?

A. 93.75　　B. 113.25
C. 115.50　　D. 117.75

30. $\frac{p}{q}$ के रूप में संख्या $0.00\overline{273}$ क्या है, जहाँ p और q पूर्णांक हैं, और $q \neq 0$ है?

A. $\frac{261}{99000}$　　B. $\frac{271}{99000}$
C. $\frac{281}{99000}$　　D. $\frac{291}{99000}$

31. दशमलव रूप में $\frac{65}{16}$ बराबर होता है:

A. 4.0625　　B. 4.0725
C. 4.0655　　D. 4.0175

32. एक घनाभ की लंबाई, चौड़ाई और ऊँचाई का योग 20 सेमी है और इसके विकर्ण की लंबाई 10 सेमी है। घनाभ का पृष्ठीय क्षेत्रफल है:

A. 280　　B. 300
C. 320　　D. 340

33. 88 सेमी (लंबाई) और 28 सेमी (चौड़ाई) वाली एक आयताकार कागज की शीट को इसकी लंबाई के अनुरूप घुमाया जाता है और एक बेलनाकार आकृति बनाई जाती है। बेलन की त्रिज्या है:

A. 11　　B. 14
C. 16　　D. 22

34. एक दुकानदार अपने ग्राहकों को 20% की छूट देता है और फिर भी एक उत्पाद पर 10% का लाभ कमाता है। यदि उत्पाद का क्रय मूल्य ₹ 500 है, तो अंकित मूल्य है:

A. 683.5　　B. 685.5
C. 687.5　　D. 689.5

35. यदि किसी डेटा के बहुलक और माध्यिका 24 है, तो माध्यिका और माध्य का अंतर क्या है?

A. 8　　B. 12
C. 24　　D. 36

36. किसी त्रिभुज का एक बाह्य कोण 100° के बराबर है तथा दो आंतरिक सम्मुख कोण बराबर हैं, तो इनमें से प्रत्येक कोण बराबर है:

A. 40°　　B. 50°
C. 75°　　D. 80°

37. $\sqrt{2}$ और $\sqrt{3}$ के बीच परिमेय संख्या है:

A. 1.5　　B. 1.8
C. $\frac{\sqrt{2}+\sqrt{3}}{2}$　　D. $\frac{\sqrt{2}\times\sqrt{3}}{2}$

38. $32^{\frac{2}{5}}$ का मान है:

A. 4　　B. 6
C. 8　　D. 16

39. 10 सेमी तिर्यक ऊँचाई और 7 सेमी. आधार वाले एक लंबवृत्तीय शंकु का वक्र पृष्ठीय क्षेत्रफल होगा:

A. 220 सेमी^{2}　　B. 240 सेमी^{2}
C. 260 सेमी^{2}　　D. 280 सेमी^{2}

40. $4\frac{1}{8}$ का दशांश रूप है:

A. 4.115　　B. 4.125
C. 4.135　　D. 4.145

28. B	**29.** A	**30.** B	**31.** A	**32.** B	**33.** B	**34.** C
35. B	**36.** B	**37.** A	**38.** A	**39.** A	**40.** B	

41. शृंखला में गलत संख्या ज्ञात कीजिये:

3, 8, 15, 24, 34, 48, 63

A. 8 B. 24
C. 34 D. 63

42. दी गई अक्षरों की शृंखला में कितने T के पहले और बाद में T हैं?

PTPTTPPTPTPPPTTPTPTTPPPT

A. शून्य B. एक
C. दो D. तीन

43. A से D तक की छवियों में से कौन-सी अनुक्रम में अगली है?

A. 

B. 

C. 

D. 

44. एक मछलीघर में 17 सुनहरी मछलियाँ हैं। आठ को छोड़कर सभी मर गई। मछलीघर में अब कितनी सुनहरी मछलियाँ बची हैं?

A. 0 B. 8
C. 9 D. 17

45. एक लड़के की ओर इशारा करते हुए मीना ने कहा, "वह मेरे दादा के इकलौते बेटे का बेटा है"। लड़का मीना से किस प्रकार संबंधित है?

A. चाचा B. भाई
C. चचेरा भाई D. इनमें से कोई नहीं

46. यदि आज बुधवार है, तो 56 दिन बाद कौन-सा दिन होगा?

A. बुधवार B. गुरुवार
C. शुक्रवार D. शनिवार

47. दी गई आकृति में कितने घन हैं?

A. 6 B. 8
C. 10 D. 12

48. A ने B का परिचय अपने पिता की पत्नी के इकलौते भाई के पुत्र के रूप में कराया। A का B से क्या रिश्ता है?

A. चचेरा भाई B. पुत्र
C. भाई D. चाचा

49. दिये गये विकल्पों में से संबंधित शब्द छाँटिये:

मेडिसिन : रोगी; शिक्षा : ?

A. अध्यापक B. स्कूल
C. विद्यार्थी D. ट्यूशन

50. किसी निश्चित कोड भाषा में "TIRED" को "56" लिखा जाता है और "BRAIN" को "44" लिखा जाता है। उसी कोड भाषा में "LAZY" को कैसे लिखा जायेगा?

A. 43 B. 58
C. 61 D. 64

51. Mercury Thermometer का आविष्कार किसने किया है?

A. डैनियल गैब्रियल फाहरेनहाइट
B. मैरी क्यूरी
C. सर आइजैक न्यूटन
D. पियरे क्यूरी

52. जिस भारत के नगर में प्रथम राष्ट्रीय डिजाइन संस्थान स्थापित किया गया, उसकी पहचान निम्नलिखित में से कीजिए:

A. मुंबई B. अहमदाबाद
C. बेंगलुरु D. कोलकाता

41. C	**42.** A	**43.** A	**44.** B	**45.** B	**46.** A
47. C	**48.** A	**49.** C	**50.** D	**51.** A	**52.** B

53. नाटो (NATO) का मुख्यालय कहाँ है?

A. बर्लिन B. पेरिस
C. एथेन्स D. ब्रूसेल्स

54. 'कुलूत देश की कहानी' नामक पुस्तक के लेखक की पहचान निम्नलिखित से कीजिए:

A. लाल चंद प्रार्थी B. विद्या स्टोक्स
C. सुनील दत्त गौतम D. शांता कुमार

55. अन्तर्राष्ट्रीय योग दिवस की तिथि की पहचान कीजिए:

A. 10 जलाई B. 21 जून
C. 25 जुलाई D. 15 जून

56. IMF का पूर्ण रूप है?

A. International Money Fund
B. Indian Monetary Fund
C. Irani Military Force
D. International Monetary Fund

57. हिमाचल प्रदेश के किस निम्नलिखित जिले में कुमारवाह झील स्थित है?

A. मंडी B. चंबा
C. कुल्लू D. कांगड़ा

58. हिमाचल प्रदेश का कौन-सा निम्नलिखित दर्रा सबसे अधिक ऊँचाई पर है?

A. तलांग B. सिंगूर
C. वारू D. कुगती

59. हिमाचल प्रदेश में निम्नलिखित किस महीने मिंजर का मेला होता है?

A. जून B. अगस्त
C. जुलाई D. सितम्बर

60. निम्न में से किस नियम ने 'इंडियन पेनल कोड (आई. पी.सी.) को प्रतिस्थापित किया है?

A. बी.एन.एस (भारतीय न्याय संहिता)
B. बी.एन.एस.एस. (भारतीय नागरिक सुरक्षा संहिता)
C. बी.एस.ए. (भारतीय साक्ष्य अधिनियम)
D. बी.एस.एन. (भारतीय सुरक्षा नियम)

61. निम्न में से कौन-सा देश 'एशियन पुरुष हॉकी चैम्पियनशिप-2024' का विजेता रहा है?

A. चीन B. भारत
C. जापान D. दक्षिण कोरिया

62. हिमाचल प्रदेश में निम्नलिखित में से कौन-सी नदी जल की मात्रा के संदर्भ में सबसे बड़ी नदी है?

A. व्यास B. चिनाब
C. सतलज D. रावी

63. 'यूनेस्को' का मुख्यालय कहाँ पर स्थित है?

A. जेनेवा B. नई दिल्ली
C. पेरिस D. बर्लिन

64. 'वंदे मातरम्' निम्न में से किस पुस्तक का हिस्सा है?

A. गीतांजलि B. आनन्दमठ
C. भगवत गीता D. भारत भारती

65. निम्नलिखित में से किसे ज्ञानपीठ पुरस्कार-2023 से सम्मानित किया गया?

A. रामभद्राचार्य B. गौरव पांडे
C. देवेन्द्र कुमार D. नंदिनी सेन गुप्ता

66. अपनी वास्तुकला और महंगे सामानों की खरीदारी के लिए प्रसिद्ध संयुक्त अरब अमीरात की राजधानी कौन-सी है?

A. अल ऐन B. आबू धाबी
C. दुबई D. शारजाह

67. कृषि लीडरशीप पुरस्कार 2024 में निम्न में से किस राज्य को 'बागवानी में सर्वश्रेष्ठ राज्य-2024' पुरस्कार से पुरस्कृत किया गया?

A. नगालैंड B. हिमाचल प्रदेश
C. महाराष्ट्र D. जम्मू और कश्मीर

53. D	**54.** A	**55.** B	**56.** D	**57.** A, D	**58.** D	**59.** B, C	**60.** A
61. B	**62.** B	**63.** C	**64.** B	**65.** A	**66.** B	**67.** A	

68. निम्न में से कौन-सा मठ स्पिति का सबसे बड़ा मठ है?

A. ताबो B. ल्हा कुन
C. गेमूर D. की

69. हिमाचल प्रदेश के निम्न में से किस जिले में 'राष्ट्रीय गोकुल मिशन' के तहत एक 'उत्कृष्ट केंद्र' स्थापित किया जाना है?

A. कांगड़ा B. सिरमौर
C. बिलासपुर D. ऊना

70. नेताजी सुभाष चंद्र राष्ट्रीय खेल संस्थान निम्न में से किस स्थान पर स्थित है?

A. कोलकाता B. पटियाला
C. बेंगलुरू D. अहमदाबाद

71. You should not _____ the worst.

A. assumed B. assuming
C. assume D. assumes

72. The teacher said, 'Be honest' (Direct to Indirect speech)

A. The teacher ordered me to be honest.
B. The teacher advised me to be honest.
C. The teacher said to be honest.
D. The teacher asked to be honest.

73. "The police arrested the thief." (Active to Passive voice)

A. The thief is arrested by the police.
B. The thief has been arrested by the police.
C. The thief was arrested by the police.
D. The thief will be arrested by the police.

74. Find the incorrect sentence:

A. The sun rises in the east.
B. She goes to school everyday.
C. They are go to the market now.
D. We have completed our homework.

75. He is _____ best player in our team.

A. a B. an
C. the D. no article

76. She has only a _____ time left before the exam.

A. many B. little
C. few D. more

77. This book is mine, but that one is _____.

A. her B. she
C. theirs D. they

78. By the next month, we shall _____, the project.

A. has completed B. completing
C. completed D. have completed

79. She said, "Do you like ice cream?" (Direct to Indirect speech)

A. She said if I like ice cream.
B. She asked if I liked ice cream.
C. She asked that I liked ice cream.
D. She asked if I like ice creams.

80. He said, "May God bless you!" (Direct to Indirect speech)

A. He prayed that God might bless me.
B. He said that God may bless me.
C. He told that God will bless me.
D. He wished that God could bless me.

81. "Open the door!" (Active to Passive voice)

A. The door is opened.
B. Let the door be opened.
C. The door was opened.
D. The door has been opened.

82. "She must complete this work by Monday." (Active to Passive voice)

A. This work must be completed by her by Monday.
B. This work should be completed by her by Monday.
C. This work will be completed by her by Monday.
D. This work has to be completed by her by Monday.

68. D	**69.** D	**70.** B	**71.** C	**72.** B	**73.** C	**74.** C	**75.** C
76. B	**77.** C	**78.** D	**79.** B	**80.** A	**81.** B	**82.** A	

83. Identify the incorrect sentence:
A. We are listening to music.
B. They was going to school.
C. She has completed her work.
D. He is learning French.

84. Would you like _____ sugar in your tea?
A. some B. any
C. much D. few

85. They _____ a new car last week.
A. buy B. buys
C. bought D. buying

86. This is an _____ book.
A. interesting B. quickly
C. sadly D. slowly

87. From the choices given below, pick out the correct one to complete the following sentence:
We would like to inform you _____.
A. that you have been selected for the job
B. that you will have been selected for the job.
C. that you had been selected for the job.
D. that you are been selected for the job.

88. Pick out the rightly spelt word:
A. Allowence B. Accuracy
C. Occurrance D. Commitee

89. Pick out the correct sentence among the following:
A. I have lived here for ten years.
B. I have been living here since ten years.
C. I am living here since 2014.
D. I am living here for ten years.

90. Fill in the blank in the given sentence:
Rising prices are _____ universal phenomenon.
A. an B. the
C. a D. None of these

व्याख्यात्मक उत्तर

1. 'गुरु गुड़ ही रहे, चेले शक्कर' का भाव यह है कि गुरु तो जैसे-का-तैसा (गुड़) रहा, लेकिन चेला उससे भी अधिक श्रेष्ठ/उन्नत (शक्कर) हो गया। यहाँ तुलना मिठास के माध्यम से "शिष्य का गुरु से आगे निकल जाना" दिखाती है, इसलिए विकल्प (B) सही है।

2. वाक्य "मुझे साँप से बहुत डर लगता है।" में रेखांकित पद 'डर' है। 'डर' मन की एक अवस्था/भाव को व्यक्त करता है। जो संज्ञा किसी भाव, अवस्था, गुण या अनुभूति का बोध कराए, उसे भाववाचक संज्ञा कहते हैं। यद्यपि 'साँप' जातिवाचक संज्ञा है, परंतु यहाँ प्रश्न में रेखांकित पद 'डर' होने के कारण सही उत्तर भाववाचक संज्ञा (विकल्प B) ही है।

3. वाक्य "मैं घर जाकर पढ़ लिया करता हूँ" में 'जाकर' क्रिया का अव्यय/क्रियाविशेषणात्मक रूप है (मुख्य क्रिया नहीं)। 'करता हूँ' आदतन/नियमितता बताने वाली सहायक क्रिया है और 'लिया' पूर्णता/समापन का भाव जोड़ता है, जबकि वास्तविक कार्य "पढ़" है; इसलिए मुख्य क्रिया 'पढ़' (विकल्प B) है।

4. इस वाक्य में रेखांकित पद "ही" (एक तुम ही थे) जोर देकर विशेष रूप से "केवल तुम" का अर्थ स्पष्ट करता है। जो अव्यय वाक्य में बल/जोर/निश्चय बढ़ाए, वह बलदायक निपात कहलाता है; इसलिए विकल्प (B) सही है।

5. संयुक्त स्वर (ए, ऐ, ओ, औ) का प्रयोग जिन शब्दों में होता है, उनमें ये स्वर आते हैं—जैसे "एकड़" में 'ए', "ओषधि" में 'ओ', "औघड़" में 'औ'। "अंगद" में इनमें से कोई संयुक्त स्वर नहीं है, इसलिए विकल्प (C) सही है।

6. वाक्य "मैं इस समय कुछ कहना-सुनना नहीं चाहता" में वास्तविक क्रिया 'चाहना' है, जो इच्छा या अभिलाषा प्रकट करती है। 'कहना' और 'सुनना' यहाँ क्रियार्थक संज्ञा के रूप में प्रयुक्त हैं और 'नहीं चाहता' के आश्रित हैं, इसलिए मुख्य क्रिया 'चाहता' है।

7. 'पक्षी' वह प्राणी है जो आकाश में उड़ता है। 'नभ' का अर्थ आकाश और 'चर' का अर्थ चलने वाला होता है, इसलिए 'नभचर' पक्षी का सही पर्यायवाची है। अन्य विकल्प या तो असंबंधित हैं या भिन्न अर्थ रखते हैं।

83. B	84. A	85. C	86. A	87. A	88. B	89. A	90. C

8. 'अपेक्षा' का अर्थ है इच्छा, चाह या आवश्यकता, जबकि 'उपेक्षा' का अर्थ है अनदेखा करना, तिरस्कार करना। अर्थ की दृष्टि से ये दोनों शब्द एक-दूसरे के स्पष्ट और स्वीकृत विलोम हैं।

अन्य विकल्प सही विलोम युग्म नहीं बनाते–

'एक' का विलोम 'दो' नहीं बल्कि 'अनेक' होता है;

'शीत' का विलोम 'उष्ण' होता है, न कि 'शीतोष्ण';

और 'सामिश्र' का अर्थ मिला-जुला होता है, जिसका विलोम 'असमिश्र' शब्दकोशीय रूप से मान्य नहीं है (सामिश का विलोम निरामिष होता है, जो भिन्न संदर्भ का शब्द है)।

9. 'सोना' (धातु), 'धतूरा' (एक पौधा) और 'गेहूँ'–तीनों के लिए 'कनक' शब्द प्रयुक्त होता है। इसी कारण 'कनक' एक अनेकार्थी शब्द है, जो संदर्भ के अनुसार अलग-अलग अर्थ देता है।

10. वाक्य "मोर नाचता है" में क्रिया 'नाचता है' का कोई कर्म नहीं है, अर्थात् क्रिया का प्रभाव किसी वस्तु पर नहीं पड़ता। जो क्रिया बिना कर्म के पूरी हो जाए, वह अकर्मक क्रिया कहलाती है; इसलिए सही उत्तर विकल्प (B) है।

11. 'अपने पांव पर खड़े होना' मुहावरे का भावार्थ किसी दूसरे पर निर्भर न रहकर स्वयं अपनी आजीविका, निर्णय और जीवन का संचालन करने की क्षमता प्राप्त करना है। इसका शाब्दिक अर्थ एक पैर पर खड़े होना नहीं होता, बल्कि सामाजिक-आर्थिक स्वतंत्रता और स्वावलंबन को व्यक्त करता है, इसलिए विकल्प (C) पूर्णतः सही है।

12. 'हाथ कंगन को आरसी क्या' लोकोक्ति का अर्थ है कि जो बात प्रत्यक्ष रूप से सामने हो, उसके लिए अलग से प्रमाण या साक्ष्य की जरूरत नहीं होती। जैसे हाथ में कंगन हो तो उसे देखने के लिए दर्पण नहीं चाहिए, उसी प्रकार स्पष्ट सत्य को सिद्ध करने की आवश्यकता नहीं होती; अतः विकल्प (B) सही है।

13. भाषा की लघुतम इकाई वर्ण होती है, क्योंकि वर्ण भाषा का वह सबसे छोटा अविभाज्य तत्व है जिसे और छोटे भागों में विभाजित नहीं किया जा सकता। भाषा का लेखन और संरचना वर्णों पर ही आधारित होती है।

ध्वनि भाषा की मूल श्रव्य इकाई अवश्य है, लेकिन व्याकरण की दृष्टि से वह अमूर्त (abstract) होती है, जबकि वर्ण ध्वनियों का लिखित और निश्चित रूप है। स्वर और व्यंजन, दोनों ही वर्ण के प्रकार हैं, स्वतंत्र इकाइयाँ नहीं।

भारतीय व्याकरण परंपरा में, विशेषकर पाणिनि जैसे आचार्यों ने भी वर्ण को ही भाषा की मूल एवं लघुतम इकाई के रूप में स्वीकार किया है।

14. 'चाँद' का एकार्थी (पर्यायवाची) शब्द 'मयंक' है, जो केवल चंद्रमा के अर्थ में ही प्रयुक्त होता है। अन्य विकल्पों के अर्थ भिन्न हैं–अनुपम (श्रेष्ठ), बटोही (पथिक), भुजंग (साँप)–इसलिए सही उत्तर विकल्प (A) है।

15. जो शब्द लिंग, वचन, कारक, काल और पुरुष के कारण अपने रूप में कोई परिवर्तन नहीं करते, उन्हें अव्यय कहा जाता है। जैसे–ही, भी, और, नहीं आदि। ये सदैव अपरिवर्तित रहते हैं, इसलिए विकल्प (D) पूर्णतः सही है।

16. हिंदी वर्णमाला में मुख्य स्वर कुल 11 माने जाते हैं– अ, आ, इ, ई, उ, ऊ, ऋ, ए, ऐ, ओ, औ।

'अं' (अनुस्वार) और 'अः' (विसर्ग) को अयोगवाह कहा जाता है। ये स्वर के सहायक चिह्न हैं, मुख्य स्वर नहीं, इसलिए स्वरों की मानक गणना में इन्हें शामिल नहीं किया जाता।

इसी कारण परीक्षाओं और पाठ्यपुस्तकों में हिंदी के स्वरों की संख्या 11 मानी जाती है।

17. समुच्चयबोधक अव्यय के सामान्यतः दो भेद माने जाते हैं–समन्वयबोधक (जैसेः और, तथा) तथा विरोधबोधक (जैसेः लेकिन, परंतु)। अतः विकल्प (A) सही है।

18. 'हार मान लेना' की स्थिति में व्यक्ति प्रतिरोध छोड़ देता है और पराजय स्वीकार कर लेता है। इस भाव को व्यक्त करने वाला मुहावरा 'घुटने टेकना' है, इसलिए विकल्प (C) पूर्णतः उपयुक्त है।

19. 'मूर्धन्य' शब्द किसी संज्ञा की विशेषता बताता है, जैसे–मूर्धन्य विद्वान। अतः यह विशेषण है। अन्य विकल्प या तो संज्ञा हैं या स्वतंत्र अर्थ वाले शब्द हैं, इसलिए सही उत्तर विकल्प (A) है।

20. 'सोना-चाँदी' भौतिक पदार्थों/धातुओं के नाम हैं, जिनका प्रयोग द्रव्य के रूप में होता है। इस प्रकार की संज्ञा द्रव्यवाचक कहलाती है, इसलिए विकल्प (C) सही है।

21. समलंब का क्षेत्रफल ज्ञात करने का सूत्र होता है:

$$\text{क्षेत्रफल} = \frac{1}{2} \times (\text{समानांतर भुजाओं का योग}) \times \text{ऊँचाई}$$

दिया गया है:

$$\text{क्षेत्रफल} = 105 \text{ सेमी}^2$$

$$\text{ऊँचाई} = 7 \text{ सेमी}$$

सूत्र में मान रखने पर:

$105 = \frac{1}{2} \times$ (समानांतर भुजाओं का योग) $\times 7$

$105 = \frac{7}{2} \times$ (समानांतर भुजाओं का योग)

समानांतर भुजाओं का योग $= \frac{105 \times 2}{7} = 30$

अतः समानांतर भुजाओं का योग 30 सेमी है।

22. दिया गया है कि

1 घन मीटर बर्फ का भार = 720 किग्रा

घनाभ की लंबाई = 50 सेमी = 0.5 मीटर

मान लेते हैं कि घनाभ एक घन है, अतः

घनाभ का आयतन:

$(0.5)^3 = 0.125$ घन मीटर

अब भार निकालते हैं:

$0.125 \times 720 = 90$ किग्रा

अतः बर्फ के घनाभ का भार 90 किलोग्राम है।

23. दिया गया है:

क्रय मूल्य (CP) = ₹ 450

लाभ = 20%

अतः विक्रय मूल्य (SP):

SP = 450 + 20% of 450

SP = 450 + 90 = 540

अब दुकानदार 10% की छूट देता है, अर्थात्:

SP = 90% of अंकित मूल्य (MP)

$540 = 0.9 \times MP$

$MP = \frac{540}{0.9} = 600$

अतः वस्तु का अंकित मूल्य ₹ 600 है।

24. दिया गया है:

a, b, c, d, e का औसत = 28

अतः कुल योग:

$a + b + c + d + e = 28 \times 5 = 140$

अब दिया गया है:

a, c और e का औसत = 24

$a + c + e = 24 \times 3 = 72$

अब:

$b + d = 140 - 72 = 68$

b और d का औसत:

$\frac{68}{2} = 34$

अतः b और d का औसत 34 है।

25. दिया गया है:

कुल गेंदें = 42

बाउंड्री लगी = 8

अतः बाउंड्री नहीं लगी गेंदें:

$42 - 8 = 34$

बाउंड्री न लगने की प्रायिकता: $\frac{34}{42}$

सरलीकरण करने पर:

$\frac{34}{42} = \frac{17}{21}$

अतः बल्लेबाज द्वारा बाउंड्री न लगाने की प्रायिकता $\frac{17}{21}$ है।

26. दिया है:

अंकगणितीय माध्य (Mean) = 24

बहुलक (Mode) = 12

माध्य (Mean), माध्यिका (Median) और बहुलक (Mode) के बीच अनुभवजन्य संबंध (Empirical Relation) होता है:

Mode = 3(Median) − 2(Mean)

अब मान रखें:

12 = 3(Median) − 2(24)

12 = 3(Median) − 48

3(Median) = 12 + 48

3(Median) = 60

$\text{Median} = \frac{60}{3} = 20$

अतः माध्यिका (Median) 20 है।

27. दिया है:

टंकी में नर मछलियाँ = 5

टंकी में मादा मछलियाँ = 7

कुल मछलियाँ = 5 + 7 = 12

मादा मछली निकलने की प्रायिकता (Probability):

$$P(\text{Female}) = \frac{\text{मादा मछलियों की संख्या}}{\text{कुल मछलियों की संख्या}} = \frac{7}{12}$$

अतः निकाली गई मछली के मादा होने की प्रायिकता $\frac{7}{12}$ है।

28. दिया है:

एक समकोण त्रिभुज (Right-angled Triangle) में एक कोण = 90° होता है।

बाकी दो कोण न्यून कोण (Acute Angles) हैं और वे बराबर हैं।

मान लेते हैं प्रत्येक न्यून कोण $= x°$

त्रिभुज के तीनों कोणों का योग 180° होता है:

$$90° + x° + x° = 180°$$
$$90° + 2x = 180°$$
$$2x = 180° - 90°$$
$$2x = 90°$$
$$x = \frac{90°}{2} = 45°$$

अतः प्रत्येक न्यून कोण 45° है।

29. दिया है:

पहली दूरी = 100 किमी, गति = 100 किमी/घंटा

दूसरी दूरी = 150 किमी, गति = 90 किमी/घंटा

औसत गति का सूत्र:

$$\text{औसत गति} = \frac{\text{कुल दूरी}}{\text{कुल समय}}$$

पहले भाग में समय:

$$t_1 = \frac{100}{100} = 1 \text{ घंटा}$$

दूसरे भाग में समय:

$$t_2 = \frac{150}{90} = \frac{5}{3} \text{ घंटा}$$

कुल समय

$$t = t_1 + t_2 = 1 + \frac{5}{3}$$
$$= \frac{3}{3} + \frac{5}{3} = \frac{8}{3} \text{ घंटा}$$

$$\text{कुल दूरी} = 100 + 150 = 250 \text{ किमी}$$

$$\text{औसत गति} = \frac{250}{\frac{8}{3}} = 250 \times \frac{3}{8} = \frac{750}{8} = 93.75$$

अतः बस की औसत गति 93.75 किमी/घंटा है।

30. दिया संख्या है: 0.00273

अर्थात संख्या 0.002737373... (यहाँ 73 बार-बार दोहरा रहा है।)

मान लें:

$$x = 0.002737373...$$

यहाँ दशमलव के बाद 4 अंक (0.0027) तक गैर-दोहराव (non-repeating) है और उसके बाद 2 अंकों (73) का दोहराव (repeating) है।

$$10^4x = 27.3737373...$$
$$10^6x = 2737.3737373...$$

अब घटाएँ

$$10^6x - 10^4x = 2737.373737... - 27.373737...$$

दशमलव भाग समान होने से कट जाएगा:

$$(10^6 - 10^4)x = 2710$$
$$990000x = 2710$$
$$x = \frac{2710}{990000}$$

अब 10 से भाग देकर सरल करें:

$$x = \frac{271}{99000}$$

अतः संख्या का $\frac{p}{q}$ रूप $\frac{271}{99000}$ है।

31. दिया है: $\frac{65}{16}$

इसे दशमलव में बदलना है।

$$\frac{65}{16} = 4 + \frac{1}{16}$$

क्योंकि $16 \times 4 = 64$ और शेष 1 बचता है।

अब $\frac{1}{16}$ का दशमलव रूप निकालते हैं:

$$\frac{1}{16} = 0.0625$$

क्योंकि $16 \times 0.0625 = 1$

अतः $4 + 0.0625 = 4.0625$

इसलिए दशमलव रूप 4.0625 है।

32. दिया है:

घनाभ की लबाई l, चौड़ाई b, ऊँचाई h

$$l + b + h = 20$$

और घनाभ के विकर्ण (space diagonal) की लंबाई:

$$\sqrt{l^2 + b^2 + h^2} = 10 \Rightarrow l^2 + b^2 + h^2 = 100$$

घनाभ का कुल पृष्ठीय क्षेत्रफल:

$$\text{TSA} = 2(lb + bh + hl)$$

अतः हमें $lb + bh + hl$ निकालना है।

अब $(l + b + h)^2$ का विस्तार करते हैं:

$$(l + b + h)^2 = l^2 + b^2 + h^2 + 2(lb + bh + hl)$$

दिए मान रखें:

$$20^2 = 100 + 2(lb + bh + hl)$$
$$400 = 100 + 2(lb + bh + hl)$$
$$2(lb + bh + hl) = 300$$

लेकिन, $\text{TSA} = 2(lb + bh + hl)$

अतः, $\text{TSA} = 300$

इसलिए कुल पृष्ठीय क्षेत्रफल 300 सेमी^{2} है।

33. दिया है:

आयताकार शीट की लंबाई = 88 सेमी., चौड़ाई = 28 सेमी.।

शीट की लंबाई के along रोल करके बेलन बनाया जाता है।

जब शीट को बेलन बनाया जाता है, तब जिस दिशा में रोल किया जाता है, वही बेलन की परिधि बनती है।

यहाँ "rolled along its length" का अर्थ है कि लंबाई (88 cm) बेलन की परिधि बनेगी।

अतः, परिधि (Circumference) = 88 = $2\pi r$

$$r = \frac{88}{2\pi} = \frac{44}{\pi}$$

$\pi = \frac{22}{7}$ रखने पर

$$r = \frac{44}{22/7} = 44 \times \frac{7}{22}$$
$$= 2 \times 7 = 14$$

अतः बेलन की त्रिज्या 14 सेमी है।

34. दिया है:

क्रय मूल्य (CP) = ₹ 500

छूट (Discount) = 20%

लाभ (Profit) = 10%

पहले विक्रय मूल्य (SP) निकालने हैं, क्योंकि 10% लाभ CP पर है:

$$\text{SP} = \text{CP} + 10\% \text{ of CP}$$
$$\text{SP} = 500 + 10\% \times 500$$
$$= 500 + 50 = 550$$

अब 20% छूट दी जाती है, मतलब:

$$\text{SP} = 80\% \text{ of MP}$$
$$550 = 0.8 \times \text{MP}$$
$$\text{MP} = \frac{550}{0.8} = 687.5$$

अतः अंकित मूल्य (Marked Price) ₹ 687.5 है।

35. दिया है:

Mode − Median = 24

हमें निकालना है:

Median − Mean

अनुभवजन्य संबंध:

Mode = 3(Median) − 2(Mean)

अब Mode को व्यवस्थित करें:

Mode − Median = 2(Median − Mean)

यह एक मानक परिणाम है, जो ऊपर वाले सूत्र से सीधे आता है:

$$\text{Mode} - \text{Median} = [3\text{M} - 2\bar{x}] - \text{M}$$
$$= 2\text{M} - 2\bar{x} = 2(\text{M} - \bar{x})$$

अब दिया मान रखें:

$$24 = 2(\text{Median} - \text{Mean})$$
$$\text{Median} - \text{Mean} = \frac{24}{2} = 12$$

अतः अंतर 12 है।

36. दिया है:

त्रिभुज का एक बाह्य कोण = 100°

दो आंतरिक विपरीत कोण बराबर हैं।

गुण: किसी त्रिभुज का बाह्य कोण = दो विपरीत आंतरिक कोणों का योग

मान लें दोनों बराबर विपरीत कोण = $x°$ और $x°$

तो, $x + x = 100$

$$2x = 100°$$
$$x = 50°$$

अतः प्रत्येक बराबर कोण 50° है।

37. दिया है: $\sqrt{2}$ और $\sqrt{3}$ के बीच परिमेय संख्या (Rational number) पूछी है।

पहले इनके अनुमानित मान:

$$\sqrt{2} \approx 1.414, \ \sqrt{3} \approx 1.732$$

अब विकल्प जाँचें:

A. 1.5 — यह एक परिमेय संख्या है (क्योंकि $1.5 = \frac{3}{2}$) और

$$1.414 < 1.5 < 1.732$$

अतः यह $\sqrt{2}$ और $\sqrt{3}$ के बीच है।

इसलिए सही परिमेय संख्या 1.5 है।

38. दिया है: $32^{\frac{2}{5}}$

घात का नियम: $a^{\frac{m}{n}} = \left(\sqrt[n]{a}\right)^m$

$$32^{\frac{2}{5}} = \left(\sqrt[5]{32}\right)^2$$

अब: $32 = 2^5 \Rightarrow \sqrt[5]{32} = \sqrt[5]{2^5} = 2$

अतः $\left(\sqrt[5]{32}\right)^2 = 2^2 = 4$

इसलिए मान 4 है।

39. दिया है:

शंकु (Right circular cone) की तिर्यक ऊँचाई $l = 10$ सेमी

आधार की त्रिज्या $r = 7$ सेमी

वक्र पृष्ठीय क्षेत्रफल (CSA) का सूत्र:

$$CSA = \pi rl$$

मान रखें:

$$CSA = \pi \times 7 \times 10 = 70\pi$$

$\pi = \frac{22}{7}$ रखने पर

$$70\pi = 70 \times \frac{22}{7} = 10 \times 22 = 220$$

अतः वक्र पृष्ठीय क्षेत्रफल 220 सेमी^{2} है।

40. दिया है: $4\frac{1}{8}$

इसे मिश्र भिन्न से दशमलव में बदलना है:

$$4\frac{1}{8} = 4 + \frac{1}{8}$$

अब: $\frac{1}{8} = 0.125$

क्योंकि $8 \times 0.125 = 1$

अतः $4 + 0.125 = 4.125$

इसलिए दशमलव रूप 4.125 है।

41. श्रृंखला: 3, 8, 15, 24, 34, 48, 63

क्रमागत अंतर निकालें:

$8 - 3 = 5$

$15 - 8 = 7$

$24 - 15 = 9$

$34 - 24 = 10$

$48 - 34 = 14$

$63 - 48 = 15$

यदि पैटर्न विषम संख्याओं का क्रम हो, तो अंतर ऐसे होने चाहिए: 5, 7, 9, 11, 13, 15

यहाँ 24 के बाद 11 जुड़ना चाहिए था:

$24 + 11 = 35$, लेकिन दिया है 34।

इसलिए 34 गलत संख्या है।

42. श्रृंखला: P T P T T P P T P T P P P T T P T P T T P P P T

हमें उन T की संख्या चाहिए जिनके पहले भी T हो और बाद में भी T हो (यानी "T T T" के बीच वाला T)।

अब हर T के आसपास देखें:

जोड़े "TT" दिखाई देते हैं, लेकिन कहीं भी "TTT" नहीं बनता।

इसलिए ऐसा कोई T नहीं है जिसके दोनों ओर T हो।

अतः संख्या Nil (शून्य) है।

43. अनुक्रम को आगे बढ़ाने के लिए सही चित्र Option A है।

यह अनुक्रम दो साथ-साथ चलने वाले पैटर्न पर आधारित है:

(1) बाहरी आकृति (Outer shape) का पैटर्न – भुजाओं की संख्या:

बाहरी आकृतियाँ इस क्रम में बदल रही हैं, जहाँ भुजाओं की संख्या पहले बढ़ती है और फिर घटती है:

चित्र 1: वर्ग (Square) → 4 भुजाएँ

चित्र 2: झंडा/तीर जैसी आकृति → इसे 5-भुजी माना गया है

चित्र 3: षट्भुज (Hexagon) → 6 भुजाएँ

चित्र 4: पंचभुज (Pentagon) → 5 भुजाएँ

इससे क्रम बनता है: 4 → 5 → 6 → 5, इसलिए अगली आकृति फिर से 4-भुजी (जैसे कोई चतुर्भुज/समलंब) होनी चाहिए।

(2) शेडिंग (Shading) का पैटर्न:

शेडिंग बाहरी और भीतरी आकृति में बारी-बारी से बदल रही है:

चित्र 1: बाहरी शेडेड, भीतरी बिना शेड

चित्र 2: बाहरी बिना शेड, भीतरी शेडेड

चित्र 3: बाहरी शेडेड, भीतरी बिना शेड

चित्र 4: बाहरी बिना शेड, भीतरी शेडेड

अतः अगले चित्र में होना चाहिए: बाहरी आकृति शेडेड और भीतरी आकृति बिना शेड।

इन दोनों शर्तों को मिलाकर देखें तो Option A ही एकमात्र विकल्प है जिसमें:

बाहरी आकृति 4-भुजी है, और

बाहरी भाग शेडेड तथा अंदर का भाग बिना शेड है।

इसलिए सही उत्तर Option A है।

44. वाक्य है: "All but eight died" यानी आठ को छोड़कर बाकी सभी मर गए।

इसका सीधा अर्थ है कि 8 मछलियाँ जीवित बचीं।

अतः एक्वेरियम में शेष मछलियाँ = 8।

45. मीना कहती है: "वह मेरे दादा के only son (इकलौते बेटे) का बेटा है।"

दादा का इकलौता बेटा = मीना का पिता

पिता का बेटा = मीना का भाई (उसी पीढ़ी का पुत्र)

अतः लड़का मीना का भाई है।

46. 56 दिन बाद का दिन निकालना है।

$56 = 7 \times 8$

यानि 56 दिन = पूरे 8 सप्ताह।

हर 7 दिन बाद वही दिन आता है, इसलिए 56 दिन बाद भी वही दिन होगा।

यदि आज बुधवार है, तो 56 दिन बाद भी बुधवार होगा।

47. चित्र में घन "सीढ़ीनुमा" (step pyramid) व्यवस्था में हैं।

परत (layers) के अनुसार गिनें:

सबसे नीचे (Bottom layer) = 4 घन

उसके ऊपर (Second layer) = 3 घन

उसके ऊपर (Third layer) = 2 घन

सबसे ऊपर (Top layer) = 1 घन

कुल घन: $4 + 3 + 2 + 1 = 10$

अतः कुल घनों की संख्या 10 है।

48. वाक्य: "A introduced B as the son of the only brother of his father's wife"

A के father's wife = A की माँ

माँ का only brother = A का मामा (maternal uncle)

मामा का बेटा = A का ममेरा भाई (cousin)

अतः A का B से संबंध Cousin है।

49. संबंध: Medicine : Patient

दवा जिसके लिए होती है/जिसे दी जाती है = Patient (रोगी)

उसी तरह: Education जिसके लिए होती है/जिसे दी जाती है = Student (छात्र)

इसलिए सही शब्द Student है।

50. कोड का नियम उदाहरणों से निकालें:

"TIRED" = 56

"T" = 20, "I" = 9, "R" = 18, "E" = 5, "D" = 4

योग: $20 + 9 + 18 + 5 + 4 = 56$

"BRAIN" = 44

"B" = 2, "R" = 18, "A" = 1, "I" = 9, "N" = 14

योग: $2 + 18 + 1 + 9 + 14 = 44$

अतः नियम: शब्द के अक्षरों के अंग्रेजी वर्णमाला क्रमांक (A = 1, B = 2, ..., Z = 26) जोड़ दिए जाते हैं।

अब "LAZY" के लिए:

L = 12, A = 1, Z = 26, Y = 25

$12 + 1 + 26 + 25 = 64$

अतः "LAZY" का कोड 64 है।

51. मरकरी (पारा) थर्मामीटर का आविष्कार डैनियल गैब्रियल फारेनहाइट ने वर्ष 1714 में किया था। उन्होंने तापमान मापने के लिए पारे का प्रयोग इसलिए किया क्योंकि पारा समान रूप से फैलता है और तापमान परिवर्तन को सटीक रूप से दर्शाता है। फारेनहाइट ने फारेनहाइट तापमान पैमाना (Fahrenheit Scale) भी विकसित किया, जो लंबे समय तक वैज्ञानिक और चिकित्सकीय उपयोग में रहा। इसलिए सही उत्तर विकल्प (A) है।

52. भारत में राष्ट्रीय डिजाइन संस्थान (National Institute of Design — NID) की स्थापना सबसे पहले 1961 में अहमदाबाद (गुजरात) में की गई थी। इस संस्थान की स्थापना भारत में औद्योगिक डिजाइन, उत्पाद डिजाइन और रचनात्मक शिक्षा को बढ़ावा देने के उद्देश्य से की गई थी। इसलिए सही उत्तर अहमदाबाद है।

53. NATO (North Atlantic Treaty Organization) का मुख्यालय ब्रुसेल्स, बेल्जियम में स्थित है। वर्ष 1967 से NATO का मुख्यालय ब्रुसेल्स में कार्यरत है। NATO एक अंतरराष्ट्रीय सैन्य गठबंधन है, जिसका उद्देश्य सदस्य देशों की सामूहिक सुरक्षा सुनिश्चित करना है। अतः सही उत्तर विकल्प (D) — ब्रुसेल्स है।

54. पुस्तक "कुलुत देश की कहानी" के लेखक लाल चंद प्रार्थी हैं। यह पुस्तक हिमाचल प्रदेश के कुल्लू क्षेत्र (कुलुत देश) के इतिहास, संस्कृति और सामाजिक जीवन पर आधारित है।

लाल चंद प्रार्थी हिमाचल प्रदेश के इतिहास और लोक-संस्कृति पर लिखने वाले प्रमुख लेखक रहे हैं। इसलिए सही उत्तर विकल्प (A) है।

55. अंतरराष्ट्रीय योग दिवस (International Yoga Day) प्रतिवर्ष 21 जून को मनाया जाता है। संयुक्त राष्ट्र महासभा ने वर्ष 2014 में भारत के प्रस्ताव पर 21 जून को अंतरराष्ट्रीय योग दिवस के रूप में मान्यता दी थी। पहली बार यह दिवस वर्ष 2015 में मनाया गया। इसलिए सही उत्तर 21 जून है।

56. IMF का पूर्ण रूप International Monetary Fund है। इसकी स्थापना वर्ष 1944 में की गई थी। IMF का उद्देश्य वैश्विक मौद्रिक सहयोग को बढ़ावा देना, अंतरराष्ट्रीय वित्तीय स्थिरता बनाए रखना तथा सदस्य देशों को वित्तीय सहायता प्रदान करना है। अतः सही उत्तर विकल्प (D) है।

57. कुमरवाह झील (Kumarwah Lake) हिमाचल प्रदेश के कांगड़ा जिले में स्थित है। भौगोलिक और प्रशासनिक तथ्यों के अनुसार यह झील कांगड़ा जिले के अंतर्गत आती है। मंडी, चंबा या कुल्लू जिले में इस झील का कोई प्रमाणिक स्थान नहीं मिलता। इसलिए सही उत्तर कांगड़ा है।

58. हिमाचल प्रदेश का सबसे अधिक ऊँचाई पर स्थित दर्रा कुगती दर्रा (Kugti Pass) है। यह दर्रा चंबा जिले में स्थित है और इसकी ऊँचाई अन्य दर्रों जैसे तालांग, सिंगूर और वारू से अधिक है। इसलिए सही उत्तर विकल्प (D) – कुगती है।

59. मिंजर मेला हिमाचल प्रदेश के चंबा जिले में आयोजित किया जाता है। यह मेला सामान्यतः जुलाई के अंतिम सप्ताह में प्रारंभ होता है और अगस्त के प्रारंभिक दिनों तक चलता है। इसलिए यह मेला जुलाई और अगस्त दोनों महीनों में आयोजित होता है। इसी कारण दोनों विकल्प (B) अगस्त और (C) जुलाई सही हैं।

60. भारतीय दंड संहिता (IPC) के स्थान पर भारतीय न्याय संहिता (*Bhartiya Nyaya Sanhita — BNS*) को लागू किया गया है। यह परिवर्तन भारत में नए आपराधिक कानून सुधारों के अंतर्गत किया गया है। BNS का उद्देश्य दंड व्यवस्था को अधिक समकालीन, न्यायसंगत और प्रभावी बनाना है। इसलिए सही उत्तर विकल्प (A) है।

61. पुरुष हॉकी एशियन चौंपियंस ट्रॉफी-2024 (Men's Hockey Asian Champions Trophy 2024) में भारत विजेता देश के रूप में उभरा। इस प्रतियोगिता में भारतीय पुरुष हॉकी टीम ने पूरे टूर्नामेंट में उत्कृष्ट प्रदर्शन किया और फाइनल मुकाबले में अपने प्रतिद्वंद्वी को पराजित कर खिताब अपने नाम किया। एशियन चौंपियंस ट्रॉफी एशिया की एक प्रमुख अंतरराष्ट्रीय हॉकी प्रतियोगिता है, और 2024 का संस्करण भारत के लिए विशेष रूप से सफल रहा। अतः सही उत्तर भारत है।

62. जल प्रवाह (पानी की मात्रा) की दृष्टि से हिमाचल प्रदेश की सबसे बड़ी नदी चिनाब है। यद्यपि सतलज और ब्यास नदियाँ भी लंबी और महत्वपूर्ण हैं, लेकिन जल-आयतन (discharge volume) के आधार पर चिनाब नदी सबसे अधिक पानी वहन करती है। चिनाब नदी हिमाचल प्रदेश के लाहौल-स्पीति और चंबा क्षेत्रों से होकर प्रवाहित होती है और आगे पाकिस्तान की ओर जाती है। इसलिए सही उत्तर चिनाब है।

63. UNESCO (United Nations Educational, Scientific and Cultural Organization) का मुख्यालय पेरिस, फ्रांस में स्थित है। UNESCO की स्थापना वर्ष 1945 में की गई थी और इसका मुख्य उद्देश्य शिक्षा, विज्ञान, संस्कृति और संचार के क्षेत्र में अंतरराष्ट्रीय सहयोग को बढ़ावा देना है। चूँकि इसका मुख्यालय पेरिस में है, इसलिए सही उत्तर विकल्प (C) – पेरिस है।

64. गीत 'वंदे मातरम्' प्रसिद्ध बंगाली लेखक बंकिमचंद्र चट्टोपाध्याय द्वारा रचित उपन्यास "आनंदमठ" का एक भाग है। यह गीत भारतीय स्वतंत्रता संग्राम के दौरान राष्ट्रीय चेतना का प्रतीक बन गया था और बाद में इसे भारत का राष्ट्रीय गीत घोषित किया गया। अतः सही उत्तर आनंदमठ है।

65. ज्ञानपीठ पुरस्कार-2023 से जगद्गुरु रामभद्राचार्य को सम्मानित किया गया। उन्हें यह सम्मान संस्कृत और हिंदी साहित्य में उनके उल्लेखनीय योगदान के लिए प्रदान किया गया। वे एक प्रख्यात विद्वान, कवि और दार्शनिक हैं। ज्ञानपीठ पुरस्कार भारत का सर्वोच्च साहित्यिक सम्मान माना जाता है। इसलिए सही उत्तर विकल्प (A) – रामभद्राचार्य है।

66. संयुक्त अरब अमीरात (United Arab Emirates) की राजधानी अबू धाबी है। यह शहर अपनी आधुनिक और भविष्यनिष्ठ वास्तुकला, भव्य इमारतों, लक्जरी शॉपिंग मॉल्स और प्रशासनिक महत्व के लिए जाना जाता है। यद्यपि दुबई एक प्रमुख व्यावसायिक और पर्यटन केंद्र है, लेकिन राजधानी अबू धाबी ही है। अतः सही उत्तर अबू धाबी है।

67. एग्रीकल्चर लीडरशिप अवॉर्ड-2024 (Agriculture Leadership Award-2024) के अंतर्गत 'बेस्ट स्टेट इन हॉर्टिकल्चर 2024' का पुरस्कार नागालैंड राज्य को प्रदान किया गया। यह सम्मान नागालैंड को बागवानी के क्षेत्र में किए गए उत्कृष्ट कार्यों, नवाचारी योजनाओं और स्वदेशी फसलों के विकास के लिए दिया गया। इसलिए सही उत्तर नागालैंड है।

68. स्पीति घाटी का सबसे बड़ा मठ की (या केई) मठ है। यह मठ बौद्ध धर्म का एक प्रमुख केंद्र है और स्पीति नदी के ऊपर एक पहाड़ी पर स्थित है। यह मठ न केवल धार्मिक दृष्टि से बल्कि ऐतिहासिक और सांस्कृतिक दृष्टि से भी अत्यंत महत्वपूर्ण है। इसलिए सही उत्तर विकल्प (D) – की मठ है।

69. राष्ट्रीय गोकुल मिशन (Rashtriya Gokul Mission) के अंतर्गत हिमाचल प्रदेश के ऊना जिले में एक 'सेंटर ऑफ एक्सीलेंस' स्थापित किया जाना है। इस मिशन का उद्देश्य देशी पशु नस्लों का संरक्षण, संवर्धन और वैज्ञानिक पशुपालन को बढ़ावा देना है। अतः सही उत्तर ऊना है।

70. नेताजी सुभाष चंद्र राष्ट्रीय खेल संस्थान (Netaji Subhash Chandra National Institute of Sports – NIS) पटियाला (पंजाब) में स्थित है। यह भारत का प्रमुख खेल प्रशिक्षण और कोचिंग संस्थान है, जहाँ राष्ट्रीय और अंतरराष्ट्रीय स्तर के खिलाड़ियों को प्रशिक्षित किया जाता है। इसलिए सही उत्तर पटियाला है।

71. After the modal expression "should not," the base form of the verb is required. Hence, "assume" is grammatically correct, while the other forms are incorrect in this structure.

72. The direct speech "Be honest" is an imperative sentence giving advice. In indirect speech, such sentences are best reported using verbs like advised, making option B correct.

73. The given sentence is in the simple past tense active voice. Its correct passive form must also be in the simple past tense, which is "was arrested."

74. This sentence is grammatically incorrect because the present continuous tense requires the verb in "-ing" form. It should be "They are going to the market now."

75. Superlative adjectives like "best" are always preceded by the definite article "the." Therefore, "He is the best player in our team" is grammatically correct.

76. The noun "time" is uncountable, and the expression "only a little time" correctly indicates a small amount. Options like many and few are used with countable nouns, while more does not fit the structure.

77. The sentence requires a possessive pronoun to replace "their book." "Theirs" is the correct possessive pronoun, whereas her, she, and they are not suitable here.

78. The phrase "By the next month" indicates completion before a future time, which requires the future perfect tense. Hence, "shall have completed" (option D) is grammatically correct.

79. The direct sentence is a yes/no question, so in indirect speech it uses "asked if/whether," and the tense shifts from present to past (like $\rightarrow$ liked).

80. This is an optative sentence expressing a prayer or wish. In indirect speech, such sentences are correctly reported using "prayed that" with might replacing may.

81. An imperative sentence in the active voice is converted into the passive voice by using the structure "Let + object + be + past participle." Therefore, "Open the door!" correctly becomes "Let the door be opened."

82. The modal verb "must" remains unchanged in passive voice. The object "this work" becomes the subject, and the structure must + be + past participle is correctly used, making option A grammatically accurate.

83. The subject "they" is plural and must take the auxiliary verb "were," not "was." Hence, this sentence is grammatically incorrect, while the other options are correct.

84. In polite offers and requests, "some" is used instead of "any." Since the sentence is a polite question offering sugar, "some" is the correct choice.

85. The time expression "last week" indicates the simple past tense. The past form of "buy" is "bought," making option C the correct answer.

86. The blank requires an adjective to describe the noun "book." "Interesting" is an adjective, whereas "quickly," "sadly," and "slowly" are adverbs, so they cannot modify a noun directly.

87. The sentence is used to convey official information with relevance to the present. The present perfect tense "have been selected" is correct here. The other options either use incorrect tense or incorrect verb structure.

88. "Accuracy" is the correctly spelt word. The other options contain spelling errors: Allowence (Allowance), Occurrance (Occurrence), and Commitee (Committee).

89. This sentence correctly uses the present perfect tense with "for" to show duration up to the present. The other options incorrectly combine tense with "since/for."

90. "Universal" begins with a consonant sound /ju:/ (not a vowel sound), so the correct article is "a," not "an." Hence, "a universal phenomenon" is grammatically correct.

पिछले प्रश्न-पत्र (हल सहित)

हिमाचल प्रदेश पुलिस कांस्टेबल

भर्ती परीक्षा, 2022*

1. नीति आयोग द्वारा जारी सतत विकास लक्ष्य भारत सूचकांक, 2020-21 में कौन-सा राज्य पहले स्थान पर है?

A. हिमाचल प्रदेश B. तमिलनाडु
C. आंध्र प्रदेश D. केरल

2. निम्नलिखित उद्धरण पर विचार करें :

"26 जनवरी, 1950 को हम अंतर्विरोधों के जीवन में प्रवेश करने जा रहे हैं। राजनीति में हमारे पास समानता होगी और सामाजिक एवं आर्थिक जीवन में हमारे पास असमानता होगी।"

निम्नलिखित में से किसको इस उद्धरण का श्रेय दिया जाता है?

A. महात्मा गाँधी
B. बाबासाहेब डॉ. भीमराव अम्बेडकर
C. सरदार वल्लभ भाई पटेल
D. लाल बहादुर शास्त्री

3. भारत के राष्ट्रपति के चुनाव के लिए निर्वाचक मंडल में निम्नलिखित में से क्या शामिल है?

(*i*) राज्यसभा के निर्वाचित सदस्य
(*ii*) राज्यों की विधान सभाओं के निर्वाचित सदस्य
(*iii*) राज्यों की विधान परिषदों के निर्वाचित सदस्य

A. केवल (*iii*) B. केवल (*ii*)
C. (*ii*) और (*iii*) D. (*i*) और (*ii*)

4. हिमाचल प्रदेश का राज्य पक्षी ______ है।

A. मोनाल B. पश्चिमी जजुराना
C. हिमालयन बुलबुल D. ग्रेट बारबेट

5. निम्नलिखित में से कौन लोकसभा के उपाध्यक्ष के चुनाव की तारीख तय करता है?

A. लोकसभा के महासचिव
B. लोकसभा के प्रोटेम स्पीकर
C. भारत के राष्ट्रपति
D. लोकसभा अध्यक्ष

6. हिमाचल प्रदेश में कोल बांध किस नदी पर बना है?

A. रावी B. व्यास
C. सतलुज D. सैंज

7. मिट्टी चीका या मृत्तिका (Clay) की मात्रा अधिक होने के कारण शुष्क मौसम में इस मिट्टी में चौड़ी दरारें पड़ जाती हैं। इसमें ह्यूमस की कमी होती है, मगर यह अत्यधिक नमी धारण करने वाली है, इस प्रकार सिंचाई के लिए अच्छी प्रतिक्रिया देती है। कपास सबसे परंपरागत फसल है जहां यह मिट्टी पाई जाती है। मिट्टी के प्रकार को पहचानें।

A. लाल मिट्टी B. जलोढ़ मिट्टी
C. लैटेराइट मिट्टी D. काली मिट्टी

8. भारत में पहली 5G कॉल का हाल ही में परीक्षण कहाँ किया गया था?

A. IIT कानपुर B. IISc बैंगलोर
C. IIT मद्रास D. IIT दिल्ली

9. ______ का उद्देश्य एक अतिरिक्त विकेन्द्रीकृत वेब बनाना है जो उपयोगकर्ताओं को उनके डेटा और पहचान के नियंत्रण में रखता है।

A. वेब 2.0 B. वेब 5.0
C. वेब 3.0 D. वेब 4.0

10. पराशर झील के किनारे बने मंदिर की स्थापत्य शैली क्या है?

A. पिरामिड के आकार का B. नागर
C. पैगोडा D. शंकु के आकार का

* ***Exam held on 03 July, 2022***

11. ब्रिटिश सरकार द्वारा क्रिप्स मिशन को वर्ष में भारत आने के लिए भेजा गया था :
A. 1946 B. 1935
C. 1942 D. 1939

12. सुप्रीम कोर्ट का नवतेज सिंह जौहर बनाम भारत संघ मामला कानून के किस प्रावधान से संबंधित था?
A. आईपीसी की धारा 124A
B. आईपीसी की धारा 377
C. आईटी अधिनियम की धारा 66A
D. आईपीसी की धारा 497

13. निम्नलिखित में से कौन-सी पुस्तक महात्मा गाँधी द्वारा लिखी गई थी?
A. मेरी सच्चाई
B. जीवन का हिंदू दृष्टिकोण
C. हिंद स्वराज
D. भारत की खोज

14. भारत में 'पुलिस स्मृति दिवस' कब मनाया जाता है?
A. जनवरी 15 B. नवंबर 26
C. जुलाई 26 D. अक्टूबर 21

15. बंदली वन्यजीव अभयारण्य किस जिले में स्थित है?
A. कांगड़ा B. सिरमौर
C. मंडी D. कुल्लू

16. कौन-सा पहाड़ी दर्रा लाहौर और स्पीति घाटियों के बीच पहुँच प्रदान करता है?
A. कुगाती B. घसुत्री
C. इंदरहार D. कुंजुम

Directions (Qs. No. 17-19): *For these questions, choose the most appropriate meaning of the following idioms:*

17. Forty winks
A. Sleep disorders
B. Eye sight related issue
C. A short sleep during the day
D. Long sleeping hours

18. Raise some hackles
A. To do a great task
B. To annoy
C. To make someone happy
D. To empathise with others

19. Throw in the towel
A. To give up B. To resist
C. To have a bath D. To fight

Directions (Qs. No. 20-22): *For these questions, choose the most appropriate synonyms of the following words:*

20. Shocked
A. Pacified B. Fascinated
C. Impeded D. Appalled

21. Didactic
A. Enlightening B. Frightening
C. Disgusting D. Sensational

22. Spurious
A. Honest B. Spoiled
C. Counterfeit D Genuine

Directions (Qs. No. 23-25): *For these questions, choose the most appropriate antonyms of the following words:*

23. Pandemonium
A. Noisy B. Confusion
C. Protest D. Peace

24. Modesty
A. Grandeur B. Sobriety
C. Propriety D. Fairness

25. Concise
A. Brief B. Lengthy
C. Abridged D. Laconic

Directions (Qs. No. 26-29): *For these questions, fill in the blanks with the most appropriate word:*

26. We must not shy ______ taking risks in life.
A. upon B. with
C. away from D. to

27. Due to her illness, she could not finish the work _______ time.
A. to B. by
C. upon D. on

28. The police was directed to ________ his business dealings.
A. look on B. look into
C. look up D. look to

29. Despite the injuries, Neeraj managed to ______ the gold medal in the tournament.

A. pull out B. pull off

C. pull in D. put in

30. Select the option which best expresses the sentence in active/passive voice:

I remember my sister taking me to the museum.

A. I remember taken to the museum by my sister.

B. I remember being taken to the museum by my sister.

C. I remember myself being taken to the museum by my sister.

D. I remember I was taken to the museum by my sister.

Directions (Qs. No. 31-32): *For these questions, select the appropriate option to change the sentence from direct to indirect speech and vice versa.*

31. I asked my sister if she had returned the mobile phone to her friend.

A. I said to my sister, 'Have you return the mobile phone to your friend?'

B. I asked my sister, 'Did you return the mobile phone to my friend?'

C. I said to my sister, 'Have you returned the mobile phone to my friend?'

D. I asked my sister, 'Have you returned the mobile phone to your friend?'

32. 'Where will you be tomorrow', she said, 'in case I have to call you?'

A. She enquired about his whereabouts the next day in case she would have to call him.

B. She asked where he would be the next day in case she had to call him.

C. She asked him where he will be the next day in case she had to call him.

D. She said to him where he would be tomorrow in case she would have to call him.

33. जिसे वशवर्ती बनाना कठिन हो :

A. स्वावलंबी B. दुर्लभ

C. दुर्धर्ष D. होनहार

34. जो किसी पर अभियोग लाता हो :

A. अभियन्ता B. प्रतिवादी

C. वादी D. याचक

35. तैरने की इच्छा :

A. पिपासा B. बुभुक्षा

C. जिगीषा D. तितीर्षा

36. सांझ और रात के बीच का समय :

A. मार्तंड B. पूर्वाह्न

C. गोधूलि D. ऊष्मा

निर्देश (प्र.सं. 37 से 42 तक): *निम्नलिखित प्रश्नों में वाक्य-खण्ड के स्थान पर एक शब्द बताइए।*

37. जिसका विभाजन न किया जा सके

A. अखण्डित B. अविभाज्य

C. अविभक्त D. अखण्ड

38. जहाँ पहुँचना कठिन हो

A. दुर्गम B. अगम

C. सुगम D. अगेय

39. विनयपूर्वक किया गया हठ है :

A. अनुरोध B. विनम्रता

C. अनुबोध D. आग्रह

40. 'मन को लुभाने वाली वस्तु' :

A. सुन्दर B. चारू

C. रूचिर D. मनोहर

41. 'जिसका अनुभव किया गया हो' :

A. अनुभूत B. अद्भुत

C. आचार D. विचार

42. 'तीन माह में एक बार होने वाला' :

A. तिगुना B. त्रैमासिक

C. द्विमासिक D. वार्षिक

43. भाषा का प्रयोग दो रूपों में किया जा सकता है—एक तो सामान्य जिससे लोक में ______ होता है तथा दूसरा साहित्य रचना के लिए, जिसमें प्रायः ______ भाषा का प्रयोग किया जाता है।

A. कार्य, रचनात्मकता B. विनिमय, काव्यात्मक

C. व्यवहार, आलंकारिक D. संचालन, भावात्मक

44. 'चादर के बाहर पैर पसारना' मुहावरे का अर्थ है :
A. क्षमा माँगना
B. परामर्श देना
C. क्षमता से अधिक व्यय करना
D. पोल खोलना

45. इंटरनेट विज्ञान एवं प्रौद्योगिकी की श्रेष्ठतम सौगातों में से एक है, लेकिन ________ यह है कि जैसे-जैसे इंटरनेट हमारे जीवन को सुगम व गतिशील बना रहा है, वैसे-वैसे इससे जुड़े खतरों की ________ भी बढ़ती जा रही है।
A. विवाद, परिभाषा B. यथार्थ, संख्या
C. विडम्बना, आशंका D. विकृति, स्थिति

46. 'आकाश से बातें करना' मुहावरे का अर्थ है :
A. अंग भंग करना B. बहुत ऊँचा होना
C. भयभीत होना D. इनमें से कोई नहीं

47. निम्नलिखित शब्दों में से कौन-सा कान्ति का पर्यायवाची नहीं है :
A. द्युति B. आलोक
C. समृद्धि D. आभा

48. निम्नलिखित शब्दों में से कौन-सा अग्नि का पर्यायवाची नहीं है?
A. दहन B. वैश्वानर
C. अनल D. जलज

49. 400 से 900 तक पूर्णांक लिखते समय अंक 6 कितनी बार आता है?
A. 201 B. 150
C. 170 D. 200

50. एक प्रतियोगी परीक्षा में पुरुष और महिला उम्मीदवारों ने भाग लिया। आवेदन करनेवाले उम्मीदवारों में 60% महिलाएँ हैं। 18% उम्मीदवारों ने परीक्षा उत्तीर्ण की है। उत्तीर्ण होने वाले उम्मीदवारों में 22.22% पुरुष हैं। कितने प्रतिशत महिला उम्मीदतारों ने परीक्षा उत्तीर्ण नहीं की है?
A. 76.67%
B. 33.33%
C. 40%
D. निर्धारित नहीं किया जा सकता है

51. रमेश परिवार के लिए हर महीने 20 किलो गेहूँ खरीदता है। गेहूँ की कीमत ₹ 14 प्रति किलो से बढ़ाकर ₹ 16 प्रति किलो कर दी गई है। यदि रमेश गेहूँ पर अपना खर्चा नहीं बढ़ाना चाहता है, तो मूल्य वृद्धि के बाद उसे कितनी मात्रा में गेहूँ खरीदना चाहिए?
A. 12.5 किग्रा. B. 16 किग्रा.
C. 17.5 किग्रा. D. 16.5 किग्रा.

52. 150 मीटर की लंबाई वाली एक ट्रेन 90 किमी. प्रति घंटे की गति से यात्रा करते हुए 250 मीटर लंबाई की सुरंग को पार कर सकती है :
A. 12 सेकंड में B. 15 सेकंड में
C. 16 सेकंड में D. 18 सेकंड में

53. 24 मीटर लंबे, 16 मीटर चौड़े और 18 मीटर ऊँचे कमरे में रखे जा सकने वाले सबसे लंबे खंभे की लंबाई क्या है?
A. 24 मी. B. 28 मी.
C. 34 मी. D. 42 मी.

54. दो गोलाकार गेंदों का सतही क्षेत्रफल 4 : 9 के अनुपात में है। बड़ी गेंद की त्रिज्या (अर्धव्यास) ज्ञात कीजिए यदि छोटी गेंद की त्रिज्या 4 सेमी. है।
A. 5 सेमी. B. 7.5 सेमी.
C. 6 सेमी. D. 9 सेमी.

55. एक मछली टैंक घनाभ के आकार का है। श्याम जो अधिक मछलियां रखने के लिए टैंक का आयतन बढ़ाना चाहता है, टैंक की लंबाई, चौड़ाई और गहराई में क्रमशः 10%, 15% और 20% की वृद्धि करता है। टैंक के आयतन में कितने प्रतिशत की वृद्धि हुई है?
A. 46.2% B. 33.1%
C. 51.8% D. 62.0%

56. जेम्स एक कार्य को 50 दिनों में कर सकता है। पीटर उसी कार्य को 40 दिनों में कर सकता है। एक साथ काम करते हुए उन्हें 45% काम पूरा करने में कितना समय लगेगा?
A. 5 दिन B. 9 दिन
C. 7 दिन D. 10 दिन

57. पृथ्वी का वायुमंडल मुख्यतः किसके द्वारा गर्म किया जाता है?
A. लघु तरंग सौर विकिरण
B. लंबी तरंग स्थलीय विकिरण
C. परावर्तित सौर विकिरण
D. बिखरा हुआ विकिरण

58. नग्न बीज वाले लकड़ी के तनों वाले सदाबहार पौधों को किस प्रकार वर्गीकृत किया जाता है?

A. आवृतबीजी B. टेरिडोफाइट्स
C. जिम्नोस्पर्म D. ब्रायोफाइट्स

59. निम्नलिखित में से कौन-सा कोशिकांग अंगक जंतु कोशिकाओं में नहीं पाया जाता है?

A. लाइसोसोम B. सेल वाल
C. अन्तः प्रदव्ययी जलिका D. कोशिका झिल्ली

60. रात में तारे टिमटिमाते हैं क्योंकि :

A. वे रूक-रूक कर प्रकाश उत्सर्जित करते हैं
B. पृथ्वी का वायुमंडल रूक-रूक कर प्रकाश को अवशोषित करता है
C. तारे का वातावरण रूक-रूक कर प्रकाश को अवशोषित करता है
D. वायुमंडल में वायु के अपवर्तनांक में उतार-चढ़ाव होता रहता है

61. निम्नलिखित में से किसे रसायन का राजा कहा जाता है?

A. सोडियम क्लोराइड B. नाइट्रिक अम्ल
C. सल्फ्युरिक अम्ल D. सोडियम कार्बोनेट

62. सिरके का ________ का व्यापारिक नाम है।

A. फार्मिक अम्ल B. फिनोल
C. कार्बन टेट्राक्लोराइड D. सिरका अम्ल

63. पौधों में जल का परिवहन ______ द्वारा किया जाता है।

A. जाइलम B. फ्लोएम
C. एपिडर्मिस D. कैंबियम

64. मनुष्य में श्वसन की प्रक्रिया के दौरान, गैसों का आदान-प्रदान ________ में होता है।

A. एल्वियोली B. ब्रोन्किओल
C. ब्रांकाई D. फुफ्फुस

65. क्रम 40, 20, 20, 30, 60, 150, X में X का मान क्या है?

A. 300 B. 450
C. 600 D. 250

66. दी गई श्रृंखला में अगला पद खोजें :

369, 387, 351, 360, 342, ______

A. 343 B. 351
C. 363 D. 376

67. यदि एक निश्चित कूट भाषा में 'FORMAL' को 'IRUJXI' लिखा जाता है, तो उसी भाषा में 'BETTER' को कैसे लिखा जाएगा?

A. EHQWBO B. EHWOBQ
C. EHWQBO D. EHWQOB

निर्देश (प्र.सं. 68 से 70 तक): *निम्नलिखित जानकारी का ध्यानपूर्वक अध्ययन करें और उत्तर दीजिए।*

K, L, M, N, O, P और Q सात छात्र हैं जो तीन अलग-अलग कॉलेजों X, Y और Z में पढ़ रहे हैं। उनमें से तीन लड़कियाँ हैं, इनमें से प्रत्येक कॉलेज में एक है। उनमें से दो मैकेनिकल इंजीनियरिंग की पढ़ाई करते हैं। दो चिकित्सा की पढ़ाई करते हैं और एक-एक बायोटेक्नोलॉजी, फार्मेसी और इलेक्ट्रिकल इंजीनियरिंग की पढ़ाई करते हैं। M केवल अपने सबसे अच्छे दोस्त K के साथ पढ़ती है, जो कॉलेज Y में फार्मेसी की पढ़ाई करता/करती है। कोई भी लड़की या तो बायोटेक्नोलॉजी या इलेक्ट्रिकल इंजीनियरिंग नहीं पढ़ती है। O कॉलेज X में मैकेनिकल इंजीनियरिंग पढ़ता है और उसका भाई P कॉलेज Z में इलेक्ट्रिकल इंजीनियरिंग की पढ़ाई करता/करती है। दोनों में से कोई भी जो चिकित्सा की पढ़ाई कर रहा है, कॉलेज Y में नहीं है। O और Q के साथ N बायोटेक्नोलॉजी का अध्ययन करता/करती है।

68. इनमें से किस कॉलेज में यह तीनों पढ़ते हैं?

A. Z B. Y
C. X D. इनमें से कोई नहीं

69. निम्नलिखित में से छात्रों का कौन-सा जोड़ा चिकित्सा का अध्ययन करता है?

A. N, Q B. Q, P
C. Q, L D. O, L

70. O के अलावा, मैकेनिकल इंजीनियरिंग कौन पढ़ता है?

A. L B. M
C. Q D. इनमें से कोई नहीं

71. संग्रहालय का संबंध क्यूरेटर से उसी प्रकार है जिस प्रकार कारागार का संबंध ________ से है।

A. प्रबंधक B. मॉनिटर
C. जेलर D. वार्डन

72. वह विकल्प चुनें जो दिए गए संयोजन के दर्पण प्रतिबिम्ब के समान है।

ANS43Q12

A. AИƧ4ƐϘ1Ƨ B. Ƨ1ϘƐ4ƧИA
C. ƧИAƐ4ϘƧ1 D. 1ƧϘ4ƐAИƧ

निर्देश (प्र.सं. 73 से 77 तक): *निम्नलिखित जानकारी का ध्यानपूर्वक अध्ययन करें और उत्तर दीजिए।*

पाँच प्राध्यापकों डॉ. जोशी, डॉ. डावर, डॉ. नटराजन, डॉ. चौधरी और डॉ. जिया चार विश्वविद्यालयों दिल्ली, गुजरात, बॉम्बे और उस्मानिया में पाँच अलग-अलग विषय प्राणिविज्ञान, भौतिकी, वनस्पति विज्ञान, भूविज्ञान और इतिहास पढ़ाते हैं।

I. डॉ. चौधरी बॉम्बे विश्वविद्यालय में प्राणिविज्ञान पढ़ाते हैं।
II. डॉ. नटराजन न तो उस्मानिया विश्वविद्यालय में हैं और न ही दिल्ली विश्वविद्यालय में और वे न तो भूविज्ञान पढ़ाते हैं और न ही इतिहास।
III. डॉ. जिया भौतिकी पढ़ाते हैं लेकिन न तो बॉम्बे विश्वविद्यालय में और न ही उस्मानिया विश्वविद्यालय में।
IV. डॉ. जोशी दिल्ली विश्वविद्यालय में इतिहास पढ़ाते हैं।
V. दो प्राध्यापक गुजरात विश्वविद्यालय से हैं।

73. भूविज्ञान कौन पढ़ाता है?
A. डॉ. नटराजन B. डॉ. जिया
C. डॉ. डावर D. डॉ. जोशी

74. डॉ. जिया किस विश्वविद्यालय से हैं?
A. गुजरात B. बॉम्बे
C. दिल्ली D. उस्मानिया

75. वनस्पति विज्ञान कौन पढ़ाता है?
A. डॉ. जिया B. डॉ. डावर
C. डॉ. जोशी D. डॉ. नटराजन

76. उस्मानिया विश्वविद्यालय से कौन हैं?
A. डॉ. नटराजन B. डॉ. डावर
C. डॉ. जोशी D. डॉ. जिया

77. निम्नलिखित संयोजनों में से कौन-सा सही है?
A. डॉ. जिया – दिल्ली विश्वविद्यालय
B. डॉ. चौधरी – भूविज्ञान
C. डॉ. डावर – बॉम्बे विश्वविद्यालय
D. डॉ. नटराजन – गुजरात विश्वविद्यालय

78. यदि एक निश्चित भाषा में MYSTIFY को NZTUJGZ के रूप में कोडित किया जाता है, तो उस भाषा में NEMESIS को कैसे कोडित किया जाएगा?
A. MDLHRDR B. OFNFTJT
C. ODNHTDR D. PGOKUGU

79. एक पुरुष की ओर इशारा करते हुए, एक महिला ने कहा, "उसकी माँ मेरी माँ की इकलौती बेटी है।" महिला का पुरुष से क्या संबंध है?
A. माता B. बेटी
C. बहन D. दादी

80. यदि M + N का अर्थ N का भाई M है; M % N का अर्थ है N का पिता M है और M × N का अर्थ है N की बहन M है। निम्नलिखित में से किसका अर्थ है कि C का चाचा A है?
A. A % B × C B. B × C % A
C. A + D % E % C D. A + F % G × C

उत्तरमाला

1. (D) 2. (B) 3. (D) 4. (B) 5. (D) 6. (C) 7. (D) 8. (C) 9. (B) 10. (C) 11. (C) 12. (B) 13. (C) 14. (D) 15. (C) 16. (D) 17. (C) 18. (C) 19. (A) 20. (D) 21. (A) 22. (C) 23. (D) 24. (A) 25. (B) 26. (D) 27. (D) 28. (A) 29. (A) 30. (B)

31. (A) 32. (B) 33. (C) 34. (C) 35. (D) 36. (C) 37. (B) 38. (A) 39. (D) 40. (D) 41. (A) 42. (B) 43. (C) 44. (C) 45. (C) 46. (B) 47. (C) 48. (D)

49. (D): 400 से 500 तक पूर्णांक लिखते समय अंक 6 प्रदर्शित होता है :
⇒ 406, 416, 426, 436, 446, 456, 460, 461, 462, 463, 464, 465, 466, 467, 468, 469, 476, 486, 496

$\therefore$ 400 से 500 तक के अंकों में अंक 6 के आने की संख्या = 20

$\therefore$ 600 से 700 तक के अंकों में अंक 6 के आने की संख्या = 100 + 20 = 120

$\therefore$ 400 से 900 तक के अंकों में अंक 6 के आने की संख्या

= 20 + 20 + 120 + 20 + 20 = 80 + 120 = 200.

50. (A): माना कि पुरुष और महिला उम्मीदवारों की संख्या = 100

तब, फार्म भरने वाली महिलाओं की संख्या = 60

तथा आवेदित पुरुषों की संख्या = 40

$\because$ परीक्षा में उत्तीर्ण उम्मीदवारों की संख्या = 18

$\therefore$ परीक्षा में उत्तीर्ण पुरुष उम्मीदवारों की संख्या

$$= \frac{18 \times 22.22}{100} = \frac{399.96}{100}$$

$$= 3.9996 = 4$$

परीक्षा में उत्तीर्ण महिला उम्मीदवारों की संख्या

$$= 18 - 4 = 14$$

$\therefore$ परीक्षा में अनुत्तीर्ण महिला उम्मीदवारों की संख्या का प्रतिशत

$$= \frac{60-14}{60} \times 100$$

$$= 46 \times \frac{5}{3} = \frac{230}{3} = 76.67\%.$$

51. (C): 20 किग्रा. गेहूँ का मूल्य

= ₹ 14 × 20 = ₹ 280

$\therefore$ मूल्य वृद्धि के बाद रमेश द्वारा खरीदे गए गेहूँ की

मात्रा $= \frac{280}{16} = 17.5$ किग्रा.।

52. (C): यहाँ पर, ट्रेन की गति = 90 किमी./घं.

$= 90 \times \frac{5}{18} = 5 \times 5 = 25$ मी./से.

$\because$ समय = $\frac{\text{दूरी}}{\text{गति}} = \frac{150+250}{25} = \frac{400}{25}$

= 16 सेकंड

$\therefore$ अभीष्ट समय = 16 सेकंड।

53. (C): दिया गया है, लम्बाई = 24 मी., चौड़ाई = 16 मी. तथा ऊँचाई = 18 मी.

कमरे में रखे जाने वाले सबसे लम्बे खंभे की लम्बाई

$$= \sqrt{l^2 + b^2 + h^2}$$

$$= \sqrt{(24)^2 + (16)^2 + (18)^2}$$

$$= \sqrt{576 + 256 + 324}$$

$= \sqrt{1156} = 34$ मी.।

54. (C): दो गोलाकार गेंदों के क्षेत्रफल का अनुपात = 4 : 9 है

$$\Rightarrow \quad \frac{4\pi r_1^2}{4\pi r_2^2} = \frac{4}{9}$$

$$\Rightarrow \quad \frac{(4)^2}{r_2^2} = \frac{4}{9}$$

$$\Rightarrow \quad \frac{16}{r_2^2} = \frac{4}{9}$$

$$\Rightarrow \quad r_2^2 = \frac{16 \times 9}{4}$$

$$\Rightarrow \quad r_2^2 = 36 = (6)^2$$

$\Rightarrow \quad r_2 = 6$ सेमी.

$\therefore$ बड़ी गेंद की त्रिज्या $= r_2 = 6$ सेमी.।

55. (C): टैंक का आयतन (घनाभाकार) = lbh

टैंक की लम्बाई, चौड़ाई और गहराई में वृद्धि के बाद आयतन

$$= l \times \frac{110}{100} + b \times \frac{115}{100} \times h \times \frac{120}{100}$$

$$= \frac{11}{10} \times \frac{23}{20} \times \frac{6}{5} lbh$$

$$= \frac{11}{10} \times \frac{23}{10} \times \frac{3}{5} lbh$$

$$= \frac{11 \times 69}{500} = \frac{759}{500} lbh$$

$= 1.518\ lbh$

टैंक के आयतन में प्रतिशत वृद्धि

$$= \frac{1.518\ lbh - lbh}{lbh} \times 100\%$$

$$= \frac{0.518\ lbh}{lbh} \times 100\%$$

$= 0.518 \times 100 = 51.8\%$.

56. (D): (जेम्स + पीटर) के एक दिन का कार्य

$$= \frac{1}{50} + \frac{1}{40} = \frac{4+5}{200} = \frac{9}{200}$$

अब, 45% कार्य $= \frac{45}{100} = \frac{9}{20}$

$\therefore$ वे कार्य का 45% पूरा करेंगे

$$= \frac{9}{20} / \frac{9}{200}$$

$$= \frac{9}{20} \times \frac{200}{9}$$

= 10 दिनों में।

57. (B) **58. (C)** **59. (D)**
60. (D) **61. (C)** **62. (D)**
63. (A) **64. (A)**

65. (B):

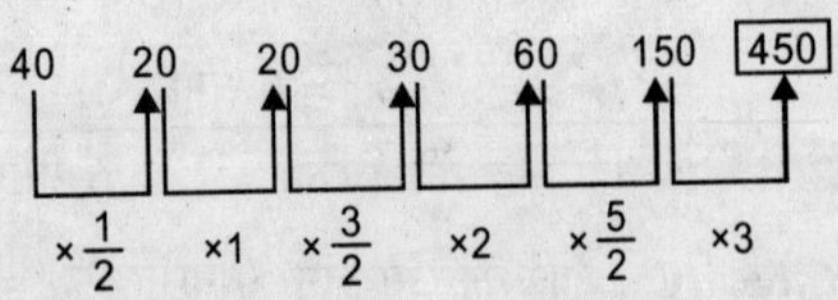

अतः अनुक्रम में X का मान = 450.

66. (B)

67. (C): दिया गया है,

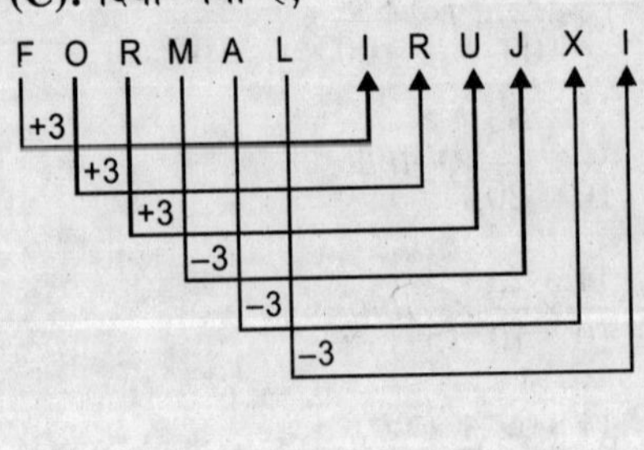

इसी प्रकार,

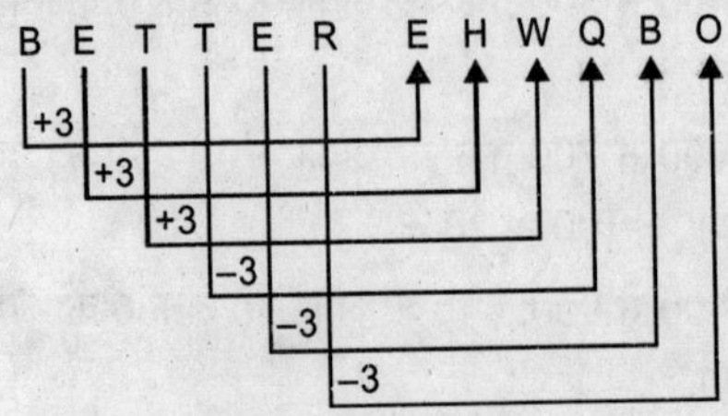

उसी भाषा में, BETTER को EHWQBO लिखा जाएगा।

प्रश्न संख्या 68 से 70 तक

दिए गए सूचना के अनुसार,

छात्र	कॉलेज	कोर्स	
K	Y	फार्मेसी	लड़का/लड़की
L	Z	चिकित्सा	लड़की
M	Y	मैकेनिकल इंजीनियरिंग	लड़का/लड़की
N	X	बायोटेक्नोलॉजी	लड़का
O	X	मैकेनिकल इंजीनियरिंग	लड़का
P	Z	इलेक्ट्रिकल इंजीनियरिंग	लड़का
Q	X	चिकित्सा	लड़की

68. (C): इनमें से तीन कॉलेज X में पढ़ते हैं।

69. (C): युग्म (Q, L) चिकित्सा पढ़ते हैं।

70. (B): O के अलावा M मैकेनिकल इंजीनियरिंग पढ़ता है।

71. (C) **72. (B)** **73. (C)**
74. (A) **75. (D)** **76. (B)**
77. (D) **78. (B)** **79. (A)**
80. (D)

पिछले प्रश्न-पत्र (हल सहित)

हिमाचल प्रदेश पुलिस कांस्टेबल भर्ती परीक्षा, 2019*

1. एक्सप्लोरर और फायरफॉक्स जैसे सॉफ्टवेयर्स .... भी कहलाते हैं।

A. सिस्टम सॉफ्टवेयर्स B. यूटिलटी सॉफ्टवेयर्स
C. ब्राउजर्स D. इंटरनेट टूल्स

2. गोताखोरी में श्वसन के लिए जो गैस प्रयुक्त होती है उसमें ऑक्सीजन और .... का समावेश होता है।

A. नाइट्रोजन व हीलियम
B. हीलियम
C. आर्गन
D. कार्बन डाइऑक्साइड

3. जंक-ईमेल को यह भी कहते हैं:

A. स्निफर-स्क्रिप्ट B. स्पैम
C. स्पूल D. स्पूफ

4. "संकल्प परियोजना" किसके उन्मूलन से संबंधित है?

A. HIV-AIDS B. पोलियो
C. क्षय रोग D. लेप्रोसी

5. $\left[\sqrt{4}\right]^3 \times \left[\sqrt{16}\right]^4 \div 8^2 = 2^?$

A. 8 B. 5
C. 9 D. 7

6. राम की 5 अलग परीक्षाओं का औसत 46.5 है। बाद में यह ज्ञात हुआ कि उसके दो स्कोर 38 की जगह 40 और 36 की जगह 32 लिखे गए। उसकी सही औसत क्या है?

A. 42.1 B. 46.9
C. 43.9 D. 47.5

7. 'A' एक कार्य को 12 दिन में पूरा करता है। 'B' 20% ज्यादा कुशल है 'A' से। अगर 'C' उसी कार्य को 'B' से 6 ज्यादा दिनों में करता है तो 'B' और 'C' को मिलकर कार्य खत्म करने में कितने दिन लगेंगे।

A. $3\frac{3}{13}$ B. $5\frac{2}{13}$
C. $4\frac{1}{13}$ D. $6\frac{2}{13}$

8. एक त्रिभुज के सबसे बड़े और दूसरे सबसे बड़े कोण का अनुपात 3 : 2 है। सबसे छोटा कोण, सबसे बड़ा कोण और दूसरे सबसे बड़े कोण के योग का 20% है। सबसे छोटे और दूसरे सबसे बड़े कोण का योग क्या है?

A. 100° B. 90°
C. 80° D. 105°

9. जल का घनत्व होता है:

A. –4°C पर न्यूनतम B. 4°C पर अधिकतम
C. 0°C पर अधिकतम D. 0°C पर न्यूनतम

10. मानव चर्म (skin) है:

A. एक अंग B. ऊत्तक
C. कोश D. श्वसन तंत्र

11. भारत वर्ष में नवजात शिशु को कौन-सी वैक्सीन दी जाती है?

A. बी.सी.जी. B. हेपेटाइटस
C. टेटनस D. पोलियो

12. प्रेशर कुकर में खाना पकाना आसान क्यों होता है?

A. यह उच्च दबाव व अधिक तनाव उत्पन्न करता है।
B. कुकर के अन्दर अधिक भाप बन जाती है।
C. पानी का क्वथनांक बढ़ जाता है।
D. पानी का क्वथनांक कम हो जाता है।

* *Held on 08-09-2019.*

13. निम्न क्रम में गलत नम्बर को ज्ञात करें:
2269, 2284, 2319, 2376, 2539, 2760

A. 2760 B. 2284
C. 2319 D. 2376

14. ₹ 5000 में से, कुछ राशि 10% प्रति वर्ष और बाकी राशि 20% प्रति वर्ष पर उधार दी गई। अगले दो सालों में इन दोनों राशियों पर जो साधारण ब्याज मिला वह ₹ 1700 था। कितनी राशि थी जो 10% प्रति वर्ष पर उधार दी गयी?

A. ₹ 1500 B. ₹ 1900
C. ₹ 2100 D. ₹ 1345

15. पिता और माता की आयु का अनुपात 9 : 8 था जब उनके पुत्र का जन्म हुआ। इन्हीं पिता और माता की आयु का अनुपात 17:16 होगा जब उनके पुत्र की उम्र उसकी अभी की उम्र की दो गुना होगी। पिता और माता की वर्तमान आयु का अनुपात क्या है।

A. 15 : 14 B. 13 : 12
C. 10 : 9 D. 16 : 15

16. एक ट्रेन प्लैटफॉर्म को 25 सैकंड्स में पार कर लेती है। प्लैटफॉर्म की लम्बाई 240 मीटर है। ट्रेन की लम्बाई कितनी है?

A. 140 मीटर
B. 200 मीटर
C. निर्धारित नहीं किया जा सकता
D. इनमें से कोई नहीं

17. विजातीय चुनकर अलग कीजिए:

A. जापान B. चीन
C. क्वालालम्पुर D. इण्डोनेशिया

18. एक कोड में TOGETHER को RQEGRJCT कूटित किया जाता है तो PAROLE को उसी कोड में कैसे कूटित किया जाएगा?

A. RCTQNG B. RCPQJK
C. NCQPJG D. NCPQJG

19. यदि माह का तीसरा दिन सोमवार हो, तो उसी माह के 21वें दिन के पश्चात 5वाँ दिन कौन-सा होगा?

A. सोमवार B. बुधवार
C. मंगलवार D. इनमें से कोई नहीं

20. पाँच लड़कों में बसंत, मनोहर से लंबा है, परन्तु उतना नहीं जितना राजू है। जयंत, प्रदीप से अधिक लंबा है परन्तु मनोहर से छोटा है। कौन सबसे लंबा है?

A. राजू
B. मनोहर
C. बसंत
D. निश्चित नहीं किया जा सकता

निर्देश (प्र.सं 21-25) : *छह व्यक्तियों A, B, C, D, E और F ने अलग-अलग चॉकलेट खरीदे अर्थात् स्निकर्स, पर्क, मंच, जेम्स और कैडबरी। उनमें से प्रत्येक ने अलग-अलग संख्या में पैकेट खरीदे 1, 2, 3, 4 और 5। सभी जानकारी एक ही क्रम में होना आवश्यक नहीं है। दो से अधिक व्यक्तियों ने एक ही वस्तु या समान संख्या में वस्तुओं को नहीं खरीदा।*

- 'C' ने मंच पैकेट खरीदे।
- 'A' ने कैडबरी पैकेट नहीं खरीदे।
- 'B' ने एक पैकेट खरीदा।
- 'A' और 'D' ने समान संख्या में पैकेट खरीदे।
- दो व्यक्तियों ने जेम्स के पैकेट खरीदे।
- केवल एक व्यक्ति ने 5 पर्क पैकेट खरीदे।
- 'E' ने दो जेम्स के पैकेट खरीदे।
- कैडबरी के पैकेट, स्निकर्स के पैकेटों की संख्या से अधिक खरीदे गए लेकिन मंच के पैकेटों की संख्या से कम खरीदे गए।

ऊपर लिखित जानकारी के आधार पर अगले पाँच प्रश्नों का उत्तर दें।

21. निम्नलिखित में से किसने कैडबरी चॉकलेट खरीदी?

A. B B. D
C. E D. F

22. निम्नलिखित में से किस जोड़ी ने समान संख्या में पैकेट खरीदे?

A. A B B. D – C
C. E – B D. A – D

23. निम्नलिखित में से किसने पर्क चॉकलेट खरीदी?

A. B B. D
C. E D. F

24. C और D द्वारा खरीदे गए पैकेटों की संख्या में क्या अंतर है?

A. 1 B. 2
C. 3 D. 4

25. F, C और D द्वारा एक साथ खरीदे गए पैकेटों की औसत संख्या क्या है?

A. 3 B. 4
C. 5 D. 2

26. अंग्रेजी शब्दकोश में निम्नलिखित में से कौन तीसरे स्थान पर आएगा?

A. Monarchy B. Monastic
C. Monetary D. Moneyed

27. कौन-सा शेष से भिन्न है?

A. PRT B. QOM
C. CEG D. UWY

28. अंग्रेजी शब्द STUMBLE के दूसरे, चौथे, छठे व सातवें अक्षरों को व्यवस्थित करके कितने सार्थक अंग्रेजी शब्द बनाये जा सकते हैं? प्रत्येक शब्द में एक अक्षर को केवल एक बार ही प्रयुक्त करना है:

A. एक B. दो
C. तीन D. कोई नहीं

निर्देश (प्र.सं 29-32) : *नीचे दिए गए चार प्रश्न, नीचे दी गई पाँच 'तीन' अंकों की संख्या पर आधारित हैं।*

851, 375, 638, 249, 526

29. यदि प्रत्येक संख्या के अंकों को बाएं से दाएं आरोही क्रम (ascending order) में व्यवस्थित किया जाता है और फिर संख्याओं को बाँए से दाँए अवरोही क्रम (descending order) में व्यवस्थित किया जाता है तो निम्नलिखित में से कौन-सा दाहिने छोर से तीसरा होगा?

A. 375 B. 526
C. 638 D. 249

30. यदि सभी विषम संख्याओं के मध्य अंक के साथ 2 को जोड़ा जाता है और सभी सम संख्याओं के पहले अंक से 3 को घटाया जाता है तो नई बनी हुई नई संख्याओं में सबसे बड़ी और दूसरी सबसे बड़ी संख्या का अंतर होगा:

A. 525 B. 729
C. 476 D. 582

31. बाँए छोर से तीसरी संख्या के तीसरे अंक और दाँई ओर से दूसरी संख्या के दूसरे अंक का क्या उत्पाद होगा?

A. 27 B. 36
C. 28 D. 32

32. यदि प्रत्येक संख्या के पहले और तीसरे अंक को आपस में बदल दिया जाए, तो निम्नलिखित में से कौन-सी दूसरी सबसे बड़ी संख्या बनेगी?

A. 526 B. 638
C. 851 D. 375

Directions (Qs. No. 33-36) : *A sentence has been given with one underlined part. There are three possible substitutions for the underlined part written as A, B and C to correct/improve the sentence. If the sentence does not need improvement, then you can indicate D as your response.*

33. Whenever my students come across a new word, I ask them <u>to look for them</u> in the dictionary.

A. to look it up B. to look them up
C. to look at them D. no improvement

34. He <u>insisted on</u> he was innocent.

A. Insistent on that B. Insisted that
C. Insisted with D. No improvement

35. <u>Each furniture</u> on display in this hall is on sale.

A. each of the furniture
B. each piece of furniture
C. each one of the furniture
D. no improvement

36. The building is <u>a prime</u> example of the 18th century.

A. primary B. paramount
C. primitive D. no improvement

Directions (Q. No. 37): *Choose the word closest in meaning to the word written in capital letters.*

37. TO JETTISON

A. To go on a track B. To fly
C. To abandon D. To fire a gun

Directions (Qs. No. 38 and 39): *In the given sentences, choose the word which is opposite to the underlined word.*

38. People are unwilling to follow the rules.
A. Waive B. Neglect
C. Dispose D. Disregard

39. His appearance on the scene was fortuitous.
A. Circumstantial B. Unfortunate
C. Sudden D. Calculated

Directions (Qs. No. 40 and 41) : *Choose the correct word to fill in the blanks.*

40. Climbing Mount Everest is a remarkable _____.
A. feet B. feat
C. foot D. fete

41. The loss of his father ______ him deeply.
A. Affect B. Effect
C. Affected D. Effected

Directions (Qs. No. 42-48) : *In the passage below, a choice of four words marked A, B, C and D are suggested. Choose the best word to fit in the blank marked with numbers.*

You probably know about instant coffee and instant tea. They are a part of modern man's life. However, have you heard __(42)__ instant trees? Yes, Mr. Mohan __(43)__ Mumbai has achieved this feat by a __(44)__ pole planting technique. By this new __(45)__ a tree can be easily grown __(46)__ three months to a size which __(47)__ normally have taken three years to __(48)__.

42. A. of B. with respect to
C. at D. from

43. A. belonging from B. within
C. from D. on

44. A. fanciful B. revolutionary
C. classical D. bridge

45. A. strategy B. method
C. environment D. diameter

46. A. within B. during
C. after D. from

47. A. shall B. would
C. will D. regularly

48. A. plant B. grow
C. attain D. birth

निर्देश (प्र.सं. 49 एवं 50) : *निम्नलिखित में विशेषण लिखें।*

49. लड़के ने लाल कमीज पहनी है।
A. ने B. लाल
C. पहनी D. है

50. झील की गहराई का अनुमान लगाना कठिन है।
A. गहराई B. अनुमान
C. लगाना D. कठिन

निर्देश (प्र.सं. 51 से 52) : *निम्नलिखित लोकोक्तियों का अर्थ बताएं।*

51. सफेद झूठ
A. जिसे पकड़ा न जा सके।
B. जो साफ पता चले कि झूठ है।
C. जो सरकारी कागजों में गलत लिखा है।
D. बच्चों द्वारा बोला गया झूठ।

52. लाल-पीला होना।
A. रंग बदलना
B. मारपीट करना
C. होली का निमंत्रण देना
D. गुस्सा आना

निर्देश (प्र.सं. 53 से 55) : *नीचे लिखे वाक्यों में क्रिया विशेषण को चिन्हित करें।*

53. हादसे के बाद मैं वहाँ से सरपट भागा।
A. बाद B. वहाँ
C. सरपट D. भागा

54. रेलगाड़ी धीरे-धीरे पहुँच ही गई।
A. धीरे-धीरे B. पहुँच
C. ही D. गई

55. रमेश इतना तेज दौड़ा कि बहुत आगे निकल गया।
A. इतना B. तेज
C. कि D. बहुत

निर्देश (प्र.सं. 56 एवं 57) : *निम्न वाक्यों में क्रिया को चिन्हित करें।*

56. गया शहर किस प्रदेश में है?
A. शहर B. किस
C. में D. है

57. तुम अभी चुप रहो।

A. तुम	B. अभी

C. चुप	D. रहो

58. सही शब्द चुनें :

A. मात्रि भूमि	B. मात्र भूमि

C. मातृ भूमि	D. मातृी भूमि

59. सही शब्द चुनें :

A. सूर्यगृहण	B. सूर्यग्रहण

C. सूरयगृहन	D. सूर्यग्रहिन

60. अवनि का विपरीतार्थक शब्द चुनें:

A. आकाश	B. अम्बर

C. नभ	D. आसमान

निर्देश (प्र.सं. 61 एवं 62) : *इन मुहावरों का अर्थ क्या है?*

61. छत्तीस का आँकड़ा

A. गहरी दोस्ती	B. पक्की दुश्मनी

C. गणित में ज्ञानी	D. थोक में भाव करना

62. आसमान सिर पर उठाना

A. नंगे पैर चलना

B. सब को तंग करना

C. छत पर जा कर चिल्लाना

D. बारिश से बचाव करना

निर्देश (प्र.सं. 63 एवं 64): *निम्नलिखित शब्द समूह में उस शब्द को चुनें जो अन्य से मेल नहीं रखता है।*

63. A. जूता	B. चप्पल

C. मोजे	D. बेल्ट

64. A. नदी	B. झील

C. वर्षा	D. तालाब

65. निम्नलिखित में से किस खिलाड़ी को सर्वप्रथम "राजीव गाँधी खेल रत्न" प्रदान किया गया था?

A. गीत सेठी	B. विश्वनाथन आनंद

C. कर्णम मल्लेश्वरी	D. सचिन तेंदुलकर

66. राम कृष्ण मिशन की स्थापना किसने की थी?

A. रामकृष्ण परमहंस

B. स्वामी दयानंद सरस्वती

C. स्वामी विवेकानंद

D. श्री केश्व चंद्र सेन

67. हिमाचल की सबसे बुजुर्ग मतदाता का निधन हाल ही में हुआ जिन्होंने लोक सभा चुनाव 2019 में मतदान किया था?

A. शारनी देवी	B. भूरी सिंह नेगी

C. करम देवी	D. मंजरी देवी

68. कर्क रेखा निम्नलिखित में से किन-किन राज्यों से होकर गुजरती है।

A. गुजरात, मध्य प्रदेश, छत्तीसगढ़, मणिपुर

B. उत्तर प्रदेश, बिहार, झारखण्ड

C. राजस्थान, झारखण्ड, पं. बंगाल, मिजोरम

D. महाराष्ट्र, छत्तीसगढ़, उड़ीसा, आंध्र प्रदेश

69. निम्नलिखित में से कौन-सा क्षेत्र भारत में 'सेवा क्षेत्र' में नहीं आता?

A. बीमा	B. परिवहन

C. निर्माण	D. होटल व रेस्तरां

70. हिमाचल प्रदेश के निम्नलिखित में से कौन-से जिले में वनाच्छादित क्षेत्र निम्नतम है?

A. किन्नौर	B. कुल्लू

C. लाहौल तथा स्पीति	D. ऊना

71. 1° अक्षांश का निरूपण कितने किलोमीटर में होता है?

A. 111 कि.मी.	B. 222 कि.मी.

C. 1111 कि.मी.	D. 2222 कि.मी.

72. रोहतांग सुरंग की लम्बाई कितनी है?

A. 10 कि.मी.	B. 8.8 कि.मी.

C. 9.2 कि.मी.	D. 8.0 कि.मी.

73. भारतीय संविधान के किस अनुच्छेद में 'राष्ट्रपति शासन' लागू करने की शक्ति निहित है?

A. अनुच्छेद 352	B. अनुच्छेद 356

C. अनुच्छेद 360	D. अनुच्छेद 342

74. भारत के स्वतंत्रता संग्राम में 'करो या मरो' का नारा किसने दिया था?

A. सुभाष चंद्र बोस	B. महात्मा गाँधी

C. लाला लाजपत राय	D. चंद्रशेखर आजाद

75. हिमाचल प्रदेश में लोक सभा का पहला चुनाव किस वर्ष में हुआ था?

A. 1950 B. 1953
C. 1951 D. 1952

76. अकबर के प्रशासन में किसने स्थाई बंदोबस्त प्रणाली पर काम किया था?

A. बीरबल B. मान सिंह
C. टोडरमल D. इनमें से कोई नहीं

77. उपनिषद् पुस्तकें हैं:

A. दर्शनशास्त्र की B. योग की
C. धर्म की D. विधि की

78. कुल्लू सुल्तानपुर से पहले, कुल्लू रियासत की राजधानी कहाँ थी?

A. बजौरा B. नग्गर
C. बजीरी परौल D. बजीरी रूपी

79. निम्नलिखित में से किस नदी का पौराणिक नाम 'पारूषनी' था?

A. ब्यास B. रावी
C. यमुना D. सतलुज

80. शिमला को कब भारत की ग्रीष्मकालीन राजधानी बनाया गया था?

A. 1905 B. 1919
C. 1864 D. 1885

उत्तरमाला

1	2	3	4	5	6	7	8	9	10
C	B	B	A	B	B	D	B	B	A
11	**12**	**13**	**14**	**15**	**16**	**17**	**18**	**19**	**20**
A	C	C	A	B	C	C	D	B	A
21	**22**	**23**	**24**	**25**	**26**	**27**	**28**	**29**	**30**
B	D	D	A	B	C	B	A	B	C
31	**32**	**33**	**34**	**35**	**36**	**37**	**38**	**39**	**40**
D	B	A	B	B	D	C	D	D	B
41	**42**	**43**	**44**	**45**	**46**	**47**	**48**	**49**	**50**
C	A	C	B	B	A	B	C	B	A
51	**52**	**53**	**54**	**55**	**56**	**57**	**58**	**59**	**60**
B	D	C	A	B	B	C	C	B	B
61	**62**	**63**	**64**	**65**	**66**	**67**	**68**	**69**	**70**
B	B	D	C	B	C	A	C	C	C
71	**72**	**73**	**74**	**75**	**76**	**77**	**78**	**79**	**80**
A	C	B	B	C	C	A	B	B	C

व्याख्यात्मक उत्तर

5. $\left[\sqrt{4}\right]^3 \times \left[\sqrt{16}\right]^4 \div 8^2 = 2^?$

$\Rightarrow [2]^3 \times [4]^4 \div 64 = 2^x$

$\Rightarrow 8 \times 16 \times 16 \times \frac{1}{64} = 2^x$

$\Rightarrow 2 \times 16 = 2^x$

$\Rightarrow 2^1 \times 2^4 = 2^x$

$\Rightarrow [2]^{1+4} = 2^x$

$\Rightarrow 2^5 = 2^x$

$\Rightarrow x = 5.$

6. राम की 5 परीक्षाओं के स्कोर का कुल योग

$= 5 \times 46.5 = 232.5$

सही कुल स्कोर = 232.5 + (38 – 40) + (36 – 32)

= 232.5 – 2 + 4

= 232.5 + 2 = 234.5

सही औसत = $\frac{234.5}{5}$ = 46.9.

7. ∵ A और B के कुशलता का अनुपात

= 100 : 120 = 5 : 6

∴ A और B के दिन का अनुपात

= 6 : 5 = 12 : 10

∵ A एक कार्य को 12 दिन में पूरा करता है।

∴ B एक कार्य को 10 दिन में पूरा करता है।

अतः C एक कार्य को 10 + 6 = 16 दिन में पूरा करता है।

∴ (B + C) का 1 दिन का कार्य

$$= \frac{1}{10} + \frac{1}{16} = \frac{8+5}{80} = \frac{13}{80}$$

अतः 'B' और 'C' को मिलकर कार्य खत्म करने में $\frac{80}{13}$ दिन लगेंगे।

$$= 6\frac{2}{13} \text{ दिन।}$$

8. माना एक त्रिभुज के सबसे बड़े और दूसरे सबसे बड़े कोण क्रमशः $3x$ और $2x$ हैं।

तब सबसे छोटा कोण = $(3x + 2x) \times \frac{20}{100}$

$$= 5x \times \frac{1}{5} = x$$

अतः $3x + 2x + x = 180°$

$\Rightarrow \quad 6x = 180°$

$\Rightarrow \quad x = 30°$

∴ सबसे छोटे और दूसरे सबसे बड़े कोण का योग

$= x + 2x = 3x = 3 \times 30° = 90°$.

14. माना ₹ x राशि 10% प्रति वर्ष और ₹ $(5000 - x)$ राशि 20% प्रति वर्ष पर उधार दी गई।

तब, साधारण ब्याज = 1700

$$\Rightarrow \frac{x \times 10 \times 2}{100} + \frac{(5000 - x) \times 20 \times 2}{100} = 1700$$

$\Rightarrow x \times 10 \times 2 + (5000 - x) \times 20 \times 2 = 1700 \times 100$

$\Rightarrow 2x + 4\,(5000 - x) = 1700 \times 10$

$\Rightarrow 2x + 20000 - 4x = 17000$

$\Rightarrow 20000 - 2x = 17000$

$\Rightarrow 2x = 20000 - 17000 = 3000$

$\Rightarrow x = 1500$

अतः ₹ 1500 राशि 10% प्रति वर्ष पर उधार दी गई।

18.

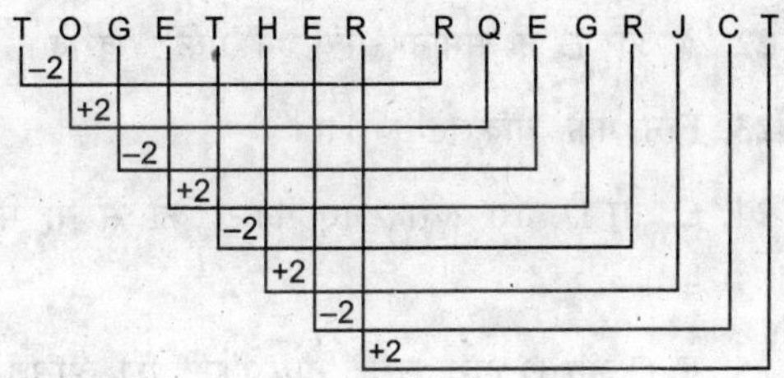

इसी प्रकार,

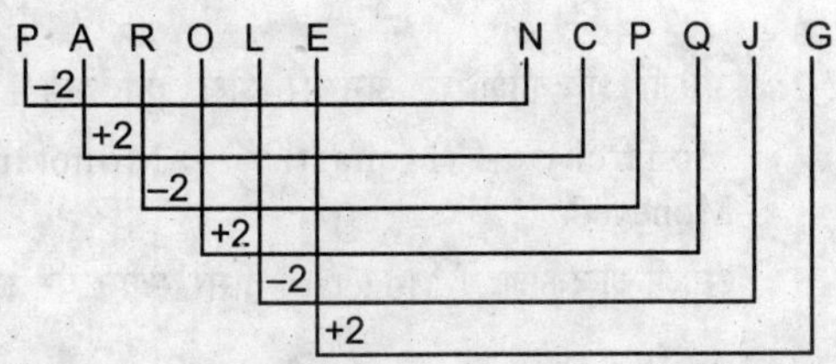

19. दिया है, माह का तीसरा दिन = सोमवार

∴ माह का पहला दिन = शनिवार

आठवां दिन = शनिवार

पन्द्रहवां दिन = शनिवार

21वें दिन = शुक्रवार

अतः 21वें दिन के पश्चात 5वां दिन

= शुक्रवार + 5वें दिन

= बुधवार

20. राजू > बसंत > मनोहर > जयंत > प्रदीप

यहाँ, राजू सबसे लंबा है।

प्र.सं. (21-25):

दी गई जानकारी के अनुसार

व्यक्ति	चॉकलेट	पैकेट की संख्या
A	जेम्स	3
B	स्निकर्स	1
C	मंच	4
D	कैडबरी	3
E	जेम्स	2
F	पर्क	5

21. D ने कैडबरी चॉकलेट खरीदी।

22. A और D ने समान संख्या में पैकेट खरीदे।

23. F ने पर्क चॉकलेट खरीदी।

24. C और D द्वारा खरीदे गए पैकेटों की संख्या में अंतर
$= 4 - 3 = 1.$

25. F, C और D द्वारा खरीदे गए पैकेटों की औसत संख्या

$$= \frac{5+4+3}{3} = \frac{12}{3} = 4.$$

26. अंग्रेजी शब्दकोश के अनुसार शब्द का क्रम
Monarchy → Monastic → Monetary → Moneyed
अंग्रेजी शब्दकोश में Monetary तीसरे स्थान पर आएगा।

27. A. P R T (+2, +2)

B. Q O M (−2, −2)

C. C E G (+2, +2)

D. U W Y (+2, +2)

28. दिया गया शब्द STUMBLE है।
इसके दूसरे, चौथे, छठे व सातवें अक्षर अर्थात् TMLE से बनने वाला सार्थक शब्द MELT है।

29. दी गई संख्या,
851, 375, 638, 249, 526
प्रत्येक संख्या के अंकों को बाएं से दाएं आरोही क्रम में व्यवस्थित करने पर:
158, 357, 368, 249, 256
पुनः संख्या को अवरोही क्रम में व्यवस्थित करने पर
368, 357, 256, 249, 158
अतः दाहिने छोर से तीसरी संख्या = 256
अर्थात् 526.

30. दी गई संख्यायें, 851, 375, 638, 249, 526
विषम संख्याओं के मध्य अंक के साथ 2 को जोड़ा जाता है और सभी सम संख्याओं के पहले अंक से 3 को घटाया जाता है।
871, 395, 338, 269, 226
नई संख्याओं में सबसे बड़ी और दूसरी सबसे बड़ी संख्या का अंतर

$$= 871 - 395 = 476.$$

31. दी गई संख्यायें, 851, 375, 638, 249, 526
बाएं छोर से तीसरी संख्या = 638 का तीसरे अंक = 8
और दाईं ओर से दूसरी संख्या = 249 का दूसरा अंक = 4
अभीष्ट उत्पाद = 8 × 4 = 32.

32. दी गई संख्यायें, 851, 375, 638, 249, 526
प्रत्येक संख्या के पहले और तीसरे अंक को आपस में बदलने पर
158, 573, 836, 942, 625
संख्या को अवरोही क्रम में सजाने पर:
942, 836, 625, 573, 158
अतः दूसरी सबसे बड़ी संख्या = 836
अतः अभीष्ट संख्या = 638.

पिछले प्रश्न-पत्र (हल सहित)

हिमाचल प्रदेश पुलिस कांस्टेबल भर्ती परीक्षा, 2017*

1. How is the word 'enough' used in these two sentences?
   (*i*) There is time 'enough' and to spare.
   (*ii*) You know well 'enough' what I mean
   A. Adjective & Adverb
   B. Noun & Verb
   C. Conjunction & Preposition
   D. Adverb & Preposition

Directions (Qs. No. 2 & 3) : *In each question below choose the correct meaning of the given IDIOMS.*

2. His behaviour compelled me to "given him a piece of my mind"
   A. Scold him
   B. Pardon him
   C. Make him my friend
   D. Take him into confidence

3. "In black and white"
   A. In short B. Useless
   C. In writing D. In full swing

Directions (Qs. No. 4 & 5) : *Out of the four given alternatives, choose the one which correctly stands for each expression.*

4. Public declaration by a political party, ruler, etc. of principles and policy:
   A. Promise
   B. Advertisement
   C. Manifesto
   D. Blue book

5. Custom of having more than one husband at the same time.
   A. Polyandry B. Polygamy
   C. Monogamy D. Bigamy

Directions (Qs. No. 6 & 7) : *Choose the word/ phrase which is most opposite in meaning of the word printed in BOLD.*

6. ESTABLISHED
   A. Small B. New
   C. Orthodox D. Modern

7. AFFLUENT
   A. Affected B. Poor
   C. Uneducated D. Usual

Directions (Qs. No. 8 & 9) : *In each of the following questions, a sentence contains a blank space. You have to choose from options (A), (B), (C) and (D) and fill the blank in such a manner that it completes the sentence in the most meaningful and grammatically appropriate manner.*

8. Tonight's game was .... because of the rain.
   A. struck off B. called off
   C. winning D. played

9. .... having worked really hard in office, Vikas did not get the much expected promotion.
   A. In spite of B. On
   C. Since D. Despite off

Directions (Qs. No. 10 & 11) : *Choose the word/ phrase below which is most nearly the same in meaning to the word/phrase in BOLD.*

10. PREMIUM
    A. Superior B. Bonus
    C. Payable D. Promotional

11. Exhort
    A. Threaten B. Show
    C. Encourage D. Alert

* *Held on 02-10-2017.*

Directions (Qs. No. 12 & 13) : *In each question below a sentence with four words printed in bold type is given. They are numbered as (A), (B), (C) and (D). One of these words printed in bold may be either wrongly spelt or inappropriate in the context of the sentence. Find out this word and the number of the word is your answer.*

12. It is better to Seek (A) / Advice from a Financial (B) / Consultant on how to (C) / Safe your business / (D).

13. On two Consecutive nights two greatest (A) / Icones of show business were honoured with (B) / Unprecedented (C) / Affection / (D).

Directions (Qs. No. 14-16) : *In the following passage, there are blank spaces which have been numbered. These numbers are printed below the passage and against each, four words are suggested one of which fits appropriately.*

The emperor of China had .... 14 .... some peaches to the king of the Turkey with a note .... 15 ... that the fruit gives long life to anyone who eats them. As the fruits were being shown to the ruler Ram giving into the temptation .... 16 .... up one of the luscious peaches and bit into it.

14. A. parcel B. grown
C. bought D. sent

15. A. stating B. attach
C. stuck D. telling

16. A. reached B. picked
C. take D. secured

17. निम्नलिखित में से अशुद्ध वाक्य कौन-सा है?
A. बाघ बकरी एक घाट में पानी पीते हैं
B. वहाँ बहुत भीड़ है
C. श्रीकृष्ण के अनेक नाम हैं
D. हमारे शिक्षक बहुत अच्छे हैं

18. निम्न में से 'कुसुम' का पर्यायवाची शब्द नहीं है :
A. कमल B. पुष्प
C. सुमन D. प्रसून

19. 'ताप' शब्द का विलोम .... होता है।
A. तम B. तामसिक
C. शरद D. शीत

20. 'लकीर का फकीर' होना :
A. सरल जीवन यापन करना
B. परम्परावादी होना
C. झाड़फूक पर विश्वास करना
D. आडम्बर विरोधी होना

21. 'क्रूर' शब्द है :
A. सर्वनाम B. विशेषण
C. संज्ञा D. क्रिया

22. 'शांति' शब्द का समानार्थ नहीं है :
A. चुप्पी B. मौन
C. नीरवता D. आकाश

23. "जो सब कुछ जानता है" इस वाक्यांश के लिये सही शब्द क्या है?
A. बहुज B. अल्पज्ञ
C. सर्वज्ञ D. अभिज्ञ

24. "दाता" शब्द का स्त्रीलिंग होता है।
A. दातृ B. दानी
C. दार्त D. दात्री

25. "उल्लास" का सन्धिविच्छेद होगा :
A. उत् + लास B. उल् + लास
C. उल + लास D. उल्ल + आस

26. "जो अच्छे कुल में पैदा हुआ हो" कहलाता है :
A. कुलीन B. संस्कारी
C. सर्वज्ञ D. बहुज्ञ

27. वृद्धा ने बौद्ध भिक्षु को .... दी :
A. दीक्षा B. परीक्षा
C. भिक्षा D. बुभुक्षा

28. "जीतने की इच्छा रखने वाला" कहलाता है :
A. उन्माद B. जिगीषु
C. आकांक्षी D. जिगिषा

29. बहुत सी भाषाओं को जानने वाला .... कहलाता है।
A. बहुभाषाविद् B. बहुभाषाभाषी
C. बहुश्रुत D. बहुदर्शी

30. "उत्कृष्ट" शब्द का विलोम है :
A. अपकर्ष B. व्यर्थ
C. निकृष्ट D. विकराल

31. 'यथार्थ' का विलोम है :

A. कृत्रिम B. कल्पित

C. उचित D. अनुचित

32. 'नाक में दम कर देना' मुहावरे का अर्थ बताइये :

A. बहुत प्रसन्न होना

B. बहुत परेशान होना

C. जिज्ञासा शांत करना

D. निंदा करना

33. अगर P का अर्थ है 'भाग'; R का अर्थ 'जमा'; T का अर्थ 'घटाना'; V का अर्थ 'गुणा'; तब 12 V 4 R 16 P 8 T 6 = ?

A. 138 B. 50

C. 44 D. 72

34. इस क्रमांक में आगे क्या आयेगा?

ABCD PQRS ABCDE PQRST ABCDEF PQRST?

A. A B. V

C. U D. W

निर्देश (प्र. सं. 35 से 39) : *उपरोक्त के सम्बन्ध में निम्न प्रश्नों का सही उत्तर दें :*

A, B, C, D, E, F & G एक गोलाकार में बीच की तरफ मुँह करके बैठे हैं (जरूरी नहीं वह उसी क्रम में बैठें) D, F के बाएँ है; D, A के दाएँ में दूसरे नम्बर पर है; C, A के बाएँ पर तीसरे नम्बर पर है; C, G के बाएँ में दूसरे नम्बर पर है; B, G का एकदम पड़ोसी है।

35. C के बाएँ पर दूसरे नम्बर पर कौन है?

A. B B. G

C. F D. D

36. C से एकदम दाएँ पर कौन है?

A. D B. G

C. E D. B

37. A एवं B के बीच में कौन है?

A. F B. D

C. G D. E

38. D के एकदम बाएँ पर कौन है?

A. B B. E

C. A D. नहीं जाना जा सकता

39. E का स्थान D के मुकाबले कहाँ है?

A. एमदम बाएँ

B. दाएँ से तीसरे

C. दाएँ से दूसरे

D. बाएँ से तीसरे

40. NSIK से कितने सार्थक अंग्रेजी शब्द बनाये जा सकते हैं, जो 'S' से शुरू होते हैं?

A. One B. Two

C. Three D. Four

41. 'K, N' का रिश्ता 'Q, T' से वही है जो 'D, G' का .... से है।

A. JN B. IM

C. JM D. IN

42. रोहन उत्तर दिशा में 10 किमी. चला फिर वह बाएँ मुड़कर 20 किमी. चला है। वह फिर बाएँ मुड़कर 10 किमी. चला है। वह फिर दाएँ मुड़ा और 5 किमी. चला। वह शुरुआती जगह से कितनी दूर है?

A. 10 किमी. B. 20 किमी.

C. 30 किमी. D. 25 किमी.

43. चार में से तीन एक समान हैं तथा एक समूह बनाते हैं। कौन समूह से बाहर है?

A. ताँबा B. चाँदी

C. सोना D. हीरा

44. चार में से तीन समान हैं ताकि एक समूह बन सके। कौन समूह से बाहर है?

A. नीला B. लाल

C. बैंगनी D. धूसर

45. NREA से कितने सार्थक अंग्रेजी शब्द बनाए जा सकते हैं। एक अक्षर का प्रयोग केवल एक ही बार करना है?

A. कोई नहीं B. एक

C. दो D. तीन

46. इस क्रमांक में आगे क्या आयेगा?

311, 300, 278, 245, 201, 146

A. 70 B. 90

C. 80 D. 110

47. भारतीय सेना का सेना प्रमुख कौन है?

A. श्री विक्रम सिंह राठौर

B. श्री बिपिन रावत
C. श्री वेलू नायर
D. श्री वीरेन्द्र सिंह

48. किसी निश्चित भाषा में 'GUEST' को 'HVFTU' के रूप में लिखा जाता है, तो 'NEST' को लिखा जायेगा।
A. IWTU B. XWTU
C. OFTU D. MDTU

49. अपराध उसी प्रकार पुलिस से सम्बन्धित है जिस प्रकार बाढ़ सम्बन्धित है :
A. नदी से B. तालाब से
C. क्रूज से D. बाँध से

50. भारत में पहली Technicolour film .... 1950 में .... द्वारा निर्मित की गई थी?
A. झांसी की रानी – सोहराब मोदी
B. झांसी की रानी – सैयद मोदी
C. मिर्जा गालिब – सोहराब मोदी
D. मिर्जा गालिब – मुंशी प्रेमचंद

51. विश्व मानव अधिकार दिवस कब मनाया जाता है?
A. 24 फरवरी B. 10 दिसम्बर
C. 15 मई D. 21 जुलाई

52. भारत की पहली यूरेनियम (Uranium) खान कहाँ स्थित है?
A. जादुगौडा B. तुमल्ला पुल्ले
C. पिचली D. दलभूम

53. किस मौसम में हमें ज्यादा चर्बी की जरूरत होती है?
A. वर्षा B. बसन्त
C. सर्दी D. गर्मी

54. भारत में सबसे अधिक भण्डार किस खनिज के हैं?
A. सोना B. ताँबा
C. माइका (mica) D. इनमें से कोई नहीं

55. ताबो मठ किस राज्य में स्थित है?
A. अरुणाचल प्रदेश
B. हिमाचल प्रदेश
C. जम्मू व कश्मीर
D. सिक्किम

56. प्रसिद्ध वैज्ञानिक प्रोफेसर यशपाल किन संगठनों से जुड़े थे?
A. इसरो (ISRO)
B. जवाहरलाल नेहरू विश्वविद्यालय
C. University Grants Commision
D. उपरोक्त सभी

57. भारतीय वायुसेना ने कब अपनी स्वर्ण जयंती मनायी थी?
A. 1962 B. 1972
C. 1982 D. 1992

58. Hygrometer क्या नापता है?
A. सापेक्षित आद्रता (Relative humidity)
B. दूध की शुद्धता
C. किसी भी तरल पदार्थ का विशिष्ट गुरुत्व
D. इनमें से कोई नहीं

59. आखिरी शीतकालीन ओलम्पिक कहां खेले गए?
A. अलबर्टवाइल
B. लाइफ हैमर
C. सोची (Sochi-Russia)
D. साल्ट लेक सिटी (Salt Lake City-USA)

60. भारत का पहला परमाणु Reactor कहाँ स्थापित किया गया?
A. सूरत B. तारापुर
C. ट्राम्बे D. शोलापुर

61. अन्तर्राष्ट्रीय न्यायालय का मुख्यालय कहाँ स्थित है?
A. हेग (Hague)
B. एडीस अबाबा (Addis Ababa)
C. पेरिस (Paris)
D. न्यूयॉर्क (New York)

62. भूमिगत जल के अधिगम प्रयोग से क्या समस्या उत्पन्न हुई है?
A. खारापन
B. जल स्तर का नीचे गिरना
C. जल भराव
D. ऊपर सभी

63. शक संवत का अंतिम महीना कौन-सा है?

A. फाल्गुन B. चैत्र

C. आषाड़ D. पौष

64. मुगल साम्राज्य का अंतिम शासक कौन था?

A. बाबर

B. बहादुर शाह जफर

C. अकबर

D. इनमें से कोई नहीं

65. 258 का 13% – ? = 10

A. 23.45 B. 24.53

C. 23.54 D. 24.35

66. एक आयत की लम्बाई उसकी चौड़ाई से 7 cm अधिक है। अगर आयत की परिधि 126 cm है तो आयत की चौड़ाई क्या होगी?

A. 56 cm B. 38 cm

C. 28 cm D. 32 cm

67. $5\frac{1}{5}+2\frac{3}{5}+1\frac{2}{5}=?$

A. $7\frac{5}{4}$ B. $8\frac{3}{5}$

C. $6\frac{2}{5}$ D. $9\frac{1}{5}$

68. 5437 – 3153 + 2284 = ? × 50

A. 96.66 B. 91.36

C. 96.13 D. 93.16

69. राजू ने एक वस्तु ₹ 4500/- में खरीदी और उसे 15% के लाभ पर बेच दिया। इस पैसे से उसने एक और वस्तु खरीदी और उसे 10% के नुकसान पर बेच दिया। उसका कुल लाभ या हानि क्या है?

A. ₹ 151.60 का लाभ

B. ₹ 157.50 का लाभ

C. ₹ 165 की हानि

D. न कोई लाभ न हानि

70. 27 टोसटर और 18 मिक्सर का दाम 80,100/- है। 12 टोसटर और 8 मिक्सर का दाम मिलाकर कितना होगा?

A. 36,000 B. 36,500

C. 35,600 D. नहीं जाना जा सकता

71. 10 आदमी और 8 औरतें एक काम को मिलकर 5 दिन में खत्म करते हैं। औरत द्वारा एक दिन में किया गया काम आदमी द्वारा एक दिन में किये गये काम का आधा है। 4 आदमी और 6 औरतें इस काम को करने में कितने दिन लेंगे।

A. 12 दिन B. 10 दिन

C. $8\frac{2}{3}$ दिन D. $9\frac{3}{4}$ दिन

72. ₹ 16,500/- के मूलधन पर 16% की दर से चार साल में साधारण ब्याज कितना होगा?

A. 11,560 B. 10,560

C. 12,500 D. 9,980

73. सहेजे गये दस्तावेज (saved document) का मतलब क्या है?

A. फाइल (File) B. शब्द (Word)

C. फोल्डर (Folder) D. प्रोजेक्ट (Project)

74. अलेक्जेंडर फ्लेमिंग ने .... की खोज की।

A. पेनिसिलीन (Penicillin)

B. एक्स-रे (X-Ray)

C. टेलीफोन (Telephone)

D. वायरलेस (Wireless)

75. प्रकाश वर्ष निम्नलिखित में किसकी माप है?

A. तारकीय दूरी

B. हवाई जहाज की गति

C. प्रकाश की गति

D. रॉकेट की गति

76. कोरल (coral) क्या है?

A. पौधा B. कवक (Fungi)

C. जानवर D. प्रर्णग (Fern)

77. भोजन के पाचन की प्रक्रिया, मनुष्य के किस अंग से शुरू होती है?

A. पेट B. भोजन नली

C. मुँह D. छोटी आँत

78. निम्नलिखित में से कौन-सी वस्तु (Pencil) बनाने के लिए इस्तेमाल होती है?

A. ग्रेफाइट (graphite)
B. सिलिकॉन (silicon)
C. कटकोयला (char coal)
D. भास्वर (phosphorus)

79. निम्नलिखित में से किस रक्त कोष को शरीर का सिपाही (Soldier) कहा जाता है?

A. सफेद रक्त कोशिका
B. प्लैटिलैट्स
C. लाल रक्त कोशिका
D. ऊपर के सभी

80. HINI FLU निम्नलिखित में से किसकी वजह से होता है?

A. विषाणु B. जीवाणु
C. सर्दी D. कवक

उत्तरमाला

1	2	3	4	5	6	7	8	9	10
A	A	C	C	A	B	B	B	A	A
11	**12**	**13**	**14**	**15**	**16**	**17**	**18**	**19**	**20**
C	D	B	D	A	B	A	A	D	B
21	**22**	**23**	**24**	**25**	**26**	**27**	**28**	**29**	**30**
B	D	C	D	A	A	C	B	A	C
31	**32**	**33**	**34**	**35**	**36**	**37**	**38**	**39**	**40**
B	B	C	C	D	D	C	B	A	B
41	**42**	**43**	**44**	**45**	**46**	**47**	**48**	**49**	**50**
C	D	D	D	C	C	B	C	D	A
51	**52**	**53**	**54**	**55**	**56**	**57**	**58**	**59**	**60**
B	A	C	C	B	C	C	A	C	B
61	**62**	**63**	**64**	**65**	**66**	**67**	**68**	**69**	**70**
A	B	A	B	C	C	D	B	B	C
71	**72**	**73**	**74**	**75**	**76**	**77**	**78**	**79**	**80**
B	B	A	A	A	C	C	A	A	A

व्याख्यात्मक उत्तर

33. 12 V 4 R 16 P 8 T 6

$12 \times 4 + \underbrace{16 \div 8} - 6$

BODMAS नियमानुसार,

$= 12 \times 4 + 2 - 6$

$= 48 + 2 - 6$

$= 44$

34. दी गई श्रृंखला में क्रमागत + 1 के क्रमानुसार एक-एक अंग्रेजी वर्णमाला का अक्षर बढ़ रहा है।

35-39.

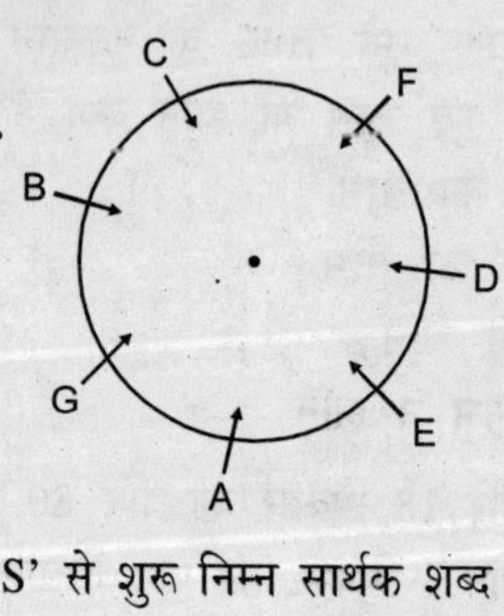

40. 'S' से शुरू निम्न सार्थक शब्द बनाये जा सकते हैं।

SINK, SKIN

41. जिस प्रकार, K → Q (+6), N → T (+6)

उसी प्रकार, D → J (+6), G → M (+6)

JM

42.

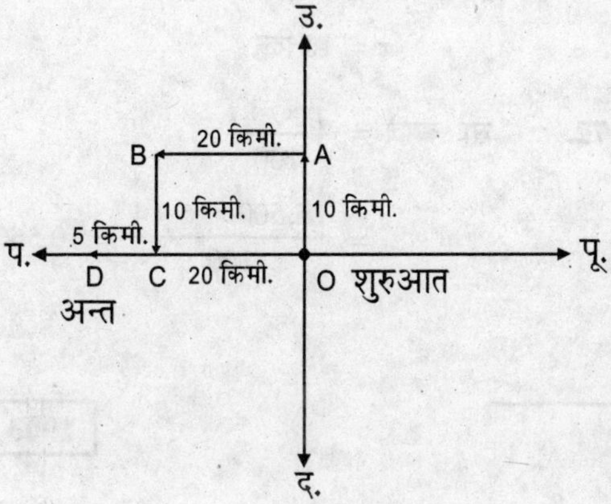

अतः शुरुआत से 25 किमी. की दूरी पर है।

43. हीरा के अतिरिक्त अन्य सभी धातुएँ हैं।

44. धूसर (Grey) के अतिरिक्त अन्य सभी इन्द्रधनुष के सात रंगों में से एक है।

45. सार्थक शब्द, EARN, NEAR

46. 311 300 278 245 201 146 **80**

−11 −22 −33 −44 −55 −66

−11 −11 −11 −11 −11

48. जिस प्रकार,

G U E S T → (+1 each) → H V F T U

उसी प्रकार,

N E S T → (+1 each) → **O F T U**

65. 258 का 13% − ?

$$\frac{13 \times 258}{100} - ? = 10$$

$$? = \frac{3354}{100} - 10$$

$$= \frac{3354 - 1000}{1000} = \frac{2354}{100}$$

$$? = 23.54$$

66. माना आयत की चौड़ाई = x cm

$\therefore$ आयत की लम्बाई = $(x + 7)$ cm

$\because$ आयत की परिधि = 2 (ल. + चौ.)

$$2(x + 7 + x) = 126 \text{ cm}$$
$$2(2x + 7) = 126$$
$$4x + 14 = 126$$
$$4x = 112$$
$$x = 28 \text{ cm}$$

$\therefore$ आयत की चौड़ाई 28 cm है।

67. $$5\frac{1}{5} + 2\frac{3}{5} + 1\frac{2}{5} = \frac{26}{5} + \frac{13}{5} + \frac{7}{5}$$

$$= \frac{26 + 13 + 7}{5}$$

$$= \frac{46}{5} = 9\frac{1}{5}$$

68. $5437 - 3153 + 2284 = ? \times 50$

$$2284 + 2284 = ? \times 50$$

$$? = \frac{4568}{50}$$

$$? = 91.36$$

69. $$\text{विक्रय मूल्य} = 4500\left(\frac{100 + 15}{100}\right)\left(\frac{100 - 10}{100}\right)$$

$$= 4500 \times \frac{115}{100} \times \frac{90}{100}$$

$$= 4657.50$$

लाभ = वि. मूल्य − क्रय मूल्य

= 4657.50 − 4500

= ₹ 157.50 का लाभ

70. दिया है,

27 टोसटर + 18 मिक्सर = 80,100/-

9 से भाग करने पर,

3 टोसटर + 2 मिक्सर = 8,900/-

4 से गुणा करने पर,

12 टोसटर + 8 मिक्सर = 35,600/-

71. एक औरत का काम = $\frac{1}{2}$ (एक आदमी का काम)

$M_1 \times D_1 = M_2 \times D_2$

(10 आदमी + 8 औरत) × 5

= (4 आदमी + 6 औरत) × x

(10 आदमी + $8 \times \frac{1}{2}$ आदमी) × 5

= (4 आदमी + $6 \times \frac{1}{2}$ आदमी) × x

14 आदमी × 5 = 7 आदमी × x

x = 10 दिन

72. ∵ सा. ब्याज = $\frac{p \times r \times t}{100}$

$= \frac{16,500 \times 16 \times 4}{100} = 10,560/-$

पिछले प्रश्न-पत्र (हल सहित)

हिमाचल प्रदेश पुलिस कांस्टेबल भर्ती परीक्षा, 2016*

1. Which is not a synonym of DISASTER?
A. Misfortune B. Calamity
C. Prosperity D. Mishap

2. Opposite of the word CONCUR is:
A. Disagree B. Disappear
C. Discourage D. Damage

Directions (Qs. No. 3-5) : *Choose the correct meaning of the idiom from the four given options A, B, C & D.*

3. To die in harness:
A. to die young in an accident
B. planned murder
C. to die while in service
D. to be taken by surprise

4. A cock and bull story:
A. Long story B. Factual story
C. True story D. A lie

5. To miss the bus:
A. to miss an opportunity
B. to miss the daily bus to work
C. to find fault with others
D. to argue without reason

Directions (Qs. No. 6-8) : *Fill in the blank with correct word.*

6. I have been living here ______ 2009.
A. from B. since
C. for D. between

7. She fell prey ______ malaria.
A. of B. for
C. into D. to

8. Rohan is good _______ mathematics.
A. in B. for
C. at D. on

9. Choose the correctly spelt word:
A. Argument B. Arguement
C. Argumant D. Arguemant

Directions (Qs. No. 10 & 11) : *Find out incorrect part of sentence.*

10. My Father (A)/ deals (B)/ with garments (C)/ No error (D).

11. Knowledge of (A)/ at least two languages (B)/ are required to pass the examination (C)/ No error (D).

12. Choose the correctly spelt word:
A. Aluminium B. Alminium
C. Elminium D. Alumenium

13. The passing on of physical or mental characteristics from one generation to another is known as:
A. Heritage B. Pedigree
C. Heredity D. Legacy

14. A person who has no money to pay his debt is called:
A. Poor B. Pauper
C. Destitute D. Insolvent

15. A doctor who treats diseases of the eye is known as:
A. Radiologist B. Ophthalmologist
C. Cardiologist D. Dermatologist

16. What will be past indefinite tense of "I play cricket":
A. I have been playing cricket
B. I played cricket.
C. I had played cricket.
D. I did not play cricket.

* *Held on 29-05-2016.*

17. विलोम शब्द छाँटिए–

उत्कर्ष

A. उपकर्ष B. ह्रास
C. पतन D. अपकर्ष

18. ''आहार'' शब्द का विपरीतार्थक शब्द है–

A. विहार B. साहार
C. अनाहार D. निराहार

19. ''अधजल गगरी छलकत जाय'' मुहावरे/लोकोक्ति का क्या अर्थ है?

A. बड़े आदमी अधिक दिखावा करते हैं
B. आधा पानी से भरा गागर
C. छोटे आदमी अधिक दिखावा करते हैं
D. गागर के साथ दिखावा करना

20. इनमें से भाववाचक संज्ञा कौन-सी है?

A. मीठा B. मिठाई
C. मिठास D. मिष्ठान

21. ''बिल्ली के भागों छींका टूटा'' का अर्थ है–

A. बिल्ली की उछल-कूद से नुकसान होना
B. आने वाला दुख आकर ही रहता है
C. लाभ के बजाय हानि होना
D. अचानक लाभ होना

22. शुद्ध संधि का चयन कीजिए–

आकृष्ट

A. आ + कृष्ट B. आक्र + रिष्ट
C. आकृष + त D. आकृष + ट

23. वह का बहुवचन क्या है?

A. वोह B. वह सब
C. वे D. उन

24. शुद्ध संधि का चयन कीजिए–

परीक्षक

A. पर् + वीक्षक B. परि + इक्षक
C. परि + अक्षक D. पर + इक्षक

25. शुद्ध वर्तनी का चयन कीजिए–

A. निरीक्षण B. निरिक्षण
C. नीरिक्षण D. निरीषण

26. निम्नलिखित में से स्त्रीलिंग है–

A. माली B. खत्री
C. चौधरी D. धनवती

27. ''प्रलय'' का विलोम क्या है?

A. विलय B. आलय
C. सृष्टि D. पुण्य

28. निम्नलिखित में से कौन-सा शब्द बिजली का पर्यायवाची नहीं है?

A. चपला B. चंचला
C. तड़ित D. ज्योत्सना

29. समानार्थी शब्द का चयन कीजिए–

कैवल्य

A. निर्वाण B. केशव
C. केवल D. दण्ड

30. ''मिलन'' का विलोम क्या है?

A. अमिलन B. विरह
C. मिलनी D. समिलन

31. ''सारी फसल'' वाक्यांश में कौन-सा विशेषण प्रयुक्त हुआ है?

A. गुणवाचक B. संख्यावाचक
C. परिमाणवाचक D. सार्वनामिक

32. ''कुंजर'' का पर्यायवाची है–

A. नर B. गज
C. वानर D. गिलहरी

33. पैरालिम्पिक (Paralympic) खेलों का संबंध है–

A. केवल बर्फीले और शीतकालीन खेलों से
B. विशेष रूप से शारीरिक विकलांगता वाले एथलीटों से
C. केवल किशोर एथलीटों से
D. शौकिया युवाओं से

34. राष्ट्रीय मतदाता दिवस प्रतिवर्ष ______ को मनाया जाता है।

A. 25 नवम्बर B. 25 अक्टूबर
C. 25 दिसम्बर D. 25 जनवरी

35. ''कांगड़ा वधू'' एक चित्रकला कृति है–

A. निकोलस रोरिक की B. सरदार शोभा सिंह की
C. अमृता शेरगिल की D. एम.एफ. हुसैन की

36. धर्मगुरु दलाई लामा को इनमें से कौन-सा पुरस्कार मिला है?
A. भारत रत्न
B. मैगसेसे पुरस्कार
C. नोबेल शान्ति पुरस्कार
D. बुकर पुरस्कार

37. Social Networking Site "FACEBOOK" का संस्थापक कौन है?
A. बिल गेट्स B. बिल क्लिंटन
C. स्टीव जॉब्स D. मार्क जुकरबर्ग

38. इनमें से किस देश ने क्योटो प्रोटोकॉल पर हस्ताक्षर करने से मना किया है?
A. जापान B. चीन
C. भारत D. अमरीका

39. नीति आयोग क्या कार्य करता है?
A. खेलकूद को प्रोत्साहन
B. अन्तर्राष्ट्रीय संबंधों को दृढ़ करना
C. राज्यों के लिए वित्त का प्रावधान एवं आर्थिक उन्नति के संसाधन जुटाना
D. आयात-निर्यात नीति तय करना

40. निम्नलिखित में से कौन संयुक्त राष्ट्र सुरक्षा परिषद का स्थायी सदस्य नहीं है?
A. भारत B. चीन
C. रूस D. फ्रांस

41. भारतीय उच्च अध्ययन संस्थान पूर्व में ______ नाम से जाना जाता था।
A. वाइस रीगल लॉज
B. बोनी मून
C. वाइल्ड फ्लावर हाल
D. ऑकलैंड हाउस

42. खिलाड़ी जीव मिल्खा सिंह किस खेल से जुड़े हैं?
A. एथलेटिक्स B. गोल्फ
C. हॉकी D. फुटबॉल

43. CNG क्या है?
A. Conduced Natural Gas
B. Converted Natural Gas
C. Compressed Natural Gas
D. Common Natural Gas

44. चन्द्रताल झील किस जिले में स्थित है?
A. किन्नौर B. लाहौल एवं स्पीति
C. कुल्लू D. मण्डी

45. भारत की प्रथम महिला जिमनास्ट जिसने ओलम्कि खेलों के लिए क्वालिफाई किया है–
A. पी.टी. ऊषा B. साइना नेहवाल
C. दीपा करमाकर D. दीपिका सालगांवकर

46. रोरिक आर्ट गैलरी कहाँ स्थित है?
A. नग्गर B. सोलन
C. राजबन D. गुलेर

47. राम श्याम से छोटा है, लेकिन गौतम से बड़ा है। गोविन्द मोहन से बड़ा है, लेकिन गौतम से छोटा है। यदि महेश इन सबसे बड़ा हो तो बताइए सबसे छोटा कौन है?
A. राम B. गौतम
C. मोहन D. गोविन्द

48. पंचतंत्र के लेखक कौन हैं?
A. विष्णु शर्मा B. कर्नल रंजीत
C. वी.के. शर्मा D. मुंशी प्रेमचंद

49. श्रेणी को पूर्ण करें--
7, 10, 8, 11, 9, 12, ?
A. 11 B. 7
C. 10 D. 13

50. गणितीय चिह्न $\propto$ का अर्थ है–
A. अनन्त संख्या B. इससे गुणित किया गया
C. इसके आनुपातिक D. इसके सर्वसम समान

51. इनमें से विषक को चुनें–
A. केला B. सेब
C. गाजर D. संतरा

52. दी गई श्रेणी का लुप्त पद ज्ञात कीजिए–
AQ, DR, GS, ______, MU, PV
A. HT B. IT
C. TJ D. JT

53. दिए गए विकल्पों में से एक सही उत्तर का चयन कीजिए जो निम्न श्रेणी को पूरा करे–
EMS, DLR, CKQ, ______ AIO
A. KBP B. CBP
C. BJP D. PIB

54. वायुमण्डल : वायुयान : समुद्र : ?

A. किनारा

B. पनडुब्बी

C. जहाज

D. किश्ती

55. रवि पूर्व दिशा में 15 कि.मी. गया तब वह बाएँ मुड़कर 5 कि.मी. चला। फिर वह बाएँ मुड़कर 15 कि.मी. चला। तो बताइए वह प्रारंभिक स्थान से कितनी दूर है?

A. 30 कि.मी. B. 6 कि.मी.

C. 35 कि.मी. D. 15 कि.मी.

56. एक पिक्चर हाल में चार सीटें खाली हैं। इन चारों सीटों पर चार महिलाओं को कितनी तरह से बैठाया जा सकता है?

A. 16 B. 20

C. 24 D. 28

57. नीचे दिए गए शब्दों को तर्कसंगत एवं अर्थयुक्त क्रम से क्रमबद्ध करें, फिर उसके नीचे दिए गए विकल्प से सही विकल्प चुनें।

1. दही
2. घास
3. मक्खन
4. दूध
5. गाय

A. 5, 2, 4, 1, 3 B. 5, 2, 3, 4, 1

C. 4, 2, 5, 3, 1 D. 2, 5, 4, 3, 1

58. यदि किसी भाषा में RACE = 4793. FACT = 1795, FORCE = 16493 लिखा जाता है तो उसी भाषा में REACT को क्या लिखा जाएगा?

A. 43759 B. 43975

C. 43795 D. 59734

59. दिए गए शब्दों को शब्दकोष (Dictionary) में उनके क्रम के अनुरार क्रमबद्ध करें फिर निम्नलिखित में से क्रम चुनें।

1. Wound
2. Writer
3. White
4. Worst
5. Worked

A. 5, 3, 2, 1, 4 B. 1, 4, 3, 5, 2

C. 3, 2, 5, 4, 1 D. 2, 1, 3, 4, 5

60. राहुल का स्थान अपनी कक्षा में ऊपर से 9वाँ है तथा नीचे से 38वाँ है। उसकी कक्षा में कुल कितने छात्र हैं?

A. 45 B. 46

C. 47 D. 48

61. यदि आज 24 जनवरी, 1994 को दिन सोमवार है तो 24 जनवरी, 1995 को कौन-सा दिन होगा?

A. सोमवार B. मंगलवार

C. बुधवार D. रविवार

62. कोल डैम परियोजना किस संगठन से संबंधित है?

A. NHPC B. NTPC

C. J.P. HYDRO D. HCC

63. दिए गए वैकल्पिक शब्दों में से उस शब्द को चुनिए जो नीचे दिए गए शब्द के अक्षरों से नहीं बनाया जा सकता है–

LEGISLATURE

A. Salute B. Gesture

C. Serial D. Slaughter

64. एड्स रोग के द्वारा कौन-सा तंत्र प्रभावित होता है?

A. पाचन तंत्र

B. श्वसन तंत्र

C. केन्द्रीय तंत्रिका तंत्र

D. प्रतिरक्षा तंत्र

65. खाने के सोडे का रासायनिक सूत्र है–

A. NaCL B. $NaHCO_3$

C. NaOH D. KNO_3

66. यदि किसी घर के मूल्य के 2/7 हिस्से की कीमत ₹ 28000 है तो पूरे घर की कीमत क्या होगी?

A. ₹ 9,60,000 B. ₹ 9,70,000

C. ₹ 9,80,000 D. इनमें से कोई नहीं

67. नेत्रदान में नेत्र का कौन-सा हिस्सा दान दिया जाता है?

A. कार्निया B. लेन्स

C. रेटिना D. पूरा नेत्र

68. गुर्दों का मुख्य कार्य क्या है?

A. रक्तचाप को नियंत्रण में रखना

B. शरीर के तापमान का नियंत्रण

C. शरीर से बेकार चीजों (Waste Products) को बाहर करना

D. भोजन के पाचन में सहायता करना

69. निम्नलिखित में से किसे मास्टर ग्रंथि के नाम से जाना जाता है?
A. पियूष ग्रंथि B. अवटू ग्रंथि
C. जनन ग्रंथि D. अधिवृक्क ग्रंथि

70. एक बैग का अंकित मूल्य ₹ 80 है परन्तु इसे ₹ 68 में बेचा जाता है। इस बैग पर कितने प्रतिशत डिस्काउंट दिया जा रहा है?
A. 12% B. 15%
C. $17\frac{11}{17}\%$ D. 20%

71. इनमें से कौन-सा रासायनिक परिवर्तन है?
A. नाई द्वारा बाल काटना
B. ब्लीचिंग पाउडर का पानी में घुलना
C. रेशमी कीड़ों द्वारा शहतूत के पत्तों को रेशम में परिवर्तित करना
D. ऊन का धागा बनाना

72. URL से तात्पर्य है?
A. Uniform Resource Locator
B. Uniform Research Link
C. Uniform Resource Link
D. Unified Registered Link

73. $1\frac{3}{4}+5\frac{1}{3}+3\frac{2}{5}=?$
A. $9\frac{2}{5}$ B. $9\frac{29}{60}$
C. $10\frac{2}{5}$ D. $10\frac{29}{60}$

74. Hepatitis किसका प्रदाह (Inflammation) है?
A. उदर B. गुर्दे
C. फेफड़े D. लिवर

75. रक्त कोशिका का कौन-सा भाग प्रतिरक्षण (Immunity) प्रदान करता है?
A. RBC B. WBC
C. PLATELET D. रक्त प्लाज्मा

76. $54 \div 66 \div 33 = ?$
A. 27 B. 37
C. 47 D. 57

77. पृथ्वी के वायुमंडल का मुख्य घटक क्या है?
A. नाइट्रोजन
B. ऑक्सीजन
C. कार्बन डाइऑक्साइड
D. हाइड्रोजन

78. यदि A : B = 2 : 3 तथा B : C = 4 : 5 है, तब C : A क्या होगा?
A. 15 : 8 B. 12 : 10
C. 8 : 5 D. 8 : 15

79. प्रकाश वर्ष निम्नलिखित में किसका मात्रक है?
A. विद्युत धारा
B. ज्योति तीव्रता
C. दूरी
D. ताप

80. यदि 18 : X = X : 8 हो, तो X = ?
A. 144 B. 72
C. 26 D. 12

उत्तरमाला

1	2	3	4	5	6	7	8	9	10
C	A	C	D	A	B	D	C	A	C
11	**12**	**13**	**14**	**15**	**16**	**17**	**18**	**19**	**20**
C	A	C	D	B	B	D	D	C	C
21	**22**	**23**	**24**	**25**	**26**	**27**	**28**	**29**	**30**
D	D	C	D	A	D	C	D	A	B
31	**32**	**33**	**34**	**35**	**36**	**37**	**38**	**39**	**40**
C	B	B	D	B	C	D	D	C	A

41	42	43	44	45	46	47	48	49	50
A	B	C	B	C	A	C	A	C	C
51	**52**	**53**	**54**	**55**	**56**	**57**	**58**	**59**	**60**
C	D	C	C	B	C	A	C	C	B
61	**62**	**63**	**64**	**65**	**66**	**67**	**68**	**69**	**70**
B	B	D	D	B	C	A	C	A	B
71	**72**	**73**	**74**	**75**	**76**	**77**	**78**	**79**	**80**
B	A	D	D	B	A	A	A	C	D

व्याख्यात्मक उत्तर

39. नीति आयोग (राष्ट्रीय भारत परिवर्तन संस्थान्) भारत सरकार द्वारा योजना आयोग के स्थान पर गठित एक नया संस्थान है। इसका गठन 1 जनवरी, 2015 में किया गया। नीति आयोग का उद्देश्य ऐसे दृढ़ राज्यों का निर्माण करना है जो आपस में एकजुट होकर एक सुदृढ़ भारत का निर्माण करे। राष्ट्रीय उद्देश्यों को दृष्टिगत रखते हुए राज्यों की सक्रिय भागीदारी के साथ राष्ट्रीय विकास प्राथमिकताओं, क्षेत्रों और रणनीतियों का एक साझा दृष्टिकोण विकसित करना है। नीति आयोग का विजन बल प्रदान करने के लिए प्रधानमंत्री और मुख्यमंत्रियों को 'राष्ट्रीय एजेंडा' का प्रारूप उपलब्ध कराना है। भारत के प्रधानमंत्री इस आयोग के अध्यक्ष होते हैं। साथ ही गवर्निंग काउंसिल में राज्यों के मुख्यमंत्री और केन्द्रशासित प्रदेशों के उपराज्यपाल शामिल होते हैं।

47. महेश ← श्याम ← राम ← गौतम ← गोविन्द ← मोहन

अतः मोहन सबसे छोटा है।

48. 'पंचतंत्र' के लेखक विष्णु शर्मा हैं। संस्कृत भाषा में लिखित 'पंचतंत्र का नीति-कथाओं में प्रथम स्थान माना जाता है। यद्यपि यह पुस्तक मूल रूप में नहीं है फिर भी इसकी रचना तीसरी शताब्दी ईसा पूर्व निर्धारित की गई है। पंचतंत्र में पाँच तंत्र या विभाग है। विभाग को तंत्र इसलिए कहा गया है क्योंकि नैतिकतापूर्ण शासन की विधियाँ बतायी गई है। ये तंत्र हैं–

1. मित्रभेद
2. मित्रलाभ
3. काकोलुकीयम्
4. लब्धप्रणाश
5. अपरीक्षित कारक

49. 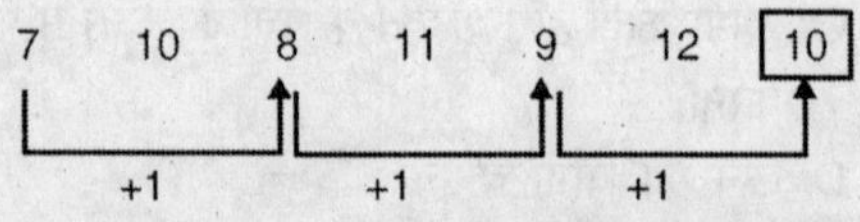

अतः प्रश्नचिह्न के स्थान पर 10 होगा।

50. गणितीय चिह्न ∝ का अर्थ है इसके आनुपातिक।

51. केला, सेब, संतरा फल हैं जबकि गाजर सब्जी। अतः गाजर विषम है।

52. 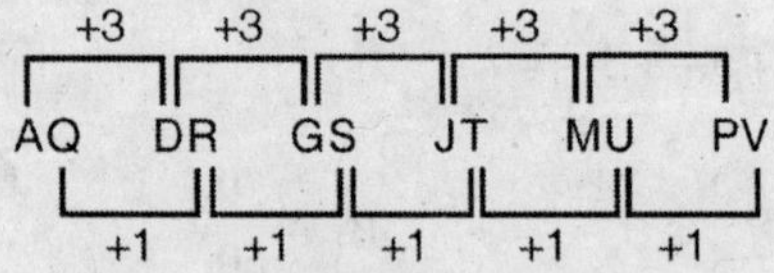

अतः दी गई श्रेणी का लुप्त पद JT है।

53. 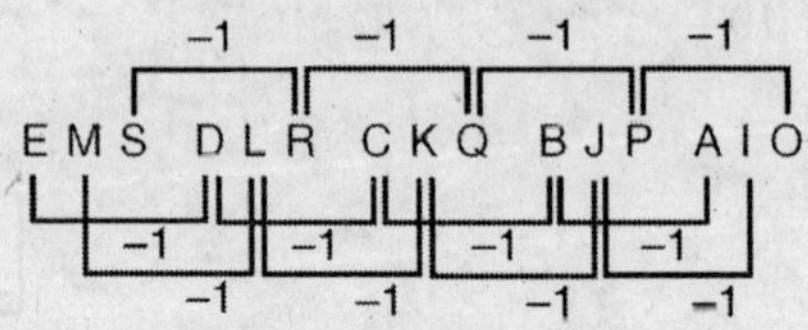

अतः रिक्त स्थान पर BJP होगा।

55. 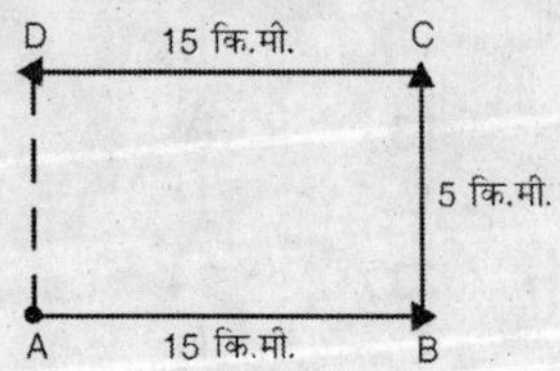

∴ AD = 5 कि.मी.

अतः रवि प्रारम्भिक स्थान से 5 किमी. दूर है।

56. बैठाने के तरीकों की संख्या = $^4P_4$

$$= \frac{4!}{\lfloor 4-4}$$

$$= \frac{4\times3\times2\times1}{\lfloor 0}$$

$$= \frac{4\times3\times2\times1}{1} = 24.$$

57.

गाय	घास	दूध	दही	मक्खन
↓	↓	↓	↓	↓
5	2	4	1	3

अतः सही विकल्प (A) है।

58. दिया गया है :

R A C E → 4 7 9 3   F A C T → 1 7 9 5   F O R C E → 1 6 4 9 3

इसी प्रकार,

R E A C T → 4 3 7 9 5

अतः उसी भाषा में REACT को 43795 लिखा जाएगा।

60. कक्षा में कुल छात्रों की संख्या

$= (38 + 9) - 1$

$= 47 - 1 = 46$

अतः कुल छात्रों की संख्या 46 है।

64. एड्स (AIDS) : इस रोग का विषाणु एच.आई.वी. (HIV) है जिसका पूरा नाम 'एक्वायर्ड इम्यूनो डिफिसिएन्सी सिन्ड्रोम' (Acquired Immuno Deficiency Syndrome) है। यह रोग प्रतिरक्षा तंत्र को प्रभावित करता है। यह रोग यौन सम्बन्धों के कारण, रक्तधान में अनियमितता से और नशीले पदार्थों के अत्यधिक सेवन करने सें फैलता है। इस रोग से ग्रसित रोगी की रोग प्रतिरोधक क्षमता समाप्त हो जाती है। रोगी का शरीर जगह-जगह फूल जाता है, खून का संचार अव्यवस्थित हो जाता है और अंततः रोगी की मृत्यु हो जाती है।

65. सोडियम बाइकार्बोनेट (Sodium Bicarbonate) : सोडियम बाइकार्बोनेट का दूसरा नाम बेकिंग सोडा (Baking Soda) है। सोडियम बाइकार्बोनेट ($NaHCO_3$) को खाने वाला सोडा भी कहते हैं। आटा में खाने वाला सोडा मिलाने पर रोटी अच्छी तरह फूलती है, क्योंकि इस दौरान कार्बन डाइऑक्साइड गैस (CO_2) निकलती है। सोडियम बाइकार्बोनेट का उपयोग औषधि के रूप में, पेट की अम्लता (Acidity) दूर करने में, बेकिंग पाउडर (Baking Powder) बनाने में तथा अग्निशामक यंत्रों में होता है।

66. x का $\frac{2}{7}$ = ₹ 28000

⇒ $2x$ = ₹ 7 × 28000

⇒ x = ₹ $\frac{7\times28000}{2}$

= ₹ 7 × 14000

= ₹ 98000.

67. नेत्र गोलक एक प्रकार के द्रव से भरी एक गोलाकार रचना है, जिसका अगला भाग आगे की ओर उभरा एवं पारदर्शक होता है। इस भाग को कॉर्निया (Cornea) कहते हैं। नेत्र-दान में इसी भाग को दान किया जाता है। नेत्र पलकों (Eye lids) का भीतरी स्तर कॉर्निया के ऊपर एक पतला पारदर्शक आवरण या झिल्ली बना देता है, जिसे कंजक्टाइवा (Conjuctiva) कहते हैं।

68. वृक्क (Kidney) : मनुष्य एवं अन्य स्तनधारियों में मुख्य उत्सर्जी अंग एक जोड़ा वृक्क होता है, जो रुधिर-परिसंचरण से बेकार चीजों को हटाने, साथ ही साथ रुधिर में लाभदायक तत्वों को बनाए रखने के लिए भली-भाँति अनुकूलित होते हैं। वृक्क सेम के बीज के आकार के होते हैं। उदरगुहा में पीठ की ओर कमर के क्षेत्र में, कशेरुक दंड के दोनों ओर एक-एक वृक्क स्थित होते हैं। इसके चारों ओर पेरिटोनियम (Peritoneum) नामक झिल्ली पायी जाती है।

69. पीयूष ग्रंथि (Pituitary Gland) : यह कपाल की स्फेनाइड (Sphenoid) हड्डी में एक गड्ढे में स्थित होती है। इसको सेलाटर्सिका (Sellaturcica) कहते हैं। इसका भार लगभग 0.6 gm होता है। इसे मास्टर ग्रंथि (Master Gland) के रूप में भी जाना जाता है।

74. हिपैटाइटिस या पीलिया या जॉन्डिस (Jaundice) : यह एक यकृत रोग है, जिसमें रक्त में पित्त वर्णक (Bile Pigment) अधिक मात्रा में चला आता है। इसमें यकृत में पित्त वर्णक का निर्माण अधिक मात्रा में होने लगता है, परन्तु यकृत की कोशिकाएँ इसका उत्सर्जन निम्न मात्रा में करती हैं। फलतः पित्त वर्णक यकृत-शिरा के माध्यम से रक्त में प्रवेश कर जाता है। पेशाब भी पीला हो जाता है। खून में पित्त (Bile) बढ़ जाता है।

70. अंकित मूल्य = ₹ 80

विक्रय मूल्य = ₹ 68

छूट = 80 – 68 = ₹ 12

प्रतिशत छूट $= \frac{12}{80} \times 100$

$= 15\%.$

73. $\frac{7}{4} + \frac{16}{3} + \frac{17}{5} = \frac{105 + 320 + 204}{60}$

$= \frac{629}{60} = 10\frac{29}{60}.$

76. $\frac{54}{\left(\frac{66}{33}\right)} = \frac{54 \times 33}{66}$

$= \frac{27 \times 33}{33} = 27.$

78. ∵ $\frac{A}{B} = \frac{2}{3}$

⇒ $3A = 2B$

∴ $A = \frac{2}{3}B$

पुनः $\frac{B}{C} = \frac{4}{5}$

⇒ $4C = 5B$

$C = \frac{5B}{4}$

अब $\frac{C}{A} = \frac{\frac{5B}{4}}{\frac{2B}{3}} = \frac{5B}{4} \times \frac{3}{2B}$

$= \frac{15}{8}$

अतः C : A = 15 : 8 होगा।

80. ∵ $\frac{18}{x} = \frac{x}{8}$

⇒ $x^2 = 18 \times 8$

$= 144$

⇒ $x = \sqrt{144} = 12$

अतः x का मान 12 होगा।

पिछले प्रश्न-पत्र (हल सहित)

हिमाचल प्रदेश पुलिस कांस्टेबल भर्ती परीक्षा-2015*

1. नूतन का विलोम क्या है?
A. अनूतन
B. पुराना
C. पुरातन
D. पुरातत्व

2. 'जो बहुत बोलता है', के लिए एक शब्द क्या होगा?
A. बड़बोला
B. आचाल
C. वक्ता
D. वाचाल

3. चतुर की भावनात्मक संज्ञा क्या है?
A. चतुराई
B. चालाक
C. चतुर्थ
D. तेज

4. निम्नलिखित मुहावरे में रिक्त स्थान पर क्या आएगा? बहती गंगा में .... धोना।
A. पैर
B. कपड़े
C. हाथ
D. सिर

5. निम्नलिखित में कौन-सा मुहावरा नहीं है?
A. नाक काटना
B. नाक रख लेना
C. नाक रगड़ना
D. नाक साफ करना

6. 'कान भरना' मुहावरे का क्या अर्थ है?
A. धोखा देना
B. चाणक होना
C. चुगली करना
D. असर न होना

7. विजय कुमार कौन-से खेल से संबंध रखते हैं?
A. तैराकी
B. शूटिंग
C. तीरंदाजी
D. वॉलीवाल

8. पाटलिपुत्र कौन-से शहर का पुराना नाम है?
A. इलाहाबाद
B. वाराणसी
C. पटना
D. कोलकाता

9. उपग्रह भेजने वाला स्टेशन भारत में कहाँ स्थित है?
A. श्री हरीकोटा
B. शोलापुर
C. विशाखापट्नम
D. वारंगल

10. Which is correct?
A. I take tea every morning.
B. tea take every morning.
B. Tea is taken by me every morning.
D. A and C

11. Which one of them is correct?
A. The examination had been passed by her.
B. Her pass the exam.
C. She exam the pass.
D. Exam her pass.

12. Change the sentence – "He does his duty" to a negative one by ticking the correct options:
A. Duty not him
B. Duty not done
C. He cannot his duty
D. He does not do his duty.

13. What will be future indefinite tense of— I know him?
A. I know him.
B. I known him.
C. I shall have known him.
D. I will know him

14. "How dare you .... my cupboard?"
A. to open
B. open
C. opening
D. opened

15. विद्यालय का सही संधि-विच्छेद क्या है?
A. विद्य + आलय
B. विद्या + आलय
C. विद्या + लय
D. इनमें से कोई नहीं

* Held on 21-06-2015 (Based on Memory)

16. 2, 4, 6, 8, 10 का समान्तर माध्य है?

A. 4 B. 6
C. 5 D. 3

17. गोवा की राजधानी कौन है?

A. पणजी B. शिलांग
C. आइजोल D. दिशपुर

18. एक सिक्के को उछालने पर हैड आने की प्रायिकता क्या है?

A. 0 B. 1
C. 1/2 D. 1/3

19. यदि मीनार की ऊँचाई एवं उसकी छाया की लम्बाई समान हो, तो सूर्य के उन्नयन कोण का मान होगा–

A. 30 डिग्री B. 60 डिग्री
C. 90 डिग्री D. 45 डिग्री

20. प्रकाश संश्लेषण क्रिया की दर अधिकतम किसमें होती है?

A. लाल प्रकाश में
B. हरे प्रकाश में
C. बैंगनी प्रकाश में
D. श्वेत प्रकाश में

21. दही का बनना कौन-सी क्रिया है?

A. तीव्र अभिक्रिया
B. उत्क्रमणीय अभिक्रिया
C. धीमी अभिक्रिया
D. प्रतीप अभिक्रिया

22. स्वस्थ मनुष्य के लिए स्पष्ट दृष्टि की न्यूनतम दूरी कितनी होती है?

A. 20 सेमी. B. 25 सेमी.
C. 10 सेमी. D. 30 सेगी.

23. रात को अचानक आँगन में ढक-ढक की आवाज सुनकर ....।

A. मेरे रोंगटे खड़े हो गए
C. रोंगटे खड़े हो गए मेरे
B. खड़े हो गए मेरे रोंगटे
D. मेरे खड़े हो गए रोंगटे

24. निम्न शब्दों में कौन भिन्न है?

A. यश B. कीर्ति
C. निष्ठा D. गौरव

25. Combine the two sentences using in spite of— "he failed. He did not lose heart".

A. He did not lose heart in spite of he failed.
B. In spite of having failed, he did not lose heart.
C. He failed in spite of he losing heart.
D. He failed in spite of the lost heart.

26. The plural of mouse is:

A. Mouses B. Messes
C. Mice D. Mices

27. The feminine for gentleman is:

A. Woman B. Madam
C. Lady D. Simple

28. She .... me to walk straight.

A. tell B. speak
C. told D. telled

29. 'to hang one's boots' means':

A. To clean one's shoes
B. To hang them to dry
C. To retire from work
D. To change one's shoes

30. The synonym for kind is:

A. Benevolent B. Loving
C. Affectionate D. Patient

31. एक मैदान में कुछ बत्तख और बकरे हैं। कुल मिलकर 77 सिर और 224 पैर हैं। बत्तखों की संख्या कितनी है?

A. 42 B. 30
C. 32 D. 47

32. राहुल 4 घंटे में एक कि.मी. चलता है। प्रत्येक किलोमीटर के बाद वह 20 मिनट विश्राम करता है। बताइए की 3.5 कि.मी. की दूरी तय करने में उसे कितना समय लगेगा?

A. 14 घंटे B. 13 घंटे
C. 15 घंटे D. 12 घंटे

33. भारत का संविधान किस दिन लागू हुआ था?
A. 15 अगस्त 1947
B. 26 जनवरी 1947
C. 15 अगस्त 1950
D. 26 जनवरी 1950

34. 1947 से पहले शिमला किसकी राजधानी थी?
A. अविभाजित पंजाब
B. अविभाजित भारत
C. उत्तर भारत क्षेत्र
D. हिल स्टेट

35. हिमाचल प्रदेश के पहले मुख्यमंत्री का नाम क्या था?
A. श्री वीरभद्र सिंह
B. श्री रामलाल
C. श्री यशवंत सिंह परमार
D. श्री प्रेम कुमार धूमल

36. राम चरित मानस की रचना किसने की थी?
A. वाल्मीकि B. तुलसी दास
C. संत रविदास D. स्वामी विवेकानंद

37. कौन-सा शहर गंगा नदी के तट पर नहीं स्थित है?
A. इलाहाबाद B. हरिद्वार
C. मथुरा D. बनारस

38. रेड डिलिशियस किसकी किस्म है?
A. सेब B. अमरूद
C. आम D. पपीता

39. प्रथम भारतीय जिसे ओलिंपिक खेलों में स्वर्ण पदक मिला है–
A. साईना नेहवाल B. अभिनव बिंद्रा
C. सुशील कुमार D. राज्यवर्धन राठौर

40. किसने कहा "स्वराज मेरा जन्म सिद्ध अधिकार" है?
A. लाला लाजपत राय
B. बाल गंगाधर तिलक
C. विपीन चन्द्र पाल
D. सुभाष चन्द्र बोस

41. सार्क (SAARC) का मुख्यालय कहाँ है?
A. नई दिल्ली B. कोलम्बो
C. काठमांडू D. लाहौर

42. भारतीय संविधान में कितनी भाषाएँ मान्यता प्राप्त हैं?
A. 15 B. 20
C. 22 D. 28

43. के.वाई.सी. से क्या तात्पर्य है?
A. अपनी कंपनी को जानो
B. अपने ग्राहक को जानो
C. अपनी मुद्दों को जानो
D. कोई भी नहीं

44. हिमाचल विधानसभा के स्पीकर कौन हैं?
A. राजा वीरभद्र सिंह
B. श्री कौल सिंह
C. श्री ब्रज बिहारी लाल बुटेल
D. श्री जी.एस. वाली

45. निम्नांकित प्रश्न में प्रश्नवाचक चिह्न (?) के स्थान पर कौन-सी संख्या आएगी?
7::49; 6::36; 4::16; 9::?
A. 47 B. 64
C. 81 D. 121

46. RICHTER SCALE से क्या नापा जाता है?
A. दूध का घनत्व B. तापमान
C. नदी का बहाव D. भूकंप की तीव्रता

47. IPL का फुल फॉर्म क्या है?
A. इंडियन पॉलिसी लीग
B. इंडियन प्रीमियर लीग
C. इंटरनेशनल पुलिस लीग
D. इंडियन पुलिस लेबर

48. भारत के स्वास्थ मंत्री कौन हैं?
A. जगत प्रकाश नड्डा
B. राजीव प्रताप रूडी
C. गुलाम नबी आजाद
D. स्मृति ईरानी

49. BCCI का फुल फॉर्म क्या है?
A. बोर्ड ऑफ कस्टम कंट्रोल ऑफ इंडिया
B. बोर्ड ऑफ कॉमन वेल्थ कन्ट्रीज ऑफ इंडिया
C. बोर्ड ऑफ कंट्रोल फॉर क्रिकेट इन इंडिया
D. बेंच फॉर कंट्रोल ऑफ क्रिकेट इन इंडिया

50. कुछ मित्रों ने मिलकर एक पिकनिक पर जाने की सोची तथा खाने पर ₹ 96 खर्च करने का प्लान बनाया, परन्तु इनमें से चार पिकनिक पर नहीं जा सके। परिणामस्वरूप प्रत्येक को ₹ 4 अधिक देने पड़े, तो कितने लोग पिकनिक पर गये?
A. 8　　B. 16
C. 12　　D. 24

51. अमजद अली खान क्या बजाते हैं?
A. वायलन　　B. सरोद
C. वीणा　　D. शहनाई

52. अर्थ पूर्ण क्रम बनाएँ–
(a) मोबाइल　　(b) नेटवर्क
(c) नंबर　　(d) बात करना
A. (b) (c) (d) (a)　　B. (d) (a) (b) (c)
C. (a) (c) (b) (d)　　D. (b) (a) (d) (c)

53. अर्थ पूर्ण क्रम बनाएँ–
(a) मुकदमा　　(b) झगड़ा
(c) न्यायालय　　(d) इन्साफ
A. (a) (d) (b) (c)　　B. (b) (c) (d) (a)
C. (a) (b) (c) (d)　　D. (b) (a) (c) (d)

54. तीन ट्रैफिक बत्तियां क्रमश 10, 15 तथा 20 मिनट के पश्चात् चमकती हैं। एक साथ वे प्रातः 6:10 बजे चमकती हैं। इसके पश्चात् एक साथ वे कब चमकेंगी?
A. प्रातः 7:00 बजे
B. प्रातः 7:20 बजे
C. प्रातः 7:30 बजे
D. प्रातः 7:10 बजे

55. B की बहन है A, C का भाई है B तथा C का पिता है D, तो A का D से क्या रिश्ता है?
A. माँ　　B. बेटी
C. बेटा　　D. चाचा

56. यदि A = 2, M = 26 और Z = 52 है, तो BET = ?
A. 44　　B. 54
C. 64　　D. 72

57. यदि CENTRAL का कोड है ABCDEFG और PLANETARIUM का कोड है HGFCBDFEIJK तो LANTERN का कोड क्या होगा?
A. GFCDFEG　　B. GFCDBEC
C. GFCDEFG　　D. GFCDBEB

58. टेलीफोन का आविष्कार किसने क्या किया था?
A. एडिसन　　B. ग्राहम बेल
C. मारकोनी　　D. जे एल बेयर्ड

59. कंप्यूटर में RAM का शाब्दिक अर्थ क्या है?
A. रीड एण्ड मेमोरीज
B. रैपिड एण्ड मेमोरीज
C. रैंडम एक्सेज मेमोरी
D. रनिंग एक्सेज मेमोरी

60. हिमाचल प्रदेश का सबसे बड़ा जिला (क्षेत्रफल) का कौन-सा है?
A. कांगड़ा　　B. शिमला
C. लाहौल-स्पीति　　D. मंडी

61. तीन कुर्सियां तथा दो मेजों की कीमत ₹ 700 है, जबकि 5 कुर्सियां तथा 3 मेजों की कीमत ₹ 1100 है। 2 कुर्सियां तथा 2 मेज की कीमत क्या होगी?
A. ₹ 300　　B. ₹ 600
C. ₹ 450　　D. ₹ 500

62. दो व्यक्तियों क तथा ख को 4 : 5 के अनुपात से कुछ रुपये बाँटे गये। क को ख से ₹ 5 कम मिले। कुल कितने रुपये थे?
A. 45　　B. 50
C. 90　　D. 250

63. जोड़ करो = 7.007, 70.7 तथा 7.007
A. 84.074　　B. 84.714
C. 84.741　　D. 80.714

64. एक दुकानदार ने एक वस्तु ₹ 6.750 में 10 प्रतिशत छूट पर बेची। यदि वह छूट न देता तो उसे 50 प्रतिशत लाभ होता। उसके लाभ का प्रतिशत क्या है?

A. 36 B. 40
C. 35 D. 41

65. एक बैग में 5 लाल गेंद, 8 नीली गेंद, 4 हरी गेंद तथा 7 काली गेंद हैं। यदि बैग में से बिना देखे 1 गेंद निकाली जाए, तो क्या सम्भावना है कि वहाँ हरी गेंद नहीं है?

A. 5/6 B. 1/4
C. 1/6 D. 7/4

66. 'ईश्वर को नहीं मानने वाला' के लिए एक शब्द होगा :

A. आस्तिक B. अधर्मवान
C. बंदा D. नास्तिक

67. चकित का समानार्थक शब्द निम्न में से कौन नहीं है?

A. हैरान B. उदासीन
C. विस्मित D. भौंचक्का

68. लखन उतर आहुति सरिन भृगवर कोपु कृसानु।
बढ़त देखि जलसन्न बयनबोले राधुकुल भानु।।
उपरोक्त काव्यांश में कोपु और कृसानु का क्या अर्थ है?

A. क्रोध, आग
B. समान, कडना
C. दीवार, दर्पण
D. बहुत अधिक, उमड़ना

69. एक चोर 6 कि.मी. प्रति घंटा की गति से दौड़ रहा है और एक पुलिस कांस्टेबल 8 कि.मी. प्रति घंटा की गति से उसका पीछा कर रहा है। यदि आरम्भ में चोर और पुलिस कांस्टेबल के बीच 500 मी. दूरी है, तो कितनी दूरी पर पुलिस सिपाही चोर को पकड़ लेगा?

A. 3 कि.मी. B. 4 कि.मी
C. 2 कि.मी. D. 1 कि.मी.

70. श्याम ने 20 दर्जन खिलौने 375 रुपये प्रति दर्जन के हिसाब से खरीदे। उसने प्रत्येक खिलौना 33 रुपये की दर से बेचा। उसका लाभ प्रतिशत कितना था?

A. 3.5 B. 4.5
C. 5.6 D. 6.5

71. इसके आगे क्या आयेगा?
9, 11, 33, 13, 15, 33, 17, ...

A. 19, 33 B. 33, 35
C. 33, 19 D. 15, 33

72. 'वीथि' शब्द का अर्थ क्या है?

A. सूर्य B. किरण
C. गली D. रास्ता

73. मेरी कमीज में ढ़ाई मीटर कपड़ा है। वाक्य में विशेषण है :

A. मेरी B. ढ़ाई मीटर
C. कपड़ा D. लगता है

74. बालकों ने अखबार पढ़ा और .... ने पत्रिका। रेखांकित शब्द के विपरीत लिंग वाले शब्द से वाक्य पूरा कीजिए :

A. बालिकाओं B. अध्यापिका
C. विदुषी D. नर्तकी

75. राष्ट्र की भाववाचक संज्ञा है?

A. राष्ट्री B. राष्ट्रीय
C. सौराष्ट्र D. राष्ट्रीयता

76. देश की सरहदों पर डटे सुरक्षा कर्मी <u>कफन सिर पर बाँधकर</u> लड़ते हैं। वाक्य के रेखांकित अंश का अर्थ है :

A. मरने को तैयार रहना
B. डटकर मुकाबला करना
C. कठिनाइयों का सामना करना
D. इनमें से कोई नहीं

77. When he was young he .... cross the river.

A. can B. could
C. may D. shall

78. He will not leave the place .... I come back.

A. until B. because
C. as D. on

79. (*a*) study / (*b*) is / (*c*) chemicals / (*d*) chemistry / (*e*) the / (*f*) of.

A. abcdefgh B. bcdefa
C. dbeafc D. none

80. (*a*) basic / (*b*) elements / (*c*) hundred / (*d*) gold / (*e*) there / (*f*) are / (*g*) such as / (*h*) oxygen and.

A. abcdefgh B. fedcbahg
C. efcabghd D. none

उत्तरमाला

1	2	3	4	5	6	7	8	9	10
C	D	A	C	D	C	B	C	A	D
11	**12**	**13**	**14**	**15**	**16**	**17**	**18**	**19**	**20**
A	D	D	A	B	B	A	C	D	B
21	**22**	**23**	**24**	**25**	**26**	**27**	**28**	**29**	**30**
B	B	A	C	B	C	C	C	C	A
31	**32**	**33**	**34**	**35**	**36**	**37**	**38**	**39**	**40**
A	C	D	D	C	B	C	A	B	B
41	**42**	**43**	**44**	**45**	**46**	**47**	**48**	**49**	**50**
C	C	B	C	C	D	B	A	C	A
51	**52**	**53**	**54**	**55**	**56**	**57**	**58**	**59**	**60**
B	C	D	D	B	B	B	B	C	C
61	**62**	**63**	**64**	**65**	**66**	**67**	**68**	**69**	**70**
B	A	B	C	A	D	B	A	C	C
71	**72**	**73**	**74**	**75**	**76**	**77**	**78**	**79**	**80**
A	C	B	A	D	A	B	A	C	C

कुछ चुने हुए प्रश्नों के व्याख्यात्मक उत्तर

16. $$\text{समान्तर माध्य} = \frac{2+4+6+8+10}{5}$$

$$= \frac{30}{5} = 6$$

18. अभीष्ट प्रायिकता $= \frac{1}{2}$

19.

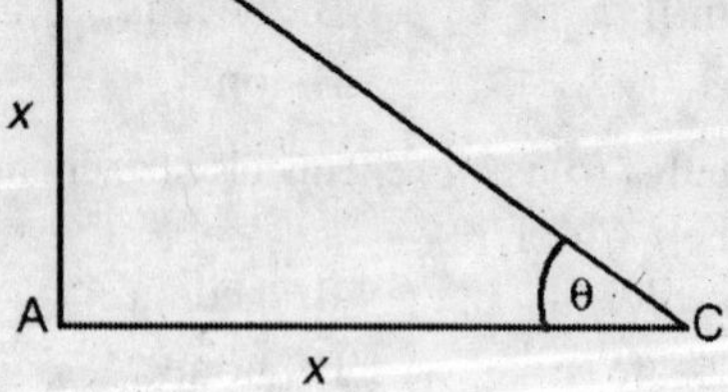

$$\tan\theta = \frac{x}{x} = 1 = \tan 45°$$

$$\Rightarrow \quad \theta = 45°$$

31.

$$x + y = 77 \quad \text{... (i)]} \times 2$$
$$2x + 4y = 224 \quad \text{... (ii)]} \times 1$$
$$2x + 2y = 154$$
$$2x + 4y = 224$$
$$— \quad — \quad —$$
$$2y = 70$$
$$\Rightarrow \quad y = 35$$
$$x = 77 \ \ 35 = 42$$

अतः बत्तखों की संख्या = 42

45. 9 : : 81

अतः प्रश्न-चिन्ह के जगह पर 81 होगा।

50. मानाकि पिकनिक पर जाने के लिए x छात्र तैयार थे।

प्रश्नानुसार,

$$\frac{96}{x-4} = \frac{96}{x}+4$$

$$\Rightarrow \quad \frac{96}{x-4} = \frac{96+4x}{x}$$

$$\Rightarrow \quad \frac{96}{x-4} = \frac{96}{x} = 4$$

$$\Rightarrow \quad 96\left[\frac{1}{x-4}-\frac{1}{x}\right] = 4$$

$$\Rightarrow \quad 96\left[\frac{x-x+4}{x(x-4)}\right] = 4$$

$\Rightarrow \quad x^2 - 4x + 96 = 0$

$\Rightarrow \quad x^2 - 12x + 8x - 96 = 0$

$\Rightarrow \quad x(x - 12)\ (x + 8) = 0$

$\Rightarrow \quad x = 12$ या $x = -8$

पिकनिक पर जाने के लिए तैयार छात्रों की संख्या = 12

अतः पिकनिक पर गये छात्रों की संख्या = 12 – 4 = 8

54. 10, 15 तथा 20 का लघुत्तम समापवर्त्य = 60 मिनट = 1 घंटा

अतः वे पुनः 7:10 बजे प्रातः एक साथ बजेंगे।

61.

$3x + 2y = 700 \quad ...(i)] \times 3$

$5x + 3y = 1100 \quad ...(ii)] \times 2$

$9x + 6y = 2100 \quad ...(iii)$

$10x + 6y = 2200 \quad ...(iv)$

समीकरण (iv) में से (iii) को घटाने पर

$x = 100$

$\because \quad 3x + 2y = 700$

$\Rightarrow \quad 3(100) + 2y = 700$

$\Rightarrow \quad 2y = 400$

$\Rightarrow \quad y = 200$

$\therefore \quad 2x + 2y = 2(100) + 2(200)$

$= 200 + 400 = 600.$

62. माना कि A = ₹ $4x$ तथा B = ₹ $5x$

प्रश्नानुसार,

$4x + 5 = 5x$

$\Rightarrow \quad x = 5$

कुल राशि = $4 \times 5 + 5 \times 5$

= 20 + 25 = ₹ 45

63.

$$\begin{array}{r} +\ 7.007 \\ +70.7 \\ +\ 7.007 \\ \hline 84.714 \end{array}$$

65. अभीष्ट प्रायिकता = $\frac{20}{24} = \frac{5}{6}$.

हिमाचल प्रदेश सामान्य ज्ञान

वस्तुनिष्ठ प्रश्नोत्तर

भौगोलिक स्थिति पर आधारित प्रश्न

1. हिमाचल प्रदेश की ऊँचाई समुद्र तल से कितनी है ?
A. 300 मीटर से लेकर 4,300 मीटर
B. 350 मीटर से लेकर 7,026 मीटर
C. 460 मीटर से लेकर 5,200 मीटर
D. 580 मीटर से लेकर 7,200 मीटर

2. हिमाचल प्रदेश भारत की उत्तर-पश्चिमी सीमा पर कितने उत्तरी अक्षांश पर स्थित है ?
A. 30° 22' और 30° 12' उत्तरी अक्षांश
B. 30° 12' और 30° 15' उत्तरी अक्षांश
C. 40° 17' और 40° 25' उत्तरी अक्षांश
D. 40° 22' और 40° 20' उत्तरी अक्षांश

3. प्रदेश के बाह्य हिमालय या शिवालिक श्रेणी के अंतर्गत निम्नलिखित में से कौन-सी पहाड़ियां आती हैं ?
A. ऊँची पहाड़ियां B. जस्कर की पहाड़ियाँ
C. निचली पहाड़ियां D. कोई नहीं

4. प्रदेश के बाह्य हिमालय या शिवालिक श्रेणी के अंतर्गत आने वाली निचली पहाड़ियां समुद्रतल से कितनी ऊँचाई पर स्थित हैं ?
A. 500 मीटर B. 600 मीटर
C. 700 मीटर D. 800 मीटर

5. प्रदेश के बाह्य हिमालय या शिवालिक पर्वतीय क्षेत्र में औसत वार्षिक वर्षा कितने मिलीमीटर दर्ज की जाती है ?
A. 1500 मिलीमीटर से 2000 मिलीमीटर
B. 1800 मिलीमीटर से 1000 मिलीमीटर
C. 2000 मिलीमीटर से 3000 मिलीमीटर
D. 3000 मिलीमीटर से 4000 मिलीमीटर

6. प्रदेश में लगभग कितने मीटर की ऊंचाई तक वर्षा ऊंचाई के साथ-साथ बढ़ती है ?
A. 1000 मीटर B. 1,500 मीटर
C. 2000 मीटर D. 3000 मीटर

7. निम्नवर्ती हिमालय या मध्य क्षेत्र में स्थित धौलाधार पर्वतश्रेणी की औसत ऊँचाई लगभग कितनी है ?
A. 2,440 मीटर B. 3,300 मीटर
C. 4,200 मीटर D. 4,550 मीटर

8. निम्नवर्ती हिमालय या मध्य क्षेत्र में कितने से.मी. वार्षिक वर्षा होती है ?
A. 75 से.मी. से 100 से.मी. तक
B. 110 से.मी. से 200 से.मी तक
C. 150 से.मी. से 200 से.मी. तक
D. 200 से.मी. से 225 से.मी. तक

9. ऊपरी हिमालय पर्वतश्रेणी कितनी ऊंचाई पर स्थित है ?
A. 4,000 मीटर से 5,000 मीटर
B. 5,000 मीटर से 6,000 मीटर
C. 6,000 मीटर से 7,000 मीटर
D. 7,000 मीटर से 8,000 मीटर

10. ऊपरी हिमालय क्षेत्र में स्थित पिन पार्वती दर्रे की ऊँचाई कितनी है ?
A. 3,250 मीटर B. 3,600 मीटर
C. 4,802 मीटर D. 5,250 मीटर

11. जस्कर पर्वत श्रेणी किन्नौर व स्पीति को निम्नलिखित में से किस भाग से अलग करती है?
A. तिब्बत B. म्यांमार
C. चीन D. कश्मीर

12. प्रदेश के जस्कर क्षेत्र में स्थित 'शिल्ला' नामक चोटी की ऊँचाई कितनी है?
A. 6,021 मीटर B. 7,026 मीटर
C. 8,030 मीटर D. 9,029 मीटर

13. प्रदेश के जस्कर क्षेत्र में स्थित 'रीवो फर्ग्युल' चोटी की ऊँचाई कितनी है?
A. 4,200 मीटर B. 4,600 मीटर
C. 5,700 मीटर D. 6,500 मीटर

14. हिमाचल प्रदेश की स्थानीय भाषा में हिमनद को क्या कहते हैं?
A. शिगड़ी B. चिकती
C. शिपका D. शापी

15. किन्नर कैलाश नामक पर्वतीय शिखर हिमाचल प्रदेश के किस जिले में स्थित है?
A. किन्नौर D. लाहौल
C. कुल्लू D. चम्बा

16. निम्नलिखित में से कौन-सा पर्वतीय शिखर जिला किन्नौर में स्थित नहीं है?
A. शिला B. शिप्की
C. शृंगला D. लियोपारजिल

17. किन्नौर जिले में स्थित 'किन्नर कैलाश' नामक पर्वतीय शिखर की ऊंचाई समुद्रतल से कितनी है?
A. 19,824 फीट B. 19,500 फीट
C. 18,600 फीट D. 18,210 फीट

18. निम्नलिखित में से कौन-सा पर्वतीय शिखर लाहौल-स्पीति जिले में स्थित है?
A. मनी रैंग B. मुल किला
C. लछालंगला D. उपरोक्त सभी

19. लाहौल-स्पीति में स्थित 'गेफांग' नामक पर्वतीय शिखर की ऊंचाई समुद्रतल से कितनी है?
A. 19,824 फीट B. 19,200 फीट
C. 20,373 फीट D. 21,075 फीट

20. 'शिंगरिला' नामक पर्वत शिखर हिमाचल प्रदेश के किस जिले में स्थित है?
A. किन्नौर B. कुल्लू
C. लाहौल-स्पीति D. कांगड़ा

21. निम्नलिखित में से कौन-सा पर्वत शिखर लाहौल स्पीति जिले में स्थित नहीं है?
A. शृंगला B. पतालसू
C. हरगारण D. मुकरबह

22. शालदू दा पार नामक पर्वत शिखर हिमाचल प्रदेश के किस जिले में स्थित है?
A. लाहौल-स्पीति B. किन्नौर
C. कांगड़ा D. मनाली

23. लाहौल-स्पीति जिले में स्थित 'मुरांगला' नामक पर्वत शिखर समुद्रतल से कितनी ऊंचाई पर स्थित है?
A. 15,180 फीट B. 18,690 फीट
C. 16,950 फीट D. 19,791 फीट

24. सोलांग नामक पर्वत शिखर हिमाचल के किस जिले में स्थित है?
A. लाहौल B. स्पीति
C. कुल्लू D. कांगड़ा

25. निम्नलिखित में से कौन-सा पर्वत शिखर कुल्लू जिले में स्थित है?
A. डिबीवोकरी B. इन्द्रकिला
C. दियोटिब्बा D. उपरोक्त सभी

26. कुल्लू जिले में स्थित 'उमाशिला' नामक पर्वत शिखर की ऊंचाई समुद्रतल से कितनी है?
A. 17,925 फीट B. 19,200 फीट
C. 15,882 फीट D. 18,003 फीट

27. 'साचा' नामक पर्वत शिखर हिमाचल के किस जिले में स्थित है?
A. कांगड़ा B. कुल्लू
C. मनाली D. इनमें से कोई नहीं

28. निम्नलिखित में से कौन-सा पर्वत शिखर कुल्लू जिले में स्थित नहीं है?
A. मेवा कान्दिनू B. परागला
C. श्रीखंडा D. कैलाश

29. कुल्लू व कांगड़ा जिले में स्थित 'हनुमान टिब्बा' नामक पर्वत शिखर समुद्रतल से कितनी ऊंचाई पर स्थित है?

A. 17,580 फीट B. 19,200 फीट
C. 15,546 फीट D. 10,620 फीट

30. निम्नलिखित में से कौन-सा पर्वत शिखर कुल्लू व कांगड़ा जिलों के अंतर्गत स्थित है?

A. इन्द्र किला B. घोरा तनतनु
C. तमसार D. शिकरबह

31. चम्बा जिले में स्थित 'नरसिंह टिब्बा' नामक पर्वत शिखर की ऊंचाई समुद्रतल से कितनी है?

A. 9,810 फीट B. 14,820 फीट
C. 11,190 फीट D. 13,410 फीट

32. निम्नलिखित में से कौन–सा पर्वत शिखर चम्बा जिले में स्थित नहीं है?

A. कैलाश B. सोलांग
C. तमसार D. बड़ा खंडा

33. चम्बा जिले में स्थित 'पीर पंजाल' नामक पर्वत शिखर की समुद्र तल से ऊंचाई कितनी है?

A. 17,916 B. 16,731
C. 11,190 D. 14,640

34. 'चो लांग' नामक पर्वतीय शिखर हिमाचल के किस जिले में स्थित है?

A. चम्बा B. कुल्लू
C. कांगड़ा D. किन्नौर

35. 'हामता' नामक जोत हिमाचल के किस जिले से संबंधित है?

A. कांगड़ा B. चम्बा, कुल्लू व स्पीति
C. किन्नौर D. मंडी

36. कांगड़ा जिले में स्थित 'गैरू' नामक जोत की ऊँचाई समुद्रतल से कितनी है?

A. 13,980 फीट B. 13,620 फीट
C. 12,810 फीट D. 15,000 फीट

37. 'भीम धसूतडी' नामक 'जोत' का संबंध हिमाचल प्रदेश के किस जिले से है?

A. लाहौल–स्पीति B. मंडी
C. कांगड़ा व चंबा D. कुल्लू

38. निम्नलिखित में से कौन-सी 'जोत' कांगड़ा व चम्बा जिलों में स्थित नहीं है?

A. तोरी B. दुग्गी
C. बालेणी D. जालसू

39. 'लालुजी' नामक 'जोत' हिमाचल प्रदेश के किस जिले में स्थित है?

A. लाहौल–स्पीति B. कुल्लू
C. कांगड़ा D. कांगड़ा व चम्बा

40. 'लाहौल–स्पीति' जिले में स्थित 'तेम्पो ला' नामक जोत, समुद्रतल से कितनी ऊंचाई पर है?

A. 11,190 फीट B. 16,320 फीट
C. 14,670 फीट D. 11,220 फीट

41. 'रसौल' नामक जोत हिमाचल प्रदेश के किस जिले के अंतर्गत है?

A. चम्बा B. कुल्लू
C. कांगड़ा D. शिमला

42. निम्नलिखित में से कौन-सी 'जोत' कुल्लू जिले के अंतर्गत आती है?

A. शी B. रसौल
C. गढू D. उपरोक्त सभी

43. कुल्लू जिले में स्थित 'तैन्ती' नामक 'जोत' समुद्रतल से कितनी ऊंचाई पर स्थित है?

A. 9,690 फीट B. 10,800 फीट
C. 11,190 फीट D. 10,320 फीट

44. 'बसोदन' दर्रा किस जिले में स्थित है?

A. चंबा B. कांगड़ा
C. किन्नौर D. लाहौल

45. 'कढ़ी कुकड़ी' नामक दर्रा हिमाचल के किस जिले से संबंधित है?

A. भरमौर व कांगड़ा
B. लाहौल व स्पीति
C. लाहौल–स्पीति व भरमौर
D. कुल्लू व कांगड़ा

46. निम्नलिखित में से कौन-सा दर्रा कांगड़ा व चम्बा जिले के अंतर्गत स्थित है?

A. कालिछो B. इन्द्राहर

C. चौरी D. शिपकिला

47. किन्नौर जिले के अंतर्गत स्थित 'शिपकिला' नामक दर्रा समुद्रतल से कितनी ऊंचाई पर स्थित है?

A. 4,500 मी. B. 5,395 मी.

C. 6,395 मी. D. 4,795 मी.

48. 'कुगती' नामक दर्रा हिमाचल प्रदेश के किन जिलों के अंतर्गत स्थित है?

A. कुल्लू व कांगड़ा

B. कांगड़ा व चम्बा

C. लाहौल-स्पीति व भरमौर

D. लाहौल व कुल्लू

49. निम्नलिखित में से कौन-सा दर्रा 'कांगड़ा व भरमौर' जिलों के अंतर्गत स्थित है?

A. निकोड़ा B. दुल्ली

C. जालोरी D. पादरी

50. हिमाचल प्रदेश का निम्नलिखित में से कौन-सा नगर कांगड़ा घाटी के अंतर्गत नहीं आता है?

A. धर्मशाला B. भरमौर

C. नूरपुर D. बैजनाथ

51. हिमाचल प्रदेश की कांगड़ा घाटी की एक महत्त्वपूर्ण विशेषता क्या है?

A. चित्रकला B. जूट उत्पादन

C. मूर्ति कला D. कोई नहीं

52. प्रदेश की चम्बा घाटी को अन्य किस नाम से जाना जाता है?

A. सतलुज घाटी B. बैत घाटी

C. रावी घाटी D. कैथी घाटी

53. चम्बा घाटी क्षेत्र की समुद्रतल से न्यूनतम ऊंचाई 750 मीटर है। इसकी अधिकतम ऊँचाई कितनी है?

A. 4,057 मीटर B. 6,025 मीटर

C. 6,200 मीटर D. 7,035 मीटर

54. निम्नलिखित में से कौन-सा नगर हिमाचल की चम्बा घाटी के अंतर्गत नहीं आता है?

A. डलहौजी B. चुवाड़ी

C. गगल D. खजियार

55. हिमाचल प्रदेश में स्थित कुल्लू घाटी की लम्बाई व चौड़ाई कितनी है?

A. लम्बाई 75 कि.मी. व चौड़ाई 2-4 कि.मी.

B. लम्बाई 80 कि.मी. व चौड़ाई 8-10 कि.मी.

C. लम्बाई 100 कि.मी. व चौड़ाई 11-25 कि.मी.

D. लम्बाई 105 कि.मी. व चौड़ाई 20-23 कि.मी.

56. हिमाचल की कुल्लू घाटी को अन्य किस नाम से जाना जाता है?

A. रामघाटी B. देवघाटी

C. चेताघाटी D. शिवघाटी

57. निम्नलिखित में से कौन-सा नगर हिमाचल की कुल्लू घाटी के अंतर्गत आता है?

A. मनाली B. नागर

C. बंजार D. उपरोक्त सभी

58. रोरिक कला संग्रहालय हिमाचल की किस घाटी में है?

A. कुल्लु घाटी B. कांगड़ा घाटी

C. पौंटा घाटी D. सांगल्य घाटी

59. पौंटा घाटी हिमाचल के किस जिले में स्थित है?

A. कांगड़ा जिले में B. मंडी जिले में

C. किन्नौर जिले में D. कुल्लू जिले में

60. पौंटा घाटी में सिंचाई के लिए 'गिरि' के अतिरिक्त अन्य किस नदी से पानी लिया जाता है?

A. बाटा B. यमुना

C. गोदावरी D. चिनाब

61. निम्नलिखित में से कौन-सी घाटी हिमाचल के मंडी जिले में स्थित है?

A. कांगड़ा घाटी B. बल्ह घाटी

C. चम्बा घाटी D. कुल्लू घाटी

62. हिमाचल प्रदेश में स्थित 'लाहौल-स्पीति' घाटी की औसत ऊंचाई कितनी है?

A. 1,000 मीटर B. 2,000 मीटर

C. 3,000 मीटर D. 4,000 मीटर

63. मंडी जिले में स्थित बल्ह घाटी की औसत ऊंचाई कितनी है?

A. 800 मीटर B. 900 मीटर
C. 1000 मीटर D. 1200 मीटर

64. हिमाचल की लाहौल-स्पीति घाटी का लाहौल क्षेत्र चन्द्रभागा (चिनाब) के किस ओर स्थित है?

A. पूर्व में B. पश्चिम में
C. उत्तर में D. दक्षिण में

65. 1962 में भारत जर्मन संयुक्त कृषि परियोजना के लागू होने से हिमाचल की किस घाटी के आर्थिक विकास को बल मिला?

A. कुल्लू घाटी B. बल्ह घाटी
C. कांगड़ा घाटी D. पब्बार घाटी

66. हिमाचल प्रदेश की पब्बार घाटी को अन्य किस नाम से जाना जाता है?

A. रोहड़ू घाटी B. बागी घाटी
C. सेतू घाटी D. पब्बार घाटी

67. हिमाचल प्रदेश की पब्बार घाटी में बहने वाली प्रमुख खंड निम्नलिखित में से कौन-सी है?

A. पेजोर खड B. आंध्रा खड
C. शिकरी खड D. उपरोक्त सभी

68. हिमाचल प्रदेश की किस घाटी का निर्माण 'शिप्की' से लेकर 'बिलासपुर' तक सतलुज नदी द्वारा किया गया है?

A. सतलुज घाटी B. बल्ह घाटी
C. सांगला घाटी D. चम्बा घाटी

69. हिमाचल प्रदेश की निम्नलिखित में से किस घाटी में अल्पाइन प्रकार के वृक्ष पाये जाते हैं?

A. बल्ह घाटी में B. स्पीति घाटी में
C. सांगला घाटी में D. चम्बा घाटी में

70. निम्नलिखित में से कौन-सी नदी हिमाचल प्रदेश से संबंधित है?

A. रावी B. सतलुज
C. चिनाब D. उपरोक्त सभी

71. हिमाचल प्रदेश से संबंधित 'रावी नदी' का अन्य नाम निम्नलिखित में से कौन-सा है?

A. इरावती B. सतवामी
C. चिरूथा D. बंचली

72. हिमाचल प्रदेश में रावी नदी की लम्बाई कुल कितनी है?

A. 100 कि.मी. B. 125 कि.मी.
C. 158 कि.मी. D. 182 कि.मी.

73. हिमाचल प्रदेश में बहने वाली कौन सी नदी 'रावी नदी' की सहायक नदी है?

A. खड्डे चिड़चंद B. छतराड़ी
C. बोढिल D. उपरोक्त सभी

74. हिमाचल प्रदेश में बहने वाली सतलुज नदी का वैदिक नाम क्या है?

A. चन्द्रभागा B. शताक्षी
C. सतुद्री D. छिताद्री

75. हिमाचल प्रदेश में चिनाब नदी को अन्य किस नाम से पुकारा जाता है?

A. चन्द्रकला B. चारुद्रा
C. चपला D. चन्द्रभागा

76. हिमाचल प्रदेश में चिनाब नदी का प्रवाह क्षेत्र कितने कि.मी. में है?

A. 112 कि.मी. में B. 115 कि.मी. में
C. 122 कि.मी. में D. 135 कि.मी. में

77. व्यास नदी का प्रवाह क्षेत्र, हिमाचल प्रदेश में लगभग कितने कि.मी. की लम्बाई में है?

A. 265 कि.मी. B. 356 कि.मी.
C. 390 कि.मी. D. 415 कि.मी.

78. निम्नलिखित में से कौन-सी नदी व्यास नदी की सहायक नदी नहीं है?

A. भागा B. चाकी
C. पार्वती D. सुकेटी

79. हिमाचल प्रदेश में यमुना नदी का कुल जलग्रहण क्षेत्र कितने कि.मी. का है?

A. 1,255 कि.मी. B. 3,115 कि.मी.
C. 2,320 कि.मी. D. 2,388 कि.मी.

80. निम्नलिखित में से कौन-सी नदी 'शिमला' जिले से संबंधित नहीं है?

A. सतलुज नदी B. व्यास नदी
C. पब्बर नदी D. गिरी नदी

81. 'व्यास नदी' निम्नलिखित में से किस जिले से संबंधित नहीं है?

A. कुल्लू B. मंडी
C. ऊना D. कांगड़ा

82. 'सैंज', 'तीर्थन', 'मलाण', 'नालान' आदि खड्डे प्रदेश के किस जिले में हैं?

A. कुल्लू B. हमीरपुर
C. कांगड़ा D. चम्बा

83. 'मान', 'कुणाह' आदि प्रसिद्ध खड्डे हिमाचल के किस जिले में हैं?

A. किन्नौर B. सोलन
C. बिलासपुर D. हमीरपुर

84. प्रदेश के 'कांगड़ा' (धर्मशाला से 11 कि.मी.) क्षेत्र में स्थित 'डल' झील की ऊंचाई क्या है?

A. 1,500 फीट B. 2,800 फीट
C. 2,500 फीट D. 3,110 फीट

85. 'नाको' नामक झील हिमाचल प्रदेश के किस क्षेत्र में स्थित है?

A. किन्नौर B. चम्बा
C. शिमला D. मंडी

86. निम्नलिखित में से कौन-सी झील मंडी जिले में स्थित है?

A. चन्द्रताल B. कमरुनाग
C. लामा D. रेणुका

87. निम्नलिखित में से कौन-सी झील चम्बा जिले में स्थित नहीं है?

A. मणिमहेश B. कमरवाह
C. महाकाली D. लामा

88. निम्नलिखित में से कौन-सा हिमनद हिमाचल प्रदेश में स्थित है?

A. पार्वती हिमनद (कुल्लू)
B. लाहौल का बड़ा शिगड़ी हिमनद
C. मियार हिमानद (लाहौल)
D. उपरोक्त सभी

89. निम्नलिखित में से कौन-सा गर्म पानी का झरना कुल्लू जिले में नहीं है?

A. खिरगंगा B. मणिकर्ण
C. ज्योरी D. वशिष्ठ

90. निम्नलिखित में से गलत जोड़ा इंगित कीजिए—

	झील	ऊंचाई
A.	कावेरी	1. 3048 मीटर
B.	मनी महेश	2. 3950 मीटर
C.	डल	3. 5321 मीटर
D.	महाकाली	4. 3657 मीटर

91. "रिवालसर झील" जो कि तैरने वाले टापू के लिए प्रसिद्ध है प्रदेश के किस जिले में स्थित है?

A. कांगड़ा B. मंडी
C. चम्बा D. बिलासपुर

92. कांगड़ा जिले में धर्मशाला नगर के समीप निम्नलिखित में से कौन-सी प्रसिद्ध झील स्थित है?

A. नाको झील B. लामा झील
C. डल झील D. कमरवाह झील

93. मंडी नगर से लगभग 22 मील की दूरी पर स्थित पराशर झील की समुद्र तल से ऊंचाई लगभग कितनी है?

A. 1,000 फीट B. 3,000 फीट
C. 4,000 फीट D. 6,000 फीट

94. निम्नलिखित में से कौन-सी झील मंडी जिले में स्थित नहीं है?

A. कमारवाह झील B. नाको झील
C. कामरूनाग झील D. रिवाल्सर झील

95. हिमाचल प्रदेश की सबसे बड़ी कृत्रिम झील कौन-सी है?

A. गोविन्दसागर झील B. पौंग झील
C. मनी महेश झील D. रिवाल्सर झील

96. हिमाचल प्रदेश की सबसे बड़ी प्राकृतिक झील कौन-सी है?

A. पाराशर B. कमरुनाग
C. नाको D. रेणुका झील

97. बिलासपुर जिले में स्थित गोविन्द सागर झील, जो कि प्रदेश की सबसे बड़ी कृत्रिम झील है, उसका क्षेत्रफल कितना है ?

A. 50 वर्ग मील B. 66 वर्ग मील
C. 88 वर्ग मील D. 95 वर्ग मील

98. हिमाचल प्रदेश की निम्नलिखित में से कौन-सी झील सात झीलों का समूह है ?

A. लामा झील B. खजियार झील
C. डल झील D. मनी महेश

99. हिमाचल प्रदेश में सबसे अधिक ऊंचाई पर स्थित झील कौन-सी है ?

A. महाकाली B. डल झील
C. मनी महेश झील D. चन्द्रताल झील

100. सरकुंड या दर्शइर झील जो कि कुल्लू जिले में है, उसकी समुद्र तल से ऊंचाई कितनी है ?

A. 500 मीटर B. 1000 मीटर
C. 12,100 मीटर D. 14,500 मीटर

101. सूरजताल व चन्द्रताल नामक झीलें प्रदेश के किस जिले में स्थित हैं ?

A. लाहौल स्पीति B. कुल्लू
C. चम्बा D. मंडी

102. लाहौल-स्पीति में स्थित 'ढेकरछोह' नामक झील समुद्र तल से कितनी ऊंचाई पर स्थित है ?

A. 1,200 मीटर B. 2,500 मीटर
C. 3,500 मीटर D. 3,800 मीटर

103. निम्नलिखित में से गलत जोड़ा इंगित कीजिए—

झील	ऊंचाई
A. लामा झील	1. 2,700 मीटर
B. महाकाली झील	2. 3,000 मीटर
C. चन्द्रताल	3. 4,883 मीटर
D. नाको झील	4. 4,000 मीटर

104. यूनामत्सो नामक झील शिमला जिले में किस स्थान पर स्थित है ?

A. जुब्बल B. ठियोग
C. रोहड़ू D. चौपाल

105. प्रदेश में किस जिले में 'रोहला झरना' स्थित है ?

A. बिलासपुर B. शिमला
C. कुल्लू D. ऊना

106. प्रदेश में निम्नलिखित में से किस जिले में गर्म पानी का झरना नहीं है ?

A. ऊना B. मंडी
C. कुल्लू D. कांगड़ा

107. 'सतधार झरना' प्रदेश के निम्नलिखित में से किस नगर के समीप स्थित है ?

A. किन्नौर B. डलहौजी
C. ऊना D. हमीरपुर

108. सुप्रसिद्ध "चाडविक झरना" शिमला जिले में किस स्थान के समीप है ?

A. समरहिल B. नालढेरा
C. कुफरी D. मशोतरा

109. ज्वालामुखी नामक झरना प्रदेश में किस स्थान पर है ?

A. कुल्लू B. बड़सर
C. नदौन D. चम्बा

110. हिमाचल प्रदेश के कृषि विभाग द्वारा प्रदेश की मिट्टी को कितने भागों में बांटा गया है ?

A. 2 भागों में B. 3 भागों में
C. 5 भागों में D. 6 भागों में

111. प्रदेश के निम्न पहाड़ी मिट्टी वाले क्षेत्र में समुद्रतल से कितनी ऊंचाई वाले भाग आते हैं ?

A. 1000 मीटर तक B. 1500 मीटर तक
C. 2000 मीटर तक D. 2300 मीटर तक

112. हिमाचल प्रदेश के किस मिट्टी क्षेत्र में कार्बन व नाइट्रोजन 10 : 1 के अनुपात में पाया जाता है ?

A. निम्न पहाड़ी मिट्टी क्षेत्र
B. मध्य पहाड़ी मिट्टी क्षेत्र
C. उच्च पहाड़ी मिट्टी क्षेत्र
D. शुष्क पहाड़ी मिट्टी क्षेत्र

113. प्रदेश के 'निम्न पहाड़ी मिट्टी क्षेत्र' में निम्नलिखित में से किस चीज की पैदावार होती है ?

A. धान B. गन्ना
C. मक्की D. इनमें से सभी

114. प्रदेश के 'उच्च पहाड़ी मिट्टी' वाले क्षेत्र में समुद्रतल से कितनी ऊंचाई वाले भाग आते हैं?
A. 1000 से 1100 मी. B. 1000 से 1500 मी.
C. 1500 से 2100 मी. D. 2000 से 3000 मी.

115. प्रदेश के किस मिट्टी क्षेत्र में नाइट्रोजन की मात्रा उच्च से मध्य श्रेणी की होती है?
A. मध्य पहाड़ी मिट्टी क्षेत्र
B. उच्च पहाड़ी मिट्टी क्षेत्र
C. पर्वतीय मिट्टी क्षेत्र
D. निम्न पहाड़ी मिट्टी क्षेत्र

116. शिमला, सिरमौर व चम्बा के ऊपरी भाग के क्षेत्र प्रदेश के किस मिट्टी क्षेत्र में आते हैं?
A. निम्न पहाड़ी मिट्टी क्षेत्र
B. उच्च पहाड़ी मिट्टी क्षेत्र
C. शुष्क पहाड़ी मिट्टी क्षेत्र
D. पर्वतीय मिट्टी क्षेत्र

117. प्रदेश के शुष्क पहाड़ी मिट्टी क्षेत्र में निम्नलिखित में से कौन-सा स्थान नहीं आता है?
A. शिमला B. लाहौल-स्पीति
C. किन्नौर D. पांगा

118. प्रदेश में 'चैह' प्रकार की मिट्टी की सिंचाई किस विधि द्वारा की जाती है?
A. नहरों द्वारा B. कुओं द्वारा
C. नदियों द्वारा D. बरसात के पानी द्वारा

119. प्रदेश में 'नाद' प्रकार की मिट्टी में कौन-सी फसल उगाई जाती है?
A. गन्ना B. गेहूं
C. धान D. चना

120. मध्य हिमालय क्षेत्र में निम्नलिखित में से कौन-सी मिट्टी पाई जाती है?
A. दोमट मिट्टी
B. रेतीली मिट्टी
C. गहरी चिकनी व काली भूरी मिट्टी
D. इनमें से सभी

121. प्रदेश के शिवालिक क्षेत्र में निम्नलिखित में से कौन-सी मिट्टी पाई जाती है?
A. पथरीली चिकनी मिट्टी
B. कांप मिट्टी
C. दोमट मिट्टी
D. बलुआ मिट्टी

122. निम्नलिखित में से शिवालिक क्षेत्र में पड़ने वाले प्रदेश का कौन सा भाग सबसे अधिक उपजाऊ है?
A. कुल्लू घाटी B. बलघाटी
C. खजियार घाटी D. इनमें से सभी

123. 'मंडी की बल्ह घाटी' व 'सोलन की कुनिहार घाटी' प्रदेश के किस पहाड़ी मिट्टी क्षेत्र में आती है?
A. मध्य पहाड़ी मिट्टी क्षेत्र
B. पर्वतीय मिट्टी क्षेत्र
C. शुष्क पहाड़ी मिट्टी क्षेत्र
D. निम्न पहाड़ी मिट्टी क्षेत्र

124. 'मध्य पहाड़ी मिट्टी क्षेत्र' की मिट्टी निम्नलिखित में से किस चीज की पैदावार के लिए उपयोगी है?
A. चना व ज्वार B. धान व गन्दम
C. आलू व मक्की D. नींबू व आम

125. किन इतिहासकारों ने रावी नदी को 'हाईड्रास्टर' और 'रहोआदिस' का नाम दिया था?
A. मुगल इतिहासकारों ने
B. यूनानी इतिहासकारों ने
C. पहाड़ी इतिहासकारों ने
D. अंग्रेज इतिहासकारों ने

उत्तरमाला

1	2	3	4	5	6	7	8	9	10
B	A	C	B	A	B	D	A	B	C
11	**12**	**13**	**14**	**15**	**16**	**17**	**18**	**19**	**20**
A	B	D	A	A	C	B	D	B	C

21	22	23	24	25	26	27	28	29	30
B	A	A	C	D	C	B	D	A	B
31	32	33	34	35	36	37	38	39	40
C	B	A	C	B	A	C	B	A	C
41	42	43	44	45	46	47	48	49	50
B	D	B	A	D	C	A	C	A	B
51	52	53	54	55	56	57	58	59	60
A	C	B	C	A	B	D	A	C	A
61	62	63	64	65	66	67	68	69	70
B	C	A	C	B	A	D	A	B	D
71	72	73	74	75	76	77	78	79	80
A	C	D	C	D	C	B	A	C	B
81	82	83	84	85	86	87	88	89	90
C	A	D	C	A	B	B	D	C	C
91	92	93	94	95	96	97	98	99	100
B	C	B	B	A	D	B	A	C	D
101	102	103	104	105	106	107	108	109	110
A	C	B	C	C	A	B	A	C	C
111	112	113	114	115	116	117	118	119	120
A	A	D	C	B	D	A	B	C	A
121	122	123	124	125					
A	B	D	C	B					

इतिहास पर आधारित प्रश्न

1. पौराणिक राजा पृथु जिसके नाम पर धरती का नाम पृथ्वी पड़ा माना जाता है मूलत: कहां का राजा था?
A. कुल्लू (हिमाचल प्रदेश)
B. मथुरा (उत्तर प्रदेश)
C. जालंधर (पंजाब)
D. जिन्द (हरियाणा)

2. शिमला के समीप स्थित नालागढ़ में सतलुज की सहायक नदी सिरसा के दायीं ओर स्थित हिमालयोत्तर स्थानों का पता किसके द्वारा लगाया गया था?
A. श्री ब्रजवासीलाल
B. श्री औलाफ प्रफर
C. डॉ. राधाकुमद मुकर्जी
D. डॉ. आशीर्वादीलाल श्रीवास्तव

3. 1955 में कांगड़ा जिले की व्यास और बाणगंगा की तलहटियों में सोहन किस्म के उपकरणों का पता किसने लगाया था?
A. श्री सोहन लाल B. श्री प्रफुल मुकर्जी
C. श्री ब्रजवासी लाल D. श्री मानस प्रसाद

4. सिरसा नदी घाटी (कांगड़ा) में उत्तर पाषाण काल के कोई 500 से अधिक अवशेषों की खोज किसने की थी?
A. डॉ. जी.सी. महापात्र B. श्री कृष्णा स्वामी
C. अमलेन्दु गुहा D. पी.सी. खन्ना

5. सिरमौर जिले में माकंद नदी घाटी के सुकेती क्षेत्र में आदि मानव के पत्थरों के उपकरणों की खोज कब की गई थी?
A. 1909 में B. 1914 में
C. 1945 में D. 1974 में

6. सर्वप्रथम 1951 में शिवालिक पहाड़ियों के नालागढ़ क्षेत्र में पौराणिक पत्थर के औजारों की खोज किसने की थी?
A. औलाफ प्रफर B. डॉ. संतोष चन्द्र
C. फैड्रिक D. जार्ज पैट्रो

7. ऐतिहासिक अवशेषों के आधार पर हिमाचल प्रदेश में मानव का बसाव किस काल में हुआ था?
A. लौह युगीन काल B. ताम्र-पाषाण काल
C. पूर्व पाषाण काल D. उत्तर पाषाण काल

8. पूर्व वैदिक कालीन शिवालिक घाटियों में निम्नलिखित में से कौन लोग निवास करते थे?
A. आर्य B. दस्यु
C. मंगोल D. गोरखा

9. हिमाचल प्रदेश की सबसे प्राचीन रियासत कौन-सी थी?
A. त्रिगर्त रियासत B. विलासपुर रियासत
C. ठियोग रियासत D. कहलूर रियासत

10. पाणिनि काल (300 ई.पू.) में हिमाचल प्रदेश दो भागों में विभक्त था इनमें से एक त्रिगर्त गणसंघ कहलाता था तथा दूसरा गणसंघ क्या कहलाता था?
A. आयस गणसंघ B. कुणिन्द गणसंघ
C. भद्र गणसंघ D. राघव गणसंघ

11. प्राचीनकालीन हिमाचल की जानकारी सबसे पहले किस प्राचीन ग्रन्थ से मिलती है?
A. आरण्यक B. उपनिषद
C. ऋग्वेद D. पुराण

12. निम्नलिखित में से प्रदेश के किस प्राचीन राज्य की स्थापना इतिहास के अज्ञात काल में हो चुकी थी?
A. कांगड़ा B. कुल्लू
C. रामपुर-बुशहर D. सभी राज्यों की

13. महाभारत के युद्ध में कांगड़ा के किस कचोटवंशीय राजा ने कौरवों की ओर से युद्ध में भाग लिया था?
A. सुशर्मचन्द्र B. जगतचन्द्र
C. सुचेन्द्र D. गणेशचन्द्र

14. हिमाचल क्षेत्र में रहने वाली अनार्य जातियों का सबसे शक्तिशाली राजा कौन था?
A. वीरचन्द B. सुकेतु
C. शांबर D. कचोट

15. प्रदेश के अनार्य राजा शांबर का किस आर्य राजा से कई बार युद्ध हुआ था ?

A. द्रगेन्द B. दिवोदास
C. सशांक D. पृथु

16. प्रदेश का वैदिककालीन सबसे प्रसिद्ध आर्य राजा कौन था ?

A. सुदास B. रविदास
C. भुजबाहु D. अमोधवर्ष

17. महाभारत काल में भीम ने राक्षस जाति की किस कन्या से विवाह किया था जो बाद में कुल्लू राज्य की कुल देवी के रूप में पूजी गई ?

A. देवी महामाया B. देवी हांडोली
C. देवी राजभीमा D. देवी हिडिंबा

18. हिमाचल के त्रिगर्त गणसंघ के अधीन कितने राज्य थे ?

A. छः B. सात
C. बारह D. सोलह

19. पाणिनि काल का कौन-सा गणराज्य वर्तमान महासू, शिमला और नालागढ़ के राज्यों का संघ-शासित क्षेत्र था ?

A. आयुध B. कुणन्द
C. चम्बा D. ब्रह्मौर

20. कुलिंद लोग हिमाचल की शलदा नदी के निकट रहते थे। इस बात का उल्लेख किस प्राचीन ग्रन्थ में किया गया है ?

A. रामायण B. उपनिषद
C. महाभारत D. अष्टाध्यायी

21. श्रीकृष्ण के पौत्र अनिरुद्ध का ऊषा के साथ प्रेम विवाह प्रदेश में किस स्थान पर हुआ था ?

A. किन्नौर B. चम्बा
C. कांगड़ा D. कहलूर

22. चौथी शताब्दी के प्रारम्भ में गुप्त साम्राज्य के संस्थापक किस राजा ने हिमालय के जनपदों को जीतकर अपने आधिपत्य में किया था ?

A. चन्द्रगुप्त विक्रमादित्य B. समुद्रगुप्त
C. चन्द्रगुप्त D. कुमारगुप्त

23. हिमाचल की किरातों व नागों को परास्त करने वाली आदिम जाति कौन-सी थी ?

A. कोल B. डूम
C. खश D. हाली

24. प्रदेश की प्राचीनतम शासन प्रणाली कौन-सी मानी जाती है ?

A. मावणा शासन प्रणाली B. कुन्दू शासन प्रणाली
C. थाती शासन प्रणाली D. सावणी शासन प्रणाली

25. राजसूय यज्ञ से पूर्व की विजय यात्रा के दौरान अर्जुन ने हिमाचल के किस गणराज्य की यात्रा की ?

A. त्रिगर्त B. कुलूट
C. कुलिंद D. सभी की

26. यशोवर्मन के राजकवि वक्रपति के किस ग्रन्थ से इस बात की जानकारी मिलती है कि यशोवर्धन ने हिमालय खण्ड को विजित किया था ?

A. जन्दवाह B. दवनाल
C. महोपति D. काकदल

27. 765 ई. में कियोंथल राज्य की स्थापना किसने की थी ?

A. हरिहर चन्द B. विजयचन्द
C. गिरिसेन D. देवभूति

28. कांगड़ा का कौन-सा राजा नियमित रूप से दरबार में आता था तथा दीवान के नाम से प्रसिद्ध था ?

A. भीमचन्द B. सूरजचन्द
C. श्यामसिंह D. प्रतापसिंह

29. प्राचीनकाल में चम्बा राज्य की राजधानी कहां पर स्थित थी ?

A. सत्पुरा B. बहावपुरा
C. ब्रह्मपुरा D. चमोरा

30. निम्नलिखित में से किस शासक ने कांगड़ा पुस्तकालय पर अधिकार कर सभी पुस्तकों का फारसी में अनुवाद करवाया था ?

A. आदिलशाह B. फिरोजशाह तुगलक
C. मुहम्मद तुगलक D. हुमायूं

31. हिमाचल में प्राचीन कुल्लू राज्य की स्थापना विहंगम मणिपाल द्वारा कब की गई थी?

A. 1300 ई. में B. 1400 ई. में
C. 1500 ई. में D. 1600 ई. में

32. फ्रांसीसी यात्री बर्नियर किस मुगल शासक के समय में हिमाचल प्रदेश में आया था?

A. औरंगजेब B. हुमायूं
C. अकबर D. जहांगीर

33. किस चीनी यात्री के लेखों से हिमाचल के कांगड़ा, कुल्लू, लाहौल आदि जिलों के जनजीवन की जानकारी मिलती है?

A. फाह्यान B. इतिसंग
C. ह्वेनसांग D. युवानच्वांग

34. तेरहवीं शताब्दी में सुल्ताना रजिया बेगम के विद्रोही सरदार मुहम्मद जुनैदी ने हिमाचल के किस राज्य में शरण ली थी?

A. सिरमौर B. चम्बा
C. कांगड़ा D. नालागढ़

35. कांगड़ा के राजा विधिचंद ने सभी पहाड़ी शासकों का संघ बनाकर अकबर के विरुद्ध युद्ध कब किया था?

A. 1489-90 B. 1516-17
C. 1588-89 D. 1590-91

36. सन् 1009 ई. में जिस समय महमूद गजनवी ने नगरकोट पर आक्रमण किया उस समय वहां का शासक कौन था?

A. जयचन्द B. कल्याणचन्द
C. विजय चन्द D. जगदीश चन्द

37. हिमाचल में मण्डी रियासत का संस्थापक कौन था?

A. सुरेन्द्र सिंह B. वीरसेन
C. विजय चन्द D. दुनीचन्द

38. कुल्लू के किस राजा ने कोठी बरसाई की शासिका "रूप सुन्दरी" से विवाह कर इस क्षेत्र को अपने राज्य में शामिल किया था?

A. पद्मसिंह B. कल्याणचन्द
C. राजिंदर पाल D. जयचन्द

39. 1527 ई. में मण्डी नगर की स्थापना किस राजा ने की थी?

A. अजबर सेन B. दर्शन सेन
C. श्यामसिंह D. बहादुरसिंह

40. सिरमौर राज्य के अन्तिम शासक का नाम बताइए—

A. राजेन्द्र प्रकाश B. मानसिंह
C. नौरंगसिंह D. पद्मसिंह

41. शेरशाह सूरी ने अपने सेनापति खवास खां को नगरकोट और अन्य पहाड़ी राज्यों पर अधिकार करने के लिए कब भेजा था?

A. 1450 ई. में B. 1504 ई. में
C. 1505 ई. में D. 1540 ई. में

42. शेरशाह सूरी ने प्रदेश के किस स्थान पर विजय प्राप्त की थी?

A. कांगड़ा B. सिरमौर
C. चम्बा D. शिमला

43. 1641 में हिमाचल के किस राजा ने मुगल शासक के विरुद्ध विद्रोह किया था?

A. जगतसिंह B. पद्मसिंह
C. ज्ञानसिंह D. बहिंगपाल

44. सिरमौर राज्य के अन्तिम शासक का नाम बताइए—

A. मानसिंह B. राजेन्द्र प्रकाश
C. पद्मसिंह D. नौरंगसिंह

45. हिमाचल का वह शासक कौन था जिसने पहाड़ी रियासतों का 1588-89 में परिसंघ बनाकर मुगल सम्राट अकबर के विरुद्ध विद्रोह किया था?

A. दर्शन सेन B. रान प्रकाश
C. विधिचंद D. ज्ञानसिंह

46. मुगल शासक जहांगीर ने कांगड़ा के किले पर हिमाचल के किस रियासत के राजा की सहायता से अधिकार किया था?

A. चम्बा के राजा चरत सिंह
B. कांगड़ा के राजा हरिचन्द
C. कांगड़ा के राजा रूपचन्द
D. नूरपुर के राजा जगतसिंह

47. कांगड़ा जिले के नूरपुर उपमण्डल का नाम ढमेली से 'नूरपुर' किस मुगल शासक के समय में पड़ा था?

A. बाबर B. जहांगीर
C. अकबर D. औरंगजेब

48. रामपुर-बुशहर के राजा केहरीसिंह की बहादुरी से प्रभावित होकर मुगलों ने कौन-सी उपाधि प्रदान की थी?

A. छत्रपति B. विक्रमादित्य
C. छत्रसाल D. सूयईपुत्र

49. हिमाचल के किस राजा ने दक्षिण अभियान में औरंगजेब की सहायता की थी?

A. रामपुर-बुशहर के राजा केहरीसिंह
B. सिरमौर के राजा कर्मप्रकाश
C. बिलासपुर के राजा दीपचंद
D. चंबा के राजा चतरसिंह

50. सन् 1572 ई. में मुगल शासक अकबर ने किसे कांगड़ा का जागीरदार बनाया था?

A. टोडरमल B. बीरबल
C. मानसिंह D. जयसिंह

51. गुरु गोविन्दसिंह ने किस राजा के शासनकाल में सिरमौर की यात्रा की?

A. मेदनी प्रकाश B. रविराव
C. चन्द्र वर्मन D. प्रकाश चन्द्र

52. हिमाचल के बिलासपुर राज्य का वह कौन-सा शासक था जिसके शासनकाल को इतिहास में "कालायुग" के नाम से जाना जाता हैं?

A. सुशर्म B. महेशचंद
C. खडक चंद D. चतरसिंह

53. ढियोग रियासत की स्थापना 1667 ई. में की गई थी इसका संस्थापक कौन था?

A. विश्वप्रताप B. जयचंद
C. सुभगचंद D. भूमाचंद

54. मुगल शासक औरंगजेब ने चम्बा के किस राजा को यह आदेश दिया था कि राज्य के सभी हिन्दू मन्दिरों को गिरा दिया जाए?

A. रत्नसिंह B. विजयचंद
C. श्यामसिंह D. चतरसिंह

55. जिस समय मुगल सम्राट जहांगीर (1620) कांगड़ा आया था उस समय वहां का राजा कौन था?

A. बालभद्रा B. वीरभद्र
C. बालाचन्द D. रामचन्द

56. सन् 1614-15 में कौन-सा राज्य था, जिसे सर्वप्रथम नूरपुर के राजा जगतसिंह ने अपने कब्जे में लिया था?

A. कांगड़ा B. कियोथल
C. बूशोली D. चम्बा

57. 1620 में जब कांगड़ा किले को मुगल सेनाओं ने अपने कब्जे में लिया था, उस समय किले का प्रथम किलेदार किसे बनाया गया था?

A. अलीमर्दानखां B. नवाब अलीखां
C. शेरअफगन D. आफीफखां

58. मूरक्राफ्ट नामक यूरोपियन यात्री ने हिमाचल प्रदेश का भ्रमण कब किया था?

A. 1820-22 में B. 1825-27 में
C. 1855-56 में D. 1860-82 में

59. किस अंग्रेज ऑफिसर के प्रयत्नों के परिणामस्वरूप 1864 में शिमला अंग्रेजों की ग्रीष्मकालीन राजधानी बनी?

A. लार्ड बेलेजली B. लार्ड डफरिन
C. लार्ड लारेंस D. लार्ड कर्जन

60. 1857 के स्वतंत्रता संग्राम के समय कुल्लू रियासत के किस शासक को 'राय' की उपाधि मिली थी?

A. ज्ञानसिंह B. ज्ञानेश्वर सिंह
C. रामसिंह D. प्रकाश चन्द

61. चम्बा राज्य की नींव 550 ई. के लगभग किसने डाली थी?

A. यशोवर्मन B. वीरचंद
C. चंद्रवर्मन C. मेरुवर्म्मन

62. राजा वीरचंद ने कहलूर राज्य की स्थापना कब की थी?

A. 555 ई. में B. 697 ई. में
C. 578 ई. में D. 610 ई. में

63. राजा वीरचंद ने सांढ़ा, बांढ़ा, मलांढ़ा और झण्डा चार ठाकुरों को पराजित कर किस राज्य की स्थापना की थी ?

A. चंबा राज्य B. नूरपुर राज्य

C. कहलूर राज्य D. इनमें से कोई नहीं

64. 765 ई. में पोंगणा नामक राज्य की स्थापना की गई थी जो बाद में किस नाम से प्रसिद्ध हुआ ?

A. सुकेत B. मंडी

C. चंबा D. बिलासपुर

65. बड़े राज्य स्थापित होने से पूर्व सारा हिमाचल क्षेत्र अनेक लघु सामंतों के अधीन बंटा था, ये लोग कौन-सी उपाधि धारण करते थे ?

A. राघव B. राणा या ठाकुर

C. विक्रमादित्य D. विजेता

66. कुलिंद राज्य का संस्थापक कौन था ?

A. भूमिचंद B. आदित्यवर्मन

C. कल्याणचंद D. राठौर राजकुमार आदित्य

67. कांगड़ा के कटोच वंश का प्रथम शासक कौन था ?

A. राजा भूमिचंद B. राजा रणजीतसिंह

C. राजा आनंदचंद D. राजा कल्याणचंद

68. हिमाचल की कुल्लू रियासत का सबसे शक्तिशाली शासक कौन था ?

A. महेश्वरसिंह B. बहादुरसिंह

C. जगतसिंह D. वीरेंद्रसिंह

69. हिमाचल का बिलासपुर जिला राजपूत काल में किस नाम से जाना जाता था ?

A. चंबा B. कहलूर

C. कुल्लूत D. सुकेत

70. किस राजा का युग नूरपुर राज्य के इतिहास में स्वर्ण युग के नाम से प्रसिद्ध है ?

A. राजा रूपसिंह B. भक्तमल

C. मन्धाता D. जगतसिंह

71. सिरमौर राज्य की स्थापना कब हुई थी ?

A. 700 ई. में B. 708 ई. में

C. 800 ई. में D. 810 ई. में

72. क्योंथल राज्य की स्थापना किस शताब्दी में की गई थी ?

A. सातवीं शताब्दी B. आठवीं शताब्दी

C. नौवीं शताब्दी D. दसवीं शताब्दी

73. हिमाचल क्षेत्र में कितने ठाकुरवंश, दसवीं शताब्दी तक अस्तित्व में आ चुके थे ?

A. 18 B. 19

C. 22 D. 30

74. जसवां रियासत की स्थापना राजकुमार पूर्णचंद ने कब की थी ?

A. 1055 ई. में B. 1135 ई. में

C. 1170 ई. में D. 1190 ई. में

75. हिमाचल में 1000 ई. में नूरपुर राज्य की स्थापना किसके द्वारा की गई थी ?

A. घमण्ड चंद

B. अजयचंद

C. तेजपाल नामक तोमर राजपूत

D. विजयपाल नामक तोमर राजपूत

76. हिमाचल में कुम्हार सेन रियासती राज्य की स्थापना किरवचंद द्वारा किस सदी में की गई थी ?

A. 8वीं सदी B. 9वीं सदी

C. 10वीं सदी D. 11वीं सदी

77. हिमाचल में 1154 ई. में 'अभोजदयो' द्वारा किस रियासत की स्थापना की गई थी ?

A. जुब्बल रियासत B. कुनिहार रियासत

C. ढियोग रियासत D. डाडासिवा रियासत

78. हिमाचल की महलोग रियासत का संस्थापक कौन था ?

A. वीरचंद B. जयचंद

C. पृथ्वीचंद D. विजयचंद

79. बिलासपुर के किस राजा को उसकी दमनकारी नीतियों के कारण राज्य छोड़ने पर विवश कर दिया गया था ?

A. विजयचंद B. प्रकाशचंद

C. मेघचंद D. यशोवर्मन

80. हिमाचल का वह कौन-सा राजा था जिसने अपने पैतृक स्थान ''सूनहाणी'' को छोड़कर नए बिलासपुर नगर एवं गद्दी स्थल की स्थापना की थी ?

A. नरेशचंद B. जयचंद

C. रामचंद्र D. दीपचंद

81. 15वीं शताब्दी में कांगड़ा की प्रसिद्ध शाखा हरिपुर या गुलेर राज्य की नींव किसके द्वारा रखी गई थी ?

A. हरिचन्द्र और कर्मचन्द्र

B. चन्द्रभान और घमण्डचन्द

C. धर्मचन्द्र और शिवचन्द्र

D. संसारचन्द्र और रामाचन्द्र

82. हिमाचल का कुलिंद गणराज्य किस सदी में फूला-फला था ?

A. प्रथम सदी ईसा पूर्व B. तृतीय सदी ईसा पूर्व

C. दूसरी सदी ईसा पूर्व D. चतुर्थ सदी ईसा पूर्व

83. हिमाचल में त्रिगर्त-कांगड़ा का संस्थापक कौन था ?

A. भूमिचन्द B. संसारचन्द

C. धर्मचन्द D. लक्ष्मीचन्द्र

84. गुलेर रियासत के अन्तिम राजा रघुनाथ सिंह का शासन-काल बताइए—

A. 1680 से 1705 B. 1666 से 1711

C. 1790 से 1811 D. 1855 से 1905

85. प्टॉलेमी नामक यूनानी इतिहासकार ने त्रिगर्त को किस नाम से सम्बोधित किया था ?

A. चारुन्द्र B. कालिन्द्रेन

C. पोरुनी D. त्रिपेन्द्रन

86. हिमाचल में जसवान राज्य की स्थापना किसने की थी ?

A. संसार चन्द B. शिवचन्द

C. रामचन्द D. पूर्वचंद

87. कुटलहर रियासत का अन्तिम शासक कौन था ?

A. ब्रजमोहनपाल B. सूर्यपाल

C. शशिपाल D. चांदमोहनपाल

88. हिमालय क्षेत्र में बौद्ध धर्म के प्रचार के लिए राजा अशोक द्वारा भेजे गये भिक्षु दल का नेता कौन था ?

A. माजिहिमा B. महेन्द्र

C. चारुदत्त D. संघमित्त

89. हिमाचल में 1778 में किसने सुजानपुर टीरा नामक स्थान की नींव रखी थी ?

A. विजयचन्द B. अभय चन्द

C. विजेन्द्र सिंह D. राजा महिपाल

90. हिमाचल की 'सुकेत' रियासत का अन्तिम राजा कौन था, जिसने 'प्रिन्स ऑफ वेल्स अनाथ आश्रम' की स्थापना भी की थी ?

A. रामचन्द्र सेन B. राघवेन्द्र चन्द

C. जितेन्द्र सेन D. लक्ष्मण सेन

91. 1948 ई० में जब 'भागल' रियासत को हिमाचल प्रदेश में मिलाया गया था, उस समय वहां का शासक कौन था ?

A. राजेन्द्र सिंह B. गजेन्द्र सिंह

C. भूपेन्द्र सिंह D. विजेन्द्र सिंह

92. हिमाचल की 'कुल्लू रियासत' किस वर्ष अंग्रेजी साम्राज्य का एक भाग थी ?

A. 1818 में B. 1835 में

C. 1840 में D. 1846 में

93. सुप्रसिद्ध राजा संसार चन्द जो पहाड़ी क्षेत्र में विशाल हिन्दू साम्राज्य स्थापित करना चाहता था, कहां का शासक था ?

A. कुल्लू B. बिलासपुर

C. कांगड़ा D. मण्डी

94. हिमाचल के किस राजा ने नूरपुर राज्य की राजधानी 'पठानकोट' से 'घमेरी' स्थानांतरित की थी ?

A. बासदेव B. शिवदेव

C. रामदेव D. कृष्णदेव

95. किस मुगल शासक ने कुल्लू के राजा ''जगतसिंह'' को ''राजा'' की उपाधि से अलंकृत किया था ?

A. बाबर B. हुमायूं

C. शाहजहां D. औरंगजेब

96. हिमाचल की मण्डी व सुकेत रियासतें किस वर्ष प्रत्यक्ष रूप से अंग्रेजी साम्राज्य के अधीन आ गई थीं ?

A. 1820 में B. 1838 में

C. 1846 में D. 1842 में

97. हिमाचल के कोटखाई–कोटगढ़ को ब्रिटिश भारत का भाग कब बनाया गया था ?

A. 1828 में B. 1852 में
C. 1866 में D. 1868 में

98. अंग्रेजों द्वारा क्योंथल और पटियाला के शासकों से समझौता कर कब शिमला पर अधिकार किया गया था ?

A. 1808 में B. 1818 में
C. 1830 में D. 1858 में

99. हिमाचल का कौन-सा राज्य 697 ई० से पूर्व तक सांढा, बांढ़ा, मलांढा और झण्डा नामक चार ठाकुरों में विभक्त था ?

A. सुकेत B. कहलूर
C. कांगड़ा D. कुल्लू

100. हिमाचल के ''पांगणा'' नामक स्थान पर 765 ई० में एक राज्य की नींव रखी गई थी, जो बाद में किस नाम से जाना गया ?

A. कांगडा B. मण्डी
C. कुल्लू D. सुकेत

101. महमूद गजनवी ने कांगड़ा के किले और मन्दिर पर कब आक्रमण किया था ?

A. 1009 B. 1100
C. 1000 D. 1200

102. मुगल शासक जहांगीर ने नूरपुर के राजा जगतसिंह की सहायता से कांगड़ा के दुर्ग पर कब अधिकार किया था ?

A. 1550 B. 1555
C. 1620 D. 1630

103. कांगड़ा के किस शासक ने सभी पहाड़ी शासकों का संघ बना कर 1588-89 में अकबर के विरुद्ध युद्ध किया था ?

A. संसारचन्द B. विधिचंद
C. विजय चन्द D. जगतसिंह

104. 1886 ई० में कांगड़ा के किस शासक ने कांगड़ा के किले पर अधिकार किया था ?

A. संसार चंद B. कल्याण चन्द
C. विधि चंद D. हीरा चन्द

105. गोरखों ने कांगड़ा क्षेत्र पर कब आक्रमण कर लूटमार मचाई थी ?

A. 1820 में B. 1847 में
C. 1825 में D. 1809 में

106. शिवालिक निवासी उस शक्तिशाली किरात राजा का नाम बताइए जो आर्यों के राजा दिवोदास से लड़ा था ?

A. कीर्तिमान B. कामरान
C. शाम्बरा D. देवदत्त

107. राजा संसारचन्द व महाराजा रणजीत के बीच ज्वालामुखी की सन्धि किस वर्ष हुई थी ?

A. 1809 में B. 1829 में
C. 1856 में D. 1866 में

108. कांगडा के दुर्ग को मुहम्मद तुगलक ने कब विजित किया था ?

A. 1337 में B. 1357 में
C. 1405 में D. 1415 में

109. यूरोपियन यात्री फोरेस्टर ने 1783 में प्रदेश के किस युद्ध का वर्णन अपने यात्रा वृत्तान्त में किया है ?

A. भंगहाल और कुटलेहर के मध्य हुए युद्ध का
B. कांगडा और कलहूर के मध्य हुए युद्ध का
C. कुल्लू और कांगडा के मध्य हुए युद्ध का
D. कलहूर और भंगहाल के मध्य हुए युद्ध का

110. 1850 ई० में मण्डी रियासत पर किये गये आक्रमण में सिख सेना का नेतृत्व किसने किया था ?

A. रणजीत सिंह B. जनरल कामरा
C. जनरल बनतूरा D. चौधरी गजेन्द्र

111. हिमाचल के किरात नरेश शाम्भरा को किरात–आर्य युद्ध में किसने सहायता प्रदान की थी ?

A. आर्यभट्ट B. सिराज
C. मिहिर भोज D. बिरची

112. 1540 ई० में शेरशाह सूरी के सेनापति खवास खां ने हिमाचल के निम्नलिखित में से किस स्थान पर विजय प्राप्त की थी ?

A. कुल्लू B. कांगडा
C. मण्डी D. शिमला

113. हिमाचल की पहाड़ी रियासतों में निम्नलिखित में से किस विदेशी आक्रमणकारी ने 1399 ई० में लूटपाट की थी?

A. बाबर B. मुहम्मद गौरी
C. तैमूरलंग D. कोई नहीं

114. वह कौन-सा सिख प्रमुख था जिसने सर्वप्रथम 18वीं शताब्दी के उत्तरार्द्ध में कांगडा के पहाड़ी क्षेत्र पर आक्रमण किया था?

A. जस्सा सिंह B. मालसिंह छत्तीसगढ़िया
C. तेजा सिंह D. भीरुसिंह जमशेदपुरिया

115. हिमाचल के असंतुष्ट पहाड़ी राजाओं ने सिखों के साथ मिलकर अंग्रेजों के विरुद्ध कब विद्रोह किया था?

A. 1812 में B. 1848 में
C. 1850 में D. 1856 में

116. बिलासपुर के किस राजा ने 1809 में गोरखों को कांगड़ा पर आक्रमण करने के लिए आमंत्रित किया था?

A. महानचन्द B. नाथूचन्द
C. विजयचन्द D. कल्याणचन्द

117. कुल्लू व चम्बा की संयुक्त सेनाओं ने किस वर्ष लाहौल क्षेत्र से तिब्बतियों को निष्कासित किया था?

A. 1575 में B. 1595 में
C. 1663 में D. 1657 में

118. कांगडा के राजा संसारचन्द के विरुद्ध संयुक्त आक्रमण (1804-5) के समय चम्बा सेनाओं का सेनापति कौन था?

A. शिवचरण B. विजयपाल
C. कामरु वजीर D. नत्थू वजीर

119. हिमाचल में नरेटी शाहपुर का युद्ध कब हुआ था?

A. 1750 में B. 1786 में
C. 1890 में D. 1895 में

120. हिमाचल में प्राचीन कालीन राज्यों के बीच युद्धों में किस शस्त्र का प्रयोग किया जाता था?

A. तलवार B. भाले
C. तीरकमान D. इनमें से सभी का

121. हिमाचल प्रदेश में 1857 के स्वतंत्रता संग्राम की शुरुआत कहां से हुई?

A. कसौली की सैनिक छावनी से
B. नालागढ़ नामक स्थान से
C. कुल्लू रियासत से
D. बुशहर रियासत से

122. प्रदेश के किन दो क्रांतिकारियों को 3 अगस्त, 1857 को ब्रिटिश सरकार द्वारा फांसी की सजा दी गई थी?

A. शिवसिंह व भद्रसिंह
B. प्रतापसिंह व वीरसिंह
C. रामप्रसाद व शिवसिंह
D. अजयसिंह व बलवंत देव

123. 1857 की क्रांति के समय जब नासिरी बटालियन के गोरखा सिपाहियों ने विद्रोह किया, तब स्थानीय राजाओं ने क्या रुख अपनाया था?

A. अंग्रेजों की सहायता की
B. तटस्थता की नीति अपनाई
C. गोरखों की सहायता की
D. अंग्रेजों का विरोध किया

124. शिमला क्षेत्र में जतोग सैनिक क्रांति कब हुई थी?

A. 1856 में B. 1867 में
C. 1860 में D. 1857 में

125. 1857 की क्रांति के संचालन के लिए शिमला में बनाए गए संगठन का प्रमुख नेता कौन था?

A. रामप्रसाद बैरागी B. शिवदास
C. किशन सिंह D. बलवंत देव

126. राजा शमशेर सिंह किस रियासत का शासक था, जिसने 1857 के विद्रोह के दौरान अंग्रेजों को आर्थिक और सैनिक सहायता देना बन्द कर दिया था?

A. किन्नौर B. कोटगढ़
C. बुशहर D. नालागढ़

127. स्वतंत्रता संग्राम के दौरान शिमला पहाड़ी की निम्नलिखित में से किस रियासत में तीव्र असंतोष फैला?

A. कुल्लू B. नालागढ़ (हिन्डूर)
C. कांगड़ा D. किसी में नहीं

128. 1857 की क्रांति के समय कुल्लू रियासत के जिस शासक ने सिराज के नेगी की सहायता से विद्रोह किया था, उसका नाम क्या था?

A. राजा प्रतापसिंह B. वीरेन्द्र प्रताप
C. अजयसिंह D. गजेन्द्रसिंह

129. कुल्लू के राजा प्रतापसिंह ने अंग्रेजों के विरुद्ध लोगों को विद्रोह करने के उद्देश्य से सिराज का दौरा कब किया था?

A. 10 जून, 1857 को B. 16 मार्च, 1857 को
C. 1 मई, 1857 को D. 16 मई, 1857 को

130. 1857 की क्रांति के समय शिमला का डिप्टी कमिश्नर कौन था?

A. टामस B. सैडमैन
C. विलियर्म हेग D. उपरोक्त में से कोई नहीं

131. प्रदेश की बुशहर रियासत में दूम्ह आंदोलन कब हुआ था?

A. 1857 में B. 1858 में
C. 1960 में D. 1959 में

132. राजा उग्रसेन के कार्यकाल (1836-1876) में प्रदेश की सुकेत रियासत में जन-आंदोलन कब हुआ?

A. 1857 में B. 1840 में
C. 1862 में D. 1858 में

133. प्रदेश में नालागढ़ नामक स्थान पर जन-आंदोलन कब हुआ?

A. 1960 में B. 1877 में
C. 1865 में D. 1880 में

134. राजा रुद्रसेन के कार्यकाल में सुकेत में जन-आंदोलन कब हुआ था?

A. 1878 में B. 1895 में
C. 1877 में D. 1906 में

135. विलासपुर रियासत की जनता ने वहां के शासक मानसिंह के आतंक के विरुद्ध कब विद्रोह किया था?

A. 1805 में B. 1957 में
C. 1806 में B. 1860 में

136. 1859 में रामपुर-बुशहर में बेगार के विरुद्ध संघर्ष हुआ था, इसका प्रमुख केन्द्र कौन था?

A. नालागढ़ B. सुकेत
C. रोहड़ू D. चम्बा

137. 1862-1876 के मध्य सुकेत रियासत की जनता ने वहां के मंत्री के विरुद्ध विद्रोह किया था, उस मंत्री का नाम क्या था?

A. भगवानमल B. तेजप्रताप सिंह
C. नरहरिवर्मन D. नरोत्तम

138. नालागढ़ रियासत की जनता ने वहां के मंत्री गुलाम कादिर खां के अन्यायपूर्ण व्यवहार के विरुद्ध विद्रोह कब किया था?

A. 1876 में B. 1880 में
C. 1878 में D. 1995 में

139. कहलूर नामक रियासत की जनता ने 1880 में उच्छ तथा अन्य किस शासक के राज्य शासन के विरुद्ध विद्रोह किया था?

A. मनजीत सिंह B. भागवतमल
C. करतार सिंह D. प्रीतम सिंह

140. 1937 में चम्बा में हुए अग्निकांड से पीड़ित लोगों की सहायता के लिए किस संघ की स्थापना की गई थी?

A. चम्बा सहायता संघ
B. चम्बा अग्नि पीड़ित संघ
C. चम्बा सेवक संघ
D. चम्बा स्थानीय संघ

141. प्रदेश के पुराने पहाड़ी राज्यों में सत्ता के प्रति विरोध प्रदर्शन को स्थानीय लोग क्या कहकर पुकारते थे?

A. कहक B. लुम्ह
C. दूम्ह D. सुम्ह

142. प्रदेश में पझौता आंदोलन किसके विरुद्ध हुआ था?

A. अंग्रेजों के B. मंडी रियासत के
C. सिखों के D. गोरखों के

143. मंडी जिले में कृषक आंदोलन कब हुआ था?

A. 1904 में B. 1912 में
C. 1909 में D. 1921 में

144. प्रदेश में किस स्थान पर 1930 में भूमि बन्दोबस्त संबंधी आंदोलन हुआ था?

A. चम्बा B. बिलासपुर
C. सुकेत D. कांगड़ा

145. भगत सिंह एवं सुखदेव द्वारा स्थापित "नौजवान सभा" पर आधारित "बाल भारत सभा" की स्थापना 1928 में किसने की थी?

A. शिवदास B. दीनबंधु गांधी
C. पं. जयशंकर प्रसाद D. दीनानाथ गांधी

146. प्रदेश के शिमला जिले में बेगार (इच्छा के विरुद्ध मजदूरी) की समाप्ति कब हुई?

A. 1916 में B. 1918 में
C. 1921 में D. 1947 में

147. 1930 में प्रदेश की बिलासपुर रियासत में हुए जन-आंदोलन को अन्य किस नाम से भी जाना जाता है?

A. डांडरा आंदोलन B. किसान आंदोलन
C. डंडा आंदोलन D. सत्याग्रह आंदोलन

148. प्रदेश की सिरमौर रियासत के ऊपरी क्षेत्र 'पझौता' में किसान आंदोलन कब चलाया गया था?

A. 1940-42 में B. 1965-66 में
C. 1942-43 में D. 1896-97 में

149. 1942-43 में हुए 'पझौता आंदोलन' का संचालन किसने किया था?

A. पं. राजेन्द्र दत्त B. चन्द्र वर्मन सिंह
C. सूरज प्रताप सिंह D. वैद्य सूरत सिंह

150. 1906 में बुशहर के गढ़वाल के साथ लगते किस क्षेत्र में विद्रोह हुआ था?

A. डोडावन B. डोडरा-क्वार
C. बल्ह D. सभी गलत हैं

151. मंडी रियासत के राजा भवानी सेन के समय में किसान आंदोलन कब हुआ था?

A. 1904 में B. 1915 में
C. 1909 में D. 1918 में

152. 1909 के सितंबर मास में मंडी रियासत में एक जन-आंदोलन बल्ह क्षेत्र में डोडावन के किसानों ने किया था। इस आंदोलन का नेतृत्व किसने किया?

A. सिद्धू खराडा B. जयसिंह सिद्धू
C. विजयचंद D. राम सिद्धू

153. 1918 में प्रदेश के किस पहाड़ी क्षेत्र में चरागाहों तथा वन संबंधी असंगत कानूनों के विरोध में जन आंदोलन हुआ था?

A. कुनिहार B. नालागढ़
C. कोटगढ़ D. मंडी

154. प्रदेश की कुनिहार रियासत में किसानों ने प्रशासन के अत्याचारों के विरोध में कब आंदोलन किया था?

A. 1922 में B. 1885 में
C. 1920 में D. 1905 में

155. कुनिहार रियासत के बाबू कांशीराम और कोटगढ़ रियासत के सत्यानंद स्टोक्स ने प्रदेश की पहाड़ी रियासतों में बेगार प्रथा के विरुद्ध कब आंदोलन चलाया था?

A. 1905 में B. 1945 में
C. 1915 में D. 1920 में

156. 1924 में बेगार लगान और अधिक कर के विरोध में वनैक (सुन्दर नगर) के रत्नसिंह के नेतृत्व में प्रदेश में किस स्थान पर जन आंदोलन हुआ था?

A. सुकेत B. नाहन
C. बिलासपुर D. चम्बा

157. राजा ध्यानसिंह के समय में अत्यधिक भूमि-कर लगाने के विरोध में 1897 ई. से लेकर 1902 तक किस रियासत में जन आंदोलन चलाया गया था?

A. बाघल रियासत B. सुकेत रियासत
C. चम्बा रियासत D. मंडी रियासत

158. प्रदेश की क्योंठल रियासत में भूमि संबंधी आंदोलन कब हुआ था?

A. 1882 में B. 1887 में
C. 1888 में D. 1890 में

159. प्रदेश की बेजा और ठियोग नामक रियासतों में ठकुराइयों के विरुद्ध जन आंदोलन कब हुओ था?

A. 1880 में B. 1857 में
C. 1898 में D. 1885 में

160. 1905 में प्रदेश की किस रियासत में पुन: जन आंदोलन हुआ था?

A. बुशहर B. नालागढ़

C. मंडी D. बाघल

161. किस वर्ष सिरमौर राज्य को शिमला पहाड़ी क्षेत्र के अधीक्षक के नियंत्रण से हटाकर दिल्ली अधीक्षक के अधीन किया गया था?

A. 1880 में B. 1886 में

C. 1885 में D. 1860 में

162. निम्नलिखित में से किस व्यक्ति का संबंध कांगड़ा जिले से था तथा पं. जवाहरलाल नेहरू ने उसे पहाड़ी गांधी की उपाधि दी थी?

A. रमाशंकर दीक्षित B. करतार सिंह

C. बाबा कांशीराम D. बाबा रामचरण

163. बुशहर रियासत में 'दूम्ह' (असहयोग आंदोलन) की शुरुआत किस वर्ष हुई थी?

A. 1904 में B. 1906 में

C. 1910 में D. 1918 में

164. प्रदेश में प्रसिद्ध मंडी षड्यंत्र की 1914-15 की घटना किसके परिणामस्वरूप घटी थी?

A. गदर पार्टी B. किसान आंदोलन

C. धामी गोली कांड D. जन आंदोलन

165. शिमला में कांग्रेस का पहला प्रतिनिधि संगठन कब बनाया गया जिसमें शिमला नगर के मौलवी गुलाम मुहम्मद, कांग्रेस के प्रधान चुने गए थे?

A. जुलाई,1912 B. मई,1921

C. अगस्त,1905 D. जून,1924

166. प्रदेश में 1927 में हुए किस सम्मेलन के दौरान बलोच सिपाहियों ने लोगों को बुरी तरह पीटा था?

A. चम्बा के पास झील में

B. मंडी के पास ताल में

C. सुजानपुर के पास ताल में

D. सुकेत के पास मैदान में

167. शिमला में कांग्रेस का पुन: संगठन कब हुआ था?

A. 1929 में B. 1942 में

C. 1935 में D. 1944 में

168. प्रदेश के निम्नलिखित में से किस राजा ने सन् 1911 में हुए 'राज्याभिषेक दरबार दिल्ली' में भाग लिया था?

A. अमर प्रकाश व विजय सेन

B. अमरचंद व भूरी सिंह

C. A और B दोनों

D. उपर्युक्त में से किसी ने नहीं

169. गांधीजी के सविनय अवज्ञा आंदोलन में प्रदेश के किन स्थानों के कांग्रेस कार्यकर्त्ताओं ने भाग लिया था?

A. चम्बा व सुकेत B. सिरमौर व बुशहर

C. मंडी व बिलासपुर D. शिमला व कांगड़ा

170. इरविन-गांधी समझौते पर हस्ताक्षर करने के लिए गांधीजी शिमला कब गए थे?

A. 25 अगस्त, 1931 B. 7 अगस्त, 1930

C. 26 जून, 1932 D. 27 मार्च, 1945

171. प्रदेश के कांगड़ा क्षेत्र में व्यक्तिगत सत्याग्रह के संचालन के लिए समिति कब बनाई गई थी?

A. जून, 1939 को B. जुलाई, 1942 को

C. सितंबर, 1942 को D. नवंबर, 1940 को

172. शिमला से भारत छोड़ो आंदोलन का संचालन किसने किया था?

A. सोमनाथ B. राजकुमारी अमृतकौर

C. भावकर नंद D. बाबा कांशीराम

173. हिमाचल से संबंधित, राजकुमारी अमृतकौर ने गांधीजी के सत्याग्रह के दौरान जेल में बन्द होने पर, उनकी किस पत्रिका के संपादन का कार्य अगने हाथ में ले लिया?

A. हरिजन B. राष्ट्र चेतना

C. स्वराज्यनामा D. किसी का नहीं

174. चम्बा रियासत में कुछ लोगों ने "चम्बा सेवक संघ" नाम से एक संस्था का गठन कब किया था?

A. जून, 1935 को B. मई, 1945 को

C. मार्च, 1936 को D. अप्रैल, 1942 को

175. ऑल इण्डिया स्टेट्स पीपुल्स कांफ्रेंस लुधियाना में हुई इसके शीघ्र पश्चात् शिमला हिल स्टेट्स हिमाचल रियासती प्रजामंडल की स्थापना कब हुई थी?

A. 1929 में B. 1938 में

C. 1930 में D. 1935 में

176. महात्मा गांधी ने प्रथम बार शिमला की यात्रा कब की थी?

A. 1915 में B. 1922 में

C. 1921 में D. 1930 में

177. 1934 में प्रदेश की किस पहाड़ी रियासत ने सर्वप्रथम पंचायती राज कानून बनाया था?

A. मंडी B. सुकेत

C. कांगड़ा D. चम्बा

178. 13 जुलाई, 1939 को भागमल सौहटा की अध्यक्षता में शिमला के निकट कुसुम्पटी के समीप कमाहली नामक स्थान पर शिमला की पहाड़ी रियासतों के प्रजामंडलों की एक बैठक हुई। इस बैठक में धामी रियासत की 'प्रेम प्रचारिणी सभा' का नाम बदल कर क्या रखा गया?

A. धामी रियासत मंडल B. धामी सभा मंडल

C. धामी प्रजामंडल D. धामी किसान मंडल

179. प्रदेश की पहाड़ी रियासतों के प्रजामंडल के प्रतिनिधियों ने अपने क्षेत्र में प्रजामंडल को सुचारू रूप से चलाने के लिए जनवरी, 1946 में किस संस्था की स्थापना की थी?

A. शिमला मंडल

B. हिमालयन रीजनल काऊंसिल

C. शिमला प्रेम प्रचारिणी सभा

D. हिमालयन हिल स्टेट्स रीजनल काऊंसिल

180. प्रदेश की धामी रियासत का प्रसिद्ध गोलीकांड कब हुआ?

A. 10 फरवरी, 1926 B. 13 जुलाई, 1939

C. 15 अक्टूबर, 1930 D. 18 जून, 1940

181. धामी रियासत में 'प्रेम प्रचारिणी सभा' की स्थापना कब हुई थी?

A. 1942 में B. 1946 में

C. 1944 में D. 1947 में

182. 1937 में सिरमौर प्रजामंडल का प्रथम अध्यक्ष किसे बनाया गया था?

A. चौधरी शमशेर सिंह B. भगवत सिंह

C. ब्रह्मदत्त गुप्त D. चौधरी शेरजंग

183. प्रदेश में 'भाई दो' 'ना पाई' आंदोलन किस राष्ट्रीय आंदोलन की शाखा थी?

A. भारत छोड़ो आंदोलन

B. असहयोग आंदोलन

C. सविनय अवज्ञा आंदोलन

D. इनमें से किसी की नहीं

184. अखिल भारतीय रियासती प्रजा परिषद् के प्रस्तावों से प्रभावित होकर सिरमौर में हिमाचल की सबसे पहली ''प्रजामंडल'' संस्था का गठन किया गया। इसके संस्थापक कौन थे?

A. पं. राजेन्द्र दत्त B. पं. रामचरण

C. पं. शिव प्रसाद D. सूर्य प्रकाश

185. 1945-46 में शिमला में किस योजना पर प्रसिद्ध गोष्ठी हुई थी?

A. क्रिप्स योजना B. कैबिनेट योजना

C. स्वराज योजना D. वेवल योजना

186. 'हिमालयन हिल स्टेट्स रीजनल काऊंसिल' नामक संस्था के प्रधान स्वामी पूर्णानंद जी बनाये गये, उन्होंने प्रदेश में किस स्थान पर अपना कार्यालय बनाया था?

A. कांगड़ा B. मंडी

C. चम्बा D. सुकेत

187. 'हिमालयन हिल स्टेट्स रीजनल काऊंसिल' का प्रथम सम्मेलन मंडी में कब हुआ था?

A. 8 से 10 मार्च, 1946 B. 14 से 16 मार्च, 1947

C. 8 से 10 मार्च 1948 D. 25 से 26 मार्च, 1950

188. 'हिमालयन हिल स्टेट्स रीजनल काऊंसिल' के प्रथम सम्मेलन की अध्यक्षता आजाद हिन्द फौज के किस सुप्रसिद्ध सेनानी ने की थी?

A. कर्नल प्रकाश सिंह

B. सुरजीत सिंह

C. जनरल प्रतापराय चौधरी

D. कर्नल गुरुदयाल सिंह ढिल्लन

189. वायसराय लार्ड वेवल ने भारतीय राजनैतिक दलों को शिमला में बातचीत के लिए कब आमंत्रित किया था?

A. 25 जून, 1945 को B. 30 जून, 1946 को
C. 25 अप्रैल, 1947 को D. 1 फरवरी, 1947 को

190. 25 जून, 1945 में प्रदेश में वायसराय के निवास स्थान ''वायसरीगल लाज'' में 21 प्रतिनिधियों के सम्मेलन में मुस्लिम लीग का प्रमुख प्रतिनिधि किसे बनाया गया था?

A. शेख सैयद अहमद
B. इकबाल अहमद
C. मुहम्मद अली जिन्ना
D. मौलाना अबुलकलाम आजाद

191. 10 जून, 1947 में हिमालयन हिल स्टेट्स रीजनल काऊंसिल की एक बैठक शिमला के रायल होटल में हुई जिसमें सदस्यों के आपसी मतभेद के कारण कुछ सदस्यों ने अपना एक अलग संगठन बनाया। उसका नाम क्या रखा गया था?

A. हिमालयन हिल स्टेट्स सबरीजनल काऊंसिल
B. हिमालयन स्टेट्स काऊंसिल
C. हिमाचल रीजनल काऊंसिल
D. शिमला हिल स्टेट्स सबरीजनल काऊंसिल का पहला सम्मेलन

192. हिमालयन हिल स्टेट्स सबरीजनल काऊंसिल का पहला सम्मेलन शिमला की पहाड़ी रियासती सांगरी में कब हुआ था?

A. 30 जून, 1946 B. 31 जुलाई, 1947
C. 31 अप्रैल, 1948 D. 31 मार्च, 1949

193. हिमाचल प्रदेश के बनने से पूर्व ही भारतीय संघ में शामिल होने वाली प्रदेश की प्रथम रियासत कौन-सी थी?

A. सिरमौर रियासत B. धागी रियासत
C. ठियोग रियासत D. सुकेत रियासत

194. 1946 में सर्वप्रथम किस व्यक्ति ने हिमाचल के पहाड़ी राज्य के निर्माण की मांग की थी?

A. ठाकुर हजारा सिंह B. राजा मानसिंह
C. ठाकुर वीरभद्र सिंह D. जीवनलाल

195. हिमाचल प्रदेश में 'सुकेत सत्याग्रह' कब हुआ था?

A. 16 जनवरी, 1947 में B. 26 जून, 1947 में
C. 5 अप्रैल, 1949 में D. 18 फरवरी, 1948 में

196. भारत के स्वतंत्र होने (15 अगस्त, 1947) तक संपूर्ण हिमाचल क्षेत्र कितनी छोटी-बड़ी रियासतों व राजकीय क्षेत्रों में विभक्त था?

A. 31 B. 29
C. 40 D. 25

197. हिमाचल के सारे पहाड़ी क्षेत्र को एक कर उसे 'हिमाचल प्रदेश' नाम कब दिया गया था?

A. 15 अगस्त, 1947 B. 15 जनवरी, 1950
C. 15 अप्रैल, 1948 D. 15 फरवरी, 1949

198. बघाट रियासत के राजा दुर्गासिंह की अध्यक्षता में शिमला की पहाड़ी रियासतों के राजाओं और प्रजामंडल के प्रतिनिधियों का सम्मेलन सोलन में कब हुआ था, जिसमें पहाड़ी रियासतों को मिलाकर एक प्रशासनिक इकाई बनाने का निर्णय लिया गया था?

A. 1 अप्रैल, 1947 में
B. 26 से 28 जनवरी, 1948 में
C. 10 मई, 1949 में
D. 15 दिसम्बर, 1950 में

199. शिमला हिल्ज की 27 पहाड़ी रियासतों का विलय हिमाचल प्रदेश में कब किया गया था?

A. 16 दिसम्बर, 1947 को
B. 10 मई, 1949 को
C. 8 नवंबर, 1948 को
D. 8 मार्च, 1948 को

200. 23 मार्च, 1948 को हिमाचल प्रदेश में किस रियासत को सम्मिलित किया गया था?

A. बिलासपुर रियासत B. सुजानपुर रियासत
C. सिरमौर रियासत D. धामी रियासत

201. 15 अप्रैल, 1948 को हिमाचल प्रदेश के अस्तित्व में आने पर प्रदेश का प्रथम चीफ कमिश्नर किसे बनाया गया था?

A. श्री एन.सी. मेहता B. पं. जवाहरलाल नेहरू
C. पैण्ड्रल मून D. जयवंत राम

202. प्रदेश का प्रथम डिप्टी चीफ कमिश्नर किस व्यक्ति को बनाया गया था ?
A. श्रीमती विजय लक्ष्मी पंडित
B. पैण्ड्रल मून
C. पं. गौरी प्रसाद
D. डॉ. परमार

203. 15 अप्रैल, 1948 को हिमाचल प्रदेश में कितनी रियासतों का विलय किया गया था ?
A. 15 B. 16
C. 25 D. 30

204. शिमला हिल स्टेट्स की 26 छोटी बडी रियासतों को मिला कर 1948 में कौन-सा जिला बनाया गया था ?
A. मंडी B. सिरमौर
C. बिलासपुर D. महासू

205. बिलासपुर रियासत का हिमाचल प्रदेश में विलय कब हुआ था ?
A. जुलाई, 1954 B. जनवरी, 1950
C. अगस्त, 1948 D. अप्रैल, 1948

206. प्रदेश में मंडी के साथ किस अन्य रियासत को मिलाकर मंडी जिला बनाया गया था ?
A. चम्बा B. महासू
C. सुकेत D. बिलासपुर

207. हिमाचल प्रदेश में विधान सभा का गठन संविधान के कौन-से संशोधन द्वारा किया गया था ?
A. बारहवें संशोधन द्वारा B. चौदहवें संशोधन द्वारा
C. सोलहवें संशोधन द्वारा D. बीसवें संशोधन द्वारा

208. 1942-43 ई. तक शिमला किस देश की विस्थापित राजधानी रहा था ?
A. चीन B. जापान
C. बर्मा D. किसी की नहीं

209. पठानकोट भू-भाग जो हिमाचल प्रदेश में 1 नवंबर, 1966 को स्थानान्तरित किया गया था, पहले किस जिले का भाग था ?
A. शिमला B. गुरदासपुर
C. चम्बा D. बिलासपुर

210. पूर्वी पंजाब सरकार का मुख्यालय शिमला में कब तक था ?
A. 1955 तक B. 1965 तक
C. 1957 तक D. 1966 तक

211. पंजाब के पहाड़ी क्षेत्र-शिमला, कांगड़ा, कुल्लू, लाहौल-स्पीति, नालागढ़, ऊना, डलहौजी, बकलोह और भालून आदि हिमाचल प्रदेश में कब मिलाए गए थे ?
A. 1 नवंबर, 1966 को B. 1 जनवरी, 1965 को
C. 10 दिसंबर, 1969 को D. 22 जून, 1970 को

212. 1948 में हिमाचल प्रदेश के लिए स्थापित की गई अल्पकालिक सरकार का प्रथम अध्यक्ष कौन था ?
A. पं. शिवहरि B. श्री परमानंद
C. पं. शिवानंद रमोल D. श्री राम सहाय

213. हिमाचल की पहाड़ी रियासतों में से सर्वप्रथम किसमें लोकतांत्रिक व्यवस्था की शुरुआत की गई थी ?
A. चम्बा B. कांगड़ा
C. किन्नौर D. भागत

214. भारतीय संविधान सभा में हिमाचल प्रदेश का नेतृत्व किसने किया था ?
A. डॉ. वाई.एस. परमार B. डॉ. राधा स्वामी
C. श्री चन्द्र मोहन D. श्री केशव दास

215. संसद द्वारा हिमाचल राज्य कानून कब पास किया गया था ?
A. 10 दिसम्बर, 1955 B. 15 अप्रैल, 1960
C. 5 जनवरी, 1956 D. 18 दिसम्बर, 1970

216. हिमाचल प्रदेश में विधान सभा के लिए सर्वप्रथम चुनाव कब हुए थे ?
A. 1952 में B. 1950 में
C. 1955 में D. 1960 में

217. हिमाचल प्रदेश का प्रथम राज्यपाल किसे बनाया गया था ?
A. रामास्वामी B. डॉ. शशि भूषण
C. एस. चक्रवर्ती D. डॉ. यशवंत राव

218. डॉ. यशवंत सिंह परमार प्रदेश के प्रथम मुख्यमंत्री कब बने थे ?
A. 14 मार्च, 1951 में B. 15 अगस्त, 1952 में
C. 10 नवंबर, 1950 में D. 24 मार्च, 1950 में

219. 31 अक्टूबर, 1956 को हिमाचल प्रदेश, विधानसभा को किस एक्ट के फलस्वरूप समाप्त कर दिया गया?

A. स्टेट्स रिआर्गेनाइजेशन एक्ट

B. यूनियन एक्ट

C. गवर्नमेंट आफ यूनियन एक्ट

D. काऊंसिल एक्ट

220. हिमाचल प्रदेश को केन्द्र शासित प्रदेश का दर्जा कब प्राप्त हुआ था?

A. 10 जनवरी, 1954 B. 5 दिसम्बर, 1955

C. 1 नवंबर, 1956 D. 1 फरवरी, 1957

221. प्रदेश विधानसभा का प्रथम अध्यक्ष किसे बनाया गया था?

A. करतार सिंह B. जयवंत राम

C. भगतराम D. जीवनप्रसाद

222. सन् 1975 में प्रदेश में क्षेत्रीय परिषद् के लिए हुए चुनाव में परिषद् का प्रथम अध्यक्ष किसे बनाया गया?

A. ठाकुर वीरभद्र सिंह B. मनमोहन सिंह

C. कर्णपाल सिंह D. ठाकुर कर्मसिंह

223. क्षेत्रीय परिषद् को प्रदेश विधानसभा में परिवर्तित करने के लिए लोकसभा ने 1963 में कौन-सा एक्ट पास किया था?

A. यूनियन एक्ट

B. काऊंसिल एक्ट

C. गवर्नमेंट आफॅ यूनियन एक्ट

D. गवर्नमेंट ऑफ स्टेट एक्ट

224. श्रीमती इंदिरा गांधी ने लोकसभा में हिमाचल प्रदेश को पूर्ण राजत्व प्रदान करने की घोषणा कब की थी?

A. 30 नवंबर, 1960 को B. 31 जुलाई, 1970 को

C. 10 जुलाई, 1971 को D. 31 अप्रैल, 1972 को

225. हिमाचल प्रदेश को पूर्ण राज्य का दर्जा कब प्राप्त हुआ था?

A. 25 जनवरी, 1971 को B. 25 अप्रैल, 1972 को

C. 25 अगस्त, 1973 को D. 25 जून, 1976 को

226. विधान सभा ने प्रस्ताव पास कर हिमाचल प्रदेश को एक पृथक् राज्य बनाने की मांग कब की थी?

A. 1960 में B. 1970 में

C. 1968 में D. 1971 में

227. 25 जनवरी, 1971 में हिमाचल प्रदेश को भारत का कौन-सा राज्य बनाया गया?

A. 12वां B. 16वां

C. 14वां D. 18वां

228. प्रदेश में मुख्यायुक्त के स्थान पर उप-राज्यपाल की नियुक्ति कब हुई थी?

A. 18 मार्च, 1954 B. 1 मार्च, 1952

C. 1 अप्रैल,1950 D. 20 मार्च, 1956

229. प्रदेश में ज़मींदारी प्रथा का अंत कब हुआ था?

A. 1950-51 में B. 1954-55 में

C. 1952-53 में D. 1966-67 में

230. 1967 से 1971 के बीच हिमाचल प्रदेश किस राज्य के उच्च न्यायालय के अधीनस्थ था?

A. दिल्ली B. उत्तर प्रदेश

C. पंजाब D. महाराष्ट्र

231. सन् 1966 में जब पंजाब के पहाड़ी क्षेत्र हिमाचल प्रदेश को सौंपे गए थे उस समय स्थापित पंजाब विभाजन आयोग का चेयरमैन कौन था?

A. के.वी. रमैया B. बी.एस. माथुर

C. जे.सी. शाह D. जी.सी. वर्मा

232. शिमला हिल स्टेट्स के राज्य कब से कब तक अंग्रेजों के अधीन रहे?

A. 1815 से 10 जनवरी, 1940 तक

B. 1812 से 15 अगस्त, 1946 तक

C. 1805 से 15 अगस्त, 1947 तक

D. 1815 से 15 अगस्त, 1947 तक

233. हिमाचल प्रदेश में प्रथम मंत्रिमंडल कब बना?

A. 1960 B. 1962

C. 1954 D. 1960

234. प्रदेश में राज्य मंत्रिमंडल का पुनर्निर्माण कब हुआ था?

A. 1963 B. 1980

C. 1972 D. 1981

235. क्षेत्रीय परिषद् को हिमाचल प्रदेश विधान सभा में परिवर्तित कर लोकप्रिय सरकार की पुनर्स्थापना कब हुई?

A. 1 फरवरी, 1963 को B. 4 अगस्त, 1963 को

C. 10 जून, 1963 को D. 1 जुलाई, 1963 को

उत्तरमाला

1	2	3	4	5	6	7	8	9	10
A	B	C	A	D	A	C	B	A	B
11	12	13	14	15	16	17	18	19	20
C	D	A	C	B	A	D	A	B	C
21	22	23	24	25	26	27	28	29	30
A	C	C	A	D	A	C	A	C	B
31	32	33	34	35	36	37	38	39	40
C	A	C	A	C	D	B	C	A	A
41	42	43	44	45	46	47	48	49	50
D	A	A	B	C	D	B	A	C	B
51	52	53	54	55	56	57	58	59	60
A	C	B	D	A	C	B	A	C	A
61	62	63	64	65	66	67	68	69	70
D	B	C	A	B	D	A	C	B	D
71	72	73	74	75	76	77	78	79	80
A	B	A	C	C	D	B	A	C	D
81	82	83	84	85	86	87	88	89	90
A	C	A	C	B	D	A	A	B	D
91	92	93	94	95	96	97	98	99	100
A	D	C	A	D	C	A	C	B	D
101	102	103	104	105	106	107	108	109	110
A	C	B	A	D	C	A	A	B	C
111	112	113	114	115	116	117	118	119	120
D	B	C	A	B	A	C	D	B	D
121	122	123	124	125	126	127	128	129	130
A	B	A	D	A	C	B	A	D	C
131	132	133	134	135	136	137	138	139	140
D	C	B	A	A	C	D	A	D	C
141	142	143	144	145	146	147	148	149	150
C	A	C	B	D	C	A	C	D	B
151	152	153	154	155	156	157	158	159	160
C	A	B	C	D	A	A	B	C	D
161	162	163	164	165	166	167	168	169	170
B	C	B	A	B	C	A	C	D	A
171	172	173	174	175	176	177	178	179	180
D	B	A	C	B	C	A	C	D	B
181	182	183	184	185	186	187	188	189	190
A	D	C	A	D	B	A	D	A	C
191	192	193	194	195	196	197	198	199	200
A	B	C	A	D	A	C	B	D	C
201	202	203	204	205	206	207	208	209	210
A	B	D	D	A	C	B	C	B	D
211	212	213	214	215	216	217	218	219	220
A	C	D	A	D	A	C	D	A	C
221	222	223	224	225	226	227	228	229	230
B	D	C	B	A	C	D	B	B	A
231	232	233	234	235					
C	D	B	A	D					

प्रशासनिक संरचना पर आधारित प्रश्न

1. 2011 की जनगणना के अनुसार हिमाचल प्रदेश की कुल जनसंख्या बताइए—
   A. 6,864,602 B. 6,110,877
   C. 7,505,766 D. 6,150,458

2. हिमाचल प्रदेश की जनसंख्या का घनत्व कितना है?
   A. 112 व्यक्ति प्रतिवर्ग कि.मी.
   B. 140 व्यक्ति प्रति वर्ग कि.मी.
   C. 123 व्यक्ति प्रतिवर्ग कि.मी.
   D. 130 व्यक्ति प्रतिवर्ग कि.मी.

3. 2011 की जनगणना के अनुसार हिमाचल प्रदेश में प्रति हजार पुरुषों पर महिलाओं की संख्या कितनी है?
   A. 870 B. 796
   C. 976 D. 972

4. हिमाचल प्रदेश के नगरों में प्रदेश की कितने प्रतिशत जनसंख्या निवास करती है?
   A. 6.64% B. 7.72%
   C. 8.22% D. 10.04%

5. प्रदेश के किन्नौर जिले की आबादी (जनगणना 2011) कितनी है?
   A. 81640 B. 73324
   C. 84121 D. 82750

6. प्रदेश के किस जिले में अनुसूचित जनजातियों की सर्वाधिक जनसंख्या निवास करती है?
   A. चम्बा B. ऊना
   C. शिमला D. हमीरपुर

7. 2011 की जनगणना के अनुसार प्रदेश में साक्षरों की कुल जनसंख्या कितनी है?
   A. 5,10,400 B. 6,016,058
   C. 5,039,736 D. 4,035,068

8. 2001-2011 के दौरान प्रदेश की नगरीय जनसंख्या की दशकीय वृद्धि दर कितने प्रतिशत है?
   A. 11.02% B. 15.64%
   C. 13.08% D. 12.09%

9. हिमाचल प्रदेश के किस जिले में अनुसूचित जातियों की जनसंख्या सबसे कम है?
   A. लाहौल व स्पीति B. हमीरपुर
   C. कांगड़ा D. शिमला

10. 2011 की जनगणना के अनुसार सिरमौर जिले की जनसंख्या कितनी है?
    A. 558,292 B. 542,842
    C. 587,602 D. 529,855

11. प्रदेश के किस जिले में अनुसूचित जातियों की जनसंख्या सबसे अधिक है?
    A. कुल्लू B. मंडी
    C. कांगड़ा D. ऊना

12. 2011 की जनगणना के अनुसार बिलासपुर जिले में पुरुषों की जनसंख्या 192,764 है। बताइए इस जिले में स्त्रियों की जनसंख्या कितनी है?
    A. 189,192 B. 150,445
    C. 165,078 D. 195,106

13. 2011 की जनगणना के अनुसार ऊना जिले की कुल जनसंख्या कितनी है?
    A. 562,680 B. 521,173
    C. 502,865 D. 410,115

14. प्रति 1000 पुरुषों पर स्त्रियों की संख्या प्रदेश के किस जिले में सबसे अधिक है?
    A. चम्बा B. ऊना
    C. हमीरपुर D. कुल्लू

15. हिमाचल प्रदेश में सबसे कम जनसंख्या घनत्व वाला जिला कौन-सा है?
    A. कांगड़ा B. लाहौल–स्पीति
    C. शिमला D. सोलन

16. हिमाचल प्रदेश में सबसे अधिक आबाद गांव वाला जिला कौन-सा है?
    A. हमीरपुर B. चम्बा
    C. बिलासपुर D. कांगड़ा

17. प्रदेश में 2001 से 2011 के बीच कितनी प्रतिशत जनसंख्या की वृद्धि हुई?

A. 10.86% B. 12.94%
C. 25.89% D. 30.277%

18. प्रदेश में अनुसूचित जनजातियों की जनसंख्या सबसे कम किस जिले में है?

A. हमीरपुर B. सिरमौर
C. सोलन D. मंडी

19. हिमाचल प्रदेश के लाहौल-स्पीति जिले का मुख्यालय कहाँ पर है?

A. नाहन B. सोलन
C. केलांग D. काल्पा

20. 2011 की जनगणना के अनुसार प्रदेश के निम्नलिखित में से किस जिले की जनसंख्या 50,000 से कम है?

A. सिरमौर B. मंडी
C. लाहौल-स्पीति D. सोलन

21. प्रदेश का बैजनाथ उपमंडल किस जिले में स्थित है?

A. काँगड़ा B. सोलन
C. ऊना D. चंबा

22. शिमला जिले के अतिरिक्त किस जिले में नगरीय जनसंख्या सबसे अधिक है?

A. सोलन B. मंडी
C. कुल्लू D. कांगड़ा

23. प्रदेश में 2011 की जनगणना के अनुसार पुरुषों की जनसंख्या कितनी है?

A. 3,154,295 B. 3,168,952
C. 24,018,188 D. 3,481,873

24. 2011 की जनगणना के अनुसार प्रदेश में निवास करने वाली स्त्रियों की कुल जनसंख्या कितनी है?

A. 3,502,650 B. 3,664,155
C. 3,382,729 D. 3,007,529

25. 2011 की जनगणना के अनुसार प्रदेश में (0 से 6 वर्ष) के बच्चों की जनसंख्या कितनी है?

A. 777,898 B. 769,524
C. 765,428 D. 748,356

26. 2011 की जनगणना के अनुसार प्रदेश में साक्षर पुरुषों की जनसंख्या कितनी है?

A. 2,366,103 B. 2,752,590
C. 2,970,508 D. 3,366,402

27. 2011 की जनगणना के अनुसार प्रदेश की कुल जनसंख्या में साक्षर व्यक्तियों का प्रतिशत कितना है?

A. 80.51% B. 88.26%
C. 82.80% D. 82.24%

28. 2011 की जनगणना के अनुसार प्रदेश की कुल जनसंख्या में (0 से 6 वर्ष के) बच्चों का प्रतिशत कितना है?

A. 10.67% B. 16.24%
C. 12.24% D. 11.3%

29. 2011 की जनगणना के अनुसार प्रदेश के शिमला जिले की कुल नगरीय जनसंख्या कितनी है?

A. 201351 B. 187600
C. 326008 D. 261600

30. हिमाचल प्रदेश का कुल क्षेत्रफल कितना है?

A. 44,575 वर्ग कि.मी. B. 50,291 वर्ग कि.मी.
C. 55,673 वर्ग कि.मी. D. 61,177 वर्ग कि.मी.

31. प्रदेश के किन्नौर जिले का कुल क्षेत्रफल बताइए—

A. 6002 वर्ग कि.मी. B. 6401 वर्ग कि.मी.
C. 5503 वर्ग कि.मी. D. 4805 वर्ग कि.मी

32. प्रदेश के सिरमौर जिले का कुल क्षेत्रफल कितना है?

A. 2825 वर्ग कि.मी. B. 3375 वर्ग कि.मी.
C. 1288 वर्ग कि.मी. D. 4228 वर्ग कि.मी.

33. प्रदेश के लाहौल व स्पीति जिले का कुल क्षेत्रफल कितना है?

A. 18325 वर्ग कि.मी. B. 13835 वर्ग कि.मी.
C. 29416 वर्ग कि.मी. D. 10045 वर्ग कि.मी.

34. प्रदेश के मंडी जिले का कुल क्षेत्रफल कितना है?

A. 3,950 वर्ग कि.मी. B. 3,440 वर्ग कि.मी.
C. 2,1000 वर्ग कि.मी. D. 4,150 वर्ग कि.मी.

35. सुमेल कीजिए—

सूची I	**सूची II**
जिला	**कुल क्षेत्र**
(*a*) चम्बा	1936 वर्ग कि.मी.
(*b*) बिलासपुर	6528 वर्ग कि.मी.
(*c*) सोलन	5739 वर्ग कि.मी.
(*d*) कांगड़ा	1167 वर्ग कि.मी.

	(*a*)	(*b*)	(*c*)	(*d*)
A.	2	4	1	3
B.	1	2	4	3
C.	2	3	1	4
D.	3	1	4	2

36. हिमाचल प्रदेश के शिमला मंडल में निम्नलिखित में से कौन सा जिला शामिल नहीं है?

A. किन्नौर B. हमीरपुर
C. सोलन D. सिरमौर

37. निम्नलिखित में से कौन-सा जिला धर्मशाला मंडल के अंतर्गत आता है?

A. कांगड़ा B. सिरमौर
C. बिलासपुर D. कुल्लू

38. निम्नलिखित में से कौन-सा जिला मंडी मंडल के अंतर्गत आता है?

A. हमीरपुर B. बिलासपुर
C. लाहौल-स्पीति D. उपरोक्त सभी

39. निम्नलिखित में से कौन-सा उपमंडल शिमला जिले के अंतर्गत आता है?

A. ढियोग B. जोगिन्दर नगर
C. नालागढ़ D. सरका घाट

40. 'रोहड़ू' तहसील निम्नलिखित में से किस जिले के अंतर्गत है?

A. सोलन B. ऊना
C. शिमला D. मंडी

41. निम्नलिखित में से कौन-सी तहसील सोलन जिले के अंतर्गत नहीं आती है?

A. कसौली B. चडगांव
C. अर्की D. कंडाघाट

42. प्रदेश की 'अम्ब' नामक तहसील किस जिले के अंतर्गत आती है?

A. सिरमौर B. सोलन
C. हमीरपुर D. ऊना

43. निम्नलिखित में से कौन-सा विकास खंड 'किन्नौर' जिले के अंतर्गत आता है?

A. नाहन B. गगरेट
C. रामपुर D. कोई नहीं

44. 'नोहराधार' नामक तहसील हिमाचल के किस जिले के अंतर्गत शामिल है?

A. सिरमौर B. किन्नौर
C. ऊना D. बिलासपुर

45. निम्नलिखित में से कौन-सा उपमंडल लाहौल-स्पीति जिले के अंतर्गत है?

A. देहरा B. उदयपुर
C. नूरपुर D. रामपुर

46. निम्नलिखित में से कौन-सी तहसील कांगड़ा जिले के अंतर्गत नहीं है?

A. देहरा B. बैजनाथ
C. कुमारसेन D. इन्दौरा

47. प्रदेश की 'सैंज' नामक उपतहसील किस जिले के अंतर्गत है?

A. कुल्लू B. शिमला
C. कांगड़ा D. ऊना

48. प्रदेश की कौन-सी तहसील कांगड़ा जिले के अंतर्गत नहीं आती है?

A. बडोह B. ज्वाली
C. जयसिंहपुर D. बंजार

49. 'बाली चौकी' नामक तहसील हिमाचल में किस जिले के अंतर्गत है?

A. कुल्लू B. मंडी
C. लाहौल-स्पीति D. कांगड़ा

50. 'केलांग' नामक विकास खंड निम्नलिखित में से किस जिले के अंतर्गत है?

A. सोलन B. मंडी
C. लाहौल-स्पीति D. चम्बा

51. निम्नलिखित में से कौन-सी तहसील 'किन्नौर' जिले के अंतर्गत है ?

A. मोरंग B. राजगढ़

C. रेणुका D. पच्छाद

52. हिमाचल प्रदेश में सबसे पहले पंचायतों की स्थापना किस अधिनियम के अंतर्गत की गई ?

A. पंचायत अधिनियम 1949 के अंतर्गत

B. पंचायत अधिनियम 1950 के अंतर्गत

C. पंचायत अधिनियम 1952 के अंतर्गत

D. पंचायत अधिनियम 1962 के अंतर्गत

53. प्रदेश में पंचायती राज संस्थाओं का गठन किस प्रणाली के अंतर्गत किया गया है ?

A. द्विचक्रीय प्रणाली B. त्रिचक्रीय प्रणाली

C. चतुर्थचक्र प्रणाली D. उपरोक्त सभी

54. प्रदेश की बड़सर तहसील किस जिले में स्थित है?

A. कुल्लू B. बिलासपुर

C. हमीरपुर D. सिरमौर

55. प्रदेश में 2000 से 3500 तक की जनसंख्या वाली पंचायत के लिए कितने सदस्य होते हैं ?

A. 4 सदस्य B. 5 सदस्य

C. 7 सदस्य D. 9 सदस्य

56. हिमाचल प्रदेश को प्रथम बार राज्य सभा में प्रतिनिधित्व कब मिला?

A. 1952 B. 1948

C. 1951 D. 1966

57. 'गिरिराज' नामक हिन्दी साप्ताहिक का प्रकाशन स्थान प्रदेश में कहां पर है ?

A. सोलन B. ऊना

C. शिमला D. बिलासपुर

58. हिमाचल प्रदेश में प्रचलित सबसे पुराना द्विभाषिक पाक्षिक समाचार पत्र कौन सा था ?

A. हिमाचल ध्वनि B. क्षत्रिय तेज

C. ऊंचा हिमालय D. इनमें से कोई नहीं

59. निम्नलिखित में से किस समाचार पत्र का प्रकाशन 'चम्बा' से किया जाता है ?

A. चम्बा न्यूज B. हिम संवाहक

C. उदय भारत D. हिम रक्षक

60. प्रदेश का कौन सा समाचार पत्र 'दैनिक' है ?

A. हिम सत्ता B. हिमाचल ध्वनि

C. उदय भारत D. हिम संवाहक

61. 'ऊंचा हिमालय' नामक समाचार पत्र हिमाचल प्रदेश में कहां से प्रकाशित किया जाता है ?

A. ऊना B. बिलासपुर

C. सोलन D. शिमला

62. शिमला से 'हिमाचल ब्रह्मास्त्र' नामक समाचार पत्र का प्रकाशन निम्नलिखित में से किस भाषा में किया जाता है ?

A. हिन्दी B. उर्दू

C. संस्कृत D. पंजाबी

63. प्रदेश का निम्नलिखित में से कौन-सा 'समाचार पत्र' साप्ताहिक नहीं है ?

A. हिमाचल ब्रह्मास्त्र B. चम्बा न्यूज

C. हिमाचल ध्वनि D. हिम सत्ता

64. 'बमसन' तहसील किस जिले में स्थित है?

A. सोलन B. ऊना

C. कुल्लू D. हमीरपुर

65. प्रदेश की 'कुमारसेन' तहसील किस जिले में स्थित है?

A. चम्बा B. शिमला

C. कांगड़ा D. किन्नौर

66. सन् 1948 में शिमला में प्रथम केंद्रीय विद्यालय की स्थापना किसने की थी ?

A. एडवर्ड B. जान मार्शल

C. अल्फ्रेड D. स्मिथ

67. प्रदेश का 'सरकारी आयुर्वेदिक कॉलेज' कहां पर स्थित है ?

A. सोलन B. शिमला

C. कांगड़ा D. जोगिन्दर नगर

68. चम्बा राज्य में प्रथम प्राथमिक विद्यालय कब खोला गया था?

A. 1810 में B. 1821 में
C. 1863 में D. 1895 में

69. स्पीति के काजा क्षेत्र में सर्वप्रथम प्राथमिक विद्यालय कब खोला गया था?

A. 1899 में B. 1932 में
C. 1926 में D. 1955 में

70. 1863 में हिमाचल में 'बिशप कॉटन स्कूल' की स्थापना किसने की थी?

A. जॉन लारेंस B. जान रिजर्ड
C. एडवर्ड D. सर हेनरी

71. लाहौल घाटी में कांगड़ा जिला शिक्षा बोर्ड ने प्रथम नियमित विद्यालय की स्थापना कब की थी?

A. 1842 में B. 1865 में
C. 1901 में D. 1919 में

72. हिमाचल प्रदेश के निम्नलिखित में से किस स्थान पर चिकित्सा व आयुर्वेदिक महाविद्यालय स्थित है?

A. पपरौला B. जोगिन्दर नगर
C. शिमला D. इनमें से सभी में

73. 1 नवंबर, 1978 को प्रदेश के किस स्थान पर कृषि विश्वविद्यालय की स्थापना हुई?

A. पालमपुर (कांगड़ा) B. मंडी
C. मशोबरा (शिमला) D. चम्बा

74. डॉ. यशवंतसिंह परमार उद्यान एवं वानिकी विश्वविद्यालय (नौवी, जिला सोलन) की स्थापना कब हुई?

A. 1 जनवरी, 1985 B. 5 अप्रैल, 1985
C. 1 दिसम्बर, 1985 D. 7 मई, 1985

75. 2011 के आंकड़ों के अनुसार हिमाचल प्रदेश के कुल कितने प्रतिशत लोग साक्षर हैं?

A. 80.53 प्रतिशत B. 82.80 प्रतिशत
C. 75.38 प्रतिशत D. 90.67 प्रतिशत

76. हिमाचल प्रदेश के निम्नलिखित में से किस स्थान पर राष्ट्रीय प्रौद्योगिक संस्थान है?

A. हमीरपुर B. बिलासपुर
C. कांगड़ा D. कुल्लू

77. प्रदेश में निम्नलिखित में से किस स्थान पर राजस्व प्रशिक्षण संस्थान स्थित है?

A. भरमौर B. बिलासपुर
C. चम्बा D. जोगिन्दरनगर

78. हाई/सीनियर सैकेण्डरी शिक्षा से संबंधित 'शिक्षा बोर्ड' का मुख्यालय प्रदेश में निम्न में से कहां पर स्थित है?

A. धर्मशाला B. मंडी
C. बिलासपुर D. कुल्लू

79. हिमाचल प्रदेश विश्वविद्यालय, शिमला की स्थापना कब की गई थी?

A. 1966 में B. 1974 में
C. 1971 में D. 1985 में

80. इन्दिरा गांधी मेडिकल कॉलेज, हिमाचल प्रदेश में कहां पर स्थित है?

A. सोलन B. हमीरपुर
C. कांगड़ा D. शिमला

81. 'इंडियन इंस्टीट्यूट ऑफ एडवांस स्टडी' हिमाचल प्रदेश में कहां पर स्थित है?

A. ऊना
B. किन्नौर
C. शिमला (वायसरीगल लॉज)
D. कांगड़ा

82. हिमाचल प्रदेश का सबसे कम साक्षरता वाला जिला कौन-सा है?

A. चम्बा B. कांगड़ा
C. कुल्लू D. बिलासपुर

83. 1974 में हिमाचल प्रदेश लोक प्रशासनिक प्रशिक्षण संस्थान की स्थापना की गई थी, यह संस्थान प्रदेश में कहां पर स्थित है?

A. ऊना B. चम्बा
C. फेयरलान्स D. बिलासपुर

84. हिमाचल प्रदेश के कुल्लू जिले में राज्य विधानसभा की सीटों की संख्या कितनी है?

A. 4 B. 5
C. 6 D. 12

85. नेशनल बायोलॉजीकल लेबोरेट्री हिमाचल प्रदेश में कहां पर स्थित है ?
A. नाहन B. पालमपुर
C. शिमला D. सोलन

86. हिमाचल प्रदेश की औंदुबर जनजाति प्राचीन समय में किन दो नदियों के बीच निवास करती थी ?
A. व्यास और सतलुज B. रावी और झेलम
C. व्यास और रावी D. चिनाब और सतलुज

87. हिमाचल प्रदेश के निवासी 'गुज्जर' निम्नलिखित में से किसके वंशज माने जाते हैं ?
A. क्षत्रिय B. राजपूत
C. हूण D. खस

88. हिमाचल प्रदेश में वर्ष 2011 की जनगणना के अनुसार, जनजातियों की संख्या कितनी है ?
A. 3,24,214 B. 3,25,445
C. 3,92,126 D. 3,50,257

89. जनसंख्या की दृष्टि से प्रदेश के किस जिले में सर्वाधिक जनजातियां पाई जाती हैं ?
A. मंडी B. ऊना
C. कुल्लू D. चम्बा

90. हिमाचल प्रदेश के कुल आबादी के कितने प्रतिशत लोग अनुसूचित जनजाति के हैं ?
A. 5.71 प्रतिशत B. 5.12 प्रतिशत
C. 6.56 प्रतिशत D. 6.44 प्रतिशत

91. प्रदेश की गद्दी जनजाति की बस्ती को क्या कहा जाता है ?
A. गपारन B. गचोप
C. गद्देरन D. गच्वीला

92. हिमाचल प्रदेश की किस जनजाति को 'खोसिया' नाम से भी जाना जाता है ?
A. गद्दी B. पंगवाल
C. गुज्जर D. किन्नर

93. प्रदेश की किस जनजाति में शोन, बुकुम, जाबरू आदि लोकगीत व लोक नृत्यों का प्रचलन है ?
A. गद्दी B. लाहौली व स्पीतियन
C. गुज्जर D. पंगवाल

94. 2011 की जनगणना के अनुसार हमीरपुर जिले में जनजातियों की संख्या कितनी है ?
A. 3044 B. 2500
C. 360 D. 3800

95. प्रदेश की 'स्पीतियन' जनजाति को अन्य किस नाम से जाना जाता है ?
A. भोट B. पागी
C. चारू D. सीलानी

96. प्रदेश के किन क्षेत्रों की जनजातियों में 'जिन्द फूंक' या 'जराड फूंकी' विवाह प्रथा प्रचलित है ?
A. कांगड़ा व चम्बा
B. सिरमौर व हमीरपुर
C. भरमौर व बिलासपुर
D. कुल्लू व कांगड़ा

97. 'दरोश' या 'दब दब' या 'नयामश दोपांग' या 'नयामश लीमोड' या 'आशीश' या 'हुची शादी' रस्म, जो किन्नौर जिले में प्रचलित है, का क्या अर्थ है ?
A. प्रेम विवाह
B. जबरदस्ती या सहमतिपूर्ण विवाह
C. विधवा विवाह
D. सामूहिक विवाह

98. प्रदेश में 'जांजि' या 'जानि' किस्म की विवाह रस्म, जो पंगवाल जनजाति में प्रचलित है, का क्या अर्थ है ?
A. उत्कृष्ट विवाह B. स्वयंवर विवाह
C. अपहरण विवाह D. प्रेम विवाह

99. 'जाद' जनजाति किस क्षेत्र में पाई जाती है ?
A. लाहौल B. कुल्लू
C. पांगी D. इनमें से कोई नहीं

100. किन्नौर जिले में प्रचलित 'जानीकांग' या 'जानीतांग' विवाह का क्या अर्थ है ?
A. प्रेम विवाह
B. दूसरे की पत्नी के साथ विवाह
C. अपहरण विवाह
D. व्यवस्थित विवाह

101. हिमाचल प्रदेश में खस जाति के लोगों में दो प्रकार के विवाहों का प्रचलन है जिनमें एक हारा कहलाता है, दूसरे प्रकार के विवाह को क्या कहते हैं?

A. साई B. मंगनी
C. हुची D. दरोश

102. 'भुण्डा' उत्सव (शिमला, कुल्लू तथा मनाली में मनाया जाने वाला) किससे संबंधित है?

A. लोमश ऋषि से B. महासू देवता से
C. बुद्ध से D. परशुराम से

103. गद्दी जनजाति हिमाचल प्रदेश के किन क्षेत्रों में सर्वाधिक पाई जाती है?

A. बिलासपुर, किन्नौर B. भरमौर, चम्बा
C. बजौर, कुल्लू D. इनमें से कोई नहीं

104. 'गुज्जर' जनजाति मुख्यत: किस धार्मिक सम्प्रदाय से संबंध रखती है?

A. हिन्दू B. मुस्लिम
C. ईसाई D. A और B दोनों से

105. प्रदेश की गद्दी जनजाति में किस नदी को सबसे पवित्र नदी माना जाता है?

A. यमुना B. रावी
C. गंगा D. सतलुज

106. 'घरासनी' नाभक रस्म हिमाचल प्रदेश के किस प्रकार के विवाह से सम्बन्धित है?

A. झाजरा, गाडड्र या परैणा
B. जानेरटंग
C. झंजराडा
D. रीत

107. किन्नौर और अन्य सीमान्त क्षेत्रों में परैणा विवाह को किस नाम से जाना जाता है?

A. रीत B. हार
C. जानेरटंग D. झंजराडा

108. बराडफुक या जराडफुक या झिण्डीफुक नामक विवाह प्रदेश के निम्नलिखित में से किस क्षेत्र से सम्बन्धित है?

A. निम्न क्षेत्र से B. मध्य क्षेत्र से
C. चम्बा से D. इनमें से सभी से

109. हिमाचल प्रदेश के मध्य भाग में प्रचलित 'हार' विवाह को किन्नौर क्षेत्र में किस नाम से जाना जाता है?

A. दुबदुब B. चुचिस
C. खुटकिमा D. इनमें से सभी

110. हिमाचल प्रदेश में प्राचीन काल में निम्न में से किस क्षेत्र में बहु-पति प्रथा का प्रचलन था?

A. ऊपरी क्षेत्र में
B. सिरमौर के गिरी के पार के क्षेत्र में
C. सराज के क्षेत्र में
D. इनमें से सभी क्षेत्रों में

111. प्रदेश की गद्दी जनजाति में प्रचलित शिव पूजा किस प्रथा द्वारा की जाती है?

A. नुआला B. सुतन
C. नाचा D. टोडा

112. प्रदेश की पब्बर घाटी (रोहड़ू तहसील) में गले से लेकर घुटनों तक पहना जाने वाला कपड़ा क्या कहलाता है?

A. सूथन B. चपकन
C. छुवा या झुकड़ी D. ढयाट

113. हिमाचल प्रदेश में निम्नलिखित में से किस वृक्ष की पूजा की जाती है?

A. वट B. जरेडी (बेरी)
C. अनार D. इनमें से सभी की

114. दूसरी शताब्दी तक हिमाचल प्रदेश में अनेक छोटे-छोटे राज्य स्थापित हो चुके थे, जो आपस में लड़ते रहते थे, इस कारण उनके सम्बन्धों को आज तक किस प्रथा के नाम से जाना जाता है?

A. चाथू प्रथा B. बोरू प्रथा
C. बौइर प्रथा D. सारथ प्रथा

115. हिमाचल प्रदेश की निम्नलिखित में से कौन-सी जाति, सिन्धु सभ्यता की समकालीन मानी जाती है?

A. कोल B. किन्नर
C. नाग D. इनमें से सभी

116. प्रदेश में निम्नलिखित में से कौन-सा जाति समूह अधिक संख्या में है?

A. राजपूत B. वैश्य
C. ब्राह्मण D. अनुसूचित जाति

117. प्रदेश के किस भाग में कनेत जाति के लोग बहुतायत में पाए जाते हैं?

A. पश्चिमी हिमाचल B. उत्तरी हिमाचल
C. पूर्वी हिमाचल D. दक्षिणी हिमाचल

118. प्रदेश के किन्नौर, लाहौल-स्पीति के निवासी पश्चिमी तिब्बत के लोगों के संगोत्र हैं, इस जाति को अन्य किस नाम से जाना जाता है?

A. भोत B. खरवार
C. विषेन D. जतांग

119. हिमाचल प्रदेश का निम्नलिखित में से कौन-सा वर्ग व्यापारी जाति से सम्बन्धित नहीं है?

A. कराड़ B. जेरिपाल
C. सूद D. हांडा

120. प्रदेश के खासिया और कनेत राजपूत (महाभारत के कुनिंदे) निम्नलिखित में से किस जाति के वंशज हैं?

A. आर्यों के B. ब्राह्मण के
C. हाली के D. खसों के

121. प्रदेश की निचली शिवालिक श्रेणियों में रहने वाले गुज्जर व कुछ जाट परिवार किस जाति के वंशज माने जाते हैं?

A. साइथियों के B. अनार्यों के
C. आर्यों के D. घौगी के

122. किन्नौर जिले के 'लोहार' व 'बढ़ई' किस नाम से जाने जाते हैं?

A. कराल B. चनाल
C. सनाल D. बरवाल

123. पश्चिमी हिमाचल में रहने वाले कोली, हाली, डूम, चनाल, रेहड, बाढ़ी आदि नामों वाले लोग किस आदिम जाति से सम्बन्धित माने जाते हैं?

A. आग्नेय जाति से B. किन्नर जाति से
C. नाग जाति से D. द्रविड़ जाति से

124. खशों की पूजा पद्धति के क्या स्तर थे, जो आज भी हिमाचल प्रदेश में प्रचलित हैं?

A. इष्ट देवता की पूजा B. ग्राम देवता की पूजा
C. गृह देवता की पूजा D. उपरोक्त सभी

125. हिमाचल प्रदेश के मूल निवासी, जिनका वर्णन ऋग्वेद में मिलता है, आज उन्हें किस जाति के रूप में जाना जाता है?

A. कोली B. डूम
C. हाली D. उपरोक्त सभी

126. 'नालागढ़' उपमण्डल किस जिले में आता है?

A. हमीरपुर B. सिरमौर
C. शिमला D. सोलन

127. प्रशासनिक सुविधा की दृष्टि से हिमाचल प्रदेश को किस वर्ष दो खण्डों (कांगड़ा व शिमला) में बांटा गया था?

A. 1966 में B. 1970 में
C. 1973 में D. 1979 में

128. हिमाचल प्रदेश से राज्य सभा के लिए प्रथम सदस्य किसे चुना गया था?

A. शिवचरण दास B. विद्याचन्द पालीवाल
C. चिंरजी लाल वर्मा D. हरीश भारद्वाज

129. सन् 1948 में हिमाचल के अस्तित्व में आने के पश्चात् जनवरी, 1954 में प्रदेश का प्रथम राज्यपाल किसे बनाया गया?

A. श्री बजरंग बहादुर भद्री
B. श्री सी० राज गोपालाचारी
C. श्री वीरभद्र सिंह
D. श्री यशवन्त सिंह परमार

130. हिमाचल के सन् 1971 में पूर्ण राज्य प्राप्ति के पश्चात् प्रदेश का राज्यपाल किसे बनाया गया था?

A. श्री सी०वी० वैद्य
B. श्री एस० चक्रवर्ती
C. श्री यशवन्त सिंह परमार
D. श्री ई० पैडरलमून

131. हिमाचल प्रदेश में निम्नलिखित स्थानों में से तिब्बत सरकार का मुख्यालय कौन-सा है?

A. धर्मशाला B. शिमला
C. डलहौजी D. नाहन

132. 'बुराह' कौन-से जिले का एक प्रसिद्ध सामूहिक नृत्य है?

A. शिमला का B. कांगड़ा का
C. सिरमौर का D. किन्नौर का

133. चतुर्थ लोकसभा, 1967 के चुनाव में हिमाचल प्रदेश में कितनी सीटों के लिए चुनाव हुआ था?

A. पांच B. छः
C. सात D. आठ

134. हिमाचल प्रदेश 'प्रशासनिक अधिकरण' की स्थापना कब हुई थी?

A. 1986 में B. 1989 में
C. 1990 में D. 1992 में

135. निम्नलिखित में से कौन-सा व्यक्ति प्रदेश की विधान सभा का अध्यक्ष रह चुका है?

A. श्री श्रवण कुमार B. श्री जैवंतराम
C. श्री ठाकुर सेन नेगी D. सभी

136. हिमाचल प्रदेश के राज्यपाल पद के लिए कम से कम आयु कितनी होनी चाहिए?

A. 30 वर्ष B. 35 वर्ष
C. 25 वर्ष D. 18 वर्ष

137. हिमाचल प्रदेश लोक सेवा आयोग का कार्यालय कहां पर स्थित है?

A. शिमला B. किन्नौर
C. सोलन D. ऊना

138. 1983 में हिमाचल प्रदेश का प्रथम लोकायुक्त निम्नलिखित में से किसे नियुक्त किया गया था?

A. न्यायाधीश जी०एस० पांडे
B. न्यायाधीश केदारनाथ सिंह
C. न्यायाधीश टी०वी०आर० टाटाचारी
D. न्यायाधीश आर०एस० सरकारिया

139. प्रदेश के प्रथम मुख्य मंत्री का नाम बताइये—

A. लालबहादुर शास्त्री
B. डॉ० यशवन्त सिंह परमार
C. ठाकुर रामलाल
D. श्री वीरभद्र सिंह

140. डॉ० यशवन्त सिंह परमार प्रदेश के मुख्य मंत्री कब बने?

A. 24 मार्च, 1952 में B. 30 मार्च, 1953 में
C. 26 जनवरी, 1954 में D. 23 अप्रैल, 1959 में

141. निम्नलिखित में से कौन हिमाचल प्रदेश का मुख्यमंत्री नहीं रहा?

A. श्री वीरभद्र सिंह B. श्री शांता कुमार
C. श्री सत्य प्रकाश ठाकुर D. श्री प्रेम कुमार धूमल

142. शिमला शहर में म्यूनिसिपल कमेटी के स्थान पर म्यूनिसिपल कार्पोरेशन की स्थापना कब की गई थी?

A. 1978 में B. 1980 में
C. 1982 में D. 1985 में

143. किस अंग्रेज अफसर के प्रयत्नों द्वारा 1864 में शिमला अंग्रेजों की ग्रीष्मकालीन राजधानी बनी थी?

A. जॉन हॉकम B. लार्ड लारेंस
C. जॉन मिन्टो D. लार्ड फ्रेजन

144. 1809 में महाराजा रणजीत सिंह द्वारा किसे कांगडा अधिकार क्षेत्र का प्रथम गवर्नर नियुक्त किया गया था?

A. देसासिंह मजीठिया B. सर आनन्द दास
C. भीमा चौधरी D. एनीबेसेंट

145. हिमाचल प्रदेश में उच्च न्यायालय की स्थापना कब की गई थी?

A. 5 जनवरी, 1966 B. 7 जनवरी, 1970
C. 25 जनवरी, 1971 D. 26 जनवरी, 1977

146. हिमाचल प्रदेश में प्रशासनिक अधिकरण के अध्यक्ष व उपाध्यक्षों की सेवा निवृत्ति की आयु कितनी है?

A. 65 वर्ष B. 68 वर्ष
C. 62 वर्ष D. 70 वर्ष

147. 1963 में राष्ट्रीय जल सेना कैडेट इकाई की स्थापना प्रदेश के किस जिले में की गई थी?

A. बिलासपुर B. शिमला
C. ऊना D. मण्डी

148. हिमाचल प्रदेश से सम्बन्धित किस व्यक्ति को 1962 ई० में परम वीर चक्र प्रदान किया गया था?

A. मेजर बलवीर सिंह B. मेजर वीरपाल सिंह
C. मेजर धन सिंह थापा D. मेजर आनन्द प्रकाश

149. थल सेना मुख्यालय शिमला से दिल्ली कब स्थानान्तरित कर दिया गया था?

A. 1924 में B. 1941 में
C. 1948 में D. 1950 में

150. हिमाचल प्रदेश से सम्बन्धित निम्नलिखित में से कौन-सा व्यक्ति थल सेनाध्यक्ष बना था?

A. सी०एस० शर्मा B. जी०वी० कौल
C. सी०जी० वैद्य D. बी०एन० शर्मा

151. प्रदेश का कौन-सा जिला प्राचीनकाल में रावी, व्यास तथा सतलुज की मैदानी घाटियों तथा जालंधर क्षेत्र तक फैला हुआ था?

A. त्रिगर्त संघ (कांगड़ा) B. चम्बा
C. ऊना D. शिमला

152. हिमाचल प्रदेश का निम्नलिखित में से कौन-सा नगर प्राचीनकाल में 'व्यासपुर' के नाम से जाना जाता था?

A. ऊना B. शिमला
C. बिलासपुर D. सोलन

153. जिला बिलासपुर समुद्र तल से कितनी ऊंचाई पर स्थित है?

A. 500 मी० B. 1000 मी०
C. 1200 मी० D. 2000 मी०

154. हिमाचल प्रदेश का किन्नौर नामक स्थान जिले के रूप में कब अस्तित्व में आया?

A. 5 मार्च, 1957 B. 21 अप्रैल, 1960
C. 10 अप्रैल, 1962 D. 15 जून, 1965

155. हिमाचल प्रदेश के कांगड़ा नगर का प्राचीन नाम निम्नलिखित में से क्या था?

A. कालसी B. कामरा
C. त्रिगर्त D. सितामी

156. हिमाचल का कौन-सा नगर 9 मार्च, 1846 से लेकर 1947 तक अंग्रेजी शासन के अधिकार में रहा?

A. शिमला B. मण्डी
C. बिलासपुर D. कुल्लू

157. जगत सुख नाग्गर व सुल्तानपुर अलग-अलग समय पर प्रदेश की किस रियासत की राजधानी रहीं?

A. कुल्लू B. कांगड़ा
C. चम्बा D. ऊना

158. 2011 की जनगणना के अनुसार प्रदेश का दूसरा सबसे कम जनसंख्या वाला जिला कौन है?

A. किन्नौर B. हमीरपुर
C. चम्बा D. कुल्लू

159. 2011 की जनगणना के अनुसार प्रदेश के किस जिले की जनसंख्या 50,000 से कम है?

A. शिमला B. मण्डी
C. लाहौल एवं स्पीति D. नाहन

160. प्रदेश के शिमला जिले को छोड़कर किस जिले की नगरीय जनसंख्या सबसे अधिक है?

A. कांगडा B. चम्बा
C. किन्नौर D. हमीरपुर

161. क्षेत्रफल की दृष्टि से हिमाचल प्रदेश का सबसे बड़ा जिला कौन-सा है?

A. लाहौल-स्पीति B. शिमला
C. चम्बा D. सोलन

162. प्रदेश के सबसे दक्षिण में कौन-सा जिला स्थित है?

A. ऊना B. शिमला
C. सिरमौर D. सोलन

163. निम्नलिखित में से क्या कांगड़ा जिले में स्थित नहीं है?

A. शहीद स्मारक B. पंजपुला
C. चामुण्डा स्मारक D. ब्रजेश्वरी मंदिर

164. प्रदेश में निम्नलिखित में से कहां पर कमिश्नरी नहीं है?

A. धर्मशाला B. शिमला
C. कुल्लू D. मण्डी

165. निम्नलिखित में से कौन-सा हिमाचल प्रदेश का जिला नहीं है?

A. मनाली B. किन्नौर
C. चम्बा D. कुल्लू

उत्तरमाला

1	2	3	4	5	6	7	8	9	10
A	C	D	D	C	A	C	B	A	D
11	**12**	**13**	**14**	**15**	**16**	**17**	**18**	**19**	**20**
C	A	B	C	B	D	B	A	C	C
21	**22**	**23**	**24**	**25**	**26**	**27**	**28**	**29**	**30**
A	A	D	C	A	B	C	D	A	C
31	**32**	**33**	**34**	**35**	**36**	**37**	**38**	**39**	**40**
B	A	B	A	A	B	A	D	A	C
41	**42**	**43**	**44**	**45**	**46**	**47**	**48**	**49**	**50**
B	D	D	A	B	C	A	D	B	C
51	**52**	**53**	**54**	**55**	**56**	**57**	**58**	**59**	**60**
A	C	B	C	D	A	C	B	A	C
61	**62**	**63**	**64**	**65**	**66**	**67**	**68**	**69**	**70**
D	A	C	D	B	A	D	C	B	A
71	**72**	**73**	**74**	**75**	**76**	**77**	**78**	**79**	**80**
D	D	A	C	B	A	D	A	C	D
81	**82**	**83**	**84**	**85**	**86**	**87**	**88**	**89**	**90**
C	A	C	A	B	A	C	C	D	A
91	**92**	**93**	**94**	**95**	**96**	**97**	**98**	**99**	**100**
C	D	B	A	A	A	B	A	C	D
101	**102**	**103**	**104**	**105**	**106**	**107**	**108**	**109**	**110**
B	D	B	D	C	A	C	D	D	D
111	**112**	**113**	**114**	**115**	**116**	**117**	**118**	**119**	**120**
A	C	D	C	D	A	C	A	C	D
121	**122**	**123**	**124**	**125**	**126**	**127**	**128**	**129**	**130**
A	B	A	D	D	D	D	C	A	B
131	**132**	**133**	**134**	**135**	**136**	**137**	**138**	**139**	**140**
A	C	B	A	D	B	A	C	B	A
141	**142**	**143**	**144**	**145**	**146**	**147**	**148**	**149**	**150**
C	A	B	A	C	A	A	C	B	D
151	**152**	**153**	**154**	**155**	**156**	**157**	**158**	**159**	**160**
A	C	B	B	C	D	A	A	C	A
161	**162**	**163**	**164**	**165**					
A	C	B	C	A					

अर्थव्यवस्था एवं विविध विषयों पर आधारित प्रश्न

1. हिमाचल प्रदेश में लगभग कितने हैक्टेयर क्षेत्र में कृषि की जाती है?
   A. 5 लाख हैक्टेयर　B. 9.44 लाख हैक्टेयर
   C. 12 लाख हैक्टेयर　D. 15 लाख हैक्टेयर
2. हिमाचल प्रदेश में औसतन जोत लगभग कितना है?
   A. 0.95 हैक्टेयर　B. 2.00 हैक्टेयर
   C. 3.00 हैक्टेयर　D. 4.00 हैक्टेयर
3. प्रदेश के किस जिले में सर्वाधिक क्षेत्र में कृषि की जाती है?
   A. हमीरपुर　B. कांगड़ा
   C. मंडी　D. कुल्लू
4. प्रदेश के किन जिलों में आधुनिक तकनीकों को लोकप्रिय बनाने के उद्देश्य से पश्चिमी जर्मनी सरकार के सहयोग से पैकेज कार्यक्रम आरम्भ किए गए?
   A. मंडी व कुल्लू　B. कांगड़ा व चम्बा
   C. हमीरपुर व शिमला　D. बिलासपुर व ऊना
5. प्रदेश में निम्नलिखित में से किस स्थान पर कृषि विश्वविद्यालय की स्थापना की गई है?
   A. कांगड़ा　B. कुल्लू
   C. पालमपुर　D. ऊना
6. प्रदेश में आषाढ़ी (खरीफ) की फसलें प्राय: कब बोई जाती हैं?
   A. मार्च-अप्रैल　B. अगस्त-सितम्बर
   C. दिसम्बर-जनवरी　D. मई-जून
7. हिमाचल प्रदेश के कुल कृषि क्षेत्र के कितने प्रतिशत भाग में धान की खेती की जाती है?
   A. 10 प्रतिशत　B. 20 प्रतिशत
   C. 40 प्रतिशत　D. 70 प्रतिशत
8. प्रदेश के किस जिले में धान का सर्वाधिक उत्पादन होता है?
   A. शिमला　B. सोलन
   C. कांगड़ा　D. चम्बा
9. किन्नौर व लाहौल-स्पीति जिलों में निम्नलिखित में से किस खाद्यान्न का उत्पादन अधिक मात्रा में होता है?
   A. मक्का　B. गेहूं
   C. जौ　D. चना
10. मक्का का उत्पादन प्रदेश के निम्नलिखित में से किस जिले में होता है?
    A. शिमला　B. हमीरपुर
    C. सोलन　D. उपरोक्त सभी
11. ज्वार, बाजरा, महुआ व रागी आदि छोटे अनाजों का सर्वाधिक उत्पादन प्रदेश के किस जिले में होता है?
    A. किन्नौर　B. चम्बा
    C. ऊना　D. कांगड़ा
12. वर्ष में औसतन कितने मीट्रिक टन दालें हिमाचल प्रदेश में पैदा होती हैं?
    A. 55 हजार मी. टन
    B. 67.00 हजार मी. टन
    C. 42.50 हजार मी. टन
    D. 25.35 हजार मी. टन
13. प्रदेश में पहली बार आलू की फसल कब बोई गई थी?
    A. द्वितीय विश्व युद्ध के दौरान
    B. भारत-चीन युद्ध के दौरान
    C. प्रथम विश्व युद्ध के दौरान
    D. भारत-पाक युद्ध के दौरान
14. प्रदेश में लगभग कितने हेक्टेयर क्षेत्र चाय उत्पादन के अन्तर्गत है?
    A. लगभग 1000 हेक्टेयर
    B. लगभग 13000 हेक्टेयर
    C. लगभग 12000 हेक्टेयर
    D. लगभग 2,314.71 हेक्टेयर
15. आलू की निम्नलिखित में से किस किस्म का उत्पादन हिमाचल प्रदेश में किया जाता है?
    A. कुफरी-चन्द्रमुखी　B. कुफरी-ज्योति
    C. कुफरी-जीवन　D. उपरोक्त सभी

16. चुकन्दर का बीज प्रदेश में किस स्थान पर पैदा किया जाता है?

A. किन्नौर B. ऊना
C. बिलासपुर D. कांगड़ा

17. 'काला जीरा' हिमाचल प्रदेश में कहां पर पैदा किया जाता है?

A. चम्बा व कांगड़ा
B. सोलन व शिमला
C. किन्नौर व लाहौल-स्पीति
D. ऊना व बिलासपुर

18. हिमाचल प्रदेश में पैदा की जाने वाली कुठ नामक बूटी का निर्यात भारत से बाहर किस देश में किया जाता है?

A. अमेरिका B. कनाडा
C. फ्रांस D. उपरोक्त सभी

19. हिमाचल प्रदेश में सेब का सबसे पहला बाग कहां पर लगाया गया था?

A. शिमला में
B. कांगड़ा में
C. कुल्लू घाटी के बुन्दोरल में
D. लाहौल-स्पीति में

20. हिमाचल प्रदेश में सेब का सबसे पहला बाग किसके द्वारा लगाया गया था?

A. कैप्टन ए.ए. ली B. जॉन क्रिस्टल
C. सर हेनरी D. लेडी माउण्ट बेटन

21. शिमला की पहाड़ियों में मशोबरा नामक स्थान पर सबसे पहले सेब की पैदावार कब की गई थी?

A. सन् 1850 में B. सन् 1855 में
C. सन् 1887 में D. सन् 1865 में

22. 1823 में शिमला की पहाड़ियों में सर्वप्रथम किसने आलू उत्पादन शुरू किया था?

A. मेजर हेनरी B. ए.ओ.ह्यूम
C. सर चार्ल्स D. मेजर कैनडी

23. निम्न में से किस जिले में गन्ने का उत्पादन होता है?

A. ऊना B. सोलन
C. कांगड़ा D. इनमें से सभी में

24. 1876 में भू-सुधारों की शुरूआत किसने की थी?

A. सर हेनरी B. राजा रायसेन
C. कर्नल पीटर D. कर्नल रीड

25. निम्नलिखित में से किसकी खेती हिमाचल प्रदेश में नहीं होती है?

A. कपास B. धान
C. मक्का D. मशरूम

26. प्रदेश की "कल्याण सोना", "'सोनालिका' और "आ.आर. 21" किस फसल की उन्नत किस्में हैं?

A. गेहूं B. चावल
C. जौ D. गन्ना

27. हिमाचल प्रदेश में फलोत्पादक वृक्षों के अधीन कुल क्षेत्र कितना है?

A. 1,80,500 हैक्टेयर B. 2,36,466 हैक्टेयर
C. 1,95,600 हैक्टेयर D. 2,10,500 हैक्टेयर

28. 'कुफरी-जीवन' व 'कुफरी-ज्योति' प्रदेश में उत्पन्न होनेवाली किस फसल की दो प्रसिद्ध किस्में हैं?

A. आलू B. गेहूं
C. सेब D. चावल

29. हिमाचल प्रदेश में किस वर्ष 'भूमि क्षेत्र कानून' पास किया गया था?

A. 1950 ई. B. 1953 ई.
C. 1972 ई. D. 1981 ई.

30. प्रदेश में सन्तरों का उत्पादन प्रमुख रूप से कहां पर किया जाता है?

A. शिमला व मनाली B. कुल्लू व कांगड़ा
C. लाहौल व किन्नौर D. कसौली

31. प्रदेश के किस जिले में सेब का उत्पादन सबसे अधिक होता है?

A. बिलासपुर B. सिरमौर
C. सोलन D. शिमला

32. प्रदेश के सिरमौर जिले में किस स्थान पर भारत सरकार द्वारा खाद्य प्रसंस्करण (फूड प्रोसेसिंग) इकाई की स्थापना की गई है?

A. धौला कुआं B. नाहन
C. राजगढ़ D. नौरा

33. प्रदेश का कौन-सा भू-भाग नींबू प्रजाति के फल उत्पादन के लिए सर्वोत्तम है?

A. नालागढ़ क्षेत्र B. मनाली क्षेत्र

C. चम्बा क्षेत्र D. शिवालिक घाटी

34. हिमाचल प्रदेश में देश का सबसे बड़ा फल प्रसंस्करण (प्रोसेसिंग) कारखाना किस स्थान पर स्थित है?

A. चम्बा में B. बडसर में

C. भरमौर में D. परवानू में

35. निम्नलिखित में से कौन-सी प्रदेश में उत्पादित होने वाली सेब की किस्म नहीं है?

A. शेरवाजी B. जौनाथन

C. ब्यूटी ऑफ बाथ D. रोम ब्यूटी

36. प्रदेश के निम्नलिखित में से किस क्षेत्र में चरवाहे, गद्दी, किन्नर व गूजर लोग पशुपालन द्वारा जीवन निर्वाह करते है?

A. किन्नौर B. लाहौल-स्पीति

C. पांगी D. उपरोक्त सभी

37. पशुगणना 2019 के अनुसार प्रदेश में मवेशियों की संख्या कितनी है?

A. 20 लाख B. 40 लाख

C. 44.13 लाख D. 70 लाख

38. प्रदेश में पशुधन में सुधार के लिए निम्नलिखित में से कौन-सी योजना चलाई गई है?

A. पशुधन विकास B. पशुधन स्वास्थ्य

C. रोग नियंत्रण D. उपरोक्त सभी

39. गुलमर्ग स्पेशल किस फसल की प्रजाति है?

A. आलू B. सेब

C. संतरा D. चेरी

40. अंगोरा खरगोश की नस्ल में वृद्धि के लिए प्रदेश के किस जिले में सात इकाइयां स्थापित की गई हैं?

A. चम्बा B. शिमला

C. कांगड़ा D. बिलासपुर

41. हिमाचल प्रदेश में निम्नलिखित में से किस स्थान पर भेड़ प्रजनन केंद्र खोला गया है?

A. ज्यूरी (शिमला) B. नगवाई (मंडी)

C. ताल (हमीरपुर) D. उपरोक्त सभी में

42. प्रदेश में निम्नलिखित में से किस स्थान पर अंगोरा खरगोश फार्म खोला गया है?

A. कन्दवाडी (कांगड़ा) B. नगवाई (मंडी)

C. A और B दोनों में D. इनमें से कोई नहीं

43. हिमाचल सरकार द्वारा निम्नलिखित में से किस स्थान पर मत्स्य प्रजनन केंद्र की स्थापना की गई है?

A. जगातखाना (नालागढ़) B. आलसू (मंडी)

C. मिलवा (कांगड़ा) D. उपरोक्त सभी स्थानों पर

44. निम्न में से किस स्थान पर प्रदेश का सबसे बड़ा मत्स्य प्रजनन केंद्र स्थित है?

A. दयोली (बिलासपुर) B. जगातखाना (नालागढ़)

C. आलसू (मंडी) D. मिलवा (कांगड़ा)

45. हिमाचल प्रदेश में पाई जाने वाली 'ट्राउट' नामक मछली के विकास व पालन के लिए किस स्थान पर विशेष केंद्र खोला गया है?

A. कटराई (कुल्लू) B. बरोट (मंडी)

C. चड़गांव (रोहड़ू) D. उपरोक्त सभी स्थानों पर

46. प्रदेश में मछली का वार्षिक उत्पादन लगभग कितना है?

A. 5,000 मीट्रिक टन

B. 20,000 मीट्रिक टन

C. 17,026.09 मीट्रिक टन

D. 30,000 मीट्रिक टन

47. निम्नलिखित में से किस किस्म की मछली हिमाचल प्रदेश में पाई जाती है?

A. महाशीर B. मिर्र

C. ट्राउट D. उपरोक्त सभी

48. प्रदेश के चम्बा जिले में किस स्थान पर भेड़ प्रजनन केंद्र खोला गया है?

A. पांगी B. चूड़ी

C. भटियात D. सलूनी

49. दयोली नामक स्थान जहां पर प्रदेश का सबसे बड़ा मत्स्य प्रजनन केंद्र स्थित है, किस जिले के अंतर्गत आता है?

A. बिलासपुर B. कांगड़ा

C. ऊना D. शिमला

50. वर्ष 2019 की पशुगणना के अनुसार हिमाचल प्रदेश में कुक्कुट की संख्या कितनी है?

A. 500 हजार B. 700 हजार
C. 1342 हजार D. 2560 हजार

51. हिमाचल प्रदेश में चाय का सर्वाधिक उत्पादन किस जिले में होता है?

A. कांगड़ा B. सोलन
C. कुल्लू D. सिरमौर

52. प्रदेश में सबसे अधिक अदरक का उत्पादन किस जिले में होता है?

A. सोलन B. चम्बा
C. सिरमौर D. किन्नौर

53. हिमाचल प्रदेश के कुल वनों का कितने प्रतिशत भाग यमुना और सतलुज नदी की पूर्वी घाटियों में स्थित है ?

A. 57 प्रतिशत B. 65 प्रतिशत
C. 77 प्रतिशत D. 88 प्रतिशत

54. प्रदेश के कुल वनों का कितने प्रतिशत भाग व्यास और रावी नदी की पश्चिमी घाटियों में स्थित है ?

A. 30 प्रतिशत B. 33 प्रतिशत
C. 37 प्रतिशत D. 42 प्रतिशत

55. प्रदेश के वनों में वृक्षों एवं पौधों की लगभग कितनी ऐसी प्रजातियां पाई जाती हैं, जिनका औषधियों में प्रयोग किया जाता है ?

A. 500 B. 1200
C. 1500 D. 200

56. प्रदेश के वनों में अधिकांश रूप से किस प्रकार के वृक्ष पाये जाते हैं ?

A. देवदार B. ओक
C. स्प्रूश D. सभी

57. हिमाचल प्रदेश वन निगम की स्थापना किस वर्ष की गई थी?

A. 1974 B. 1975
C. 1976 D. 1977

58. प्रदेश के लाहौल, किन्नौर व पांगी क्षेत्रों में किस प्रकार के वन स्थित हैं ?

A. पर्वतीय वन B. आर्द्र पर्वतीय वन
C. उप पर्वतीय वन D. सभी प्रकार के

59. प्रदेश के पर्वतीय वन समुद्र तल से कितने मीटर की ऊंचाई पर स्थित हैं ?

A. 3650-4650 मीटर B. 3055-4560 मीटर
C. 4650-6420 मीटर D. 5065-3560 मीटर

60. प्रदेश में मंडी और व्यास नदी के किनारे किस प्रकार के वन पाये जाते हैं ?

A. पर्वतीय वन
B. आर्द्र पर्वतीय वन
C. उपोष्ण कटिबंधीय झाड़ी वन
D. उप पर्वतीय वन

61. प्रदेश के 'आर्द्र शीतोष्ण कटिबंधीय वन' समुद्र तल से कितने मीटर की ऊंचाई पर स्थित हैं ?

A. 1000-1500 मीटर B. 1500-2000 मीटर
C. 1800-2000 मीटर D. 2200 मीटर

62. प्रदेश के नाहन एवं होशियारपुर क्षेत्रों में प्रमुख रूप से किस प्रकार के वृक्ष पाए जाते हैं ?

A. चीड़ B. देवदार
C. साल D. पीपल

63. शीतोष्ण कटिबंधीय कंटीले वन प्रदेश के किस क्षेत्र में स्थित हैं ?

A. नालागढ़ B. पचाढ़
C. लाहौल एवं स्पीति D. सभी में

64. प्रदेश के उत्तरी शीतोष्ण कटिबंधीय पर्णपाती वन समुद्र तल से कितने मीटर की ऊंचाई पर स्थित हैं ?

A. 1250 मीटर से ऊपर B. 1250 मीटर से नीचे
C. 1350 मीटर D. 1312 मीटर

65. प्रदेश के शीतोष्ण कटिबंधीय एवं मिश्रित वनों में प्रमुख रूप से किस प्रकार के वृक्ष पाए जाते हैं ?

A. चीड़ B. देवदार
C. नीम D. ओक

66. एकोनिटम, आर्टिमेसिया, लोनिसेरा, कांटोनिएटर नामक वृक्ष प्रमुख रूप से प्रदेश के किस वन में पाये जाते हैं ?

A. पर्वतीय वन
B. उप पर्वतीय वन

C. शीतोष्ण कटिबंधीय कंटीले वन
D. उपोष्ण कटिबंधीय झाड़ी वन

67. प्रदेश के उपोष्ण कटिबंधीय चीड़ वनों में प्रमुख रूप से कौन से वृक्ष पाये जाते हैं?
A. चीड़, देवदार B. खैर, खार
C. ओक, मैपल D. एकोनिटम, आर्टिमेसिया

68. प्रदेश के किन्नौर जिले के कितने क्षेत्र में वन स्थित हैं?
A. 264 वर्ग किमी. B. 645.31 वर्ग किमी.
C. 332 वर्ग किमी. D. 403 वर्ग किमी.

69. प्रदेश के सिरमौर जिले के कितने क्षेत्र में वन स्थित हैं?
A. 1400 वर्ग किमी. B. 522 वर्ग किमी.
C. 1393.56 वर्ग किमी. D. 800 वर्ग किमी.

70. प्रदेश के कांगड़ा जिले का कितना क्षेत्र वनों से घिरा है?
A. 1245 वर्ग किमी. B. 2502 वर्ग किमी.
C. 1500 वर्ग किमी. D. 2357.27 वर्ग किमी.

71. 'शिकारी देवी' वन्य शरण स्थल प्रदेश में कहां स्थित है?
A. मंडी B. चम्बा
C. हमीरपुर D. कांगड़ा

72. तिरथन वन्य शरणस्थल प्रदेश के किस जिले में स्थित है?
A. कांगड़ा B. ऊना
C. कुल्लू D. शिमला

73. निम्नलिखित में से कौन-सा पक्षी, हिमाचल प्रदेश में पाया जाता है, जो अत्यन्त सुन्दर व दुर्लभ है?
A. मोनाल B. सफेद मोर
C. काला तीतर D. चितकबरा कबूतर

74. निम्नलिखित में से किस किस्म की मछली हिमाचल प्रदेश में पाई जाती है?
A. महाशीर B. कारप
C. नाड D. उपरोक्त सभी

75. निम्नलिखित में से कौन-सा वन्य प्राणी हिमाचल प्रदेश में पाया जाता है?
A. बर्फानी चीता B. तिब्बती हिम-कुक्कड़
C. भूरा भालू D. उपरोक्त सभी

76. प्रदेश में 'ग्रेट हिमालय राष्ट्रीय उद्यान' की स्थापना कुल्लू जिले में कब की गई थी?
A. मई, 1983 में B. मार्च, 1984 में
C. अप्रैल, 1985 में D. जून, 1989 में

77. कुल्लू जिले में स्थित 'ग्रेट हिमालय राष्ट्रीय उद्यान' की समुद्रतल से औसत ऊंचाई कितनी है?
A. 2,500 मीटर B. 3,200 मीटर
C. 4,100 मीटर D. 2,100 मीटर

78. प्रदेश का 'ग्रेट हिमालय राष्ट्रीय उद्यान' कितने क्षेत्र में फैला हुआ है?
A. 66,000 हेक्टेयर में B. 72,000 हेक्टेयर में
C. 62,000 हेक्टेयर में D. 74,000 हेक्टेयर में

79. प्रदेश के 'पिनघाटी राष्ट्रीय उद्यान' को राष्ट्रीय उद्यान की मान्यता कब प्राप्त हुई?
A. जनवरी, 1985 में B. जनवरी, 1987 में
C. दिसंबर, 1990 में D. फरवरी, 1992 में

80. प्रदेश का 'पिनघाटी राष्ट्रीय उद्यान' कितने क्षेत्र में विस्तृत है?
A. 60,200 हेक्टेयर B. 62,440 हेक्टेयर
C. 65,100 हेक्टेयर D. 67,500 हेक्टेयर

81. प्रदेश का 'बंदली वन्यजीव विहार' किस जिले में स्थित है?
A. चम्बा B. मंडी
C. कांगड़ा D. सिरमौर

82. प्रदेश के 'बंदली वन्यजीव विहार' में अधिकांश रूप से कौन-से वृक्ष पाये जाते हैं?
A. चीड़ B. नीम
C. देवदार D. ओक

83. प्रदेश के 'बंदली वन्यजीव विहार' को सुरक्षित क्षेत्र के अधीन लाने के लिए पहला अधिनियम 1962 में बनाया गया था। इसकी सुरक्षा के लिए दूसरा अधिनियम कब बनाया गया?
A. 1970 में B. 1974 में
C. 1980 में D. 1981 में

84. प्रदेश का चैल वन्यजीव विहार कितने क्षेत्र में फैला हुआ है?

A. 10,854.36 हेक्टेयर B. 11,704.36 हेक्टेयर
C. 10,585.22 हेक्टेयर D. 10,704.26 हेक्टेयर

85. 16,740 हेक्टेयर क्षेत्र में विस्तृत 'दरन घाटी वन्यजीव विहार' प्रदेश के किस जिले में स्थित है?

A. कांगड़ा B. शिमला
C. किन्नौर D. बिलासपुर

86. निम्नलिखित में से गलत जोड़ा छांटिए–

A. मगूल सियावेही वन्यजीव विहार–चम्बा जिले में
B. कनावर वन्यजीव विहार–कुल्लू जिले में
C. लिप्पा असरंग वन्यजीव विहार–किन्नौर जिले में
D. गोविन्द सागर वन्यजीव विहार–कांगड़ा जिले में

87. हिमाचल प्रदेश में कुल कितने राष्ट्रीय उद्यान स्थित हैं?

A. 1 B. 4
C. 5 D. 2

88. प्रदेश के 'गोविन्द सागर वन्य जीव विहार' के संरक्षण का भार किसे सौंपा गया है?

A. हिमाचल विकास समिति को
B. बिलासपुर वन विभाग को
C. मंडी जिला प्रशासन को
D. भाखड़ा प्रबंधन समिति को

89. चम्बा जिले में स्थित 'कालाटोप खज्जियार वन्यजीव विहार' किस नदी के तट पर स्थित है?

A. रावी B. व्यास
C. जीवा D. सैंज

90. कुल्लू जिले में स्थित 'कनावर वन्यजीव विहार' क्षेत्र में औसत वार्षिक वर्षा लगभग कितनी होती है?

A. 500 मिलीमीटर के लगभग
B. 1500 मिलीमीटर के लगभग
C. 1000 मिलीमीटर के लगभग
D. 2000 मिलीमीटर के लगभग

91. प्रदेश के सोलन और बिलासपुर जिले में स्थित 'दलीघाट वन्यजीव विहार' के संरक्षण को ध्यान में रखते हुए इसे प्रथम बार 1962 में अधिसूचित किया गया था। इसे दूसरी बार कब अधिसूचित किया गया?

A. 1974 B. 1978
C. 1982 D. 1990

92. चम्बा जिले में स्थित 'गमगूल सियावेही वन्यजीव विहार' की समुद्रतल से न्यूनतम व अधिकतम ऊंचाई कितनी है?

A. न्यूनतम ऊंचाई 1600 मीटर तथा अधिकतम ऊंचाई 3812 मीटर
B. न्यूनतम ऊंचाई 1800 मीटर तथा अधिकतम ऊंचाई 2920 मीटर
C. न्यूनतम ऊंचाई 1900 मीटर तथा अधिकतम ऊंचाई 2800 मीटर
D. न्यूनतम ऊंचाई 2200 मीटर तथा अधिकतम ऊंचाई 3260 मीटर

93. प्रदेश के कुल्लू जिले में स्थित 'कनावर वन्यजीव विहार' के संरक्षण की दृष्टि से कब अधिसूचित किया गया था?

A. 1954 ई. में B. 1960 ई. में
C. 1956 ई. में D. 1969 ई. में

94. कुल्लू जिले में स्थित 'खोखन वन्यजीव विहार' कितने क्षेत्र में फैला हुआ है?

A. 1202 हेक्टेयर B. 1608 हेक्टेयर
C. 1500 हेक्टेयर D. 1405 हेक्टेयर

95. प्रदेश का 'कायस वन्यजीव विहार' प्रदेश के किस जिले में स्थित है?

A. चम्बा B. कुल्लू
C. बिलासपुर D. किन्नौर

96. चम्बा जिले में स्थित 'कुगती वन्यजीव विहार' कितने क्षेत्र में विस्तृत है?

A. 37886.68 हेक्टेयर B. 40775.22 हेक्टेयर
C. 29886.18 हेक्टेयर D. 36565.68 हेक्टेयर

97. किन्नौर जिले में स्थित 'लिप्पा असरांग वन्यजीव विहार' प्रमुख रूप से किस लिए प्रसिद्ध है?

A. भूरे भालू B. लियोपार्ड बिल्ली
C. याक D. हिरण

98. व्यास नदी की सहायक नदी मनाल्सू नाला के तट पर स्थित प्रदेश का 'मनाली वन्यजीव विहार' किस जिले में स्थित है?

A. कुल्लू B. शिमला
C. कांगड़ा D. बिलासपुर

99. प्रदेश के शिमला जिले में स्थित किस वन्यजीव विहार में ओक के वृक्ष पाये जाते हैं?

A. मजाथल हासरंग वन्यजीव विहार
B. मनाली वन्यजीव विहार
C. कियास वन्यजीव विहार
D. कुगती वन्यजीव विहार

100. शिवालिक श्रेणी में स्थित नयना देवी वन्यजीव विहार प्रदेश के किस जिले में स्थित है?

A. कुल्लू B. बिलासपुर
C. चम्बा D. मंडी

101. 27,837 हेक्टेयर क्षेत्र में फैला 'नरगू वन्यजीव विहार' प्रदेश के किस जिले में स्थित है?

A. बिलासपुर B. कांगड़ा
C. मंडी D. चम्बा

102. समुद्र तल से न्यूनतम ऊंचाई 3200 मीटर तथा अधिकतम ऊंचाई 5,486 मीटर पर किन्नौर जिले में कौन-सा वन्यजीव विहार स्थित है?

A. रेणुका वन्यजीव विहार
B. कनावर वन्यजीव विहार
C. बंदली वन्यजीव विहार
D. रक्षम चितकुल वन्यजीव विहार

103. सिरमौर जिले में स्थित 'रेणुका वन्यजीव विहार' को संरक्षण प्रदान करने के लिए पहली बार 1964 में अधिसूचित किया गया था। इसे दूसरी बार कब अधिसूचित किया गया?

A. 1987 में B. 1990 में
C. 1989 में D. 1991 में

104. किन्नौर जिले में स्थित 'रूपी भापा वन्यजीव विहार' किसलिए प्रसिद्ध है?

A. चीड़ वृक्षों के लिए
B. सफेद भालू के लिए
C. संजय विद्युत गृह के लिए
D. बर्फ वृष्टि के लिए

105. 10,295 हेक्टेयर क्षेत्र में फैला हुआ 'सेचु तुंआ नाला वन्यजीव विहार' प्रदेश के किस जिले में स्थित है?

A. बिलासपुर B. चम्बा
C. मंडी D. शिमला

106. समुद्र तल से न्यूनतम ऊंचाई 1800 मीटर तथा अधिकतम ऊंचाई 3360 मीटर पर स्थित 'शिकारी देवी वन्यजीव विहार' प्रदेश के किस जिले में है?

A. मंडी B. सोलन
C. चम्बा D. शिमला

107. हिमाचल प्रदेश का सबसे छोटा वन्यजीव विहार जो कि सोलन जिले में स्थित है। कौन- सा है?

A. शिकारी देवी वन्यजीव विहार
B. सिम्बलबरा वन्यजीव विहार
C. शिल्ली वन्यजीव विहार
D. रेणुका वन्यजीव विहार

108. गलत जोड़ा इंगित कीजिए—

A. सिम्बलबरा राष्ट्रीय उद्यान—(जिला सिरमौर)
B. चुरधार वन्यजीव विहार—(जिला चम्बा)
C. तलरा वन्यजीव विहार—(जिला शिमला)
D. तीर्थन वन्यजीव विहार—(जिला कुल्लू)

109. चम्बा जिले में स्थित टुंडाह वन्यजीव विहार कितने क्षेत्रफल में विस्तृत है?

A. 5435.16 हेक्टेयर B. 5065.04 हेक्टेयर
C. 6640.18 हेक्टेयर D. 6422.08 हेक्टेयर

110. दरानघाटी वन्यजीव विहार जो कि 16,740 हेक्टेयर क्षेत्र में फैला हुआ है किस जिले में स्थित है?

A. चम्बा B. शिमला
C. सिरमौर D. कुल्लू

111. हिमाचल प्रदेश में यूरेनियम कहां मिलता है?

A. ऊना, हमीरपुर B. कांगड़ा, चम्बा
C. शिमला, कुल्लू D. बिलासपुर, सोलन

112. प्रदेश के निम्नलिखित में से किस स्थान पर तेल व प्राकृतिक गैस के भंडार मिले हैं?

A. दयोट सिद्ध B. ज्वालामुखी

C. रामशहर D. सभी में

113. नाथपा झाकरी परियोजना में हिमाचल प्रदेश का अंशदान है :

A. 25% B. 15%

C. 18% D. 22%

114. प्रदेश के मंडी जिले में स्थित नमक की खानें वर्तमान में किसके नियंत्रण में हैं?

A. निजी क्षेत्र B. केन्द्रीय सरकार

C. विदेशी कंपनी D. राज्य सरकार

115. सोलन जिले में जिप्सम धातु किस स्थान पर पाई जाती है?

A. कुठार B. कसौली

C. अर्की D. कुनिहार

116. कांगड़ा जिले में किस स्थान पर 'अभ्रक' पाई जाती है?

A. मुरदी B. अरांग

C. तांगलिंग D. चैतान

117. हिमाचल प्रदेश का स्थान ब्रह्मपुखर (बिलासपुर) निम्नलिखित में से किस लिए जाना जाता है?

A. खनिज तेल B. स्लेट

C. अभ्रक D. सिलिका रेत

उत्तरमाला

1	2	3	4	5	6	7	8	9	10
B	A	C	A	C	D	A	C	C	D
11	**12**	**13**	**14**	**15**	**16**	**17**	**18**	**19**	**20**
C	A	A	D	D	A	C	D	C	A
21	**22**	**23**	**24**	**25**	**26**	**27**	**28**	**29**	**30**
C	D	D	D	A	A	B	A	C	B
31	**32**	**33**	**34**	**35**	**36**	**37**	**38**	**39**	**40**
D	A	D	D	A	D	C	D	A	C
41	**42**	**43**	**44**	**45**	**46**	**47**	**48**	**49**	**50**
D	C	D	D	D	C	D	B	A	C
51	**52**	**53**	**54**	**55**	**56**	**57**	**58**	**59**	**60**
A	C	A	D	C	D	A	D	A	C
61	**62**	**63**	**64**	**65**	**66**	**67**	**68**	**69**	**70**
B	C	D	A	D	C	A	B	C	D
71	**72**	**73**	**74**	**75**	**76**	**77**	**78**	**79**	**80**
A	C	A	D	D	B	A	C	B	D
81	**82**	**83**	**84**	**85**	**86**	**87**	**88**	**89**	**90**
B	A	B	A	B	D	C	D	A	C
91	**92**	**93**	**94**	**95**	**96**	**97**	**98**	**99**	**100**
A	B	A	D	B	A	C	A	A	B
101	**102**	**103**	**104**	**105**	**106**	**107**	**108**	**109**	**110**
C	D	A	C	B	A	C	B	D	B
111	**112**	**113**	**114**	**115**	**116**	**117**			
C	D	A	B	A	C	D			

कला एवं संस्कृति पर आधारित प्रश्न

1. मणि महेश मन्दिर भरमौर के प्रांगण में खड़े नन्दी की ऊँचाई कितनी है?
   A. 5" B. 6"
   C. 7" D. 8"

2. मृकुला देवी स्लेट लेख को मिस जे. इ. डंकन ने किस वर्ष ढूंढ़ा?
   A. 1905 B. 1906
   C. 1907 D. 1908

3. लुज पनघट शिलालेख से किस राजा के राज्यारोहण तिथि का पता चलता है?
   A. नागरा B. जासठ
   C. भाटलौ D. मेरुवर्मन

4. चम्बा के कई मन्दिरों व चट्टान लेखों से किस राजा के शासनकाल की जानकारी मिलती है?
   A. मेरुवर्मन (680-700 ई.)
   B. जयवर्मन (800-830 ई.)
   C. चन्द्रवर्मन (650-708 ई.)
   D. मुक्तेश्वर (775-800 ई.)

5. कांगड़ा से प्राप्त बौद्ध मूर्ति की वेदिका पर प्राप्त अभिलेख संभवत: किस शताब्दी का है?
   A. नवीं या दसवीं B. आठवीं या नवीं
   C. पांचवीं या छठी D. छठी या सातवीं

6. कांगड़ा जिले में स्थित कुनिहारा नामक स्थान से कुछ दूरी पर पथियार के समीप किस काल के दो शिलालेख प्राप्त हुए हैं?
   A. मौर्यकाल B. गुप्तकाल
   C. कुषाणकाल D. राजपूतकाल

7. युगाकर वर्मन के भरमौर तामपत्र लेख में कितनी पंक्तियाँ हैं?
   A. 16 B. 17
   C. 18 D. 19

8. किस शिलालेख में गणेश अपने वाहन चूहे पर विराजमान न होकर सिंह पर बैठे हैं?
   A. लुज पनघट शिलालेख
   B. सेहली पनघट शिलालेख
   C. मिथल माता लेख
   D. मृकुला देवी स्लेट लेख

9. "लोह टिकरी" चुराह के पास पाया गया "पत्थर लेख" किस राजा के शासन काल से संबंधित है?
   A. असाटा वर्मन B. जसाटा वर्मन
   C. राणा पाल D. अनंत देवी

10. दो स्थानों पर पाए गए पत्थर लेख एक "डिवरी कोठी" तथा दूसरा "सैचू नाला" पांगी, किस राजा के शासन काल से संबंधित है?
    A. ललित बर्मन B. उदय बर्मन
    C. पृथ्वी बर्मन D. दाला बर्मन

11. किन्नौर जिले का कौन-सा महोत्सव 'फूलों का महोत्सव' के रूप में प्रसिद्ध है?
    A. लोसर B. फुलाइच
    C. उखयांग D. भुण्डा

12. किन्नौर जिले में कहां पर पुत्र प्राप्त परिवार उखयांग महोत्सव पर ग्राम देवता को सामूहिक रूप से बकरा भेंट करते हैं?
    A. पोदार घाटी B. रोपा गांव
    C. सांगला घाटी D. रंका

13. प्रदेश में 'मण्डी शिवरात्रि मेला' की शुरुआत किसने की थी?
    A. राजा आमेर सिंह B. राजा आनन्द पाल
    C. राजा मोहर सिंह D. राजा अजबेर सेन

14. गलत जोड़ा इंगित कीजिए—
    A. नलवाड़ी मेला—बिलासपुर
    B. मिंचर मेला—कुल्लू
    C. रेणुका मेला—सिरमौर
    D. लवीमेला—रामपुर

15. निम्नलिखित में से कौन-सा त्यौहार हिमाचल प्रदेश में मनाया जाता है ?

A. चेरवाल B. जगराता
C. बरलाज D. सभी

16. किन्नौर जिले का कौन-सा महोत्सव केवल युवा पुरुषों द्वारा आयोजित किया जाता है ?

A. तोशिम B. हालडा
C. लोसर D. फुलाइच

17. प्रदेश में किस स्थान पर 'बूढ़ी दिवाली' नामक मेला लगता है ?

A. मण्डी B. रिवाल्सर
C. निर्मड D. बिलासपुर

18. 30 जनवरी को लगने वाला 'गांधी मेला' सिरमौर जिले में किस स्थान पर लगता है ?

A. अमरी B. अम्बोआ
C. मानगढ़ D. ददाहू

19. प्रदेश में मण्डी जिले के किस मेले को 'राज्य स्तरीय' घोषित किया गया है ?

A. रिवाल्सर मेला B. भंगरोटू मेला
C. काओ मेला D. शिवरात्रि मेला

20. प्रदेश में 'शरद ऋतु मेले' का आयोजन निम्नलिखित में से किस स्थान पर होता है ?

A. चन्द्रभागा घाटी B. कुल्लू
C. कुफरी D. महासू

21. कुल्लू जिले में 'देवी हिडिम्बा' की याद में कौन-सा उत्सव मनाया जाता है ?

A. डूंगरी मेला B. चिंतपूर्णी मेला
C. ब्रजेश्वरी मेला D. दुर्गा मेला

22. कांगड़ा ज़िले का सुप्रसिद्ध 'बाबा दयागीर मेला' किस स्थान पर लगता है ?

A. दौलतपुर B. मैडी
C. महासू D. कांगड़ा

23. बिलासपुर जिले में कौन-सा मेला राज्य स्तरीय मेला घोषित किया गया है ?

A. नलवाड़ी मेला B. शिव मेला
C. चिंतपूर्णी मेला D. रिवाल्सर मेला

24. प्रदेश में किस स्थान पर 'पत्थर का खेल' नामक सुप्रसिद्ध मेला लगता है ?

A. किन्नौर B. हलोग
C. लाहौल D. कांगड़ा

25. सिरमौर क्षेत्र में बैसाखी के दिन कौन-सा त्यौहार मनाया जाता है ?

A. बिशु का त्यौहार B. हालडा
C. फुलाइच D. बीस भादों

26. हिमाचल के किस स्थान का दशहरा विश्व प्रसिद्ध है ?

A. कुल्लू B. शिमला
C. मण्डी D. सोलन

27. बिलासपुर जिले में लगने वाला कौन-सा मेला व्यापार की दृष्टि से महत्त्वपूर्ण है ?

A. मेला लूहणू B. छिंज
C. कृषि मेला D. नलवाड़ी का मेला

28. पूर्वी हिमाचल का सबसे बड़ा मेला कौन-सा है ?

A. रेणुका मेला B. होली मेला
C. काहिक मेला D. मिंजर मेला

29. हिमाचल में नाहन नामक स्थान पर सावन द्वादशी और दशहरे पर कौन-सा मेला लगता है ?

A. तीज मेला
B. बाबा बड़भाग सिंह मेला
C. दयोटसिद्ध मेला
D. छड़ियों का मेला

30. हिमाचल के 'पावटा' नामक स्थान पर होली के अवसर पर निम्नलिखित में से कौन-सा मेला लगता है ?

A. होली मेला B. छड़ियों का मेला
C. झण्डा साहिब मेला D. दयोटसिद्ध मेला

31. हिमाचल में 'तिलोकपुर' नामक स्थान पर बाला सुन्दरी का मेला कब लगता है ?

A. माघ मास में B. श्रावण मास में
C. चैत मास में D. भादो मास में

32. प्रदेश के किस जिले के उत्सव में देश के सांस्कृतिक दलों के अतिरिक्त विदेशी दल भी भाग लेते हैं ?
A. कुल्लू के दशहरा मेला में
B. कांगड़ा, सुजानपुर के होली मेले में
C. बिलासपुर के नलवाड़ी मेले में
D. चम्बा के मिंजर मेले में

33. चम्बा में भाद्रपद की पूर्णिमा को कौन-सा प्रसिद्ध मेला लगता है ?
A. रथ-रथणी B. ब्रजेश्वरी मेला
C. विष्णु रथ यात्रा मेला D. मिंजर मेला

34. हिमाचल की गद्दी जनजाति में निम्नलिखित में से कौन-सा त्यौहार मनाया जाता है ?
A. बसोआ B. पतरोडू
C. सैर D. इनमें से सभी

35. चम्बा में रानी चम्बियाली की स्मृति में 15 चैत्र से प्रथम बैसाख तक कौन-सा मेला लगता है ?
A. मार्कण्ड मेला B. सूही मेला
C. शिव मेला D. दयोट सिद्ध मेला

36. भरमौर के समीप किस स्थान पर भाद्रपद मास की शुक्ल अष्टमी को मेला लगता है ?
A. मणि महेश B. भलई
C. पांगी D. सलूनी

37. हिमाचल प्रदेश का वह प्रसिद्ध मेला कौन-सा है, जो प्रतिवर्ष 25 से 27 कार्तिक विक्रमी को रामपुर (महासू) में लगता है ?
A. मार्कण्ड मेला B. शिव मेला
C. लवी मेला D. देवी मेला

38. सिरमौर में किस सांस्कृतिक उत्सव को विशिष्ठ स्थान प्राप्त है ?
A. लोचर B. सांझी के उत्सव को
C. हालडा D. फुलाइच

39. वैशाख के महीने में किन्नौर में कौन-सा मेला लगता है ?
A. सांझी मेला B. सूही मेला
C. पशु मेला D. उख्यड मेला

40. फागुन के महीने में रामपुर में कौन-सा मेला लगता है ?
A. फाग का मेला B. होली मेला
C. देवी मेला D. पशु मेला

41. प्रदेश से सम्बन्धित निम्नलिखित में से किस व्यक्ति का नाम गिनीज बुक ऑफ वर्ल्ड रिकॉर्ड्स में नहीं है ?
A. तिलक राज B. रंजीत सिंह
C. मदन सिंह D. गुरिंदर जीत आसी

42. बाघल रियासत की राजधानी अर्की में पहाड़ी लघु कथा चित्रकला किसके शासनकाल में शुरू हुई?
A. राणा सभा चन्द्र B. राणा जगत सिंह
C. राणा अभय चन्द D. राणा किशन चन्द

43. निम्नलिखित में से कौन-सा साहित्यकार हिमाचल प्रदेश का नहीं है ?
A. शांता कुमार B. शिवपूजन सहाय
C. पी०एन० सिब्बल D. डॉ० बरियाम सिंह

44. गणेश सिंह बेदी की किस कृति से हिमाचल प्रदेश के इतिहास की जानकारी प्राप्त होती है ?
A. शशिवंश विनोद B. विनोद मंत्र
C. हिमाचल का इतिहास D. किसी से नहीं

45. ई० की प्रथम शताब्दी में हिमाचल के राज्य छोटे-छोटे शासकों में विभक्त थे। ये शासक प्राय: राणा, ठाकुर और मावी कहलाते थे यह मत किस प्रसिद्ध इतिहासकार का है ?
A. अल्बेरुनी
B. इत्सिंग
C. फरिश्ता
D. इनमें से किसी का नहीं

46. हिमाचल के कांगड़ा राज्य की चर्चा सर्वप्रथम किस इतिहासकार के द्वारा की गई ?
A. फरिश्ता B. इत्सिंग
C. अलवेरुनी D. टॉलेमी

47. 1989 ई० में प्रथम पहाड़ी गांधी बाबा कांशी राम पुरस्कार किसे मिला था ?
A. श्री शरद उपाध्याय B. श्री जयदेव किरण
C. श्री श्याम चौधरी D. श्री प्रकाश झा

48. पूर्वकाल में प्रदेश की पहाड़ी भाषा किस लिपि में लिखी जाती थी?
A. टांकरी B. द्रविड़
C. देवनागरी D. ब्राह्मी

49. प्रदेश के किस क्षेत्र में 'कहलूरी' भाषा बोली जाती है?
A. कांगड़ा B. सोलन
C. बिलासपुर D. लाहौल स्पीति

50. प्रदेश के किस क्षेत्र में 'भागती भाषा' बोली जाती है?
A. कांगड़ा B. ऊना
C. बिलासपुर D. सोलन

51. ईसा से हजार डेढ़ हजार वर्ष पूर्व हिमाचल में पनपी आर्यपूर्व संस्कृति पर प्रकाश डालने वाला प्राचीनतम धार्मिक ग्रन्थ कौन-सा है?
A. ब्राह्मण ग्रन्थ B. ऋग्वेद
C. आरण्यक D. पुराण

52. चम्बा जिले में निम्नलिखित में से कौन-सी भाषा बोली जाती है?
A. चम्बियाली B. चुराही
C. भटयाती D. इनमें से सभी

53. चम्बा जिले की पांगी तहसील के उत्तरी पूर्वी क्षेत्र में कौन-सी लोक भाषा का प्रचलन है?
A. चम्बा-लाहुली B. किन्नौरी
C. कहलूरी D. इनमें से सभी

54. हिमाचल की कौन-सी भाषा में 'भरमौरी' व 'चुराही' का प्रभाव दिखाई पड़ता है?
A. चुराही B. भटयाती
C. चम्बियाली D. पांगी

55. हिमाचल की कौन-सी भाषा प्राचीन काल में 'टांकरी' लिपि में लिखी जाती थी?
A. लाहौली B. चम्बियाली
C. हिन्दी D. कहलूरी

56. प्रदेश की कांगड़ा कला शैली का मुख्य विषय क्या था?
A. प्राकृतिक सौन्दर्य B. इमारत
C. मंदिर D. कृष्ण एवं राधा

57. सत्रहवीं शताब्दी के प्रसिद्ध चित्रकार पं. सीचू प्रदेश के किस रियासती राज्य से संबंधित थे?
A. बिलासपुर B. कहलूर रियासत
C. भज्जी रियासत D. सुजानपुर

58. 'कांगड़ा कलम' का सबसे अधिक विकास कांगड़ा के किस राजा के काल में हुआ था?
A. संसारचंद B. पृथ्वीसिंह
C. भूमिचंद D. जगदेव चंद

59. चम्बा कलम का विकास चम्बा के किस राजा के काल में हुआ था?
A. हरिचंद B. राजसिंह
C. विजयसिंह D. मानसिंह

60. चम्बा-कलम में किस चित्रकार के चित्र बहुत लोकप्रिय हैं, जो 1765 ई. में गुलेर से चम्बा गया था?
A. हरिप्रसाद B. जोगीदास
C. सज्जू D. निक्का

61. मंडी कलम में सबसे प्राचीन चित्र किसका है जो अनुमानत: 1595 ई. का है?
A. राजा संसारचंद B. राजा विजयचंद
C. राजा केशवसेन D. राजा शुशर्मा

62. कुल्लू में कुल्लू कलम का विकास वहां के किस राजा के काल में प्रारम्भ हुआ?
A. राजा प्रतापसिंह B. राजा हरिसिंह
C. राजा प्रीतमसिंह D. राजा भद्रसिंह

63. अर्की कला शैली किस रियासती राज्य में फूली-फली थी?
A. त्रिगर्त B. भागल
C. जुब्बल D. नालागढ़

64. हिमाचल प्रदेश में विकसित कौन-सी चित्रकला शैली प्राचीनतम है?
A. बसौली कलम B. पहाड़ी कलम
C. कांगड़ा कलम D. गुलेरी कलम

65. कांगड़ा कला शैली का प्रादुर्भाव किस शैली से हुआ है?
A. मुगल शैली B. राजस्थानी शैली
C. राजपूत शैली D. गुलेरी शैली

66. निम्नलिखित में से कौन-सी कला शैली हिमाचल प्रदेश से संबंधित नहीं है?

A. गुलेरी शैली B. नागर शैली
C. अर्की कला शैली D. रूमाली कला शैली

67. हिमाचल प्रदेश की विभिन्न कलाओं का सम्मिश्रण किस कला में देखने को मिलता है?

A. कांगड़ा कलम B. चम्बा कलम
C. गुलेर कलम D. पहाड़ी कला

68. प्रदेश के किस जिले की 'रूमाल कला' विश्व प्रसिद्ध है?

A. चम्बा B. कांगड़ा
C. बिलासपुर D. ऊना

69. पहाड़ी चित्रशैली में कांगड़ा शैली के अतिरिक्त कौन-सी चित्र शैली हिमाचल प्रदेश की है?

A. राजस्थानी शैली B. चंदेली शैली
C. बसौली शैली D. गढ़वाली शैली

70. प्रदेश में निम्नलिखित में से किस स्थान के भित्ति-चित्र बसौली शैली के हैं?

A. कांगड़ा B. कुल्लू
C. चम्बा D. सोलन

71. 'रागमालाओं के चित्र' प्रदेश की किस चित्रशैली में मिलते हैं?

A. कांगड़ा शैली B. बसौली शैली
C. चम्बा कलम D. कुल्लू कलम

72. 11वीं सदी में रचित जयदेव का 'गीत गोविन्द' प्रदेश की किस कलम का प्रेरणा स्रोत रहा है?

A. चम्बा कलम B. मंडी कलम
C. कांगड़ा कलम D. कुल्लू कलम

73. प्रदेश की बसौली शैली का सर्वाधिक विकास किस सदी में हुआ?

A. सत्रहवीं सदी B. अठारहवीं सदी
C. उन्नीसवीं सदी D. बीसवीं सदी

74. प्रदेश में 'पहाड़ी रूमाल' हस्तकला को किस नाम से अधिक लोकप्रियता मिली है?

A. कांगड़ा रूमाल B. मंडी रूमाल
C. कुल्लू रूमाल D. चम्बा रूमाल

75. चम्बा में रूमाली कला का विकास एवं प्रचार रानी शारदा के अतिरिक्त अन्य किस शासक के काल में हुआ?

A. राजसिंह B. विजयसिंह
C. अजयसिंह D. मानसिंह

76. चम्बा की कौन-सी इमारत भित्ति-चित्र शैली का अनुपम नमूना है?

A. गुरु घंटाल विहार B. चम्बा महल
C. रंगमहल D. विष्णु महल

77. मसरूर (कांगड़ा) के एकाश्म मंदिर हिमाचल तथा पूरे हिमालय क्षेत्र में किस कला शैली के सबसे प्राचीन उदाहरण हैं?

A. कांगड़ा शैली B. नागर शैली
C. कुल्लू शैली D. गुलेरी शैली

78. शिवालिक की पहाड़ियों में किस समय गुप्त कला का पदार्पण हुआ था?

A. छठी-आठवीं शताब्दी के बीच
B. चौथी-पांचवीं शताब्दी के बीच
C. पांचवीं-छठी शताब्दी के बीच
D. पहली-दूसरी शताब्दी के बीच

79. 'शोभा सिंह कला संग्रहालय' हिमाचल प्रदेश में किस स्थान पर स्थित है?

A. रुमारवी B. अम्ब
C. हरोली D. अन्दरेटा

80. भूरीसिंह संग्रहालय किस जिले में स्थित है?

A. चम्बा B. कुल्लू
C. बिलासपुर D. कांगड़ा

81. प्रदेश की कुल्लू घाटी के लोकनृत्य किस नाम से प्रसिद्ध हैं?

A. कुल्लू B. धूमर
C. झैन्ता D. थाली

82. प्रदेश में कुल्लू नामक कुल्लू घाटी के लोक नृत्य किस अवसर पर किए जाते हैं ?

A. होली के अवसर पर B. दशहरे के अवसर पर
C. फागुन में D. सावन में

83. निम्नलिखित में से कौन-सा लोक-नृत्य हिमाचल प्रदेश का नहीं है ?

A. थाली नृत्य B. जद्दा नृत्य
C. झैन्ता नृत्य D. झूमर

84. प्रदेश की महिलाओं का कृषक नृत्य निम्नलिखित में से कौन-सा है ?

A. झैन्ता B. थोरा
C. गद्दी D. थाली

85. प्रदेश का प्रसिद्ध 'छोहारा नृत्य' किस क्षेत्र से संबंधित है ?

A. महासू B. बिलासपुर
C. कांगड़ा D. ऊना

86. प्रसिद्ध 'झांझर नृत्य' प्रदेश में किस जिले से संबंधित है ?

A. कांगड़ा B. लाहौल
C. बिलासपुर D. चम्बा

87. लाहौल-स्पीति में 'शेरनी', 'धुरे' व 'गारफी' शब्द किससे संबंधित हैं ?

A. लोक गीत B. नृत्य कला
C. नाट्यकला D. मूर्तिकला

88. प्रदेश में 'जागरा' नामक उत्सव पर विशेष रूप से कौन-सा नृत्य किया जाता है ?

A. बिरसू नृत्य B. मुंजरा नृत्य
C. नाटी नृत्य D. घाघरा नृत्य

89. प्रदेश के नृत्यों का क्रम ढाकणी (चैती) से प्रारम्भ होता है, जो वर्ष में कब से कब तक किया जाता है ?

A. 15 चैत्र से लेकर 25 चैत्र तक
B. 1 चैत्र से लेकर 15 चैत्र तक
C. 12 चैत्र से लेकर 20 चैत्र तक
D. 25 चैत्र से लेकर 28 चैत्र तक

90. प्रदेश का 'भटैथू' नृत्य जो '20 चैत्र से लेकर 1 बैसाख' तक किया जाता है किन लोगों का विशेष नृत्य है ?

A. ढाकियों का B. किन्नरों का
C. कोलियों का D. कबीलों का

91. सारे वर्ष होने वाला प्रदेश का नाटी नृत्य अन्य किस नाम से भी जाना जाता है ?

A. अर्ध गोल पंक्ति नृत्य B. माल या गीत नृत्य
C. ताल नृत्य D. मृदंग के साथ नृत्य

92. प्रदेश की लाहौल घाटी के लोकप्रिय नृत्य कौन-से हैं ?

A. झूरी व रासो B. नाटी व स्वांगटेगी
C. कीकली व भांगड़ा D. शन व शाबू

93. निम्नलिखित में से कौन-सा लोकनाट्य हिमाचल प्रदेश से संबंधित नहीं है ?

A. रावल B. चमरोरी
C. करियाला या करियाडा D. बुडासीह

94. निम्नलिखित में से कौन-सा लोकगीत कांगड़ा जिले का प्रमुख लोकगीत नहीं है ?

A. पृथ्वीसिंह इन्द्रदेई B. हरिसिंह राजेया
C. सवरिसिंह गई मेरी D. नूरपूरे दिए खतरेटिए

95. निम्नलिखित में से कौन-सा लोकगीत चम्बा जिले से संबंधित नहीं है ?

A. कुंज चंचलो B. लगद्दी
C. फुलमु रांझु D. राजा गद्दन

96. ज्वालामुखी नामक पर्यटन स्थल किस राज्य/केन्द्रशासित प्रदेश में है ?

A. उत्तर प्रदेश B. हिमाचल प्रदेश
C. जम्मू और कश्मीर D. ओडिशा

97. हिमाचल प्रदेश की राजधानी शिमला कितनी ऊंचाई पर स्थित है ?

A. 2136 मीटर B. 2844 मीटर
C. 3136 मीटर D. 3884 मीटर

98. प्रदेश का कसौली नामक दर्शनीय स्थल कितनी ऊंचाई पर स्थित है ?

A. 1894 मीटर B. 2854 मीटर
C. 2193 मीटर D. 2935 मीटर

99. प्रदेश की कुल्लू घाटी किस लिए प्रसिद्ध है ?

A. आमों की कृषि के लिए

B. गुलाब की कृषि के लिए

C. चाय की कृषि के लिए

D. सेबों की कृषि के लिए

100. प्रदेश में डलहौजी नामक स्थल कितनी ऊंचाई पर स्थित है ?

A. 2400 मीटर B. 3400 मीटर

C. 3800 मीटर D. 4200 मीटर

101. प्रदेश की राजधानी शिमला का क्षेत्रफल कितना है ?

A. 4133 वर्ग कि.मी. B. 6122 वर्ग कि.मी.

C. 5872 वर्ग कि.मी. D. 5131 वर्ग कि.मी.

102. डलहौजी नामक पर्वतीय पर्यटन केंद्र निम्नलिखित में से किस राज्य/केन्द्रशासित प्रदेश में स्थित है ?

A. गोआ B. जम्मू-कश्मीर

C. हिमाचल प्रदेश D. केरल

103. प्रदेश में कसौली के समीप सनावर स्थित 'लारेंस शरण स्थल' की स्थापना कब की गई थी ?

A. 1950 में B. 1955 में

C. 1987 में D. 1990 में

104. निम्नलिखित को सुमेल कीजिए—

प्रमुख पर्यटन स्थल	**जिले**
(*a*) बिजली महादेव	1. हमीरपुर
(*b*) सुजानपुर टीरा	2. कुल्लू
(*c*) मनी महेश	3. चम्बा
(*d*) नैनादेवी	4. बिलासपुर

	(*a*)	(*b*)	(*c*)	(*d*)
A.	1	2	3	4
B.	2	1	3	4
C.	4	3	2	1
D.	3	4	1	2

105. प्रदेश में ''संदीपनी हिमालय'' (चिनमया तपोवन) कहां पर स्थित है ?

A. कांगड़ा B. मंडी

C. कुल्लू D. धर्मशाला

106. प्रदेश के प्रसिद्ध 'होला' एवं पतालिया शिव स्थान किस जगह से संबंधित हैं ?

A. पौंटा साहिब B. हमीरपुर

C. चम्बा D. कांगड़ा

107. ''महलमोरिया'' नामक ऐतिहासिक स्थल जहां राजा संसारचंद एवं गोरखों के बीच युद्ध हुआ था, हिमाचल में कहां पर स्थित है ?

A. चम्बा B. शिमला

C. हमीरपुर D. सोलन

108. हिमाचल प्रदेश का रिवालसर नामक धार्मिक स्थल किसका जन्म स्थान माना जाता है ?

A. पद्मसंभव B. महावीर स्वामी

C. गौतम बुद्ध D. राजा संसारचंद

109. प्रदेश का निम्नलिखित में से कौन-सा मठ 'सारजन रिनसैन' नामक लामा ने 17वीं शताब्दी में बनवाया था ?

A. कांगयार B. गालतांग

C. तायूल मठ D. कोई नहीं

110. प्रदेश में 'अमला-बिमला' के सुप्रसिद्ध शिव मंदिर का निर्माण किसने करवाया था ?

A. उग्रसेन B. संसारचंद

C. शिवसेन D. विजयसेन

111. प्रदेश में किस स्थान पर प्रसिद्ध 'डोका-मोका' मंदिर स्थित है ?

A. कुल्लू B. कांगड़ा

C. गजन D. भरमौर

112. 'ब्रजेश्वरी मंदिर' जिसे महमूद गजनवी की सेना ने नष्ट कर दिया था, हिमाचल में कहां पर स्थित है ?

A. कांगड़ा B. बिलासपुर

C. ऊना D. कुल्लू

113. प्रदेश में प्रसिद्ध श्री गोपाल मंदिर किस स्थान पर स्थित है ?

A. शिमल B. बिलासपुर

C. सोलन D. ऊना

114. निम्नलिखित में से गलत जोड़ा बताइए—
A. लक्ष्मी नारायण—चम्बा
B. नरसिंह जी—भरमौर
C. शक्ति देवी—चतराड़ी
D. ब्रजेश्वरी—सुजानपुर

115. प्रदेश में 'कालीबारी मंदिर' कहां पर स्थित है?
A. सोलन B. शिमला
C. कुल्लू D. ऊना

116. शिमला की प्रोस्पेक्ट पहाड़ी पर कौन-सा प्रसिद्ध मंदिर स्थित है?
A. वैष्णोदेवी का मंदिर B. रघुनाथ मंदिर
C. कामनादेवी का मंदिर D. कालीबारी मंदिर

117. तारा देवी का प्रसिद्ध मंदिर प्रदेश में कहां पर स्थित है?
A. शिमला B. कांगड़ा
C. ऊना D. मंडी

118. कांगड़ा के समीप किस स्थान पर जालंधर खंड के प्रसिद्ध महायान स्तूप के कुछ चिह्न मिले हैं?
A. छतराड़ी B. केतलग्राम
C. उदमपुर D. चैत्रु

119. निम्नलिखित में कौन-सा जोड़ा गलत है?
A. महादेव मंदिर—मनाली
B. चन्द्रशेखर मंदिर—साहो
C. शक्ति देवी मंदिर—भरमौर
D. मनी महेश मंदिर—चम्बा

120. निम्नलिखित में से कौन-सा जोड़ा गलत है?
A. शिवमंदिर—अमला-बिमला
B. गणेश मंदिर—कुल्लू
C. गौरीशंकर मंदिर—सुजानपुर टीरा
D. हिडिम्बा मंदिर—मनाली

121. कांगड़ा जिले में बौद्ध स्तूपों के अवशेष किस स्थान पर मिले हैं?
A. कुल्लू B. चारी तथा चेतरू
C. लाहौल D. इनमें से सभी

122. कांगड़ा जिले का सुप्रसिद्ध चेतरन बौद्ध स्तूप किस राजा के काल में स्थापित किया गया था?
A. हर्ष B. अशोक
C. कनिष्क D. डुविष्क

123. कांगड़ा के किस मंदिर को महमूद गजनवी की सेना ने नष्ट-भ्रष्ट किया था?
A. चामुंडा B. ब्रजेश्वरी
C. महाकाल D. ज्वालामुखी

124. कांगड़ा जिले के किस स्थान पर अशोक ने एक स्तूप का निर्माण कराया था?
A. चैतूड़ B. इन्दौरा
C. नूरपुर D. ज्वाली

125. प्रदेश में स्थित निम्नलिखित में से कौन-सा मंदिर गुप्तकालीन है?
A. बैजनाथ (कांगड़ा) का शिव मंदिर
B. नीरत का सूर्य मंदिर
C. ब्रह्मौर (चम्बा) के पुराने शक्ति मंदिर
D. इनमें से सभी

126. प्रदेश की सुकेत रियासत में 'रानी का कोट' दुर्ग का निर्माण किसने करवाया था?
A. सेबंतसेन B. जगतसिंह
C. उम्मेर सिंह D. सलीमशाह सूर

127. वीर प्रकाश द्वारा राबिनगढ़ दुर्ग का निर्माण प्रदेश में कहां पर करवाया गया?
A. मंडी B. नाहन
C. नूरपुर D. राबिनगढ़

128. फतेह प्रकाश द्वारा 'नाहन' नामक स्थान पर किन दो महलों का निर्माण करवाया गया था?
A. दमदमा महल तथा नाडा महल
B. शीश महल तथा मोतीमहल
C. रंगमहल तथा नाडा महल
D. रानी महल तथा दमदमा महल

129. लोह टिकरी पत्थर लेख का निर्माण प्रदेश में चिराह के समीप किस राजा ने करवाया था?
A. जसाटा वर्मन B. ललित वर्मन
C. कल्याण चंद D. अशोक

130. 'डिवरी कोठी तथा सैचूनाला पत्थर लेख' ललिता वर्मन द्वारा प्रदेश में किस स्थान पर लिखवाया गया था?

A. काल्सी　　B. बिलासपुर
C. चिराह के पास　　D. पांगी

131. 'नाडा महल' का निर्माण उम्मेद सिंह द्वारा प्रदेश में किस स्थान पर करवाया गया था?

A. राजनगर　　B. तारागढ़
C. शाहपुर　　D. कमलागढ़

132. भक्तमल द्वारा प्रदेश के 'शाहपुर' नामक स्थान पर किस इमारत का निर्माण करवाया गया था?

A. शाहपुर मस्जिद　　B. शाहपुर महल
C. शाहपुर किला　　D. दमदमा महल

133. प्रदेश में सुशर्मा द्वारा किस प्रसिद्ध इमारत का निर्माण करवाया गया था?

A. छातीपुर का किला　　B. नगरकोट का किला
C. रंग महल　　D. नगरकोट का मंदिर

134. निम्नलिखित में से गलत जोड़ा छांटिए—

A. जगतखाना एवं स्वारघाट — हीराचंद
B. हांदूर का किला — कल्याणचंद
C. छातीपुर का किला — संसार चंद
D. लोह टिकरी पत्थर लेख — अशोक

135. प्रदेश के बिलासपुर नामक स्थान पर रंगमहल का निर्माण किसके द्वारा करवाया गया था?

A. विजयचंद　　B. कल्याणचंद
C. जसाटा वर्मन　　D. ललिता वर्मन

136. प्रदेश में छातीपुर के किले का निर्माण संसारचंद द्वारा किस स्थान पर कराया गया था?

A. झांसर धार (बिलासपुर)
B. पांगी
C. हांदूर की सीमा पर
D. तारागढ़ (चम्बा जिले में)

137. प्रदेश के नूरपुर नामक स्थान पर मौकोट दुर्ग का निर्माण किसने करवाया था?

A. जगतसिंह　　B. उम्मेदसिंह
C. सलीमशाह　　D. भक्तमल

138. सूरज सेन द्वारा 'मंडी' में निम्नलिखित में से किस महल का निर्माण करवाया गया था?

A. शीश महल　　B. रंगमहल
C. मोतीमहल　　D. दमदमा महल

139. हिमाचल प्रदेश के किस जिले में रत्नगढ़, मस्तगढ़, जुरजुरे, राजगढ़ तथा गणेशगढ़ नामक किले स्थित हैं?

A. चम्बा　　B. कांगड़ा
C. बिलासपुर　　D. शिमला

140. निम्नलिखित में से कौन-सा किला बिलासपुर जिले में स्थित नहीं है?

A. कोट कहलूर　　B. पिछोत्रा
C. मानगढ़　　D. निकारगढ़

141. 'ब्यहोली देवी' व 'त्यून-सरयून' के किले प्रदेश में कहां पर स्थित हैं?

A. मंडी　　B. बिलासपुर
C. कुल्लू　　D. कांगड़ा

142. निम्नलिखित में से कौन-सा किला शिमला जिले में स्थित नहीं है?

A. समरकोट　　B. रावीगढ़
C. बरवालटीधारगढ़　　D. मानगढ़

143. शिमला जिले में 'रामपुर' के समीप निम्नलिखित में से कौन-सा किला स्थित है?

A. रैणगढ़　　B. शिकारी
C. बाहली　　D. उढ़ा

144. निम्नलिखित में से कौन-सा किला लाहौल स्पीति जिले में स्थित है?

A. बम्पटा　　B. नवगढ़
C. डंखर का किला　　D. शिकारी

145. निम्नलिखित में से कौन-सा किला कुल्लू जिले में स्थित है?

A. सिरीगढ़　　B. बैरकोट
C. राधोपुर　　D. इनमें से सभी

146. 'मनाली' पर्यटक स्थल किस जिले में स्थित है?

A. शिमला　　B. कुल्लू
C. सोलन　　D. मंडी

147. बिलासपुर जिले में 'गुंगवाल' से पांच मील दूर एक पहाड़ी चोटी पर कौन-सा प्रसिद्ध मंदिर स्थित है?

A. नैनादेवी B. जमलू देवता
C. शक्तिदेवी D. ब्रजेश्वरी देवी

148. पहले बोनीभून के नाम से जाने जानेवाले शिमला अजायबघर (म्यूजियम) की स्थापना किसने की थी?

A. रॉबर्ट क्लाइव B. रॉबर्ट कोच
C. रॉबर्ट कुक D. रॉबर्ट टाइटलर

149. 'भूरासिंह संग्रहालय' हिमाचल प्रदेश के किस स्थान पर स्थित है?

A. शिमला B. चम्बा
C. किन्नौर D. ऊना

150. हिमाचल प्रदेश में जमलू देवता का प्रधान मन्दिर कहाँ पर स्थित है?

A. मलाना घाटी में B. कुल्लू घाटी में
C. कांगड़ा घाटी में D. लाहौल घाटी में

151. हिमाचल प्रदेश में 'मनु महाराज का मन्दिर' कहाँ पर स्थित है?

A. कांगड़ा के पास B. शिमला में
C. मनाली के पास D. मण्डी के पास

152. कांगड़ा से लगभग बीस मील की दूरी पर कौन-सा प्रसिद्ध मंदिर स्थित है जिसमें एक ज्वाला निरंतर निकलती रहती है?

A. बैजनाथ मंदिर B. ज्वालामुखी मंदिर
C. नैना देवी मंदिर D. मोर्कुला देवी का मंदिर

153. 'तरना देवी का मंदिर' हिमाचल के किस जिले में स्थित है?

A. मंडी जिले में B. शिमला जिले में
C. कांगड़ा जिले में D. बिलासपुर जिले में

154. डलहौजी नगर से लगभग ग्यारह मील की दूरी पर वह कौन-सा स्थान है जो हिमाचल के सुन्दरतम स्थानों में से एक है?

A. खजियार B. सतधार
C. भागसनाथ D. नग्गर

155. पराशर कौन थे?

A. ऋषि B. राजा
C. वैज्ञानिक D. इनमें से कोई नहीं

156. सुप्रसिद्ध राजा संसारचंद, जो पहाड़ी क्षेत्र में विशाल हिन्दू साम्राज्य स्थापित करना चाहता था, कहां का शासक था?

A. चम्बा B. कांगड़ा
C. जसवान D. गुलेर

157. हिमाचल प्रदेश का निम्न में से कौन-सा खिलाड़ी टोक्यो ओलंपिक 2020 में कांस्य पदक जीतने वाली भारतीय हॉकी टीम का हिस्सा था?

A. वरुण कुमार शर्मा B. राजेंद्र कुमार
C. गोविंद सिंह D. दिलावर सिंह

158. हिमाचल प्रदेश से संबंधित निम्नलिखित में से कौन-सा व्यक्ति थल सेनाध्यक्ष बना था?

A. डी.एस. पांडेय B. बी.एन.शर्मा
C. बी.सी. जोशी D. के. सुन्दरजी

159. मसरूर मंदिर जिसे हिमाचल का एलोरा कहा जाता है, का निर्माण किस शताब्दी में हुआ था?

A. 6वीं शताब्दी ई.पू. B. 7वीं शताब्दी ई.पू.
C. 8वीं शताब्दी ई.पू. D. 9वीं शताब्दी ई.पू.

160. भगतसिंह एवं सुखदेव द्वारा स्थापित ''नौजवान सभा' पर आधारित ''बाल भारत सभा'' की स्थापना 1928 ई. में की थी?

A. दीनानाथ गांधी
B. शिवाजी सिंह
C. कांशीराम (पहाड़ी गांधी)
D. उदय शंकर सिंह

161. 'मेहर चंद महाजन' के संबंध में कौन-सा कथन सही है?

A. ये प्रदेश के बहुत बड़े साहित्यकार थे।
B. इनका आजादी की लड़ाई में महत्वपूर्ण योगदान था।
C. यह सर्वोच्च न्यायालय के मुख्य न्यायाधीश थे
D. उपर्युक्त सभी

162. निम्नलिखित में से कौन-सा व्यक्ति हिमाचल प्रदेश की विधान सभा का अध्यक्ष नहीं रह चुका है?

A. श्री जैवंत राम B. श्री ठाकुर सेन नेगी
C. श्री श्रवण कुमार D. श्री रामलाल ठाकुर

163. सुमेल कीजिए—

सूची I	**सूची II**
(*a*) श्री राम लाल	1. भूतपूर्व मुख्यमंत्री
(*b*) श्री सुधाकर राव नाईक	2. भूतपूर्व राज्यपाल
(*c*) श्री देशराज महाजन	3. भूतपूर्व विधानसभा अध्यक्ष
(*d*) श्रीमती लीला सेठ	4. भूतपूर्व मुख्य न्यायाधीश

	(*a*)	(*b*)	(*c*)	(*d*)
A.	1	2	3	4
B.	2	3	4	1
C.	4	3	2	1
D.	3	2	4	1

164. हिमाचल प्रदेश से राज्यसभा के लिए प्रथम सदस्य कौन चुना गया?

A. रोशनलाल B. चिरंजी लाल वर्मा
C. लीलादेवी D. शिवानंद रमौल

165. निम्नलिखित में से कौन मंडी प्रजामंडल से संबंध नहीं रखता था?

A. श्यामा पांडेय B. कृष्णानंद
C. पूर्णानंद D. गौरी शंकर

166. 1989 ई. में प्रथम पहाड़ी गांधी बाबा कांशी राम पुरस्कार किसे मिला था?

A. श्यामा पांडेय B. श्री जयदेव किरण
C. अश्विनी गर्ग D. ललित धनकर

167. हिमाचल प्रदेश से संबंधित निम्नलिखित में से किस व्यक्ति को सन् 1962 में परमवीर चक्र से सम्मानित किया गया था?

A. मेजर कुशल चन्द B. मेजर ध्यान सिंह थापा
C. मेजर वासदेव सिंह D. ले. कर्नल परवीण रदास

168. हिमाचल प्रदेश में कला शैली में बने मंदिरों में सबसे ऊंचा मंदिर कौन-सा है?

A. त्रिपुरा सुन्दरी B. आदि ब्रह्मा
C. जागणी मंदिर D. विश्वेश्वर महादेव

169. हिमाचल प्रदेश से संबंधित निम्नलिखित में से किस महिला ने एवरेस्ट पर विजय प्राप्त की है?

A. सीमा पाण्डेय B. कुमारी कमलेश
C. दीपू शर्मा D. राधादेवी

170. श्रावण महीने में गाया जाने वाला मल्हार गीत किस क्षेत्र से संबंधित है?

A. बिलासपुर B. कांगड़ा
C. चंबा D. शिमला

उत्तरमाला

1	2	3	4	5	6	7	8	9	10
A	C	B	A	D	A	D	B	B	A
11	**12**	**13**	**14**	**15**	**16**	**17**	**18**	**19**	**20**
C	B	D	B	D	A	C	B	D	C
21	**22**	**23**	**24**	**25**	**26**	**27**	**28**	**29**	**30**
A	A	A	B	A	A	D	A	D	C
31	**32**	**33**	**34**	**35**	**36**	**37**	**38**	**39**	**40**
C	A	A	D	B	A	C	B	D	A
41	**42**	**43**	**44**	**45**	**46**	**47**	**48**	**49**	**50**
B	A	B	A	C	A	B	A	C	D

51	52	53	54	55	56	57	58	59	60
B	D	A	C	B	D	A	A	B	D
61	**62**	**63**	**64**	**65**	**66**	**67**	**68**	**69**	**70**
C	C	B	A	D	B	D	A	C	B
71	**72**	**73**	**74**	**75**	**76**	**77**	**78**	**79**	**80**
B	C	B	D	A	C	B	A	D	A
81	**82**	**83**	**84**	**85**	**86**	**87**	**88**	**89**	**90**
A	B	D	C	A	D	B	A	B	C
91	**92**	**93**	**94**	**95**	**96**	**97**	**98**	**99**	**100**
B	D	B	C	B	B	A	C	D	A
101	**102**	**103**	**104**	**105**	**106**	**107**	**108**	**109**	**110**
D	C	C	B	D	A	C	A	C	A
111	**112**	**113**	**114**	**115**	**116**	**117**	**118**	**119**	**120**
C	A	B	D	B	C	A	D	A	B
121	**122**	**123**	**124**	**125**	**126**	**127**	**128**	**129**	**130**
B	A	B	A	D	A	D	B	A	D
131	**132**	**133**	**134**	**135**	**136**	**137**	**138**	**139**	**140**
A	C	B	D	A	A	C	D	A	C
141	**142**	**143**	**144**	**145**	**146**	**147**	**148**	**149**	**150**
B	D	A	C	D	B	A	D	B	A
151	**152**	**153**	**154**	**155**	**156**	**157**	**158**	**159**	**160**
C	B	A	A	A	B	A	B	C	A
161	**162**	**163**	**164**	**165**	**166**	**167**	**168**	**169**	**170**
C	D	A	B	A	B	B	C	A	C

वस्तुनिष्ठ सामान्य ज्ञान

इतिहास

1. अनेकान्तवाद निम्नलिखित में से किसका कोड सिद्धान्त एवं दर्शन है?

A. बौद्ध मत B. जैन मत

C. सिख मत D. वैष्णव मत

2. भारतीय स्वतन्त्रता संग्राम के दौरान, रौलेट ऐक्ट ने किस कारण से सार्वजनिक रोष उत्पन्न किया?

A. इसने धर्म की स्वतन्त्रता को कम किया

B. इसने भारतीय परम्परागत शिक्षा को दबाया

C. इसने लोगों को बिना मुकदमा चलाए जेल भेजने के लिए अधिकृत किया

D. इसने श्रमिक संघ (ट्रेड यूनियन) की गतिविधियों को नियन्त्रित किया

3. डांडी यात्रा के साथ निम्नलिखित में से क्या प्रारम्भ हुआ?

A. होम रूल आन्दोलन

B. असहयोग आन्दोलन

C. सविनय अवज्ञा आन्दोलन

D. भारत छोड़ो आन्दोलन

4. भारतीय स्वतन्त्रता संग्राम के सन्दर्भ में 16 अक्टूबर, 1905 निम्नलिखित कारणों में से किसके लिए प्रसिद्ध है?

A. कलकत्ता के टाउन हॉल में स्वदेशी आन्दोलन की औपचारिक घोषणा की गई थी

B. बंगाल का विभाजन हुआ

C. दादाभाई नौरोजी ने घोषणा की कि भारतीय राष्ट्रीय कांग्रेस का लक्ष्य स्वराज है

D. लोकमान्य तिलक ने पूना में स्वदेशी आन्दोलन प्रारम्भ किया

5. निम्नलिखित में से किसने अहमदाबाद टेक्सटाइल लेबर एसोसियेशन की स्थापना की?

A. महात्मा गांधी

B. सरदार वल्लभभाई पटेल

C. एन. एम. जोशी

D. जे. बी. कृपलानी

6. हड़प्पा सभ्यता की प्रमुख विशेषता निम्न में से कौन-सी है?

A. स्नानागार B. धार्मिक स्थल

C. नगर नियोजन D. अन्नागार

7. सूची I को सूची II से सुमेलित कीजिए तथा दिए गए कूटों में से सही उत्तर का चयन कीजिए।

सूची I	***सूची II***
(a) मोहेनजोदड़ो	1. रावी नदी
(b) हड़प्पा	2. सिंधु नदी
(c) रोपड़	3. भोगवा नदी
(d) लोथल	4. सतलुज नदी
(e) कालीबंगा	5. हिण्डन नदी
(f) आलमगीरपुर	6. घग्घर नदी

	(a)	*(b)*	*(c)*	*(d)*	*(e)*	*(f)*
A.	1	2	3	4	5	6
B.	2	1	4	3	6	5
C.	2	1	3	4	5	6
D.	2	3	4	5	6	1

8. निम्नलिखित में से कौन-सी सभ्यता सिंधु घाटी सभ्यता की समकालीन नहीं थी?

A. मेसोपोटामिया की सभ्यता

B. क्रीट सभ्यता

C. मिस्र की सभ्यता

D. चीन की सभ्यता

9. सिंधु घाटी की सभ्यता का विस्तार कहां तक था?

A. राजस्थान, बिहार, बंगाल, उड़ीसा

B. पंजाब, दिल्ली, जम्मू कश्मीर

C. पंजाब, राजस्थान, गुजरात, उ. प्र., हरियाणा, सिन्ध

D. पंजाब, राजस्थान, गुजरात, उड़ीसा, बंगाल

10. सिंधु घाटी सभ्यता में घोड़े के अवशेष कहां मिले हैं?

A. लोथल B. कालीबंगन

C. सुरकोतड़ा D. बनवाली

11. सिन्धु घाटी सभ्यता काल में हाथी दाँत के उपयोग के सम्बन्ध में कौन-सा कथन सही नहीं है?

A. उस समय हाथी दाँत का कोई उपयोग नहीं होता था

B. उस समय में हाथी दाँत के आभूषण बनाए जाते थे

C. उस समय हाथी दाँत की बनी कंघियों का उपयोग होता था

D. हाथी दाँत से बनी अन्य वस्तुओं के नमूने भी मिले हैं

12. "करो या मरो" नारा निम्नलिखित आन्दोलनों में से किसके साथ सम्बन्धित है?

A. स्वदेशी आन्दोलन

B. असहयोग आन्दोलन

C. सविनय अवज्ञा आन्दोलन

D. भारत छोड़ो आन्दोलन

13. आर्यों के संबंध में क्या असत्य है?

A. ऋग्वैदिक सभ्यता ग्रामीण सभ्यता थी क्योंकि आर्य पशुपालन एवं कृषि करते थे

B. ऋग्वैदिक आर्य प्रकृति की पूजा करते थे

C. पूर्व वैदिक युगीन आर्य महिलाओं को राजनैतिक एवं आर्थिक अधिकार प्राप्त था

D. मैक्समूलर के अनुसार आर्य मध्य एशिया के मूल निवासी थे

14. दसराज्ञ युद्ध किस नदी के तट पर लड़ा गया था?

A. पुरुष्णी B. वितस्ता

C. सरस्वती D. काबुल

15. वैदिक काल में लिखे गए निम्न ग्रंथों का क्रम है:

A. वेद, ब्राह्मण, उपनिषद B. उपनिषद, ब्राह्मण, वेद

C. वेद, उपनिषद, ब्राह्मण D. ब्राह्मण, वेद, उपनिषद

16. वैदिक युग में शासन व्यवस्था का रूप था:

A. गणतंत्रात्मक B. लोकतंत्रात्मक

C. राजतंत्रात्मक D. सैनिकतंत्र

17. अजन्ता गुफा की सर्वोत्तम चित्रकारी किसके काल में हुई?

A. कुषाण B. गुप्त

C. मौर्य D. हर्षवर्धन

18. गुप्त वंश का वह सम्राट जिसने महाराजाधिराज की उपाधि धारण की:

A. स्कन्दगुप्त B. चन्द्रगुप्त प्रथम

C. समुद्रगुप्त D. कुमारगुप्त

19. कनिष्क कुषाण वंश का शासक था, उसकी राजधानी कहां थी?

A. पेशावर B. मालवा

C. गान्धार D. गुजरात

20. कनिष्क ने शक संवत् कब प्रारम्भ किया?

A. 78 ई. B. 72 ई. पू.

C. 76 ई. पू. D. 73 ई.

21. किस शासक को भारत के नेपोलियन के नाम से जाना जाता है?

A. चन्द्रगुप्त द्वितीय B. समुद्रगुप्त

C. सिकन्दर D. अशोक

22. समुद्रगुप्त की विजयों का उल्लेख किसमें मिलता है?

A. मथुरा शिलालेख में B. एहोल अभिलेख में

C. प्रयाग प्रशस्ति में D. उपरोक्त सभी में

23. मौर्य साम्राज्य के पतन का मुख्य कारण था:

A. अयोग्य उत्तराधिकारी

B. आर्थिक निर्बलता

C. ब्राह्मणों का विरोध

D. अशोक की शान्ति नीति

24. मौर्य शासक के पतन के बाद सर्वप्रथम किस विदेशी जाति ने भारत पर आक्रमण किया?

A. इण्डोग्रीक B. शक

C. पल्लव D. कुषाण

25. मौर्य साम्राज्य के प्रशासन के सम्बन्ध में असत्य कथन कौन-सा है?

A. साम्राज्य अनेक प्रान्तों में विभक्त था

B. गांव प्रशासन की सबसे छोटी इकाई थी

C. विस्तृत अधिकार-सम्पन्न नौकरशाही थी

D. इनमें से कोई नहीं

26. अशोक ने अपने धर्म के विस्तार हेतु किस विधि का प्रयोग किया?

A. राजाज्ञा व अभिलेख द्वारा

B. प्राकृत भाषा के प्रयोग से

C. भिक्षुओं को प्रचार के लिए बाहर भेजा

D. उपरोक्त सभी

27. अशोक का स्थान विश्व के महान शासकों में है क्योंकिः
A. उसने बौद्ध धर्म को राज्याश्रय प्रदान किया
B. विशाल साम्राज्य का निर्माण किया
C. उसने शासन नैतिक आदर्शों द्वारा किया
D. वह अहिंसा का पुजारी था

28. मौर्यकालीन इतिहास से संबंधित स्रोत निम्न से कौन है?
A. अशोक के शिलालेख B. कौटिल्य का अर्थशास्त्र
C. मेगस्थनीज की इण्डिका D. उपरोक्त सभी

29. कौटिल्य का 'अर्थशास्त्र' किस विषय का वर्णन करता है?
A. अर्थशास्त्र के सिद्धान्तों का
B. शासन के सिद्धान्तों का
C. विदेश नीति का
D. राजा के नैतिक कर्त्तव्यों का

30. पालवंशीय शासकों में सबसे अधिक शक्तिशाली शासक कौन था?
A. धर्मपाल B. महिपाल
C. गोपाल D. विग्रहपाल

31. पाल शासक मुख्यतः किस धर्म के अनुयायी थे?
A. भागवत B. जैन धर्म
C. बौद्ध धर्म D. शैव धर्म

32. 'विक्रमादित्य' की उपाधि धारण करने वाला शासकः
A. समुद्रगुप्त था B. अशोक था
C. चन्द्रगुप्त I था D. चन्द्रगुप्त II था

33. राजतरंगिणी में निम्न में से किसका वर्णन है?
A. शुंग राजवंश
B. गुप्त साम्राज्य
C. कश्मीर के राजाओं का इतिहास
D. इनमें से कोई नहीं

34. प्रथम भारतीय विद्वान जिसने गणित को विशेष विषय के रूप में प्रयोग किया?
A. आर्यभट्ट B. वराहमिहिर
C. विजयानन्द D. ब्रह्मगुप्त

35. बाल विवाह प्रथा का प्रचलन हुआः
A. राजपूत काल से B. गुप्तकाल से
C. कुषाण काल से D. मौर्यकाल से

36. संगम से क्या तात्पर्य है?
A. हिन्दू धर्म के ग्रन्थ
B. बौद्ध धर्म के ग्रन्थ
C. दक्षिण भारत का राजवंश
D. तमिल भाषा के विद्वानों की सभायें

37. संगम युग का साहित्य मुख्य रूप से लिखा गयाः
A. गद्य में
B. पद्य में
C. चम्पू (गद्य व पद्य मिश्रित) में
D. उपरोक्त तीनों में

38. त्रिकोणात्मक संघर्ष में निम्न में से कौन राजवंश शामिल नहीं था?
A. पाल वंश B. प्रतिहार वंश
C. राष्ट्रकूट वंश D. चालुक्य वंश

39. राजपूतों में होने वाले त्रिपक्षीय संघर्ष में कौन-सा वंश सबसे अधिक शक्तिशाली था?
A. राष्ट्रकूट वंश B. पाल वंश
C. प्रतिहार वंश D. इनमें से कोई नहीं

40. भक्ति आन्दोलन की प्रमुख सामाजिक देन क्या है?
A. साम्प्रदायिक सद्भावना की स्थापना
B. हिन्दुओं में साहस का संचार
C. सामाजिक कुरीतियों का निर्माण
D. संकीर्णता पर आघात

41. निम्न भाषाओं में से किस भाषा को दिल्ली के सुल्तानों ने संरक्षण प्रदान किया?
A. उर्दू B. तुर्की
C. पर्शियन और अरबी D. अरबी और तुर्की

42. दिल्ली सल्तनत काल में किस ललित कला की विशेष रूप से उन्नति हुई?
A. मूर्ति तथा शिल्प B. गायन कला
C. चित्रकला D. स्थापत्य कला

43. सल्तनत युग में जिस वस्तु का विकास हुआ, उसे क्या कहा गया?
A. हिन्दू-मुस्लिम स्थापत्य कला
B. भारतीय-इस्लामी वास्तुकला
C. फारसी-मुस्लिम वास्तुकला
D. फारसी वास्तुकला

44. अलाई दरवाजा का निर्माण किसने करवाया था?
A. अलाउद्दीन खिलजी B. बलबन
C. मुहम्मद तुगलक D. फिरोज तुगलक

45. निम्न में से कौन-सा जोड़ा असत्य है?
A. फिरोज शाह तुगलक – फतूहाते फिरोज शाही
B. कीर्तिस्तम्भ – राणाकुम्भा
C. अमीर खुसरो – तारीख-ए-हिन्द
D. अमीर खुसरो – नूहसिफर

46. जजिया क्या था?
A. मुसलमानों पर लगाया गया धार्मिक कर
B. गैर मुसलमानों पर लगाया गया कर
C. मुसलमानों द्वारा अधिकृत भूमि पर लगाया गया कर
D. यह सिंचाई कर था

47. निम्न में से कौन सुमेलित नहीं है?
A. सर्वेन्ट्स ऑफ इण्डिया सोसायटी – गोपाल कृष्ण गोखले (1905 ई॰)
B. रामकृष्ण मठ – 1887 ई॰ में स्वामी विवेकानन्द
C. गदर पार्टी – 1913 ई॰ (हरदयाल, परमानन्द, काशीराम)
D. सर्वेन्ट्स ऑफ इण्डिया सोसायटी – गोपाल कृष्ण गोखले (1866 ई॰)

48. निम्न में से कौन सुमेलित नहीं है?
A. सांची – विदिशा से 6 मील दूर 300 ई॰ पू॰ में
B. अजन्ता, एलिफैण्टा एलोरा – महाराष्ट्र में स्थित गुफाएं
C. लिंगराज मन्दिर – भुवनेश्वर, 1000 ई॰
D. लिंगराज मन्दिर – बालासोर, 1000 ई॰

49. भारत में मुस्लिम शासन का संस्थापक कौन था?
A. मुहम्मद गोरी B. कुतुबुद्दीन ऐबक
C. बाबर D. तैमूर लंग

50. निम्नलिखित इतिहासकारों में से किसने शिवाजी को 'मध्य कालीन समय के सर्वाधिक रचनात्मक प्रतिभावान व्यक्ति' के रूप में देखा है?
A. विन्सेन्ट ए. स्मिथ B. एम. जी. रानाडे
C. जदुनाथ सरकार D. ए. आर. कुलकर्णी

51. सही उत्तर बताइए।
(a) ताम्रलिपि 1. सूती कपड़ों का केन्द्र
(b) बौद्ध धर्म की शाखा 2. चन्द्रगुप्त मौर्य
(c) मथुरा 3. प्रसिद्ध बंदरगाह
(d) सुदर्शन झील 4. महायान

	(a)	*(b)*	*(c)*	*(d)*
A.	1	2	3	4
B.	3	4	1	2
C.	2	3	4	1
D.	4	3	2	1

52. शंकराचार्य ने सिद्धान्त दियाः
A. अद्वैत वेदान्त का B. द्वैत वेदान्त का
C. द्वैताद्वैत का D. विशिष्टा द्वैत का

53. प्रथम महिला शासक थी?
A. नूरजहां B. रजिया सुल्तान
C. चांदबीबी D. कोई नहीं

54. 'शाहनामा' का लेखक फिरदौसी किससे संबंधित था?
A. महमूद गजनवी B. मुहम्मद गोरी
C. बाबर D. मुहम्मद बिन कासिम

55. शिक्षा के क्षेत्र में भारतीय पहल को कालक्रमानुसार व्यवस्थित कीजिए :
I. बेथ्यून स्कूल, कलकत्ता
II. बनारस हिन्दू यूनिवर्सिटी
III. एम.ए.ओ. कॉलेज, अलीगढ़
IV. हिन्दू कॉलेज, कलकत्ता

कूट :
A. *(iv)* *(i)* *(iii)* *(ii)*
B. *(iii)* *(iv)* *(ii)* *(i)*
C. *(i)* *(ii)* *(iii)* *(iv)*
D. *(ii)* *(iii)* *(iv)* *(i)*

56. मार्कोपोलो ने भारत की यात्रा की थीः
A. 1190 ई॰ में B. 1276 ई॰ में
C. 1288 ई॰ में D. 1398 ई॰ में

57. तैमूरलंग ने तुगलकों के समय आक्रमण किया था, यह आक्रमण हुआ था सन्ः
A. 1351 ई॰ में B. 1328 ई॰ में
C. 1398 ई॰ में D. 1399 ई॰ में

58. निम्न में से किसने विजय नगर साम्राज्य की यात्रा की थी?

A. इटालियन यात्री निकोलो कांती
B. पुर्तगाली डोमिगो पायस
C. फारसी राजदूत अब्दुल रज्जाक
D. उपर्युक्त सभी

59. 'तुहफुतुल मुवाहिदीन' के लेखक थे
A. सर सैयद अहमद खान
B. राजा राममोहन राय
C. मौलाना अबुल कलाम आजाद
D. अल्ताफ हुसैन हाली

60. महमूद गजनवी का प्रथम आक्रमण 1001 ई॰ में हुआ था। उसका अन्तिम आक्रमण कब हुआ था?
A. 1025 ई॰ में B. 1026 ई॰ में
C. 1027 ई॰ में D. 1028 ई॰ में

61. अलाउद्दीन खिलजी का बाजार नियंत्रण का उद्देश्य था:
A. जनता को सस्ते दामों पर सामान उपलब्ध कराना
B. व्यापारियों को दंडित करना
C. सैनिक शक्ति को सुदृढ़ करना
D. उपर्युक्त सभी

62. कैबिनेट मिशन के प्रस्तावों के अन्तर्गत 1946 ई॰ में बनी अन्तरिम सरकार का प्रधानमंत्री कौन था?
A. सी॰ राजगोपालाचारी B. सरदार भगत सिंह
C. जवाहरलाल नेहरू D. लाल बहादुर शास्त्री

63. लार्ड माउंटबैटन ने भारत-पाक विभाजन की घोषणा निम्नलिखित में से किस तिथि को की थी?
A. 3 जून, 1947 ई॰ B. 5 जून, 1947 ई॰
C. 3 जुलाई, 1947 ई॰ D. 15 अगस्त, 1947 ई॰

64. ब्रिटिश संसद ने सन् 1947 ई॰ के किस महीने में भारतीय स्वतंत्रता अधिनियम पारित किया था?
A. जून B. जुलाई
C. अगस्त D. इनमें से किसी में नहीं

65. द्विराष्ट्र सिद्धान्त की बात किस व्यक्ति ने सर्वप्रथम की?
A. सर सैयद अहमद B. मुहम्मद अली जिन्ना
C. मुहम्मद इकबाल D. अली बन्धु

66. सुभाष चन्द्र बोस ने 1943 ई॰ में आजाद हिन्द फौज की स्थापना कहां की थी?
A. जापान में B. रूस में
C. बर्मा में D. सिंगापुर में

67. आजाद हिन्द फौज के सैनिकों के विरुद्ध युद्ध अपराध मुकदमें में भूलाभाई देसाई बचाव पक्ष के प्रमुख एडवोकेट थे। यह मुकदमा किस वर्ष चलाया गया था?
A. 1944 ई॰ में B. 1946 ई॰ में
C. 1945 ई॰ में D. इनमें से किसी में नहीं

68. निम्न में से कौनसा जोड़ा गलत है?
A. राज्यों का पुनर्गठन – 1956 ई॰
B. पोखरन विस्फोट – 1976 ई॰
C. पोखरन विस्फोट – 1974 ई॰
D. श्रीमती गांधी की हत्या – 1984 ई॰

69. निम्न में क्या सत्य है?
A. पाकिस्तान शब्द का प्रयोग सबसे पहले रहमत अली व उनके मित्रों ने किया
B. मुसलमानों के लिए अलग राज्य की मांग मुस्लिम लीग ने 1940 ई॰ में लाहौर अधिवेशन में की
C. 27 मार्च, 1947 को मुस्लिम लीग ने पाकिस्तान दिवस के रूप में मनाया
D. उपरोक्त सभी सत्य हैं

70. भारतवर्ष में स्वतंत्रता के पूर्व देशी रियासतों की कुल संख्या ..... थी:
A. 462 B. लगभग 600
C. 662 D. 670

71. कौन सुमेलित नहीं है?
A. रेग्यूलेटिंग ऐक्ट 1773 ई॰ – कलकत्ता में उच्चतम न्यायालय की स्थापना
B. 1813 ई॰ का चार्टर – ईस्ट इण्डिया कम्पनी के व्यापारिक एकाधिकार की समाप्ति
C. रेग्यूलेटिंग ऐक्ट 1773 ई॰ – बम्बई में उच्चतम न्यायालय की स्थापना
D. भारतीय कौंसिल ऐक्ट 1861 ई॰ – नामजद गैर सरकारी सदस्यों से युक्त केन्द्र व राज्य में विधानसभाओं की स्थापना

72. कौन सुमेलित नहीं है?
A. 1946 ई॰ – नौसेना विद्रोह, नेहरू के नेतृत्व में अन्तरिम सरकार

B. 1950 ई॰ – सरदार पटेल की मृत्यु, योजना आयोग की स्थापना

C. 1954 ई॰ – योजना आयोग का गठन, राज्यों का पुनर्गठन

D. 1954 ई॰ – भारत-चीन के मध्य पंचशील समझौता

73. कम्यूनल एवार्ड में किसके लिए पृथक् निर्वाचन की व्यवस्था की गई थी?

A. मुसलमानों के लिए
B. हरिजनों के लिए
C. आदिवासियों के लिए
D. इन सभी के लिए

74. 1937 ई॰ में सम्पन्न असेम्बली चुनाव जिसमें कांग्रेस ने भाग लिया था, निम्नलिखित में से किस एक्ट के प्रावधानों के अधीन सम्पन्न हुआ था?

A. 1909 ई॰ B. 1935 ई॰
C. 1919 ई॰ D. इनमें से कोई नहीं

75. मुसलमानों के लिए पृथक् राष्ट्र पाकिस्तान की मांग सर्वप्रथम 1940 के मुस्लिम लीग अधिवेशन में की गई थी। यह अधिवेशन किस स्थान पर हुआ था?

A. बम्बई (मुम्बई) B. पूना
C. कलकत्ता D. लाहौर

76. 'गारन्टी पद्धति' के अधीन जो ब्रिटिश कम्पनियाँ रेलवे में निवेश करेंगी उन्हें आश्वासित लाभांश का वादा किया गया था

A. 3% B. 5%
C. 8% D. 10%

77. नेताजी सुभाषचन्द्र बोस को गांधीजी के विरोध के बावजूद किस वर्ष कांग्रेस का अध्यक्ष चुना गया?

A. 1936 ई॰ में B. 1937 ई॰ में
C. 1938 ई॰ में D. 1939 ई॰ में

78. 'भारत छोड़ो आन्दोलन' के लिए 8 अगस्त 1942 ई॰ का प्रस्ताव किस स्थान पर हुआ था?

A. लाहौर B. लखनऊ
C. बम्बई (मुम्बई) D. सूरत

79. 1913 ई॰ में अमेरिका और कनाडा में गठित गदर पार्टी से निम्नलिखित में से कौन सम्बन्धित नहीं था?

A. लाला हरदयाल B. वीर सावरकर
C. काशीराम D. सोहन सिंह

80. निम्नलिखित क्रान्तिकारियों में से कौन "हिन्दुस्तान रिपब्लिकन संगठन" से सम्बन्धित नहीं था?

A. भगत सिंह
B. चन्द्रशेखर आजाद
C. सूर्यसेन
D. ये सभी सम्बन्धित थे

81. साइमन कमीशन ने अपनी रिपोर्ट में निम्नलिखित में से किसकी सिफारिश की थी?

A. प्रान्तों से दोहरा शासन समाप्त कर दिया जाए
B. शान्ति स्थापना एवं अल्पसंख्यकों की सुरक्षा के लिए गवर्नर को विशेष शक्ति दी जाए
C. ब्रिटिश भारत एवं देशी राजाओं को मिलाकर संघीय सरकार बनाई जाए
D. उपरोक्त सभी की

82. अंग्रेज विरोधी संगठन 'अभिनव भारत' का गठन निम्नलिखित में से किस क्रान्तिकारी देशभक्त ने किया था?

A. वीर सावरकर B. सुभाषचन्द्र बोस
C. सरदार भगत सिंह D. चन्द्रशेखर आजाद

83. स्वतन्त्रता आन्दोलन काल में जमींदारी विरोधी मोपला आन्दोलन किस राज्य में हुआ था?

A. मद्रास B. केरल
C. उड़ीसा D. बिहार

84. सी॰ आर॰ दास एवं मोतीलाल नेहरू ने स्वराज पार्टी किस वर्ष बनाई?

A. 1920 ई॰ में B. 1921 ई॰ में
C. 1922 ई॰ में D. 1923 ई॰ में

85. नीचे कुछ संस्थाओं एवं उनके संस्थापकों के नाम दिए गए हैं। उन्हें सुमेलित कीजिए।

(a) ईस्ट इण्डिया कम्पनी 1. रानाडे
(b) पूना सार्वजनिक सभा 2. दादाभाई नौरोजी
(c) इण्डियन एसोसिएशन 3. सुरेन्द्रनाथ बनर्जी

	(a)	*(b)*	*(c)*
A.	3	2	1
B.	2	1	3
C.	1	3	2
D.	1	2	3

86. 13 अप्रैल, 1919 ई॰ को अमृतसर में हुआ जलियांवाला हत्याकाण्ड निम्नलिखित में से किसकी गिरफ्तारी के विरोध के कारण हुआ था?

A. महात्मा गांधी

B. जवाहरलाल नेहरू

C. बाल गंगाधर तिलक

D. सत्यपाल एवं डॉ॰ सैफुद्दीन किचलू

87. 13 अप्रैल, 1919 ई॰ में हुए जलियांवाला बाग हत्याकाण्ड के समय भारत का वाइसराय कौन था?

A. लार्ड लारेन्स B. लार्ड चेम्सफोर्ड

C. लार्ड हार्डिंग्स D. लार्ड रीडिंग

88. सन् 1940 ई॰ में किस कांग्रेस नेता ने यह कहा था कि हम ब्रिटेन का नाश करके भारत की आजादी नहीं चाहते?

A. महात्मा गांधी B. मोहम्मद अली जिन्ना

C. डॉ॰ राजेन्द्र प्रसाद D. जवाहरलाल नेहरू

89. सही उत्तर बताइए:

कांग्रेस अध्यक्ष	*वर्ष*
(a) महात्मा गांधी	1. 1950 ई॰
(b) सुभाषचन्द्र बोस	2. 1924 ई॰
(c) जे॰ बी॰ कृपलानी	3. 1938 ई॰
(d) सरदार पटेल	4. 1947 ई॰
(e) पुरुषोत्तम दास टण्डन	5. 1931 ई॰

	(a)	*(b)*	*(c)*	*(d)*	*(e)*
A.	1	2	3	4	5
B.	1	3	4	5	2
C.	2	3	4	5	1
D.	2	5	3	4	1

90. यूरोपीय ढंग की शिक्षा प्रणाली भारत में लागू करने का प्रस्ताव किस गवर्नर जनरल के शासनकाल में किया गया?

A. लार्ड मैकाले B. लार्ड कैनिंग

C. लार्ड डलहौजी D. लार्ड विलियम बैन्टिक

91. लाला लाजपतराय की मृत्यु साइमन कमीशन का विरोध करने के कारण लाठी खाने से हुई थी। उन्होंने यह विरोध कहां पर किया था?

A. कराची B. बम्बई (मुम्बई)

C. इस्लामाबाद D. लाहौर

92. गांधीजी ने 12 मार्च, 1930 ई॰ को डांडी मार्च की शुरुआत नमक कानून तोड़ने के लिए की थी। बताइए इस मार्च की शुरुआत किस स्थान से हुई थी?

A. हरिजन आश्रम B. सेवा ग्राम

C. साबरमती आश्रम D. अहमदाबाद

93. गवर्नर जनरल लार्ड विलियम बैन्टिक के काल में (सन् 1829 ई॰ में) भारत की किस प्रथा को अवैध घोषित किया गया?

A. सती प्रथा B. पर्दा प्रथा

C. दहेज प्रथा D. गोद प्रथा

94. कांग्रेस में उदारवादियों व उग्रवादियों में अलगाव किस अधिवेशन में हुआ?

A. 1905 बम्बई अधिवेशन

B. 1907 सूरत अधिवेशन

C. 1906 कलकत्ता अधिवेशन

D. 1911 दिल्ली अधिवेशन

95. पहली गोलमेज बैठक सन् 1930 में हुई थी। महात्मा गांधी ने किस गोलमेज बैठक में भाग लिया था?

A. पहली B. दूसरी

C. तीसरी D. किसी में नहीं

96. निम्नलिखित घटनाओं को सही कालक्रमानुसार व्यवस्थित कीजिए :

I. कैबिनेट मिशन योजना

II. बॉम्बे योजना

III. वैवेल योजना

IV. माउण्टबैटेन योजना

कूट :

A. *(ii)* *(iii)* *(i)* *(iv)*

B. *(ii)* *(i)* *(iv)* *(iii)*

C. *(i)* *(ii)* *(iii)* *(iv)*

D. *(iv)* *(iii)* *(ii)* *(i)*

97. किस मनीषी को भारत का मार्टिन लूथर कहा जाता है?

A. रामकृष्ण परमहंस B. राजा राममोहन राय

C. ईश्वरचन्द्र विद्यासागर D. मदर टेरेसा

98. मुस्लिम लीग की स्थापना सन् 1906 ई॰ में की गई। इसका प्रमुख सूत्रधार कौन था?

A. मोहम्मद अली जिन्ना

B. सलीमुल्ला
C. आगा खां
D. सलीमुल्ला एवं आगा खां

99. किस ब्रिटिश सैनिक अधिकारी ने 1857 में विद्रोह को दबाने के लिए सर्वाधिक नरसंहार किया?

A. सर लारेंस B. कैम्पबेल
C. हैवलॉक D. इनमें से कोई नहीं

100. निम्न में से कौन नरमपंथी था?

A. एम॰ जी॰ रानाडे B. अरविन्द घोष
C. विपिन चन्द्रपाल D. उपरोक्त तीनों

उत्तरमाला

1	**2**	**3**	**4**	**5**	**6**	**7**	**8**	**9**	**10**
B	C	C	B	A	C	B	D	C	C
11	**12**	**13**	**14**	**15**	**16**	**17**	**18**	**19**	**20**
A	D	C	A	A	C	B	C	A	A
21	**22**	**23**	**24**	**25**	**26**	**27**	**28**	**29**	**30**
B	C	A	A	D	D	C	D	B	A
31	**32**	**33**	**34**	**35**	**36**	**37**	**38**	**39**	**40**
C	D	C	A	A	D	B	D	A	A
41	**42**	**43**	**44**	**45**	**46**	**47**	**48**	**49**	**50**
C	D	B	A	C	B	D	D	B	C
51	**52**	**53**	**54**	**55**	**56**	**57**	**58**	**59**	**60**
B	A	B	A	A	C	C	D	B	C
61	**62**	**63**	**64**	**65**	**66**	**67**	**68**	**69**	**70**
C	C	A	B	C	D	C	B	D	B
71	**72**	**73**	**74**	**75**	**76**	**77**	**78**	**79**	**80**
C	C	B	B	D	B	D	C	B	D
81	**82**	**83**	**84**	**85**	**86**	**87**	**88**	**89**	**90**
D	A	B	C	B	D	B	A	C	D
91	**92**	**93**	**94**	**95**	**96**	**97**	**98**	**99**	**100**
D	C	A	B	B	A	B	D	B	A

भारतीय संविधान एवं राजव्यवस्था

1. केन्द्रीय सरकार के सन्दर्भ में, निम्नलिखित कथनों पर विचार कीजिए—

1. भारत के संविधान में उपबन्ध है कि समस्त कैबिनेट मंत्री अनिवार्य रूप से केवल लोक सभा के ही आसीन सदस्य होंगे।
2. केन्द्रीय कैबिनेट सचिवालय संसदीय कार्य मन्त्रालय के निदेशाधीन कार्य करता है।

उपर्युक्त में से कौन-सा/से कथन सही है/हैं?

A. केवल 1　　B. केवल 2
C. 1 और 2 दोनों　　D. न तो 1 और न ही 2

2. निम्नलिखित में से भारत में पहला नगर निगम कहाँ स्थापित हुआ था?

A. कलकत्ता　　B. मद्रास
C. बम्बई　　D. दिल्ली

3. लोक अदालतों के सन्दर्भ में, निम्नलिखित कथनों पर विचार कीजिए—

1. एक लोक अदालत द्वारा किया गया अधिनिर्णय सिविल न्यायालय का आदेश (Decree) मान लिया जाता है और इसके विरुद्ध किसी न्यायालय में अपील नहीं होती।
2. विवाह-सम्बन्धी/पारिवारिक विवाद लोक अदालत में सम्मिलित नहीं होते हैं।

उपर्युक्त कथनों में से कौन-सा/से सही है/हैं?

A. केवल 1　　B. केवल 2
C. 1 और 2 दोनों　　D. न तो 1 और न ही 2

4. निम्नलिखित संविधान संशोधनों में से कौन-सा एक बताता है कि मंत्रिमण्डल में कुल मंत्रियों की संख्या, प्रधानमंत्री को सम्मिलित करते हुए लोक सभा के सदस्यों की कुल संख्या के पन्द्रह प्रतिशत से अधिक नहीं होगी?

A. 90वाँ　　B. 91वाँ
C. 92वाँ　　D. 93वाँ

5. 15 अगस्त, 1947 से 26 जनवरी, 1950 के दौरान भारत का राजनीतिक दर्जा क्या था?

A. ब्रिटिश संरक्षक प्रदेश
B. ब्रिटिश उपनिवेश
C. ब्रिटिश राष्ट्रमण्डल का एक अधिराज
D. ब्रिटिश न्यास क्षेत्र

6. भारतीय संविधान में किस अधिनियम को मूल ढांचे के रूप में स्वीकार किया गया है?

A. भारत शासन अधिनियम-1935
B. भारत शासन अधिनियम-1909
C. भारत शासन अधिनियम-1919
D. भारत शासन अधिनियम-1927

7. संविधान सभा की पहली बैठक कब हुई?

A. 12 नवम्बर, 1946　　B. 9 दिसम्बर, 1946
C. 19 दिसम्बर, 1946　　D. 21 दिसम्बर, 1946

8. सातवीं अनुसूची में शामिल है—

A. राष्ट्रीय भाषाओं की सूची
B. शपथ और उनकी स्वीकारोक्ति की सूची
C. राज्य और संघ प्रदेशों की सूची
D. अनुसूचित जनजातियों तथा जनजातीय क्षेत्रों के प्रशासन तथा नियन्त्रण की सूची

9. संविधान सभा द्वारा अन्तिम रूप से पारित संविधान में कितने अनुच्छेद और कितनी अनुसूचियां थीं?

A. 315 अनुच्छेद 8 अनुसूचियां
B. 395 अनुच्छेद 8 अनुसूचियां
C. 398 अनुच्छेद 8 अनुसूचियां
D. 396 अनुच्छेद 8 अनुसूचियां

10. भारतीय संविधान कितने भागों में विभाजित है?

A. 14　　B. 18
C. 22　　D. 28

11. सं॰ रा॰ अमेरिका के संवैधानिक आदर्शों पर भारतीय संविधान में कौन-सी व्यवस्था शामिल की गई है?

A. मौलिक अधिकार
B. संघात्मक शासन व्यवस्था
C. स्वतंत्र और निष्पक्ष सर्वोच्च न्यायालय एवं न्यायिक पुनर्निरीक्षण का सिद्धान्त
D. उपर्युक्त सभी

12. भारतीय संविधान के सम्बन्ध में प्रायः कहा जाता है कि यहः

A. मौलिक संविधान है

B. वकीलों का स्वर्ग है

C. तानाशाही संविधान है

D. विकासशील संविधान है

13. भारतीय संविधान में किस प्रकार के मौलिक अधिकारों पर अधिक बल दिया गया है?

A. राजनीतिक एवं सामाजिक

B. आर्थिक एवं सामाजिक

C. सामाजिक एवं नैतिक

D. राजनीतिक एवं नैतिक

14. मौलिक अधिकारों के सम्बन्ध में कौन-सा कथन असत्य है?

A. ये अधिकारपूर्ण नहीं हैं

B. ये वाद योग्य हैं एवं न्यायालय द्वारा प्रवर्तनीय हैं

C. ये केवल राज्य शक्ति के विरुद्ध हैं

D. इन पर कार्यपालिका अंकुश लगा सकती है

15. मौलिक अधिकारों से सम्बन्धित गोलकनाथ बनाम पंजाब राज्य 1967 वाद में सर्वोच्च न्यायालय ने क्या निर्णय दिया?

A. संसद मौलिक अधिकारों को संशोधित कर सकती है

B. संसद केवल कुछ मौलिक अधिकारों को संशोधित कर सकती है

C. संसद मौलिक अधिकारों को संशोधित नहीं कर सकती है

D. संसद 3/4 बहुमत से ही मौलिक अधिकारों को संशोधित कर सकती है

16. नागरिकों के मौलिक अधिकारों की रक्षा के लिए सर्वोच्च न्यायालय और उच्च न्यायालय कितने प्रकार के लेख जारी कर सकता है?

A. 4 B. 5

C. 6 D. 7

17. नागरिकों के मौलिक अधिकारों की रक्षा के लिए सर्वोच्च न्यायालय और उच्च न्यायालय कौन-कौनसे लेख जारी कर सकता है?

A. बंदी प्रत्यक्षीकरण B. परमादेश लेख

C. प्रतिषेध लेख D. उपर्युक्त सभी

18. निम्न में से किस अधिकार को बी॰ आर॰ अम्बेडकर ने संविधान की 'आत्मा और हृदय' कहा है?

A. विचार और अभिव्यक्ति की स्वतंत्रता

B. समानता का अधिकार

C. धार्मिक स्वतंत्रता

D. संवैधानिक उपचारों का अधिकार

19. भारतीय राज्य को लोक कल्याणकारी बनाने में किसकी भूमिका सर्वाधिक महत्त्वपूर्ण है?

A. मौलिक कर्तव्य B. नीति निदेशक तत्व

C. मौलिक अधिकार D. उपर्युक्त सभी

20. राज्य का नीति निदेशक तत्व 'एक ऐसा चेक है जो बैंक की सुविधानुसार अदा किया जाएगा।' किसका कथन है?

A. बी॰ आर॰ अम्बेडकर

B. के॰ एम॰ मुंशी

C. डॉ॰ राजेन्द्र प्रसाद

D. के॰ टी॰ सेठ

21. पिछड़े वर्गों को आरक्षण का लाभ देने के लिए राष्ट्रपति ने पहली बार किस आयोग की स्थापना की?

A. कालेलकर आयोग B. सरकारिया आयोग

C. मण्डल आयोग D. पिछड़ा वर्ग आयोग

22. पहला संवैधानिक संशोधन अधिनियम कब पारित हुआ?

A. 1950 ई॰ में B. 1951 ई॰ में

C. 1952 ई॰ में D. 1953 ई॰ में

23. भारतीय संघ की कार्यपालिका शक्ति किसमें निहित है?

A. प्रधानमंत्री B. मंत्रिपरिषद्

C. कैबिनेट D. राष्ट्रपति

24. राष्ट्रपति पद के किस चुनाव में 'अंतःकरण की आवाज' पर खुला मतदान हुआ था?

A. 1967 B. 1969

C. 1974 D. 1977

25. पहली बार राष्ट्रीय आपात काल की घोषणा कब की गयी थी?

A. 26 अक्टूबर, 1962 B. 5 नवम्बर, 1965

C. 16 दिसम्बर, 1965 D. 3 दिसम्बर, 1971

26. भारत के किस राज्य में सबसे पहले राष्ट्रपति शासन लागू किया गया था?

A. पश्चिम बंगाल B. केरल

C. पंजाब D. बिहार

27. सबसे लम्बी अवधि तक एक ही विभाग को सुशोभित करने वाला मंत्री कौन था?

A. जगजीवन राम B. राजकुमारी अमृत कौर

C. स्वर्ण सिंह D. टी॰ टी॰ कृष्णमाचारी

28. निम्न में से किस केन्द्रशासित प्रदेश का एक भी प्रतिनिधि राज्यसभा में नहीं है?

A. चण्डीगढ़

B. लक्षद्वीप

C. अण्डमान निकोबार द्वीप समूह

D. उपर्युक्त सभी

29. अध्यक्षात्मक शासन प्रणाली में मंत्रिपरिषद् किसके प्रति उत्तरदायी होती है?

A. प्रधानमंत्री B. संसद

C. राष्ट्रपति D. किसी के प्रति नहीं

30. जब सम्पूर्ण सत्ता केन्द्र और राज्यों के बीच बंटी होती है तो ऐसी शासन प्रणाली को क्या कहते हैं?

A. अध्यक्षात्मक शासन प्रणाली

B. संसदात्मक प्रणाली

C. संघात्मक शासन प्रणाली

D. एकात्मक शासन प्रणाली

31. भारतीय संविधान के निर्माण में संविधान सभा ने दो वर्ष ग्यारह महीने अठारह दिन का समय लिया। बताइए इसके निर्माण पर कितना रुपया व्यय हुआ?

A. 6 करोड़ रुपए B. 7 करोड़ रुपए

C. 64 लाख रुपए D. 7.4 करोड़ रुपए

32. दलबदल की स्थिति में अयोग्य करार देने के संबंध में आधारभूत प्रावधानों की चर्चा किसमें की गई है?

A. दूसरी अनुसूची B. चौथी अनुसूची

C. आठवीं अनुसूची D. दसवीं अनुसूची

33. संविधान लागू होने के पश्चात् भारतीय नागरिकता अधिनियम, 1955 के अन्तर्गत कितने प्रकार से नागरिकता प्राप्त की जा सकती है?

A. पांच B. चार

C. तीन D. दो

34. मूल अधिकारों को सबसे पहले किस देश में संवैधानिक मान्यता प्रदान की गई?

A. भारत B. अमेरिका

C. फ्रांस D. ब्रिटेन

35. भारत के संविधान में राज्य के निदेशक तत्व किस देश के संविधान से लिए गए हैं?

A. आयरलैण्ड B. ब्रिटेन

C. अमेरिका D. रूस

36. भारतीय संविधान के अन्तर्गत न्यायिक पुनरावलोकन की शक्ति किसे प्राप्त है?

A. केवल उच्चतम न्यायालय को

B. केवल उच्च न्यायालय को

C. राष्ट्रपति को

D. उच्चतम और उच्च न्यायालय दोनों को

37. भारत की ''सर्वोच्च विधि'' किसे कहा जाता है?

A. संसद द्वारा बनाई गई विधि

B. राज्य विधानमण्डल द्वारा बनाई गई विधि

C. संविधान

D. राष्ट्रपति द्वारा जारी अध्यादेश

38. भारतीय संविधान का अनु॰ 15 कुछ लोगों के लिए विशेष उपबन्ध बनाए जाने की छूट भी प्रदान करता है, यह लोग कौन हैं?

A. बच्चे

B. स्त्रियां

C. सामाजिक और शैक्षणिक रूप से पिछड़े हुए वर्ग

D. इनमें से सभी

39. यदि लोकसभा और राज्यसभा एक संविधान संशोधन विधेयक पर असहमत हों तो–

A. विधेयक का पतन हो जाता है।

B. एक संयुक्त बैठक बुलाई जाती है।

C. लोकसभा का निर्णय प्रभावी होता है।

D. राज्यसभा का निर्णय प्रभावी होता है।

40. संवैधानिक उपचारों का अधिकार कब निलम्बित हो जाता है?

A. आपात स्थिति की घोषणा के दौरान

B. सेना सदस्यों के सम्बन्धों में

C. जब सैनिक विधि लागू हो

D. इनमें से सभी अवस्थाओं में

41. निम्नलिखित में से कौन नीति निदेशक तत्वों के विषय में सत्य है?

A. इनको किसी न्यायालय द्वारा बाध्य नहीं किया जा सकेगा

B. इनमें दिए हुए तत्व देश के शासन में मूलभूत हैं

C. विधि बनाने में इन तत्वों का प्रयोग करना राज्यों का कर्त्तव्य होगा

D. उपरोक्त सभी सत्य हैं

42. भारत संघ के प्रतिरक्षा बलों का सर्वोच्च समादेश निम्न में से किसमें निहित होता है?

A. थलसेनाध्यक्ष में

B. प्रधानमंत्री में

C. राष्ट्रपति में

D. लोकसभा अध्यक्ष में

43. राष्ट्रपति के त्यागपत्र की सूचना उपराष्ट्रपति किसे देता है?

A. प्रधानमंत्री को

B. उच्चतम न्यायालय के मुख्य न्यायाधीश को

C. एटार्नी जनरल को

D. लोकसभा अध्यक्ष को

44. भारत के महान्यायवादी की योग्यता के लिए क्या आवश्यक है?

A. उसे उच्चतम न्यायालय का न्यायाधीश नियुक्त होने की अर्हता रखनी चाहिए

B. उसे लोकसभा के सदस्य निर्वाचित होने की अर्हता रखनी चाहिए

C. उसे राज्यसभा की सदस्यता की अर्हता होनी चाहिए

D. इसमें से सभी

45. सर्वसम्मति से निर्वाचित भारत के राष्ट्रपति थे–

A. एस. राधाकृष्णन B. एन. संजीवा रेड्डी

C. वी.वी. गिरि D. ज्ञानी जैल सिंह

46. भारत में संविधान के किस अनुच्छेद में अस्पृश्यता समाप्त की गई है?

A. अनुच्छेद 17 B. अनुच्छेद 15

C. अनुच्छेद 14 D. इनमें से कोई नहीं

47. आपातकाल की उद्घोषणा के प्रवर्तन में रहने पर संसद विधि द्वारा लोकसभा की अवधि एक बार में एक वर्ष बढ़ा सकती है। बताइये इस उद्घोषणा की समाप्ति पर लोकसभा कितने दिनों तक बनी रह सकती है?

A. एक वर्ष तक B. दो वर्ष तक

C. छः माह तक D. तीन माह तक

48. राज्य सभा की सदस्यता के लिए कितनी उम्र होनी चाहिए?

A. 25 वर्ष B. 28 वर्ष

C. 21 वर्ष D. 30 वर्ष

49. संसद के प्रत्येक सदन के अधिवेशन के लिए गण-पूर्ति हेतु कितने सदस्यों की आवश्यकता होती है?

A. समस्त सदस्यों के 1/3

B. समस्त सदस्यों के 1/10

C. समस्त सदस्यों के 2/3

D. समस्त सदस्यों के 1/4

50. जबकि संसद के किसी सदन के पीठासीन अधिकारी को उसके पद से हटाने वाला संकल्प विचाराधीन हो तो उसे निम्न में से कौन-सा अधिकार नहीं होगा?

A. उस सदन की कार्यवाही में भाग लेने का

B. उसमें बोलने का

C. उसके पीठासीन अधिकारी के रूप में कार्य करने का

D. इनमें से सभी अधिकार होंगे

51. बिना अनुमति के कितने दिनों तक सदन की कार्यवाही से अनुपस्थित रहने पर सदस्य का पद रिक्त घोषित किया जा सकता है?

A. 45 दिन B. 60 दिन

C. 90 दिन D. 120 दिन

52. धन विधेयक पर राज्य सभा को अपनी सिफारिश कितने दिनों में दे देनी होती है?

A. 15 दिन में B. 21 दिन में

C. 14 दिन में D. 30 दिन में

53. निम्नलिखित में से किस विषय से सम्बन्धित विधेयक धन विधेयक नहीं होगा?

A. किसी कर का आरोपण, उत्पादन, परिहार परिवर्तन, विनियमन करने वाला विधेयक

B. भारत सरकार द्वारा उधार लेने का, अथवा कोई प्रत्याभूति देने का विनियमन करने वाला विधेयक

C. भारत की संचित निधि से धन का विनियोग

D. जुर्मानों या अन्य अर्थदण्डों की व्यवस्था करने वाला विधेयक

54. निम्नलिखित में से कौन-सा व्यय भारत की संचित निधि पर भारित नहीं होता है?

A. राष्ट्रपति की परिलब्धियां

B. लोकसभा अध्यक्ष के वेतन, भत्ते

C. उच्चतम न्यायालय के न्यायाधीशों के वेतन, भत्ते

D. प्रधानमंत्री को दिया जाने वाला वेतन और भत्ते

55. निम्नलिखित में से किस अवस्था में राष्ट्रपति अध्यादेश जारी नहीं कर सकता है?

A. जब केवल राज्य सभा ही सत्र में हो

B. जब केवल लोकसभा ही सत्र में हो

C. जब दोनों सदन सत्र में हों

D. जब दोनों सदन सत्र में न हों

56. किसी राज्य की विधान परिषद् के सदस्यों की कम-से-कम संख्या कितनी हो सकती है?

A. 25 B. 30

C. 40 D. 60

57. उच्चतम न्यायालय को निम्नलिखित में से किस विवाद में प्रारम्भिक क्षेत्राधिकार प्राप्त है?

A. भारत सरकार तथा एक या अधिक राज्यों के बीच उत्पन्न विवाद

B. एक ओर भारत सरकार और कोई राज्य दूसरी तरफ कोई एक या अधिक राज्यों के बीच उत्पन्न विवाद

C. दो या अधिक राज्यों के बीच उत्पन्न विवाद

D. इनमें से सभी

58. भारत के नियंत्रक-महालेखा परीक्षक की नियुक्ति राष्ट्रपति करता है। बताइये वह अपना पद-ग्रहण करने के पूर्व किसके समक्ष शपथ लेता है?

A. प्रधानमंत्री

B. वित्तमंत्री

C. राष्ट्रपति

D. उच्चतम न्यायालय का मुख्य न्यायाधीश

59. विधान परिषद् में सदस्यों की संख्या कितनी हो सकती है?

A. सम्बन्धित राज्य विधानसभा सदस्यों की संख्या की आधी

B. सम्बन्धित राज्य विधानसभा सदस्यों की संख्या की 2/3

C. सम्बन्धित राज्य विधानसभा की सदस्य संख्या की 1/3 से अधिक नहीं

D. इनमें से कोई नहीं

60. संघ लोक सेवा आयोग के अध्यक्ष की नियुक्ति राष्ट्रपति एवं राज्य लोक सेवा आयोग के अध्यक्ष की नियुक्ति राज्यपाल करता है; बताइये दो या अधिक राज्य के लिए गठित संयुक्त लोक सेवा आयोग के अध्यक्ष की नियुक्ति कौन करता है?

A. प्रधानमंत्री

B. सम्बन्धित राज्यों के राज्यपाल की आपसी सहमति से

C. राष्ट्रपति

D. केन्द्र का गृहमंत्री

61. आपात की उद्घोषणा संसद के दोनों सदनों के समक्ष रखी जाती है, बताइये इसे संसद के दोनों सदन अनुमोदित न कर दें तो यह कितने दिनों तक प्रवर्तन में रह सकती है?

A. एक मास तक B. दो मास तक

C. तीन मास तक D. छः मास तक

62. भारतीय संसद के अंग हैं:

A. राष्ट्रपति, लोकसभा और राज्य सभा

B. लोकसभा, राज्य सभा तथा मन्त्रिपरिषद्

C. लोकसभा, राज्य सभा

D. लोकसभा, राज्य सभा, प्रधानमंत्री

63. आपातकाल उद्घोषणा का अनुमोदन करने वाला संकल्प सदन के उपस्थित और मतदान करने वाले कितने सदस्यों द्वारा पारित किया जाना चाहिए?

A. 1/4 B. 1/3

C. 1/10 D. 2/3

64. लोकसभा में सर्वाधिक प्रतिनिधित्व के आधार पर राज्य हैं:

A. उत्तर प्रदेश, मध्य प्रदेश, राजस्थान
B. मध्य प्रदेश, महाराष्ट्र, राजस्थान
C. उत्तर प्रदेश, पश्चिम बंगाल, बिहार
D. उत्तर प्रदेश, महाराष्ट्र, पश्चिम बंगाल

65. पंचायती राज व्यवस्था एवं लोक प्रशासन को किस सूची में रखा गया है?

A. केन्द्र सूची B. राज्य सूची
C. समवर्ती सूची D. इनमें से कोई नहीं

66. 1956 में राष्ट्रीय विकास परिषद् द्वारा बलवन्त राय मेहता समिति का गठन किया गया, जिसने सिफारिश की:

A. एकस्तरीय पंचायत राज प्रणाली की
B. द्विस्तरीय पंचायत राज प्रणाली की
C. त्रिस्तरीय पंचायत राज प्रणाली की
D. चार-स्तरीय पंचायत राज प्रणाली की

67. त्रिस्तरीय पंचायत राज व्यवस्था के अंग हैं:

A. ग्राम पंचायत, न्याय पंचायत, जिला परिषद्
B. ग्राम सभा, क्षेत्र समिति, जिला परिषद्
C. ग्राम पंचायत, क्षेत्र समिति, जिला परिषद्
D. न्याय पंचायत, क्षेत्र समिति, जिला परिषद्

68. पंचायती राज व्यवस्था सर्वप्रथम लागू की गई:

A. महाराष्ट्र में B. राजस्थान में
C. कर्नाटक में D. गुजरात में

69. निम्नलिखित कथनों पर विचार कीजिए–

1. भारत में राज्य के महाधिवक्ता की नियुक्ति भारत के राष्ट्रपति द्वारा सम्बन्धित राज्य के राज्यपाल की अनुशंसा (Recommendation) पर की जाती है।
2. सिविल प्रक्रिया संहिता के उपबंधों के अनुसार राज्य-स्तर पर उच्च न्यायालयों की मूल, अपीलीय तथा सलाहकारी अधिकारिता होती है।

उपर्युक्त कथनों में से कौन-सा/से सही है/हैं?

A. केवल 1 B. केवल 2
C. 1 और 2 दोनों D. न तो 1 और न ही 2

70. यदि पंचायत भंग होती है, तो किस अवधि के अन्दर निर्वाचन होंगे?

A. 1 माह B. 3 माह
C. 6 माह D. 1 वर्ष

71. स्नैप डिवीजन का अर्थ है:

A. संसद या विधानसभा में किसी राजनैतिक दल के सदस्यों का अचानक विभाजित हो जाना
B. संसद या विधानसभा में किसी विधेयक पर अचानक मतदान करा लेना
C. सरकार से किसी दल का अलग हो जाना
D. उपर्युक्त सभी

72. गाडगिल फार्मूला है:

A. राज्यों तथा केन्द्र में राजस्व के बंटवारे के सम्बन्ध में
B. दूसरे देशों के साथ भारत के सम्बन्ध के बारे में
C. करों में छूट के सम्बन्ध में
D. न्याय प्रणाली के सुधार के बारे में

73. भाषा के आधार पर राज्यों का पुनर्गठन किस सन् में हुआ?

A. 1950 B. 1953
C. 1948 D. 1956

74. आठवीं अनुसूची का सम्बन्ध है:

A. आरक्षण से
B. मूलाधिकार से
C. उच्च पदाधिकारियों के वेतन से
D. प्रादेशिक भाषाओं से

75. संविधान की आठवीं सूची में 71वें संविधान संशोधन अधिनियम (1992) के आधार पर कौन-सी तीन भाषाएं जोड़ी गई हैं?

A. सिंधी, मणिपुरी तथा कोंकणी
B. कोंकणी, कश्मीरी तथा मणिपुरी
C. नेपाली, कोंकणी तथा मणिपुरी
D. नेपाली, कोंकणी तथा असमिया

76. उपराष्ट्रपति का चुनाव किसके द्वारा किया जाता है?

A. सभी सांसदों तथा सभी विधानसभाओं के सदस्यों द्वारा
B. लोकसभा तथा राज्यसभा के निर्वाचित सदस्यों द्वारा
C. राज्यसभा के सदस्यों द्वारा
D. लोकसभा तथा राज्यसभा के सदस्यों द्वारा

77. उच्चतम न्यायालय के न्यायाधीश को किस प्रकार हटाया जा सकता है?
A. मुख्य न्यायाधीश द्वारा
B. राष्ट्रपति द्वारा
C. राष्ट्रपति द्वारा मुख्य न्यायाधीश की सिफारिश पर
D. राष्ट्रपति द्वारा संसद की सिफारिश पर

78. भारत का संविधान कब से प्रभावी हुआ?
A. 15 अगस्त, 1947 B. 26 नवम्बर, 1949
C. 26 जनवरी, 1950 D. 26 जनवरी, 1948

79. भारत के राष्ट्रपति की मर्जी तक निम्नलिखित में से कौन अपने पद पर रह सकता है?
A. सर्वोच्च न्यायालय के न्यायाधीश
B. राज्यपाल
C. चुनाव आयुक्त
D. लोकसभा अध्यक्ष

80. भारत एक गणतंत्र है क्योंकि–
A. प्रत्येक वयस्क मतदान कर सकता है
B. राष्ट्रपति एक नियत अवधि के लिए चुना जाता है
C. निर्वाचित प्रतिनिधियों को वापस बुलाया जा सकता है
D. कार्यपालिका विधायिका के प्रति उत्तरदायी है

81. क्रिप्स मिशन भारत कब आया?
A. 1939 में B. 1942 में
C. 1946 में D. 1947 में

82. करों से होने वाली आय का केन्द्र तथा राज्यों में वितरण इनमें से किसकी सिफारिश पर होता है?
A. वित्त मंत्री B. नीति आयोग
C. वित्त आयोग D. सरकारिया आयोग

83. किस राज्य से लोकसभा के सबसे अधिक सदस्य चुने जाते हैं?
A. मध्य प्रदेश B. उत्तर प्रदेश
C. बिहार D. महाराष्ट्र

84. प्रथम लोकसभा का गठन कब हुआ था?
A. 1951 में B. 1952 में
C. 1950 में D. 1953 में

85. लद्दाख किस वर्ष एक केन्द्रशासित प्रदेश बना?
A. 2017 में B. 2019 में
C. 2016 में D. 2018 में

उत्तरमाला

1	2	3	4	5	6	7	8	9	10
D	B	A	B	C	A	B	C	B	C
11	**12**	**13**	**14**	**15**	**16**	**17**	**18**	**19**	**20**
D	B	A	D	C	B	D	D	B	D
21	**22**	**23**	**24**	**25**	**26**	**27**	**28**	**29**	**30**
A	B	D	B	A	C	A	D	C	C
31	**32**	**33**	**34**	**35**	**36**	**37**	**38**	**39**	**40**
C	D	D	B	A	D	C	D	A	D
41	**42**	**43**	**44**	**45**	**46**	**47**	**48**	**49**	**50**
D	C	D	A	B	A	C	D	B	C
51	**52**	**53**	**54**	**55**	**56**	**57**	**58**	**59**	**60**
B	C	D	D	C	C	D	C	C	C
61	**62**	**63**	**64**	**65**	**66**	**67**	**68**	**69**	**70**
A	A	D	D	B	C	C	B	D	C
71	**72**	**73**	**74**	**75**	**76**	**77**	**78**	**79**	**80**
B	A	D	D	C	D	D	C	B	B
81	**82**	**83**	**84**	**85**					
B	C	B	B	B					

अर्थव्यवस्था

1. 'नरेगा' (NREGA अब MANREGA) कार्यक्रम कब लागू किया गया?
A. 2003 B. 2004
C. 2005 D. 2006

2. 'कृषि मूल्य आयोग' जिसे अब 'कृषि लागत एवं मूल्य आयोग' के नाम से जाना जाता है उसकी स्थापना किस वर्ष में हुई थी?
A. 1951 B. 1965
C. 1956 D. 1971

3. भारत के खाद्यान्न उत्पादन में निम्नलिखित में से किसका हिस्सा सर्वाधिक है?
A. गेहूँ का B. धान का
C. मोटे अनाज का D. दलहन का

4. शून्य आधारित बजट से क्या तात्पर्य है?
A. असीमित घाटे की अर्थव्यवस्था
B. अनुत्पादक व्यय की कटौती न करना
C. नए कार्यक्रमों का मूल्यांकन न करना
D. बिल्कुल नए सिरे से बजट तैयार करना

5. भारत की नई कृषि प्रौद्योगिकी में हरित क्रान्ति लाने का सबसे महत्त्वपूर्ण संसाधन निम्नलिखित में से कौन-सा है—
A. उर्वरक B. HYV बीज
C. कृषि यंत्र D. सिंचाई

6. वर्ष 1982 से निम्नलिखित में से कौन-सी वित्तीय संस्था भारत में ग्रामीण उधार की पूर्ति एवं उसकी समग्र देखभाल में सबसे बड़ी भूमिका निभा रही है—
A. सहकारी उधार समितियां
B. क्षेत्रीय ग्रामीण बैंक
C. नाबार्ड
D. सार्वजनिक क्षेत्र के बैंक

7. 'आधुनिक अर्थव्यवस्था' का निम्नलिखित में से कौन-सा लक्षण नहीं है?
A. मुद्रा अर्थव्यवस्था का विकास
B. उत्पादन की पूंजी गहन प्रणाली
C. बाजार के लिए उत्पादन
D. आत्मनिर्भर ग्राम प्रणाली

8. 2011 की जनगणना की रिपोर्ट के अनुसार, किस राज्य में साक्षरता की दर सबसे कम है?
A. अरुणाचल प्रदेश B. बिहार
C. मध्य प्रदेश D. हरियाणा

9. आर्थिक लक्ष्यों एवं उनकी माप के लिए प्रयुक्त किए जाने वाले सांख्यकीय सूचकों की दृष्टि से निम्नलिखित में से कौन-सा युग्म सुमेलित नहीं है?
A. उत्पाद एवं आय के सकल मूल्य का ऊंचा स्तर – सकल राष्ट्रीय उत्पाद
B. आय में वृद्धि – सकल घरेलू उत्पाद की वार्षिक संवृद्धि दर
C. आय वितरण में अधिक समानता – प्रति व्यक्ति सकल क्षेत्रीय उत्पाद
D. नीची अन्तर्राष्ट्रीय निर्भरता – देश के कुल उत्पाद में विदेशी व्यापार का प्रतिशत

10. सूची 1 का सूची 2 के साथ सुमेल कीजिए और सूचियों के नीचे दिए गए कूटों का उपयोग करते हुए सही उत्तर का चयन कीजिए—

सूची 1	*सूची 2*
(a) MRTP	1. विदेशी विनिमय का नियंत्रण
(b) FEMA	2. औद्योगिक शांति को बढ़ावा
(c) औद्योगिक विवाद	3. अनुचित व्यापार व्यवहार का नियंत्रण
(d) धन कर	4. आर्थिक शक्ति के केन्द्रीयकरण को कम करना

कूट :	(a)	(b)	(c)	(d)
A.	1	2	3	4
B.	3	4	2	1
C.	2	4	1	3
D.	3	1	2	4

11. भारत के थोक कीमत सूचकांक के निर्माण में एक नियत आधार वर्ष का प्रयोग किया जाता है। इससे आशय है—

A. आधार वर्ष में मात्राओं के नियत भार
B. आधार वर्ष में वस्तुओं की नियत कीमतें
C. वस्तुओं के परिवर्तनशील भार
D. अर्थव्यवस्था का परिवर्तनशील स्वरूप

12. निम्नलिखित में से कौन-सा एक वाणिज्यिक बैंक है?
A. निर्यात-आयात बैंक
B. राष्ट्रीय आवास बैंक
C. राष्ट्रीय कृषि एवं विकास बैंक
D. उपर्युक्त में से कोई नहीं

13. कृषि बाजार से सम्बन्धित सूचनाओं के संकलन एवं प्रकाशन की जिम्मेवारी कौन निभाता है?
A. वाणिज्य मंत्रालय
B. आर्थिक एवं सांख्यिकी निदेशालय
C. कृषि मंत्रालय
D. सूचना एवं प्रसारण मंत्रालय

14. प्रधानमंत्री जन-धन योजना के तहत् बैंक खाता खोलने वाले खाताधारियों को कितनी राशि तक की बीमा सुरक्षा उपलब्ध कराई गई है?
A. ₹ 50 लाख B. ₹ 1.50 लाख
C. ₹ 1 लाख D. ₹ 2 लाख

15. विश्व में स्वर्ण की सर्वाधिक खपत किस राष्ट्र में होती है?
A. चीन B. रूस
C. भारत D. अमेरिका

16. मूल्य-सूचकांक का मुख्य उद्देश्य क्या है?
A. रहन-सहन के स्तर में होने वाले परिवर्तनों की माप करना
B. मुद्रा की स्वर्ण मुद्रा ज्ञात करना
C. मुद्रा की क्रय शक्ति की माप करना
D. उत्पादन क्षमता की माप करना

17. प्रवासी भारतीयों की सहायतार्थ 'भारत समुदाय कल्याण कोष' कब से अस्तित्व में आया है?
A. 1 जनवरी, 2007 B. 1 जनवरी, 2008
C. 15 अगस्त, 2008 D. 1 जनवरी, 2009

18. कौन-सा कर केन्द्रीय सरकार द्वारा वसूला जाता है और वित्त आयोग की सिफारिशों के आधार पर केन्द्र और राज्यों में बाँटा जाता है?
A. केन्द्रीय उत्पाद शुल्क B. सीमा शुल्क
C. सम्पदा शुल्क D. सम्पत्ति शुल्क

19. भारतीय रिजर्व बैंक द्वारा निर्गत किया जाने वाला पांच सौ रुपये का नोट कहां मुद्रित किया जाता है?
A. देवास में B. नासिक में
C. दिल्ली में D. मुम्बई में

20. भारत की कौन-सी पंचवर्षीय योजना के अन्तर्गत पहली बार देश के नियोजन में व्यापक विकास लक्ष्यों का जिनमें विकास दर तथा सामाजिक विकास के लक्ष्य सम्मिलित हैं, राज्यों के अनुसार विघटित ब्यौरा दिया गया?
A. नवीं योजना B. सातवीं योजना
C. आठवीं योजना D. दसवीं योजना

21. पुरानी मुद्रा को समाप्त कर उसके स्थान पर नई मुद्रा जारी करने की कार्यवाही क्या कहलाती है?
A. अवमूल्यन B. अधिमूल्यन
C. विमुद्रीकरण D. मुद्रा संकुचन

22. "बुरी मुद्रा अच्छी मुद्रा को चलन से बाहर कर देती है" – इस नियम के प्रतिपादक कौन हैं?
A. ग्रेशम B. मेशल
C. डॉल D. जॉन रोजर

23. यूरोपीय पद्धति पर स्थापित भारत का प्रथम बैंक कौन-सा है?
A. बैंक ऑफ हिन्दुस्तान, कोलकाता
B. मगध बैंक ऑफ इण्डिया, पटना
C. पूर्ववर्ती बैंक, गुवाहाटी
D. ईस्ट वेस्ट बैंक, मुम्बई

24. सार्क वरीयता व्यापार समझौता (SAPTA) कब से लागू हुआ, जिससे कि आठ सदस्य देशों के बीच आर्थिक सहयोग का एक नया अध्याय प्रारम्भ हुआ है?
A. 7 दिसम्बर, 1995
B. 15 दिसम्बर, 1995
C. 1 जनवरी, 1996
D. अभी लागू नहीं हुआ है

25. भारत में इरडा (IRDA) नियमित करता है–
A. पूंजी व्यवसाय B. अंशों का निर्गमन
C. बीमा व्यवसाय D. बैंकिंग व्यवसाय

26. 'बैकवाश प्रभाव' शब्द का प्रयोग सर्वप्रथम किसने किया था?

A. आर्थर डंकल   B. पीटर सदरलैण्ड
C. गुन्नार मिर्डन   D. हर्षमैन

27. भारत की पहली मानव विकास रिपोर्ट कब जारी की गई?

A. मार्च 2001   B. अप्रैल 2001
C. अप्रैल 2002   D. जून 2001

28. भारत में राष्ट्रीय आय समंकों का आकलन किसके द्वारा किया जाता है?

A. नीति आयोग
B. केन्द्रीय सांख्यिकीय कार्यालय (CSO)
C. वित्त मंत्रालय
D. भारतीय रिजर्व बैंक

29. मॉस्ट्रिश्च सन्धि का मुख्य उद्देश्य क्या था?

A. पर्यावरण सुरक्षा
B. यूरोप का एकीकरण
C. नाभिकीय शक्ति परिसीमन
D. पूर्वी व पश्चिमी जर्मनी का एकीकरण

30. एक राष्ट्र की उपलब्धियों का निर्णय विभिन्न तरीकों से किया जा सकता है। ऐसा एक तरीका है मानव विकास निर्देशांक, जो किसी राष्ट्र की औसत उपलब्धियों को तीन मूल क्षेत्रों में मापता है। निम्नलिखित में से कौन इस सूची में शामिल नहीं है?

A. जीवन प्रत्याशा   B. राजनीतिक स्थिरता
C. वयस्क शिक्षा   D. क्रय शक्ति

31. निम्नलिखित में से किस प्रयोजन हेतु मुद्रा की माँग आय सापेक्ष (Income elastic) होती है?

1. क्रय-विक्रय का काम चलाने का प्रयोजन
2. पूर्वोपायी प्रयोजन
3. सट्टा प्रयोजन

A. 1 तथा 2   B. केवल 2
C. केवल 1   D. 2 तथा 3

32. भारत में नीति आयोग की स्थापना किस वर्ष हुई थी?

A. 1945 में   B. 2015 में
C. 1952 में   D. 1955 में

33. भारत में जोतों का औसत आकार निरंतर घटने का कारण क्या है?

1. उत्तराधिकार के नियम 2. चकबन्दी
3. कृषि का यंत्रीकरण   4. भूस्वामित्व की ललक

A. 1 व 2   B. 1 व 2
C. 1, 3 व 4   D. 1, 2, 3 व 4

34. निम्नलिखित में से कौन-सा कदम उठाया जाए जिससे भारतीय श्रमिकों की उत्पादकता में वृद्धि हो सके?

A. अच्छे वेतन देना
B. कार्य दशाओं में सुधार
C. जीवन स्तर और स्वास्थ्य सुविधाओं में सुधार
D. उपरोक्त सभी

35. निम्नलिखित अधिनियमों में से कौन-सा अधिनियम विदेशी मुद्राओं के सम्बन्ध में विनियमन के लिए वर्तमान में लागू होता है?

A. FERA   B. FEMA
C. FMEA   D. उपर्युक्त कोई नहीं

36. भारतीय रिजर्व बैंक के कार्यों में निम्नलिखित में से कौन-सा शामिल नहीं है?

A. साख का निर्माण
B. विदेशी मुद्राओं का भण्डारण
C. नोटों का निर्गमन
D. उपर्युक्त सभी

37. "प्रत्येक पूर्ति अपनी मांग स्वयं पैदा करती है" — यह नियम किसने प्रतिपादित किया था?

A. जे॰ बी॰ से   B. ग्रेशम
C. एडम स्मिथ   D. कीन्स

38. प्रधानमंत्री जन आरोग्य योजना अधिकृत तौर पर कब प्रारंभ हुई?

A. 25 सितम्बर, 2018   B. 1 अप्रैल, 2018
C. 15 अगस्त, 2018   D. 2 अक्टूबर, 2018

39. आर्थिक दृष्टि से पिछड़े देश की विशेषता नहीं है:

A. उच्च निरक्षरता दर
B. निम्न प्रति व्यक्ति आय
C. प्राथमिक क्षेत्रों में निम्न श्रम अनुपात
D. उच्च मृत्यु दर

40. निम्न में से किस समिति का संबंध बैंकिंग सेवा में सुधार से है?

A. रंगराजन समिति   B. दामोदरन समिति
C. राधवन समिति   D. अनिता कपूर समिति

41. किसने इस तथ्य को चुनौती दी है कि खाद्यान्न की कमी ही अकाल का एकमात्र कारण है?

A. अमर्त्य सेन

B. महबूबुल हक

C. ज्यां ट्रेजे

D. उपर्युक्त में से कोई नहीं

42. निम्नलिखित में से कौन-सा एक राजकोषीय नीति (Fiscal Policy) का उपकरण नहीं है?

A. करारोपण B. सार्वजनिक व्यय

C. ब्याज दर D. सार्वजनिक ऋण

43. एक रुपये का नोट छापा जाता है:

A. रिजर्व बैंक ऑफ इण्डिया द्वारा

B. स्टेट बैंक ऑफ इण्डिया द्वारा

C. एक व्यापारिक बैंक द्वारा

D. भारत सरकार द्वारा

44. 'बुल' एवं 'बीयर' वाक्यांश का संबंध किससे है?

A. आयकर विभाग से B. मुद्रा बाजार से

C. स्टॉक एक्सचेंज से D. बिक्री से

45. शेड्यूल बैंक क्या है?

A. 1000 करोड़ डिपाजिट रखने वाला बैंक

B. रिजर्व बैंक ऑफ इण्डिया के दूसरे शेड्यूल में शामिल बैंक

C. 10 करोड़ डिपाजिट रखने वाला बैंक

D. 100 करोड़ डिपाजिट रखने वाला बैंक

46. बैंक दर कौन निश्चित करता है?

A. भारत सरकार B. वित्त मंत्रालय

C. नीति आयोग D. रिजर्व बैंक

47. गरीबी रेखा का निर्धारण होता है:

A. प्रति व्यक्ति आय स्तर द्वारा

B. प्रति व्यक्ति ऋण स्तर द्वारा

C. प्रति व्यक्ति निजी उपभोग व्यय स्तर द्वारा

D. प्रति व्यक्ति मजदूरी दर द्वारा

48. 'मुद्रा प्रसार' (Inflation) का क्या परिणाम होता है?

A. कीमतों में बहुत अधिक वृद्धि

B. कीमतों में बेहद गिरावट

C. कीमतों का स्थिर हो जाना

D. कीमतों में अस्थिरता

49. 'अवमूल्यन' (Devaluation) का क्या अर्थ होता है?

A. किसी वस्तु का मूल्य गिराना

B. अपने देश की मुद्रा का मूल्य कम करके दूसरे देश की मुद्रा का मूल्य बढ़ाना

C. मुद्रा की स्वर्ण समता को कम करके देश की मुद्रा के वैध विनिमय मूल्य को सरकार द्वारा कम किया जाना

D. स्वर्ण को सस्ता बेचना

50. जीवन बीमा निगम की स्थापना कब हुई थी?

A. 1952 में B. 1950 में

C. 1956 में D. 1965 में

51. एक रुपये के नोट पर किसके हस्ताक्षर होते हैं?

A. रिजर्व बैंक के गवर्नर के

B. वित्त मंत्री के

C. सचिव, वित्त मंत्रालय के

D. उप-वित्तमंत्री के

52. "श्वेतपत्र" से क्या आशय है?

A. मुद्रा छापने के लिए सुन्दर कागज

B. सरकारी सूचना का दस्तावेज

C. बिना दाग धब्बों वाला कागज

D. इनमें से कोई नहीं

53. निम्नलिखित में से कौनसी संस्था राज्यों को केन्द्र से वित्तीय साधनों के आवंटन का निर्धारण करती है?

A. नीति आयोग B. वित्त आयोग

C. संसद D. राष्ट्रीय विकास परिषद्

54. राष्ट्रीय विकास परिषद् का उद्देश्य क्या है?

(a) देश की अर्थव्यवस्था के महत्त्वपूर्ण क्षेत्रों में समान नीतियों का निर्धारण एवं देश का संतुलित विकास सुनिश्चित करना

(b) सभी क्षेत्रों के एकरूप विकास के लिए संसाधन जुटाना

(c) योजना का निर्माण

(d) उन चरणों का निर्धारण जिनमें योजना का क्रियान्वयन किया जाना है

A. *(a)* और *(b)*

B. *(c)* और *(d)*

C. *(a)*, *(b)* और *(c)*

D. *(a)*, *(b)*, *(c)* और *(d)*

55. औद्योगिक वस्तुओं के मूल्य कौन निर्धारित करता है?

A. ICICI B. BICP

C. IFCI D. APC

56. मुद्रा स्फीति के फलस्वरूप सबसे अधिक परेशानी किसे होती है?

A. उस किसान को जिसके पास बेचने के लिए फालतू उपज होती है

B. व्यापारी को

C. उत्पादक को

D. वेतन भोगी को

57. निम्नलिखित करों में से कौन-सा अप्रत्यक्ष कर है?

A. सम्पत्ति कर B. आय कर

C. उत्पादन कर D. पूंजीगत लाभ पर कर

58. भारतीय मुद्रा का अवमूल्यन पहली बार कब हुआ था?

A. 1947 में B. 1949 में

C. 1966 में D. 1969 में

59. भारत में राष्ट्रीय आय संबंधी आंकड़े कौन एकत्र करता है?

A. केन्द्र सरकार और राज्य सरकारें

B. रिजर्व बैंक ऑफ इण्डिया

C. नीति आयोग

D. केन्द्रीय सांख्यिकीय संगठन

60. हवाला क्या है?

A. किसी विषय की पूर्ण जानकारी

B. शेयर बाजार में प्रतिभूतियों का अवैध लेन-देन

C. विदेशी मुद्रा विनिमय का अवैध कारोबार

D. कर अपवंचन

61. 'लिमिटेड कम्पनी' का आशय है:

A. वह कम्पनी जिसमें शेयर होल्डरों की पूंजी की मात्रा सीमित हो

B. वह कम्पनी जिसमें शेयर होल्डरों की जिम्मेदारी उनकी चुकता पूंजी की सीमा तक सीमित हो

C. वह कम्पनी जिसमें शेयर होल्डरों के लाभ की सीमा सीमित हो

D. वह कम्पनी जिसमें उत्पादन बढ़ाने के लिए सरकार से अनुमति लेना जरूरी हो

62. किस अवस्था को स्टैगफ्लेशन (Stagflation) का नाम दिया जाता है?

A. विकास के साथ मंदी

B. मुद्रा स्फीति के साथ मंदी

C. मुद्रा संकुचन के साथ मंदी

D. मुद्रा स्फीति के बाद मंदी

63. निम्नलिखित में से कौन-सा युग्म सही सुमेलित नहीं है—

A. EXIT नीति — आयात नियंत्रण

B. EXIM स्क्रिप — निर्यात सहायिकी

C. LERMS — रुपए की परिवर्तनीयता

D. EPZ — निर्यात संवर्धन

64. सकल राष्ट्रीय उत्पाद शुद्ध राष्ट्रीय उत्पाद से किस प्रकार भिन्न है?

A. सम्पत्ति से होने वाली आय को शामिल करने की दृष्टि से

B. शुद्ध प्रत्यक्ष करों की दृष्टि से

C. स्थिर पूंजी की खपत (उपभोग) की दृष्टि से

D. शुद्ध अप्रत्यक्ष करों की दृष्टि से

65. निम्नलिखित में से किसे नवोदित औद्योगिक देश कहा जाता है?

A. दक्षिण कोरिया B. जापान

C. भारत D. ऑस्ट्रेलिया

66. राष्ट्रीय कृषि और ग्रामीण विकास बैंक (NABARD) की स्थापना किस पंचवर्षीय योजना की अवधि में की गई थी?

A. पाँचवीं B. छठवीं

C. सातवीं D. आठवीं

67. कपार्ट (CAPART) का मुख्यालय कहाँ है?

A. मुंबई B. हैदराबाद

C. बंगलौर D. नई दिल्ली

68. स्वतंत्रता प्राप्ति के पश्चात् भारत में योजना आयोग का गठन प्रधानमंत्री जवाहरलाल नेहरू की अध्यक्षता में किया गया। प्रथम योजना आयोग के उपाध्यक्ष कौन थे?

A. मोरारजी देसाई B. जगजीवन राम

C. गुलजारी लाल नन्दा D. आर. के. शनमुखम चेट्टी

69. डॉलर, रुपए, शिलिंग, फ्रैंक को कौन-सा सर्वनिष्ठ नाम दिया जा सकता है?

A. सिक्के B. मुद्रा
C. नोट D. विनिमय

70. सर्वाधिक रोजगार उपलब्ध कराने वाला विश्व का सबसे बड़ा उद्यम कौन-सा है?

A. कोका कोला लि॰
B. भारतीय जीवन बीमा निगम
C. लॉयड स्टील लि॰
D. भारतीय रेल

71. भारत में दूध का सर्वाधिक उत्पादन किस राज्य में होता है?

A. हरियाणा B. उत्तर प्रदेश
C. पंजाब D. राजस्थान

72. सूची 1 का सूची 2 के साथ सुमेल कीजिए और सूचियों के नीचे दिए गए कूटों का उपयोग करते हुए सही उत्तर का चयन कीजिए—

सूची 1	*सूची 2*
(a) 1955	1. भारतीय निर्यात-आयात बैंक
(b) 1964	2. भारतीय औद्योगिक विकास बैंक
(c) 1982	3. भारतीय औद्योगिक वित्त निगम
(d) 1987	4. भारतीय औद्योगिक उधार तथा निवेश निगम
	5. औद्योगिक तथा वित्तीय पुनर्निर्माण बोर्ड

कूट :	(a)	(b)	(c)	(d)
A.	2	3	1	5
B.	4	2	3	1
C.	2	4	3	5
D.	4	2	1	5

73. ट्राइसेम (TRYSEM) कार्यक्रम निम्न में से किससे सम्बन्धित है?

A. रोजगार हेतु युवा स्नातकों से
B. रोजगार हेतु ग्रामीण युवकों से
C. स्वरोजगार हेतु ग्रामीण युवकों से
D. स्वरोजगार हेतु ग्रामीण महिलाओं से

74. नैस्कॉम (NASSCOM) निम्नलिखित में से किस क्षेत्र की कम्पनियों का एक संगठन है?

A. मीडिया B. मोबाइल फोन सेवा
C. ऑटोमोबाइल्स D. सूचना प्रौद्योगिकी

75. योजना आयोग के स्थान पर नीति आयोग का गठन कब हुआ?

A. जनवरी, 2014 B. जनवरी, 2013
C. जनवरी, 2015 D. जनवरी, 2012

76. भारत के नियोजित विकास की प्रक्रिया को काफी हद तक रूसी नियोजन प्रक्रिया से प्रभावित माना जाता है। भारत की कौन-सी योजना सोवियत संघ के 1928 के फेल्डमैन की योजना का अनुसरण करके तैयार की गई थी?

A. प्रथम योजना B. द्वितीय योजना
C. तृतीय योजना D. चतुर्थ योजना

77. द्वितीय पंचवर्षीय योजना में देश में तीन विशालकाय लौह इस्पात संयंत्र स्थापित किए गए थे। निम्न में से कौन-सा उनमें नहीं था?

A. दुर्गापुर B. बोकारो
C. भिलाई D. राउरकेला

78. महात्मा गांधी रोजगार गारंटी अधिनियम सबसे पहले लागू की गई थी–

A. ओडिशा में
B. आंध्र प्रदेश में
C. उत्तर प्रदेश में
D. पंजाब में

79. हरित क्रांति का सर्वाधिक निराशाजनक परिणाम किस फसल में देखने को मिला है?

A. मक्का B. दालें
C. तिलहन D. सोयाबीन

80. हर वर्ष आम बजट पेश करने से पूर्व वित्तमंत्री संसद के समक्ष आर्थिक सर्वेक्षण प्रस्तुत करते हैं। आर्थिक सर्वेक्षण में:

A. पिछले बजट के प्रावधानों का विश्लेषण होता है
B. आगामी वर्ष के लिए सरकारी आर्थिक नीति निर्धारित की जाती है
C. चालू वर्ष के आर्थिक निष्पादन का त्वरित आकलन होता है
D. चालू पंचवर्षीय योजना के निष्पादन का विवरण होता है

81. क्षेत्रीय ग्रामीण बैंक का प्रमुख उद्देश्य है–

A. ग्रामीण क्षेत्र के छोटे और सीमान्त किसानों, खेतिहर मजदूरों और शिल्पियों को उधार एवं अन्य सुविधाएं प्रदान करना।

B. ग्रामीण क्षेत्रों के आम आदमियों को उधार प्रदान करना।

C. भारतीय कृषि पुनर्वित्त निगम के कामों को अपने हाथ में ले लेना।

D. अनुसूचित वाणिज्यिक बैंकों के पूरक की भूमिका अदा करना

82. हमारा कृषि उत्पादन निर्भर करता है मुख्यतः–

A. उच्च गुणवत्ता वाले बीजों और खाद पर

B. मानसून चक्रों पर

C. आधुनिक कृषि यंत्रों पर

D. कृषि विश्वविद्यालयों और अन्य अनुसंधान संस्थानों के अनुसंधान सम्बन्धी प्रयासों पर

83. RLEGP संक्षेपाक्षर है–

A. रेगूलेशन ऑफ लैंडलैस एम्प्लाइमेंट गारन्टी प्रोटोकोल का

B. रूरल लैंडलैस एम्प्लाइमेंट गारन्टी प्रोग्राम का

C. रूरल लेजिस्लेशन फॉर एम्प्लाइमेंट गारन्टी प्रोग्राम का

D. उपरोक्त में से किसी का नहीं

84. निम्नलिखित में से कौन-सा वर्ष भारत की किसी पंचवर्षीय योजना में शामिल नहीं था?

A. 1968-69 B. 1971-72

C. 1965-66 D. 1981-82

85. लंदन शेयर बाजार के शेयर बाजार सूचकांक का नाम .... है।

A. सेंसेक्स

B. निफ्टी

C. बुलिश

D. इनमें से कोई नहीं

उत्तरमाला

1	2	3	4	5	6	7	8	9	10
C	B	B	D	B	C	D	B	C	D
11	**12**	**13**	**14**	**15**	**16**	**17**	**18**	**19**	**20**
B	D	B	C	C	C	C	A	A	A
21	**22**	**23**	**24**	**25**	**26**	**27**	**28**	**29**	**30**
C	A	A	A	C	C	C	B	B	B
31	**32**	**33**	**34**	**35**	**36**	**37**	**38**	**39**	**40**
A	B	A	D	B	A	A	A	C	B
41	**42**	**43**	**44**	**45**	**46**	**47**	**48**	**49**	**50**
A	C	D	C	C	D	C	A	C	C
51	**52**	**53**	**54**	**55**	**56**	**57**	**58**	**59**	**60**
C	B	B	A	B	D	C	B	D	C
61	**62**	**63**	**64**	**65**	**66**	**67**	**68**	**69**	**70**
B	B	A	C	C	B	D	C	B	D
71	**72**	**73**	**74**	**75**	**76**	**77**	**78**	**79**	**80**
B	D	C	D	C	B	B	B	B	C
81	**82**	**83**	**84**	**85**					
A	B	B	A	D					

भूगोल

1. महाद्वीपीय मग्न तट का औसत ढाल निम्न में से क्या होता है?
   A. 1° से 3° B. 5° से 8°
   C. 1° से कम D. 5° से ज्यादा
2. स्थलीय भागों की औसत ऊंचाई 840 मीटर है तथा सागरों की औसत गहराई:
   A. 5000 मीटर B. 6000 मीटर
   C. 3800 मीटर D. 2800 मीटर
3. हिरसोग्राफिक वक्र क्या है?
   A. यह सागरों के उच्चावच्च को दर्शाता है
   B. वर्षा-तापमान ग्राफ है
   C. समान लवणीय रेखा है
   D. समान गहराई बताने वाली रेखा है
4. समुद्री तट से गंभीर-सागर तक जाने पर मिलने वाला उच्चावच्च क्रम होगा:
   A. महाद्वीपीय मग्नतट-गंभीर तल-नितल मैदान
   B. समुद्री गर्त-मग्नतट-ढाल कटक-गंभीर तल
   C. महाद्वीपीय मग्नतट-ढाल कटक-नितल मैदान
   D. महासागरीय कटक-ढाल-नितल मैदान
5. निम्न में से कौन-सा युग्म सुमेलित नहीं है?
   A. डिसास्ट्रोफिक सिद्धान्त – डेली
   B. सबेरियल अपरदन – डाना
   C. सबमेरिन डेनसिटी करेन्ट सिद्धान्त – सालिश एण्ड डेविड
   D. टरबिडिटी करेन्ट सिद्धान्त – डेविस
6. निम्न में से किस महासागर में मग्नतट एवं ढाल की प्रतिशतता सर्वाधिक है?
   A. प्रशान्त महासागर
   B. हिन्द महासागर
   C. अटलांटिक महासागर
   D. प्रशान्त एवं हिन्द महासागर
7. टेलीग्राफिक पठार एवं डलफाइन रिज से क्या संबंध है?
   A. दोनों प्रशान्त महासागर के रिज हैं
   B. दोनों अटलांटिक महासागर के रिज हैं
   C. उत्तरी अटलांटिक महासागर में एक पठार है एवं दूसरा नितल मैदान है
   D. दोनों उत्तरी अटलांटिक के मध्य अटलांटिक रिज हैं
8. निम्न में से कौन-सा जोड़ा गलत है?
   A. प्रशान्त महासागर का सबसे गहरा भाग – चैलेंजर
   B. अटलांटिक महासागर का सबसे गहरा भाग – पोर्टोरिको द्वीप
   C. हिन्द महासागर का सबसे गहरा भाग – सुन्डा गर्त
   D. विश्व में महासागर का सबसे गहरा भाग – मेरियाना गर्त
9. एक महाद्वीप के उत्तर-पूर्वी तटीय भाग में गर्म धारा बहती है जबकि उसके पश्चिमी-दक्षिणी भाग में ठंडी धारा बहती है। यह कौन-सा महाद्वीप है?
   A. एशिया B. अफ्रीका
   C. उ. अमेरिका D. द. अमेरिका
10. उत्तरी गोलार्द्ध में सर्वाधिक महासागरीय तापमान अगस्त महीने में दर्ज किया जाता है परन्तु निम्न तापमान:
    A. नवम्बर में B. दिसम्बर में
    C. फरवरी में D. मार्च में
11. सर्वाधिक लवणता दर्ज की जाती है:
    A. 20°-40° उत्तरी अक्षांश
    B. 20°-40° दक्षिणी अक्षांश
    C. 10°-20° उत्तरी अक्षांश
    D. 10°-20° दक्षिणी अक्षांश
12. जैरोफाइट वनस्पति कहां पाई जाती है?
    A. विषुवतरेखीय क्षेत्र B. भूमध्यसागरीय क्षेत्र
    C. मरुस्थलीय क्षेत्र D. ध्रुवीय क्षेत्र
13. समुद्री सतह का 30% भाग होता है:
    A. ग्लोबियोगेरिया रिज B. सिलिकियस रिज
    C. लाल पंक D. स्थलीय अवसाद
14. महासागरों की गहराई के आरोही क्रम में निक्षेप का कौन-सा क्रम सही है?

A. स्थलजनित-टेरोपाड-ग्लोबियोगेरिया-लालपंक
B. स्थलजनित-टेरोपाड-लालपंक-ग्लोबियोगेरिया
C. स्थलजनित-लालपंक-टेरोपाड-ग्लोबियोगेरिया
D. स्थलजनित-ग्लोबियोगेरिया-लालपंक-टेरोपाड

15. महासागरों के किस भाग में क्रेस्ट तथा द्रोणी के बीच ज्वार के दौरान सर्वाधिक अन्तर पाया जाता है?
A. महाद्वीपीय मग्न तट पर
B. महाद्वीपीय मग्न ढाल पर
C. महासागरीय गर्त पर
D. महासागर के उपरोक्त तीनों क्षेत्रों में

16. यदि चन्द्रमा की स्थिति उप-भू (Perigee) बिन्दु पर है तो उच्च ज्वार आने की संभावना क्या है?
A. अति उच्च B. उच्च
C. अति निम्न D. निम्न

17. पृथ्वी के धरातल पर जलमण्डल का विस्तार है:
A. 70% B. 69%
C. 71% D. 72%

18. प्रशांत महासागर का सर्वाधिक गहरा गर्त है:
A. टस्काटोरा B. टोंगा
C. स्वायर D. मेरियाना

19. अंग्रेजी के 'S' अक्षर की आकृति के समान और यूरोप व अफ्रीका तथा उत्तरी अमेरिका व दक्षिणी अमेरिका के मध्य में स्थित महासागर का नाम है:
A. हिन्द महासागर
B. प्रशान्त महासागर
C. अटलाण्टिक महासागर
D. भूमध्य सागर

20. मानसूनी जलवायु के प्रदेशों में निम्नलिखित में से कौन-सा देश सम्मिलित नहीं है?
A. म्यांमार B. कम्बोडिया
C. लाओस D. श्रीलंका

21. प्रति चक्रवात सामान्यतया अधिक उत्पन्न होते हैं:
A. भूमध्यरेखीय क्षेत्र में
B. शीतोष्ण कटिबन्धीय क्षेत्र में
C. आर्कटिक क्षेत्र में
D. मरुस्थलीय क्षेत्र में

22. उस मौसम दशा का नाम बताइए जिसमें बिजली की चमक और बादलों की गरज के साथ घनघोर वर्षा होती है।
A. वर्षा B. संवाहनीय वर्षा
C. झंझावात D. चक्रवात

23. पृथ्वी पर मौसम होते हैं:
A. पृथ्वी की परिक्रमण गति के कारण
B. सूर्य से प्राप्त ऊर्जा में परिवर्तन के कारण
C. घूर्णन के समय पृथ्वी की धुरी के झुके होने के कारण
D. चन्द्रमा का प्रभाव

24. निम्नलिखित में से किस देश में ग्रीष्मकाल में सबसे बड़ा दिन होता है?
A. भारत B. मैक्सिको
C. नाइजीरिया D. नार्वे

25. सर्वाधिक वर्षा प्रदान करने वाले मेघों में निम्नलिखित में से कौन-से हैं?
A. पक्षाभ मेघ B. स्तरी मेघ
C. कपासी मेघ D. वर्षी मेघ

26. भारत के उत्तरी भागों में शीतकालीन वर्षा निम्नलिखित में से किस प्रकार से होती है?
A. मानसूनी वर्षा B. पर्वतीय वर्षा
C. चक्रवातीय वर्षा D. संवहनीय वर्षा

27. हिमालय पर्वत किस श्रेणी के पर्वत हैं?
A. फोल्ड पर्वत B. दून पर्वत
C. द्वार पर्वत D. पठार पर्वत

28. उन क्षेत्रों का नाम बताओ जहां ग्रीष्म-शीत सभी ऋतुओं में वर्षा होती है।
A. भूमध्यसागरीय प्रदेश B. भूमध्यरेखीय प्रदेश
C. मानसूनी प्रदेश D. टुण्ड्रा प्रदेश

29. विश्व के किन क्षेत्रों में सर्वाधिक वर्षा अंकित की जाती है?
A. भूमध्यरेखीय प्रदेश B. मानसूनी प्रदेश
C. सवाना प्रदेश D. भूमध्यसागरीय प्रदेश

30. ज्वारभाटा से सम्बन्धित कौनसा कथन असत्य है?
A. सागरीय जल के ऊपर उठकर आगे (तट की ओर) बढ़ने को 'ज्वार' कहते हैं

B. सागरीय जल के नीचे गिरकर (सागर की ओर) पीछे लौटने को 'भाटा' कहते हैं

C. ज्वार-भाटा सूर्य तथा चन्द्रमा की आकर्षण शक्तियों के कारण उत्पन्न होता है

D. प्रत्येक मास के शुक्ल पक्ष तथा कृष्ण पक्ष की सप्तमी और अष्टमी को दीर्घ ज्वार आता है

31. न्यूफाउण्डलैण्ड के पूर्वी तट पर निम्नलिखित में से कौन-सी दो धाराओं के मिलने से घना कोहरा छा जाता है?

A. ब्राजील की धारा व फाकलैण्ड की धारा

B. गल्फस्ट्रीम की धारा व लैब्राडोर की धारा

C. गल्फस्ट्रीम की धारा व फ्लोरिडा की धारा

D. गल्फस्ट्रीम की धारा व कनारी की धारा

32. सलाल जलविद्युत परियोजना किस राज्य/केंद्रशासित प्रदेश में स्थित है?

A. हरियाणा B. हिमाचल प्रदेश

C. जम्मू-कश्मीर D. पंजाब

33. विश्व की सबसे गहरी झील कौन-सी है?

A. बाल्कश झील B. बैकाल झील

C. सुपीरियर झील D. विक्टोरिया झील

34. विश्व में किस सागरीय जल का तापमान सर्वाधिक है?

A. कैरिबियन सागर B. लाल सागर

C. फारस की खाड़ी D. मैक्सिको की खाड़ी

35. दक्षिण-पूर्व एशिया का एकमात्र भू-आवेष्ठित (Land-locked) देश है–

A. थाईलैंड B. लाओस

C. मलेशिया D. कम्बोडिया

36. निम्नलिखित में से कौन-सा खगोलीय पिण्ड (Object) नहीं है?

A. पल्सर B. ब्रिटिल स्टार

C. ब्लैक होल D. क्वासर

37. विश्व की सर्वाधिक लम्बी नील नदी का उद्गम स्थल निम्नलिखित में से कौन-सा है?

A. विक्टोरिया झील B. टैंगानिका झील

C. मालावी झील D. चाड झील

38. विश्व का सबसे लम्बा रेलमार्ग निम्नलिखित में से कौन-सा है?

A. ट्रांस काकेशियन रेलमार्ग

B. ट्रांस इण्डियन रेलमार्ग

C. मध्य ट्रांस महाद्वीपीय रेलमार्ग

D. ट्रांस साइबेरियन रेलमार्ग

39. स्वेज नहर निम्नलिखित में से किस सागर को मिलाती है?

A. भूमध्य सागर - काला सागर

B. भूमध्य सागर - लाल सागर

C. भूमध्य सागर - अरब सागर

D. काला सागर - लाल सागर

40. विश्व की प्रमुख विमान सेवाओं व उनके देशों के निम्नलिखित जोड़ों में से कौन-सा गलत है?

A. ओलम्पिक एयरवेज – अल्वानिया

B. फिनिश एयरलाइन्स – फ्रान्स

C. लुफ्तहांसा – प. जर्मनी

D. इन्टरफ्लग – पू. जर्मनी

41. विश्व में किस नदी की सर्वाधिक सहायक नदियां हैं?

A. गंगा B. मिसीसिपी

C. कांगो D. अमेजन

42. एशिया महाद्वीप की नदियों में सर्वाधिक लम्बी नदी निम्नलिखित में से कौन-सी है?

A. इर्टिश B. यांगटीसीक्यांग

C. ब्रह्मपुत्र D. इरावदी

43. निम्नलिखित नदियों के मुहानों पर बसे नगरों में से कौन-सा गलत है?

A. इरावदी–यंगून B. हुगली–कोलकाता

C. नील–काहिरा D. मीनाम–सिंगापुर

44. नदियों द्वारा अपनी घाटी में लाकर बिछाई जाने वाली मिट्टी को क्या कहेंगे?

A. काली मिट्टी B. दोमट मिट्टी

C. कांप मिट्टी D. चरनोजम मिट्टी

45. किसी स्थान की जलवायु को प्रभावित करने वाले कारकों में कौन अधिक प्रभावकारी कारक माना जाता है?

A. समुद्र से दूरी B. अक्षांश

C. उच्चावच्च की दिशाएं D. हवाओं की दिशाएं

46. एक नगर का जनवरी का तापमान 25° से. और जुलाई का तापमान 23° से. और वर्षा 152 से.मी.

है, तो बताइये वह नगर किस जलवायु प्रदेश में स्थित है?

A. मानसूनी जलवायु

B. भूमध्यसागरीय जलवायु

C. सवाना तुल्य जलवायु

D. चीन तुल्य जलवायु

47. रबड़ की कृषि विश्व के किस प्राकृतिक प्रदेश में सर्वाधिक होती है?

A. भूमध्यसागरीय प्रदेश B. भूमध्यरेखीय प्रदेश

C. मानसूनी प्रदेश D. टैगा प्रदेश

48. विश्व में अंगूर की शराब सर्वोत्तम समझी जाती है। बताइये अंगूर की शराब किस प्राकृतिक प्रदेश में सर्वाधिक बनायी जाती है?

A. मानसूनी प्रदेश B. चीन तुल्य प्रदेश

C. भूमध्यरेखीय प्रदेश D. भूमध्यसागरीय प्रदेश

49. दक्षिणी अफ्रीका में पाये जाने वाले विश्व के सबसे बड़े पक्षी का नाम बताइये।

A. गुआनों B. कीवी

C. शुतुरमुर्ग D. एल्बेट्रोस

50. नागिन झील किस राज्य/केन्द्रशासित प्रदेश में स्थित है?

A. मध्य प्रदेश B. झारखंड

C. उत्तराखंड D. जम्मू-कश्मीर

51. स्टैप्स तुल्य प्रदेशों के विश्व के भिन्न-भिन्न भागों में अलग-अलग नाम हैं। यहां कुछ जोड़े प्रस्तुत हैं। गलत जोड़ा बताइए।

A. कनाडा – प्रेयरीज प्रदेश

B. अर्जेन्टाइना – पेम्पास प्रदेश

C. यूक्रेन – वेल्ड प्रदेश

D. रूमानिया – स्टेप्स प्रदेश

52. विश्व का सबसे ठण्डा प्रदेश, जिसे 'शीत ध्रुव' कहते हैं, स्थित है:

A. टुण्ड्रा प्रदेश B. टैगा प्रदेश

C. ईरान तुल्य प्रदेश D. पश्चिमी यूरोपीय प्रदेश

53. भारत कपास उत्पादन के क्षेत्र में विश्व में महत्वपूर्ण स्थान रखता है , फिर भी इसे कपास आयात करनी पड़ती है। इसका मुख्य कारण है कि:

A. भारत की कपास निम्न श्रेणी की है

B. भारत में सूती वस्त्र उद्योगों के कारण कपास की अधिक खपत है

C. भारत निम्न श्रेणी के कपास का निर्यात कर देता है व उत्तम श्रेणी का कपास आयात करता है

D. उपर्युक्त सभी तथ्य सही हैं

54. विश्व में सर्वाधिक रबड़ उत्पादन का श्रेय किस देश को है?

A. इण्डोनेशिया B. भारत

C. मलेशिया D. थाईलैण्ड

55. विश्व के प्रमुख लौह अयस्क क्षेत्रों व उनके देशों के जोड़े सही करें।

(*a*) मैसाबी क्षेत्र 1. रूस

(*b*) सिंहभूम 2. संयुक्त राज्य अमेरिका

(*c*) क्रिवाईरोग 3. कनाडा

(*d*) स्टीप रॉक 4. भारत

	(*a*)	(*b*)	(*c*)	(*d*)
A.	1	2	3	4
B.	2	4	1	3
C.	2	4	3	2
D.	2	3	1	4

56. किसी एक स्थान का अक्षांश निम्नलिखित में से किसका संकेतक है?

A. समय का

B. तापमान का

C. ऊँचाई का

D. वर्षा की मात्रा का

57. विश्व में स्वर्ण उत्पादन में कौन-सा देश प्रथम स्थान पर है?

A. चीन B. संयुक्त राज्य अमेरिका

C. कनाडा D. भारत

58. कोयला शक्ति का प्रमुख साधन है। बताइये इसका निर्माण किस काल में हुआ था?

A. पुराजीवी कल्प (Palaeozoic Era)

B. मध्यजीवी महाकल्प (Mesozoic Era)

C. कार्बनी कल्प (Carboniferous Period)

D. ट्रियासिक कल्प (Triassic Period)

59. विश्व में तांबे का सबसे बड़ा उत्पादक देश कौन-सा है?

A. चीन B. जर्मनी
C. ग्रेट ब्रिटेन D. चिली

60. कोयले के चार प्रकारों में विश्व में सर्वाधिक मात्रा में किस प्रकार का कोयला उत्पादित किया जाता है?

A. एन्थ्रेसाइट B. बिटूमिनस
C. लिग्नाइट D. पीट

61. विश्व के प्रमुख कोयला उत्पादक क्षेत्र व उनके देशों के जोड़े सही करें।

(a) अप्लेशियन क्षेत्र 1. सोवियत संघ
(b) नोवास्कोशिया क्षेत्र 2. चीन
(c) कुजबास क्षेत्र 3. कनाडा
(d) शान्सी शैन्सी क्षेत्र 4. यू. एस. ए.

	(a)	*(b)*	*(c)*	*(d)*
A.	4	3	1	2
B.	1	2	3	4
C.	4	3	2	1
D.	3	4	1	2

62. भारत के प्रमुख कोयला क्षेत्रों में आप निम्न में से किसे शामिल नहीं करेंगे?

A. झरिया B. रानीगंज
C. बोकारो D. कोडरमा

63. निम्नलिखित में से कौन-सी नदी परित्यक्त डेल्टा का उदाहरण प्रस्तुत करती है?

A. ह्वांगहो
B. नील
C. गंगा
D. अमेजन

64. खनिज तेल के निर्माण के सम्बन्ध में कौन-सा कथन सत्य है?

A. जीव जन्तुओं के शैलों के मध्य दबने से पैट्रोलियम बना है
B. वनों के शैलों के मध्य दबने से पैट्रोलियम बना है
C. चूना पत्थर और बालू के मध्य पैट्रोलियम एकत्रित होने से
D. शैलों के पिघलने से पैट्रोलियम बना है

65. विश्व के किस महाद्वीप में सर्वाधिक पैट्रोलियम निकाला जाता है?

A. एशिया B. अफ्रीका
C. उ. अमेरिका D. द. अमेरिका

66. हार्मुज जलसंधि किन दो देशों को विभाजित करती है?

A. बहरीन एवं कतर
B. ईरान एवं यूएई
C. ईरान एवं यमन
D. ओमान एवं ईरान

67. जनसंख्या के वितरण को प्रभावित करने वाले कारकों में कौन-सा कारक प्रभावकारी नहीं है?

A. भूमि की बनावट B. जलवायु
C. मिट्टी D. मानव अधिवास

68. विश्व में सबसे अधिक जनसंख्या किस कटिबंध में निवास करती है?

A. उष्ण कटिबन्धीय क्षेत्र
B. शीतोष्ण कटिबन्धीय क्षेत्र
C. शीत कटिबन्धीय क्षेत्र
D. उपर्युक्त सभी क्षेत्र में

69. जनसंख्या समस्या के समाधान हेतु आप किसे उपयुक्त नहीं समझते हैं?

A. खाद्यान्नों के उत्पादन में वृद्धि
B. औद्योगिक विकास
C. वृक्षारोपण
D. परिवार नियोजन और संतति निग्रह

70. नदी तटीय नगरों व उनकी नदियों के जोड़े प्रस्तुत हैं। गलत जोड़ा बताइये।

A. लन्दन – टेम्स नदी
B. पेरिस – सीन नदी
C. न्यूयार्क – मिसीसिपी नदी
D. दिल्ली – यमुना नदी

71. झील के किनारे बसे विश्व के कुछ नगरों व झीलों के जोड़े प्रस्तुत हैं। गलत जोड़ा बताइये।

A. कम्पाला – विक्टोरिया झील
B. शिकागो – मिशीगन झील
C. इर्कूटस्क – बैकाल झील
D. लेनिनग्राड – ओनेगा झील

72. विश्व के सर्वाधिक मानव निम्नलिखित में से किस मिट्टी के प्रदेश में निवास कर रहे हैं?

A. काली मिट्टी B. लाल मिट्टी
C. चरनोजम मिट्टी D. कांप मिट्टी

73. विश्व की प्रमुख जातियों के मकानों व जातियों के जोड़े प्रस्तुत हैं। गलत जोड़ा बताइये।

A. यूर्ट – खिरगीज
B. इग्लू – एस्किमो
C. क्राल – सकाई
D. ट्यूबिक – पिग्मी

74. अन्तर्राष्ट्रीय व्यापार में आज के युग का महत्त्वपूर्ण सर्वाधिक सस्ता परिवहन का साधन है:

A. वायुयान मार्ग B. सड़क मार्ग
C. जलयान मार्ग D. रेलमार्ग

75. नग्न और अर्द्धनग्न अवस्था में विचरण करने वाली जनजाति निम्नलिखित में से कौन-सी है?

A. टोडा B. नागा
C. मीणा D. मुण्डा

76. भारत की किस जनजाति में सम्मिलित पत्नी प्रथा (Polyandry) का प्रचलन है?

A. नागा B. लेप्चा
C. टोडा D. संथाल

77. चावल उत्पादक देश व उनके प्रमुख क्षेत्र प्रस्तुत हैं। गलत जोड़ा बताइए।

A. चीन – मीकांग की घाटी
B. बर्मा – इरावदी का डेल्टाई भाग
C. इटली – पो नदी की घाटी
D. भारत – पश्चिमी बंगाल

78. क्षेत्रफल की दृष्टि से विश्व का सबसे बड़ा देश कौन-सा है?

A. रूस B. चीन
C. अमेरिका D. भारत

79. विश्व में किस खाद्यान्न का सर्वाधिक उपभोग किया जाता है?

A. चावल B. गेहूं
C. मक्का D. बाजरा

80. परिवहन व संचार व्यवस्था किस उत्पादन क्रिया में शामिल है?

A. चतुर्थक B. तृतीयक
C. द्वितीयक D. प्राथमिक

81. जैवमंडलीय आरक्षित क्षेत्र शेषाचलम पहाड़ी किस राज्य में है?

A. तमिलनाडु B. कर्नाटक
C. आन्ध्र प्रदेश D. केरल

82. भारत के किस राज्य/केन्द्रशासित प्रदेश की समुद्री तट रेखा सबसे लम्बी है?

A. केरल
B. आन्ध्र प्रदेश
C. तमिलनाडु
D. अंडमान-निकोबार द्वीप समूह

83. सौरमण्डल के किस ग्रह को 'भोर का तारा' और 'सांध्य तारा' कहते हैं?

A. पृथ्वी B. बृहस्पति
C. मंगल D. शुक्र

84. सौरमण्डल का सबसे छोटा ग्रह कौन-सा है?

A. अरुण B. वरुण
C. बृहस्पति D. बुध

85. सौरमण्डल के किस ग्रह को लाल ग्रह (Red Planet) कहते हैं?

A. शनि B. शुक्र
C. मंगल D. बुध

86. सूर्य में पाये जाने वाले काले धब्बे क्या प्रकट करते हैं?

A. अत्यधिक ताप के क्षेत्र
B. न्यूनतम ताप के क्षेत्र
C. पहाड़ों के क्षेत्र
D. जल के क्षेत्र

87. पृथ्वी के अतिरिक्त किस ग्रह पर मानव उपस्थिति की सम्भावनाएं हैं?

A. बुध B. शुक्र
C. मंगल D. बृहस्पति

88. भारत के निम्नलिखित में से किस नगर में कागज उद्योग नहीं है?

A. टीटागढ़ B. नेपानगर
C. मुरादाबाद D. सहारनपुर

89. वर्तमान में सर्वाधिक प्रयोग वाला परिवहन साधन कौन-सा है?

A. सड़क परिवहन B. रेल परिवहन
C. जल परिवहन D. वायु परिवहन

90. भारत के प्रमुख सूती वस्त्र केन्द्रों में कौन-सा केन्द्र शामिल नहीं है?

A. नेपानगर B. अहमदाबाद
C. सूरत D. जामनगर

91. डीजल के रेल इंजन बनाने का कारखाना कहाँ है?

A. वाराणसी B. चित्तरंजन
C. कपूरथला D. पेराम्बूर

92. निम्नलिखित में से किस देश में सर्वप्रथम कागज बनना शुरू हुआ था?

A. चीन B. जापान
C. भारत D. फ्रान्स

93. निम्नलिखित प्रायद्वीपीय नदियों में से किस एक की प्रवाह लम्बाई सबसे अधिक है?

A. कृष्णा B. नर्मदा
C. कावेरी D. गोदावरी

94. भारतीय भू-भाग में कहीं-कहीं लाल मिट्टी पाई जाती है, मिट्टी के इस रंग का प्रमुख कारण क्या है?

A. मैग्नीशियम का बाहुल्य
B. संचित ह्यूमस
C. फेरिक ऑक्साइड की विद्यमानता
D. फॉस्फेटों का बाहुल्य

95. भारत के शैल समूहों से गोंडवाना शैलों को सबसे महत्वपूर्ण मानने के लिए निम्नलिखित में से कौन-सा तर्क उपयुक्त है?

A. इनमें भारत का 90 प्रतिशत से अधिक चूना पत्थर भंडार पाया जाता है
B. इनमें भारत का 90 प्रतिशत से अधिक कोयला भंडार पाया जाता है
C. इनके ऊपर 90 प्रतिशत से अधिक, उपजाऊ काली कपास मृदाएं फैली हुई हैं
D. इस संदर्भ में, ऊपर दिए गए तर्कों में से कोई भी तर्क उपयुक्त नहीं है

उत्तरमाला

1	2	3	4	5	6	7	8	9	10
A	C	A	C	C	C	D	A	C	D
11	**12**	**13**	**14**	**15**	**16**	**17**	**18**	**19**	**20**
A	C	C	A	C	A	C	D	C	D
21	**22**	**23**	**24**	**25**	**26**	**27**	**28**	**29**	**30**
B	C	A	D	D	C	A	B	A	D
31	**32**	**33**	**34**	**35**	**36**	**37**	**38**	**39**	**40**
B	C	B	C	B	B	A	D	B	B
41	**42**	**43**	**44**	**45**	**46**	**47**	**48**	**49**	**50**
D	B	D	C	B	B	B	D	C	D
51	**52**	**53**	**54**	**55**	**56**	**57**	**58**	**59**	**60**
C	A	D	C	B	B	A	C	D	B
61	**62**	**63**	**64**	**65**	**66**	**67**	**68**	**69**	**70**
A	D	A	A	A	D	D	B	C	C
71	**72**	**73**	**74**	**75**	**76**	**77**	**78**	**79**	**80**
D	D	C	C	B	C	A	B	A	B
81	**82**	**83**	**84**	**85**	**86**	**87**	**88**	**89**	**90**
D	D	D	D	C	B	C	C	A	A
91	**92**	**93**	**94**	**95**					
A	A	D	C	B					

सामान्य विज्ञान

1. न्यूमोनिया के लिए उत्तरदायी है:
A. न्यूमोकोकाई
B. क्रोमोसोम
C. एक्सेटॉल
D. उपर्युक्त में से कोई नहीं

2. कार्बामाइड किसे कहते हैं?
A. पोटाश को B. यूरिया को
C. फास्फेट को D. कैल्सियम को

3. इमली में कौन-सा अम्ल होता है?
A. फार्मिक अम्ल B. टार्टरिक अम्ल
C. पोल बोल्ट अम्ल D. उपर्युक्त सभी

4. मधुमक्खियों के काटने पर उत्पन्न दर्द किसके कारण होता है?
A. रस्किन अम्ल B. पोल बोल्ट अम्ल
C. टार्टरिक अम्ल D. फार्मिक अम्ल

5. डायनामाइट का प्रमुख अवयव क्या है?
A. प्लूटोनियम B. नाइट्रोग्लिसरीन
C. यूरेनियम D. गैस

6. मनुष्य के रुधिर में श्वेत रुधिराणुओं (WBC) तथा लाल रुधिराणुओं (RBC) का अनुपात सामान्यतः कितना होता है?
A. 1 : 100 B. 1 : 200
C. 1 : 500 D. 1 : 600

7. लार (Saliva) का टायलिन (Ptyalin) किस माध्यम से सक्रिय होता है?
A. अधिक क्षारीय (More alkaline)
B. अधिक अम्लीय (More acidic)
C. हल्का क्षारीय (Mild alkaline)
D. हल्का अम्लीय (Mild acidic)

8. निम्नलिखित में से कौन-सी बीमारी लिंग गुणसूत्र (Sex chromosomes) के माध्यम से होती है?
A. रतौंधी (Night blindness)
B. वर्णान्धता (Colour blindness)
C. निकट दृष्टि (Myopia)
D. दूर दृष्टि (Hypermetropia)

9. जीव वैज्ञानिक साम्य (Equilibrium) एक साम्य होता है:
A. उत्पादकों (Producers) के बीच
B. प्राथमिक उपभोक्ताओं (Primary consumers) के बीच
C. अपघटक (Decomposers) तथा उत्पादकों के बीच
D. उत्पादकों, उपभोक्ताओं एवं अपघटकों के बीच

10. विटामिन डी की कमी से कौन-सा रोग होता है?
A. रतौंधी B. बेरी-बेरी
C. रिकेट्स D. दूर दृष्टि

11. अनुवांशिक गुणों के वाहक कौन होते हैं?
A. क्रोमोसोम B. जेनेटिक्स
C. सैकरल D. उपर्युक्त सभी

12. प्लांट ब्रीडिंग का निम्नलिखित में से किसके साथ घनिष्ठ सम्बन्ध है?
A. जेनेटिक्स (Genetics)
B. साइटोलॉजी (Cytology)
C. बायोमेट्री (Biometry)
D. उपर्युक्त A और B दोनों

13. माइकोजेनेटिक्स (Mycogenetics) का क्या अर्थ है?
A. सूक्ष्म जीवों का अध्ययन
B. परजीवियों का अध्ययन
C. कवकों का अध्ययन
D. शैवालों का अध्ययन

14. टेटेनस जीवाणुओं (Tetanus bacteria) द्वारा उत्पादित विष (Toxin) मनुष्य के किस भाग को प्रभावित करता है?
A. ऐच्छिक पेशियां (Voluntary muscles)
B. अनैच्छिक पेशियां (Involuntary muscles)
C. उपर्युक्त A तथा B दोनों
D. जबड़े की हड्डियां (Jaw bones)

15. मनुष्य में किस कशेरुकी (Vertebra) पर खोपड़ी (Skull) का सम्पूर्ण भार होता है?

A. एक्सिस (Axis)
B. सैक्रल (Sacral)
C. सरवाइकल (Cervical)
D. एटलस (Atlas)

16. एक उपग्रह पृथ्वी के चारों ओर वृत्ताकार कक्षा में चक्कर लगा रहा है। उपग्रह पर कार्यकारी बल है:
A. पृथ्वी के गुरुत्वाकर्षण के कारण केवल अभिकेन्द्री बल (Centripetal force)
B. कक्षीय गति के कारण केवल अपकेन्द्री बल (Centri-fugal force)
C. शून्य, क्योंकि अभिकेन्द्री तथा अपकेन्द्री बल परस्पर सन्तुलित हो जाते हैं
D. कक्षा का स्पर्शरिखावत जो कि उपग्रह में लगी मशीन द्वारा उत्पन्न किया जाता है

17. जब कोई तरंग एक माध्यम से दूसरे माध्यम में जाती है तो उसमें क्या बदल जाता है?
A. आवृत्ति तथा वेग
B. आवृत्ति तथा तरंगदैर्ध्य
C. तरंगदैर्ध्य तथा वेग
D. आवृत्ति, तरंगदैर्ध्य तथा वेग

18. शरीर की संरचना का अध्ययन विज्ञान की निम्नलिखित में से किस शाखा में किया जाता है?
A. ऑटोमेशन (Automation)
B. एनाटोमी (Anatomy)
C. बायोमेट्री (Biometry)
D. बायोनिक्स (Bionics)

19. शरीर में आयोडीन की कमी से कौन-सा रोग हो जाता है?
A. सूखा B. स्कर्वी
C. एनीमिया D. घेंघा

20. पृथ्वी के पलायन वेग (Escape velocity) का मान कितना है?
A. 11.2 कि॰मी॰/से॰ B. 11.2 मी॰/से॰
C. 7.0 कि॰मी॰/से॰ D. 1.5 कि॰मी॰/से॰

21. निम्नलिखित में से किसमें कोबाल्ट विद्यमान रहता है?
A. हीमोग्लोबिन में B. विटामिन C में
C. विटामिन B_{12} में D. क्लोरोफिल में

22. एलिसा (Elisa) नामक परीक्षण किस रोग से निदान के लिए किया जाता है?
A. एड्स B. टी॰बी॰
C. हेपेटाइटिस D. डिफ्थीरिया

23. निम्नलिखित में से तत्व कौन-सा है?
A. माणिक्य (Ruby) B. नीलम (Sapphire)
C. हीरा (Diamond) D. पन्ना (Emerald)

24. वायुमण्डल में ओजोन स्तर में कमी के लिए कौन-सा रसायन प्रमुख रूप से उत्तरदायी है?
A. कार्बन डाइऑक्साइड
B. सल्फर डाइऑक्साइड
C. नाइट्रस ऑक्साइड
D. क्लोरो-फ्लोरो कार्बन

25. दोषपूर्ण जीन के कारण निम्नलिखित में से कौन-सी बीमारी होती है?
A. कैंसर B. मधुमेह
C. अल्सर D. हीमोफीलिया

26. निम्नलिखित में से कौन-सा कार्बन का स्वरूप क्रिस्टलीय है?
A. लिग्नाइट B. हीरा
C. चारकोल D. कोयला

27. प्रसिद्ध शीतलक फ्रियॉन वास्तव में क्या है?
A. कैल्सियम फ्लोराइड
B. फ्लोरोस्पार
C. हाइड्रोफोलिएसिक अम्ल
D. डाइक्लोरो डाइफ्लूरो मीथेन

28. हेरोइन नामक प्रसिद्ध नशीली दवा किससे प्राप्त होती है?
A. मॉर्फीन B. कॉडीन
C. हिपेरीन D. कैफीन

29. अन्तरिक्ष विज्ञान के क्षेत्र में मीर एक उल्लेखनीय नाम है, यह मीर क्या है?
A. रूस का उपग्रह निर्माण केन्द्र
B. बैकानूर कॉस्मोड्रोम
C. कक्षीय अन्तरिक्ष स्टेशन
D. लैण्ड अर्थ स्टेशन

30. दो धन आवेशों को पास लाने से स्थितिज ऊर्जा पर क्या प्रभाव पड़ता है?

A. बढ़ती है

B. घटती है

C. अपरिवर्तित रहती है

D. पहले घटती है तथा एक न्यूनतम मान पर स्थिर हो जाती है

31. निम्नलिखित रंगों की तरंगदैर्ध्यों का बढ़ता हुआ क्रम क्या है?

1. नारंगी (Orange) 2. जामुनी (Indigo)

3. पीला (Yellow) 3. बैंगनी (Violet)

A. 1, 2, 3, 4 B. 4, 2, 3, 1

C. 4, 3, 2, 1 D. 4, 1, 2, 3

32. सीमेन्ट में जिप्सम मिलाए जाने का क्या कारण है?

A. सीमेन्ट के तन्य बल को बढ़ाने के लिए

B. कैल्सियम सिलिकेट के कणों को आपस में बांधने के लिए

C. कोलाइडीय जैल के बनने में सहायता करने के लिए

D. सीमेन्ट के सैट होने की दर को कम करने के लिए

33. नौसादर का रासायनिक नाम क्या है?

A. अमोनियम क्लोराइड B. कैल्सियम सल्फेट

C. फेरिक सल्फेट D. अमोनियम नाइट्रेट

34. फोटोक्रोमिक (Photochromic) कांच का आवश्यक अवयव क्या है?

A. सिल्वर ब्रोमाइड

B. सिल्वर आयोडाइड

C. सिल्वर क्लोराइड

D. उपर्युक्त में से कोई नहीं

35. एल॰एस॰डी॰ (L.S.D.) निम्नलिखित में से किससे निष्कर्षित (Extract) की जाती है?

A. शैवाल (Algae) B. कवक (Fungi)

C. विषाणु (Virus) D. जीवाणु (Bacteria)

36. पृथ्वी की सतह से कितनी ऊंचाई पर भूस्थिर (Geo-stationary) उपग्रह स्थित किया जाता है?

A. 3600 कि॰मी॰ B. 36000 कि॰मी॰

C. 3,60,000 कि॰मी॰ D. 360 कि॰मी॰

37. पोटैशियम क्लोरेट का माचिस की तीली में प्रयोग किसलिए होता है?

A. ऑक्सीकारक के रूप में

B. अन्य पदार्थों को बांधने के लिए

C. शीघ्र ज्वलन के लिए

D. घर्षण बढ़ाने के लिए

38. अतिचालकों (Super conductors) में परम शून्य ताप (Absolute Zero Temperature) पर क्या होता है?

A. विद्युत प्रतिरोध शून्य हो जाता है

B. चालकता कम हो जाती है

C. पदार्थ कुचालक बन जाता है

D. उपर्युक्त में से कोई नहीं

39. खाने योग्य प्रोटीन के दो सर्वोत्तम स्रोत कौन-कौन से हैं?

A. मांस व अण्डा

B. सोयाबीन एवं मूंगफली

C. दुग्ध एवं पत्तेदार सब्जी

D. कुछ शैवाल एवं सूक्ष्मजीव

40. निम्नलिखित में से कौन-से पादप वायु से ऑक्सीजन ग्रहण करके यौगिकीकरण करते हैं?

A. मटर B. मक्का

C. गेहूं D. धान

41. कैमरे का कौन-सा अवयव आंख के रेटिना जैसा काम करता है?

A. लेन्स B. फिल्म

C. शटर D. आइरिश डायफ्राम

42. इन्सुलिन की कमी से कौन-सा रोग हो जाता है?

A. मधुमेह B. पीलिया

C. स्कर्वी D. इनमें से कोई नहीं

43. वेल्डिंग में कौन-सी गैस प्रयोग में लायी जाती है?

A. ऑक्सीजन B. एसिटिलीन

C. इथेन D. नाइट्रोजन

44. यीस्ट द्वारा ग्लूकोज का किण्वन होने से कौन-सा उत्पाद बनता है?

A. जल तथा कार्बन डाइऑक्साइड

B. इथेनोल (Ethyl alcohol) तथा कार्बन डाइऑक्साइड

C. जल तथा इथेनोल

D. मीथेनोल तथा कार्बन डाइऑक्साइड

45. पृथ्वी पर 'ग्रीनहाउस प्रभाव' का मुख्य स्रोत कौन-सी गैस है?

A. कार्बन डाइऑक्साइड B. कार्बन मोनोऑक्साइड

C. क्लोरोफ्लोरो कार्बन D. फ्रिओन

46. अनुगुणित (हैप्लॉयड) पौधे प्राप्त किए जा सकते हैं:

A. परागकणों से B. भ्रूणपोष से

C. मूलाग्र से D. नई-नई पत्तियों से

47. 'सुपर नोवा' क्या है?

A. तारों में हुआ विस्फोट

B. एक क्षुद्रग्रह (Asteroid)

C. एक आकाशगंगा

D. खगोलीय दूरदर्शी

48. "ब्रह्माण्ड का निरन्तर प्रसार हो रहा है" – यह तथ्य सर्वप्रथम किसने खोजा था?

A. कॉपरनिकस ने B. न्यूटन ने

C. हब्बल ने D. जार्ज डार्विन ने

49. सूर्य का आकार पृथ्वी के आकार का लगभग कितने गुना है?

A. 90 गुना B. 109 गुना

C. 87 गुना D. 95 गुना

50. आकार की दृष्टि से हमारी आकाशगंगा (गैलेक्सी) है:

A. सर्पिलाकार B. परवलयाकार

C. गोलाकार D. दीर्घ वृत्ताकार

51. सामान्य ताप और दाब (NTP) पर वायु में ध्वनि की चाल 300 मी./से. है। यदि वायुदाब बढ़ाकर चार गुना कर दिया जाए तो ध्वनि की चाल कितनी हो जाएगी?

A. 600 मी./से. B. 150 मी./से.

C. 300 मी./से. D. 1200 मी./से.

52. एक इंजन 25 मी./से. की चाल से 200 मी. त्रिज्या के वृत्त की परिधि पर चक्कर लगा रहा है। यदि इंजन 500 हर्ट्ज आवृत्ति की सीटी बजाए तो वृत्त के केन्द्र पर स्थित खड़े प्रेक्षक को ध्वनि की आवृत्ति प्रतीत होगी:

A. 40 हर्ट्ज B. 500 हर्ट्ज

C. 560 हर्ट्ज D. इनमें से कोई नहीं

53. एक रोगी का ताप 40°C है, °F में उसका ताप कितना होगा?

A. 150°F B. 37°F

C. 104°F D. 97°F

54. यदि रेडियम का रेडियोएक्टिव क्षयांक (Decay constant) 4.8×10^{-4} प्रतिवर्ष हो तो इसकी अर्द्ध आयु (Half life) लगभग कितनी होगी?

A. 3240 वर्ष B. 810 वर्ष

C. 2140 वर्ष D. 1620 वर्ष

55. टी.बी. रोग से बचने के लिए निम्नलिखित में से कौन-सा टीका लगाया जाता है?

A. A.T.S. B. B.C.G

C. L.S.D. D. इनमें से कोई नहीं

56. पक्षियों की कौन-सी हड्डी टूटने पर वह उड़ने में असमर्थ हो जाते हैं?

A. ह्यूमरस B. स्टेपीज

C. क्लेविकल D. स्टर्नम

57. पुस्तक 'ओरिजन ऑफ स्पीशीज' के लेखक थे:

A. चार्ल्स डार्विन B. आई. ए. औपेरिन

C. स्टेन्ले मिलर D. विलियम हार्वे

58. पित्त रस का क्या कार्य है?

A. भोजन को पचाना

B. भोजन को सोखना

C. भोजन को तरल बनाना

D. भोजन में चर्बी उत्पन्न करना

59. भोजन का कौन-सा अंश शरीर की कोशिकाओं का निर्माण करता है?

A. वसा (चर्बी) B. कार्बोहाइड्रेट

C. प्रोटीन D. विटामिन

60. पाचन क्रिया ज्यादातर कहां होती है?

A. आमाशय में B. छोटी आंत में

C. बड़ी आंत में D. जिगर में

61. किस क्रिया द्वारा पौधे सूर्य के प्रकाश में क्लोरोफिल की मदद से भोजन तैयार करते हैं?

A. फोटोसिन्थेसिस B. न्यूट्रीशन

C. डिफ्यूजन D. आयोनाइजेशन

62. मिट्टी में किस तत्व की कमी/अधिकता से पौधों के पत्ते मुरझाते हैं?
A. नाइट्रेट की अधिकता
B. क्लोराइड की अधिकता
C. फॉस्फोरस की कमी
D. नाइट्रोजन की कमी

63. बीज के अंकुरण में किसकी प्रमुख भूमिका होती है?
A. हवा और पानी की
B. हवा और ताप की
C. ताप और पानी की
D. हवा, ताप और पानी की

64. पेड़-पौधों का रंग हरा क्यों होता है?
A. प्रोटीन के कारण
B. कार्बोहाइड्रेट के कारण
C. मिट्टी में उगने के कारण
D. क्लोरोफिल के कारण

65. किसी एक वस्तु को यदि भिन्न-भिन्न स्थानों पर तोला जाये तो उसके भार में अन्तर पाया जाता है, इसका क्या कारण होता हैं?
A. गुरुत्वाकर्षण में परिवर्तन
B. बनावट में परिवर्तन
C. ताप का प्रभाव पड़ना
D. मात्रा में परिवर्तन हो जाना

66. दूध की शुद्धता नापने के लिए किस उपकरण का प्रयोग किया जाता है?
A. थर्मामीटर B. बैरोमीटर
C. लैक्टोमीटर D. गैल्वेनोमीटर

67. राडार का क्या उपयोग होता है?
A. ऊंचे तापक्रम को नापते हैं
B. वायु की शुद्धता जांची जाती है
C. वायुयानों की गतिविधि का पता चलता है
D. कैमरे की सक्रियता बढ़ जाती है

68. किसी चुम्बक को गर्म करने से उसके चुम्बकत्व पर क्या असर पड़ता है?
A. घट जाता है B. बढ़ जाता है
C. नष्ट हो जाता है D. अप्रभावित रहता है

69. कास्टिक सोडे का रासायनिक नाम क्या है?
A. सोडियम क्लोराइड B. सोडियम हाइड्रोक्साइड
C. सोडियम कार्बोनेट D. सोडियम नाइट्रेट

70. सबसे अधिक दहनशील गैस कौन-सी है?
A. हाइड्रोजन B. ऑक्सीजन
C. एसिटिलीन D. कार्बन डाइऑक्साइड

71. सेंटीग्रेड को फारेनहाइट से बदलने का क्या सूत्र है?
A. $Cx^{5/9} + 32$ B. $Cx^{10/5} + 32$
C. $Cx^{8/5} + 32$ D. $Cx^{9/5} + 32$

72. फास्फोरस को हमेशा पानी में क्यों रखा जाता है?
A. ठंडा रखने के लिए
B. आग लगने से बचाने के लिए
C. बाहर रखने पर इसमें जंग लग जाती है
D. पानी में न रखने पर इसमें जहरीला धुंआ निकलता है

73. पीलिया का शरीर के किस अंग पर सबसे ज्यादा असर पड़ता है?
A. फेफड़े पर B. हृदय पर
C. यकृत (जिगर) पर D. सारे शरीर पर

74. कौन-सा खनिज जमीन में सबसे गहराई से निकाला जाता है?
A. तांबा B. जस्ता
C. मिट्टी का तेल D. पैट्रोलियम

75. जब गुर्दे काम करना बंद कर देते हैं तो निम्नांकित में क्या जमा होने लगता है?
A. शरीर में प्रोटीन
B. खून में नाइट्रोजन-युक्त बेकार पदार्थ
C. शरीर में वसा
D. रक्त में शक्कर

76. सूर्य से पृथ्वी तक ऊष्मा किस प्रक्रिया से पहुंचती है?
A. संतहन B. विकिरण
C. संचालन D. घर्षण

77. सबसे कड़ी धातु किसे माना जाता है?
A. हीरे को B. इस्पात को
C. एल्युमीनियम को D. सीसे को

78. मानव शरीर का सामान्य तापमान कितना होता है?
A. 32° से. B. 27° से.
C. 37° से. D. 40° से.

79. चिकनाई वाले सभी पदार्थों में कौन-सा विटामिन पाया जाता है?

A. A B. B
C. C D. D

80. कैंसर की रोकथाम करने वाली नई दवा 'इंटर फेरान' मनुष्य के किस भाग से बनती है?

A. डब्ल्यू॰ बी॰ सी॰ (श्वेत रक्त कणिकाएं)
B. आर॰ बी॰ सी॰ (लाल रक्त कणिकाएं)
C. प्लाज्मा
D. प्लीहा

81. रेडियम का इस्तेमाल किस रोग के उपचार के लिए किया जाता है?

A. कैंसर B. ब्राइट
C. हीमोफीलिया D. टायफायड

82. जेम्स वॉट के भाप इंजिन का इस्तेमाल सबसे पहले कहां किया गया?

A. खानों में B. कारखानों में
C. रेलों में D. समुद्री जहाजों में

83. मलेरिया और पीत ज्वर के रोगाणु किसके द्वारा फैलते हैं?

A. पक्षी B. मक्खियों
C. मच्छर D. पिस्सू

84. सामान्य स्वास्थ्य वाले व्यक्ति को प्रतिदिन कितनी ऊर्जा की आवश्यकता होती है?

A. 1800 कैलोरी की B. 2000 कैलोरी की
C. 2500 कैलोरी की D. 3000 कैलोरी की

85. भारत की प्रथम और विश्व की द्वितीय सौर बिजली प्रकाश व्यवस्था कहां शुरू की गई है?

A. चोगलामसर, लद्दाख में
B. चमोली, कुल्लू में
C. कंडाघाट, शिमला में
D. घोमसर, किन्नौर में

86. एनिमोमीटर से क्या मापते हैं?

A. वर्षा की मात्रा
B. वातावरण का दबाव
C. हवा की गति
D. बिजली की धारा का एम्पीयर

87. निम्नांकित में से कौन-सा पदार्थ प्रोटीन का सबसे बड़ा स्रोत है?

A. सोयाबीन B. दालें
C. दूध D. मूंगफली

88. अधिकतर पौधों के लिए सबसे अधिक भोजन किस स्रोत से मिलता है?

A. मिट्टी से B. सूर्य से
C. पानी से D. हवा से

89. निम्नांकित में से कौन-सा पदार्थ सबसे अधिक ज्वलनशील है?

A. रूई B. नायलान
C. ऊन D. रेशम

90. अफीम किससे प्राप्त की जाती है?

A. पोस्ता से B. हैम्प से
C. नारियल से D. रूई से

91. निम्नलिखित में से सबसे अधिक ऊर्जा किसमें होती है?

A. चीनी में B. वसा में
C. प्रोटीन में D. विटामिन में

92. वयस्क व्यक्ति के शरीर में निम्नांकित में से सबसे बड़ा आंतरिक अंग कौन-सा है?

A. यकृत B. हृदय
C. गुर्दा D. प्लीहा

93. निम्नलिखित में से कौन रोगों से शरीर की रक्षा करता है?

A. लाल रक्त कणिकाएं
B. श्वेत रक्त कणिकाएं
C. ब्लड प्लेटलेट (रक्त विम्बाणु)
D. शुक्राणु

94. निम्न में से किस माध्यम में ध्वनि की गति सबसे अधिक होती है?

A. सीसे में B. पानी में
C. लोहे में D. हाइड्रोजन में

95. शरीर को सबसे ज्यादा लोहा निम्नलिखित में से किससे प्राप्त होता है?

A. अण्डे की जर्दी से B. गेहूं से
C. दूध से D. हरी सब्जियों से

96. दिल का दौरा पड़ने पर तत्काल क्या करना चाहिए?
A. सीने को मलना चाहिए
B. मुंह से मुंह में सांस फूंकना चाहिए
C. पीठ पर बार-बार थपथपाना चाहिए
D. एड्रीनलीन का टीका देना चाहिए

97. निम्नांकित में से कौन-सा जीव मानव के लिए उपयोगी है?
A. फीताकृमि B. केंचुआ
C. सैंडवर्म D. पैरामीशियम

98. फफूंदी के कारण निम्न में से कौन-सा रोग होता है?
A. डेंगू बुखार B. पीत ज्वर
C. दाद D. खसरा

99. अण्डे में कौन-सा विटामिन बिल्कुल नहीं पाया जाता?
A. विटामिन ए B. विटामिन बी काम्प्लेक्स
C. विटामिन सी D. विटामिन डी

100. मोटर कार में शीतलन तंत्र (रेडिएटर) किस सिद्धांत पर कार्य करता है?
A. केवल चालन
B. केवल संवहन
C. केवल विकिरण
D. चालन एवं विकिरण दोनों

उत्तरमाला

1	2	3	4	5	6	7	8	9	10
A	B	B	D	B	D	D	B	D	C
11	**12**	**13**	**14**	**15**	**16**	**17**	**18**	**19**	**20**
A	A	C	A	D	A	C	B	D	A
21	**22**	**23**	**24**	**25**	**26**	**27**	**28**	**29**	**30**
C	A	C	D	D	B	D	A	C	A
31	**32**	**33**	**34**	**35**	**36**	**37**	**38**	**39**	**40**
B	D	A	C	B	B	A	A	B	A
41	**42**	**43**	**44**	**45**	**46**	**47**	**48**	**49**	**50**
B	A	B	B	A	A	A	C	B	A
51	**52**	**53**	**54**	**55**	**56**	**57**	**58**	**59**	**60**
C	B	C	D	B	C	A	A	C	B
61	**62**	**63**	**64**	**65**	**66**	**67**	**68**	**69**	**70**
A	D	D	D	A	C	C	A	B	A
71	**72**	**73**	**74**	**75**	**76**	**77**	**78**	**79**	**80**
D	D	C	D	B	B	A	C	D	A
81	**82**	**83**	**84**	**85**	**86**	**87**	**88**	**89**	**90**
A	B	C	D	A	C	A	B	B	A
91	**92**	**93**	**94**	**95**	**96**	**97**	**98**	**99**	**100**
B	A	B	C	D	A	B	C	C	B

खेल-कूद

1. निम्नलिखित में से कौन-सा जोड़ा सुमेलित नहीं है?

	खेल	ट्रॉफी/कप
A.	बैडमिंटन	रंगास्वामी कप
B.	क्रिकेट	देवधर ट्रॉफी
C.	हॉकी	लाल बहादुर शास्त्री कप
D.	फुटबॉल	सन्तोष ट्रॉफी

2. सूची I व II को सुमेलित कीजिए तथा दिए हुए कूटों में से सही उत्तर का चयन कीजिए--

सूची I (खिलाड़ी)	***सूची* II (सम्बद्ध खेल)**
(a) दीपांकर भट्टाचार्य	1. टेबल टेनिस
(b) दिव्येन्दु बरुआ	2. निशानेबाजी
(c) जार्गन पर्सन	3. शतरंज
(d) जसपाल राणा	4. बैडमिंटन

कूटः

	(a)	*(b)*	*(c)*	*(d)*
A.	3	4	1	2
B.	4	3	1	2
C.	4	3	2	1
D.	3	4	2	1

3. मनु भाकर का संबंध निम्नलिखित में से किस खेल से है?

A. ऊंची कूद B. निशानेबाजी
C. शतरंज D. बैडमिंटन

4. क्रॉके (Croquet) है—

A. रबड़ की गेंद तथा डंडे से खेलने का एक चीनी खेल
B. पोलो (Polo) खेल का दूसरा नाम
C. लकड़ी की गेंद तथा डंडे से खेलने का एक पश्चिमी खेल
D. उपर्युक्त सभी

5. ओवल (क्रिकेट) स्टेडियम विश्व के किस देश में है?

A. न्यूजीलैंड B. इंग्लैंड
C. भारत D. ऑस्ट्रेलिया

6. विश्वनाथन आनन्द किस खेल से सम्बन्धित है?

A. शतरंज B. बिलियड्र्स
C. शूटिंग D. तैराकी

7. अर्जुन अटवाल ने निम्नलिखित में से किस खेल में महारत हासिल की है?

A. हॉकी B. गोल्फ
C. शतरंज D. स्क्वैश

8. सूची-I (प्रसिद्ध भारतीय खिलाड़ी) को सूची-II (खेल) के साथ सुमेलित कीजिए तथा दिए हुए कूटों में से सही उत्तर का चयन कीजिए—

सूची I (प्रसिद्ध भारतीय खिलाड़ी)	**सूची II (खेल)**
(a) मोहम्मद अली कमर	1. स्नूकर
(b) पी. गोपीचंद	2. कुश्ती
(c) कर्णम मल्लेश्वरी	3. बैडमिंटन
(d) पंकज आडवाणी	4. मुक्केबाजी

कूट:

	(a)	*(b)*	*(c)*	*(d)*
A.	4	1	5	3
B.	4	3	5	1
C.	5	3	2	1
D.	5	1	2	3

9. भारत में फुटबाल का सबसे पुराना टूर्नामेंट निम्नलिखित में कौन-सा है?

A. डुरण्ड कप
B. आई.एफ.ए. कप
C. सुब्रतो कप
D. रोवर्स कप

11. नीरज चोपड़ा का संबंध किस खेल से है?

A. क्रिकेट B. भाला फेंक
C. टेनिस D. हॉकी

11. विम्बलडन शब्द निम्नलिखित में से किस खेल से संबंधित है?

A. फुटबॉल B. क्रिकेट
C. टेनिस D. गोल्फ

12. डायमंड खेल का मैदान किस खेल के लिए जाना जाता है?

A. हॉकी B. टेनिस
C. बेसबॉल D. बिलियर्ड्स

13. ओलंपिक खेलों के ध्वज को सर्वप्रथम किस ओलंपिक में फहराया गया था–
A. सिडनी B. एटवर्प
C. लंदन D. सियोल

14. आधुनिक ओलंपिक खेलों का सबसे पहला विजेता कौन था?
A. जेम्स कोनोली B. जेम्स कालाधन
C. चार्ल्स कोनोली D. इनमें से कोई नहीं

15. जूल्स रिमेट ट्रॉफी का संबंध किस खेल से है?
A. क्रिकेट B. हॉकी
C. बॉस्केटबॉल D. फुटबॉल

16. राजीव गांधी खेल रत्न पुरस्कार (अब मेजर ध्यानचंद खेल रत्न पुरस्कार) के प्रथम विजेता कौन थे?
A. विश्वनाथन आनंद B. पी.टी. ऊषा
C. सचिन तेंदुलकर D. मिल्खा सिंह

17. माइकल फरेरा किस खेल के प्रसिद्ध खिलाड़ी हैं?
A. हॉकी B. गोल्फ
C. फुटबॉल D. बिलियर्ड्स

18. टाइगर वुड्स किस खेल से संबंधित प्रसिद्ध खिलाड़ी हैं?
A. फुटबॉल B. हॉकी
C. वाटरपोलो D. गोल्फ

19. 'नाक आउट' शब्द किस खेल में प्रयुक्त किया जाता है?
A. गोल्फ B. बाक्सिंग
C. स्क्वैश D. बेसबॉल

20. प्रसिद्ध टेनिस खिलाड़ी नोवाक जोकोविच का संबंध किस देश से है?
A. सर्बिया B. वेस्टइंडीज
C. स्पेन D. इटली

21. द्रोणाचार्य पुरस्कार दिया जाता है:
A. उन प्रशिक्षकों को जो श्रेष्ठ खिलाड़ियों को उत्कृष्ट प्रशिक्षण देते हैं
B. तीरंदाजी में सर्वश्रेष्ठ प्रदर्शन
C. खेल-कूद में श्रेष्ठ प्रदर्शन
D. प्राथमिक स्तर के श्रेष्ठ शिक्षकों को

22. 'फिनिस' (Finesse) शब्द का प्रयोग किस खेल में होता है?
A. शतरंज B. बिलियर्ड्स
C. रगबी D. ब्रिज

23. ग्रैंड स्लैम (Grand slam) निम्नलिखित में से किस खेल से सम्बन्धित है?
A. टेनिस B. टेबिल टेनिस
C. फुटबॉल D. पोलो

24. सबसे बड़े मैदान में खेला जाने वाला खेल कौन-सा है?
A. हॉकी B. क्रिकेट
C. पोलो D. कबड्डी

25. सूची-I एवं सूची-II को सुमेलित कीजिए तथा दिए हुए कूटों में से सही उत्तर का चयन कीजिए।

सूची-I **खिलाड़ी का नाम**	**सूची-II** **खेल का नाम**
(a) माइक टायसन	1. क्रिकेट
(b) बोरिस बेकर	2. बिलियर्ड्स
(c) गीत सेठी	3. टेनिस
(d) माइक गेटिंग	4. मुक्केबाजी

कूटः

	(a)	*(b)*	*(c)*	*(d)*
A.	1	2	3	4
B.	4	3	2	1
C.	2	1	4	3
D.	3	4	1	2

26. अमेरिका का राष्ट्रीय खेल क्या है?
A. क्रिकेट B. सॉकर
C. बेसबॉल D. बिलियर्ड्स

27. प्रथम एशियाई खेलों का आयोजन कब और कहां हुआ था?
A. 1951 में नई दिल्ली में
B. 1952 में बैंकाक में
C. 1950 में सिंगापुर में
D. 1952 में कुआलालम्पुर में

28. सर्वप्रथम क्रिकेट टेस्ट मैच किस देश में खेला गया?
A. आस्ट्रेलिया में B. न्यूजीलैण्ड में
C. इंग्लैण्ड में D. भारत में

29. किस भारतीय खिलाड़ी को *हॉकी का जादूगर* कहते हैं?
A. परगट सिंह को
B. सुशील कुमार को
C. ध्यानचन्द को
D. टोनी लुईस को

30. निम्न में से किस पदक का सम्बन्ध हॉकी से नहीं है?
A. आगा खां कप B. वर्दवान ट्रॉफी
C. ध्यानचन्द ट्रॉफी D. बम्बई गोल्ड कप

31. 'बुली ऑफ' किस खेल से जुड़ा है?
A. हॉकी B. स्क्वैश
C. शतरंज D. पोलो

32. प्रथम आधुनिक ओलम्पिक खेल कब और कहां खेले गए?
A. रोम, 1894 ई॰ में
B. एथेन्स, 1896 ई॰ में
C. पेरिस, 1898 ई॰ में
D. वॉन, 1896 ई॰ में

33. किसके विशेष प्रयासों से 1896 में आधुनिक ओलम्पिक खेल पुनः शुरू हुए?
A. थियोडोसियस B. पीयरे कोबर्टिन
C. डोरैण्डो पाट्री D. जेस्सी ओवेन्स

34. एशिया में सबसे पहले ओलम्पिक खेल कहां हुए?
A. सियोल B. टोकियो
C. बीजिंग D. हांगकांग

35. 'चेक मार्क', 'जेवलिन', 'हैंग' शब्द किस खेल से संबंधित है?
A. कराटे B. जूडो
C. ट्रैक एंड फील्ड D. रग्बी फुटबॉल

36. आधुनिक ओलम्पिक खेलों में विजेताओं को स्वर्ण पदक देने की प्रथा कब से आरम्भ हुई?
A. 1902 से B. 1908 से
C. 1912 से D. 1918 से

37. एशियाई खेल आरम्भ करने का फैसला कब किया गया था?
A. 1945 में B. 1946 में
C. 1947 में D. 1948 में

38. निम्नलिखित में से कौन-सा फुटबाल का खिलाड़ी नहीं है?
A. स्वाल्डो B. कैटालिन मिरोसी
C. देवर सुकेर D. जिनेदिन जिदाने

39. फुटबॉल में गोल्डन गोल का नियम प्रारम्भ किया गया है, इसका तात्पर्य क्या है?
A. इसके तहत निर्धारित समय में मैच अनिर्णीत रहने पर 30 मिनट का अतिरिक्त समय दिया जाएगा। इस अतिरिक्त समय में पहला गोल होने पर ही मैच समाप्त हो जाएगा व गोल करने वाली टीम को विजेता माना जाएगा
B. इसके तहत निर्धारित समय में मैच अनिर्णीत रहने पर 30 मिनट का अतिरिक्त समय दिया जाएगा। इसमें होने वाले पहले गोल को गोल्डन गोल कहते हैं
C. इसके तहत निर्धारित समय में मैच अनिर्णीत रहने पर 30 मिनट के अतिरिक्त समय में भी मैच अनिर्णीत रहने पर पांच-पांच पेनाल्टी किक दी जाती हैं, इसके अन्तर्गत जितने भी गोल होते हैं उसे गोल्डन गोल कहते हैं
D. उपर्युक्त में से कोई नहीं

40. 'फेडरेशन कप' किस खेल से सम्बन्धित है?
A. हॉकी B. फुटबॉल
C. बैडमिन्टन D. वॉलीबॉल

41. सूची-I एवं सूची-II को सुमेलित कीजिए तथा दिए गए कूट से सही उत्तर का चयन कीजिए–

सूची-I **क्रिकेट वर्ल्ड कप**	**सूची-II** **विजेता देश**
(a) 2011	1. श्रीलंका
(b) 2023	2. भारत
(c) 1996	3. पाकिस्तान
(d) 1991	4. ऑस्ट्रेलिया

कूटः

	(a)	*(b)*	*(c)*	*(d)*
A.	2	1	3	4
B.	1	2	3	4
C.	2	4	3	1
D.	2	4	1	3

42. पेरिस ओलंपिक-2024 में भारत ने कितने पदक जीते थे?
A. 6 B. 7
C. 8 D. 10.

43. भारत को पेरिस ओलम्पिक-2024 में रजत पदक किस खेल में प्राप्त हुआ था?
A. फुटबॉल B. हॉकी
C. जेवेलिन थ्रो D. कुश्ती

44. निम्नलिखित में से कौन-सा फुटबॉल खिलाड़ी नहीं है?
A. रोमारियो B. रूड गुलित
C. रोबर्टो बैज्जिओ D. रोनाल्ड मैकाले

45. निम्नलिखित में से कौन-सा टेनिस खिलाड़ी नहीं है?
A. लिएण्डर पेस B. पीट सम्प्रास
C. जिम कुरियर D. एलन वुडी

46. विश्व में फुटबॉल का सबसे पुराना क्लब कौन-सा है?
A. डलहौजी क्लब B. शेफील्ड क्लब
C. मिलान क्लब D. राल्स क्लब

47. फुटबॉल का पहला विश्व कप कब और कहां हुआ था?
A. लंदन (1908)
B. पेरिस (1912)
C. रोम (1908)
D. मोंटेवीडिओ (1930)

48. 'लिबरेशन कप' किस खेल से संबंधित है?
A. भारोत्तोलन B. खो-खो
C. स्क्वैश D. मुक्केबाजी

49. मोहन बागान, ईस्ट बंगाल तथा मोहम्मडन स्पोर्टिंग क्लब किस खेल से संबंधित हैं?
A. फुटबॉल B. हॉकी
C. क्रिकेट D. पोलो

50. प्रसिद्ध टेनिस खिलाड़ी राफेल नडाल किस देश के नागरिक हैं?
A. रूस B. यूक्रेन
C. बेलारूस D. स्पेन

51. नेताजी सुभाष चन्द्र बोस खेल-कूद संस्थान कहाँ स्थित है?
A. कोलकाता में B. पटियाला में
C. बंगलौर में D. दिल्ली में

52. पहले राष्ट्रमंडल खेल कहाँ आयोजित किए गए थे?
A. लंदन B. हेमिल्टन
C. सिडनी D. ऑकलैंड

53. खो-खो के खेल में कितनी क्रॉस लेन्स होती हैं?
A. 10 B. 8
C. 6 D. 12

54. गेम्बिट (Gambit) शब्द प्रयोग किया जाता है
A. कैरम में B. ब्रिज में
C. चैस में D. बिलियर्डस् में

55. किस अन्तर्राष्ट्रीय चैम्पियनशिप में 'थॉमस कप' (Thomas Cup) प्रदान किया जाता है?
A. फुटबॉल B. बैडमिंटन
C. क्रिकेट D. टेनिस

56. ओलंपिक स्वर्ण पदक जीतने वाले प्रथम भारतीय खिलाड़ी कौन हैं?
A. जितेन्द्र कुमार B. सुशील कुमार
C. लिएंडर पेस D. अभिनव बिन्द्रा

57. निम्नलिखित में से किस व्यक्ति ने माउंट एवरेस्ट पर दस बार विजय प्राप्त की थी?
A. रीता अंश B. नवांग गोरबू
C. चासुओकाता D. तेनजिंग नोर्गे

58. ओलंपिक पदक जीतने वाली सबसे पहली भारतीय महिला खिलाड़ी हैं–
A. पी.टी. ऊषा B. कर्णम मल्लेश्वरी
C. अश्विनी नाचप्पा D. ऊषा सचदेव

59. क्रिकेट की एशेज श्रृंखला किन दो देशों के बीच खेली जाती हैं?
A. इंग्लैंड-ऑस्ट्रेलिया B. इंग्लैंड-वेस्टइंडीज
C. ऑस्ट्रेलिया-वेस्टइंडीज D. इंग्लैंड-न्यूजीलैंड

60. पी.वी. सिंधु संबद्ध हैं:
A. बैडमिंटन से B. टेनिस से
C. मुक्केबाजी से D. कुश्ती से

61. निम्नलिखित खिलाड़ियों में से कौन बेमेल है?

A. लिएंडर पेस

B. महेश भूपति

C. प्रकाश पादुकोने

D. विजय अमृत राज

62. सूची-I एवं सूची-II को सुमेलित कीजिए तथा दिए हुए कूटों में से सही उत्तर का चयन कीजिए–

***सूची-I* खेल**	***सूची-II* शब्दावली**
(a) टेनिस	1. ग्राउंड स्ट्रोक
(b) फुटबॉल	2. कार्नर फ्लैग
(c) हॉकी	3. आउटसाइड लेफ्ट
(d) क्रिकेट	4. वाइड बॉल

कूट:

	(a)	*(b)*	*(c)*	*(d)*
A.	1	2	3	4
B.	3	4	2	1
C.	4	2	3	1
D.	1	2	4	3

63. सूची-I एवं सूची-II को सुमेलित कीजिए तथा दिए हुए कूटों में से सही उत्तर का चयन कीजिए–

***सूची-I* स्टेडियम**	***सूची-II* स्थान**
(a) जवाहरलाल नेहरू स्टेडियम	1. नई दिल्ली
(b) रूप सिंह स्टेडियम	2. जमशेदपुर
(c) मोहाली स्टेडियम	3. ग्वालियर
(d) कीनन स्टेडियम	4. चण्डीगढ़

कूट:

	(a)	*(b)*	*(c)*	*(d)*
A.	1	2	3	4
B.	1	3	4	2
C.	1	4	3	2
D.	4	3	2	1

64. निम्नलिखित में से कौन-सा जोड़ा **सही नहीं** है?

राष्ट्रीय खेल	***देश***
A. जूडो	जापान
B. क्रिकेट, फुटबॉल	इंग्लैण्ड
C. फुटबॉल	ब्राजील
D. बैडमिंटन	चीन

65. निम्नलिखित में से कौन-सा जोड़ा **सही नहीं** है?

खेल परिसर के नाम	***सम्बन्धित खेल***
A. डायमण्ड	बेसबॉल
B. कोर्स	गोल्फ
C. बोर्ड	टेबिल टेनिस
D. रेंज	तैराकी

66. निम्नलिखित में से कौन-सा जोड़ा **गलत** है?

कप/ट्रॉफियां	***सम्बन्धित खेल***
A. प्रेसीडेंट्स कप	मुक्केबाजी
B. ब्रिटिश ओपन चैम्पियनशिप	गोल्फ
C. वर्ल्ड सीरिज	बेसबॉल
D. जापान सीरिज	वॉलीबॉल

67. डेविस कप किस खेल से सम्बन्धित है?

A. फुटबॉल B. बैडमिंटन

C. वॉलीबॉल D. टेनिस

68. जहाँगीर खाँ किस खेल के बहुत प्रसिद्ध खिलाड़ी हैं?

A. स्क्वैश B. मुक्केबाजी

C. हॉकी D. क्रिकेट

69. गलत जोड़ा इंगित कीजिए।

स्थान	***सम्बन्धित खेल***
A. ऐंट्री (इंग्लैण्ड)	घुड़दौड़
B. लीड्स (इंग्लैण्ड)	क्रिकेट
C. रोला गैरो (फ्रांस)	टेनिस
D. रेस कोर्स, नई दिल्ली (भारत)	घुड़दौड़

70. निम्नलिखित में से कौन-सा युग्म सुमेलित नहीं है?

A. बाइचुंग भूटिया–फुटबॉल

B. दिव्येन्दु बरुआ–शतरंज

C. प्रकाश पादुकोन–लॉन टेनिस

D. कर्टली एम्ब्रोस–क्रिकेट

71. 'अपर कट' शब्द किस खेल में प्रयोग किया जाता है?

A. वॉलीबॉल B. बॉक्सिंग

C. टेनिस D. क्रिकेट

72. 'अमेरिकन कप' निम्नलिखित में से किस खेल से सम्बन्धित नहीं है?

A. गोल्फ B. पोलवाल्ट

C. याच रेसिंग D. बेसबॉल

73. निम्न में से कौन-सा देश तीन बार लगातार विश्व कप क्रिकेट का विजेता रहा है?

A. वेस्टइंडीज B. भारत

C. आस्ट्रेलिया D. श्रीलंका

74. सांढ़-युद्ध (Bull Fighting) निम्न में से किस देश का राष्ट्रीय खेल है?

A. स्पेन B. रूस

C. ब्राजील D. मलेशिया

75. हॉपमैन कप निम्न में से किस खेल से संबंधित है।

A. शतरंज B. हॉकी

C. टेनिस D. फुटबॉल

76. ब्लैकहीथ स्टेडियम निम्न में से किस खेल से संबंधित है?

A. घुड़ दौड़ B. बेसवॉल

C. गोल्फ D. रग्बी

77. 'कोर्ट' खेल-परिसर का संबंध निम्न से किससे है?

A. टेनिस B. बैडमिण्टन

C. हैंडबॉल D. इनमें से सभी

78. निम्न में से किस खेल में खिलाड़ियों की संख्या सर्वाधिक होती है?

A. हॉकी B. वाटर पोलो

C. रग्बी फुटबॉल D. जिमनास्टिक

79. भारत में पोलो खेल का प्रचलन किस राज्य में हुआ?

A. मिजोरम B. मणिपुर

C. हिमाचल प्रदेश D. असम

80. सूची-I एवं सूची-II को सुमेलित कीजिए और दिए गए कूटों में से सही उत्तर का चयन कीजिए–

सूची-I खिलाड़ी	***सूची-II उपनाम***
(a) शोएब अख्तर	1. मैसूर एक्सप्रेस
(b) जवागल श्रीनाथ	2. इंडियन एक्सप्रेस
(c) पेस व भूपति	3. मेराकेश एक्सप्रेस
(d) सैयद ओइता	4. रावलपिंडी एक्सप्रेस

कूटः

	(a)	*(b)*	*(c)*	*(d)*
A.	1	2	3	4
B.	2	1	3	4
C.	3	4	1	2
D.	4	1	2	3

उत्तरमाला

1	2	3	4	5	6	7	8	9	10
A	B	B	B	B	A	B	B	A	B
11	**12**	**13**	**14**	**15**	**16**	**17**	**18**	**19**	**20**
C	C	B	A	D	A	D	D	B	A
21	**22**	**23**	**24**	**25**	**26**	**27**	**28**	**29**	**30**
A	D	A	C	B	C	A	A	C	B
31	**32**	**33**	**34**	**35**	**36**	**37**	**38**	**39**	**40**
A	B	B	B	C	B	C	B	A	B
41	**42**	**43**	**44**	**45**	**46**	**47**	**48**	**49**	**50**
D	A	C	D	D	B	D	C	A	D
51	**52**	**53**	**54**	**55**	**56**	**57**	**58**	**59**	**60**
B	B	B	C	B	D	A	B	A	A
61	**62**	**63**	**64**	**65**	**66**	**67**	**68**	**69**	**70**
C	A	B	D	D	D	D	A	D	C
71	**72**	**73**	**74**	**75**	**76**	**77**	**78**	**79**	**80**
B	C	C	A	C	D	D	C	B	D

पुरस्कार/सम्मान

1. प्रथम दादा साहेब फाल्के पुरस्कार किस जानी-मानी फिल्म कलाकार को प्रदान किया गया था?
A. राजकपूर B. देविका रानी
C. पंकज मलिक D. अशोक कुमार

2. निम्नलिखित में से कौन-सा पुरस्कार विज्ञान को लोकप्रिय बनाने वालों को दिया जाता है?
A. मैग्सेसे पुरस्कार B. कलिंग पुरस्कार
C. बूकर पुरस्कार D. यूनेस्को पुरस्कार

3. निम्नलिखित पुरस्कारों में से कौन-सा पुरस्कार अन्तर्राष्ट्रीय सद्भाव के लिए दिया जाता है?
A. सखारोव पुरस्कार B. मैग्सेसे पुरस्कार
C. नेहरू पुरस्कार D. उपरोक्त सभी

4. लेडी रतन टाटा पुरस्कार किस क्षेत्र में काम करने वालों को दिया जाता है?
A. शल्य चिकित्सा B. समाज कल्याण
C. संगीत D. खेल-कूद

5. भारतीय भाषाओं की सर्वोत्कृष्ट रचना को किस पुरस्कार से सम्मानित किया जाता है?
A. मूर्तिदेवी पुरस्कार
B. ज्ञानपीठ पुरस्कार
C. चमेली देवी पुरस्कार
D. उपरोक्त में से कोई नहीं

6. धन्वन्तरि पुरस्कार किस क्षेत्र में विशिष्ट योगदान के लिए दिया जाता है?
A. संगीत B. नृत्य
C. दर्शन D. चिकित्सा

7. नोबेल पुरस्कार दिए जाते हैं–
A. नार्वे सरकार द्वारा
B. स्विट्जरलैंड सरकार द्वारा
C. स्वीडन सरकार द्वारा
D. स्वीडिश अकादमी द्वारा

8. निम्नलिखित में से किस विषय पर नोबेल पुरस्कार नहीं दिया जाता है?
A. गणित B. चिकित्सा
C. अर्थशास्त्र D. रसायन शास्त्र

9. भारत में युद्धकाल में दिया जाने वाला सर्वोच्च वीरता पुरस्कार है–
A. अशोक चक्र B. महावीर चक्र
C. कीर्ति चक्र D. परमवीर चक्र

10. सरस्वती सम्मान प्रदान किया जाता है–
A. के.के. बिड़ला फाउण्डेशन द्वारा
B. भारत सरकार द्वारा
C. ज्ञानपीठ संस्था द्वारा
D. इनमें से कोई नहीं

11. 'ग्लोबल-500' पुरस्कार किन उपलब्धियों के लिए प्रदान किए जाते हैं?
A. पर्यावरण प्रतिरक्षा में
B. जनसंख्या नियंत्रण में
C. आतंकवाद के विरुद्ध अभियान में
D. उपरोक्त में से कोई नहीं

12. यूनेस्को ने किस भारतीय वैज्ञानिक को आइन्स्टाइन स्वर्ण पदक से सम्मानित किया है?
A. प्रो॰ सी॰एन॰आर॰ राव
B. प्रो॰ एस॰एस॰ रावत
C. डॉ॰ ए॰के॰ गांगुली
D. डॉ॰ एस॰पी॰ श्रीवास्तव

13. मृदुला गर्ग को उनकी किस कृति पर व्यास सम्मान मिला है?
A. कठगुलाब B. गुरु महिमा
C. अनन्त D. गीतांजलि

14. शान्ति स्वरूप भटनागर पुरस्कार किस क्षेत्र में योग्यता प्रदर्शित करने हेतु दिया जाता है?
A. विज्ञान एवं प्रौद्योगिकी
B. कला एवं दस्तकारी
C. साहित्य
D. खेलकूद

15. सिडनी शांति पुरस्कार से किसे सम्मानित किया जा चुका है?
A. मेनका गांधी B. सुष्मिता सेन
C. अरुंधती राय D. मनोरमा पटवर्धन

16. निम्नलिखित में से कौन भारत रत्न से सम्मानित नहीं किया गया है?

A. लता मंगेशकर B. पंडित रविशंकर
C. पंडित जसराज D. बिस्मिल्लाह खाँ

17. महिलाओं के लिए 'स्त्री शक्ति पुरस्कार' दिया जाता है उनकी–

A. उन्नति, साहस तथा उद्यम हेतु
B. खेलकूद में विशिष्टता हेतु
C. खेलों में उत्कृष्ट उपलब्धि हेतु
D. राष्ट्र तथा जनता के लिए अपने योगदान हेतु

18. 'जेन्सी ओवन्स विश्व पुरस्कार' किस क्षेत्र में दिया जाता है?

A. खेलकूद B. साहित्य
C. विज्ञान D. पत्रकारिता

19. हर गोविन्द खुराना को नोबल पुरस्कार किस क्षेत्र में योगदान के लिए मिला था?

A. चिकित्सा शास्त्र B. भौतिक शास्त्र
C. अर्थशास्त्र D. शांति

20. ऑस्कर अवॉर्ड जीतने वाले पहले भारतीय थे–

A. नरगिस दत्त B. शशि कपूर
C. सत्यजीत रे D. भानु अथैया

21. 'विश्व खाद्य पुरस्कार' पाने वाला प्रथम भारतीय कौन था?

A. डॉ॰ एम.एस. स्वामीनाथन
B. डॉ॰ वर्गीज कुरियन
C. डॉ॰ अमिता पटेल
D. इनमें से कोई नहीं

22. अपने जीवन काल में 'भारत रत्न' से सम्मानित किए जाने वाले राज पुरुष हैं–

A. मोरारजी देसाई
B. लाल बहादुर शास्त्री
C. राजीव गांधी
D. के. कामराज नाडार

23. सर्वोच्च शौर्य पुरस्कार 'परमवीर चक्र' के प्रथम विजेता हैं–

A. के. गुरुवचन सिंह
B. मेजर ध्यान सिंह
C. मेजर शैतान सिंह
D. मेजर सोमनाथ शर्मा

24. तानसेन सम्मान किस राज्य सरकार द्वारा प्रदान किया जाता है?

A. मध्य प्रदेश B. उत्तर प्रदेश
C. राजस्थान D. महाराष्ट्र

25. निम्नलिखित में से कौन-सा पुरस्कार केवल एशियावासियों को प्रदान किया जाता है?

A. नेहरू अन्तर्राष्ट्रीय सद्भावना पुरस्कार
B. कलिंग पुरस्कार
C. इन्दिरा गांधी शान्ति पुरस्कार
D. मैग्सेसे पुरस्कार

26. भारतवर्ष में प्रथम 'रेमन मैग्सेसे' पुरस्कार विजेता कौन था?

A. सी.डी. देशमुख
B. जय प्रकाश नारायण
C. आचार्य विनोबा भावे
D. डॉ. वर्गीस कुरियन

27. 'अशोक चक्र' से सम्मानित की जाने वाली भारत की प्रथम महिला कौन है?

A. पी॰ जयरानी
B. सत्यार्थी बोस
C. अरुणा रानी
D. कमलेश कुमारी

28. किस भारतीय अभिनेत्री को सर्वप्रथम पद्मश्री अलंकरण प्रदान किया गया था?

A. नरगिस B. शर्मिला टैगोर
C. वहीदा रहमान D. नूतन

29. नोबेल पुरस्कार जीतने वाली पहली महिला का नाम क्या था?

A. मदर टेरेसा B. मैडम क्यूरी
C. लुई ब्राउन D. मैडम मान्टेसरी

30. साहित्य अकादमी पुरस्कार कब से आरंभ हुए?

A. 1954 B. 1964
C. 1965 D. 1967

31. ब्रिटिश रॉयल नौसेना के पेलिकन पुरस्कार को पाने वाले भारतीय नौसेना के अधिकारी का नाम क्या है?

A. लेफ्टिनेंट विक्रम सिंह
B. लेफ्टिनेंट कमाण्डर अनिल कुमार चावला
C. लेफ्टिनेंट रणधीर
D. लेफ्टिनेंट राजीव खोसला

32. बोरलाग पुरस्कार किस क्षेत्र में उल्लेखनीय योगदान के लिए प्रदान किया जाता है?

A. पत्रकारिता B. परिस्थिति विज्ञान
C. कृषि D. चिकित्सा

33. द्रोणाचार्य पुरस्कार किस क्षेत्र से संबंधित हैं?

A. अध्यापन B. वीरता के कार्य
C. साहित्य D. खेलकूद

34. बाबा आम्टे को किस क्षेत्र में महत्वपूर्ण भूमिका के लिए मैग्सेसे पुरस्कार दिया गया था?

A. सरकारी सेवा
B. सार्वजनिक सेवा
C. सामुदायिक नेतृत्व
D. शांति के लिए अंतर्राष्ट्रीय प्रयास

35. नेहरू पुरस्कार किसके लिए दिया जाता है?

A. खेलकूद B. अन्तर्राष्ट्रीय सद्भाव
C. साहित्य D. योग

36. नोबेल पुरस्कार किसकी स्मृति में प्रदान किए जाते हैं?

A. अल्बर्ट आइंस्टीन B. अल्फ्रेड वारनर
C. अल्फ्रेड नोबेल D. आन्द्रे मालेरॉक्सं

37. इनमें से किस देश के भूतपूर्व राष्ट्रपति के नाम से रेमन मैग्सेसे पुरस्कार संबंधित है?

A. थाइलैंड B. इंडोनेशिया
C. चीन D. फिलीपींस

38. 'मार्शल' सम्मान से सम्मानित प्रथम वायु सेनाध्यक्ष कौन हैं?

A. अर्जन सिंह
B. सतीश कुमार सरीन
C. एस.के. मेहरा
D. यशवंत टिपनिस

39. पुलित्जर पुरस्कार किस क्षेत्र से संबंधित है?

A. संगीत B. पत्रकारिता
C. फिल्म D. पर्यावरण

40. नोबेल पुरस्कार का आरम्भ कब से हुआ?

A. 1901 से B. 1896 से
C. 1905 से D. 1934 से

41. अध्यापकों के लिए राष्ट्रीय पुरस्कारों की घोषणा कब की जाती है?

A. 30 जनवरी B. 14 नवम्बर
C. 26 जनवरी D. 5 सितंबर

42. गांधी शांति पुरस्कार में कितनी धनराशि प्रदान की जाती है?

A. 1 करोड़ B. 2 करोड़
C. 50 लाख D. 10 लाख

43. अर्थशास्त्र के लिए नोबेल पुरस्कार कब से आरंभ हुए?

A. सन् 1939 ई॰ से
B. सन् 1969 ई॰ से
C. सन् 1901 ई॰ से
D. सन् 1935 ई॰ से

44. अर्जुन पुरस्कार कब से प्रारम्भ हुए?

A. 1962 ई॰ से
B. 1963 ई॰ से
C. 1961 ई॰ से
D. 1960 ई॰ से

45. ललित कला के विभिन्न क्षेत्रों में उत्कृष्ट योगदान के लिए कालिदास सम्मान किस सरकार की ओर से प्रदान किया जाता है?

A. उत्तर प्रदेश
B. राजस्थान
C. मध्य प्रदेश
D. पश्चिम बंगाल

46. लोक संस्कृति के विकास के लिए 'तुलसी पुरस्कार' किस राज्य ने स्थापित किया है?

A. मध्य प्रदेश ने
B. बिहार ने
C. राजस्थान ने
D. उत्तर प्रदेश ने

47. इंदिरा वृक्षमित्र पुरस्कार किस क्षेत्र में उत्कृष्ट योगदान के लिए दिया जाता है?

A. वृक्षारोपण

B. भूमि सुधार
C. पर्यावरण
D. भूमि संरक्षण

48. ज्ञानपीठ पुरस्कार निम्नलिखित में से किस क्षेत्र में विशिष्ट योगदान के लिए दिया जाता है?

A. संगीत B. संस्कृति
C. साहित्य D. विज्ञान

49. भारत रत्न अलंकरण कब से प्रारम्भ किया गया?

A. 1950 B. 1947
C. 1960 D. 1954

50. के.के. बिड़ला फाउण्डेशन के व्यास सम्मान को प्राप्त करने वाली पहली महिला साहित्यकार/उपन्यासकार कौन हैं?

A. नयन तारा सहगल
B. अमृता प्रीतम
C. महादेवी वर्मा
D. चित्रा मुद्‌गल

51. नोबेल तुल्य एबेल पुरस्कार किस क्षेत्र में प्रदान किया जाता है?

A. गणित B. चिकित्सा
C. भौतिकी D. अभियांत्रिकी

52. वह कौन-सा विदेशी है जिसे 'भारत रत्न' से सम्मानित किया गया है?

A. जूलियस न्यरेरे
B. मदर टेरेसा
C. खान अब्दुल गफ्फार खां
D. ओल्फ पाल्मे

53. जमनालाल बजाज पुरस्कार किस क्षेत्र में सराहनीय योगदान के लिए दिया जाता है?

A. रचनात्मक कार्य
B. कृषि
C. साहित्य
D. शान्ति व निःशस्त्रीकरण

54. नेहरू पुरस्कार कौन-सी संस्था प्रदान करती है?

A. इंडो-सोवियत कल्चरल सोसाइटी
B. भारतीय राष्ट्रीय कांग्रेस
C. भारतीय ज्ञानपीठ
D. इंडियन कौंसिल ऑफ कल्चरल रिलेशन्स

55. किस भारतीय फिल्म निर्माता को विशेष ऑस्कर सम्मान प्राप्त हो चुका है?

A. पृथ्वीराज कपूर B. वी॰ शान्ताराम
C. सोहराब मोदी D. सत्यजित रे

उत्तरमाला

1	2	3	4	5	6	7	8	9	10
B	B	D	D	B	D	D	A	D	A
11	**12**	**13**	**14**	**15**	**16**	**17**	**18**	**19**	**20**
A	A	A	A	C	C	A	A	A	D
21	**22**	**23**	**24**	**25**	**26**	**27**	**28**	**29**	**30**
A	A	D	A	D	C	D	A	B	A
31	**32**	**33**	**34**	**35**	**36**	**37**	**38**	**39**	**40**
B	C	D	B	B	C	D	A	B	A
41	**42**	**43**	**44**	**45**	**46**	**47**	**48**	**49**	**50**
D	A	B	C	C	A	A	C	D	D
51	**52**	**53**	**54**	**55**					
A	C	A	D	D					

पुस्तक एवं लेखक

1. 'अमृत और विष' के लेखक कौन हैं?
A. अमर सिंह B. अमृत लाल नागर
C. के॰ एम॰ मुंशी D. ओ॰ पुल्ला

2. मोहन राकेश ने कौन-सा प्रसिद्ध नाटक लिखा है?
A. आधे अधूरे B. अग्निवीणा
C. मृत्युंजय D. अगस्त, 1914

3. सुमेलित कीजिए तथा दिए गए कूटों में से सही उत्तर का चयन कीजिए।

पुस्तक	*लेखक*
(a) अंकल टाम्स कैबिन	1. हैरियन बीचर स्टोव
(b) अकबरनामा	2. अबुल फजल
(c) अगस्त 1914	3. एलेकेजेण्डर सोल्जेनित्सन
(d) अग्निवीणा	4. काजी नजरुल इस्लाम

	(a)	*(b)*	*(c)*	*(d)*
A.	1	2	3	4
B.	3	4	2	1
C.	4	3	1	2
D.	2	1	3	4

4. निम्नलिखित में से कौन-सा जोड़ा गलत है?

	पुस्तक	*लेखक*
A.	अन्टोल्ड स्टोरी	जनरल बी॰ एम॰ कौल
B.	अमर कोष	अमर सिंह
C.	अर्थ	इमाइल जोला
D.	क्योंजी हांजी	रंजन अस्थाना

5. 'फ्रीडम एट मिडनाइट' के लेखक का नाम क्या था?
A. जवाहरलाल नेहरू तथा डॉ॰ राजेन्द्र प्रसाद
B. एम॰ ओ॰ मथाई एवं फ्रैंक मोरेस
C. मैक्सिम गोर्की तथा दोस्तोवस्की
D. लैरी कॉलिन्स और डोमिनिक लापियेर

6. 'इण्डिया डिवाइडेड' के लेखक का नाम क्या था?
A. जवाहरलाल नेहरू B. डॉ॰ राजेन्द्र प्रसाद
C. मुहम्मद जिन्ना D. गोपाल कृष्ण गोखले

7. "कागज ते कैनवास" के लेखक नाम क्या है?
A. रवीन्द्रनाथ टैगोर B. अमृता प्रीतम
C. बंकिम चन्द्र चटर्जी D. जी॰ शंकर कुरुप

8. सुमेलित कीजिए तथा दिए गए कूटों में से सही उत्तर का चयन कीजिए।

पुस्तक	*लेखक*
(a) एयर पोर्ट	1. आर्थर हैली
(b) एशियन ड्रामा	2. गुन्नार मिर्डल
(c) ऐपल कार्ट	3. जार्ज बर्नार्ड शॉ
(d) कॉमेडी ऑफ एरर्स	4. विलियम शेक्सपियर

	(a)	*(b)*	*(c)*	*(d)*
A.	1	2	3	4
B.	4	3	2	1
C.	3	2	4	1
D.	2	1	3	4

9. चीन के प्रसिद्ध लेखक, जो गोर्की एवं प्रेमचन्द के समकालीन थे, उनका नाम क्या है?
A. माओत्सेतुंग B. हान सुइन
C. लू शुन D. लिन युतांग

10. प्रसिद्ध यूनानी लेखक होमर द्वारा कौनसे दो महाकाव्य लिखे गए थे?
A. इलियड और ओडिसी
B. टायरेण्ट और ट्रॉय
C. डायोनीसस और जियस
D. एथीना और पोसीदन

11. 'अवेस्ता ए जेंद' धार्मिक पुस्तक किस धर्म से सम्बन्धित है?
A. यहूदी धर्म B. पारसी धर्म
C. कनफ्यूशियस धर्म D. शिन्टो धर्म

12. 'दास कैपिटल' के लेखक कौन हैं?
A. शेक्सपियर B. कौटिल्य
C. कर्नल जॉन हण्ट D. कार्ल मार्क्स

13. बहुचर्चित पुस्तक 'क्रिटिकल मास' के लेखक कौन हैं?
A. रोरिक
B. विलियम ई॰ बरोस व राबर्ट विन्ड्रेम
C. सुजाता बसन्त मनोहर
D. अर्लिंग क्रैग

14. 'इयर्स ऑफ पिलग्रिमेज' नामक आत्मकथा के रचयिता कौन हैं?

A. डॉ॰ राजा रमन्ना B. श्रीमती रीता सिंह
C. उपेन्द्र सिंह D. लक्ष्मण प्रसाद खत्री

15. निम्नलिखित में से कौन-सा जोड़ा गलत है?

A. इण्डिया, दि क्रिटिकल इयर्स – कुलदीप नैयर
B. ए प्रिजनर्स स्क्रेपबुक – एल॰ के॰ आडवाणी
C. ऐन अननोन इण्डियन – नीरद सी॰ चौधरी
D. एक्सपैंडिंग युनिवर्स – प्रदीप अग्रवाल

16. निम्नलिखित में से कौनसी पुस्तक जवाहरलाल नेहरू ने नहीं लिखी है?

A. एन आटोबायोग्राफी
B. ग्लिम्पसेज ऑफ वर्ल्ड हिस्ट्री
C. डिस्कवरी ऑफ इण्डिया
D. डिसेन्ट ऑफ मैन

17. निम्नलिखित में से कौन-सी पुस्तक विलियम शेक्सपियर ने नहीं लिखी है?

A. कॉमेडी ऑफ एरर्स
B. एंटोनी एंड क्लियोपेट्रा
C. आल क्वायट आन दि वेस्टर्न फ्रंट
D. आल इज वैल दैट एंड्स वैल

18. 'क्रिकेट इज माई स्टाइल' नामक पुस्तक का लेखक कौन है?

A. इमरान खान B. सुनील गावस्कर
C. कपिल देव D. अजहरुद्दीन

19. अब्दुल बाकी, बदायूंनी, ईश्वरदास, इनायत खां किस काल के लेखक हैं?

A. सल्तनत काल B. मुगल काल
C. आधुनिक काल D. प्राचीन काल

20. पद्मावत, चैतन्य भागवत, भक्तिरत्नाकर, नुश्क-ए-दिलकुशा पुस्तक किस काल में लिखी गई है?

A. राजपूत काल B. सल्तनत काल
C. मुगल काल D. आधुनिक काल

21. हर्ष के दरबारी कवि कौन-कौन थे?

A. बाणभट्ट, मयूर भट्ट, मातंग दिवाकर
B. कालिदास और विशाखदत्त
C. विसुद्धि भग्ग और सिद्धसेन
D. वात्स्यायन और शूद्रक

22. 'कलम का सिपाही' में किसकी जीवनी प्रस्
गई है?

A. शरत चन्द्र B. प्रेमचन्द
C. राहुल सांस्कृत्यायन D. जोश मलीहाब

23. 'झण्डा ऊंचा रहे हमारा' गीत किस कवि की र

A. श्याम लाल गुप्त 'पार्षद'
B. मैथिलीशरण गुप्त
C. सोहनलाल द्विवेदी
D. रामधारी सिंह दिनकर

24. 'माई एक्सपेरिमेंट्स विद ट्रूथ' के लेखक क

A. सुभाष चन्द्र बोस B. डॉ॰ राजेन्द्र प्
C. डॉ॰ सच्चिदानन्द सिन्हा D. महात्मा गांधी

25. निम्न में से किस पुस्तक के लेखक कालिदास

A. अभिज्ञानशाकुंतलम B. विक्रमोर्वशीयम
C. मेघदूत D. मुद्राराक्षस

26. सुमेलित कीजिए तथा दिए गए कूटों में से स
का चयन कीजिए।

पुस्तक	*लेखक*
(a) द पाथ टू पॉवर	1. मारग्रेट थैचर
(b) द हर्ट ऑफ इण्डिया	2. मार्क तुली
(c) अदर लेसन्स चिल्ड्रन टीच अस	3. हिलेरी क्लिंट
(d) द अदर हॉफ	4. पी॰ वी॰ नररि

	(a)	*(b)*	*(c)*	*(d)*
A.	1	2	3	4
B.	2	3	1	4
C.	4	1	2	3
D.	2	1	4	3

27. सुमेलित कीजिए तथा दिए गए कूटों में से स
का चयन कीजिए।

पुस्तक	*लेख*
(a) द वर्ल्ड ऑफ फतवाज	1. किरण
(b) वुमैन एण्ड मैन इन माई लाइफ	2. खुशव
(c) आई डेयर	3. अरुण
(d) द मूर्स लास्ट साई	4. सलम

	(a)	*(b)*	*(c)*	*(d)*
A.	1	2	3	4
B.	3	2	1	4
C.	4	2	1	3
D.	3	1	2	4

28. 'ब्लाइंड ब्यूटी' के लेखक कौन हैं?
A. बोरिस पास्टरनक B. रुचि अग्रवाल
C. मीनू मसानी D. अंतीराज सिंह

29. सूची I को सूची II से सुमेलित कीजिए तथा दिए गए कूटों में से सही उत्तर का चयन कीजिए।

सूची I	***सूची II***
(a) ज्योग्राफिया	1. प्लूटार्क
(b) नेचुरल हिस्ट्री	2. अज्ञात लेखक
(c) पेरिप्लस ऑफ दि एरिथ्रीयन सी	3. स्ट्रैबो
(d) पैरेलल लाइन	4. प्लिनी
(e) बिबिलियोथिका हिस्टोरिका	5. डायोडोरस

	(a)	*(b)*	*(c)*	*(d)*	*(e)*
A.	3	4	2	1	5
B.	3	2	4	1	5
C.	1	2	3	4	5
D.	5	4	3	2	1

30. निम्न कृति लेखक के युग्म को इतिहास के कालक्रमानुसार सजाइए।
1. निरुक्त-यास्क 2. अष्टाध्यायी-पाणिनी
3. अर्थशास्त्र-चाणक्य 3. इण्डिका-मेगस्थनीज
5. बुद्धचरित-अश्वघोष 6. महाभाष्य-पतंजलि
A. 1, 2, 3, 4, 5, 6 B. 2, 1, 3, 4, 6, 5
C. 2, 1, 3, 4, 5, 6 D. 1, 2, 6, 3, 4, 5

31. 'मुद्राराक्षस' ग्रन्थ का लेखक कौन है?
A. कालिदास B. भारवि
C. विशाखदत्त D. माघ

32. सूची I को सूची II से सुमेलित कीजिए तथा दिए गए कूटों में से सही उत्तर का चयन कीजिए।

सूची I	***सूची II***
(a) सत्यार्थ प्रकाश	1. दयानंद सरस्वती
(b) एसेज ऑन गीता	2. सुभाष चन्द्र बोस
(c) इण्डियन स्ट्रगल	3. अरविन्द घोष
(d) गीता रहस्य	4. बाल गंगाधर तिलक

	(a)	*(b)*	*(c)*	*(d)*
A.	1	3	2	4
B.	2	1	3	4
C.	4	3	2	1
D.	1	2	3	4

33. 'श्रीमद भागवत' की रचना किसने की?
A. श्रीकृष्ण B. महर्षि विश्वामित्र
C. महर्षि वेदव्यास D. संकर्षण

34. सूची I व सूची II का सुमेल कीजिए तथा दिए ग कूटों में से सही उत्तर चुनिए।

प्रसिद्ध रचनाएं	***लेखक***
(a) उर्वशी	1. वृन्दावन लाल वर्मा
(b) झांसी की रानी	2. डॉ. कर्ण सिंह
(c) आग का दरिया	3. रामधारी सिंह दिनक
(d) हेयर एपेरेंट	4. कुर्रतुल एन. हैदर

	(a)	*(b)*	*(c)*	*(d)*
A.	3	1	4	2
B.	3	1	2	4
C.	1	3	4	2
D.	1	3	2	4

35. बोरिस पास्टरनाक ने एक बहुत ही विवादास्पद पुस्त लिखी थी। उस पुस्तक का नाम क्या है?
A. डॉन क्विक्जोट B. फॉस्ट
C. डॉ जिवागो D. डॉक्टर्स डिलेमा

36. सूची I में साहित्यिक चरित्र तथा सूची II में उन रचयिता साहित्यकारों के नाम दिए गए हैं। इन सूचि को सुमेलित कीजिए तथा दिए गए कूटों में से स उत्तर चुनिए।

सूची I (साहित्यिक पात्र)	***सूची II (रचयिता/लेखक)***
(a) हैमलेट	1. चार्ल्स डिकिन्स
(b) ओलिवर टुइस्ट	2. रवीन्द्रनाथ टैगोर
(c) डॉ. झिवागो	3. वोरिस पास्टरनक
(d) गोरा	4. विलियम शेक्सपिय

	(a)	*(b)*	*(c)*	*(d)*
A.	3	1	4	2
B.	4	1	3	2
C.	3	2	1	4
D.	4	1	2	3

37. 'माई प्रेसिडेंशियल ईयर्स' पुस्तक का लेखक कौन
A. डॉ. शंकर दयाल शर्मा
B. वी.वी. गिरि
C. आर. वेंकटरमण
D. डॉ. सर्वपल्ली राधाकृष्णन

38. 'गांधी बनाम लेनिन' पुस्तक किसने लिखी थी?
A. एम. एन. राय B. बी. आर. अम्बेड
C. आर. बी. लोटवाला D. एस. ए. डांगे

39. निम्न में से कौन-से उपन्यास बंकिमचन्द्र चटर्जी द्व लिखित थे?

1. सीताराम
2. देवी चौधरानी
3. आनन्द मठ
4. घरे-बाहरे

A. केवल 3 B. 3 और 4
C. केवल 4 D. 1, 2 और 3

40. निम्नलिखित में से कौन 'वुल्फ हाल' (Wolf Hall) नामक पुस्तक के लेखक हैं?

A. हिलेरी मैंटल B. अरुन्धती राय
C. बराक ओबामा D. नरेन्द्र मोदी

41. निम्नलिखित में से कौन-सा जोड़ा गलत है?

A. हिज लाइफ एण्ड टाइम - नवेन्दु घोष
B. द प्लेन ट्रूथ - एन. के. सिंह
C. द केप - सुभाष मुखोपाध्याय
D. गुरुदत्त - अरुण सिंह

42. 'ट्रूथ लव एण्ड ए लिटिल मेलिस' (Truth Love and a Little Malice) किस चर्चित लेखक एवं स्तम्भकार की आत्मकथा है–

A. शोभा डे B. विक्रम सेठ
C. खुशवन्त सिंह D. अरुण शौरी

43. 'इन द लाइन ऑफ फायर, ए : मेमोइर' किससे संबंधित है?

A. वी.पी. सिंह B. परवेज मुशर्रफ
C. चन्द्रशेखर D. ए.पी.जे. अब्दुल कलाम

44. 'गोरा' किसकी रचना है?

A. फ्रेडरिक एन्जिल्स B. ब्लादिमिर लेनिन
C. रवीन्द्रनाथ टैगोर D. हीगल

45. संयुक्त राष्ट्र संघ द्वारा प्रायोजित 'सहिष्णुता का अन्तर्राष्ट्रीय वर्ष' (International Year of Tolerance) के अवसर पर `Gandhi : The Quest for Tolerance and Survival' पुस्तक किसने लिखी?

A. अंसार हरवानी B. डॉ. एन. राधाकृष्णन
C. शीलभद्र याजी D. देवकान्त बरुआ

46. 'मदर' के लेखक का क्या नाम है?

A. मैक्सिम गोर्की B. टी. एस. इलियट
C. पर्ल एस. बक D. कैथराइन मेयो

47. 'पॉलिटिकल इकॉनामी ऑफ इण्डिया' का लेखक कौन है?

A. मनमोहन सिंह B. चन्द्रशेखर
C. मधु दण्डवते D. यशवन्त सिन्हा

48. यामिनी कृष्णमूर्ति ने कौन-सी पुस्तक लिखी है?

A. एन ऑटोबायोग्राफी B. ए सिम्पल पाथ
C. द गुड वोट मैन D. जर्नी टू इथाका

49. 'मेरी इक्यावन कविताएं' नामक पुस्तक किसने लिखी है?

A. कुंवर नारायण B. हरिवंश राय बच्चन
C. अटल बिहारी वाजपेयी D. धर्मवीर भारती

50. 'प्लेइंग इट माई वे' किस प्रसिद्ध खिलाड़ी की आत्मकथा है?

A. सौरव गांगुली B. राहुल द्रविड़
C. एम.एस. धोनी D. सचिन तेन्दुलकर

उत्तरमाला

1	2	3	4	5	6	7	8	9	10
B	A	A	D	D	B	B	A	C	A
11	**12**	**13**	**14**	**15**	**16**	**17**	**18**	**19**	**20**
B	D	B	A	D	D	C	C	B	C
21	**22**	**23**	**24**	**25**	**26**	**27**	**28**	**29**	**30**
A	B	A	D	D	A	B	A	A	B
31	**32**	**33**	**34**	**35**	**36**	**37**	**38**	**39**	**40**
C	A	C	A	C	B	C	D	D	A
41	**42**	**43**	**44**	**45**	**46**	**47**	**48**	**49**	**50**
D	C	B	C	B	C	B	A	C	D

चर्चित व्यक्ति/स्थान एवं सम्मेलन तथा नियुक्तियां

1. दावोस, जहाँ विश्व आर्थिक फोरम का वार्षिक सम्मेलन आयोजित होता है, कहाँ स्थित है?
A. फ्रांस B. जर्मनी
C. स्विट्ज़रलैंड D. लक्जेमबर्ग

2. हिन्दी भाषा में प्रथम ज्ञानपीठ पुरस्कार विजेता कौन है?
A. रामधारी सिंह B. सुमित्रानंदन पंत
C. हरिवंश राय बच्चन D. हजारीप्रसाद द्विवेदी

3. संयुक्त राष्ट्र शैक्षणिक, वैज्ञानिक व सांस्कृतिक संगठन (यूनेस्को) द्वारा भारत के किस रेलवे स्टेशन को विश्व धरोहर सूची में सम्मिलित किया गया है?
A. छत्रपति शिवाजी स्टेशन, मुम्बई
B. चेन्नई स्टेशन
C. नई दिल्ली रेलवे स्टेशन
D. आगराफोर्ट स्टेशन

4. निम्नलिखित में से किसने दो राष्ट्रों के राष्ट्रगान लिखे हैं?
A. मोहम्मद इकबाल
B. बंकिम चन्द्र चट्टोपाध्याय
C. मैथिलीशरण गुप्त
D. रवीन्द्र नाथ टैगोर

5. संयुक्त राष्ट्र संघ का महत्वपूर्ण प्रस्ताव 1373 किस विषय में है?
A. आतंकवाद के विरुद्ध
B. एड्स के विरुद्ध
C. राष्ट्रों में शीतयुद्ध के विरुद्ध
D. अल-कायदा को नष्ट करने के लिए विश्व सहयोग का आह्वान

6. एम.एस. वलियाथन किस क्षेत्र से संबंधित हैं?
A. चिकित्सा B. खेल
C. शिक्षा D. समाजसेवा

7. उत्तरी ध्रुव पर पहुंचने वाले प्रथम भारतीय कौन हैं?
A. जय प्रकाश कपूर
B. स्क्वाड्रन लीडर संजय थापर
C. ओम प्रकाश शर्मा
D. जी. एस. पाण्डेय

8. भारत में पीतल के बर्तनों के लिए कौन-सा स्थान विख्यात है?
A. मुर्शिदाबाद B. मुरादाबाद
C. अहमदाबाद D. हैदराबाद

9. विजयंत टैंक कारखाने और भारी वाहनों के लिए प्रसिद्ध 'आवड़ी' किस प्रदेश में है?
A. कर्नाटक B. मध्य प्रदेश
C. तमिलनाडु D. आन्ध्र प्रदेश

10. एशियाई देशों के बीच वार्ता एवं विश्वास बढ़ाने वाले उपायों के लिए एक शिखर सम्मेलन (Conference on Interaction and Confidence Building Measures in Asia, CICA) अलमाटी में सम्पन्न हुआ था। अलमाटी किस देश में स्थित है?
A. कजाकिस्तान B. उज्बेकिस्तान
C. रूस D. किर्गिजस्तान

11. खालसा पंथ की स्थापना किसने की थी?
A. गुरु नानक देव ने
B. गुरु गोविन्द सिंह ने
C. गुरु रामदास ने
D. गुरु अर्जुन देव ने

12. सोवियत रूस के विघटन के समय वहाँ के राष्ट्रपति कौन थे?
A. मिखाइल गोर्वाचोव
B. ब्रेझनेव
C. बोरिस येल्तसिन
D. गेन्नाडी याना येव

13. जनजातीय लोगों के संबंध में 'आदिवासी' शब्द का प्रयोग सर्वप्रथम किसने किया था?

A. ठक्कर बापा B. महात्मा गांधी
C. बी.आर. अम्बेडकर D. मुन्नी अन्जुमन

14. जैमिनी राय का संबंध कला के किस क्षेत्र से है?

A. मूर्तिकला B. चित्रकला
C. संगीत D. नाट्य कला

15. निम्नलिखित में से कौन-सा व्यक्तित्व 'लेडी विद द लेम्प' के रूप में जाना जाता है?

A. मदर टेरेसा B. सरोजिनी नायडू
C. फ्लोरेंस नाइटिंगेल D. इसाबेला आर्थर

16. सूफी संत निजामुद्दीन औलिया किस सूफी सम्प्रदाय से सम्बन्धित थे?

A. सुहरावर्दी B. नक्सबक्सी
C. चिश्ती D. इनमें से कोई नहीं

17. भारत में हरित क्रान्ति का श्रेय किस सुविख्यात कृषि वैज्ञानिक को जाता है?

A. प्रो. नार्मन बोरलाग B. डॉ. वर्गीस कुरियन
C. जयंत नार्लिकर D. सीताकांत महापात्र

18. दुग्ध उत्पादन से संबंधित ऑपरेशन फ्लड के सूत्रधार कौन थे?

A. डॉ. एम.एस. स्वामीनाथन
B. डॉ. वर्गीस कुरियन
C. डॉ. मनमोहन सिंह
D. डॉ. पंजाब सिंह

19. भारत की राजकीय यात्रा पर आने वाले अमेरिका के प्रथम राष्ट्रपति थे–

A. जिमी कार्टर
B. ड्वाइट आइजन हावर
C. रिचर्ड एम. निक्सन
D. बिल क्लिंटन

20. वर्ष 2001 में 11 सितम्बर के आतंकी हमले के परिणाम स्वरूप विश्व व्यापार केन्द्र का टावर बहुमंजिली इमारत के बीच एक सपाट मैदान हो गया है, इस मैदान को किस नाम से जाना जाता है?

A. फुटबॉल मैदान B. गोल्फ मैदान
C. ग्राउंड जीरो D. श्रद्धांजलि मैदान

21. सांची के स्तूप का निर्माण किस शासक ने करवाया था?

A. अशोक B. कनिष्क
C. बिम्बिसार D. पुष्यमित्र शुंग

22. अर्चना रामासुन्दरम् को किस सम्बन्ध में भारत की प्रथम महिला होने का गौरव प्राप्त है?

A. आई.पी.एस. अधिकारी
B. सशस्त्र सीमा बल के महानिदेशक
C. अन्तरिक्ष में जाने के लिए चयनित
D. इनमें से कोई नहीं

23. नोबेल शांति पुरस्कार विजेता कैलाश सत्यार्थी का संबंध किस क्षेत्र से है?

A. विधवा विवाह B. बाल अधिकार
C. गरीबी उन्मूलन D. कुष्ठ उन्मूलन

24. उनका जन्म 7 मई, 1861 को कोलकाता में हुआ। वह नोबेल पुरस्कार से सम्मानित पहले एशियाई थे। प्रसिद्ध बंगाली गीत 'एकला चलो रे' उनकी रचना है। वह कौन हैं?

A. सत्यजीत रे B. बंकिम चन्द्र चटर्जी
C. रवीन्द्र नाथ टैगोर D. देवेन्द्र नाथ टैगोर

25. भारत की अलीशा चिनॉय ने एशिया में काफी लोकप्रियता प्राप्त की है। अलीशा चिनॉय ने किस क्षेत्र में ख्याति अर्जित की?

A. पॉप गायन
B. चित्रकला
C. अंग्रेजी फिल्म की नायिका
D. सामाजिक कार्य

26. गुरु ग्रन्थ साहब का संकलन किसने किया था?

A. गुरु नानक देव B. गुरु अंगद देव
C. गुरु अर्जुन देव D. गुरु गोविन्द सिंह

27. सबसे कम उम्र की नोबेल पुरस्कार विजेता मलाला यूसुफजई का संबंध किस देश से है?

A. ईरान B. पाकिस्तान
C. बांग्लादेश D. कजाकिस्तान

28. संयुक्त राष्ट्रसंघ की महासभा की प्रथम महिला अध्यक्ष कौन थी?

A. सिरिमावो भंडार नायके
B. राजकुमारी अमृत कौर
C. श्रीमती विजयलक्ष्मी पंडित
D. मारग्रेट अल्वा

इन्दौर की विख्यात शासक महारानी का नाम था–
A. महारानी कमलादेवी B. महारानी अहिल्या बाई
C. महारानी दुर्गावती D. महारानी रूपमती

डलहौजी नामक हिल स्टेशन किस राज्य में है?
A. हिमाचल प्रदेश B. जम्मू-कश्मीर
C. उत्तराखंड D. पश्चिम बंगाल

भारत वर्ष के राष्ट्रगान के रचयिता का क्या नाम है?
A. काजी नजरूल इस्लाम
B. रवीन्द्र नाथ टैगोर
C. बंकिमचन्द्र
D. मुहम्मद इकबाल

भारतीय अन्तरिक्ष अनुसंधान संगठन (ISRO) ने मास्टर कन्ट्रोल फेसिलिटी (MCF) कहाँ स्थापित की है?
A. हासन (कर्नाटक)
B. श्रीहरिकोटा (आन्ध्र प्रदेश)
C. थुम्बा (केरल)
D. चांदीपुर (ओडिशा)

प्रसिद्ध लिंगराज का मन्दिर जिस स्थान पर बना है वह स्थान–
A. भुवनेश्वर में है B. चेन्नई में है
C. बेंगलुरु में है D. कलपक्कम में है

भीमबेटका की गुफाएं कहाँ स्थित हैं?
A. आन्ध्र प्रदेश में B. कर्नाटक में
C. मध्य प्रदेश में D. हिमाचल प्रदेश में

भारत में सबसे बड़ा रेगिस्तान 'थार' किस राज्य में स्थित है?
A. मध्य प्रदेश B. राजस्थान
C. तमिलनाडु D. आंध्र प्रदेश

निम्न में से किस स्थान पर जंतर-मंतर स्थित है?
A. नागपुर B. जयपुर
C. सुल्तानपुर D. बंगलौर

आधुनिक चण्डीगढ़ का सबसे पहला नक्शा जिस वास्तुकार ने तैयार किया था, उसका क्या नाम था?
A. मैथ्यू नोवोक्की
B. सर शोभा सिंह
C. ला कार्बूजिंस
D. उपर्युक्त में से कोई नहीं

38. महात्मा गांधी के 1930 ई. के नमक सत्याग्रह के लिए निम्न में से कौन-सा स्थान प्रसिद्ध है?
A. अहमदाबाद B. भुवनेश्वर
C. डांडी D. कोलकाता

39. फोर्थ स्टेट किसे कहते हैं?
A. पुलिस
B. पुलिस और सी॰बी॰आई
C. मानव अधिकार आयोग
D. प्रेस (समाचार-पत्र)

40. निम्नलिखित में से कौन 'चिपको' आन्दोलन से सम्बन्धित है?
A. बाबा आम्टे
B. पाण्डुरंग शास्त्री अठावले
C. सुन्दरलाल बहुगुणा
D. एन॰डी॰ तिवारी

41. चीन में अपना कार्यालय खोलने वाला देश का पहला बैंक कौन-सा है?
A. भारतीय रिजर्व बैंक B. भारतीय स्टेट बैंक
C. केनरा बैंक D. आईडीबीआई

42. माउण्ट आबू (राजस्थान) एक प्रसिद्ध पर्वतीय स्थान होने के अलावा प्रसिद्ध तीर्थ स्थान भी है। वहाँ कौन-सा मन्दिर है?
A. कोणार्क मन्दिर B. दिलवाड़ा मन्दिर
C. सूर्य मन्दिर D. मीनाक्षी मन्दिर

43. जवाहर रोजगार योजना किनके लिए है?
A. शहरी शिक्षित बेरोजगारों के लिए
B. निर्धन बेरोजगारों के लिए
C. ग्रामीण निर्धन बेरोजगारों के लिए
D. गरीबी की रेखा के नीचे रह रहे ग्रामीण बेरोजगारों के लिए

44. नीचे लिखी किस बात का सम्बन्ध सुभाष चन्द्र बोस से नहीं है?
A. आजाद हिन्द फौज

B. नेताजी
C. जय हिन्द
D. भारत छोड़ो आन्दोलन

45. सौर भौतिकी निरीक्षणशाला (सोलर फिजिकल ऑब्जरवेटरी) कहाँ स्थित है?
A. कोडाईकनाल में B. चित्तरंजन में
C. सिकन्दराबाद D. पटना में

46. प्रथम परमाणु विद्युत स्टेशन कहाँ निर्मित किया गया है?
A. तारापुर (महाराष्ट्र) में B. ट्राम्बे में
C. वाराणसी में D. बंगलौर में

47. *भारत का पितामह* (बुजुर्ग नेता) किसे कहा जाता है?
A. महात्मा गाँधी B. गोपाल कृष्ण गोखले
C. फिरोजशाह मेहता D. दादाभाई नौरोजी

48. बेगम अख्तर किस गायिकी के लिए विख्यात थीं?
A. गजल B. ठुमरी
C. भजन D. पार्श्व गायिका

49. निम्नलिखित में से किसे 'भारत कोकिला' कहा जाता है?
A. एम.एस. शुभलक्ष्मी B. विजय लक्ष्मी पंडित
C. सरोजनी नायडू D. लता मंगेशकर

50. किस लोकप्रिय नेता को नजरबन्दी के दौरान नोबल पुरस्कार दिया गया?
A. मार्टिन लूथर किंग B. नेल्सन मण्डेला
C. आंग सान सू की D. तस्लीमा नसरीन

51. इन्द्राणी रहमान किस कला के लिए विख्यात हैं?
A. संगीत (गायन) B. संगीत (वाद्ययंत्र)
C. नृत्य D. चित्रकारी

52. निम्नलिखित में से किसे 'भारतीय पुनर्जागरण का जनक' कहा जाता है?
A. राजा राममोहन राय B. रबीन्द्रनाथ टैगोर
C. दयानन्द सरस्वती D. विवेकानन्द

53. रूसी क्रांति का सबसे बड़ा नेता कौन था?
A. ट्रॉट्स्की B. लेनिन
C. स्टालिन D. ख्रुश्चेव

54. न्यूयार्क की वॉल स्ट्रीट का क्या महत्त्व है?
A. वहां से समाचार-पत्र प्रकाशित होते हैं
B. वह बैंकिंग तथा फाइनेन्स का केन्द्र है
C. वहां स्टॉक एक्सचेंज बाजार है
D. वहां जुए का अड्डा है

55. मोनालिसा चित्र का चित्रकार लियानार्डो दा विन्शी किस देश का रहने वाला था?
A. इटली B. इंग्लैंड
C. फ्रांस D. स्पेन

56. रॉयल स्वीडिश ऑफ साइंस ने निम्न में से कहां एक ऐसी दूरबीन स्थापित की है जिसके द्वारा सूर्य पर मौजूद बड़े-बड़े काले धब्बों का रहस्य समझा जा रहा है?
A. स्पेन B. पुर्तगाल
C. स्वीडन D. नार्वे

57. इस्लामाबाद के पाकिस्तान की राजधानी बनने से पूर्व निम्नलिखित में से कौन-सा शहर पाकिस्तान की राजधानी था?
A. कराची B. रावलपिंडी
C. लाहौर D. फैसलाबाद

58. विश्व की वह प्रथम मुस्लिम महिला कौन-सी है, जिसे शांति का नोबेल पुरस्कार प्राप्त हुआ है?
A. रिहाब राशिद (इराक)
B. बेनजीर भुट्टो (पाकिस्तान)
C. शिरीन इबादी (ईरान)
D. हुडा सालिह माहदी अयास (इराक)

59. गुजरात में अहमदाबाद और बड़ौदा के बीच स्थित "आनन्द" नामक स्थान किसके लिए प्रसिद्ध है?
A. चन्दन की लकड़ी के वनों के लिए
B. होजरी और ऊन के सामान के लिए
C. अमुल मक्खन और अमुल दुग्ध पाउडर के लिए
D. चमड़े के कारखाने के लिए

60. प्रो. सतीश धवन अन्तरिक्ष केन्द्र निम्नलिखित में से किस राज्य में स्थित है?
A. तमिलनाडु B. कर्नाटक
C. महाराष्ट्र D. आन्ध्र प्रदेश

61. बद्रीनाथ का प्रसिद्ध हिन्दू तीर्थ मंदिर किस नदी के किनारे स्थित है?

A. अलकनंदा B. गंगा
C. भागीरथी D. मंदाकिनी

62. किस क्रांतिकारी को अंग्रेजों ने काले-पानी की सजा दी थी?

A. वीर सावरकर B. सरदार पटेल
C. सुभाष चन्द्र बोस D. बाल गंगाधर तिलक

63. 'कर्नाटक संगीत के जनक' के नाम से प्रसिद्ध संत कौन है?

A. संत कनक दास B. संत त्यागराज
C. संत पुरंदर दास D. संत दीक्षितर

64. केबुल लामजाओ (मणिपुर) अब एक महत्त्वपूर्ण स्थान हो गया है क्योंकिः

A. वहां पर दक्षिणी पूर्वी एशिया के ईसाइयों के मिशनरियों का मुख्यालय खोला गया है
B. वहां पर भारत सरकार द्वारा सैनिक छावनी, सीमा सुरक्षा बल तथा केन्द्रीय रिजर्व पुलिस का केन्द्र बनाया गया है।
C. संगाई हिरण की दुर्लभ प्रजाति के संरक्षण के लिए केबुल लामजाओ में राष्ट्रीय उद्यान की स्थापना की गई है
D. उपर्युक्त में से कोई नहीं

65. पोप कहाँ रहते हैं?

A. वाशिंगटन डी.सी. में
B. वेटिकन सिटी में
C. एथेन्स में
D. ओसाका में

66. बिड़ला भवन, जहाँ गाँधी जी को गोली मारी गई थी, का वर्तमान में क्या नाम है?

A. भारत सदन B. गाँधी सदन
C. दांडी सदन D. शैल सदन

67. कर्नाटक राज्य की राजधानीः

A. चन्दन की, लकड़ी पर नक्काशी और होजरी के लिए प्रसिद्ध है
B. हिन्दुस्तान एयरक्राफ्ट फैक्ट्री और माचिस के लिए प्रसिद्ध है
C. हिन्दुस्तान एयरक्राफ्ट फैक्ट्री और टेलीफोन के लिए प्रसिद्ध है
D. माचिस फैक्ट्री और डेरियों के लिए प्रसिद्ध है

68. किन्हें 'रणछोड़ जी' के नाम से जाना जाता है?

A. एच.डी. देवगौड़ा B. राजीव गांधी
C. मोरारजी देसाई D. चौ. चरण सिंह

69. वह प्रथम महिला कौन थी, जो विश्व के किसी देश की प्रधानमंत्री बनी थी?

A. गोल्डा मायर
B. सिरिमावो भंडारनायके
C. इंदिरा गांधी
D. मारग्रेट थैचर

70. "एनरॉन पॉवर कॉर्पोरेशन" काफी चर्चा का विषय रहा है। एनरॉन पॉवर कॉर्पोरेशन किस राज्य में स्थित है?

A. कर्नाटक B. आन्ध्र प्रदेश
C. महाराष्ट्र D. मध्य प्रदेश

71. लोकप्रिय गीत 'भज गोविन्दम्' की रचना किसने की है?

A. श्याम शास्त्री B. त्यागराज
C. आदि शंकराचार्य D. मुतुस्वामी दीक्षितर

72. वह विख्यात संगीतकार कौन है जो अकबर के नवरत्नों में से एक था?

A. तानसेन B. बैजू बावरा
C. बीरबल D. अमीर खुसरो

73. भारत की सबसे बड़ी गुम्बद, *गोलगुम्बद* कहाँ स्थित है?

A. औरंगाबाद में B. बीजापुर में
C. हैदराबाद में D. आगरा में

74. आदि शंकराचार्य का जन्म स्थान 'कलाडी' किस राज्य में स्थित है?

A. केरल B. कर्नाटक
C. गोवा D. महाराष्ट्र

75. बिहार में पावापुरी नामक स्थान किसलिए विख्यात है?

A. बुद्ध भगवान का जन्म स्थान
B. बुद्ध भगवान का देहत्याग स्थान
C. महावीर स्वामी का जन्म स्थान
D. महावीर स्वामी का देहत्याग स्थान

76. भारत में निजी क्षेत्र में पहला रेडियो स्टेशन कहाँ स्थापित किया गया?

A. नई दिल्ली B. भोपाल

C. इंदौर D. बंगलौर

77. प्राचीन ब्राह्मी लिपि का अर्थ निकालनेवाला प्रथम व्यक्ति था—

A. चार्ल्स विलकिन्स

B. मैक्समूलर

C. विलियम जोन्स

D. जेम्स प्रिन्सेप

78. निम्न में से कौन सुमेलित नहीं है—

A. सालारजंग संग्रहालय — हैदराबाद

B. गोल गुंबज — बीजापुर

C. साबरमती आश्रम — गांधीनगर

D. अरविन्द आश्रम — पाण्डिचेरी

79. केरल में सर्वाधिक प्रचलित शास्त्रीय नृत्य है—

A. कुचिपुड़ी B. कथकली

C. मोहिनीअट्टम D. भरतनाट्यम

80. सूची I को सूची II को सुमेलित कीजिए और दिए गए कूट से उत्तर चुनिए—

सूची -I	***सूची -II***
नर्तक/नर्तकी	***शास्त्रीय नृत्य***
(a) मृणालिनी साराभाई	1. कथक
(b) मालविका सरकार	2. भरतनाट्यम
(c) राधा रेड्डी	3. कुचिपुड़ी
(d) इंद्राणी रहमान	4. ओडिसी

कूटः

	(a)	*(b)*	*(c)*	*(d)*
A.	2	1	3	4
B.	2	4	3	1
C.	3	2	1	4
D.	1	2	3	4

उत्तरमाला

1	2	3	4	5	6	7	8	9	10
C	B	A	D	A	A	B	B	C	A
11	**12**	**13**	**14**	**15**	**16**	**17**	**18**	**19**	**20**
B	A	A	B	C	C	A	B	B	C
21	**22**	**23**	**24**	**25**	**26**	**27**	**28**	**29**	**30**
A	B	B	C	A	C	B	C	B	A
31	**32**	**33**	**34**	**35**	**36**	**37**	**38**	**39**	**40**
B	A	A	C	B	B	C	C	D	C
41	**42**	**43**	**44**	**45**	**46**	**47**	**48**	**49**	**50**
B	B	D	D	A	A	D	A	C	A
51	**52**	**53**	**54**	**55**	**56**	**57**	**58**	**59**	**60**
C	A	B	B	A	A	B	C	C	D
61	**62**	**63**	**64**	**65**	**66**	**67**	**68**	**69**	**70**
A	A	C	C	B	B	A	C	B	C
71	**72**	**73**	**74**	**75**	**76**	**77**	**78**	**79**	**80**
A	A	B	A	D	D	D	C	B	A

विविध

भारत में सबसे अधिक तथा सबसे कम वर्षा प्राप्त करने वाले दो राज्यों का सही क्रम निम्नलिखित में से कौन-सा है?
A. केरल तथा मध्य प्रदेश
B. मेघालय तथा राजस्थान
C. असम तथा राजस्थान
D. केरल तथा राजस्थान

'जो काम 50 हजार हथियारबंद सिपाही नहीं कर सकते थे उसे महात्मा गांधी जी ने कर दिया, उन्होंने शान्ति कायम कर दी।'' उपर्युक्त कथन किसका है?
A. जवाहरलाल नेहरू
B. सरदार पटेल
C. रवीन्द्रनाथ टैगोर
D. लार्ड माउंटबेटन

निम्न में से किस बैंक में अपना खाता कोई व्यक्ति नहीं खोल सकता?
A. सहकारी बैंक B. क्षेत्रीय ग्रामीण बैंक
C. भारतीय रिजर्व बैंक D. वाणिज्यिक बैंक

त्वचा का रंग किसके कारण होता है?
A. एन्जाइम B. एपीडरमिस
C. हारमोन्स D. मेलानिन

संसद सदस्य अपनी सदस्यता खो देता है यदि वह बिना अनुमति के संसद की सभी बैठकों में लगातार अनुपस्थित रहता है–
A. 40 दिन तक B. 60 दिन तक
C. 45 दिन तक D. 30 दिन तक

पानी डालने पर निम्नलिखित में से कौन जलने लगता है?
A. सिलिकान कार्बाइड B. सोडियम
C. कैल्सियम कार्बाइड D. फास्फोरस

'इस्पात की चौखट' निम्न में से किसको कहा गया?
A. अंग्रेजों का भारत में शासन
B. भारतीय नागरिक सेवा
C. भारतीय रेलवे
D. भारतीय डाकतार विभाग

8. निम्न में से कौन-सा देश 'दक्षिण का ब्रिटेन' के उपनाम से जाना जाता है?
A. मलागासी B. जापान
C. श्रीलंका D. न्यूजीलैण्ड

9. भारत का एकमात्र शीत मरुस्थल कहां स्थित है?
A. लद्दाख में
B. पूर्वी कमेंग (अरुणाचल प्रदेश) में
C. लाचेन (सिक्किम) में
D. चम्बा (हिमाचल प्रदेश) में

10. शरीर में किसकी मात्रा बढ़ जाने पर हृदय रोग होने का खतरा होता है?
A. हीमोग्लोबिन B. कार्बोहाइड्रेट
C. कोलेस्टरॉल D. ग्लूकोज

11. दन्त चिकित्सक किस प्रकार के दर्पण का इस्तेमाल करते हैं?
A. सामान्य दर्पण B. उत्तल दर्पण
C. अवतल दर्पण D. बेलनाकार दर्पण

12. खगोलशास्त्र में गुप्तकाल में सबसे प्रसिद्ध नाम है:
A. वराहमिहिर B. ब्रह्मगुप्त
C. पतंजलि D. आर्यभट्ट

13. जब भारत स्वतंत्र हुआ उस समय देश में निम्न में से कौन-कौन से राजनीतिक दल थे?
1. कांग्रेस
2. स्वतंत्र पार्टी
3. जनसंघ
4. कम्युनिस्ट पार्टी ऑफ इण्डिया
A. 1, 4 B. 1, 2, 4
C. 1, 3, 4 D. 1, 2, 3

14. भारत वर्ष की सबसे बड़ी मस्जिद 'जामा मस्जिद' कहाँ स्थित है?
A. दिल्ली में B. अजमेर में
C. हैदराबाद में D. बंगलौर में

15. 'सत्यमेव जयते' वाक्य किस ग्रंथ से उद्धृत किया गया है?

A. हितोपदेश से B. मुण्डक उपनिषद्

C. महाभारत से D. ऋग्वेद से

16. यदि ग्रीन हाउस प्रभाव एक निश्चित सीमा से अधिक हो जाए तो क्या होगा?

A. पृथ्वी में मौजूद सम्पूर्ण बर्फ पिघल जाएगी

B. पृथ्वी में बर्फ की मात्रा बढ़ जाएगी

C. कोई अन्तर नहीं पड़ेगा

D. उपर्युक्त में से कोई नहीं

17. भारत में किस राज्य को प्रायः चक्रवात (साइक्लोन) का सामना करना पड़ता है?

A. तमिलनाडु B. आन्ध्र प्रदेश

C. ओडिशा D. पश्चिम बंगाल

18. भारत में इसाई धर्म का प्रचार सर्वप्रथम किसने किया?

A. सेन्ट थॉमस B. वास्कोडिगामा

C. लार्ड क्लाइव D. सेन्ट कार्टियर

19. भारत में परिवार नियोजन की नीति को कब अपनाया गया?

A. 1952 B. 1959

C. 1961 D. 1966

20. भारत की संघीय व्यवस्था मुख्यतः किस देश की संघीय व्यवस्था पर आधारित है?

A. स्विट्ज़रलैण्ड B. ऑस्ट्रेलिया

C. कनाडा D. स॰ रा॰ अमेरिका

21. निम्नलिखित पुस्तकों में से किस पुस्तक का संबंध भारत में राष्ट्रीय आन्दोलन के विकास से जोड़ा जाता है?

A. गीतांजलि B. आनन्दमठ

C. सत्यार्थ प्रकाश D. गीता रहस्य

22. 'फिनिस' (Finesse) शब्द का प्रयोग किस खेल में होता है?

A. शतरंज (Chess) B. रगबी (Rugby)

C. बिलियर्ड्स (Billiards) D. ब्रिज (Bridge)

23. सुनील गावस्कर एवं डॉन ब्रेडमैन के शतकों में ब्रेडमैन के शतकों को इसलिए श्रेष्ठ मानते हैं क्योंकिः

A. ब्रेडमैन के रनों का औसत श्रेष्ठतर है

B. ब्रेडमैन प्रत्येक पारी में अच्छा खेले

C. ब्रेडमैन ने कम टैस्ट मैच खेलकर यह शतक बनाए

D. ब्रेडमैन ने सभी देशों के विरुद्ध शतक बनाए

24. अफ्रीका के सहारा प्रदेश में 'धूल दानव' के नाम से निम्न में से किसे जाना जाता है?

A. बालुका स्तूपों का खिसकाव

B. असमानता से होने वाली धूल भरी वर्षा

C. धूलयुक्त तीव्र हवा

D. सायंकाल चलने वाली तीव्र आंधियां

25. भारत का पहला कम्प्यूटराइज्ड रेलवे आरक्षण केन्द्र किस रेलवे स्टेशन में लगाया गया?

A. नई दिल्ली B. मुम्बई

C. कोलकाता D. बेंगलुरु

26. 6 से 14 वर्ष तक के सभी बच्चों के लिये शिक्षा का अधिकार अनुच्छेद .... से सम्बन्धित है।

A. 20 B. 21

C. 22 D. 23

27. भारत का वह राज्य जहाँ महिला साक्षरता सबसे कम है:

A. बिहार B. उत्तर प्रदेश

C. राजस्थान D. मध्य प्रदेश

28. विश्वनाथन आनन्द .... खेल से जुड़े हैं।

A. शतरंज B. बिलियर्ड्स

C. स्नूकर D. तीरन्दाजी

29. माउन्ट एवरेस्ट पर एडमन्ड हिलेरी के साथ कौन गया था?

A. तेनजिग नोर्गे B. शेरपा लेपजिंग

C. क्रिस्टोफर D. दिलीप सरदेसाई

30. बीहू .... राज्य का त्योहार है।

A. बिहार B. असम

C. उत्तराखण्ड D. मेघालय

31. एक मई .... के रूप में मनाया जाता है।

A. अन्तर्राष्ट्रीय महिला दिवस

B. अन्तर्राष्ट्रीय श्रमिक दिवस

C. विश्व पर्यावरण दिवस

D. विश्व स्वास्थ्य दिवस

32. एक रुपये के नोट पर किसके हस्ताक्षर होते हैं?
A. वित्त सचिव
B. भारतीय रिजर्व बैंक के गवर्नर
C. वित्त मंत्री
D. उप वित्त मंत्री

33. विश्व प्रसिद्ध 'रॉक गार्डन' स्थित है:
A. कोलकाता में B. जयपुर में
C. चंडीगढ़ में D. बेंगलुरू में

34. पोखरन नामक परमाणु परीक्षण स्थल किस राज्य में स्थित हैं?
A. हरियाणा B. राजस्थान
C. मध्य प्रदेश D. जम्मू एवं कश्मीर

35. 97वाँ संविधान संशोधन सम्बन्धित है:
A. प्राथमिक शिक्षा से
B. उपराष्ट्रपति की शक्तियों से
C. निर्वाचन आयोग की शक्तियों से
D. दल-बदल विरोधी बिल से

36. निम्नलिखित में से कौन-सा चार वेदों में शामिल नहीं हैं?
A. ऋग्वेद B. सामवेद
C. अथर्ववेद D. आयुर्वेद

37. निम्नलिखित में से कौन-सी सिखों की धार्मिक पुस्तक है?
A. आदि ग्रंथ साहिब B. गुरुग्रन्थ साहिब
C. गोविन्द ग्रन्थ साहिब D. महा ग्रन्थ साहिब

38. मौर्यों की राजधानी थी:
A. प्रयाग B. पाटलिपुत्र
C. वैशाली D. उज्जैन

39. फतेहपुर सीकरी का निर्माण कराया था:
A. बाबर
B. जहाँगीर
C. हुमायूँ
D. उपरोक्त में से किसी ने नहीं

40. नेत्रदान में आँख का कौन-सा हिस्सा प्रत्यारोपित किया जाता है?
A. कार्निया B. लेन्स
C. रेटिना D. पूरी आँख

41. इसरो (ISRO) का पूर्ण रूप है:
A. इन्डियन स्पेस रिसर्च ऑर्गनाइजेशन
B. इन्टरनेशनल सेटेलाइट रिसर्च ऑर्गनाइजेशन
C. इन्डियन सेटेलाइट रिसर्च ऑर्गनाइजेशन
D. इन्टरनेशनल स्पेस रिसर्च ऑर्गनाइजेशन

42. 'शून्य' की एक संख्या के रूप में खोज की थी:
A. अरबों में B. इजिप्टों में
C. ग्रीकों ने D. भारतीयों ने

43. साँची के स्तूप का निर्माण कराया था:
A. कनिष्क ने B. हर्षवर्धन ने
C. अशोक ने D. समुद्रगुप्त ने

44. अकबर ने नये धर्म की स्थापना का प्रयास किया क्योंकि:
A. वह धार्मिक नायक के रूप में प्रसिद्ध होना चाहता था।
B. वह अपने साम्राज्य में रहने वाले विभिन्न धर्मों के लोगों को, एक धर्म के नाम पर एकजुट करना चाहता था।
C. उसके अपने दर्शन ने उसे ऐसा करने के लिये प्रेरित किया।
D. वह पुराने धर्म में विश्वास नहीं करता था।

45. ह्वेन सांग नामक प्रसिद्ध चीनी तीर्थयात्री ने इनके शासन काल में भारत की यात्रा की:
A. अशोक B. चन्द्रगुप्त द्वितीय
C. कनिष्क D. हर्षवर्धन

46. कुतुबमीनार का निर्माण कार्य कुतुबुद्दीन ऐबक द्वारा आरम्भ किया गया और इसे पूरा कराया:
A. बलबन ने B. फिरोज तुगलक ने
C. इल्तुतमिश ने D. अलाउद्दीन खिलजी ने

47. यह सार्विक रक्त दाता समूह (यूनिवर्सल डोनर ग्रुप) है:
A. A B. O
C. B D. AB

48. जिम कॉर्बेट राष्ट्रीय उद्यान स्थित है:
A. उत्तराखण्ड में B. असम में
C. महाराष्ट्र में D. मध्य प्रदेश में

49. दुनिया में सर्वाधिक लोगों द्वारा बोली जाने वाली भाषा है:

A. अंग्रेजी B. हिन्दी
C. चीनी D. फ्रेन्च

50. एन. एस. एस. ओ. का आशय है:

A. नेशनल सैंपल सर्वे ऑर्गनाइजेशन
B. नेशनल सर्वे ऑफ सर्ववाइवर्स ऑर्गनाइजेशन
C. नेशनल सिंपल सर्वे ऑर्गनाइजेशन
D. नेशनल स्टडी ऑन सर्जिकल ऑपरेशन

51. निम्नलिखित में से रसायनिक परिवर्तन कौन है?

A. अल्कोहोल का वाष्पीकरण
B. आयोडीन का उर्ध्वपतन
C. बरसेन फ्लेम में प्लैटिनम के तार को गरम करना
D. मरक्यूरिक ऑक्साइड चूर्ण को गरम करना

52. पेन्सिलीन प्राप्त किया जाता है:

A. अल्गी से B. फंगाइ से
C. सिन्थेटिक्स से D. इनमें से कोई नहीं

53. आइसोटॉप्स में भिन्नता होती हैं:

A. इलेक्ट्रॉनों की संख्या की
B. प्रोटॉनों की संख्या की
C. न्यूट्रॉनों की संख्या की
D. प्रोटॉन और न्यूट्रॉन की

54. दर्द से राहत पाने के लिए सामन्यतया इस्तेमाल आने वाली टिकिया है:

A. पारासिटामोल B. एस्पीरिन
C. मॉर्फिन D. निमुसुलाइड

55. पहाड़ी पर चढ़ता हुआ आदमी आगे की ओर झुक जाता है:

A. फिसलने से बचने के लिये
B. गति बढ़ाने के लिये
C. थकान मिटाने के लिये
D. स्थायित्व बढ़ाने के लिये

56. दूरदर्शन प्रसारण में ध्वनि संकेत संसार हेतु जिस तकनीक का उपयोग होता है, वह है:

A. एम्प्लीट्युड मॉडुलेशन
B. फ्रिक्वेन्सी मॉडुलेशन
C. पल्स कोड मॉडुलेशन
D. टाइम डिवीजन मल्टीप्लेक्सिंग

57. इनमें से सबसे अधिक नम्य (सहजता में म सकने वाला) कौन है?

A. कार्बन B. रबड़
C. शीशा D. कागज

58. ऊर्जा के माप की इकाई वही होती हैं जो:

A. कार्य की B. शक्ति की
C. संवेग की D. जड़ता की

59. ए.सी. करेण्ट को डी.सी. में बदलने के लिए किए जाने वाले संयंत्र को कहते हैं:

A. ट्रान्सफार्मर B. रेक्टीफायर
C. इण्डक्शन क्वायल D. डायनेमो

60. निम्नलिखित में से कौन-सा रक्त-समूह युनिवर्सल (सर्व ग्राह्य समूह) होता है?

A. ए B. बी
C. ए बी D. ओ

61. निम्नलिखित में से पाचन हेतु सर्वाधिक महत्त्वपू है?

A. प्रोटीन B. दूध
C. वसा D. विटामिन

62. मानव की खोपड़ी में हड्डियों की संख्या हो

A. 22 B. 14
C. 8 D. इनमें से कोई

63. पृथ्वी का पहला जीवन शुरू हुआ:

A. पानी में B. जमीन पर
C. हवा में D. पहाड़ पर

64. डी एन ए घनीभूत होता है:

A. माइक्रोजोम में B. न्यूक्लियस में
C. प्रोटोप्लाज्म में D. क्रोमैटिन में

65. 28 फरवरी को राष्ट्रीय विज्ञान दिवस क्यों मनाय है?

A. भाभा का जन्मदिन
B. पहला भारतीय परमाणु विस्फोट
C. रमण-इफेक्ट (रमन-प्रभाव) विश्वविख्यात हुअ
D. ए.एस.एल.वी.डी.-1 छोड़ा गया

66. निम्नलिखित में से कौन, न तो तत्व है न

A. हवा B. पानी
C. ग्लूकोज D. सोना

67. निम्नलिखित में से कौन-सी गैस हवा को दूषित नहीं करती?

A. कार्बन डाइऑक्साइड B. कार्बन मोनोक्साइड
C. नाइट्रोजन ऑक्साइड D. सल्फर डाइऑक्साइड

68. ग्रीन हाऊस इफैक्ट के लिए उत्तरदायी मुख्य वायुमण्डीय गैस है:

A. नाइट्रोजन B. ऑक्सीजन
C. ओजोन D. कार्बन डाइऑक्साइड

69. पृथ्वी के सबसे निकटवर्ती वायुमण्डलीय परत है:

A. स्ट्रेटोस्फेयर B. ट्रोपोस्फेयर
C. आयोनॉस्फेयर D. मेसोस्फेयर

70. अक्टूबर 1940 में चलाए गए व्यक्तिगत सत्याग्रह आन्दोलन का नेतृत्व करने के लिए महात्मा गांधी द्वारा चयनित प्रथम सत्याग्रही कौन था?

A. विनोबा भावे B. जवाहरलाल नेहरू
C. सी. राजगोपालाचारी D. डॉ. राजेन्द्र प्रसाद

71. चाय का सबसे बड़ा उत्पादक देश कौन है?

A. भारत B. चीन
C. रूस D. अमेरिका

72. निम्नलिखित में अर्थशास्त्र का नोबेल पुरस्कार किसे दिया गया?

A. पोप जॉन पाल–II B. कौन्डलिना राइस
C. जॉन मैक्केन D. पॉल क्रुग्मन

73. सूर्य के गिर्द ग्रहों का पथ निम्नलिखित में से कैसा होता है?

A. दीर्घवृत्तीय B. वृत्तीय
C. परवलयिक D. सरलरेखीय

74. 'द व्हाइट टाइगर' नामक उपन्यास पर बुकर पुरस्कार किसे दिया गया?

A. अमिताब घोष B. अरुंधति राय
C. अरविंद अडिगा D. महाश्वेता देवी

75. दक्षिण भारत की कौन-सी नदी 'शिवा- समुद्रम' नामक जलप्रपात बनाती है?

A. नर्मदा B. कावेरी
C. कृष्णा D. गोदावरी

76. यदि भारत का राष्ट्रपति अपना त्यागपत्र देना चाहे तो वह किसे लिखेगा?

A. मुख्य निर्वाचन आयुक्त
B. लोक सभा अध्यक्ष
C. प्रधानमंत्री
D. उपराष्ट्रपति

77. भारत के प्रथम महिला विश्वविद्यालय की स्थाप[ना] किसने की?

A. एम.जी. रानाडे B. ढोंडो केशव कर्वे
C. आर. जी. भंडारकर D. गोपालकृष्ण गोखले

78. बादशाह जहाँगीर के आदेशानुसार सिखों के किस [गुरु] को फाँसी दी गई थी?

A. गुरु अर्जुन देव B. गुरु तेगबहादुर
C. गुरु गोविन्द सिंह D. गुरु रामदास

79. 'आगा खाँ' महल कहाँ स्थित है?

A. अहमदाबाद B. मुम्बई
C. चेन्नई D. पुणे

80. मानव शरीर में क्रोमोसोमों की संख्या होती है—

A. 42 B. 44
C. 46 D. 48

81. निम्नलिखित में से कौन-सा युग्म अशुद्ध है?

A. वीनस—सबसे तेज चमकने वाला ग्रह
B. जुपिटर—सबसे बड़ा ग्रह
C. मर्करी—सबसे तेज ग्रह
D. मार्स—पृथ्वी के निकटतम ग्रह

82. 'विश्व ओजोन दिवस' कब मनाया जाता है?

A. 14 जुलाई B. 5 सितम्बर
C. 16 सितम्बर D. 10 नवम्बर

83. निम्नलिखित में से कौन-सी भाषा भारत की आ[ठवीं] सूची में नहीं दी गई है?

A. उर्दू B. संस्कृत
C. नेपाली D. अंग्रेजी

84. अधिकांश सक्रिय ज्वालामुखी पर्वत किसके आस[पास] हैं?

A. हिन्द महासागर B. अटलांटिक महास[ागर]
C. प्रशांत महासागर D. आर्कटिक महासा[गर]

85. जवाहर नवोदय विद्यालयों की स्थापना किसकी अनुशंसाओं के आधार पर हुई थी?
A. राष्ट्रीय शिक्षा नीति (1986)
B. प्रोग्राम ऑफ एक्शन (संशोधन) (1992)
C. भारतीय शिक्षा आयोग (1966)
D. राष्ट्रीय शिक्षा नीति (1986) की समीक्षा समिति

86. भारत ने पहला राष्ट्रीय अंतरिक्ष दिवस कब मनाया?
A. 23 अगस्त, 2024
B. 10 जुलाई, 2023
C. 20 अगस्त, 2022
D. 15 जनवरी, 2021

87. सर्वशिक्षा अभियान के अन्तर्गत किस आयु वर्ग के बच्चे आते हैं?
A. 0 – 14 वर्ष B. 6 – 14 वर्ष
C. 3 – 18 वर्ष D. 6 – 18 वर्ष

88. वह भारतीय राजनीतिक दल कौन-सा है जिसकी स्थापना ताशकंद में हुई थी?
A. भारतीय राष्ट्रीय कांग्रेस
B. किसान तथा मजदूर पार्टी
C. गदर पार्टी
D. भारतीय कम्युनिस्ट पार्टी

89. माध्यमिक शिक्षा आयोग (1952-53) की अध्यक्षता किसने की थी?
A. डॉ. एस. राधाकृष्णन्
B. डॉ. लक्ष्मीस्वामी मुदालियर
C. डॉ. लिगुण सेन
D. डॉ. डी. एस. कोठारी

90. पीलिया (Jaundice) किसके संक्रमण के कारण होता है?
A. मस्तिष्क (Brain) B. यकृत (Liver)
C. वृक्क (Kidney) D. प्लीहा (Spleen)

उत्तरमाला

1	2	3	4	5	6	7	8	9	10
B	D	C	D	B	B	B	D	A	C
11	**12**	**13**	**14**	**15**	**16**	**17**	**18**	**19**	**20**
D	D	A	A	B	A	B	A	A	C
21	**22**	**23**	**24**	**25**	**26**	**27**	**28**	**29**	**30**
B	D	C	A	A	B	A	A	A	B
31	**32**	**33**	**34**	**35**	**36**	**37**	**38**	**39**	**40**
B	A	C	B	A	D	A	B	D	A
41	**42**	**43**	**44**	**45**	**46**	**47**	**48**	**49**	**50**
A	D	C	B	D	C	B	A	C	A
51	**52**	**53**	**54**	**55**	**56**	**57**	**58**	**59**	**60**
C	B	C	B	D	B	A	A	D	B
61	**62**	**63**	**64**	**65**	**66**	**67**	**68**	**69**	**70**
D	B	A	B	C	A	C	D	B	A
71	**72**	**73**	**74**	**75**	**76**	**77**	**78**	**79**	**80**
B	D	C	C	B	D	B	A	D	C
81	**82**	**83**	**84**	**85**	**86**	**87**	**88**	**89**	**90**
D	C	D	C	D	A	B	D	B	B

ENGLISH

CHAPTER-1

Nouns & Pronouns

NOUN

A word which denotes a place, a thing, an animal or a person is said to be a noun.

1. Note the plurals of the following nouns:

Singular	*Plural*	*Singular*	*Plural*
copy	copies	cry	cries
baby	babies	duty	duties
body	bodies	country	countries
family	families	diary	diaries
fly	flies	fairy	fairies
city	cities	spy	spies
army	armies	storey	storeys
bay	bays	monkey	monkeys

2. The following nouns do not undergo any change in plural form, in general.

Singular	*Plural*	*Singular*	*Plural*
deer	deer	sheep	sheep
thousand	thousand	pair	pair
hundred	hundred	score	score
dozen	dozen	gross	gross

Note: We can write—

(*a*) thousands of men; (*b*) two pairs of shoes; (*c*) dozens of mangoes; (*d*) scores of people. etc. But—

(*a*) two thousand rupees; (*b*) three hundred men; (*c*) five dozen eggs, etc.

3. The following nouns are usually used in plural forms. They take a plural verb after them—

eatables	fetters	surroundings
riches	alms	spectacles
trousers	pants	scissors
premises	thanks	annals
congratulations	goods	shorts
tongs	pains	arms
breeches	(for troubles)	

4. The following are the nouns which are plural in appearance but are usually used in singular number. They are followed by a singular verb—

news	politics	physics
mathematics	economics	ethics
politics	classics	gallows
statistics	athletics	innings
mechanics	swnmons	mumps

5. Collective nouns often used as plurals—

public	police	cattle
audience	clergy	folk
people	poultry	nation
elite	gentry	glitterati

6. The nouns that are usually used in singular forms—

advice	hair	rice

fuel	alphabet	machinery
offspring	issue	furniture
mischief	stationery	luggage
bedding	information	abuse

7. Material nouns are always used in singular number—

gold	copper	milk
water	silk	wool

Note: They may be used in plural with a different meaning.

copper coins (coppers), chains or fetters (irons), cans made of tin (tins).

Formation of Feminine Gender from Masculine Gender

❖ By adding 'ess'/ 'trix'/ 'a' / 'sne' etc. *e.g.,* lion into lioness

❖ Placement of a word before or after noun *e.g.,* Servant into Maid-Servant; Milkman into Milkmaid

❖ A masculine noun containing vowel *e.g.,* Actor Avoid vowel and add 'ess' *i.e.,* Actress

❖ No specific note will be applied in some nouns (while changing into feminine gender) *e.g.,* Monk into Nun, Drone into Bee, Drake into Duck, Dog into Bitch.

THE PRONOUN

A pronoun is a word which is used in place of noun.

Kinds of Pronouns

1. **Personal Pronoun:** I, we, my, mine, our, ours, you, he, she, they, him, her etc.
2. **Reflexive Pronoun:** Herself, himself, myself, yourself, themselves etc.
3. **Emphatic Pronoun:** I myself, we ourselves.
4. **Demonstrative Pronoun:** This, that, there, those etc.
5. **Indefinite Pronoun:** Somebody, nobody, many, none, someone, few etc.
6. **Interrogative Pronoun:** What, who, whose, which, whom etc.
7. **Distributive Pronoun:** Neither, each, either, every, none, both etc.
8. **Relative Pronoun:** Who, which, whom etc.

MULTIPLE CHOICE QUESTIONS

Directions (Qs. 1 to 50): *In the following questions choose the correct options to fill the blanks.*

1. The place was so dirty that ..... wished to run away from there.
A. everbody B. anybody
C. few D. some

2. ..... was there to help me.
A. somebody B. anything
C. anybody D. nobody

3. Is there .... to eat?
A. some B. something
C. any D. few

4. ..... of the students were making a great noise.
A. anyone B. somebody
C. many D. nobody

5. ..... of the students can solve this sum.
A. someone B. anybody
C. somebody D. none

6. ...... of us should try our best to make India a heaven.
A. any B. somebody
C. anybody D. all

7. ...... of us do not know the real meaning of our lives.
A. any B. something
C. several D. many

8. There are not many .... in your town.
A. gentries B. gentry
C. A and B D. any of these

9. Don't write ....
A. 3's like 8's B. 3s like 8s
C. A and B D. any of these

10. I gave him ....
A. three and a half rupees
B. three rupees and a half

C. A and B
D. any of these

11. What are the .... of this place doing?
A. people B. peoples
C. pupils D. any of these

12. Whose .... are these?
A. poultries B. poultry
C. A or B D. A and B both

13. Is it a .... college?
A. girls' B. girl's
C. A or B D. A and B both

14. It is ....
A. nice poetry B. a nice poem
C. a nice poetry D. A and B both

15. Rishav is looking for a good ....
A. job B. employment
C. either A or B D. both A and B

16. Slow and steady .... the race.
A. wins B. win
C. either A or B D. both A and B

17. The road is under ....
A. repairs B. repair
C. either A or B D. both A and D

18. I do no like the .... of cricket.
A. game B. play
C. either A or B D. both A and B

19. The earthquake caused ....
A. many damages B. much damage
C. only A D. all

20. One of my .... is mad.
A. friend B. friends
C. either A or B D. both A and B

21. Please put your .... there.
A. signature B. sign
C. any of these D. both A and B

22. No news .... good news.
A. were B. was
C. both A and B D. any of these

23. My .... black.
A. hairs are B. hair is
C. hairs shall D. hair will

24. She saw two .... on the last Sunday.
A. thiefs B. theifs
C. thieves D. theives

25. My sister is a ....
A. bacheloress B. bachelor
C. unmaried D. spinster

26. One is supposed to do ....
A. our duty B. their duty
C. one's duty D. his duty

27. Take anything .... you want.
A. that B. which
C. than D. then

28. I cannot tolerate ....
A. separated you
B. your separation
C. separation from you
D. you separated

29. He is .... faithful partner.
A. Yours B. You
C. Your D. Your's

30. Ajay is more smart than ....
A. her B. hers
C. herself D. she

31. Vivek works harder than ....
A. me B. I
C. her D. his

32. They should help ....
A. the poor people B. the poor
C. the poor persons D. the poor peoples

33. .... are mad.
A. All his sons B. His all sons
C. Sons all his D. All sons his

34. The poor fellow .... to fate.
A. resigned B. resigned himself
C. resigned itself D. either A or C

35. No body will help you but ....
A. I B. me
C. ours D. his

36. It is a good chance, You must avail .... this opportunity.
A. of B. yourself of
C. for D. from

37. The person who is elected .... my relative.
A. is B. he is
C. his D. him

38. He made ....
A. yours mention B. mention of you
C. mention for you D. mention about you

39. .... I know, he is quite faithful.
A. As far as B. So far as
C. So far this D. So far so

40. It is a duty of a person to take .... for his family.
A. pain B. pains
C. either A or B D. pained

41. She does not love .... husband.
A. his B. her
C. its D. A or C

42. Let, ... work together.
A. him and me B. he and I
C. A. and B. both D. I and me

43. Copper, Silver and Gold ....
A. each will do B. either will do
C. any one will do D. A and B both

44. Jessica and Roma are very irregular .... habits.
A. in her B. in their
C. in its D. A or C

45. One likes to enjoy .... who was a great poet.
A. The sonnets of Shakespeare
B. Shakespeare's sonnets
C. Either A or B
D. A and B

46. That is the boy .... everybody loves.
A. whom B. who
C. that D. whose

47. That is the girl .... won the first prize.
A. whom B. who
C. whose D. which

48. That is the man .... purse was lost.
A. who B. whom
C. whose D. their

49. I have got .... I wanted.
A. which B. whose
C. that D. what

50. .... man has his own will.
A. All B. Any
C. Each D. Many

ANSWERS

1	2	3	4	5	6	7	8	9	10
A	D	B	C	D	D	D	B	A	B
11	12	13	14	15	16	17	18	19	20
A	B	A	D	A	A	B	A	B	B
21	22	23	24	25	26	27	28	29	30
A	B	B	C	D	C	A	C	C	D
31	32	33	34	35	36	37	38	39	40
B	B	A	B	B	B	A	B	A	B
41	42	43	44	45	46	47	48	49	50
B	A	C	B	A	A	B	C	D	C

CHAPTER-2

Conjunctions

A word which joins either two or more than two words/sentences is known as conjunction.

Neither .... nor (in negative sense)
Either .... or (in affirmative sense)
Both .... and
Hardly .... when/before
No sooner .... than
Scarcely .... when/before
Though .... yet

Some illustrations based on above guidelines
Illustration:

1. Yashwant is [neither] good [nor] bad.
2. It is [both] cheap [and] good.
3. [No sooner] did Ashok see the police [than] he ran away.

'Both' and 'as well as' cannot be used together in the same sentence.
Illustration: Both Bangladesh and Bhutan are poor. (✓)
Bangladesh as well as Bhutan is poor. (✓)
Both Bangladesh as well as Bhutan are poor. (×)

Never use 'that' before who, whose, whom, where, when, what, which and why.
Illustration:
The director asked Mr. S.R. Kumar that why he was late. (×)
The director asked Mr. S.R. Kumar why he was late (✓)

Not only .... but also (verb will be according to second subject)
Either .... or (verb will be according to second subject)

Illustration :

Not only (he) but also [his friends] (are) going to see the movie.

he → S_1, his friends → S_2

'But' will be used in negative sense.

Illustration: She worked hard but failed in the examination.

S_1 + as well as + S_2

A sentence having above structure takes verb according to first subject (S_1).

Illustration: [He] [as well as] [his friends] [is] playing cricket.

He → S_1, as well as → Conjunction, his friends → S_2

Use of as if (see illustration)

Illustration:

Mr. Raj Prakash behaves [as if] he [were] the president of India.

(Note : 'As if' takes always 'were')

If two subjects are combined with 'together with' then verb will be according to first subject.

Illustration:

The captain [together with] his players [were] present in the field. (×)

The captain → S_1, his players → S_2, were → V

The captain [together with] his players [was] present in the field. (✓)

The captain → S_1, his players → S_2, was → V

MULTIPLE CHOICE QUESTIONS

Directions (Qs. 1 to 30): *In the following questions choose the correct options to fill the blanks.*

1. Neither he .... his friend is good.
A. or B. and
C. but D. nor

2. The officer asked the peon .... why he was late.
A. that B. if
C. but D. no word

3. Both Ajay .... Bijay are intelligent.
A. or B. nor
C. and D. no word

4. No Sooner did the thief see the public .... he ran away.
A. then B. and
C. but D. than

5. Abhinav .... his brothers was going to Mumbai.
A. but B. yet
C. no word D. together

6. He behaves .... he were the captain of the team.
A. as if B. as
C. no word D. that

7. Either Rupali .... Sonali is going to attend the meeting.
A. and B. but
C. nor D. or

8. Neither Nirmal .... Ashwinee is going to listen the speech of A.B. Vajpayee.
A. and B. but
C. nor D. or

9. Ravi .... Prakash are going to Kolkata.
A. or B. nor
C. but D. and

10. Rice .... curry is my usual breakfast.
A. and B. but
C. then D. than

11. Hardly had he left .... his brother came.
A. then B. than
C. when D. that

12. I would rather have a copy .... a book.
A. then B. than
C. when D. that

13. He is no other .... my friend.
A. then B. than
C. when D. but

14. He saw a snake ....he awoke.
A. then B. when
C. than D. no word

15. Ten years have passed .... my grandmother died.
A. since B. when
C. then D. than

16. She is .... good .... bad.
A. either, not B. neither, or
C. neither, nor D. neither, than

17. The cellphone is both cheap .... best.
A. than B. and
C. then D. or

18. No sooner did the thief see the police .... he ran away.
A. then B. than
C. so D. because

19. Srishti will go .... Sanju goes.
A. if B. than
C. then D. although

20. She is wise .... timid.
A. and B. yet
C. but D. however

21. Make hay .... the sun shines.
A. though B. while
C. after D. before

22. He is so weak .... he cannot walk.
A. but B. that
C. then D. so

23. Although he is rich, ... he is unhappy.
A. but B. yet
C. so D. still

24. Wait here .... I come back.
A. till B. until
C. before D. after

25. He is my friend .... I shall help him.
A. so B. hence
C. that is why D. therefore

26. He must go away .... he will be beaten.
A. otherwise B. and
C. or D. else

27. God loves good men .... good men love God.
A. and B. or
C. that D. those

28. He was late .... he was not punished.
A. but B. yet
C. still D. therefore

29. Walk slowly ...., you may fall.
A. and B. or
C. so D. otherwise.

30. Work hard, ... you will fail.
A. and B. or
C. otherwise D. else

ANSWERS

1	2	3	4	5	6	7	8	9	10
D	D	C	D	D	A	D	C	D	A
11	**12**	**13**	**14**	**15**	**16**	**17**	**18**	**19**	**20**
C	B	B	B	A	C	B	B	A	C
21	**22**	**23**	**24**	**25**	**26**	**27**	**28**	**29**	**30**
B	B	B	A	B	C	A	C	D	D

CHAPTER-3

Modals & Auxiliaries

AUXILIARY VERBS

Modals are actually helping verbs. They help the finite verbs in framing sentences:

She **was** cooking food.

I **shall** guide you.

Kinds of Auxiliary Verbs

Auxiliary verbs are of two kinds:

A. Primary Auxiliaries (Modals)

B. Modal Auxiliaries (Auxiliary Modals)

(A) Primary Modals

Primary modals work both as Helping Verbs and Finite Verbs.

Be = is, am, are, was, were, being, been

Have = has, have, had, having

Do = do, does, did, done, doing

(*a*) **Usage of be/have/do as Helping verbs:**

She **is** making a cane basket.

I **have** finished my homework.

She **does** know French.

(*b*) **Usage of be/have/do as Finite verbs:**

She **was** happy.

I **have** an expensive pen.

She **is doing** her homework.

(B) Modal Auxiliaries

Shall, should, will, would, can, could, may, might, must, ought to, used to, have to, had to, dare, daren't, need needn't, mustn't are modal Auxiliaries.

Shall

'Shall' is used in the following ways:

(*a*) **With first Person Pronouns (I/we)**

I shall lend you my book.

We shall go to school together.

(*b*) **to express a suggestion**

Shall we go out for a walk?

Shall we meet the officer tomorrow?

Sometimes 'Shall' is used with Second and Third Person Pronouns as under:

(*a*) **to express a command**

You shall not tell a lie.

You shall not disturb us.

(*b*) **to express prohibition**

You shall not smoke here.

You shall not drink here.

(*c*) **to express a legal obligation**

You shall submit your sales tax return before the end of this month.

Should

'Should' is used in the following ways:

(*a*) **As Past Tense of 'shall'**
She said that she **should** settle in America.

(*b*) **to express duty and obligation**
You should do your duty honestly.

(*c*) **to express advice**
You should reach the station before time.

(*d*) **to express guess**
It should be 9 o'clock now.

(*e*) 'Should' is used with lest to express purpose.
Walk fast lest you should miss the train.

Will

'Will' is used in the following ways:

(*a*) **With Second and Third person Pronouns:**
You will dance at the party.
He will sing a song.

(*b*) **to express (Invitation/offer)**
Will you dine with me tonight?

(*c*) **to express an order**
Will you shut your big mouth?

(*d*) **to express probability**
He will come to see me tomorrow.

Sometimes 'Will' is used with 'I'

(*a*) **Determination**
I will win the first position.

(*b*) **A threat**
I will punish you.

(*c*) **A promise**
I will lend you Rs. 500/- tomorrow.

Would

'Would' is used in the following ways:

(*a*) **As Past Tense of 'will'**
He said that they would be attending the meeting the next day.

(*b*) **to express a desire or wish**
Would that I were a king!

(*c*) **to express a polite invitation**
Would you like some biscuits?

(*d*) **The usage of would in conditional sentences**
You would get good marks if you worked hard.
You would have won the race if you had run fast.

(*e*) **to express a piece of advice**
I would not meet him if I were you.

Can

'Can' is used in the following ways:

(*a*) **to express ability**
He can speak English fluently.

(*b*) **to grant permission**
You can go now.

(*c*) **to express impossibility**
Who can defeat his fate?

(*d*) **to make a request**
Can I use your motorbike?

Could

'Could' is used in the following ways:

(*a*) **As Past Tense of 'can'**
She said that she could see the sun rising.

(*b*) **to express past ability**
I could sing and dance when I was young.

(*c*) **to express a request**
Could I use your phone?

May

'May' is used in the following ways:

(*a*) **to express a request**
May I use your bicycle?

(*b*) **to seek and allow permission**
May I come in, sir?
Yes, you may.

(*c*) **to express possibility**
It may rain tonight.

(*d*) **In optative sentences**
May you live long!

Might

'Might' is used in the following ways:

(*a*) **As past tense of 'may'**
She said that her brother might come back home.

(*b*) **to express less possibility**
It might rain tonight.

(*c*) **to give and seek permission**

Might I come in, sir?

You might go home now.

Must

'Must' is used in the following ways:

(*a*) **to express duty**

You must serve your motherland.

(*b*) **to express obligation**

We must obey our elders.

(*c*) **to express advice**

You must take an umbrella before going to office.

(*d*) **to express probability**

'Must' expresses a stronger probability than may.

It must rain tonight.

Ought to

'Ought to' is used in the following ways:

(*a*) **to express obligation**

We ought to respect our teachers.

(*b*) **to express advice**

You ought to help the poor.

Used to

'Used to' is used in the following ways:

(*a*) **to express past habits**

He used to smoke.

(*b*) **to express past existence of something**

There used to be a five star hotel in this city.

Have to

'Have to' expresses compulsion in the present tense.

You have to sign the documents.

Had to

'Had to' expresses compulsion in the past time.

She had to join the office again.

Dare

'Dare' is used as a Modal only in Interrogative sentences.

How dare you touch my bag?

Dare not (Daren't)

'Dare not (Daren't)' is used in negative sentences.

She daren't complain against me.

Need

'Need' expresses an obligation/compulsion. It is used in Interrogative Sentences.

Need I say more?

Need not (Needn't)

'Need not (Needn't)' is used in negative sentences.

You needn't come here again.

Must not (Mustn't)

'Must not (Mustn't)' is the negative form of must.

You mustn't follow us.

MULTIPLE CHOICE QUESTIONS

Directions (Qs. 1 to 30): *In the following questions choose the correct options to fill in the blanks:*

1. Work hard lest you .... fail.

A. should B. may
C. can D. must

2. .... I come in, madam?

A. Can B. May
C. Will D. Must

3. It ...... rain tonight.

A. shall B. will
C. may D. can

4. You ...... love your countrymen.

A. need to B. have to
C. had to D. ought to

5. .... you like some pastrics?

A. Should B. Would
C. Could D. Will

6. ...... that I were an actor!

A. Would B. Should
C. Could D. Will

7. Had you made one more effort you ...... have won the race.

A. will B. may
C. would D. shall

8. I ...... solve any sum.
A. may B. am
C. must D. can

9. ...... I smoke here?
A. Can B. Will
C. Could D. Must

10. The passengers .... keep watch on their luggage.
A. has B. have
C. should D. had

11. You .... submit your file to the authorities within a week.
A. have B. had
C. should D. would

12. ...... I use your phone?
A. Have B. Could
C. Would D. Had

13. ..... you give me your pen?
A. May B. Can
C. Must D. Dare

14. There ...... be an hospital at this place.
A. have to B. may
C. used to D. might

15. He ...... read and write when he was young.
A. would B. could
C. should D. can

16. He said that he ..... sing a song at the party.
A. should B. would
C. can D. will

17. She asked if he ...... help her.
A. should B. can
C. must D. would

18. We .... respect our elders.
A. need to B. have to
C. ought to D. had to

19. Nothing .... be done under such circumstances.
A. can B. used to
C. must D. have to

20. She ..... not ask about it.
A. has B. have
C. had D. dare

21. You .... not bring the child here.
A. have B. had
C. need D. would

22. ..... you live long!
A. Will B. May
C. Shall D. Can

23. ..... God help you!
A. Can B. Will
C. May D. Shall

24. ..... that I were a leader!
A. Would B. Should
C. Could D. Will

25. It ...... be ten o'clock now.
A. could B. would
C. should D. will

26. He ..... have reached the station by now.
A. shall B. will
C. would D. should

27. Being a receptionist, she will .... type a letter.
A. has to B. have to
C. need to D. must

28. The birds ...... fly high in the sky.
A. may B. should
C. can D. would

29. ...... I open the main gate?
A. Should B. Would
C. Could D. Must

30. If you played well, we ...... win the match.
A. would B. should
C. must D. need

ANSWERS

1	2	3	4	5	6	7	8	9	10
A	B	C	D	B	A	C	D	A	C
11	**12**	**13**	**14**	**15**	**16**	**17**	**18**	**19**	**20**
A	B	B	C	B	B	D	C	A	D
21	**22**	**23**	**24**	**25**	**26**	**27**	**28**	**29**	**30**
C	B	C	A	C	B	B	C	A	A

CHAPTER-4

Speech

Direct Speech and Indirect Speech

The words spoken by the speaker are in Direct Speech.

The words spoken by somebody expressed by someone else with some modification are known as Indirect Speech.

(*a*) Rohit says to me, "You do not understand me."

(*b*) Rohit tells me that I do not understand him.

The sentence
(*a*) shows the words spoken by Rohit. So, it is a sentence of direct speech.

The sentence
(*b*) shows the words spoken by Rohit and they have been reported with certain modification. So, it is a sentence of Indirect Speech.

Important Rules Regarding the change of Direct Speech into Indirect Speech

A. In the sentence of direct speech the verb outside the inverted commas is known as the Reporting Verb.

B. The words inside the inverted commas are known as direct speech.

C. When the sentence is indirect speech, it won't take a sign of exclamation or a sign of interrogation.

D. The Reporting Verb can be given in Present, Past or Future Tense.

E. When the Reporting Verb is in Present or Future Tense, there will be no change in the tense of direct speech while converting it into indirect speech.

F. When the Reporting Verb is in Past Tense the tense of direct speech will be changed while converting it into Indirect Speech.

G. The following adverbs and possessives should be changed as given:

(i) This into that

(ii) These into those

(iii) Here into there

(iv) Now into then

(v) Today into that day

(vi) Last night into the previous night

(vii) Tomorrow into the next day

(viii) The next day/week into the following day/week

(ix) Hence into thence.

Change of Tense

Reporting Verb	Reporting Speech	Change of Tense
Present Tense	Any Tense	No change.
Future Tense	Any Tense	No change.
Past Tense	Present/Future Tense	Change into corresponding Past Tense.
Past Tense	Past Indefinite Tense	Change into Past Perfect Tense.
Past Tense	Past Continuous Tense	Change into Past Perfect Continuous Tense
Past Tense	Past Pefect/Perfect Continuous Tense	No change.
Past Tense	Universal Truth	No change.
Past Tense	Proverb	No change.

Transformation Based on Special Rules

1. Rule Related to Interrogative Sentence

- If the answer of an interrogative sentence is possible in yes-no manner.

Illustration.

M.S. Dhoni told Rahul Dravid, "Will you help me?"

M.S. Dhoni asked Rahul Dravid whether he would help him.

(**Note :** The answer of R.S. is possible in yes-no manner)

Rule of Transformation from Direct to Indirect speech

Step I : Change R.V. into ask.

Step II : In place of comma use 'if/whether'.

Step III : Change interrogative sentence into assertive sentence.

- If the answer of an interrogative sentence is not possible in yes-no manner.

Illustration:

Rahul Dravid told Dhoni, "What do you want?"

Rahul Dravid asked Dhoni what he wanted.

(**Note :** Only in Step II, you have to avoid comma and inverted comma and rest will be same as mentioned above).

2. Rule related to Imperative Sentence

- Imperative sentence is a sentence which shows Order/Advice/Request

Illustration:

My father said to me, "Go there".

My father ordered me to go there.

Rule of Transformation from Direct to Indirect Speech

Step I : Change R.V. as per meaning/sense of R.S. into order/request/advise.

Step II : In place of comma, use 'to'.

Step III : Rest portion will be same.

3. Rule related to Optative Sentence

- Optative sentence is a sentence which exposes the feeling of bless/curse/pray/wish.

Illustration:

Mother said to me, "May you live long!"

Mother blessed me that I might live long.

Rule of Transformation from Direct to Indirect Speech

Step I : Change R.V. as per meaning/sense of R.S. into bless/curse/pray/wish.

Step II : In place of comma, use 'that'.

Step III : Change optative sentence into assertive sentence.

4. Rule related to Exclamatory Sentence

- Exclamatory sentence is a sentence which takes note of exclamatory (!) mark in that sentence showing inner feeling.

Illustration:

She said, "Alas! I am ruined".

She exclaimed with sorrow that she was ruined.

Rule of Transformation from Direct to Indirect Speech

Step I : Change R.V. as per meaning/sense of R.S. into exclaim/exclaims/exclaimed/will or shall exclaim + joy/sorrow/anger/surprise/applause/contempt.

Step II : Change comma into that.

Step III : Change note of exclamation (!) into full (.)

Step IV : Change exclamatory sentence into assertive sentence.

MULTIPLE CHOICE QUESTIONS

Directions (Qs. 1 to 20): *Each sentence in this assignment is followed by four options, only one is correct. Spot the correct answer.*

1. She said to me, "Keep quite and listen to my words".
   A. She requested me to keep quite and listen to her words.
   B. She ordered me to keep quite and listen to her words.
   C. She entreated me to keep quite and listen to her words.
   D. She told me to keep quite and listen to her words.
2. My brother said to me, "What are you doing here?"
   A. My brother asked me that what I was doing there.
   B. My brother asked me what I was doing there.
   C. My brother asked me that what was I doing there.
   D. My brother asked me what I was doing here.
3. Ravi said, "My father lived in this city two years ago."
   A. Ravi said that his father had lived in that city two years before.
   B. Ravi said that his father had lived in that city two years ago.
   C. Ravi told that his father had lived in that city ago two years.
   D. Ravi asked that his father had lived in that city before two years.
4. My brother said to me, "When I was young, I used to play cricket".
   A. My brother told me that when I was young, I used to play cricket.
   B. My brother told me that when I was young, I used to play cricket.
   C. My brother told me that when he was young, I used to play cricket.
   D. My brother told me that when he was young, he used to play cricket.
5. The student said, "Sir, I am not guilty".
   A. The student said with respect that he was not guilty.
   B. The student pleaded that he was not guilty.
   C. The student pleaded with respect that he was not guilty.
   D. The student said respect-fully that he was not guilty.
6. Prabha said, "I am an early-riser".
   A. She regretted that she was an early-riser.
   B. She said that she is an early-riser.
   C. She said that she was an early-riser.
   D. She regretted that she is an early-riser.
7. The police officer said to the criminal, "Speak as I tell you".
   A. The police officer directed the criminal to speak as he told him.
   B. The police officer told the criminal to speak as he told him.
   C. The police officer advised the criminal to speak as he told him.
   D. The police officer requested the criminal to speak as he told him.
8. The preacher said to me, "May God help you!"
   A. The preacher prayed that God might help me.
   B. The preacher prayed that God might help him.
   C. The preacher requested that God might help me.
   D. The preacher requested the God might help them.
9. She said to me, "Happy Diwali!"
   A. She blessed me a happy Diwali.
   B. She wished me a happy Diwali.
   C. She prayed a happy Diwali.
   D. She said to me a very happy Diwali.
10. He said, "Shall I open the gate?"
    A. He asked that he should open the gate.
    B. He asked if he should open the gate.

C. He ordered that he should open the gate.
D. He requested that he should open the gate.

11. I told Ravi Singh, "Do have a cup of tea".
A. I ordered Ravi Singh to have a cup of tea.
B. I advised Ravi Singh to had a cup of tea.
C. I requested Ravi Singh to have a cup of tea.
D. I said Ravi Singh to have a cup of cold tea.

12. He told me, "Shall I go to the picture?"
A. He asked that he should go to the picture.
B. He asked if he shall go to the picture.
C. He asked if he should go to the picture.
D. He requested me to go to the picture.

13. The teacher says, "Two and two makes four".
A. The teacher says that two and two made four.
B. The teacher wishes that two and two makes four.
C. The teacher advises that two and two makes four.
D. The teacher says that two and two makes four.

14. Baby said, "I will go".
A. Baby said that she will go.
B. Baby said that she could go.
C. Baby say that she will go.
D. Baby said that she would go.

15. A said to my sister, "Please, give me more money".
A. I requested my sister to give me more money.
B. I scolded my sister to give me more money.
C. I advised my sister to gave me more money.
D. I requested my sister to give her more money.

16. He said, ''Bring a chair at once''.
A. He ordered to bring a chair at once.
B. He requested to bring a chair at once.
C. He told to bring a chair at once.
D. He says to bring a chair at once.

17. The teacher said, ''Don't make a noise''.
A. The teacher says to (me/him/her) not to make a noise.
B. The teacher asked (me/him/her) not to make a noise.
C. The teacher request not to make a noise.
D. The teacher asked (me/him/her) not to made a noise.

18. My father said, ''The earth is round''.
A. My father said that the earth was round.
B. My father says that the earth is round.
C. My father said that the earth is round
D. My father ordered that the earth is round.

19. We said, ''What a place it is!''
A. We said that it was a very fine place.
B. We said that is a very fine place.
C. We said that the place is fine.
D. We exclaimed with joy/surprise that it was a very fine place.

20. She said, ''Shall I thread the needle?''
A. She asked if she should thread the needle.
B. She asked if she shall thread the needle.
C. She ordered if she should thread the needle.
D. She says that if she would thread the needle.

ANSWERS

1	2	3	4	5	6	7	8	9	10
B	B	A	D	C	C	A	A	B	B
11	**12**	**13**	**14**	**15**	**16**	**17**	**18**	**19**	**20**
C	C	D	D	A	A	B	C	D	A

CHAPTER-5

Clauses & Sentences

THE CLAUSE AND THE SENTENCE DISTINGUISHED

1. **The Sentence** is a group of words that makes complete sense. As such it contains a subject and a predicate containing a finite verb. Sometimes, it has one or more objects. It is independent and grammatically self-contained.
2. **The Clause** is a part of the predicate and has a finite verb. It also has a subject but it is dependent on the Principal (or the main) clause.

Read the following sentences:

1. He is a good player of hockey.
2. He is very rich, but he does not show off.
3. I shall work till it is evening.
4. I do not know why he has come.
5. He is the boy who wanted to see you.

BREAK-UP

1. **Sentence No. 1** has only one part. All other sentences have two parts.
2. The two parts of **Sentence No. 2** are ....
   (*a*) He .... rich, and
   (*b*) he does not show off.
3. The two parts of **Sentence No. 3** are ....
   (*a*) I .... work, and
   (*b*) it is evening.
4. The two parts of **Sentence No. 4** are ....
   (*a*) I .... know, and
   (*b*) he has come.
5. The two parts of **Sentence No. 5** are ....
   (*a*) he .... boy, and
   (*b*) (who) .... see you.

EXPLANATION

1. (*i*) **Sentence No. 1** is a fully self-contained sentence with no dependent clause on any other part of the sentence.
   (*ii*) Hence, it is a **Simple** Sentence.
2. (*i*) In **Sentence No. 2,** there are two clauses (*a*) and (*b*).
   (*ii*) Neither of these two clauses is dependent on the other.
   (*iii*) Hence, while (*a*) is the main or Principal clause, (*b*) is the coordinate clause because it is equal grammatically to the clause (*a*).
   (*iv*) Together both these clauses (*a*) and (*b*) comprise a compound sentence.
   (*v*) Clauses (*a*) and (*b*) are joined by the coordinating conjunction "but".
   (*vi*) "He" is the subject for both the clause (*a*) and (b).
3. (*i*) In **Sentence No. 3,** clause (*b*) is dependent on clause (*a*).

(ii) Both these clauses are joined by the subordinating conjunction "till".

(iii) Hence (b) is a subordinate Adverb clause.

4. (i) In **Sentence No. 4,** clause (b) is dependent on clause (a).

(ii) Hence it is a subordinate Noun clause.

(iii) The two clauses are joined by the subordinating conjunction "why".

(iv) The Noun clause is object to the Verb, "know".

> **NOTE:** Some grammarians regard such clauses as Adverb clauses, but that does not seem logical.

5. (i) In **Sentence No. 5,** clause (b) is dependent on clause (a).

(ii) Whereas in sentences (2) to (4), the clauses (a) and (b) have been joined by subordinating conjunctions, in sentence (5) the word "who" has a peculiarity. It acts both

(a) as a subordinating conjunction and

(b) a relative pronoun.

(iii) The implication of grammatical position is that while ....

(a) "who" joins clause (b) with clause (a).

(b) as a relative pronoun, it also becomes the subject of the Verb "wanted".

NOTE: 1. "to see" is an infinitive and should not be confused as a Verb.

2. Sentences (3) to (5) are known as complex sentences.

(iv) The who—clause in **Sentence No. 5** is a Subordinate Adjective Clause.

LOCATION OF FINITE VERBS

A detail of finite verbs of above sentences are given below:

Sentence No.	Clause (a)	Clause (b)
1.	is	....
	(**Note:** A **Simple Sentence** has only one finite verb).	
2.	is	does (not) show
3.	shall work	is
4.	do (not) know	has come
5.	is	wanted.

THE SENTENCE

A sentence is an arrangement of words in the proper order.

(a) Santosh is a brilliant boy. (Correct)

(b) Santosh is boy a brilliant. (Incorrect)

The sentence (b) is incorrect, as the words in it have not been arranged in the proper order.

Kinds of Sentences

Usually, the sentences are considered to be of five kinds:

1. Assertive Sentence: They are of two types:

(a) **Affirmative Sentence:** A statement that affirms a fact is called an Affirmative Sentence. *e.g.,*

(i) He walks fast.

(ii) She takes a bath daily.

(b) **Negative Sentence:** A statement that makes the negative sense is called a Negative Sentence. *e.g.,*

(i) He does not like apples.

(ii) She is not a teacher.

2. Interrogative Sentence

A sentence in which a question is asked in a direct way is called an Interrogative Sentence. *e.g.,*

(*i*) Where do you live?
(*ii*) What do you want?

Interrogative sentences are also of two types:
(*a*) Passive of yes/no questions
(*b*) Wh-questions

If the answer of a question comes in 'Yes' or 'No' it is called Passive of yes/no questions, *e.g.*,

Do you know English?

In answering Wh-questions, we do not use 'Yes' or 'No'. *e.g.*,

What is your name?

3. Imperative Sentence

Sentences which show expression of request, advice, suggestion, order etc., are called Imperative Sentences. Usually, subject is not used in these sentences but it is understood, *e.g.*,

Advice:

Work hard.

Respect your elders.

Obey your parents.

Order:

Stand up.
Sit down.
Run away.
Post this letter at once.

Suggestions/Proposals:

Let's have some tea.
Let's go to theatre.
Let's sit in the shade of the tree.

Requests:

Please help me.
Kindly give me your book.

4. Exclamatory Sentence

Such a sentence expresses the sudden outburst of a strong emotion just as joy, sorrow, surprises, etc., *e.g.*,

How happy I am!
What a wonderful bird!
Alas! he is no more.
Hurrah! We have won the match.

5. Optative Sentence

Such sentences are actually an extension of exclamatory sentences. They express boon, curse, prayer, wish, etc., *e.g.*,

May you live long!
May God bless you!

MULTIPLE CHOICE QUESTIONS

Directions (Qs. 1 to 25): *In the following questions, one out of the given four alternatives is the correct transformation of the given statement, pick that one.*

1. You must be present in the meeting.
This statement can be converted into Negative as—
A. Nobody should be absent from the meeting.
B. You must not be absent from the meeting.
C. Anybody cannot be absent from the meeting.
D. You must not walk out of the meeting.

2. It is a beautiful bird.
This statement can be converted into Exclamatory as—
A. Is it a beautiful bird?
B. How is it a beautiful bird?
C. Who says it is not a beautiful bird?
D. What a beautiful bird it is!

3. It does not matter if we lose the match.
This statement can be converted into Interrogative as—
A. What does it matter if we lose the match?
B. Does it not matter if we lose the match?
C. Who says it does not matter if we lose the match?
D. How can we lose the match?

4. How happy I am!
This statement can be converted into Assertive as—
A. Am I happy?
B. I cannot say I am happy.
C. I am very happy.
D. How is it that I am happy?

5. There is none who cannot buy a bicycle.
This statement can be converted into Affirmative as—

A. Nobody can buy a bicycle.
B. Any one can buy a bicycle.
C. Some people cannot buy a bicycle.
D. It is useless to buy a bicycle.

6. You are forbidden to pluck flowers.
This statement can be converted into negative as—
A. You should not pluck flowers.
B. You are allowed to pluck flowers.
C. You are not allowed to pluck all the flowers.
D. You should give up the habit of plucking flowers.

7. He will definitely come here.
This statement can be converted into interrogative as—
A. When will he come here?
B. With whom will he come here?
C. How will he come here?
D. Will he not come here?

8. What a comfortable life he leads!
This sentence can be converted into an assertive sentence as—
A. I do not understand why he leads a comfortable life.
B. He leads a very comfortable life.
C. How does he lead a comfortable life.
D. Nobody knows how his life has become comfortable.

9. You should not absent yourself from the class any day.
This negative sentence can be converted into an affirmative one as—
A. You should be present in the class every day.
B. You should absent yourself from the class only rarely.
C. It is improper for you to be absent from the class.
D. You can come to the class any day you like.

10. What is the cause for worry?
This interrogative sentence can be converted into an assertive sentence as—
A. There is some cause for worry.
B. There is not much cause for worry.
C. There is no cause for worry.
D. Never think of a cause for worry.

11. You should give full information.
This statement can be converted into negative as—
A. Everybody should not give full information.
B. Nobody is allowed to give full information.
C. You should not hide anything.
D. You should not give full information only.

12. You dare not speak against me in public.
This statement can be converted into Interrogative as—
A. Dare you speak against me in public?
B. Is it proper for you to speak against me in public?
C. Can anybody speak against somebody in public?
D. Speaking against anybody in public is nobody's business.

13. A sailor should not be afraid of water.
This statement can be converted into Exclamatory as—
A. Should a sailor be afraid of water?
B. A sailor and afraid of water!
C. How afraid of water a sailor is!
D. A sailor cannot be afraid of water.

14. Oh! What an interesting book that was.
This statement can be converted into assertive as—
A. What an interesting book it was!
B. It was a very interesting book.
C. A very interesting book was read by me.
D. It was not an interesting book at all.

15. What can be done now?
This interrogative sentence can be converted into an assertive one as—
A. Nothing can be done now.
B. You can do everything now.
C. They can do something now.
D. Something can be done now.

16. It is useless to give any advice to an obstinate person.
This statement can be converted into negative as—
A. It is useless to ask an obstinate peson not to seek advice.
B. It is of no use giving advice to an obstinate person.

C. An obstinate person does not like the person who gives him any advice.
D. Some people do not make any use of advice given to obstinate persons.

17. Good people do not hate others.
This statement can be converted into interrogative as—
A. Do good people never hate others?
B. Why do not good people hate others?
C. When do good people say that they hate others.
D. Do good people hate others?

18. Isolation is very horrible for a child.
This statement can be converted into exclamatory as—
A. How horrible for a child isolation is !
B. How for a child isolation is horrible !
C. How horrible is for a child isolation !
D. How isolation is horrible for a child !

19. What a lame excuse !
This statement can be converted into assertive as—
A. A lame excuse it is.
B. How lame this excuse is.
C. Why do you make a lame excuse?
D. It is a very lame excuse.

20. True friends help each other not just once or twice.
This statement can be converted into affirmative as—
A. True friends help each other several times.
B. True friends help each other even unasked.
C. True friends help each other if they can.
D. True friends are helpful to each other.

21. You should refrain from smoking in public.
This statement can be converted into negative as—
A. You should not ask anybody smoking in public.
B. You should not advise anybody to smoke in public.
C. You should not smoke in public.
D. As a public servant, it is not proper for you to smoke.

22. The brave are never afraid of dangers.
This statement can be converted into interrogative as—
A. Are the brave ever afraid of dangers?
B. Do the brave ever preach against dangers?
C. Do the brave ever tell anybody to go with them at the time of dangers?
D. How do the brave manage dangers?

23. What a piece of work man is!
This exclamation can be converted into assertive as—
A. What piece of work man is?
B. Man is like a piece of work.
C. Man is a great piece of work.
D. Man is not like a piece of art.

24. Do not forget your duty wherever you go.
This negative statement can be converted into affirmative as—
A. Always remember your duty wherever you go.
B. To forget your duty wherever you go can be harmful to you.
C. Give up the habit of forgetting your duty.
D. Duty is more important than forgetfulness.

25. Who believes in ghosts these days?
This interrogative sentence can be converted into assertive as—
A. I believe in ghosts these days.
B. Nobody believes in ghosts these days.
C. You should not believe in ghosts these days.
D. There is no use believing in ghosts these days.

ANSWERS

1	2	3	4	5	6	7	8	9	10
B	D	A	C	B	A	D	B	A	C
11	**12**	**13**	**14**	**15**	**16**	**17**	**18**	**19**	**20**
C	A	B	B	A	B	D	A	D	A
21	**22**	**23**	**24**	**25**					
C	A	C	A	B					

CHAPTER-6

Tenses & Verbs

1. Tense indicates a point in time or period of time in the past, present, or future tense.

2. The verb may consist of a single word, or a main verb and one or more auxiliary words.

A. The verb can indicate a state of being (What the subject is) or location.
Bhaskar is intelligent.
Mahesh is at work.

B. A verb can indicate what the subject is like or becomes.
That child **seems** frightened.

C. A verb can indicate an action. (What the subject is doing).
The students **will finish** in time.

The key point is that tense is related to the form of verb. There are normally three forms of the verb, say, V_1, V_2, V_3 and for convenience a fourth form V_4 as verb+ing may be assumed.

Forms of Verb

V_1	V_2	V_3	V_4
Write Read Go ...	Wrote Read Went ...	Written Read Gone ...	Writing Reading Going ...

A Comparative Chart Regarding Tenses and Verbs

Simple Present	**Simple Past**	**Simple Future**
V_1	V_2	shall/will + V_1
Present Continuous	**Past Continuous**	**Future Continuous**
is/am/are + V_4	was/were + V_4	shall/will + be + V_4
Present Perfect	**Past Perfect**	**Future Perfect**
has/have + V_3	had + V_3	shall/will + have + V_3
Present Perfect Cont.	**Past Perfect Cont.**	**Future Perfect Cont.**
has/have + been + V_4	had + been + V_4	shall/will + have been + V_4

SIMPLE PRESENT:

A. A present state of affairs.	A. My sister lives in Nagpur.
B. A general fact.	B. The sun rises in the east.
C. Habitual actions.	C. I listen to the radio in the mornings.
D. Future time-tables.	D. My flight leaves at 10:00.

PRESENT CONTINUOUS:

A. A specific action that is occurring.	A. Arvind is watching TV (right now).
B. A general activity that takes.	B. These days, I'm taking it easy.
C. Future arrangements.	C. I'm inviting Hari to the party on Friday.

SIMPLE PAST:

A. An action that began and ended at a particular time in the past.	A. The mail came early this Morning.
B. An action that occurred over a period of time but was completed in the past.	B. Dad worked in advertising in the past.
C. An activity that took place regularly in the past.	C. We jogged every morning before class.

PAST CONTINUOUS:

A. Interrupted Actions.	A. I was sewing when the telephone rang.
B. A continuous state over a period of time but was completed in the past.	B. She was looking very ill. I was meeting lots of people at that time.
C. Events planned in the past.	C. Neetu was leaving for Kolkata but had to make a last minute change
D. Expressing a future intent.	D. Jyoti is going to bring her sister tonight.
E. Predicting an event.	E. You are going to pass the test. Don't worry.

- **SIMPLE FUTURE:**

(Will):

A. Making a future decision.	A. I will call you after lunch.
B. Predicting a future event.	B. You will pass the test. Don't worry.
C. Indicating willingness to do something.	C. If I don't feel better soon, I will go to to the doctor.

FUTURE CONTINUOUS:

A. An action that will be going at a particular time in the future.	A. At noon tomorrow, I will be taking the children to their piano lessons.
B. Future actions which have already been decided.	B. I will be wearing my black dress to the dinner.

PRESENT PERFECT:

A. An action that happened at an unspecified time.	A. She has never climbed a mountain. I'm sorry. I have forgotten your Name.
B. An action that has recently occurred.	B. He's just gone to sleep.
C. An action that began in the past and continues up to the present (often used with "for" or "since").	C. Jack has lived in Chennai all his life. I have been here since Monday. He has known her for two weeks.
D. An action that happened repeatedly before now.	D. We have flown across the Pacific four times. I've failed my driver's test twice.

PRESENT PERFECT CONTINUOUS:

A. An action that began in the past and has just recently ended. — A. Have you been ringing the Bell?

B. An action that began in the past and continues in the present. — B. Lokesh has been studying for two hours.

C. An action repeated over a period of time in the past and continuing in present. — C. Suresh has been smoking since he was fifteen.

PAST PERFECT:

A. An action that occurred before another past action. — A. Tarun had left hours before we got there.

B. An action that was expected to occur in the past. — B. I had hoped to know about the job before now.

PAST PERFECT CONTINUOUS:

A. An action that occurred before another past action. — A. His eyes hurt because he had been Reading for eight hours.

B. An action that was expected to occur in the past. — B. I had been expecting a change in his attitude.

FUTURE PERFECT:

A. An action that will be completed before a particular time in the future. — A. By next July, my parents will have been married for fifty years.

FUTURE PERFECT CONTINUOUS:

A. Emphasizing the length of time that has occurred before a specific time in the future. — A. By May, my father will have been working at the same job for thirty years.

MULTIPLE CHOICE QUESTIONS

Directions (Qs. 1 to 45): *Find the correct word(s) that correctly completes the sentence.*

1. A woman came in with a baby who, she said, ... a safety pin.
A. was just swallowing
B. swallowed
C. had just swallowed
D. just swallowed

2. The telephone ..... several times before I answered it.
A. was ringing B. has rung
C. had rung D. would ring

3. An employment advertisement should ..... the number of vacancies.
A. provide B. specify
C. contain D. declare

4. A crescendo of metallic thuds arose from the market, where the iron-smiths were ..... the pieces of metals.
A. flattening B. striking
C. hammering D. thrashing

5. Ambition is one of those ..... which are never satisfied.
A. ideas B. fancies
C. passions D. needs

6. The new education policy provides a useful ..... for the planners to remove illiteracy.
A. breakup B. breakthrough
C. breakaway D. break-in

7. The family gave father a gold watch on the ..... of his fiftieth birthday.

A. time B. event
C. occasion D. celebration

8. The passengers were afraid but the captain ..... them that there was no danger.
A. promised B. assured
C. advised D. counselled

9. It's very kind of you to ..... to speak at the meeting.
A. accept B. agree
C. comply D. concur

10. I haven't seen you ..... a week.
A. within B. since
C. for D. from

11. Besides other provisions, that shopkeeper deals ..... cosmetics too.
A. with B. in
C. at D. for

12. That rule is applicable ..... everyone.
A. to B. for
C. about D. with

13. I shall take revenge ..... you.
A. from B. with
C. on D. at

14. The ruling party will have to put its own house ..... order.
A. in B. on
C. to D. into

15. ..... all intents and purposes, the manager is the master of the firm.
A. in B. upon
C. with D. to

16. Like any other country India has its ..... share of superstitions.
A. proper B. abundant
C. fair D. peculiar

17. The miser gazed ..... at the pile of gold coins in front of him.
A. avidly B. admiringly
C. thoughtfully D. earnestly

18. The pilot had been warned about the storm before he .....
A. took away B. took up
C. took over D. took off

19. On account of the dearth of grass on the arid plains the cattle became .....
A. flippant B. jubilant
C. agitated D. emaciated

20. I saw a ..... of cows in the field.
A. group B. herd
C. swarm D. flock

21. He was sent to the prison for his .....
A. sin B. vice
C. crime D. guilt

22. ..... of old paintings is a job for the experts.
A. Resurrection B. Retrieval
C. Restoration D. Resumption

23. Once he has signed the agreement, he won't be able to .....
A. back up B. back in
C. back at D. back out

24. She ..... a brief appearance at the end of the party.
A. put on B. put in
C. put across D. put up

25. The battalion operating from the mountain was able to ..... three enemy divisions.
A. tie up B. tie down
C. tie on D. tie with

26. Do you know ..... ?
A. where she comes from
B. where does she come from
C. where from she comes
D. from where does she come

27. ..... works of reference are so valuable as the Encyclopaedia Britannica.
A. A few B. Few
C. The few D. Fewe

28. The paths of glory lead ..... to the grave.
A. straight B. but
C. in D. directly

29. Walking at three o'clock, I heard the ..... of thunder.
A. crackle B. rumble
C. ripple D. clank

30. The thief ..... all the money.
A. made up B. made off with
C. made do with D. made good

31. Pakistan lost a ..... wicket just when they seemed to be doing so well, and that led to their eventual defeat.

A. critical B. crucial
C. sensitive D. providential

32. In high school many of us never realised the importance that grammar would ..... in later life.

A. figure B. portray
C. play D. exercise

33. I was astounded at his ..... lack of knowledge about the Continent of Africa.

A. abundant B. colossal
C. huge D. great

34. The ..... of the Minister's statement cannot be verified by people who have no access to official records.

A. veracity B. verbosity
C. ambiguity D. validity

35. You haven't had your lunch yet, ... you?

A. are B. aren't
C. have D. haven't

36. Life is to death as pleasure is to .....

A. poverty B. suffering
C. anguish D. pain

37. The French ..... reputed to have a very good sense of humour.

A. is B. was
C. are D. will be

38. 'Please' and 'Thank you' are the little courtesies by which we keep the ..... of life oiled and running smoothly.

A. path B. machine
C. garden D. river

39. Catching the earlier train will give us the ..... to do some shopping.

A. chance B. luck
C. possibility D. occasion

40. ..... a failure of some traffic lights, traffic is moving very slowly

A. Owing B. Due to
C. Because D. Since

41. We had ..... wonderful time at the party last night.

A. such a B. so
C. such D. very

42. Leave a two-inch ..... on each page for the teacher's remarks.

A. border B. margin
C. blank D. gap

43. I don't really know how to ..... the problem.

A. tackle B. cope
C. draw D. erase

44. What is the ..... for an airletter?

A. fare B. value
C. postage D. stamp

45. The manner in which bombs exploded in five trains within a short span of time suggests that it is a part of a .....

A. game B. conspiracy
C. villainy D. sabotage

ANSWERS

1	2	3	4	5	6	7	8	9	10
C	C	B	C	C	B	C	B	B	C
11	12	13	14	15	16	17	18	19	20
B	A	C	A	D	C	A	D	D	B
21	22	23	24	25	26	27	28	29	30
C	C	D	B	B	A	B	B	B	B
31	32	33	34	35	36	37	38	39	40
B	C	B	A	C	D	C	B	A	B
41	42	43	44	45					
A	B	A	C	B					

CHAPTER-7

Infinitives & Gerunds

Read the following sentences:

1. She has decided to resign.
2. I see a thief running.
3. She insists on my sitting beside her.

In the above sentences, the underlined words are non-finites because they are not changed with the change of the subject, *e.g.,*

They have decided to resign.

She sees a thief running.

You insist on my sitting beside you.

Non-finites are of three kinds:

1. The Infinitives $(to + v_1)$
2. The Participles $(v_1 + ing)$
3. The Gerund $(v_1 + ing)$

1. THE INFINITIVE

To plus first form of the verb is called an Infinitive. It is often used as a Noun.

Uses of the Infinitive

(*a*) Subject of a sentence.
To laugh loudly is good for health.
To steal is bad.

(*b*) After a transitive verb.
He loves **to eat** sweets.
She likes **to play** tennis.

(*c*) After a preposition.
They are about **to leave.**

(*d*) As a complement after the verb 'be'.
Her ambition is **to be** a teacher.
His immediate aim is **to help** her.

(*e*) As an object.
He made me **weep.**
I saw him **go.**

(*f*) After an adjective.
Honey is sweet **to taste.**
He was ashamed **to talk** to his criminal friend.

(*g*) After a noun. (often in passive)
Here is a book **to be** read carefully.

Bare Infinitive

Some Infinitives are used without 'to' and are called Bare Infinitives.

You had better **go** home.
I saw him **go.**
I heard him **sing.**
He would rather **rest** than **play.**
I can **solve** this sum.
I watched him **steal** your purse.
I watched him **open** the safe.
Let him **come** in.
You had sooner **read** your book than **play.**

NOTE: Bare Infinitives are usually used after 'causal' (or 'causative') verbs and 'modals'.

2. THE PARTICIPLE

Participles serve the purpose of Adjectives.

I heard him **singing.**
I saw him **going.**

Kinds of Participles

Participles are of the following kinds:

I. Present Participle

I watched the boy **stealing** your purse.
I saw him **climbing** the hill.
She smelt something **burning.**
Don't let me catch you **smoking.**

II. Past Participle

I got the house **painted** last week.
I had my hair **cut.**
The rose has **faded.**
He had **written** five letters.
I want the office **built** in a month.

III. Perfect Participle

Having finished cooking, she started reading a novel.
Having dusted the room, the maid began to wash the dishes.
Having written a letter to her mother, she walked out of the room.

Joining of Sentences by using Participles

(I) By using Present Participles

1. Look at the boy. He is climbing the tree.
   Look at the boy climbing the tree.
2. He was dusting the room. He found a coin.
   While dusting the room, he found a coin.
3. The child opened the box. He found a toy.
   Opening the box, the child found a toy.

3. THE GERUND

A. (verb + ing) is usually used as a Gerund. Like a Noun, it is used as under.

(*a*) As a subject of the verb.
Killing birds is not good.
Smoking is injurious to health.

(*b*) As an object of the verb.
I like **singing.**
She loves **dancing.**

(*c*) As a complement of the verb 'be'.
What I hate the most is **drinking.**
What I love the most is **playing.**

(*d*) As an object of a preposition.
I am fond of **eating.**
She was punished for **telling** a lie.

B. In some cases, instead of Gerunds Infinitives can be used.

Subject + Verb	Gerund or Infinitive
I love	singing or to sing.
He hates	smoking or to smoke.
I like	dancing or to dance.
He prefers	reading novels/to read novels.
Your bike needs	oiling or to be oiled.

C. It + be + Adjective + Gerund (Phrase).

Subject + be	Adjective/Noun	Gerund (Phrase)
It is	wrong	making so much noise.
It is	good	drinking juice in the evening.
It is	nice	walking in the moon light.

D. Subject + be + Adjective or Past Participle + Preposition + Gerund.

Subject + be	Adjective/ Past Participle	Preposition	Gerund (Phrase)
He is	fond	of	swimming.
She was	annoyed	at	his talking so loudly.
He is	capable	of	solving all the sums.

MULTIPLE CHOICE QUESTIONS

Directions (Qs. 1 to 45): *In the following questions choose the correct options to replace the words given in brackets.*

1. He came (run) to his aunt.
A. run B. running
C. to run D. in run

2. She dislikes (eat) meat.
A. eat to B. to eat
C. eating D. to eating

3. He likes (sing).
A. sing to B. singing
C. to sing D. to singing

4. We are ready (play) the match.
A. play to B. to playing
C. playing D. to play

5. (Smoke) is injurious to health.
A. Smoking B. To smoke
C. To smoking D. Smoke to

6. He loves (eat) raw vegetables.
A. eaten B. eating
C. to eating D. eat to

7. He seemed (have) finished his homework.
A. have to B. to have
C. having D. to having

8. It is not easy (achieve) this target.
A. achieve to B. achieving to
C. to achieve D. to achieving

9. It is always difficult (climb) a mountain.
A. climb to B. to climb
C. climbing to D. to climbing

10. She avoided (argue) with him.
A. argue to B. arguing
C. to arguing D. argues

11. I saw him (go).
A. to go B. to going
C. going D. gone

12. I heard him (sing).
A. to sing B. singing
C. to singing D. sung

13. She smelt something (burn).
A. burning B. to burn
C. to burning D. burn to

14. He claimed (be) the best player of hockey.
A. being to B. to be
C. been D. has been

15. We eat (live).
A. living B. to living
C. to live D. lively

16. He wanted (go) across the world.
A. go to B. to going
C. to go D. going to

17. I cannot bear (kill) birds.
A. killing B. to killing
C. to kill D. kill to

18. He wished (be) there inside the hotel.
A. being to B. to be
C. been D. been to

19. It is time (drink) some juice.
A. drinking B. to drinking
C. drink to D. to drink

20. He is too busy (take) care of his kids.
A. taking to B. to take
C. to taking D. take to

21. I forbore myself (slap) him on the face.
A. to slap B. slap to
C. slapping D. slapping to

22. She tried (open) the safe.
A. open to B. opening
C. to open D. to opening

23. It is no use (cry) over spilt milk.
A. cry to B. in crying
C. crying D. crying to

24. They enjoyed (fly) kites.
A. to fly B. fly to
C. flying D. flying to

25. It is your responsibility (keep) the accounts of every happening here.
A. keep to B. keeping to
C. to keep D. keeping

26. Please give me a pair of scissors (cut) cloth.
A. cut to B. cutting to
C. cutting D. to cut

27. She prefers (play) chess to sitting idly.
A. to playing B. playing
C. play to D. playing to

28. I prefer (talk) to the officer alone.
A. talk to B. talking to
C. to talk D. to talking

29. Would you mind your (bring) some cake for me?
A. to bring B. bring to
C. bringing to D. bringing

30. (Err) is human.
A. Err to B. Erring to
C. To erring D. To err

31. (Steal) is not good.
A. Stealing B. To steel
C. To stealing D. Stealing to

32. She heard the lion (roar).
A. to roar B. roaring
C. roar to D. to roaring

33. He is reported (be) dead.
A. be to B. to be
C. to being D. to been

34. You are ordered (bring) the file number 100.
A. bringing B. to bringing
C. bring to D. to bring

35. You are advised (take) part in sports.
A. taking to B. to taking
C. to take D. take to

36. He was sent to America (find out) the reality.
A. to find out B. finding out
C. find out to D. to finding out

37. We have decided (hold) a function on 26th of this month.
A. holding B. holding to
C. hold to D. to hold

38. He is fond of (read).
A. reading B. to reading
C. to read D. read to

39. Would you like (eat) some apples?
A. eat to B. eating to
C. to eat D. to eating

40. He was approached late at night (be) warned of the situation.
A. been B. to being
C. be to D. to be

41. He appeared (have) cast his vote in favour of us.
A. having B. to having
C. to have D. have to

42. His ambition is (become) a doctor.
A. becoming B. to becoming
C. to become D. become to

43. We are asked (be) there in the main hall.
A. being B. been
C. to be D. be to

44. Our immediate aim is (provide) financial help to the needy.
A. provide to B. providing to
C. to providing D. to provide

45. We read and write (become) civilized.
A. becoming B. becoming to
C. to become D. become to

ANSWERS

1	2	3	4	5	6	7	8	9	10
B	C	B	D	A	B	B	C	B	B
11	**12**	**13**	**14**	**15**	**16**	**17**	**18**	**19**	**20**
C	B	A	B	C	C	A	B	D	B
21	**22**	**23**	**24**	**25**	**26**	**27**	**28**	**29**	**30**
C	C	C	C	C	D	B	C	D	D
31	**32**	**33**	**34**	**35**	**36**	**37**	**38**	**39**	**40**
A	B	B	D	C	A	D	A	C	D
41	**42**	**43**	**44**	**45**					
C	C	C	D	C					

CHAPTER-8

Other Sentence Patterns

REMOVING 'TOO'

By replacing 'too' with 'so that'

1. He is too weak to walk.
   He is so weak that he cannot walk.
2. The book was too tough to comprehend.
   The book was so tough that it could not be comprehended.

> **NOTE:** Sentence No. 1 is in the Present Tense so in it 'cannot' has been used; Sentence No. 2 is in the Past Tense, so, in it 'could not' has been used.

INTERCHANGE OF DEGREE OF COMPARISON

Degree of Comparison of Adjectives

Read the following sentences:

1. She is as clever as a fox. (Positive)
   A fox is not cleverer than her. (Comparative)

> **NOTE:** In Positive Degree as is used but in Comparative Degree a Negative sentence is used. If the negative has been used with the Positive Degree, it will be removed from the comparative degree.

2. He is not so weak as his brother. (Positive)
   He is stronger than his brother. (Comparative)
3. Shimla is the coldest tourist spot in India. (Superlative)
   Shimla is colder than any other tourist spot in India. (Comparative)
   No other tourist spot is as cold as Shimla. (Positive)
4. Rohit is one of the most intelligent boys in our class. (Superlative)
   Rohit is more intelligent than most other boys in our class. (Comparative)
   Very few boys in our class are so intelligent as Rohit. (Positive)

5. Gold is not the most expensive metal. (Superlative)
   A few metals are more expensive than gold. (Comparative)
   Some metals are at least as expensive as gold. (Positive)
6. Lead is the heaviest of all metals. (Superlative)
   Lead is heavier than any other metal. (Comparative)
   No other metal is so heavy as lead. (Positive)

INTERCHANGE OF ACTIVE AND PASSIVE

A Transitive verb is usually written in Active voice or Passive voice.

He reads a book. (Active voice)
A book is read by him. (Passive voice)

CHANGING IMPERATIVE SENTENCES INTO ASSERTIVE

Read the following sentences:

1. Walk fast. (Imperative)
   You are ordered to walk fast. (Affirmative)
2. Let us take a cup of tea. (Imperative)
   It is proposed that we should take a cup of tea. (Affirmative)
3. Please bring me a glass of water. (Imperative)
   You are requested to bring me a glass of water. (Affirmative)
4. Work hard. (Imperative)
   You are advised to work hard. (Affirmative)
5. Don't smoke. (Negative imperative)
   You are forbidden to smoke. (Assertive)

INTERCHANGE OF AFFIRMATIVE AND NEGATIVE SENTENCES

Read the following sentences:

1. He runs slow. (Affirmative)
   He does not run fast. (Negative)
2. He loves himself the most. (Affirmative)
   He does not love anybody more than himself. (Negative)
3. Mr Sharma is a busy man. (Affirmative)
   Mr Sharma is not an idle man. (Negative)
4. She is as brilliant as you. (Affirmative)
   You are not more brilliant than her. (Negative)
5. He spoke angrily. (Affirmative)
   He did not speak calmly. (Negative)

INTERCHANGE OF INTERROGATIVE AND ASSERTIVE SENTENCES

Read the following sentences:

1. Why to speak ill of anybody? (Interrogative)
   We should not speak ill of anybody. (Assertive)
2. Who can win his fate? (Interrogative)
   No one can win his fate. (Assertive)
3. Where will you find such beautiful shoes? (Interrogative)
   You will not find such beautiful shoes anywhere. (Assertive)

4. How can he die without paying my debt? (Interrogative)
   He cannot die without paying my debt. (Assertive)
5. When will he learn manners? (Interrogative)
   He will never learn manners. (Assertive)
6. What can be done now? (Interrogative)
   Nothing can be done now. (Assertive)

INTERCHANGE OF EXCLAMATORY AND ASSERTIVE SENTENCES

Read the following sentences:

1. What a beautiful flower it is! (Exclamatory)
   It is a very beautiful flower. (Assertive)
2. How beautiful the Taj is! (Exclamatory)
   I am surprised that the Taj is very beautiful. (Assertive)
3. O for a one-rupee coin! (Exclamatory)
   A one-rupee coin is urgently desired. (Assertive)
4. Would that I were rich! (Exclamatory)
   I wish that I were rich. (Assertive)
5. O that I were rich! (Exclamatory)
   I wish that I were rich! (Assertive)

INTERCHANGE OF PARTS OF SPEECH

Read the following sentences:

1. This way you will **minimize** the risk. (Verb)
   This way you will bring the risk to the minimum level. (Adjective)
2. She fought **courageously**. (Adverb)
   She showed a great **courage** in the fight. (Noun)
3. She does not speak the **truth**. (Noun)
   She is not **truthful**. (Adjective)
4. He fought **bravely**. (Adverb)
   He fought with **bravery**. (Noun)
5. He **ran** fast. (Verb)
   He ran a fast **race**. (Noun)
6. He showed **generosity** towards his opponent. (Noun)
   He was **generous** towards his opponent. (Adjective)

CHANGING OF SIMPLE SENTENCES INTO COMPOUND ONES

Read the following sentences:

1. Besides being abused he was charged with misbehaving with others. (Simple)
   He was not only abused but also charged with misbehaving with others. (Compound)
2. You must run fast to catch the bus. (Simple)
   Run fast or you may miss the bus. (Compound)
3. Having finished her kitchen work, Mrs Sharma sat against the T.V. set. (Simple)
   Mrs Sharma finished her kitchen work and sat against the T.V. set. (Compound)

4. In spite of bitter cold, they managed to climb the hill. (Simple)
   It was bitter cold, yet they managed to climb the hill. (Compound)
5. In spite of being strong, he dare not oppose his opponents. (Simple)
   He is strong but still he dare not oppose his opponents. (Compound)

CHANGING OF SIMPLE SENTENCES INTO COMPLEX ONES

Read the following sentences:

1. In spite of being on crutches, he managed to catch the thief. (Simple)
   Though the was on crutches, he caught the thief. (Complex)
2. She is too weak in mathematics to solve even a simple sum. (Simple)
   She is so weak in mathematics that she cannot solve even a simple sum. (Complex)
3. The girl in all black is my classmate. (Simple)
   The girl, who is in all black, is my classmate. (Complex)
4. Because of/Owing to his negligence he lost his credibility. (Simple)
   He lost his credibility because he was negligent. (Complex)
5. He was happy at having been able to make an impressive speech. (Simple)
   He was happy that he was able to make an impressive speech. (Complex)
6. Put the ring at the place of your finding. (Simple)
   Put the ring where you found it. (Complex)

CHANGING OF COMPOUND SENTENCES INTO COMPLEX SENTENCES

Read the following sentences:

1. He is intelligent, but he is unkind. (Compound)
   Although he is intelligent, he is unkind. (Complex)
2. Buy a ticket or you cannot go inside the hall. (Compound)
   You cannot go inside the hall unless you buy a ticket. (Complex)
3. He could not attend the meeting, for he was ill. (Compound)
   He could not attend the meeting because he was ill. (Complex)
4. Work hard or you won't be able to earn a lot. (Compound)
   If you don't work hard, you cannot earn a lot. (Complex)
5. It was fog all around, yet he managed to cross the uneven stretch of land. (Compound)
   Although it was fog all around, he managed to cross the uneven stretch of land. (Complex)

ACTIVE VOICE – PASSIVE VOICE

Sentences containing a transitive verb can usually be written in Active as well as Passive voice. When the subject acts upon the object the sentence is written in Active voice. When the subject is acted upon, the sentence is written in Passive voice.

1. Do you read a book? (Active)
   Is a book read by you? (Passive)
2. He flies an aeroplane. (Active)
   An aeroplane is flown by him. (Passive)
3. She is unfolding the bed sheet. (Active)
   The bed sheet is being unfolded by her. (Passive)

4. Are the boys singing songs? (Active)
   Are songs being sung by the boys? (Passive)
5. Mohit has forwarded your request. (Active)
   Your request has been forwarded by Mohit. (Passive)
6. Have you ever seen the Taj? (Active)
   Has the Taj ever been seen by you? (Passive)
7. He freed all the slaves. (Active)
   All the slaves were freed by him. (Passive)
8. Did the dog bite the stranger? (Active)
   Was the stranger bitten by the dog? (Passive)
9. Ajeet was helping his relatives. (Active)
   His relatives were being helped by Ajeet. (Passive)
10. Was Karan grazing the horses? (Active)
    Were the horses being grazed by Karan? (Passive)
11. She had gained great flesh. (Active)
    Great flesh had been gained by her. (Passive)
12. Had you gripped the knob on the door? (Active)
    Had the knob on the door been gripped by you? (Passive)
13. I'll hit him hard. (Active)
    He will be hit hard by me. (Passive)
14. Will you imitate your brother? (Active)
    Will your brother be imitated by you? (Passive)
15. You will have opened the envelope? (Active)
    The envelope will have been opened by you. (Passive)
16. Will she have printed her name on the title page? (Active)
    Will her name have been printed on the title page by her? (Passive)

USE OF TIME-CLAUSES

As soon as
No sooner did .... than
Hardly had .... when
Scarcely had .... when or before

These sentences are used to express two actions taking place immediately one after the other.

As soon as the cat saw the dog, it started to run.
No sooner did the cat see the dog than it started to run.
Hardly had the cat seen the dog when it started to run.
Scarcely had the cat seen the dog when it started to run.

MULTIPLE CHOICE QUESTIONS

Directions (Qs. 1 to 20): *In the following questions, one out of the given four alternatives is the correct transformation of the given statement, pick that one.*

1. You must be present in the meeting.
This statement can be converted into Negative as—
A. Nobody should be absent from the

meeting.

B. You must not be absent from the meeting.

C. Anybody cannot be absent from the meeting.

D. You must not walk out of the meeting.

2. It is a beautiful bird.

This statement can be converted into Exclamatory as—

A. Is it a beautiful bird?

B. How is it a beautiful bird?

C. Who says it is not a beautiful bird?

D. What a beautiful bird it is!

3. It does not matter if we lose the match.

This statement can be converted into Interrogative as—

A. What does it matter if we lose the match?

B. Does it not matter if we lose the match?

C. Who says it does not matter if we lose the match?

D. How can we lose the match?

4. How happy I am!

This statement can be converted into Assertive as—

A. Am I happy?

B. I cannot say I am happy.

C. I am very happy.

D. How is it that I am happy?

5. There is none who cannot buy a bicycle.

This statement can be converted into Affirmative as—

A. Nobody can buy a bicycle.

B. Any one can buy a bicycle.

C. Some people cannot buy a bicycle.

D. It is useless to buy a bicycle.

6. You are forbidden to pluck flowers.

This statement can be converted into negative as—

A. You should not pluck flowers.

B. You are allowed to pluck flowers.

C. You are not allowed to pluck all the flowers.

D. You should give up the habit of plucking flowers.

7. He will definitely come here.

This statement can be converted into interrogative as—

A. When will he come here?

B. With whom will he come here?

C. How will he come here?

D. Will he not come here?

8. What a comfortable life he leads!

This sentence can be converted into an assertive sentence as—

A. I do not understand why he leads a comfortable life.

B. He leads a very comfortable life.

C. How does he lead a comfortable life.

D. Nobody knows how his life has become comfortable.

9. You should not absent yourself from the class any day.

This negative sentence can be converted into an affirmative one as—

A. You should be present in the class every day.

B. You should absent yourself from the class only rarely.

C. It is improper for you to be absent from the class.

D. You can come to the class any day you like.

10. What is the cause for worry?

This interrogative sentence can be converted into an assertive sentence as—

A. There is some cause for worry.

B. There is not much cause for worry.

C. There is no cause for worry.

D. Never think of a cause for worry.

11. You should give full information.

This statement can be converted into negative as—

A. Everybody should not give full information.

B. Nobody is allowed to give full information.

C. You should not hide anything.

D. You should not give full information only.

12. You dare not speak against me in public.
This statement can be converted into Interrogative as—
A. Dare you speak against me in public?
B. Is it proper for you to speak against me in public?
C. Can anybody speak against somebody in public?
D. Speaking against anybody in public is nobody's business.

13. A sailor should not be afraid of water.
This statement can be converted into Exclamatory as—
A. Should a sailor be afraid of water?
B. A sailor and afraid of water!
C. How afraid of water a sailor is!
D. A sailor cannot be afraid of water.

14. Oh! What an interesting book that was.
This statement can be converted into assertive as—
A. What an interesting book it was!
B. It was a very interesting book.
C. A very interesting book was read by me.
D. It was not an interesting book at all.

15. What can be done now?
This interrogative sentence can be converted into an assertive one as—
A. Nothing can be done now.
B. You can do everything now.
C. They can do something now.
D. Something can be done now.

16. It is useless to give any advice to an obstinate person.
This statement can be converted into negative as—
A. It is useless to ask an obstinate peson not to seek advice.
B. It is of no use giving advice to an obstinate person.
C. An obstinate person does not like the person who gives him any advice.
D. Some people do not make any use of advice given to obstinate persons.

17. Good people do not hate others.
This statement can be converted into interrogative as—
A. Do good people never hate others?
B. Why do not good people hate others?
C. When do good people say that they hate others.
D. Do good people hate others?

18. Isolation is very horrible for a child.
This statement can be converted into exclamatory as—
A. How horrible for a child isolation is !
B. How for a child isolation is horrible !
C. How horrible is for a child isolation !
D. How isolation is horrible for a child !

19. What a lame excuse !
This statement can be converted into assertive as—
A. A lame excuse it is.
B. How lame this excuse is.
C. Why do you make a lame excuse?
D. It is a very lame excuse.

20. True friends help each other not just once or twice.
This statement can be converted into affirmative as—
A. True friends help each other several times.
B. True friends help each other even unasked.
C. True friends help each other if they can.
D. True friends are helpful to each other.

ANSWERS

1	**2**	**3**	**4**	**5**	**6**	**7**	**8**	**9**	**10**
B	D	A	C	B	A	D	B	A	C
11	**12**	**13**	**14**	**15**	**16**	**17**	**18**	**19**	**20**
C	A	B	B	A	B	D	A	D	A

CHAPTER-9

Articles & Demonstratives

Indefinite Article

'A'/ 'an' is called indefinite articles.

A. 'A' is used before a consonant sound and 'an' is used before a vowel sound.

B. The letter 'u' can have a consonant or vowel sound:
a university but an umbrella

C. The letter 'h' is sometimes not pronounced:
a horse but an hour

Uses of 'a' or 'an'

A. Before singular countable nouns when the noun is mentioned for the first Time.
I see a horse.

B. When the singular form is used to make a general statement about all people or things of that type.
A concert pianist spends many hours practicing. (All concert pianists spend many hours practicing)

C. In expressions of price, speed, and ratio.
60 miles, an hour, four times a day.

'A' or 'an' is not used

D. before plural nouns.
Flowers were growing along the river bank.

E. before non-countable nouns.
I wanted advice.

Definite Article 'The'

'The' is used:

A. before a noun that has already been mentioned:
I saw a man. The man was wearing a hat.
It is also used when it is clear in the situation in which a thing or person is referred to:
The books on the shelf are first editions.
I went to the bank. (a particular bank)

B. before singular noun that refers to a species or group.
The tiger lives in Asia. (Tigers, as a species, live in Asia)

C. before adjectives used as nouns.
The children collected money to donate to the institution for the deaf. ('the deaf' = deaf people)

D. when there is only one of something.
The sun shone down on the earth.
This is the best horse in the race.

E. before a body part in a prepositional phrase that belongs to the object in the sentence:
Someone hit me on the head. ("Me" is the object, and it is my head that was hit.) or a body part in a prepositional phrase that belongs to the subject of a passive sentence.
I was hit on the head. ("I" is the subject of the passive sentence, and it is my head that was hit.)

Note:

A possessive pronoun, rather than the article "the" is usually used with the body parts.

I hit my head. ("I" is neither the object of this sentence nor the subject of a passive sentence. Therefore a passive pronoun is used.)

Some proper names take "the" and some don't.

F. "The" is usually used with canals, deserts, forests, oceans, rivers, seas and plural islands, lakes and mountains.
the Suez Canal the Black Forest
the Hawaiian Islands the Atlantic Ocean

G. "The" is used when the name of a country or state includes the word "of", the type of government, or a plural form.
the Republic of Ireland
the United Kingdom
the Philippines

H. Otherwise, "The" is not used with:
the names of countries and states:
Japan Brazil Germany
the names of continents:
Africa Asia Europe
the names of cities:
Chicago Mexico City Hong Kong

Special Cases

A. the expression "a number of" means "several" or "many" and takes a plural verb. The expression "the number of" refers to the group and takes a singular verb.

A large number of tourists get lost because of that sign.

The number of lost tourists has increased recently.

B. the following nouns do not always take an article:

Prison	school	college
Church	bed	home
Court	jail	sea

Look at how the meaning changes:

Example: bed

No article: Jack went to bed. (=Jack walked to sleep. "Bed" refers to the general idea of sleep)

With "the", Jack went to the bed. (Jack walked over to a particular bed. The bed is referred to as a specific object.)

With "a": Jack bought a bed. (Jack purchased an object called a bed.)

C. Articles are not used with possessives Pronouns ("my", "your", etc.) or demonstratives ("this", "that", "these" and "those").

Where is my coat?

That watch was broken.

D. Non-countable nouns are used without an article to refer to something in general. Sometimes an article is used to show a specific meaning.

People all over the world want peace. (peace in general)

The peace was broken by a group of passing children. ("The peace" refers to peace at a specific time and place.)

The imparting of knowledge was the job of the elders in the community.
(knowledge in general)

I have a knowledge of computers. (a specific type of knowledge.)

Demonstratives, that, these and those

A. the demonstrative adjectives and pronouns are for objects nearby the speaker:
this (singular) those (plural)
and for objects far away from the speaker.
That (singular) those (plural)

B. Demonstratives are the only adjectives that agree in number with their nouns.

That hat is nice.

Those hats are nice.

C. When there is the idea of selection, the pronoun "one"(or "ones") often follows the demonstrative.

I want a book. I 'll get this (one).

If the demonstrative is followed by an adjective, "one"(or "ones") must be used.

I want a book. I 'll get this big one.

MULTIPLE CHOICE QUESTIONS

Directions (Qs. 1 to 40): *In the following questions choose the correct options to fill the blanks.*

1. .... will have to be paid for this material.
A. Half rupee B. Half a rupee
C. A half rupee D. An half rupee

2. .... is taking keen interest in India.
A. The USA B. USA
C. An USA D. A USA

3. Only .... can save our country.
A. the Hitler B. a Hitler
C. Hitler D. an Hitler

4. I can run for ....
A. hundred miles B. the hundred miles
C. a hundred miles D. an hundred miles.

5. .... man-eater has been killed.
A. The B. A
C. An D. Either A or B

6. What .... fine idea!
A. the B. an
C. a D. no article

7. .... earth is moving around the sun.
A. An B. A
C. The D. No article

8. This is .... first example while I got.
A. the B. a
C. an D. no article

9. This is .... house which was built during earthquake.
A. a B. an
C. the D. no article

10. .... America is a rich country.
A. The B. An
C. A D. no article

11. .... U.S.A. is a developed country.
A. A B. An
C. The D. No article

12. .... Bible is a holy book.
A. A B. The
C. An D. No article

13. .... rich should help the poor.
A. The B. A
C. An D. No article

14. .... Gold is a costly metal.
A. The B. A
C. An D. No article

15. Kalidas is .... Shakespeare of India.
A. a B. an
C. the D. no article

16. I can not do .... difficult work.
A. a such B. the such
C. such the D. such a

17. How foolish .... plan it is!
A. a B. an
C. the D. no word required

18. An ink is .... useful article.
A. an B. a
C. the D. no word required

19. There are .... husband and wife.
A. a B. an
C. the D. no word required

20. He is learning .... French
A. the B. a
C. an D. no word required

21. I am going to by .... umbrella.
A. an B. a
C. the D. no word required

22. Dr. A.L. Sinha was .... University Professor.
A. the B. a
C. an D. no article

23. She is .... honest leader.
A. the B. an
C. a D. no article

24. .... lion is the king of a forest.
A. A B. No article
C. An D. The

25. The rose is .... Sweetest of all flowers.
A. an B. a
C. the D. no article

26. She caught him by .... arm.
A. the B. an
C. a D. no article

27. I know .... each boy.
A. an B. a
C. the D. no article

28. I love .... every bird.

A. a B. an
C. the D. no article

29. Mr. Rao is .... union leader.

A. a B. the
C. an D. no article

30. I am .... honest person.

A. the B. an
C. a D. no article

31. .... shirts are mine.

A. These B. That
C. This D. It

32. .... glasses belong to Mr. Jack.

A. This B. That
C. Those D. It

33. .... birds have colourful wings.

A. That B. These
C. This D. It

34. I want a car. I'll get ....one.

A. these B. this
C. those D. it

35. I need a camera. I'll get .... now.

A. it B. these
C. this D. those

36. I saw .... European in the market.

A. a B. an
C. the D. No article

37. Not .... single student was present.

A. an B. a
C. the D. No article

38. .... only person who can give some hope to a dying man is his doctor.

A. A B. An
C. The D. No article

39. Samudragupta is known as .... Napoleon of India.

A. a B. an
C. the D. No article

40. I shall board .... Flying Mail.

A. a B. an
C. the D. No article

ANSWERS

1	2	3	4	5	6	7	8	9	10
B	A	B	C	D	C	C	A	C	D
11	**12**	**13**	**14**	**15**	**16**	**17**	**18**	**19**	**20**
C	B	A	D	C	D	A	B	D	D
21	**22**	**23**	**24**	**25**	**26**	**27**	**28**	**29**	**30**
C	A	B	D	C	A	D	D	A	B
31	**32**	**33**	**34**	**35**	**36**	**37**	**38**	**39**	**40**
A	C	B	B	A	A	B	C	C	C

CHAPTER-10

Prepositions

A Preposition is a word which comes before a Pronoun or a Noun and expresses the relationship between Noun or Pronoun and some part of the remaining sentence.

(*a*) He is busy *with* his work.

(*b*) The boy jumped *into* the river.

(*c*) The birds are chirping *in* the trees.

In these sentences the words *with, into* and *in* show the relationship between the verbs *busy, jumped* and *chirping* with the nouns *work, river* and *trees* respectively.

Position of the Preposition

A. A Preposition usually precedes its object.

(*i*) He laughs *at* the poor.

(*ii*) He is angry *with* you.

(*iii*) She agrees *with* me.

B. In the case of Relative Pronouns.

(*i*) This is the boy whom I was looking *for*.

(*ii*) That is the pen whose mention I was making *of*.

C. In the following cases, the Preposition comes after its object.

(*i*) Where is the boy you were complaining *against*?

(*ii*) What things are there you are looking *for*?

(*iii*) Who is there, you are waiting *for*?

Omission of the Preposition

In many cases when the sentences contain Nouns of Time or Place, the Prepositions from, in and for are often omitted.

(*i*) He walked many kilometres.

(*ii*) He came to see me last year.

(*iii*) As I could not find my puppy anywhere, I looked here and there.

Prepositions are small words that show the relationship between one word and another. Prepositions in the following sentences show the position of the paper in relation to the desk, the book, his hand and the door.

The paper is "on" the desk.

The paper is "under" the book.

The paper is " in" his hand.

The paper is "by" the door.

Common Prepositions

about	at	by
in	onto	toward
above	before	concerning
inside	out	under
across	behind	despite
into	over	until
after	below	down
like	since	up
against	beneath	during
near	through	upon
along	beside	except
of	throughout	with
amid	between	for
off	till	within
among	beyond	from
on	to	without

MULTIPLE CHOICE QUESTIONS

Directions (Qs. 1 to 50): *Tick the correct Preposition for the blank in each of the following sentences.*

1. He applied ...... the manager.
A. for B. to
C. with D. by

2. Trust ...... God and do the right.
A. in B. for
C. to D. with

3. She is worthy ...... a prize.
A. with B. for
C. to D. of

4. Mr. Gomes has no taste ...... music.
A. of B. for
C. with D. to

5. You are hard ...... hearing.
A. at B. of
C. with D. for

6. He is sure ...... his success
A. for B. with
C. on D. of

7. Preeti was warned ...... the danger ahead.
A. for B. at
C. of D. None of these

8. I am thankful ...... you for a good advice.
A. for B. with
C. to D. None of these

9. Deepak would not surrender ...... the police.
A. with B. to
C. for D. on

10. The small plant in your lawn is very sensitive ...... touch.
A. on B. with
C. to D. None of these

11. Divya was sure to succeed ..... the examination.
A. for B. in
C. to D. with

12. Geeta was jealous ...... Ravina's beauty.
A. to B. with
C. for D. None of these

13. He was ignorant ..... what was happening there.
A. for B. of
C. to D. with

14. Your pen is inferior ...... mine.
A. than B. with
C. from D. to

15. Reenu is no match ...... Kanu.
A. to B. for
C. with D. upon

16. It is necessary ...... you to apply for this job.
A. on B. with
C. for D. None of these

17. Be loyal ...... your country.
A. for B. to
C. on D. with

18. Mukesh is junior ...... me.
A. than B. to
C. from D. of

19. Deepika was innocent ...... the crime.
A. of B. with
C. from D. to

20. I am desirous.... joining the Indian cricket team.
A. for B. of
C. to D. on

21. Pradeep is not eligible ...... the post.
A. to B. on
C. upon D. for

22. Does she believe ...... God?
A. to B. for
C. in D. None of these

23. Mr. Posh was charged..... the murder of his aunt.
A. for B. with
C. on D. to

24. Tagore is famous (or popular) ...... Indians.
A. for B. with
C. to D. towards

25. Kalidasa is famous ...... his drama the *Shakuntalam*.
A. for B. with
C. on D. about

26. He applied ...... the post of a teacher.
A. to B. on
C. for D. None of these

27. I differ ...... you in this matter.
A. from B. with
C. for D. above

28. My pen differs ...... yours.
A. with B. from
C. for D. upon

29. The air escaped out ...... the balloon.
A. from B. of
C. to D. under

30. I am confident ...... success.
A. of B. to
C. from D. about

31. He was deprived ...... his share and property.
A. of B. with
C. from D. about

32. He complains ...... headache.
A. about B. to
C. of D. None of these

33. My father deals ...... sugar.
A. with B. to
C. in D. None of these

34. His services were dispensed ......
A. for B. to
C. with D. None of these

35. Mohinder was born ...... a noble famly.
A. with B. about
C. towards D. in

36. He was born ...... poor parents.
A. of B. to
C. in D. on

37. A son was born ...... him.
A. to B. for
C. in D. upon

38. I was aware ...... the matter.
A. to B. of
C. in D. upon

39. He was absorbed ...... study.
A. in B. into
C. of D. under

40. The boy jumped ...... the river.
A. in B. under
C. below D. into

41. I agree ...... you.
A. upon B. to
C. with D. None of these

42. Wolves abound ...... this forest.
A. for B. in
C. with D. to

43. She did not agree ...... your proposal.
A. with B. in
C. to D. None of these

44. I was angry ...... his misconduct.
A. with B. to
C. at D. None of these

45. He is bent ...... mischief.
A. on B. of
C. to D. for

46. I complained ...... the police inspector.
A. towards B. to
C. on D. with

47. I complained ...... the policeman to the inspector.
A. to B. for
C. against D. None of these

48. Beware ...... pick-pockets.
A. about B. to
C. from D. of

49. This salesman deals ...... his customers in a polite manner.
A. in B. to
C. with D. None of these

50. This sample of liquid does not comply ...... the original.
A. to B. with
C. about D. toward

ANSWERS

1	2	3	4	5	6	7	8	9	10
B	A	D	B	B	D	D	D	B	D
11	**12**	**13**	**14**	**15**	**16**	**17**	**18**	**19**	**20**
B	D	B	D	B	D	B	B	A	B
21	**22**	**23**	**24**	**25**	**26**	**27**	**28**	**29**	**30**
D	D	B	B	A	D	B	B	A	A
31	**32**	**33**	**34**	**35**	**36**	**37**	**38**	**39**	**40**
A	D	D	D	D	A	A	B	A	D
41	**42**	**43**	**44**	**45**	**46**	**47**	**48**	**49**	**50**
D	B	D	D	A	B	D	D	D	B

CHAPTER-11

Adjectives & Adverbs

Some words tell more about another word, they are called *modifiers*. There are two main kinds of modifiers: *adjectives* and *adverbs*.

Adjectives

An *adjective* modifies—tells more about—a noun or pronoun. It tells *what kind, how many,* or *which one*.

Example: *beautiful* music, *blue* sky, *large* room.

Adjectives are usually found right before a noun, right after a noun, or after a linking verb.

Note: Some adjectives, such as articles, numbers, and possessive adjectives, usually come before the noun.

Examples:

(i) **before a noun:**
This *good-looking, economical* car is your best bet.

(ii) **after a noun:**
This car, *good-looking* and *economical*, is your best bet.

Adverb

An *adverb* modifies—tells more about—a verb, adjective, or another adverb. It tells *how, when, where,* or *to what extent.*

Comparison and Adjectives

Adjectives and adverbs have three forms that show a greater or lesser degree of the characteristic of the basic word: the positive, the comparative, and the superlatives. The basic word is called the positive. The comparative is used to refer to two persons, things or groups. The superlative is used to refer to more than two persons, things or groups; it indicates the greatest or least degree of the quality named. Most adjectives of one syllable become comparative by adding "-er" to the ending and become superlative by adding "-est" to the ending. In adjectives ending with "Y", the "Y" changes to "i" before adding the endings.

Use the comparative to compare two things:

1. Mary is the more lazy of the two.
2. I've tasted creamier cheese than this.
3. James is the shorter of the two boys.
4. Of the two, I like Gail better.
5. My teacher is kinder than yours.
6. This book is more interesting than that one.

Use the superlative to compare more than two things:

1. Mary is the laziest girl I know.
2. This is the creamiest cheese I've ever tasted.

3. James is the shortest boy in the class.
4. Of those five people, I liked Gail best.
5. My teacher is the kindest in the school.
6. This book is the most interesting of the three.

There are some words to which comparison does not apply, since they already indicate the highest degree of a quality.

Here are some examples:

Immediately	Superlative	First
Last	very	unique
Uniquely	universally	perfect
Perfectly	exact	complete
Correct	dead	deadly
Preferable	round	perpendicularly
Square	third	supreme
Totally	infinitely	immortal

Errors to Avoid in Comparison

Do not combine two superlatives:

Incorrect: That was the most bravest thing he ever did.

Correct: That was the bravest thing he ever did.

Incorrect: He grew up to be the most handsomest boy in the town.

Correct: He grew up to be the most handsome boy in the town.

Do not combine two comparatives:

Incorrect: Mary was more friendlier than Susan.

Correct: Mary was friendlier than Susan.

Incorrect: The puppy was more timider last week.

Correct: The puppy was more timid last week.

MULTIPLE CHOICE QUESTIONS

Directions (Qs. 1 to 25): *In the following questions choose the correct option to fill the blank.*

1. The girl whom you met is the .... sister of Ravi Tanti.

A. eldest B. elder
C. older D. oldest

2. The historical place is ....

A. seeing worth
B. worthy of seeing
C. worth seeing
D. either A or B

3. These flowers smell ....

A. sweet
B. sweetly
C. more sweetly
D. either B or C

4. .... aspirant can not pass the UPSC examination.

A. Each B. Every
C. All D. No.

5. Harivansh Rai .... second Shakespeare.

A. is a
B. is
C. the
D. either B or C

6. .... student in the class got prizes.

A. Each and every
B. Every and each
C. Every
D. Never

7. It is .... picture than the one we saw last Monday.

A. interesting
B. much interesting
C. more interesting
D. either A or B

8. She is clever ....

A. that her mother is
B. as her mother is
C. so her mother is
D. none

9. They will get ....

A. Red, green and black paper
B. Red, green black paper
C. Red and green and black paper
D. Either B or C

10. Health is .... wealth.
A. preferable to
B. more preferable than
C. more preferable to
D. most preferable then

11. .... water that was in the jug evaporated.
A. Little B. The little
C. Small D. A small

12. He has not sung .... songs.
A. much B. most
C. more D. many

13. Srishti has searched .... office.
A. whole the B. the whole
C. a whole D. some whole

14. K.R. Dhiraj was .... best and .... famous writer.
A. a, the most B. the, a most
C. the, more D. the, the most

15. Willam Shakespeare is famous as ....
A. a poet and a dramatist
B. a poet and dramatist
C. the poet and the dramatist
D. either A or C

16. What does .... leader suggest?
A. other B. another
C. others D. anothers

17. He .... money
A. has, few B. have, few
C. has, little D. have, little

18. The .... boys are rewarded.
A. first two B. two first
C. firsts two D. two's first

19. He is .... brave.
A. stronger than
B. stronger then
C. more strong then
D. more strong than

20. No sooner said ....
A. so done B. and done
C. then done D. but done

21. She returned .... than I had thought.
A. quickly B. more quicker
C. more quickly D. quicker

22. I am .... foolish person.
A. rather the B. a rather
C. rather a D. rather

23. This pen .... rupees.
A. costs twenty
B. twenty costs only
C. costs only twenty
D. only costs twenty

24. It is .... pride.
A. nothing else but
B. nothing else than
C. else nothing than
D. but

25. This tea is .... to drink.
A. too hot B. very hot
C. enough hot D. much hot

ANSWERS

1	2	3	4	5	6	7	8	9	10
A	C	A	B	A	C	C	C	A	A
11	**12**	**13**	**14**	**15**	**16**	**17**	**18**	**19**	**20**
B	D	B	D	B	B	C	A	D	C
21	**22**	**23**	**24**	**25**					
C	C	C	A	A					

हिन्दी भाषा

[illegible] हिन्दी

1

समानार्थक शब्द

निर्देश (प्र.सं. 1 से 30 तक): *निम्नलिखित चार में से तीन समानार्थी शब्द हैं, जिस अक्षरांक में इनसे भिन्न शब्द दिया गया है, उसका चयन कीजिए।*

1. A. विघ्न B. बाधा
C. अड़चन D. सुविधा

2. A. नासूर B. असुर
C. दनुज D. दानव

3. A. यश B. कीर्ति
C. निष्ठा D. गौरव

4. A. वृथा B. बेकार
C. बेमतलब D. सार्थक

5. A. याचना B. जन्नत
C. प्रार्थना D. विनती

6. A. चुस्त B. स्फूर्त
C. सजग D. सतत

7. A. ध्वंस B. नाश
C. क्षय D. निर्माण

8. A. परित्राण B. छुटकारा
C. बंधन D. स्वातंत्र्य

9. A. घृणा B. प्रीति
C. नफरत D. विरक्ति

10. A. आगाह B. निगाह
C. नजर D. देखना

11. A. नजात B. मुक्ति
C. परित्राण D. नकेल

12. A. निर्मोही B. निर्मम
C. निर्दय D. सदय

13. A. दानव B. मनुज
C. निशाचर D. असुर

14. A. नीरज B. राजीव
C. कुंज D. नलिन

15. A. घन B. नभ
C. अंबर D. आकाश

16. A. बल B. शक्ति
C. विद्युत् D. उदग्र

17. A. समुच्चय B. मियाद
C. चरम D. अति

18. A. अननुकूल B. उल्टा
C. विरुद्ध D. व्यतिक्रम

19. A. तर B. रनिवास
C. जनानखाना D. भागपुर

20. A. अल्पतम B. लघुतम
C. विरलतम D. हीनतम

21. A. अंधकार B. तिमिर
C. निशाकर D. अंधेरा

22. A. चर B. अस्थिर
C. सजीव D. अचल

23. A. जटिल B. कठिन
C. पेचीदा D. सुबोध

24. A. छली B. मासूम
C. निर्दोष D. निष्पाप

25. A. अपमान B. इज्जत
C. अनादर D. अवमान

26. A. खलित B. खिन्न
C. अनमना D. विमनस्क

27. A. कठिन B. दुर्जन
C. मुश्किल D. दुस्साध्य

28. A. खग B. विहग
C. पखेरू D. पाख

29. A. गीला B. आर्द्र
C. सिल D. तर

30. A. घनश्याम B. गिरिधर
C. मुरलीधर D. रसिक

31. 'आदर' का समानार्थी निम्नलिखित में से कौन-सा नहीं है?
A. सम्मान B. प्रतिष्ठा
C. इज्जत D. अवमान

32. 'विवाह' का समानार्थी निम्नलिखित में से कौन-सा नहीं है?
A. पाणिग्रहण B. परिणति
C. परिणय D. ब्याह

33. 'उचित' का समानार्थी निम्नलिखित में से कौन-सा नहीं है?
A. ठीक B. योग्य
C. कृत्य D. दुरुस्त

34. 'उदास' का समानार्थी निम्नलिखित में से कौन-सा नहीं है?
A. अनुरक्त B. दुःखी
C. विरक्त D. निरपेक्ष

35. 'परिचित' का समानार्थी है—
A. अजनबी B. अज्ञात
C. अभिज्ञ D. अनजान

36. 'विस्मय' का समानार्थी शब्द कौन-सा है?
A. गर्व B. विस्मरण
C. विस्तीर्ण D. अचंभा

37. 'चकित' का समानार्थी शब्द कौन-सा नहीं है?
A. हैरान B. उदासीन
C. विस्मित D. भौंचक्का

38. 'चहक' का समानार्थी शब्द कौन-सा नहीं है?
A. महक B. उमंग
C. कलरव D. खुशी

39. निम्न में से कौन 'आचरण' का समानार्थी है?
A. आचार
B. चाल-चलन
C. व्यवहार
D. A, B और C सभी समानार्थी हैं

40. 'विस्तार' का समानार्थी निम्नलिखित में से कौन-सा नहीं है?
A. फैलाव B. विशालता
C. लम्बाई-चौड़ाई D. निस्तार

उत्तरमाला

1	2	3	4	5	6	7	8	9	10
D	A	C	D	B	D	D	C	B	D
11	**12**	**13**	**14**	**15**	**16**	**17**	**18**	**19**	**20**
D	D	B	C	A	D	A	D	A	D
21	**22**	**23**	**24**	**25**	**26**	**27**	**28**	**29**	**30**
C	D	D	A	B	A	B	D	C	D
31	**32**	**33**	**34**	**35**	**36**	**37**	**38**	**39**	**40**
D	B	C	A	C	D	B	A	D	D

2

समास

निर्देश (प्र.सं. 1 से 5 तक): *नीचे दिए गए शब्दों में प्रयुक्त समास के नाम का चयन कीजिए–*

1. पीताम्बर–
A. तत्पुरुष B. अव्ययीभाव
C. बहुब्रीहि D. द्विगु

2. चरणकमल–
A. तत्पुरुष B. कर्मधारय
C. बहुब्रीहि D. अव्ययीभाव

3. घुड़सवार–
A. द्विगु B. कर्मधारय
C. तत्पुरुष D. अव्ययीभाव

4. स्वर्गप्राप्त–
A. कर्म तत्पुरुष B. करण तत्पुरुष
C. सम्प्रदान तत्पुरुष D. अपादान तत्पुरुष

5. गर्वशून्य–
A. कर्म-तत्पुरुष B. संप्रदान-तत्पुरुष
C. करण-तत्पुरुष D. अपादान-तत्पुरुष

6. 'लम्बोदर' में कौन-सा समास है?
A. तत्पुरुष B. बहुब्रीहि
C. द्विगु D. कर्मधारय

7. 'देवालय' में कौन-सा समास है?
A. तत्पुरुष B. बहुब्रीहि
C. द्विगु D. इनमें से कोई नहीं

8. 'खरा खोटा' शब्द में कौन-सा समास है?
A. द्वंद्व B. द्विगु
C. कर्मधारय D. बहुब्रीहि

9. 'निर्विवाद' में कौन-सा समास है?
A. कर्मधारय B. अव्ययीभाव
C. तत्पुरुष D. बहुब्रीहि

10. 'दहीबड़ा' में कौन-सा समास है?
A. तत्पुरुष B. द्विगु
C. बहुब्रीहि D. द्वन्द्व

11. 'चौराहा' में समास है–
A. तत्पुरुष B. द्वन्द्व
C. कर्मधारय D. द्विगु

12. 'माता-पिता' शब्द में समास है–
A. द्वन्द्व B. द्विगु
C. तत्पुरुष D. कर्मधारय

13. 'वज्रपाणि' शब्द में कौन-सा समास है?
A. तत्पुरुष B. बहुब्रीहि
C. द्वन्द्व D. द्विगु

14. 'देशभक्ति' शब्द में समास होगा–
A. अपादान तत्पुरुष B. सम्बन्ध तत्पुरुष
C. अधिकरण तत्पुरुष D. सम्प्रदान तत्पुरुष

15. 'सुनीता के बच्चे घास-फूस की तरह बढ़ रहे हैं।'
उपर्युक्त वाक्य में प्रयुक्त 'घास-फूस' शब्द में समास होगा–
A. कर्मधारय B. द्वन्द्व
C. द्विगु D. अव्ययीभाव

16. निम्नलिखित शब्दों में कौन-सा शब्द बहुब्रीहि समास का उदाहरण है?
A. शूलपाणि B. यथाक्रम
C. हँसमुख D. हथकड़ी

17. इनमें से कौन-सा शब्द 'द्विगु' समास है?
A. भुजदण्ड B. माखनचोर
C. पंचशील D. लज्जाशील

18. 'प्रतिदिन' शब्द में समास होगा–

A. द्विगु B. कर्मधारय

C. तत्पुरुष D. अव्ययीभाव

19. जिन समस्त पदों में पहला शब्द संख्यावाची हो और उससे समुदाय का बोध होता हो, तो उसे कहते हैं–

A. द्विगु समास B. द्वन्द्व समास

C. कर्मधारय समास D. अव्ययीभाव समास

20. जिसमें पहला शब्द विशेषण हो और दूसरा शब्द विशेष्य, तो उसे कौन-सा समास कहेंगे?

A. द्विगु B. कर्मधारय

C. द्वन्द्व D. तत्पुरुष

21. 'पंचवटी' शब्द के लिए दिए गए विकल्प में से उपयुक्त समास कौन-सा है?

A. द्विगु B. तत्पुरुष

C. बहुब्रीहि D. कर्मधारय

22. 'बुरा-भला' शब्द में कौन-सा समास है?

A. द्वन्द्व B. द्विगु

C. कर्मधारय D. तत्पुरुष

23. 'चिड़ीमार' शब्द में कौन-सा समास है?

A. द्विगु B. कर्मधारय

C. तत्पुरुष D. अव्ययीभाव

24. 'यथोचित' शब्द में समास बताइए–

A. अव्ययीभाव B. कर्मधारय

C. बहुब्रीहि D. तत्पुरुष

25. समास कहते हैं–

A. शब्दों के मेल को

B. अक्षर के मेल को

C. स्वर-से-स्वर के मेल को

D. स्वर के साथ व्यंजन के मेल को

26. 'शिवार्पण' शब्द में कौन-सा समास है?

A. अधिकरण तत्पुरुष

B. करण तत्पुरुष

C. सम्प्रदान तत्पुरुष

D. अपादान तत्पुरुष

27. निम्नलिखित में किसमें तत्पुरुष समास है?

A. पदप्राप्त B. शताब्दी

C. चौमासा D. भाई-बहन

28. 'रसगुल्ला' में कौन-सा समास है?

A. तत्पुरुष B. बहुब्रीहि

C. द्वन्द्व D. अव्ययीभाव

29. 'भुखमरा' का समास विग्रह होगा–

A. भूख से जो मर गया B. भूख से मरा हुआ

C. भूखों मर गया जो D. भूख द्वारा मरा हुआ

30. 'दशरथ सुत' में कौन-सा समास है?

A. तत्पुरुष B. बहुब्रीहि

C. द्विगु D. द्वन्द्व

31. 'अष्टाध्यायी' में कौन-सा समास है?

A. द्वन्द्व B. द्विगु

C. तत्पुरुष D. कर्मधारय

32. 'यथाशीघ्र' में कौन-सा समास है?

A. अव्ययीभाव B. द्वन्द्व

C. कर्मधारय D. तत्पुरुष

उत्तरमाला

1	2	3	4	5	6	7	8	9	10
C	B	C	A	C	B	A	A	B	A
11	**12**	**13**	**14**	**15**	**16**	**17**	**18**	**19**	**20**
D	A	B	D	B	C	C	D	A	B
21	**22**	**23**	**24**	**25**	**26**	**27**	**28**	**29**	**30**
A	A	C	A	A	C	A	A	A	A
31	**32**								
B	A								

3

वर्तनी की शुद्धता

निर्देश (प्र.सं. 1 से 49 तक): *नीचे के प्रश्नों में एक शब्द की चार अलग-अलग वर्तनियां दी हुई हैं। इनमें से सही वर्तनी छाँटकर उस पर निशान लगाइये:*

1. A. जयोत्स्ना B. ज्योत्स्ना C. जोत्स्ना D. ज्योत्सना
2. A. कवयित्री B. कवियित्री C. कवियत्री D. कवित्री
3. A. उत्ज्वल B. उज्जवल C. ऊज्जवल D. उज्ज्वल
4. A. छः B. छह C. छह् D. छै
5. A. जिजीविषा B. जिजीवषा C. जजीवषा D. जिजिवीषा
6. A. दृश्य B. द्रश्य C. दृष्य D. दृिश्य
7. A. इतिहासिक B. ऐतिहासिक C. ऐतिहासीक D. ऐतीहासिक
8. A. वाङ्मय B. वाँङ्मय C. वांग्मय D. वांगमय
9. A. सौर्हाद्र B. सैहार्द C. सैर्हाद D. सौहार्द
10. A. आर्शीवाद B. आशिर्वाद C. आशीर्वाद D. आर्शिवाद
11. A. भूगोलिक B. भूगौलिक C. भोगौलिक D. भौगोलिक
12. A. सन्कीर्णता B. सन्कीरणता C. संर्कीणता D. संकीर्णता
13. A. परचन्ड B. प्रचण्ड C. प्रचान्ड D. परचण्ड
14. A. तार्क्रिक B. तार्किक C. ताकृिक D. ताक्रिक
15. A. इर्षा B. ईर्षा C. इर्ष्या D. ईर्ष्या
16. A. पूज्यनीय B. पुजनीय C. पूजनीय D. पुज्यनीय
17. A. अधम्र B. अध्रम C. अधर्म D. अधृम
18. A. अधिकृत B. अधिक्रित C. अधिक्रित्त D. अधिर्कित
19. A. अनुकृम B. अनुक्रम C. अनुकर्म D. अनुकम्र
20. A. अनवेषण B. अन्वेषण C. अन्वेछण D. अन्वेशण
21. A. अभिशेक B. अभिषेख C. अभिषेक D. अभीषेक
22. A. इच्छुक B. इक्षुक C. इक्छुक D. इच्छिक
23. A. इन्र्दिय B. इन्द्यि C. इन्दिय D. इन्द्रिय
24. A. उतकण्ठा B. उत्कण्ठा C. उत्क्णठा D. उत्त्कन्ठा
25. A. उमि्रला B. उम्रिला C. उमिर्ला D. उर्मिला

26. A. रिषि B. ऋषि
C. ऋिषि D. ऋशि्

27. A. एकागृ B. एकाग्र
C. एकार्ग D. एक्राग्र

28. A. ओजश्वि B. ओजस्वी
C. ओजश्वी D. ओजष्वी

29. A. औशधी B. औषधी
C. औषधि D. औष्धि

30. A. करम B. क्राम
C. कम्र D. कर्म

31. A. ग्रिहीत B. ग्रहीत
C. गृहीत D. गर्हित

32. A. कृतज्ञ B. क्रतज्ञ
C. क्रितज्ञ D. क्रितग्य

33. A. चतुदर्श B. चर्तुदश
C. चतुर्दश D. चतुद्रश

34. A. जर्जर B. जरर्जर
C. जज्रर D. जरजर

35. A. जघ्नय B. जघ्रय
C. जघ्न्य D. जघन्य

36. A. जेष्ठ B. ज्येश्ठ
C. ज्येष्ठ D. ज्येस्ठ

37. A. तपस्वनी B. तपस्विनी
C. तपिस्वनी D. तपिस्विनी

38. A. तादातमय B. तदात्म्य
C. तादात्म्य D. तादात्यम

39. A. तृष्णा B. तृिष्णा
C. त्रिष्णा D. तृशणा

40. A. त्रिमूर्ती B. त्रिमुर्ति
C. त्रिमूर्ति D. त्रृमूर्ति

41. A. दक्छ B. दक्च्छ
C. दक्ष D. दज्ञ

42. A. द्रर्पन B. दर्पन
C. दपर्ण D. दर्पण

43. A. दामपत्य B. दम्पत्य
C. दाम्पत्य D. दाम्पत

44. A. दीप्पित B. दीपति
C. दीप्ति D. दीप्ती

45. A. दीर्घायु B. दीरघायु
C. दीघार्यु D. दीर्घियु

46. A. दुर्निती B. दुनीर्ति
C. दुरनीति D. दुर्नीति

47. A. दुर्दषा B. दुह्शा
C. दुर्दशा D. दुद्रशा

48. A. दुर्योधन B. दुयोर्धन
C. दूरयोधन D. द्रुयोधन

49. A. दुरबुद्धि B. दुर्बुधि
C. दुबुद्धि D. दुर्बुद्धि

उत्तरमाला

1	2	3	4	5	6	7	8	9	10
B	A	D	B	A	A	B	A	D	C
11	**12**	**13**	**14**	**15**	**16**	**17**	**18**	**19**	**20**
D	D	B	B	D	C	C	A	B	B
21	**22**	**23**	**24**	**25**	**26**	**27**	**28**	**29**	**30**
C	A	D	B	D	B	B	B	C	D
31	**32**	**33**	**34**	**35**	**36**	**37**	**38**	**39**	**40**
C	A	C	A	D	C	B	C	A	C
41	**42**	**43**	**44**	**45**	**46**	**47**	**48**	**49**	
C	D	C	C	A	D	C	A	D	

4

विलोम

निर्देश (प्र.सं. 1 से 34 तक): *सही-सही विलोम शब्द चुनिए–*

1. अनादर
A. मान B. सम्मान
C. आदर D. सत्कार

2. अभिज्ञ
A. अज्ञानी B. अनभिज्ञ
C. अनिपुण D. मूर्ख

3. अथ
A. इति B. समाप्त
C. खत्म D. संपूर्ण

4. करुण
A. कठोर B. निष्ठुर
C. निर्दय D. कोमल

5. ऋजु
A. सीधा B. सरल
C. तिर्यक् D. वक्र

6. मौन
A. मुखर B. मूक
C. वाचाल D. प्रगल्भ

7. निर्दय
A. निर्भय B. सह्य
C. सभय D. सदय

8. तिमिर
A. प्रकाश्य B. आलोक
C. ज्योतिर्मय D. आभास

9. तीक्ष्ण
A. मंद B. तीव्र
C. प्रखर D. क्षीण

10. कृत्रिम
A. प्राकृतिक B. स्वनिर्मित
C. स्वाभाविक D. स्वचालित

11. उदात्त
A. उद्धत B. दानशील
C. अनुदात्त D. क्षमावान्

12. उदार
A. कठोर B. निर्भय
C. अपव्यय D. अनुदार

13. शुक्ल
A. काला B. कृष्ण
C. असित D. श्यामल

14. प्रस्थान
A. आगमन B. गमनागमन
C. निगम D. निर्गम

15. शूल
A. मूल B. धूल
C. फूल D. तूल

16. अपेक्षा
A. कामना B. भावना
C. अभीप्सा D. उपेक्षा

17. निरक्षर
A. शिक्षित B. अशिक्षित
C. साक्षर D. अक्षर

18. प्रकट
A. गुप्त B. लुप्त
C. सुप्त D. विलुप्त

19. उर्वर

A. उपजाऊ B. बंजर
C. गत्वर D. शस्यश्यामल

20. संधि

A. अनुग्रह B. ग्रह
C. विच्छेद D. मैत्री

21. संयोग

A. प्रयोग B. सुयोग
C. नियोग D. वियोग

22. विकास

A. सीमा B. ह्रास
C. दुबला D. नीचा

23. उत्थान

A. नमन B. पतन
C. उदय D. ध्वंस

24. क्षुद्र

A. क्षुद्रतर B. महान्
C. तुच्छ D. अवमान

25. इहलोक

A. उपकार B. पाताल
C. आदि D. परलोक

26. ज्योति

A. पुंज B. दीपक
C. तम D. रोशनी

27. यथार्थ

A. मनोवांछित B. अनुमानित
C. कल्पित D. सत्य

28. अमर

A. देवता B. मरणशील
C. मर्त्य D. दानव

29. आघात

A. अनाघात B. विस्तीर्ण
C. स्निग्ध D. डरपोक

30. व्यष्टि

A. सृष्टि B. वृष्टि
C. समष्टि D. इनमें से कोई नहीं

31. सज्जन

A. चापलूस B. व्यभिचारी
C. सहयोगी D. दुर्जन

32. उत्कर्ष

A. अपकर्ष B. परामर्श
C. संघर्ष D. विमर्श

33. क्षुधा

A. तृषा B. तृष्ण
C. तृप्ति D. मृगतृष्णा

34. सुबह

A. प्रातः B. शाम
C. रात D. दिन

उत्तरमाला

1	2	3	4	5	6	7	8	9	10
C	B	A	B	D	A	D	A	A	A
11	**12**	**13**	**14**	**15**	**16**	**17**	**18**	**19**	**20**
C	D	B	A	C	D	C	A	B	C
21	**22**	**23**	**24**	**25**	**26**	**27**	**28**	**29**	**30**
D	B	B	B	D	C	C	C	A	C
31	**32**	**33**	**34**						
D	A	C	B						

5

रस/छन्द

1. शांत रस का स्थायी भाव है—

A. वैराग्य B. क्षमा

C. दया D. निर्वेद

2. किस रस का स्थायी भाव 'रति' है?

A. भक्ति B. शृंगार

C. दोनों का D. दोनों का नहीं

3. हिन्दी काव्य-रसों की कुल संख्या कितनी है?

A. ग्यारह B. दस

C. नौ D. आठ

4. 'यशोदा हरि पालने झुलावै।

हलरावै दुलरावै मल्हावै जोइ सोइ कछु गावै॥'

इस अवतरण में कौन-सा रस है?

A. शृंगार B. वात्सल्य

C. शांत D. करुण

5. 'उत्साह' स्थायी भाव से किस रस की निष्पत्ति होती है?

A. शांत B. भयानक

C. रौद्र D. वीर

6. 'नभ में झपटत बाज लखि,

भूल्यो सकल प्रपंच।

कंपित तनु व्याकुल नयन,

लावक हिल्यों च रंच॥'

इस उद्धरण में कौन-सा रस है?

A. रौद्र B. वीभत्स

C. भयानक D. वीर

7. 'निसिचर हीन करहुँ महि,

भुज उठाइ पन कीन्ह।

सकल मुनिन्ह के आश्रमन,

जाइ जाइ सुख दीन्ह॥'

उपर्युक्त उद्धरण में किस रस की निष्पत्ति हुई है?

A. करुण B. वीर

C. रौद्र D. भयानक

8. ''गुरु गोविंद तो एक है,

दूजा यह आकार।

आपा मेटि जीवति मरै,

तो पावै करतार॥''

उपर्युक्त दोहे में किस रस का परिपाक हुआ है?

A. शृंगार B. करुण

C. अद्‌भुत D. शांत

9. रौद्र रस का स्थायी भाव क्या है?

A. क्रोध B. विस्मय

C. शोक D. भय

10. पत्रा ही तिथि पाइए, वा घर के चहुं पास।

निशि दिन पूनौ ही रहत, आनन ओप उजास।।

इस दोहे में कौन-सा रस है?

A. अद्‌भुत B. हास्य

C. शृंगार D. वात्सल्य

11. 'जुगुप्सा' किस रस का स्थायी भाव है?

A. वीर B. भयानक

C. वीभत्स D. शांत

12. नीचे दिए गए पद्यांश में कौन-सा छन्द है?

''रसखानि कबौं इन आँखनि ते,

ब्रज के बन बाग तड़ाग निहारौं।

A. चौपाई B. दोहा

C. सवैया D. सोरठा

13. कहत, नटत, रीझत, खिझत,
मिलत, खिलत, लजियात।
भरे भौन में करत है,
नैनन ही सो बात।।
इस दोहे में कौन-सा रस है?

A. श्रृंगार B. वीर
C. करुण D. हास्य

14. दोहा और चौपाई कैसे छन्द हैं?

A. मात्रिक छन्द B. मुक्त छन्द
C. वार्णिक छन्द D. वर्णिक छन्द

15. 'जो अखिल कल्याणमय है व्यक्ति तेरे प्राण में
कौरवों के नाश पर है रो रहा केवल वही,
किन्तु उसके पास ही समुदायगत जो भाव हैं,
पूछ उनसे, क्या महाभारत नहीं अनिवार्य था?'
उपर्युक्त किस छन्द में लिखा गया है?

A. गीतिका B. हरिगीतिका
C. रोला D. उल्लाला

16. निम्नलिखित में कौन-सा छन्द है?
बीती नहीं यद्यपि अभी तक है निराशा की निशा,
है किन्तु आशा भी कि होगी दीप्त फिर प्राची दिशा।
महिमा तुम्हारी ही जगत में धन्य, आशे! धन्य है,
देखा नहीं, कोई कहीं अवलम्ब तुम-सा अन्य है।

A. गीतिका B. रोला
C. हरिगीतिका D. उल्लाला

17. 'हम खेले कूदे हर्षयुक्त, जिसकी प्यारी गोद में।
हे मातृभूमि तुझको निरख, मग्न क्यों न हों मोद में?'
उपर्युक्त किस छन्द में लिखा गया है?

A. हरिगीतिका B. उल्लाला
C. रोला D. गीतिका

18. निम्नलिखित में कौन सा छन्द है?
जिसकी रज में लोट-लोट कर बड़े हुए हैं,
घुटनों के बल सरक-सरक कर खड़े हुए हैं।
परमहंस सम बाल्यकाल में सब सुख पाए,
जिसके कारण 'धूल भरे हीरे' कहलाए।

A. चौपाई B. रोला
C. गीतिका D. उल्लाला

19. वीर रस का स्थायी भाव क्या है?

A. विस्मय B. क्रोध
C. उत्साह D. जुगुप्सा

20. संचारी भावों की संख्या बताइए–

A. 10 B. 33
C. 24 D. 12

21. निम्नलिखित में कौन रौद्र रस का अनुभाव नहीं है?

A. दाँत पीसना B. पैर पटकना
C. आँखों में लाली D. छाती पीटना

22. यह देख गगन मुझमें लय है,
यह देख पवन मुझमें लय है,
मुझमें विलीन इंकार सकल,
मुझमें लय है संसार सकल।
अमरत्व फूलता है मुझमें,
संहार झूलता है मुझमें।
उपर्युक्त काव्यांश में कौन-सा रस है?

A. वीर B. रौद्र
C. अद्भुत D. भयानक

23. रस विवेचन से संबंधित ग्रंथ 'रस विलास' किसकी रचना है?

A. भूषण B. मतिराम
C. चिन्तामणि D. कुमारमणि

24. ज्यौं-ज्यौं पटु झटकति, हठति, हँसति नयावति नैन।
त्यौं-त्यौं निपट उदारहुँ, फगुवा देत वनै न।।
उपरोक्त पंक्तियों में कौन-सा अनुभाव है?

A. वाचिक अनुभाव B. कायिक अनुभाव
C. मानसिक अनुभाव D. सात्विक अनुभाव

25. एक ओर अजगरहिं लखि, एक ओर मृगराय।
बिकल बटोही बीच ही, पर्‌यों मूरछा खाय।।
उपरोक्त पंक्तियों में किस रस का निरूपण हुआ है?

A. भयानक B. अद्भुत
C. हास्य D. वीभत्स

26. मतिराम कौन-से रस का निरुपण करने वाले कवि थे?

A. शांत B. विस्मय
C. वीर D. श्रृंगार

27. "ऊधव मोहिं बृज विसरत नाहीं" में कौन-सा रस है?

A. शृंगार B. हास्य

C. वीर D. करुण

28. 'उस काल मारे क्रोध के, तन काँपने उसका लगा।

मानो हवा के जोर से सोता हुआ सागर जगा।।"

प्रस्तुत पंक्तियों में कौन-सा रस है?

A. वीर B. रौद्र

C. उद्भुत D. करुण

29. "मन पछितैहैं अवसर बीते।

दुर्लभ देह पाइ हरि पद भजु, करम, बचन अरु नीके।।"

इन पंक्तियों में कौन-सा रस है?

A. करुण B. शांत

C. भक्ति D. वात्सल्य

30. "मूक होइ वाचाल पंगु चढ़ाइ गिरिवर गहन।

जसु कृपा सो दयाल, द्रवहु सकल कलिमय दहन।।"

प्रस्तुत पंक्तियों में कौन-सा छंद है?

A. दोहा B. चौपाई

C. सोरठा D. बरवै

31. दोहा के प्रथम और तृतीय चरण में कितनी मात्राएं होती हैं?

A. ग्यारह B. बारह

C. चौदह D. तेरह

32. दोहे और रोले को क्रम से मिलाने पर कौन-सा छंद बनता है?

A. हरिगीतिका B. कुण्डलियाँ

C. सवैया D. बरवै

33. "अवधि शिला का उर पर था गुरु भार।

तिल-तिल काट रही थी दृग जल धार॥"

प्रस्तुत पंक्तियों में कौन-सा छंद है?

A. दोहा B. सोरठा

C. रोला D. बरवै

34. जौ तुम्हार अनुशासन पावौं।

कन्दुक इव ब्रह्माण्ड उठावौं।।

काचो घट जिम डारौं फोरी।

रोकौँ मेरु मुलक जिनि तोरी।।

उपर्युक्त पंक्तियों में कौन-सा रस है?

A. वीर B. रौद्र

C. हास्य D. अद्भुत

35. वह सम मात्रिक छंद जिसके प्रत्येक चरण में 24-24 मात्राएं हों तथा प्रत्येक चरण में 11वीं एवं 13वीं मात्रा पर यति होती हो, कौन-सा छंद कहा जाएगा?

A. रोला B. सोरठा

C. सवैया D. कवित्त

36. रहिमन चुप ह्वै बैठिये, देखि दिनन का फेर।

जब नीके दिन आइहैं, बनत न लगिहैं देर।।

उपर्युक्त पंक्तियों में कौन-सा छंद है?

A. दोहा B. सोरठा

C. रोला D. चौ

उत्तरमाला

1	2	3	4	5	6	7	8	9	10
D	B	C	B	D	C	B	D	A	A
11	**12**	**13**	**14**	**15**	**16**	**17**	**18**	**19**	**20**
C	C	A	A	A	C	B	B	C	B
21	**22**	**23**	**24**	**25**	**26**	**27**	**28**	**29**	**30**
D	C	C	B	A	D	A	B	B	C
31	**32**	**33**	**34**	**35**	**36**				
D	B	D	A	B	A				

6

अलंकार

1. 'पत्राही तिथि पाइए, वा घर के चहुँ पास' पंक्ति में अलंकार है–
A. अनुप्रास B. अतिशयोक्ति
C. उत्प्रेक्षा D. ऊहा

2. 'तो पर बारौं उरबसी,
सुन राधिके सुजान।
तू मोहन की उरबसी,
ह्वै उरबसी समान।।'
इस अवतरण में कौन-सा अलंकार है?
A. अनुप्रास B. यमक
C. श्लेष D. रूपक

3. 'पीपर पात सरिस मनडोला', पंक्ति में अलंकार है–
A. उत्प्रेक्षा B. उपमा
C. रूपक D. अतिशयोक्ति

4. 'मुदित महीपति मंदिर आए।
सेवक सचिव सुमंत बुलाए।।'
पंक्ति में कौन-सा अलंकार है?
A. उपमा B. रूपक
C. अनुप्रास D. यमक

5. 'चरण धरत चिंता करत,
चितवत चारिउ ओर।
सुबरन को ढूँढ़त फिरत,
कवि व्यभिचारी चोर।।'
उपर्युक्त दोहे में कौन-सा अलंकार है?
A. श्लेष B. यमक
C. उपमा D. रूपक

6. 'तीन बेर खाती सो वे तीन बेर खाती हैं।' पंक्ति में अलंकार चयनित कीजिए?
A. अनुप्रास B. श्लेष
C. अन्योक्ति D. यमक

7. 'चरण-कमल बन्दौ हरिराई।' पंक्ति में कौन-सा अलंकार है?
A. उपमा B. रूपक
C. श्लेष D. अतिशयोक्ति

8. 'उस काल मारे क्रोध के,
तन काँपने उसका लगा।
मानों हवा के शोर से,
सोता हुआ सागर जगा।।'
इस उद्धरण में कौन-सा अलंकार है?
A. अतिशयोक्ति B. उपमा
C. उत्प्रेक्षा D. रूपक

9. निम्नलिखित विकल्पों में से शब्दालंकार को चिन्हित कीजिए–
A. यमक B. रूपक
C. व्यतिरेक D. प्रतीप

10. नीचे लिखे विकल्पों में से कौन-सा विकल्प रूपक अलंकार से सम्बन्धित है?
A. इसका मुख चन्द्रमा के समान है
B. चन्द्रमा इसके मुख के समान है
C. इसका मुख ही चन्द्रमा है
D. यह मुख है अथवा चन्द्रमा

11. दिए गए पद्यांश में कौन-सा अलंकार है?
ध्वनि-मयी करके गिरि-कंदरा।
कलित-कानन केलि-निकुंज को।।
A. लाटानुप्रास B. छेकानुप्रास
C. वृत्यानुप्रास D. यमक

12. 'तीर हिये मेरे पीर रघुवीर के' इस पद्यांश में कौन-सा अलंकार है?

A. विभावना B. असंगति

C. प्रतीप D. विशेषोक्ति

13. निम्नलिखित में कौन-सा अलंकार है?

'चाँद-चाँदनी चमक रहे हैं

चुपके-चुपके चम-चम से।'

A. उत्प्रेक्षा B. अनुप्रास

C. उपमा D. श्लेष

14. 'फूले कांस सकल महि छाई

जनु बरसा रितु प्रकट बुढ़ाई' में कौन-सा अलंकार है?

A. यमक B. श्लेष

C. रूपक D. उत्प्रेक्षा

15. रूपक अलंकार यहाँ होता है—

A. उपमेय उपमान की समानता में

B. उपमेय उपमान के अभेद में

C. उपमेय से उपमान की विशिष्टता में

D. उपमेय से उपमान की हीनता में

16. 'ज्यों-ज्यों बूड़े स्याम रंग, त्यों-त्यों उज्ज्वल होय' इस पंक्ति में कौन-सा अलंकार है?

A. विरोधाभास B. यमक

C. उत्प्रेक्षा D. उपमा

17. सिर झुका तूने नियति की

मान ली यह बात।

स्वयं ही मुरझा गया

तेरा हृदय—जलजात।।

इन पंक्तियों में कौन-सा अलंकार है?

A. अनुप्रास B. श्लेष

C. उत्प्रेक्षा D. रूपक

18. उपमेय में उपमान का आरोप होने पर अलंकार होता है—

A. उत्प्रेक्षा B. रूपक

C. मानवीकरण D. यमक

19. उपमेय में कल्पित उपमान की संभावना को कहते हैं—

A. उपमा B. रूपक

C. उत्प्रेक्षा D. दृष्टांत

20. उपमान और उपमेय का अभेद कहलाता है—

A. उपमा B. रूपक

C. उत्प्रेक्षा D. भ्रांतिमान

21. 'सेस महेस गनेस दिनेस सुरेसहू जाहि निरंतर गावैं — इस पंक्ति में अलंकार है—

A. रूपक B. यमक

C. अनुप्रास D. श्लेष

22. किस अलंकार में लक्षण से चमत्कार घटित होता है?

A. प्रतीप B. रूपक

C. अतिशयोक्ति D. अनन्वय

23. राम रमापति कर धनु लेहू — यहाँ कौन-सा अलंकार है?

A. वक्रोक्ति B. अनुप्रास

C. यमक D. श्लेष

24. जहाँ अनेक वर्णों की आवृत्ति केवल एक बार होती है वहाँ होता है—

A. श्लेष B. यमक

C. छेकानुप्रास D. वक्रोक्ति

25. निम्नलिखित में कौन-सा अलंकार है?

'एक कबूतर देख हाथ में पूछा कहाँ अपर है?

उसने कहा अपर कैसा? वह उड़ गया सपर है।।

A. श्लेष B. सन्देह

C. वक्रोक्ति D. विशेषोक्ति

26. आगे नदिया पड़ी अपार,

घोड़ा कैसे उतरे पार।

राणा ने सोचा इस पार,

तब तक चेतक था उस पार।

इसमें कौन-सा अलंकार है?

A. दृष्टान्त B. व्यतिरेक

C. वक्रोक्ति D. अतिशयोक्ति

27. निम्नलिखित में कौन-सा अलंकार है?

'जिन दिन देखे वे कुसुम,

गई सु बीति बहार।

अब, अलि रही गुलाब में,

अपत कँटीली डार।

A. वक्रोक्ति B. दृष्टान्त

C. उत्प्रेक्षा D. अन्योक्ति

28. निम्नलिखित पंक्तियों में कौन-सा अलंकार है?
नाक का मोती अधर की कान्ति से
बीज दाड़िम का समझ कर भ्रान्ति से
देखकर सहसा हुआ शुक मौन है
सोचता है अन्य शुक वह कौन है?
A. सन्देह B. भ्रान्तिमान
C. प्रतीप D. निदर्शना

29. निम्नलिखित पंक्तियों में कौन-सा अलंकार है?
एक म्यान में दो तलवारें कभी नहीं रह सकती हैं।
किसी और पर प्रेम नारियाँ पति का क्या सह सकती हैं?
A. दृष्टांत B. समासोक्ति
C. विभावना D. विरोधाभास

30. 'खग कुल कुल-कुल सा बोल रहा' रेखांकित शब्दों में अलंकार है–
A. यमक B. श्लेष
C. उपमा D. रूपक

31. शब्द की दृयर्थी योजना से कौन-सा अलंकार होता है?
A. अनुप्रास B. वक्रोक्ति
C. श्लेष D. उत्प्रेक्षा

32. जहाँ बिना कारण के कार्य का होना पाया जाए वहाँ कौन-सा अलंकार होता है?
A. विरोधाभास B. विशेषोक्ति
C. विभावना D. भ्रांतिमान

33. जहाँ उपमेय में अनेक उपमानों की शंका होती है वहाँ कौन-सा अलंकार होता है?
A. यमक B. श्लेष
C. भ्रांतिमान D. संदेह

34. "पूत कपूत तो क्यों धन संचय,
पूत सपूत तो क्यों धन संचय।।"
प्रस्तुत पंक्तियों में कौन-सा अलंकार है?
A. छेकानुप्रास B. लाटानुप्रास
C. वृत्यानुप्रास D. अन्त्यानुप्रास

35. 'उसी तपस्वी से लम्बे थे, देवदार दो-चार खड़े।"
इस पंक्ति में कौन-सा अलंकार है?
A. अनुप्रास B. प्रतीप
C. रूपक D. यमक

36. "रहिमन पुतरी श्याम, मनहु जलज मधुकर लसै।"
प्रस्तुत पंक्ति में कौन-सा अलंकार है?
A. रूपक B. उत्प्रेक्षा
C. यमक D. उपमा

37. "उदित उदय गिरि मंच पर, रघुवर बाल पतंग।
विकसे संत सरोज सब, हरषे लोचन भृंग।।"
इन पंक्तियों में प्रयुक्त अलंकार का नाम बताइए–
A. उपमा
B. उत्प्रेक्षा
C. श्लेष
D. रूपक

उत्तरमाला

1	2	3	4	5	6	7	8	9	10
B	C	B	C	A	B	B	C	A	C
11	**12**	**13**	**14**	**15**	**16**	**17**	**18**	**19**	**20**
C	B	B	D	B	A	D	B	C	D
21	**22**	**23**	**24**	**25**	**26**	**27**	**28**	**29**	**30**
C	B	A	C	C	D	D	B	A	B
31	**32**	**33**	**34**	**35**	**36**	**37**			
B	C	D	B	B	B	D			

7

पर्यायवाची शब्द

1. 'कमल' शब्द का पर्यायवाची होगा–

A. कन्दर्प B. अनंग

C. घनेश D. इन्दीवर

2. 'क्रोध' के लिए इन दिए गए पर्यायवाची शब्दों में एक गलत शब्द है, उसे चयनित कीजिए–

A. रोष B. अमर्ष

C. स्वत्व D. कोप

3. निम्नलिखित पर्यायवाची शब्दों में से जो एक शब्द 'मोर' का पर्यायवाची नहीं है, उसे चिन्हित कीजिए–

A. केकी B. कीश

C. शिखी D. शिखण्डी

4. इनमें से कौन-सा शब्द 'कृष्णा' का पर्यायवाची है?

A. राधा B. रुक्मिणी

C. द्रोपदी D. यशोदा

5. इनमें से एक शब्द 'बैल' का पर्यायवाची नहीं है, उसे चयनित कीजिए–

A. अश्म B. बृषभ

C. बलीवर्द D. गो

6. निम्नलिखित में से जो शब्द 'सौन्दर्य' का पर्यायवाची नहीं है, उसे चयनित कीजिए–

A. सुषमा B. शोभा

C. सुन्दरता D. रमणी

7. निम्नलिखित विकल्पों में से एक शब्द 'नदी' का पर्यायवाची नहीं है, उसे चयनित कीजिए–

A. तरंगिणी B. तटिनी

C. तरिणी D. सरिता

8. नीचे दिए गए विकल्पों में से एक शब्द 'घर' का पर्यायवाची नहीं है, उसे चयनित कीजिए–

A. भवन B. भुवन

C. निकेतन D. सदन

9. इनमें से कौन-सा शब्द 'पार्थ' का पर्यायवाची है?

A. भीष्म B. श्रीकृष्ण

C. युधिष्ठिर D. अर्जुन

10. 'दुःख' का पर्यायवाची शब्द निम्नलिखित में से कौन-सा है?

A. व्यथा B. पीड़ा

C. वेदना D. ये सभी पर्याय हैं

11. नीचे दिए गए शब्दों में से एक शब्द 'गीदड़' का पर्यायवाची नहीं है, उसका चयन कीजिए–

A. खगेश B. शृंगाल

C. सियार D. जम्बुक

12. निम्न में से कौन चन्द्रमा का पर्यायवाची नहीं है?

A. शशि B. हिमकर

C. शशांक D. रूपक

13. निम्न में से कौन गाय का पर्यायवाची नहीं है?

A. हेरम्ब B. गौरी

C. भद्रा D. धेनु

14. कुत्ता का पर्यायवाची शब्द निम्नलिखित में से कौन-सा है?

A. सारमेय B. क्रमेलक

C. कीर D. नागान्तक

15. आनंद का पर्यायवाची नहीं है–

A. हर्ष B. उल्लास

C. चाह D. आह्लाद

16. 'कृशानु' का पर्यायवाची शब्द है–

A. अनल B. पवन

C. दोहित्री D. अनिल

17. 'द्रौपदी' का पर्याय नहीं है—

A. द्रुपदसुता B. याज्ञसेनी
C. पांचाली D. रमणी

18. 'महादेव' का पर्यायवाची शब्द चुनिए—

A. गरुड़ध्वज B. नारायण
C. चन्द्रशेखर D. विश्वम्भर

19. 'चन्द्रमा' का पर्यायवाची शब्द चुनिए—

A. निशाकर B. निशाचर
C. तरणि D. कृशानु

20. 'धन' का पर्यायवाची जो शब्द नहीं है, उसे चुनिए—

A. द्रव्य B. द्रव
C. सम्पदा D. दौलत

21. 'पुत्री' का पर्यायवाची शब्द नहीं है—

A. तनय B. सुता
C. आत्मजा D. दुहिता

22. निम्नलिखित में से कौन-सा शब्द 'कमल' का पर्यायवाची शब्द नहीं है?

A. सरोज B. अरविन्द
C. सलिल D. पंकज

23. निम्नलिखित किस समूह में सभी शब्द 'कामदेव' के पर्यायवाची हैं?

A. कंदर्प, मदन, मनसिज, मारक
B. मदन, मन्मथ, अनंग, कंदर्प
C. मान, त्रिपुर, मन्मथ, अनंग
D. मन्मथ, मनसिज, त्रिपुर, अनंग

24. कौन-सा शब्द जंगल शब्द का पर्यायवाची नहीं है?

A. अटवी B. कान्ता
C. कान्तार D. कानन

25. कौन-सा शब्द 'अम्बर' का पर्यायवाची है?

A. आकाश B. अवनि
C. मेघ D. बादल

26. कौन-सा शब्द 'मित्र' का पर्याय नहीं है?

A. अलि B. सखा
C. सुहृद D. मीत

27. निम्नांकित में किस शब्द का अर्थ कमल होता है?

A. उत्पल B. उपल
C. जलद D. नीरद

28. निम्नलिखित में 'पुत्री' शब्द के पर्यायवाची शब्द-समूह कौन हैं?

A. भार्या, कान्ता, अबला, वनिता
B. लड़की, बेटी, अचला, वसुधा
C. सुता, धरा, वसुमती, अचला
D. तनया, आत्मजा, दुहिता, तनुजा

29. निम्नलिखित शब्द-समूह में 'बिजली' के पर्यायवाची कौन हैं?

A. ज्योति, रोशनी, चमक, प्रभा
B. विद्युत, तड़ित, चपला, दामिनी
C. उजाला, प्रभंजन, विहग, निशापति
D. मंदाकिनी, अश्म, प्रस्तर, प्रभा

30. 'जलधि' शब्द का पर्यायवाची क्या है?

A. नहर B. नाव
C. नदी D. समुद्र

31. 'पंकज' शब्द का पर्यायवाची क्या है?

A. सूर्य B. कमल
C. चन्द्रमा D. अमृत

32. 'तरकश' का पर्यायवाची शब्द है—

A. तीर B. धनुष
C. प्रत्यंचा D. निषंग

33. 'स्त्री' का पर्यायवाची शब्द नहीं है—

A. तरुणी B. प्रमदा
C. ललाम D. ललना

34. 'गणेश' का पर्यायवाची शब्द है—

A. सुधांशु B. कुबेर
C. एकदंत D. सुधाकर

35. निम्नलिखित में से कौन-सा शब्द 'तलवार' का पर्यायवाची नहीं है?

A. असि B. खड्ग
C. कृपाण D. चंद्रहास

36. इनमें से कौन 'कौआ' का पर्यायवाची है?

A. वायस B. पाली
C. भद्रा D. उदक

37. निम्न में से कौन 'पत्ता' का पर्यायवाची नहीं है?

A. दल B. पर्ण
C. पल्लव D. प्रसून

38. निम्न में से कौन 'हंस' का पर्यायवाची है?
A. मराल B. सारंग
C. अनीक D. अरि

39. निम्न में से कौन 'रण' का पर्यायवाची नहीं है?
A. युद्ध B. संग्राम
C. समर D. सार

40. इनमें से कौन 'युवती' का पर्यायवाची नहीं है?
A. तरुणी B. किशोरी
C. श्यामा D. यामिनी

41. निम्न में से कौन 'इन्द्र' का पर्यायवाची नहीं है?
A. सुरपति B. मघवा
C. धनाधिप D. सुरेश

42. इनमें से कौन 'सरस्वती' का पर्यायवाची नहीं है?
A. वीणापाणि B. वाचा
C. धनद D. शारदा

43. निम्न में से कौन 'कन्या' का पर्यायवाची नहीं है?
A. तनुजा B. आत्मजा
C. नन्दिनी D. भार्या

44. इनमें से कौन 'मयूर' का पर्यायवाची नहीं है?
A. सारंग B. शिखी
C. विशिख D. केकी

45. इनमें से कौन 'शेर' का पर्यायवाची नहीं है?
A. तुरंग B. मृगेन्द्र
C. मृगराज D. व्याघ्र

46. निम्न में से कौन 'अग्नि' का पर्यायवाची है?
A. अनल B. धनद
C. सारंग D. जाह्नवी

47. 'अलंकेश' पर्यायवाची शब्द है–
A. बादल का B. कल्पवृक्ष का
C. कुबेर का D. चपला का

48. इनमें से किस शब्द के पर्यायवाची गलत हैं?
A. कमल – जलज, पंकज, सरोज
B. पुष्प – कुसुम, फूल, सुमन
C. सरस्वती – गिरा, भारती, वाणी
D. सूर्य – दिवस, याम, वासर

49. निम्नलिखित में कौन-सा शब्द 'पताका' का पर्यायवाची नहीं है?
A. झण्डा B. निशान
C. प्रस्तर D. ध्वज

50. निम्नलिखित शब्दों में से 'हनुमान' का पर्यायवाची शब्द नहीं है–
A. रामभक्त B. पवनपुत्र
C. बजरंगबली D. कपीश्वर

उत्तरमाला

1	2	3	4	5	6	7	8	9	10
D	C	D	D	A	D	C	B	D	D
11	**12**	**13**	**14**	**15**	**16**	**17**	**18**	**19**	**20**
A	D	A	A	C	A	D	C	A	B
21	**22**	**23**	**24**	**25**	**26**	**27**	**28**	**29**	**30**
A	C	B	B	A	A	A	D	B	D
31	**32**	**33**	**34**	**35**	**36**	**37**	**38**	**39**	**40**
B	D	C	C	C	A	D	A	D	D
41	**42**	**43**	**44**	**45**	**46**	**47**	**48**	**49**	**50**
C	C	D	C	A	A	C	D	C	A

4

मुहावरे/लोकोक्तियाँ

1. 'सब्जबाग दिखाना' मुहावरा का अर्थ है—
A. बाग में घूमने जाना
B. साग-सब्जी पैदा करना
C. प्रलोभन देना
D. भयभीत करना

2. 'खुदा गंजे को नाखून न दे' लोकोक्ति का अभिप्राय है—
A. छोटे आदमी का प्रेम अस्थिर होता है
B. लज्जित होकर दूसरे पर क्रोध न निकाले
C. एक दोष पहले से था, दूसरा और आ गया
D. अत्याचारी को शक्ति नहीं मिलनी चाहिए

3. 'कभी नाव गाड़ी पर कभी गाड़ी नाव पर' लोकोक्ति का सही आशय है—
A. संघर्ष होना
B. जीवन में उतार-चढ़ाव का क्रम
C. भलाई करना
D. एक-से स्वभाव वाले होना

4. 'एक हाथ से ताली नहीं बजती' लोकोक्ति का अभिप्राय है—
A. शत्रुता दोनों पक्षों की गलती से होती है
B. संघर्ष बराबरी वाले दो पक्षों में होना चाहिए
C. एक आदमी से काम नहीं चलता
D. सराहना हेतु दोनों हाथ से ताली बजाएँ

5. 'उड़ती चिड़ियों के पंख गिनना' मुहावरा का सही अर्थ होगा—
A. अनुभवी होना B. वाक्चतुर होना
C. प्रतिभाशाली होना D. असंभव कार्य करना

6. 'नक्कारखाने में तूती की आवाज' मुहावरा का अर्थ है—
A. तूती की आवाज सबसे ऊँची होती है
B. नक्कारखाने में तूती नहीं बोलती
C. नकारे लोगों की सर्वत्र तूती बोलती रहती है
D. समर्थ व्यक्ति के सामने असमर्थ व्यक्ति का प्रभाव नहीं पड़ता

7. 'आँख के अंधे नाम नयनसुख' का सही अर्थ है—
A. गुणों के विरुद्ध नाम का होना
B. बुद्धिहीन, किन्तु पर्याप्त धनवान
C. अंधा आदमी प्रायः गुणवान होता है
D. एक आँख के अंधे को भी सभी सुखद आ सकते हैं

8. 'चिकना घड़ा होना' मुहावरा का सही अर्थ है—
A. चिकना चुपड़ा होना B. समृद्ध होना
C. निर्लज्ज होना D. मधुरभाषी होना

9. 'बेटा समय रहते न पढ़े, तो भविष्य में बुरी तरह पछताओगे' — वाक्य में 'बुरी तरह पछताओगे' के स्थान पर यह मुहावरा आ सकता है—
A. अंगारों पर लोटोगे
B. आठ-आठ आँसू रोओगे
C. अंचरा पसारोगे
D. कुएँ में गिरोगे

10. "मुहावरे का प्रयोग वाक्य के अन्तर्गत होता है और लोकोक्ति पूर्ण वाक्य में होती है।" यह कथन—
A. सही है
B. गलत है
C. कथन का प्रथम अंश सही है
D. कथन का अंतिम अंश सही है

11. 'समय के अनुसार काम करना चाहिए' अर्थ की बोधक लोकोक्ति है—
A. झूठ के पैर नहीं होते
B. जाके पांव न फटी बिवाई, सो क्या जाने पीर पराई
C. उँगली पकड़ कर पहुँचा पकड़ना
D. का बरसा जब कृषि सुखाने

12. 'भारत के अतुलित धन वैभव पर अंग्रजों ने दाँत गड़ा दिए' – वाक्य में प्रयुक्त 'दाँत गड़ा दिए' का अर्थ है–
A. किसी वस्तु को गलत ढंग से पाने की गहरी चाह
B. दूसरे की वस्तु देखकर ललचा जाना
C. दूसरे की वस्तु चुराने की चेष्टा करना
D. धोखे से दूसरे की वस्तु लेना

13. 'चाँद पर थूकना' मुहावरे का आशय है–
A. असम्भव काम करना
B. निरर्थक काम करना
C. सौंदर्य का अनादर करना
D. सम्माननीय का अनादर करना

14. 'नियम विरुद्ध कार्य करना' अर्थ के अनुकूल सही मुहावरा है–
A. सूरज को दिया दिखाना
B. उल्टी गंगा बहाना
C. दाई से पेट छिपाना
D. नौ दो ग्यारह हो जाना

15. 'खाला जी का घर' मुहावरे का क्या अर्थ है?
A. आसान कार्य
B. मौसी का घर
C. भाई-भतीजावाद
D. रिश्तेदार को लाभ पहुँचाना

16. 'सिर चढ़ाना' मुहावरे का अर्थ है–
A. मनमानी करने की छूट देना
B. सिर पर बैठाना
C. सिरदर्द का बहाना करना
D. सिर पर उठा लेना

17. किस लोकोक्ति का अर्थ ''वैभव क्षणिक होता है'' होगा?
A. साँच को आँच नहीं
B. अधजल गगरी छलकत जाए
C. पाँचों उँगलियाँ बराबर नहीं होतीं
D. चार दिन की चाँदनी फिर अँधेरी रात

18. 'आँधी के आम होना' मुहावरे का अर्थ है–
A. मुफ्त उपलब्ध होना
B. संयोगवश बहुत सस्ता उपलब्ध होना
C. वैभवशाली बनना
D. अत्यन्त प्रिय होना

19. 'पाँच सात की लकड़ी, एक जने का बोझ' लोकोक्ति का अर्थ है–
A. बहुत कठिन कार्य होना
B. असम्भव बड़ी शर्त रखना
C. छोटे या कमजोर व्यक्ति की बात को कोई नहीं मानता
D. मिलकर काम करने से कठिन कार्य भी सरल हो जाता है

20. इनमें से कौन एक लोकोक्ति है?
A. अंगूठा दिखाना
B. अंधा होना
C. ऊँट के मुँह में जीरा
D. इधर-उधर की हाँकना

21. 'कलम तोड़ना' मुहावरे का क्या अर्थ है?
A. सही लिखना
B. अच्छा लिखना
C. ज्यादा लिखना
D. बेकार लिखकर प्रायश्चित करना

उत्तरमाला

1	2	3	4	5	6	7	8	9	10
C	D	B	A	A	D	A	C	B	A
11	**12**	**13**	**14**	**15**	**16**	**17**	**18**	**19**	**20**
D	A	D	B	A	A	D	B	D	C
21									
B									

9

संधि-विच्छेद

1. 'मृत्यु + उपरांत' में संधि करने से एक शब्द होगा–

A. मृत्यूपरांत B. मृत्योपरांत

C. मृत्युपर्यन्त D. मर्त्योपरांत

2. 'अनधिकृत' शब्द का संधि-विग्रह होगा–

A. अन + अधिकृत B. अन् + अधिकृत

C. अन्य + अधिकृत D. अन्नधि + कृत

3. 'कपि + ईश' का सही संधि-संयोजन कीजिए–

A. कपिश B. कपीश

C. कपेश D. कपिशि

4. विसर्ग के साथ स्वर अथवा व्यंजन के संयोग से जो विकार उत्पन्न होता है, उसे किस संधि के नाम से जानते हैं?

A. स्वर संधि B. व्यंजन संधि

C. विसर्ग संधि D. इनमें से कोई नहीं

5. 'परोपकार' शब्द का संधि-विच्छेद होगा–

A. परा + उपकार B. परो + पकार

C. परोप + कार D. पर + उपकार

6. 'मनः + रमा' में संधि करने से जो शब्द बनेगा, उसका सम्बन्ध किस संधि से होगा?

A. विसर्ग संधि B. स्वर संधि

C. व्यंजन संधि D. भाव संधि

7. 'चन्द्रोदय' में कौन-सी संधि है?

A. यण संधि B. दीर्घ संधि

C. वृद्धि संधि D. गुण संधि

8. निम्नलिखित में से 'वृद्धि स्वर संधि' किस शब्द में है?

A. रजनीश B. महौषध

C. यतीन्द्र D. शोधार्थी

9. 'सदाशय' का सही संधि-विच्छेद होगा–

A. सद + आशय B. सतत + आशय

C. सत् + आशय D. सदा + आशय

10. 'सन्मार्ग' में कौन-सी संधि है?

A. स्वर संधि B. व्यंजन संधि

C. विसर्ग संधि D. इनमें से कोई नहीं

11. 'ज्ञानोदय' में कौन-सी संधि है?

A. स्वर संधि B. व्यंजन संधि

C. विसर्ग संधि D. इनमें से कोई नहीं

12. 'निराधार' में कौन-सी संधि है?

A. स्वर संधि B. व्यंजन संधि

C. विसर्ग संधि D. इनमें से कोई नहीं

13. निम्नलिखित शब्दों में से किसमें विसर्ग संधि है?

A. अतएव B. नरेन्द्र

C. सज्जन D. सदैव

14. निम्नलिखित शब्दों में से किसमें व्यंजन संधि है?

A. सप्तर्षि B. निराधार

C. सत्कार D. हिमालय

15. 'जगन्नाथ' किस संधि का उदाहरण है?

A. व्यंजन संधि B. विसर्ग संधि

C. दीर्घ स्वर संधि D. यण स्वर संधि

16. निम्नलिखित शब्द का संधि-विच्छेद क्या होगा?

भानूदय

A. भानु + उदय B. भानू + उदय

C. भानू + ऊदय D. भानु + ऊदय

17. 'निर्गुण' का संधि-विच्छेद होगा–

A. निर + गुण B. नि + गुण

C. निः + गुण D. निर + गुण

18. 'महेन्द्र' का संधि विच्छेद है–
A. मही + इन्द्र B. महो + इन्द्र
C. महा + इन्द्र D. इनमें से कोई नहीं

19. 'यद्यपि' का संधि विच्छेद है–
A. यदि + अपि B. यद् + द्यपि
C. यद्यि + अपि D. यद + अपि

20. निम्नलिखित में 'भारतेंदु' का सही संधि-विच्छेद है–
A. भारत + तेन्दु B. भार + तेन्दु
C. भारत + एन्दु D. भारत + इन्दु

21. 'उद्घाटन' शब्द का सही संधि-विच्छेद होगा–
A. उत् + घाटन B. उद् + घाटन
C. उद्ध + आटन D. इनमें से कोई नहीं

22. 'सत्कर्म' का संधि-विच्छेद है–
A. सत + कर्म B. सतत् + कर्म
C. सत् + कर्म D. सम + कर्म

23. 'अत्यन्त' शब्द का सही संधि-विग्रह है–
A. अत् + यन्त B. अति + यन्त
C. अति + अन्त D. अत् + अन्त

24. निम्नलिखित शब्द का सही संधि-विच्छेद चुनिए–
ब्रह्माण्ड
A. ब्रह्मा + अंड B. ब्रह्मण + अंड
C. बृहत् + अंड D. बृह + माण्ड

25. 'निरपेक्ष' शब्द का संधि-विच्छेद होगा–
A. निर् + पेक्ष B. नि + र्पेक्ष
C. निर + पेक्ष D. निः + अपेक्ष

26. तत् + शंकर की संधि होगी–
A. तत्शंकर B. तच्छंकर
C. तक्षंकर D. उपर्युक्त में से कोई नहीं

27. 'कठोपनिषद्' का संधि-विच्छेद होगा–
A. कटु + उपनिषद् B. कठो + उपनिषद्
C. कठोप + निषद् D. कठ + उपनिषद्

28. 'भावुक' का संधि-विच्छेद होगा–
A. भाव + उक B. भो + ऊक
C. भव्य + उक D. भौ + उक

29. 'विद्यामंदिर' का विग्रह होगा–
A. विद्या का मंदिर B. विद्या के लिए मंदिर
C. विद्या और मंदिर D. विद्या के समान मंदिर

30. 'उत्कोच' का संधि विच्छेद होगा–
A. उद् + कोच B. उत् + कोच
C. उत + कोच D. उद + कोच

31. कौन-सा शब्द विसर्ग संधि का नहीं है?
A. यशोगान B. निष्कपट
C. मनोहर D. अभिषेक

32. 'मनीषा' का संधि-विच्छेद है–
A. मनि + ईषा B. मनी + ईषा
C. मनस् + ईषा D. मणि + ईशा

33. निम्नलिखित में से दीर्घ संधि का उदाहरण कौन-सा है?
A. नरेश B. नेति
C. मध्वाचार्य D. कामायनी

34. 'अति + उक्ति' शब्दों की संधि करने पर शब्द होगा–
A. अत्युक्ति B. अत्योक्ति
C. अतियुक्ति D. अतिउक्ति

35. 'निराधार' शब्द का संधि-विच्छेद है–
A. निः + आधार B. निरा + आधार
C. निरम् + आधार D. निर् + आधार

उत्तरमाला

1	2	3	4	5	6	7	8	9	10
A	A	B	C	D	A	D	B	C	B
11	**12**	**13**	**14**	**15**	**16**	**17**	**18**	**19**	**20**
A	C	A	C	A	A	C	C	A	D
21	**22**	**23**	**24**	**25**	**26**	**27**	**28**	**29**	**30**
A	C	C	A	A	B	D	D	A	B
31	**32**	**33**	**34**	**35**					
D	C	C	A	A					

10

प्रत्यय/उपसर्ग

1. प्रत्युपकार शब्द में कौन-सा उपसर्ग है?
A. प्र B. प्रत्यु
C. परि D. प्रति

2. मुख शब्द में सम उपसर्ग लगाने से बनेगा–
A. सन्मुख B. सम्मुख
C. षड्मुख D. सनममुख

3. वैज्ञानिक शब्द किस प्रत्यय से बना है?
A. निक B. अक
C. इक D. क

4. पढ़ाई शब्द में प्रत्यय है–
A. आई B. ईय
C. इ D. इनमें से कोई नहीं

5. निम्नलिखित में से उपसर्ग रहित कौन-सा शब्द है?
A. संगम B. क्रोध
C. विमोचन D. प्रत्यर्पण

6. आवरण में कौन-सा उपसर्ग लगाकर नया शब्द बनाया जा सकता है?
A. नि B. निवा
C. परि D. पर्य

7. 'कल्पना', 'शिक्षा' में इक प्रत्यय का प्रयोग करने से शब्द बनेंगे–
A. काल्पनिक, शिक्षिक B. कल्पनिक, शैक्षिक
C. कल्पनिक, शिक्षिक D. काल्पनिक, शैक्षिक

8. उपसर्ग रहित शब्द कौन-सा है?
A. सुखी B. आरुढ़
C. उपकरण D. निर्विरोध

9. 'अध्यापिका' शब्द में प्रत्यय है–
A. का B. पिका
C. आइका D. इका

10. 'निर्धन' शब्द में कौन-सा उपसर्ग है?
A. निः B. नी
C. नि D. निर्

11. 'अत्यंत' शब्द में उपसर्ग क्या है?
A. अ B. अत्य
C. अत D. अति

12. 'अनुलेखन' शब्द में उपसर्ग है–
A. अन् B. अनु
C. अनुले D. अ

13. 'अक्लमंद' शब्द में प्रयुक्त प्रत्यय है–
A. देशज प्रत्यय B. विदेशज प्रत्यय
C. तत्सम प्रत्यय D. तद्भव प्रत्यय

14. प्रत्यक्ष में किस उपसर्ग का प्रयोग हुआ है?
A. प्रत् B. प्रती
C. प्रति D. प्रत्य

15. निम्नलिखित में से किस शब्द में अयन प्रत्यय प्रयुक्त हुआ है?
A. नारायण B. ऋणायन
C. पंडिताइन D. धनायन

16. 'सिलाई' शब्द में कौन-सा प्रत्यय है?
A. नाई B. आई
C. ई D. लाई

17. 'सबजज' शब्द के लिए सही उपसर्ग का चयन कीजिए–
A. सब B. डिप्टी
C. वाइस D. चीफ

18. दिए गए शब्द के लिए सही उपसर्ग का चयन कीजिए–
'पूर्वार्द्ध'

A. पूर्व B. पू
C. अर्द्ध D. पूर्वा

19. निम्नलिखित शब्द में उपसर्ग चुनिए–
'अभिशाप'
A. अति B. अधि
C. आ D. अभि

20. निम्नलिखित शब्द का उपसर्ग चुनिए–
'दुस्साहस'
A. दुस् B. दुर
C. दु D. स

21. निम्नलिखित शब्द का प्रत्यय बताइए–
'सजावट'
A. आव B. आवट
C. आहट D. टा

22. 'अलंकार' शब्द में कौन-सा उपसर्ग है?
A. अ B. अल
C. अलम् D. उपर्युक्त में से कोई नहीं

23. 'स्वयम्वर' शब्द में कौन-सा उपसर्ग प्रयुक्त है?
A. स्व B. स
C. स्वयं D. सम्

24. 'आ' उपसर्ग से बना निम्नलिखित में से कौन-सा शब्द समूह सही है?
A. आलू, आभा, आगमन, आसमान
B. आजन्म, आमरण, आगमन, आकर्षण
C. आरती, आमरण, आतुर, आकाश
D. आज, आखिर, आनन्द, आधा

25. अभि, अति, अधि, अनु मूलतः किस भाषा के उपसर्ग हैं?
A. उर्दू-फारसी B. हिन्दी
C. अपभ्रंश D. संस्कृत

26. बे, बद, ला किस भाषा के उपसर्ग हैं?
A. हिन्दी B. उर्दू-फारसी
C. अपभ्रंश D. संस्कृति

27. 'पर्यावरण' शब्द में कितने उपसर्ग हैं?
A. 3 B. 2
C. 1 D. एक भी नहीं

28. रसीला, जहरीला, बर्फीला शब्द में किस प्रत्यय का प्रयोग हुआ है?
A. ला B. इला
C. आ D. ईला

29. 'उच्चारण' शब्द में उपसर्ग है–
A. उ B. उच्
C. उत् D. उच्च

30. 'कृति' शब्द का निर्माण किस प्रत्यय के योग से हुआ है?
A. क्त B. क्तिन
C. तव्य D. इनमें से कोई नहीं

31. निम्नलिखित शब्दों में से किस शब्द में उपसर्ग नहीं है?
A. अपवाद B. पराजय
C. प्रभाव D. ओढ़ना

32. 'तल्लीन' शब्द में सही उपसर्ग का विच्छेद है–
A. तल् + लीन B. तद् + लीन
C. तत + लीन D. तत् + लीन

उत्तरमाला

1	2	3	4	5	6	7	8	9	10
D	A	C	A	B	C	D	A	D	D
11	**12**	**13**	**14**	**15**	**16**	**17**	**18**	**19**	**20**
D	B	B	C	A	B	A	A	D	A
21	**22**	**23**	**24**	**25**	**26**	**27**	**28**	**29**	**30**
B	C	C	B	D	B	B	D	C	B
31	**32**								
D	D								

11

तद्भव/तत्सम

1. 'ससुर' शब्द का तत्सम रूप क्या होगा?

A. सस्वर B. स्वश्रु
C. श्वसुर D. सुसुर

2. 'पलंग' का तत्सम रूप है–

A. प्लवंग B. परमंग
C. प्लंग D. पर्यंक

3. 'ओठ' किस श्रेणी का शब्द है?

A. तद्भव B. तत्सम
C. देशज D. विदेशी

4. इनमें से तत्सम शब्द का चयन कीजिए–

A. दुग्ध B. दिन
C. बाहर D. जमुना

5. 'ईख' तद्भव शब्द का तत्सम रूप कौन-सा है?

A. गन्ना B. ईक्ख
C. इक्षु D. इक्क्षु

6. निम्नलिखित में से तद्भव शब्द 'अटारी' का तत्सम होगा–

A. अटारिका B. अटालिका
C. अटाल्लिका D. अट्टालिका

7. निम्नलिखित विकल्पों में से तद्भव शब्द का चयन कीजिए–

A. वानर B. बन्दर
C. भ्रमर D. पवन

8. 'तद्भव' से 'तत्सम' बने सही शब्द-युग्म को ज्ञात कीजिए–

A. हत्ता > हाथ B. रत्ता > रात
C. पत्ता > पत्र D. नच्चा > नाँच

9. 'कपड़ा' शब्द किस श्रेणी का शब्द है?

A. तत्सम B. तद्भव
C. देशज D. विदेशी

10. निम्नलिखित में से कौन-सा शब्द तत्सम शब्द नहीं है?

A. अग्नि B. अश्रु
C. कुआँ D. कंटक

11. निम्नलिखित में से कौन-सा शब्द तद्भव शब्द नहीं है?

A. आग B. चौदह
C. बैन D. मयूर

12. दिए गए तत्सम शब्द के लिए उचित तद्भव शब्द का चयन करें–

'शाक'

A. श्वास B. साग
C. शिर D. साँस

13. निम्न में कौन-सा शब्द विदेशी है?

A. केला B. आम
C. लीची D. नारियल

14. 'खाट' का तत्सम रूप है–

A. खट्वा B. खाट्वा
C. खाटव D. खटिया

15. 'पनही' शब्द का तत्सम रूप है–

A. ताम्बूल B. पर्ण
C. पर्णहि D. उपानह

16. 'पोखर' का तत्सम रूप है–

A. पुष्कर B. प्रखर
C. पोषक D. प्रकर

17. 'दाहिना' का तत्सम रूप है–
A. दाक्षिण्य B. दक्षिण
C. दाहिणा D. दायाँ

18. 'सुई' का तत्सम रूप है–
A. सूजी B. सूई
C. सूची D. शूचक

19. 'हस्त' का तद्भव है–
A. हाथ B. हाथी
C. हस्तिनी D. हथियार

20. निम्नलिखित में से कौन शब्द तत्सम है?
A. अग्नि B. आग
C. अगिन D. अग्नी

21. निम्नलिखित में तत्सम शब्द है–
A. मेघ B. ठेस
C. भौंरा D. जेठ

22. 'कन्धा' का तत्सम है–
A. इस्कन्ध B. स्कन्ध
C. कक्षु D. कन्धु

23. 'आँख' शब्द का तत्सम रूप है–
A. नेत्र B. लोचन
C. चक्षु D. अक्षि

24. 'अंगुली' का तद्भव रूप है–
A. अंगुल B. अंगुटी
C. उंगली D. उपर्युक्त में से कोई नहीं

25. 'गोधूम' का तद्भव है–
A. गेहूँ B. गोबर
C. गाय D. गोधन

26. 'अगहन' का तत्सम रूप कौन-सा है?
A. अग्रासन B. अग्रहण
C. आक्रमण D. अग्रहायन

27. निम्नलिखित में से कौन-सा शब्द तद्भव है?
A. उत्साह B. उछाह
C. विवाह D. उत्थान

28. 'कर्पट' का तद्भव रूप कौन-सा है?
A. कपड़ा B. कपट
C. कारपेट D. कपूर

29. निम्नलिखित में से कौन-सा शब्द तत्सम है?
A. खरा B. क्षार
C. खार D. खारा

30. निम्नलिखित में से तत्सम शब्द कौन-सा है?
A. नौकर B. नक्षत्र
C. नर्स D. नाच

31. हिन्दी के वे शब्द जो सीधे संस्कृत से आए हैं, उन्हें कहते हैं–
A. तत्सम B. तद्भव
C. देशज D. अर्द्ध-तत्सम

32. निम्न में तद्भव शब्द है–
A. अंश B. अगम्य
C. अमृत D. अमिय

33. तत्सम शब्द है–
A. अमरूद B. अमोल
C. अस्सी D. अज्ञान

34. निम्नलिखित शब्दों में से तत्सम शब्द का चयन कीजिए–
A. कलश B. कलस
C. कल्स D. कल्श

उत्तरमाला

1	2	3	4	5	6	7	8	9	10
C	D	A	A	D	D	B	C	C	C
11	**12**	**13**	**14**	**15**	**16**	**17**	**18**	**19**	**20**
D	B	C	A	D	A	A	C	A	A
21	**22**	**23**	**24**	**25**	**26**	**27**	**28**	**29**	**30**
A	B	D	C	A	D	B	A	B	B
31	**32**	**33**	**34**						
A	D	D	A						

12

अनेकार्थी शब्द

1. निम्नलिखित में से कौन एक शब्द अनेकार्थी नहीं है?
A. पत्र B. मुद्रा
C. दंड D. पुस्तक

2. कौन-सा शब्द 'अर्क' का अनेकार्थी नहीं है?
A. सूर्य B. प्रकाश किरण
C. आक का पेड़ D. ज्वाला

3. कौन-सा शब्द 'पत्र' शब्द का अनेकार्थी नहीं है?
A. पत्ता B. चिट्ठी
C. कागज D. पुष्प

4. निम्नलिखित में कौन-सा शब्द 'फल' शब्द का अनेकार्थी शब्द नहीं है?
A. परिणाम B. हल्का
C. प्रभाव D. रसयुक्त

5. निम्नलिखित में एक शब्द 'घन' का अनेकार्थी शब्द नहीं है–
A. बादल B. घना
C. घनिष्ठ D. हथौड़ा

6. निम्न में से कौन-सा शब्द 'रस' का अनेकार्थी शब्द नहीं है?
A. रूप B. स्वाद
C. पानी D. पारा

7. निम्नलिखित शब्दों में कौन एक 'वर' का अनेकार्थी नहीं है?
A. श्रेष्ठ B. वरदान
C. पति D. सुवर्ण

8. निम्नलिखित शब्दों में कौन-सा शब्द 'द्विज' का अनेकार्थी नहीं है?
A. चन्द्रमा B. पक्षी
C. दाँत D. सिंह

9. इनमें से कौन-सा शब्द 'अम्बर' का अनेकार्थी है?
A. गगन B. पृथ्वी
C. चन्द्रमा D. वायु

10. निम्नलिखित विकल्पों में से 'मत्सर' शब्द का अनेकार्थी रूप चुनिए–
A. क्रोध B. राग
C. द्वेष D. ईर्ष्या

निर्देश (प्र.सं. 11 से 13 तक): *इन प्रश्नों में प्रत्येक में चार शब्द दिए गए हैं जिनमें से तीन अनेकार्थक शब्द की श्रेणी में आते हैं। जो शब्द इस श्रेणी में नहीं आता है, उसका चयन कीजिए–*

11. A. अम्बर B. वस्त्र
C. आकाश D. किरण

12. A. मधु B. शहद
C. दूध D. शराब

13. A. इन्द्र B. सिंह
C. ब्राह्मण D. सूर्य

उत्तरमाला

1	2	3	4	5	6	7	8	9	10
D	C	D	B	C	A	D	D	A	A
11	12	13							
B	C	B							

13

शब्दार्थ

निर्देश (प्र.सं. 1 से 32 तक): *नीचे दिए गए शब्दों के अर्थ को व्यक्त करने वाले सही विकल्प का चयन कीजिए–*

1. वलय
A. वृक्ष की छाल B. मृग छाल
C. घेरा D. आवरण

2. सम्पुट
A. मिश्रण B. बंधी हुई अंजलि
C. पिटारी D. मन्जूषा

3. प्रभंजन
A. अंजन B. तोड़-फोड़
C. खण्ड-खण्ड D. तेज वायु

4. पुष्कल
A. जायफल B. पुण्यफल
C. बहुत-सा D. हरा-भरा

5. प्रत्यागमन
A. परिक्रमा करना B. प्रतिरोध करना
C. बार-बार आना D. वापस आना

6. परिवाद
A. विवाद B. सम्वाद
C. निन्दा D. परिवारवाद

7. शबनम
A. शीत B. ओस
C. पाला D. कोहरा

8. नैसर्गिक
A. प्राकृतिक B. स्वर्गिक
C. पारम्परिक D. स्वर्णिम

9. अस्मिता
A. आत्म प्रशंसा B. अहंता
C. स्वार्थ D. स्वाभिमान

10. कष्ट
A. खेद B. शारीरिक असुविधा
C. दुःख D. शोक

11. कतिपय
A. अनेक B. शायद
C. थोड़ा D. कुछ

12. अपेक्षाकृत
A. अपेक्षा करके
B. किसी से अपेक्षा न करके
C. किसी से अपेक्षा करके
D. तुलना

13. अनल
A. आग B. पानी
C. धरती D. हवा

14. अनुगृहीत
A. कृपा का आभार मानने वाला
B. कृपा का आभार न मानने वाला
C. जो कृपा का पात्र न हो
D. जो सबसे कृपा का व्यवहार करे

15. उऋण
A. ऋणी B. कर्जदार
C. ऋणमुक्त D. इनमें से कोई नहीं

16. उर्मि
A. लहर B. भ्रांति
C. समूह D. वेदना

17. रज्जु
A. मछली B. मेंढक
C. रस्सी D. घोड़ा

18. सतीर्थ्य

A. सतीत्व B. तीर्थसहित
C. तीर्थ के योग्य D. सहपाठी

19. चन्द्रहास

A. चाँदनी के समान हास वाला
B. तलवार
C. उदीयमान चन्द्र
D. चन्द्र का उपहास

20. वर्णिलिंगी

A. वर्ण एवं लिंग
B. वर्ण एवं लिंग वाला
C. ब्रह्मचारी के वेशवाला
D. शिव

21. कृतान्त

A. जिसका अन्त कर दिया गया
B. जिसने अन्त कर दिया
C. कृतार्थ
D. दैव

22. कृतघ्न

A. जो उपकार नहीं करता
B. जो किए हुए उपकार को नहीं मानता
C. जो शत्रु को जीत लेता है
D. जो मित्रता को नहीं मानता

23. गतानुगतिक

A. प्राचीन आदर्श के अनुसार चलने वाला
B. पीछे चलने वाला
C. अनुसरण करने वाला
D. गत को नहीं मानने वाला

24. अद्रि

A. दुःख B. गीला
C. व्यर्थ D. पर्वत

25. ऐहिक

A. दीवाना B. सांसारिक
C. एक रोग D. पागल

26. जिजीविषा

A. आय का स्रोत B. जीवित रहने की इच्छा
C. किसी से प्रेम करना D. किसी से घृणा करना

27. आभ्यांतर

A. किसी वस्तु की आभा
B. किसीं वस्तु का बाहरी भाग
C. किसी वस्तु का भीतरी भाग
D. किसी वस्तु से भिन्न

28. निर्वात

A. भ्रम B. विवाद रहित
C. बिना हवा वाला D. बुराई

29. आवर्त

A. गोल B. ढक्कन
C. चाँदनी D. भँवर

30. अधिरथ

A. रथ हाँकने वाला B. रथ बनाने वाला
C. कोषाध्यक्ष D. चौकीदार

31. प्लवग

A. बन्दर B. मेंढक
C. पक्षी D. पानी

32. स्वयंभू

A. स्वावलम्बी B. स्वतः उत्पन्न
C. सर्वश्रेष्ठ D. सर्वोपरि

उत्तरमाला

1	2	3	4	5	6	7	8	9	10
C	B	D	C	D	C	B	A	B	B
11	**12**	**13**	**14**	**15**	**16**	**17**	**18**	**19**	**20**
D	D	A	A	C	A	C	D	B	C
21	**22**	**23**	**24**	**25**	**26**	**27**	**28**	**29**	**30**
B	B	B	D	B	B	C	C	D	A
31	**32**								
A	B								

14

वाक्य/वाक्यांश के लिए एक शब्द

निर्देश (प्र.सं. 1 से 34): *नीचे कुछ वाक्यांश या शब्द समूह दिए गए हैं और उसके बाद चार ऐसे शब्द दिए गए हैं, जो एक ही शब्द में वाक्यांश का या उस शब्द समूह का अर्थ प्रकट करते हैं। आपको पता लगाना है कि वह शब्द कौन-सा है, जो वाक्यांश का सही अर्थ प्रकट करता है। उस विकल्प का अक्षरांक ही आपका उत्तर है।*

1. एक स्थान से दूसरे स्थान पर जाना या ले जाना–
A. खिसका हुआ B. उखड़ा हुआ
C. स्थानच्युत D. विस्थापित

2. इंद्रियों को जीतने वाला–
A. अजातशत्रु B. इन्द्रस्वामी
C. जितेंद्रिय D. मुमुक्षु

3. एक ही कोख से जन्म लेने वाला–
A. संतति B. जातक
C. आत्मज D. सहोदर

4. अपनी इच्छा से चलने वाला–
A. स्वेच्छाचारी B. स्वच्छंद
C. अराजक D. स्वेच्छक

5. जो हर हाल में हो ही जाए–
A. होनहार B. अवश्यंभावी
C. भाग D. तत्पर

6. जो कठिनाई से समझ में आए–
A. दुर्गम B. दुर्बोध
C. दुर्लभ D. दुर्धर्ष

7. एक पर ही श्रद्धा अथवा आस्था रखने वाला–
A. एकाकी B. अलौकिक
C. अधिकारिक D. एकनिष्ठ

8. बड़ा बनने की इच्छा रखने वाला–
A. पदलोलुप B. चाटुकार
C. विवेकवान D. महत्वाकांक्षी

9. मन का दुर्भाव–
A. दृष्टिवैषम्य B. भेदभाव
C. मनोमालिन्य D. कलुषित

10. पूर्णतः स्वच्छ करना–
A. परिष्कार B. सुधार
C. आविष्कार D. पुनरोद्धार

11. जिसका जन्म उच्च कुल में हुआ हो–
A. सेठ B. अभद्र
C. अमीर D. कुलीन

12. ईश्वर को नहीं मानने वाला–
A. आस्तिक B. अधर्मवान
C. बंदा D. नास्तिक

13. उपकार मानने वाला–
A. कृतघ्न B. परोपकारी
C. अनोपचारी D. कृतज्ञ

14. किसी के पास रखी हुई दूसरे की वस्तु–
A. गिरवी B. जमानत
C. धरोहर D. सामान

15. एक स्थान से दूसरे स्थान को हटाया हुआ–
A. आंतरित B. प्रवासी
C. मुसाफिर D. स्थानांतरित

16. जिसे कठिनाई से भेदा जा सके–
A. अभेद्य B. दुर्भेद्य
C. दुर्दम्य D. अगम्य

17. जो सबको समान भाव से देखे–
A. दूरदर्शी B. क्रांतदर्शी
C. सूक्ष्मदर्शी D. समदर्शी

18. परलोक से सम्बन्धित–
A. पारलौकिक B. अलौकिक
C. इहलौकिक D. लौकिक

19. पीछे-पीछे चलने वाला–
A. अनुगामी B. प्रतिगामी
C. पश्चगामी D. अग्रगामी

20. जिसके हृदय में ममता नहीं है–
A. निर्दय B. कठोर
C. क्रूर D. निर्मम

21 जो व्यर्थ की बातें करता हो–
A. बहुभाषी B. कुवक्ता
C. वाचाल D. वाक्पटु

22. जो देखने में प्रिय लगता हो–
A. समदर्शी B. प्रियदर्शी
C. प्रियपात्र D. दर्शनप्रिय

23. अहसान न मानने वाला–
A. कृतज्ञ B. कृतघ्न
C. विश्वासघाती D. परोपजीवी

24. जिसे कठिनाई से जीता जा सके–
A. विजित B. अज्ञेय
C. अजेय D. दुर्जेय

25. बचपन और जवानी के बीच की अवस्था–
A. नवयुवा B. नवोढ़ा
C. वयःसंधि D. वयस्कता

26. पशुओं के समान व्यवहार करने वाला–
A. पाशविक B. पशुसा
C. क्रूर D. दानव

27. वह अग्नि जो जंगल में लग जाती है–
A. वनाग्नि B. दावानल
C. अनल D. प्रचंडाग्नि

28. वह वस्तु जो नाशवान है–
A. नाशक B. नासन्य
C. नासांतिक D. नश्वर

29. परिश्रम के बदले प्राप्त धनराशि–
A. मुद्रा B. करेंसी
C. पारिश्रमिक D. सिक्का

30. अधिक पढ़ी-लिखी महिला–
A. विदूषक B. विज्ञानी
C. अफसर D. विदुषी

31. दोपहर का समय–
A. अपराह्न B. पूर्वाह्न
C. अधपहर D. मध्याह्न

32. जिसके समान कोई दूसरा न हो–
A. असामान्य B. अद्वितीय
C. असाधारण D. महान्

33. जो अधिक व्यय न करता हो–
A. धन्नासेठ B. खर्चीला
C. अव्यय D. मितव्ययी

34. जो पृथ्वी से सम्बन्धित हो–
A. पार्थिव B. पृथ्वी
C. अलौकिक D. जड़

उत्तरमाला

1	2	3	4	5	6	7	8	9	10
D	C	D	A	B	B	D	D	C	A
11	**12**	**13**	**14**	**15**	**16**	**17**	**18**	**19**	**20**
D	D	D	C	D	B	D	A	A	D
21	**22**	**23**	**24**	**25**	**26**	**27**	**28**	**29**	**30**
C	B	B	D	C	A	B	D	C	D
31	**32**	**33**	**34**						
D	B	D	A						

15

वाक्यों की शुद्धता

निर्देश (प्र.सं. 1 से 26 तक): *नीचे दिए गए प्रश्नों में चार वाक्यों में एक वाक्य शुद्ध है और तीन अशुद्ध हैं। शुद्ध वाक्य को चुनिए।*

1. A. मैंने एक रुपए का सामान खरीदा
B. मैं एक रुपए का सामान खरीदा
C. मुझने एक रुपया का सामान खरीदा
D. मैं एक रुपया का सामान खरीदी

2. A. उसे कॉफी बनाना नहीं आता
B. उसे कॉफी बनानी नहीं आता
C. उसे कॉफी बनाना नहीं आती
D. उसे कॉफी बनाने को नहीं आते

3. A. देश का सम्मान की रक्षा करो
B. देश के सम्मान की रक्षा करो
C. देश को सम्मान की रक्षा करो
D. देश के लिए सम्मान की रक्षा करो

4. A. अतिथि को चाकू से काटकर फल खिलाओ
B. चाकू से अतिथि को काटकर फल खिलाओ
C. चाकू से फल काटकर अतिथि को खिलाओ
D. फल को काटकर चाकू से अतिथि को खिलाओ

5. A. राम ने पेट भर मिठाई खाई
B. राम ने पेट भर के मिठाई खाई
C. राम ने भरपेट मिठाई खाई
D. इनमें से सभी शुद्ध हैं

6. A. मैं आपकी सौजन्यता पर मुग्ध हूँ
B. मैं आपके सौजन्य पर मुग्ध हूँ
C. मैं आपके सुजन्य पर मुग्ध हूँ
D. इनमें से तीनों वाक्य अशुद्ध हैं

7. A. लाओ एक पानी का गिलास
B. एक पानी का गिलास लाओ
C. गिलास एक पानी का लाओ
D. एक गिलास पानी लाओ

8. A. हमारी सौभाग्यवती कन्या का विवाह होने जा रहा है।
B. हमारी आयुष्मती कन्या का विवाह होने जा रहा है।
C. हमारी सौभाग्यवती कन्या का विवाह होने जा रही है
D. इनमें से सभी शुद्ध हैं

9. A. माँ बच्चे को दूध धाय से पिला रही है
B. माँ बच्चे को दूध धाय से पिलवा रही है
C. माँ बच्चे को दूध धाय से पी रही है
D. माँ बच्चे को दूध धाय से चखा रही है

10. A. ये हमारे पास रहते हैं और वे दूर
B. वे हमारे पास रहते हैं और ये दूर
C. वे हमारे पास रहते हैं और वह दूर
D. ये हमारे पास रहते हैं और वह दूर

11. A. वेदों के छः अंग माने जाते हैं
B. वेदों में छः अंग माने जाते हैं
C. वेदों से छः अंग माने जाते हैं
D. वेदों पर छः अंग माने जाते हैं

12. A. भक्तों की सेना जा रही थी
B. भक्तों की मंडली जा रही थी
C. भक्तों की टुकड़ी जा रही थी
D. भक्तों की भीड़ जा रही थी

13. A. आपकी शंका का परिहार हुआ कि नहीं
B. आपकी शंका का निदान हुआ कि नहीं
C. आपकी शंका का समाधान हुआ कि नहीं
D. आपकी शंका निर्मूल हुई कि नहीं

14. A. यह ग्रंथ विद्वतापूर्ण लिखा गया है
B. यह ग्रंथ विद्वतापूर्वक लिखा गया है
C. यह ग्रंथ विद्वानपूर्ण लिखा गया है
D. यह ग्रंथ विद्वानपूर्वक लिखा गया है

15. A. वह टका-सा उत्तर देता है
B. वह टका-सा प्रश्न करता है
C. वह टका-सा जवाब देता है
D. इनमें से कोई नहीं

16. A. जो मिठाई पसन्द हों आप खा लो
B. जो मिठाई पसन्द हों तुम खा लो
C. जो मिठाइयाँ पसन्द हों तुम खा लो
D. जो मिठाइयाँ पसन्द हों उन्हें आप खाइए

17. A. हम बचपन में वहाँ जायेंगे
B. हम बचपन में वहाँ जाते रहे हैं
C. मैं बचपन में वहाँ जाता रहा
D. मैं बचपन में वहाँ जाऊँगा

18. A. प्रत्येक व्यक्ति कविता कर सकते हैं
B. प्रत्येक व्यक्ति कविता नहीं कर सकते हैं
C. प्रत्येक व्यक्ति कविता नहीं कर सकता
D. हर व्यक्ति कविता कर सकते हैं

19. A. हेम नरेश की पुस्तक दी
B. हेम ने नरेश को पुस्तक दी
C. हेम नरेश का पुस्तक देगा
D. हेम ने नरेश का पुस्तक दिया

20. A. मन्त्री ड्राइवर से कार चलवाता है
B. मन्त्री ड्राइवर की कार चलवाता है
C. मन्त्री ड्राइवर के लिए कार चलवाता है
D. मन्त्री ड्राइवर पर कार चलवाता है

21. A. उसकी आयु तीस वर्ष है इस समय
B. इस समय उसकी अवस्था तीस वर्ष है
C. तीस वर्ष की अवस्था है इस समय उसकी
D. इस समय तीस वर्ष की अवस्था है उसकी

22. A. रागिनी अपने आप चली गई
B. रागिनी खुद से चली गई
C. रागिनी अपने से ही चली गई
D. रागिनी आपके आप चली गई

23. A. श्याम पौधे को जल से सींच रहा है
B. पौधे को जल से सींच रहा है श्याम
C. श्याम पौधे सींच रहा है
D. जल से सींच रहा है श्याम पौधे को

24. A. वह उदद्ंडनीय है
B. वह दण्ड भोगने के योग्य है
C. वह दण्डयोग्य है
D. वह दण्ड देने के योग्य है

25. A. हमारे यहाँ तरुण नवयुवकों की शिक्षा का अच्छा प्रबन्ध है
B. हमारे यहाँ तरुण नवयुवकों का शिक्षा का अच्छा प्रबन्ध है
C. हमारे नवयुवकों की शिक्षा का यहाँ अच्छा प्रबन्ध है
D. हमारे यहाँ नवयुवकों की शिक्षा का अच्छा प्रबन्ध है

26. A. मुरझाया हुआ फूल वर्षा की फुहार से अभिसिंचित होकर पुनः खिल उठा
B. मुरझाई हुई फूल वर्षा की फुहार से अभिसिंचित होकर पुनः खिल उठा
C. मुरझाया हुआ फूल वर्षा की फुहार से अभिसिंचित होकर पुनः खिल उठी
D. मुरझाया हुआ फूल वर्षा के फुहार द्वारा अभिसिंचित होकर पुनः खिल उठे

उत्तरमाला

1	2	3	4	5	6	7	8	9	10
A	A	B	C	C	B	D	A	B	A
11	**12**	**13**	**14**	**15**	**16**	**17**	**18**	**19**	**20**
A	B	C	B	C	D	C	C	B	A
21	**22**	**23**	**24**	**25**	**26**				
B	A	C	C	D	A				

16

संज्ञा, सर्वनाम, विशेषण

1. 'सभी श्रोता **यथास्थान** बैठे थे।' व्याकरण की दृष्टि से इस वाक्य में गहरा छपा पद 'यथास्थान' क्या है?
   A. अव्यय B. संज्ञा
   C. क्रिया विशेषण D. विशेषण
2. जिन शब्दों में एक ही प्रकार की वस्तुओं अथवा व्यक्तियों का बोध हो, उन्हें कहते हैं–
   A. समूहवाचक संज्ञा B. व्यक्तिवाचक संज्ञा
   C. जातिवाचक संज्ञा D. भाववाचक संज्ञा
3. निम्नलिखित में कौन-सा शब्द पुल्लिंग है?
   A. शिक्षा B. चर्चा
   C. अर्चना D. पर्चा
4. क्रिया के रूप हैं–
   A. अनुकर्मक व अकर्मक
   B. अकर्मक व अभिकर्मक
   C. अनुकर्मक व अभिकर्मक
   D. सकर्मक व अकर्मक
5. स्त्रीलिंग शब्द है–
   A. पुराण B. पोथी
   C. काव्य D. ग्रंथ
6. 'हृदय' का विशेषण है–
   A. हृदयेश B. हार्दिक
   C. हृदयी D. इनमें से कोई नहीं
7. 'बुढ़ापा' शब्द व्याकरण के किस संज्ञा भेद से संबद्ध है?
   A. जातिवाचक संज्ञा B. भाववाचक संज्ञा
   C. व्यक्तिवाचक संज्ञा D. इनमें से कोई नहीं
8. सर्वनाम के भेद हैं–
   A. छः B. पाँच
   C. तीन D. आठ
9. जो विशेषण किसी वस्तु की मात्रा, वजन, नाप-तौल का बोध कराते हैं, उन्हें कहते हैं–
   A. सार्वनामिक विशेषण
   B. गुणवाचक विशेषण
   C. परिमाणवाचक विशेषण
   D. संख्यावाचक विशेषण
10. 'ब्राह्मणत्व' शब्द है–
    A. जातिवाचक संज्ञा B. भाववाचक संज्ञा
    C. समूहवाचक संज्ञा D. इनमें से कोई नहीं
11. संज्ञा या सर्वनाम के जिस रूप से क्रिया करने वाले का बोध हो वह है–
    A. अधिकरण कारक B. कर्त्ताकारक
    C. सम्बोधन कारक D. कर्मकारक
12. "यह काम मैं आप कर लूँगा" पंक्तियों में 'आप' है–
    A. सम्बन्धवाचक सर्वनाम
    B. निजवाचक सर्वनाम
    C. निश्चयवाचक सर्वनाम
    D. पुरुषवाचक सर्वनाम
13. निम्नलिखित में से कौन-सा स्त्रीलिंग में प्रयुक्त होता है?
    A. ऋतु B. पंडित
    C. हंस D. आचार्य
14. निम्नलिखित में से स्पर्श व्यंजन है–
    A. श B. छ
    C. ल D. ह
15. सर्वनाम में किस कारक का प्रयोग नहीं होता है?
    A. सम्बन्ध B. सम्बोधन
    C. सम्प्रदान D. अपादान

16. ''तुम्हारे घर उस दिन, जिसे मैंने देखा, वह कौन था?''
इस वाक्य में प्रश्नवाचक सर्वनाम है–

A. उस B. जिसे
C. कौन D. तुम्हारे

17. 'में' विभक्ति किस कारक की है?

A. सम्बोधन B. अधिकरण
C. सम्बन्ध D. कर्म

18. 'प्रशंसा' शब्द व्याकरणिक पद की दृष्टि से है–

A. गुणवाचक विशेषण
B. भाववाचक संज्ञा
C. जातिवाचक विशेषण
D. व्यक्तिवाचक संज्ञा

19. निम्न विकल्पों में से सकर्मक क्रिया का चयन कीजिए–

A. लेटना B. छूटना
C. पिघलना D. तड़पना

20. 'मानव' शब्द के लिए उपयुक्त भाववाचक संज्ञा का चयन कीजिए–

A. मनस्वी B. मानवता
C. मनुष्यत्व D. आदमीयत

21. निम्नलिखित में से कौन एक संयुक्त व्यंजन नहीं है?

A. क्ष B. ष
C. त्र D. ज्ञ

22. सम्बन्ध कारक का चिह्न है–

A. में, पर B. के लिए
C. -रा, -रे, -री D. से

23. तालव्य व्यंजन है–

A. च, छ, ज, झ B. ट, ठ, ड, ढ
C. त, थ, द, ध D. प, फ, ब, भ

24. य, र, ल, व – किस वर्ग के व्यंजन हैं?

A. तालव्य B. ऊष्म
C. अन्तःस्थ D. ओष्ठ्य

25. निम्न में से कौन जातिवाचक संज्ञा का उदाहरण है?

A. मालिनी B. स्त्री
C. सेना D. बचपन

26. ''जो जैसा करेगा, वह वैसा भरेगा'' वाक्य का सम्बन्ध किस सर्वनाम से है?

A. निजवाचक B. सम्बन्धवाचक
C. निश्चयवाचक D. पुरुषवाचक

27. 'ओ, औ' किस प्रकार के अर्थ हैं?

A. तालव्य B. मूर्धन्य
C. दन्तोष्ठय D. कंठोष्ठय

28. निम्नलिखित ईकारान्त शब्दों में एक पुल्लिंग है, उसे चयनित कीजिए–

A. पानी B. नदी
C. रोटी D. बकरी

29. 'लृट्' लकार किस काल का बोधक है?

A. वर्तमान काल का B. भूतकाल का
C. भविष्यत् काल का D. किसी काल का नहीं

30. निम्नलिखित शब्दों में किस एक का लिंग परिवर्तन हिन्दी भाषा में प्रचलित नहीं है?

A. चाचा B. बहन
C. कोयल D. भैंसा

उत्तरमाला

1	2	3	4	5	6	7	8	9	10
A	C	D	D	B	B	B	A	C	B
11	**12**	**13**	**14**	**15**	**16**	**17**	**18**	**19**	**20**
B	B	A	B	B	C	B	A	B	B
21	**22**	**23**	**24**	**25**	**26**	**27**	**28**	**29**	**30**
B	C	A	C	B	B	D	A	C	C

17

वाक्यों में त्रुटियाँ

निर्देश (प्र.सं. 1 से 35 तक): *नीचे दिया गया हर एक वाक्य चार भागों में बाँटा गया है जिन्हें (A), (B), (C) और (D) अक्षरांक दिए गए हैं। आपको यह देखना है कि वाक्य के किसी भाग में व्याकरण, भाषा, वर्तनी, शब्दों के गलत प्रयोग या इसी तरह की कोई त्रुटि तो नहीं है। त्रुटि अगर हो तो वाक्य के किसी एक भाग में ही होगी। उस भाग का अक्षरांक ही उत्तर है। अगर वाक्य त्रुटिरहित है तो उत्तर (E) दीजिए।*

1. कैक्टस के पौधे में कई चमत्कारी गुण (A)/ होते हैं लेकिन यह दुखदायी की बात (B)/ है कि हमारे देश में अभी तक इस पर (C)/ बहुत अधिक ध्यान नहीं दिया गया है। (D)/ त्रुटिरहित (E).

2. वाणिज्यिक वाहन निर्माताओं के (A)/ अनुसार, ईंधन की कीमतों में तेजी के (B)/ बावजूद बिक्री वाणिज्यिक वाहनों की (C)/ में तेजी दर्ज की गई है। (D)/ त्रुटिरहित (E).

3. जब तपती और धूल भरी (A)/ सड़कों पर मोटी-मोटी बूँदें गिरतीं तब (B)/ उमस के साथ मिट्टी की (C)/ भुनी भुनी गंध वातावरण में फैल जाती थी। (D)/ त्रुटिरहित (E).

4. औसत अगर मध्यवर्गीय (A)/ परिवार की बात करें तो उसमें (B)/ स्त्री मन को समझने की (C)/ गुंजाइश बहुत कम होती है। (D)/ त्रुटिरहित (E).

5. सुखद स्मृतियाँ चमकीले वर्तमान (A)/ से कहीं ज्यादा आनंददायक, (B)/ दुष्प्रेरणादायक और स्फूर्ति (C)/ प्रदान करने वाली होती हैं। (D)/ त्रुटिरहित (E).

6. किसी तंदरुस्त वृद्ध की देहयष्टि (A)/ देखकर लग पड़ता है (B)/ कि आयु ने उनके शरीर (C)/ पर अपना प्रभाव नहीं डाला है। (D)/ त्रुटिरहित (E).

7. कोशिश करने से मसले (A)/ समय रहते हल हो जाएं (B)/ तो ठीक वरना मन (C)/ में ग्रंथियाँ बन जाती हैं। (D)/ त्रुटिरहित (E).

8. यदि कोई विकलांग व्यक्ति (A)/ घर का मुखिया हो (B)/ तो वह गरीबी रेखा से (C)/ नीचे के दायरे में आएगा। (D)/ त्रुटिरहित (E).

9. एक मध्यवर्गीय भारतीय परिवार में पिता (A)/ काम के बोझ या दूसरे कारणों से अपने (B)/ बच्चों से कट जाता है, जिसका बच्चों (C)/ के मन पर प्रतिकूल प्रभावशाली पड़ता है। (D)/ त्रुटिरहित (E).

10. अर्थव्यवस्था विश्व के बदतर हो रहे (A)/ हालात से चिंतित वित्त मंत्री ने (B)/ कहा कि सरकार के पास नरमी (C)/ से निपटने के विकल्प सीमित हैं। (D)/ त्रुटिरहित (E).

11. बचत बैंक खातों (A)/ में बैंकों द्वारा (B)/ ब्याज की अदायगी (C)/ किया जाता है। (D)/ त्रुटिरहित (E).

12. वर्ष 2010 को आधार (A)/ बना कर राष्ट्रीय स्तर पर (B)/ नया उपभोक्ता तूल्य (C)/ सूचकांक जारी किया गया है। (D)/ त्रुटिरहित (E).

13. गुजरात की (A)/ राजरानी गांधीनगर (B)/ में एक बहुत बड़े समारोह का (C)/ आयोजन किया गया है। (D)/ त्रुटिरहित (E).

14. विमानन क्षेत्र का (A)/ नामी कम्पनी की (B)/ मुश्किलें दिनोंदिन (C)/ बढ़ती जा रही हैं। (D)/ त्रुटिरहित (E).

15. सरकार अपनी योजनाओं (A)/ का लाभ केवल कमजोर (B)/ वर्ग के लोगों तक सीमित (C)/ रखने के कक्ष में नहीं है। (D)/ त्रुटिरहित (E).

16. भारत सरकार द्वारा अर्जित (A)/ कुल राजस्व की (B)/ अधिकतम राशि आय कर (C)/ से प्राप्त होती है। (D)/ त्रुटिरहित (E).

17. दूरदर्शन के अधिकारियों (A)/ ने लोकप्रिय वाहिका (B)/ का प्रसारण बंद करने (C)/ का आदेश दिया है। (D)/ त्रुटिरहित (E).

18. राष्ट्रीय एकता तथा मानवीय (A)/ मूल्यों के मूलभूत सिद्धान्तों (B)/ को म्यान में रखकर (C)/ पाठ्य-सामग्री तैयार की गई है। (D)/ त्रुटिरहित (E).

19. दोनों देशों के वाणी (A)/ सचिवों की बैठक में (B)/ परस्पर व्यापार बढ़ाने (C)/ के लिए सहमति हो गयी। (D)/ त्रुटिरहित (E).

20. कोश के इस (A)/ नए संस्करण में बहुत (B)/ से नए शब्द (C)/ शामिल किए गए हैं। (D)/ त्रुटिरहित (E).

21. बैंक से जारी होने वाले (A)/ सभी परिपत्र, आदेश आदि (B)/ कागज के बजाय डिजिटल (C)/ माध्यमों से प्रेषित किया जाता है। (D)/ त्रुटिरहित (E).

22. नियंत्रण प्राधिकारियों से (A)/ भी अपेक्षा की गई है (B)/ कि वे प्रतिदिन प्रतिवेदन (C)/ का अध्ययन अवश्य करें। (D)/ त्रुटिरहित (E).

23. ग्लोबल वार्मिंग रूपी (A)/ शत्रु पर आक्रमण कर उसे (B)/ परस्त करने में सभी (C)/ का योगदान होना चाहिए। (D)/ त्रुटिरहित (E).

24. पेड़ नहीं सोंचते कि झोंका (A)/ आए तो झूमें या न (B)/ झूमें वे झूमते हैं और अपने (C)/ जड़ों पर यकीन रहते हैं। (D)/ त्रुटिरहित (E).

25. कितने वर्षों की अवधि (A)/ तक खाते में कोई भी लेन-देन न (B)/ होने पर खाते को (C)/ निष्कृत माना जाता है? (D)/ त्रुटिरहित (E).

26. सामाजिक कुरीतियों (A)/ का मुख्य कारण (B)/ अज्ञानता है (C)/ यह बात एकदम सही है। (D)/ त्रुटिरहित (E).

27. उसकी सौन्दर्यता (A)/ देखकर मन मयूर (B)/ नृत्य करने लगा (C)/ दिलीप ने श्याम को बताया। (D)/ त्रुटिरहित (E).

28. नगेन्द्र जी (A)/ हिन्दी के (B)/ लब्धप्रतिष्ठित (C)/ आलोचक एवं लेखक हैं। (D)/ त्रुटिरहित (E).

29. साहित्य (A)/ और जीवन का (B)/ घनघोर (C)/ सम्बन्ध है। (D)/ त्रुटिरहित (E).

30. दिल्ली से (A)/ अनेकों (B)/ पत्र-पत्रिकाओं का (C)/ प्रकाशन होता है। (D)/ त्रुटिरहित (E).

31. गाय को घास (A)/ खिलाने से और पंछी (B)/ को दाना डालने (C)/ से पूण्य मिलता है। (D)/ त्रुटिरहित (E).

32. एक संख्या का पाँच (A)/ बटा-नौ दूसरी संख्या (B)/ के पच्चीस प्रतिशत (C)/ के सम्मान है। (D)/ त्रुटिरहित (E).

33. दिनेश की मासिक (A)/ आय सुरेश की (B)/ मासिक आय से (C)/ चुगना है। (D)/ त्रुटिरहित (E).

34. इस कार की कीमत कम (A)/ होगी और कम्पनी इसमें ज्यादा से ज्यादा (B)/ भारतीय पूर्जे लगाने (C)/ की कोशिश कर रही है। (D)/ त्रुटिरहित (E).

35. कहतें हैं कि (A)/ हर दस कोश (B)/ पर बोली (C)/ बदलती है। (D)/ त्रुटिरहित (E).

उत्तरमाला

1	2	3	4	5	6	7	8	9	10
B	C	D	A	C	A	E	A	D	A
11	**12**	**13**	**14**	**15**	**16**	**17**	**18**	**19**	**20**
D	C	B	A	D	C	B	C	A	B
21	**22**	**23**	**24**	**25**	**26**	**27**	**28**	**29**	**30**
D	A	C	C	D	C	A	C	C	B
31	**32**	**33**	**34**	**35**					
D	D	D	C	B					

18

रिक्त स्थानों की पूर्ति

निर्देश (प्र.सं. 1 से 28 तक): *नीचे दिए गए प्रत्येक प्रश्न में एक रिक्त स्थान छूटा हुआ है और उसके नीचे चार शब्द सुझाए गए हैं। इनमें से कोई एक उस रिक्त स्थान पर रख देने से वह वाक्य एक अर्थपूर्ण वाक्य बन जाता है। सही शब्द ज्ञात कर उसको उत्तर के रूप में अंकित कीजिए।*

दिए गए शब्दों में से सर्वाधिक उपयुक्त का चयन करना है।

1. लोकतंत्र में बल प्रयोग करके किसी समस्या का .... करना न तो न्याय सम्मत है, न ही शोभनीय।

A. चर्चा B. बखान
C. समाधान D. कचूमर

2. गाँव जाने वाली सड़क में गड्ढों के मारे कार को इस कदर हिचकोले लग रहे थे मानो वो कोई .... हो।

A. सवारी B. साइकिल
C. शाहीगाड़ी D. बैलगाड़ी

3. हमारे शहर में .... खत्म होने के बाद अचानक गर्मी बढ़ जाती है।

A. पानी B. नदी जल
C. आर्द्रता D. ग्रीष्म

4. रविवार को सड़कों पर हाट लगने पर इतनी भीड़ हो जाती है कि .... को जगह नहीं मिलती।

A. बैठने B. तिल धरने
C. बाजार करने D. चाय पीने

5. हमारे देश में क्रिकेट को छोड़कर बाकी सभी खेलों के साथ .... व्यवहार होता है।

A. सौतेला B. अनुत्तम
C. उत्तम D. समान

6. आपसे सादर .... है कि आप हमारे समारोह में मुख्य अतिथि के रूप में पधारें।

A. कामना B. अनुरोध
C. अनुग्रह D. विनय

7. ताजमहल .... का अद्‌भुत नमूना है।

A. मूर्तिकला B. शिल्पकला
C. चित्रकला D. स्थापत्यकला

8. यहाँ की जलवायु आपके .... नहीं है।

A. योग्य B. अनुरूप
C. अनुकूल D. अनुसार

9. समय का सदुपयोग न करने वाले व्यक्तियों को बाद में .... करना पड़ता है।

A. पश्चाताप B. प्रायश्चित
C. परिष्कार D. विलाप

10. इस नाटक का .... अन्त तक बना रहा।

A. आश्चर्य B. कुतूहल
C. दर्द D. विषय

11. कोयले की दलाली में .... हाथ।

A. गंदे B. मैले
C. बिगड़े D. काले

12. एक .... सौ बीमार।

A. अनार B. सेब
C. सुनार D. वैद्य

13. एक पंथ .... काज।

A. सौ B. नौ
C. सब D. दो

14. नाम बड़े और दर्शन ....।

A. अच्छे B. सुन्दर
C. छोटे D. सच्चे

15. डूबते को .... का सहारा।

A. राम B. तिनके
C. नैया D. खिवैया

16. इसे दुर्भाग्य ही कहा जाएगा कि भारतीय राजनीति में .... का महत्व कम नहीं हो रहा।

A. उदारता B. धर्मपरायणता
C. सदाचार D. क्षेत्रवाद

17. जनता अपना नेता इसलिए चुनती है, ताकि जनजीवन में .... आए।

A. लहर B. खुशहाली
C. मस्ती D. प्रगति

18. हमारे देश की खेल संस्थाओं को लालफीताशाही के .... से मुक्त कराना बेहद जरूरी है।

A. चंगुल B. लगाम
C. ग्रंथि D. खेल

19. हमारे देश में अभी भी दूरदराज के ऐसे कई गाँव हैं जहाँ पहुँचने के लिए अभी तक .... मार्ग नहीं बना है।

A. सवारी B. पगडंडी
C. हवाई D. सड़क

20. बड़े राज्यों को .... छोटे राज्य बनाने के फायदे भी हैं नुकसान भी।

A. जोड़कर B. कटवाकर
C. तोड़कर D. सिकोड़कर

21. सुनसान जंगल में .... धुंध के बीच वो खंडहर भुतहा इमारत जैसा लग रहा था।

A. बर्फानी B. बादली
C. घनी D. डरावनी

22. भारत में खेती और खेतिहर दोनों संकट के .... से गुजर रहे हैं।

A. व्यवधान B. रोग
C. निदान D. दौर

23. एक व्यक्ति ने कहा कि पूरा परिवार .... काम करता है तो भी महीने की कमाई पूरी नहीं पड़ती।

A. बैठकर B. जोतकर
C. जुटाकर D. मिलकर

24. आज पूरी दुनिया में आजादी और .... के लिए आंदोलन चल रहे हैं।

A. गुलामी B. लोकतंत्र
C. राजतंत्र D. तानाशाही

25. पिछले कुछ .... में भ्रष्टाचार एक अहम मुद्दे के तौर पर उभरा है।

A. वर्षों B. पलों
C. युगों D. देशों

26. तन को कपड़ा न .... को रोटी।

A. खाने B. पेट
C. भूख D. मन

27. चमड़ी जाए। पर .... न जाए।

A. इज्जत B. पैसा
C. पगड़ी D. दमड़ी

28. महात्मा बुद्ध करुणा के साक्षात्कार .... थे।

A. विग्रह B. अनुग्रह
C. परिग्रह D. अपरिग्रह

उत्तरमाला

1	2	3	4	5	6	7	8	9	10
C	D	C	B	A	D	D	C	A	B
11	**12**	**13**	**14**	**15**	**16**	**17**	**18**	**19**	**20**
D	A	D	C	B	D	B	A	D	C
21	**22**	**23**	**24**	**25**	**26**	**27**	**28**		
C	D	D	B	A	A	D	A		

19

परिच्छेद में रिक्त स्थानों की पूर्ति

निर्देशः *नीचे दिए गए परिच्छेदों में कुछ रिक्त स्थान छोड़ दिए गए हैं तथा उन्हें प्रश्न संख्या से दर्शाया गया है। ये संख्याएं परिच्छेद के नीचे मुद्रित हैं और प्रत्येक के सामने A, B, C, D और E विकल्प दिए गए हैं। इन पाँचों में से कोई एक इस रिक्त-स्थान को पूरे परिच्छेद के सन्दर्भ में उपयुक्त ढंग से पूरा कर देता है। आपको यह विकल्प ज्ञात करना है, और उसका अक्षरांक ही उत्तर के रूप में दर्शाना है। आपको दिए गए विकल्पों में से सबसे उपयुक्त का चयन करना है।*

परिच्छेद-1

दुनिया के अनेक देशों की तरह हमारे **...(1)...** का भी दुर्भाग्य है कि आम, केला सेब, अंगूर, अनन्नास, अनार, पपीता सरीखे लोकप्रिय और प्रचुर मात्रा में **...(2)...** होने वाले फलों के सामने बेर, करोंदा, जामुन, बेल, खिरनी, फालसा, आँवला, अंजीर, कोकम, बड़हल, शरीफा जैसे फल कम मात्रा में पैदा होते हैं और बाजार में आसानी से उपलब्ध नहीं होते हैं इसलिए लोग इनका **...(3)...** भूलते जा रहे हैं। अनुपलब्धता की व्यावसायिक वजह यही बताई जाती है कि **...(4)...** कम या नहीं के बराबर होने के कारण थोक व्यापारी इनमें रुचि नहीं लेता। इसी तरह आम का उदाहरण लें। सुदूर दक्षिण से लेकर उत्तर-पूर्व तक फैले **...(5)...** भूभाग में इसकी लगभग एक हजार प्रजातियाँ उगाई जाती रही हैं जिनके रंग, रूप, गंध और स्वाद एक-दूसरे से **...(6)...** रहे हैं। पर आज की तारीख में दशहरी, लंगड़ा, अल्फांसो जैसी भारी माँग वाली प्रजातियों ने इतने **...(7)...** ढंग से बाजार को अपनी गिरफ्त में ले लिया है कि अन्य **...(8)...** कुछ सालों बाद हाथ में दिया लेकर ढूढ़ने पर भी नहीं मिलेंगी। कहते हैं कि पुरी के भगवान् जगन्नाथ को साल के तीन सौ पैंसठ दिन तीन सौ पैंसठ प्रजातियों के भात का **...(9)...** लगाया जाता था, ताकि साल में किसी किस्म के भात की पुनरावृत्ति न हो, पर आज तो यह किसी परी कथा जैसा **...(10)...** लगता है।

1. A. देश B. बाजार C. व्यापार D. कारोबार E. विज्ञान

2. A. उगे B. सजे C. पैदा D. बिके E. मिलते

3. A. याद B. स्वाद C. कायदा D. रंग E. सुगंध

4. A. कम B. संगठन C. लदाई D. आकर्षण E. माँग

5. A. भारी B. बर्फीले C. वनीय D. विशाल E. महान्

6. A. करीब B. अलग C. विपरीत D. खट्टे E. बढ़कर

7. A. आक्रामक B. जांबाज C. उछाल D. अच्छे E. आदर्श

8. A. बाड़ियाँ B. मंडियाँ C. प्रजातियाँ D. सहजातियाँ E. उपजातियाँ

9. A. थाल B. सजाया
C. चढ़ाया D. भोग
E. तिलक

10. A. व्यवहार B. उपन्यास
C. कल्पना D. काव्य
E. किस्सा

परिच्छेद-2

रमन्ना पहलवान नदी की ओर दौड़ता हुआ जा रहा था। उसे दूसरे ...(1)... जाना था। नाव के जाने का समय हो चुका था, और वह ...(2)... ही लेट हो गया था। नदी किनारे उसे नाव ...(3)... दी। वह और जी जान लगा कर भागा और छलांग लगा कर ...(4)... के ऊपर जा चढ़ा। इस कोशिश में वो नाव में गिर पड़ा। उसके ...(5)... फट गए और उसकी कोहनी ...(6)... गई, जिसमें से खून टप-टप टपकने लगा। मगर वो ...(7)... था। उसने नाव को आखिर पकड़ लिया था। वो खुशी से उठा और चिल्लाया– मैंने नाव को पकड़ ही लिया। लेट हो गया था, मगर मुझे नाव ...(8)... मिल ही गई। पास में बैठे दूसरे यात्री ने अपना ...(9)... समेटते हुए रमन्ना को बताया– ये नाव जा नहीं रही है, बल्कि आ रही है, और अभी ही ...(10)... लगी है!

1. A. गाँव B. महल
C. घर D. दिन
E. नाले

2. A. कब का B. तब से
C. सब से D. पीछे
E. पहले

3. A. खड़ी B. दिखाई
C. चली D. दर्शन
E. पड़ी

4. A. चट्टान B. पहाड़
C. लंगर D. नाव
E. पत्थर

5. A. चादर B. कंबल
C. कपड़े D. अरमान
E. सामान

6. A. रह B. बह
C. झुक D. उठ
E. छिल

7. A. प्रसन्न B. उदात्त
C. उद्विग्न D. अधीर
E. अप्रसन्न

8. A. जाकर B. चाहे
C. सवारी D. आखिरकार
E. आकर

9. A. तशरीफ B. सामान
C. स्थान D. डंडा
E. बयान

10. A. लाने B. सुस्ताने
C. किनारे D. बहने
E. आने

उत्तरमाला

परिच्छेद-1

1	2	3	4	5
A	C	B	E	D
6	**7**	**8**	**9**	**10**
E	D	C	D	E

परिच्छेद-2

1	2	3	4	5
A	E	B	D	C
6	**7**	**8**	**9**	**10**
E	A	D	B	C

20

अर्थपूर्ण वाक्य बनाना

निर्देशः *निम्नलिखित वाक्यों (1), (2), (3), (4) तथा (5) को इस प्रकार उचित क्रम में लगाएं कि एक अर्थपूर्ण परिच्छेद बन जाए। फिर उनके नीचे दिए गए प्रश्नों के उत्तर दीजिए–*

परिच्छेद-1

(1) नाजुक बालक को देख कोई यह करने के लिए तैयार नहीं था तो बालक ने खुद एक बहुत गरम सलाख फोड़े पर लगा दी।

(2) वैद्य ने कहा फोड़ा पक नहीं रहा है इसलिए ठीक नहीं हो रहा है।

(3) एक छोटे से बालक को बाँह में एक फोड़ा हुआ था।

(4) उपाय में उसे गरम सलाख से दागने पर ठीक होगा ऐसा बताया।

(5) दर्द बहुत हो रहा था पर फोड़ा ठीक नहीं हो रहा था।

1. पहला वाक्य कौन-सा होगा?
A. (1) B. (2)
C. (3) D. (4)
E. (5)

2. दूसरा वाक्य कौन-सा होगा?
A. (1) B. (2)
C. (3) D. (4)
E. (5)

3. तीसरा वाक्य कौन-सा होगा?
A. (1) B. (2)
C. (3) D. (4)
E. (5)

4. चौथा वाक्य कौन-सा होगा?
A. (1) B. (2)
C. (3) D. (4)
E. (5)

5. अन्तिम वाक्य कौन-सा होगा?
A. (1) B. (2)
C. (3) D. (4)
E. (5)

परिच्छेद-2

निर्देशः *नीचे (1), (2), (3), (4), (5) और (6) में छः कथन दिए गए हैं। इन सभी कथनों को इस तरह व्यवस्थित कीजिए कि छहों कथनों का एक अर्थपूर्ण परिच्छेद बन जाए। फिर उसके बाद दिए गए प्रश्नों का उत्तर दीजिए।*

(1) भारतीय नारी त्याग, बलिदान, साहस, शक्ति तथा सेवा की सजीव मूर्ति है।

(2) नारी का सम्मान करके ही पुरुष का जीवन कुसुम सुवासित होता है।

(3) उसकी शक्ति के आगे यमराज को भी हारना पड़ा।

(4) घर की व्यवस्थापिका होने के कारण वह गृहलक्ष्मी कही जाती है।

(5) सावित्री ने अपने पति सत्यवान को पुनर्जीवित करने के लिए यमराज का भी पीछा किया।

(6) सीता, सावित्री, वीरांगना लक्ष्मीबाई और तपस्विनी उर्मिला भारतीय नारियों का आदर्श हैं।

1. निम्न में से तीसरा वाक्य कौन-सा होना चाहिए?
A. (2) B. (3)
C. (5) D. (4)
E. (6)

2. अवतरण का पहला वाक्य कौन-सा है?
A. (1) B. (3)
C. (2) D. (4)
E. (5)

3. इस अवतरण का चौथा वाक्य होगा–

A. (2) B. (3)
C. (4) D. (6)
E. (1)

4. अवतरण का अन्तिम वाक्य कौन-सा होना चाहिए?

A. (4) B. (2)
C. (3) D. (5)
E. (6)

5. अवतरण का पाँचवाँ वाक्य होगा–

A. (2) B. (3)
C. (4) D. (5)
E. (6)

परिच्छेद-3

निर्देशः *नीचे (1), (2), (3), (4) तथा (5) में पाँच वाक्य दिए गए हैं। इन वाक्यों को इस तरह क्रमबद्ध कीजिए कि एक अर्थपूर्ण परिच्छेद बन जाए। उसके बाद नीचे दिए गए प्रश्नों के उत्तर दीजिए–*

(1) बहुत शोर सुनकर दोनों भाई जाग उठे, उनके कुछ देखने, समझने से पहले एक हाथी ने छोटे भाई के गले में फूलों की माला डाल दी।

(2) दो भाई रोजगार की तलाश में अपने गाँव से चले।

(3) राजा बने छोटे भाई ने बड़े भाई को अपना मंत्री बनाया और दोनों वहीं रहने लगे।

(4) चलते-चलते एक नगर की सीमा पर पहुँचे और थकावट के कारण विश्राम के लिए एक पेड़ के नीचे सो गए।

(5) इतने में जोर शोर से लोग चिल्लाने लगे–हमारे नए राजा मिल गए।

1. दूसरा वाक्य कौन-सा होना चाहिए?

A. (1) B. (2)
C. (3) D. (4)
E. (5)

2. अन्तिम वाक्य कौन-सा होना चाहिए?

A. (1) B. (2)
C. (3) D. (4)
E. (5)

3. पहला वाक्य कौन-सा होना चाहिए?

A. (1) B. (2)
C. (3) D. (4)
E. (5)

4. चौथा वाक्य कौन-सा होना चाहिए?

A. (1) B. (2)
C. (3) D. (4)
E. (5)

5. तीसरा वाक्य कौन-सा होना चाहिए?

A. (1) B. (2)
C. (3) D. (4)
E. (5)

उत्तरमाला

परिच्छेद-1

1	2	3	4	5
C	E	B	D	A

परिच्छेद-2

1	2	3	4	5
C	A	B	E	A

परिच्छेद-3

1	2	3	4	5
D	C	B	A	E

21

अवतरण पर आधारित प्रश्न

निर्देशः *निम्नलिखित अवतरणों को ध्यानपूर्वक पढ़कर उस पर आधारित दिए गए प्रश्नों के उत्तर में से सही उत्तर का चयन कीजिए–*

अवतरण-1

शरीर और मिट्टी को लेकर संसार की असारता पर बहुत कुछ कहा जा सकता है, परन्तु यह भी ध्यान देने की बात है कि जितने सारतत्व जीवन के लिए अनिवार्य हैं, वे सब मिट्टी से ही मिलते हैं। जिन फूलों को हम अपनी प्रिय वस्तुओं का उपमान बनाते हैं, वे सब मिट्टी की ही उपज हैं। रूप, रस, गंध, स्पर्श– इन्हें कौन सम्भव करता है? माना कि मिट्टी और धूल में अन्तर है, लेकिन उतना ही जितना शब्द और रस में, देह और प्राण में, चाँद और चाँदनी में। धूल वह, जिसे गोधूलि शब्द में हमने अमर कर दिया है। अमराइयों के पीछे छिपे हुए सूर्य की किरणों में जो धूलि सोने को मिट्टी कर देती है, सूर्यास्त के उपरांत लीक पर गाड़ी के निकल जाने के बाद जो रूई के बादल की तरह या ऐरावत हाथी के नक्षत्र-पथ की भाँति जहाँ की तहाँ स्थिर रह जाती है, धूल उसका नाम है।

गोधूलि पर कितने कवियों ने अपनी कलम नहीं तोड़ दी, लेकिन यह गोधूलि गाँव की अपनी सम्पत्ति है, जो शहरों के बाँटे नहीं बँटी और गाँवों में भी जिस धूलि को कवियों ने अमर किया है, वह हाथी-घोड़ों के पग-संचालन से उत्पन्न होने वाली धूल नहीं है, वरन् गो-गोपालों के पदों की धूलि है। हमारी देशभक्ति धूल को माथे से न लगाएं तो कम-से-कम उस पर पैर तो रखे। किसान के हाथ-पैर, मुँह पर छाई हुई यह धूल हमारी सभ्यता से क्या कहती है? हम काँच को प्यार करते हैं, धूलि भरे हीरे में धूल ही दिखाई देती है, भीतर की कांति आँखों से ओझल रहती है, लेकिन ये हीरे अमर हैं और एक दिन अपनी अमरता का प्रमाण भी देंगे। अभी तो उन्होंने अटूट होने का ही प्रमाण दिया है– ''हीरा वही घन चोट न टूटे।'' वे पलटकर चोट भी करेंगे और तब काँच और हीरे का भेद जानना बाकी न रहेगा। तब हम हीरे से लिपटी हुई धूल को भी माथे से लगाना सीखेंगे।

1. निम्नलिखित में से किससे मिट्टी और धूल शब्द युग्म की तुलना की गई है?

A. शब्द और अर्थ से
B. देह और दिमाग से
C. शब्द और रस से
D. उपर्युक्त में से किसी से नहीं

2. गद्यांश में 'गोधूलि' कहा गया है–

A. अखाड़ों की धूल
B. मोटर गाड़ियों के चलने से उड़ती धूल
C. गो-गोपालों के पदों की धूल
D. हाथी-घोड़ों के पग-संचालन से उड़ती धूल

3. 'रूई के बादल की तरह' से अलंकार है–

A. उपमा   B. वक्रोक्ति
C. उत्प्रेक्षा   D. रूपक

4. ''हम काँच को प्यार करते हैं।'' का क्या आशय है?

A. ऊपरी चमक-दमक ही देखते हैं
B. नकली चीजों को पसन्द करते हैं
C. धूल को पसन्द नहीं करते
D. हमें नाजुक चीजें ही पसन्द हैं

5. 'हीरा वही घन चोट न टूटे'। वस्तुतः किसके लिए प्रयुक्त है?

A. काँच के लिए   B. हीरे के लिए
C. किसानों के लिए   D. धूल के लिए

अवतरण-2

आम आदमी की कोशिश होती है कि वह आम आदमी न बना रहे, कुछ खास करके दिखाए। आम आदमी समाज में अपनी छाप नहीं छोड़ पाता। समाज की अधिकांश गतिविधियों में खास आदमी भाग लेता है। खास आदमी आम आदमी को प्रायः मूर्ख समझते हैं। ऐसा वह आम आदमी को न समझ पाने के कारण करते हैं। खास आदमी अपने कार्यों की प्रतिक्रिया आम आदमी पर परखते हैं, किन्तु आम आदमी प्रायः प्रतिक्रिया विहीन बना रहता है, आम आदमी का आम होना ही खास आदमियों को खास बनाता है। खास लोग आम आदमी को उसके बहिरंग से मापते हैं। वे आम आदमी को छिलका भर समझ लेते हैं। उसके अभ्यंतर में जो दृढ़ गुठली है, उसे नहीं पहचानते। आम आदमी को, गुठली को निगल जाना कठिन होता है। छिलका हटाने पर उसकी दम-खम प्रकट होती है। आम आदमी जब गुठली की तरह फँस जाता है, तो इतिहास को बदल डालता है। आम आदमी को आम की तरह निचोड़ डालने की भूख खास आदमी किया करते हैं। आम आदमी जब अपने को व्यक्त करता है तो समाज का मौसम बदल जाता है। तूफान उमड़ जाता है। इतिहास बदल देने के बाद आम आदमी फिर से आम होता जाता है। उसकी प्रतिक्रिया शान्त हो जाती है। खास आदमी आम आदमी के इस स्वभाव को नहीं समझ पाते। इसे समझने के लिए आम आदमी ही बनना पड़ता है।

1. आम आदमी की खास बात यही है कि–
A. वह अशान्त होता है
B. वह आम होता है
C. वह बहुत सोच-समझकर कदम उठाता है
D. वह खास आदमी से नफरत करता है

2. आम आदमी जब गुठली की तरह फँस जाता है, तो–
A. इतिहास बदल जाता है
B. खास आदमी घबरा जाता है
C. वह खास आदमी बन जाता है
D. समाज में उथल-पुथल मच जाती है

3. अवतरण की भाषा है–
A. सरल
B. हास्यास्पद
C. कटाक्षपूर्ण
D. ये सभी

4. खास आदमी किस प्रकार विशिष्ट बनते हैं?
A. अपनी योग्यताओं के कारण
B. अपने जनसम्पर्क के कारण
C. आम आदमी के आम होने के कारण
D. उपर्युक्त सभी

5. समाज-परिवर्तन का काम किसने किया है?
A. देवताओं ने
B. खास आदमी ने
C. आम आदमी ने
D. शासकों ने

उत्तरमाला

अवतरण-1

1	2	3	4	5
C	C	A	A	C

अवतरण-2

1	2	3	4	5
B	A	D	C	C

22

वर्तनी की त्रुटियाँ

निर्देशः *नीचे प्रत्येक प्रश्न में A, B, C और D अक्षरांक में चार शब्द दिए गए हैं। जिनमें से एक में वर्तनी सम्बन्धी त्रुटि हो सकती है। उस त्रुटियुक्त शब्द का अक्षरांक ही आपका उत्तर होगा। यदि चारों शब्दों की वर्तनी सही है तो उत्तर दीजिए E अर्थात् 'सभी सही हैं'।*

1. A. अप्रयुक्त B. अतीषयोक्ति
C. अशोध्य D. सम्मति
E. सभी सही हैं

2. A. अभ्युक्ति B. इष्टतम
C. अपुरित D. उपस्थित
E. सभी सही हैं

3. A. उत्तरजिवीता B. प्रारक्षित
C. क्षैतिज D. आयातित
E. सभी सही हैं

4. A. आस्थगित B. आतिथ्य
C. अंतरिम D. निर्धारित
E. सभी सही हैं

5. A. किफायत B. परिस्थिति
C. संतुलित D. असिंचीत
E. सभी सही हैं

6. A. तात्पर्य B. महोत्सव
C. दंभ D. कृशक
E. सभी सही हैं

7. A. लक्षण B. व्यंजन
C. पगडंडी D. पारंगत
E. सभी सही हैं

8. A. स्थानापन्न B. व्यावशयिक
C. कोशिका D. आर्थिक
E. सभी सही हैं

9. A. दांडधिकारी B. प्राधिकरण
C. आदित्य D. क्रियान्वयन
E. सभी सही हैं

10. A. गोपनीयता B. कार्यवाही
C. उत्रदायित्व D. वयस्क
E. सभी सही हैं

11. A. चूल्लु B. जीविका
C. ठिठोली D. तकली
E. सभी सही हैं

12. A. नजरिया B. पंडीताइ
C. फरियादी D. बधाई
E. सभी सही हैं

13. A. प्रकाशकीय B. फाल्गुन
C. बधिर D. भोतिक
E. सभी सही हैं

14. A. हौसला B. स्वीकृति
C. व्यवासायिक D. लिपाई
E. सभी सही हैं

15. A. फलित B. बटोही
C. भजनीक D. मंडली
E. सभी सही हैं

16. A. अनामिष B. अपरिहार्य
C. किफायती D. गिलाफ
E. सभी सही हैं

17. A. गोधुलि B. चांचल्य
C. जिजीविषु D. तमोली
E. सभी सही हैं

18. A. तितिक्षा B. दखलंदाजी
C. दिप्ति D. दैनिकी
E. सभी सही हैं

19. A. नजदिकी B. नियोक्ता
C. परिणीता D. पाणिग्रहण
E. सभी सही हैं

20. A. पुनीत B. प्रख्यापीत
C. फरोख्त D. बुजुर्गी
E. सभी सही हैं

21. A. अद्‌भुत B. व्यंग्य
C. अदृश्य D. समारंभ
E. सभी सही हैं

22. A. लक्षण B. महात्मन
C. सम्पर्क D. कर्तज्ञ
E. सभी सही हैं

23. A. गझिन B. आशय
C. निशपादन D. आकर्षण
E. सभी सही हैं

24. A. उत्तरीय B. स्थान्नापन
C. कुंभ D. असामान्य
E. सभी सही हैं

25. A. न्ययाधिश B. पुरस्कृत
C. वारिद D. अधिशासी
E. सभी सही हैं

26. A. चिनाई B. तंबूल
C. ठिठोली D. तन्मय
E. सभी सही हैं

27. A. अगड़ाइ B. गठीला
C. खिलाफ D. कल्पनातीत
E. सभी सही हैं

28. A. सूरत B. वैधव्य
C. लतीका D. रेगिस्तान
E. सभी सही हैं

29. A. इति B. अखिलेश
C. कबूतर D. खेरात
E. सभी सही हैं

30. A. चमत्कृत B. जिल्द
C. तमोली D. दमित
E. सभी सही हैं

31. A. प्रहसन B. तात्पर्य
C. महसूल D. पाणिगृहण
E. सभी सही हैं

32. A. मस्तिष्क B. प्रोत्साहन
C. सम्वत् D. क्रियाविधि
E. सभी सही हैं

33. A. विचारणीय B. क्रन्दन
C. पर्यावर्ण D. उपलब्धि
E. सभी सही हैं

34. A. विसतृत B. वाग्विलास
C. तात्कालिक D. अलंकार
E. सभी सही हैं

35. A. दृष्टांत B. रूढ़ि
C. सूचि D. आचमन
E. सभी सही हैं

उत्तरमाला

1	2	3	4	5	6	7	8	9	10
B	C	A	A	D	D	E	B	A	C
11	**12**	**13**	**14**	**15**	**16**	**17**	**18**	**19**	**20**
A	B	D	C	C	A	A	C	A	B
21	**22**	**23**	**24**	**25**	**26**	**27**	**28**	**29**	**30**
E	D	C	B	A	B	A	C	D	E
31	**32**	**33**	**34**	**35**					
D	E	C	A	C					

1602

संख्यात्मक योग्यता/गणित

(वस्तुनिष्ठ प्रश्न)

1

संख्याओं संबंधी जानकारी और जोड़ना, घटाना तथा गुणा

किसी संख्या को लिखने के लिए दस अंकों का प्रयोग किया जाता है। ये अंक हैं:- 0, 1, 2, 3, 4, 5, 6, 7, 8 और 9.

इन्हीं दस अंकों की मदद से सभी संख्यायें लिखी जा सकती हैं, जैसे 7, 25, 106, 2913, 40832, 357670 आदि।

जातीयमान और स्थानीयमान

हर अंक का जातीय मान और स्थानीय मान होता है। जातीय मान निश्चित होता है, जैसे 0 का जातीय मान 0 होता है; 1 का जातीय मान 1 होता है; 2 का जातीय मान 2 होता है; 3 का जातीय मान 3 होता है; 4 का जातीय मान 4 होता है, आदि। किन्तु हर अंक का स्थानीय मान बदलता रहता है। कोई अंक जिस स्थान (इकाई, दहाई, सैकड़ा, हजार, दस हजार और इसी प्रकार आगे भी) पर होता है, उसका स्थानीय मान उतना ही होता है। जैसे,

संख्या 25 लें। इसमें दो अंक 2 और 5 हैं। इन दोनों का जातीय मान क्रमशः 2 और 5 है। किन्तु इनका स्थानीय मान इनके स्थान पर निर्भर है। चूंकि 2 दहाई के स्थान पर है, इसलिए इसका स्थानीय मान 10 x 2 = 20 है। 5 इकाई के स्थान पर है, अतः इसका स्थानीय मान 5 ही है।

अब संख्या 751 लें। इसमें-

7 सैकड़ा के स्थान पर है; इसलिए इसका स्थानीय मान 100 x 7 = 700 है।

5 दहाई के स्थान पर है; इसलिए इसका स्थानीय मान 10 x 5 = 50 है।

1 इकाई के स्थान पर है; इसलिए इसका स्थानीय मान 1 ही है।

135 में:- (i) 1 के जातीय मान और स्थानीय मान का योगफल निकालें।

(ii) 3 के जातीय मान और स्थानीय मान का अन्तर निकालें।

(i) 1 का जातीय मान = 1

1 का स्थानीय मान = 100.

∴ जातीय मान और स्थानीय मान का योग = 100 + 1 = 101.

(ii) 3 का जातीय मान = 3

3 का स्थानीय मान = 30

∴ जातीय मान और स्थानीय मान का अन्तर = 30 − 3 = 27.

अंकों से बनी सबसे बड़ी व सबसे छोटी संख्यायें

एक अंक की सबसे छोटी संख्या 0 है।

एक अंक की सबसे बड़ी संख्या 9 है; 9 से बड़ी संख्या 2 अंकों की हो जायेगी।

दो अंकों की सबसे छोटी संख्या 10 है।

दो अंकों की सबसे बड़ी संख्या 99 है; 99 से बड़ी संख्या 3 अंकों की हो जायेगी।

तीन अंकों की सबसे छोटी संख्या 100 है।

तीन अंकों की सबसे बड़ी संख्या 999 है; 999 से बड़ी संख्या 4 अंकों की हो जायेगी।

चार अंकों की सबसे छोटी संख्या 1000 है।

चार अंकों की सबसे बड़ी संख्या 9999 है; 9999 से बड़ी संख्या 5 अंकों की हो जायेगी।

संख्याओं के पूरा-पूरा विभाजित होने के नियम

1. **2 से पूरा-पूरा विभाजित होने का नियम:** जिस संख्या में इकाई के स्थान पर 0, 2, 4, 6 और 8 में से कोई भी अंक हो, वह संख्या 2 से पूरी-पूरी विभाजित हो जायेगी। उदाहरण के लिए 67**0**, 12**2**, 79**4**, 33**6**, और 17**8** आदि सभी संख्यायें 2 से पूरी-पूरी विभाजित हो जायेंगी।
2. **3 से पूरा-पूरा विभाजित होने का नियम:** यदि किसी संख्या के सभी अंकों का योगफल 3 से पूरा-पूरा विभाजित हो जाये, तो वह संख्या भी 3 से पूरी-पूरी विभाजित हो जायेगी। उदाहरण के लिए संख्या 1542 को लें। इसके चारो अंकों का योगफल 1 + 5 + 4 + 2 = 12 है। 12, 3 से पूरी-पूरी विभक्त हो जाती है। इसलिए 1542 भी 3 से पूरी-पूरी विभक्त हो जायेगी।
3. **4 से पूरा-पूरा विभाजित होने का नियम:** यदि किसी संख्या के अन्त वाले दो अंकों, अर्थात् इकाई और दहाई वाले अंकों से बनी संख्या 4 से पूरी-पूरी विभाजित हो जाये, तो वह संख्या 4 से पूरी-पूरी विभाजित हो जायेगी। जैसे 1136 में अन्त वाले दो अंकों से बनी संख्या 36 है। यह 4 से पूरी-पूरी विभाजित हो जाती है। इसलिए पूरी संख्या 1136 भी 4 से पूरी-पूरी विभाजित हो जायेगी।

   यदि किसी संख्या के अन्त में दो शून्य हों अर्थात् इकाई और दहाई वाले स्थानों पर शून्य हों, तो ऐसी संख्या 4 से पूरी-पूरी विभाजित हो जागेगी। उदाहरण के लिए 100, 1200, 700, 1800 आदि सभी संख्यायें 4 से पूरी-पूरी विभाजित हो जायेंगी।
4. **5 से पूरा-पूरा विभाजित होने का नियम:** जिस संख्या में इकाई वाले स्थान पर 0 या 5 हो, वह संख्या 5 से पूरी-पूरी विभाजित हो जायेगी। जैसे 70 और 305 में दोनों संख्यायें 5 से पूरी-पूरी विभाजित हो जायेंगी क्योंकि इनके इकाई वाले स्थान पर क्रमश: 0 और 5 के अंक हैं।
5. **6 से पूरा-पूरा विभाजित होने का नियम:** यदि कोई संख्या अलग-अलग 2 और 3 से पूरी-पूरी विभाजित हो जाये, तो वह संख्या 6 से भी पूरी-पूरी विभाजित हो जायेगी।

   उदाहरण के लिए हम दो संख्यायें 36 और 126 लेते हैं। संख्या 36, 2 और 3 दोनों से पूरी-पूरी विभाजित हो जाती है। अत: यह 6 से भी पूरी-पूरी विभाजित हो जायेगी। इसी प्रकार संख्या 126 भी 2 और 3 से अलग-अलग पूरी-पूरी विभाजित हो जाती है। अत: यह 6 से भी पूरी-पूरी विभाजित हो जायेगी।
6. **9 से पूरा-पूरा विभाजित होने का नियम:** जिस संख्या के सभी अंकों का योगफल 9 से पूरा-पूरा विभाजित हो जाये, वह पूरी संख्या भी 9 से पूरी-पूरी विभाजित हो जायेगी।

   उदाहरण के लिए दो संख्यायें 189 और 1017 लें। 189 के तीनों अंकों का योग 1 + 8 + 9 = 18 होगा। संख्या 18, 9 से पूरी-पूरी विभाजित हो जाती है: इसलिए 189 भी 9 से पूरी-पूरी विभाजित हो जायेगी। इसी प्रकार 1017 के सभी अंकों का योग 1 + 0 + 1 + 7 = 9 है। संख्या 9, 9 से पूरी-पूरी विभाजित हो जाती है। इसलिए 1017 भी 9 से पूरी-पूरी विभाजित हो जायेगी।

गुणा के संबंध में:

(i) जिस संख्या में किसी संख्या से गुणा किया जाता है, उसे *गुण्य* (multiplicant) कहते हैं।

(ii) जिस संख्या से किसी संख्या में गुणा किया जाता है, उसे *गुणक* (multiplier) कहते हैं।

(iii) गुणा करने से जो संख्या प्राप्त होती है, उसे *गुणनफल* (product) कहते हैं।

जैसे:

```
  321  (गुण्य)
 x 4   (गुणक)
-----------------
 1284 (गुणनफल)
```

ध्यान रखें:

(i) भाज्य = (भाजक × भागफल) + शेष (जब शेष शून्य हो)

(ii) भाज्य − शेष = (भाजक × भागफल)

(iii) भाज्य = (भाजक × भागफल) + शेष

भाग के संबंध में:

(i) जिस संख्या में भाग दिया जाता है (अर्थात जिस संख्या को विभाजित किया जाता है) उसे भाज्य (dividend) कहते हैं।

(ii) जिस संख्या से भाग किया जाता है, उसे भाजक (divisor) कहते हैं।

(iii) भाग देने पर जो परिणाम आता है (अर्थात् जितनी बार जाता है), उसे भागफल (quotient) कहते हैं।

(iv) भाग की क्रिया समाप्त होने पर जो बाकी बचता है, उसे शेष या शेषफल (remainder) कहते हैं।

जैसे:

```
          भाज्य
भाजक 3)160(53 भागफल
       15
       ---
        10
         9
       ---
        1 शेष
```

ध्यान रखें:

(i) *भाज्य* = (भाजक x भागफल)

(ii) *भाज्य - शेष* = (भाजक x भागफल)

(iii) भाज्य = (भाजक x भागफल) + शेष

अभ्यास के लिए प्रश्न

1. 1705 में 7 का स्थानीय मान क्या है?

A. 7 B. 7000

C. 70 D. 700

2. निम्नलिखित में से किस संख्या में 3 का स्थानीय मान 3000 है?

A. 9312 B. 8357

C. 3587 D. 7301

3. 31 में 3 के जातीय मान और स्थानीय मान का योगफल है-

A. 28

B. 27

C. 33

D. उपरोक्त में से कोई नहीं।

4. 125 में 1 के जातीय मान और स्थानीय मान का अन्तर है-

A. 101 B. 100

C. 99 D. 75

5. दो अंकों की सबसे बड़ी और सबसे छोटी संख्या का योग है-

A. 110 B. 109

C. 100 D. 101

6. चार अंकों की सबसे बड़ी और सबसे छोटी संख्या का अन्तर है-

A. 10,000 B. 9000

C. 9999 D. 8999

7. जबानी बताइये कि क्या (111136) संख्या 4 से पूरी-पूरी विभाजित हो जायेगी?

A. हां B. नहीं

8. जबानी बताइये कि क्या 700 संख्या 5 से पूरी-पूरी विभाजित हो जायेगी?

A. हां B. नहीं

9. कौन-सी संख्या 6 से पूरी-पूरी विभाजित हो जायेगी?

A. यदि उसके सभी अंकों का योग 3 से पूरा-पूरा विभाजित हो जाये

B. यदि वह अलग अलग 2 और 3 दोनों से पूरी-पूरी विभाजित हो जाये

C. यदि वह 3 से पूरी-पूरी विभाजित हो जाये

D. उपरोक्त सभी

10. कौन-सी संख्या 4 से पूरी-पूरी विभाजित हो जायेगी?

A. यदि उसके इकाई और दहाई वाले अंकों से बनी संख्या 4 से पूरी-पूरी विभाजित हो जाये

B. यदि उसके अन्त में अर्थात् इकाई और दहाई वाले स्थानों पर शून्य हों

C. यदि उसके अन्त में दो या दो से अधिक शून्य हों

D. उपरोक्त सभी

11. संख्या 888 पूरी-पूरी विभाजित हो जायेगी-

A. केवल 8 से

B. 2, 4 और 8 से

C. 2, 3, 4 और 6 से

D. उपरोक्त सभी

12. यदि गुणा के प्रश्न में गुणनफल 147 हो और गुणक 7 हो, तो गुण्य क्या होगा?

A. 3 B. 21

C. 31 D. 11

13. नीचे के प्रश्न में रिक्त स्थान पर कौन-सी संख्या होगी?

$$\begin{array}{r} ? \\ \times 110 \\ \hline 990 \\ \hline \end{array}$$

A. 100 B. 10

C. 9 D. 11

14. नीचे के प्रश्न में रिक्त स्थान पर कौन-सी संख्या होगी?

$$\begin{array}{r} 123 \\ \times ? \\ \hline 615 \\ \hline \end{array}$$

A. 15 B. 3

C. 9 D. 5

15. दो संख्याओं का गुणनफल 529 है। यदि गुणक 23 हो, तो गुण्य क्या होगा?

A. 23 B. 29

C. 33 D. 17

16. भाग के एक पश्न में भाजक 3, भागफल 3 और शेष 1 है। बताओ भाज्य क्या है?

A. 7

B. 11

C. 10

D. उपरोक्त में से कोई भी नहीं

17. 140 में कम-से-कम कितना जोड़ें कि योगफल 16 से पूरा-पूरा विभाजित हो जाये?

A. 6 B. 4

C. 8 D. 2

18. भाग के निम्नलिखित प्रश्न में रिक्त स्थान पर कौन-सी संख्या आयेगी?

$$\begin{array}{l} 15)\ ?\ (8 \\ \hline \quad 9 \\ \hline \end{array}$$

A. 87 B. 143

C. 129 D. 32

19. 132 के निकटतम ऐसी संख्या ज्ञात करो जो 9 से पूरी-पूरी विभाजित हो जाये?

A. 126

B. 135

C. 144

D. उपरोक्त में से कोई भी नहीं

20. निम्नलिखित कथनों में से कौन-सा सही नहीं है?

A. भाज्य-शेष = (भाजक x भागफल)

B. गुणनफल ÷ गुणक = गुण्य

C. भाज्य = (भाजक x भागफल) - शेष

D. भाजक x भागफल - शेषफल = भाज्य

उत्तरमाला

1	2	3	4	5	6	7	8	9	10
D	C	C	C	B	D	A	A	B	D
11	12	13	14	15	16	17	18	19	20
D	B	C	D	A	C	B	C	B	D

2

लघुत्तम समापवर्त्य और महत्तम समापवर्तक

लघुत्तम समापवर्त्य

दो या दो से अधिक संख्याओं का लघुत्तम समापवर्त्य वह छोटी-से-छोटी संख्या होती है, जो उन दो या दो से अधिक सभी संख्याओं से पूरी-पूरी विभाजित हो जाये।

मान लीजिए हमें 3 और 4 का लघुत्तम समापवर्त्य निकालना है।

3 से पूरी-पूरी विभाजित होने वाली संख्यायें: 3, 6, 9, 12, 15, 18 21 आदि।

4 से पूरी-पूरी विभाजित होने वाली संख्यायें: 4, 8, 12, 16, 20, 24 आदि।

ज्ञात हुआ कि केवल 12 ही एक ऐसी संख्या है, जो 3 से भी और 4 से भी पूरी-पूरी विभाजित होती है। इससे छोटी ऐसी कोई संख्या नहीं हो सकती। अत: 3 और 4 का लघुत्तम समापवर्त्य 12 है।

लघुत्तम समापवर्त्य निकालने की विधियाँ: (1) गुणनखण्ड विधि, (2) विभाजन विधि।

(1) गुणनखण्ड विधि: इस विधि में संख्याओं का गुणनखण्ड निकालकर लघुत्तम समापवर्त्य निकालते हैं।

उदाहरण. 8, 9 और 12 का लघुत्तम समापवर्त्य निकालो।

हल: 8 के गुणनखण्ड: 2 x 2 x 2

9 के गुणनखण्ड: 3 x 3

12 के गुणनखण्ड: 2 x 2 x 3

(i) तीनों संख्याओं में उभयनिष्ठ गुणनखण्ड = x (i)

(ii) दो संख्याओं में उभयनिष्ठ गुणनखण्ड = 2 x 2 x 3 (ii)

(iii) ऐसे गुणनखण्ड जो उभयनिष्ठ नहीं हैं = 2 x 3 (iii)

तीनों प्रकार के गुणनखण्डों का गुणनफल = 2 x 2 x 3 x 2 x 3 = 72

∴ 8, 9 और 12 का लघुत्तम समापवर्त्य = 72

(2) विभाजन विधि: कम-से-कम दो संख्याओं के उभयनिष्ठ गुणनखण्ड द्वारा संख्याओं में भाग करते हैं।

उदाहरण. 8, 18, 27 का लघुत्तम समापवर्त्य निकालो।

हल:

2	8, 18, 27
3	4, 9, 27
3	4, 3, 9
	4, 1, 3

लघुत्तम समापवर्त्य = गुणनखण्डों का गुणनफल = 2 x 3 x 3 x 4 x 1 x 3 = 216

एक और उदाहरण 12, 15, 18 और 20 का लघुत्तम समापवर्त्य निकालो।

हल:

2	12, 15, 18, 20
2	6, 15, 9, 10
3	3, 15, 9, 5
5	1, 5, 3, 5
	1, 1, 3, 1

लघुत्तम समापवर्त्य = 2 x 2 x 3 x 5 x 3 = 180

महत्तम समापवर्तक

दो संख्याओं का महत्तम समापवर्तक वह संख्या होती है, जो उन दोनों संख्याओं को पूरी-पूरी विभाजित करे।

मान लीजिए हमें 21 और 49 का महत्तम समापवर्तक निकालना है।

21 को पूरी-पूरी विभाजित करने वाली संख्यायें: 3 x 7

49 को पूरी-पूरी विभाजित करने वाली संख्यायें: 7 x 7

ज्ञात हुआ कि 7 ऐसी संख्या है, जो 21 और 49 दोनों

को पूरी-पूरी विभाजित कर देगी। इसलिए 21 और 49 का महत्तम समापवर्तक 7 होगा।

महत्तम समापवर्तक निकालने की विधियाँ: (1) गुणनखण्ड विधि, (2) भाग विधि।

(1) गुणनखण्ड विधि: इस विधि के अन्तर्गत संख्याओं का गुणनखण्ड निकालकर महत्तम समापवर्तक निकालते हैं।

उदाहरण 1. 15 और 35 का महत्तम समापवर्तक निकालो।

हल: 15 के गुणनखण्ड = 3 x 5

35 के गुणनखण्ड = 5 x 7

दोनों संख्याओं के उभयनिष्ठ गुणनखण्ड = 5

इसलिए 15 और 35 का महत्तम समापवर्तक 5 है।

उदाहरण 2. 30 और 80 का महत्तम समापवर्तक निकालो।

हल: 30 के गुणनखण्ड = 2 x 3 x 5

80 के गुणनखण्ड = 2 x 2 x 2 x 2 x 5

दोनों संख्याओं के उभयनिष्ठ गुणनखण्डों का गुणनफल = 2 x 5 = 10

∴ 30 और 80 का महत्तम समापवर्तक = 10

(नोट: यदि संख्यायें 2 से अधिक हों, तो भी यही क्रिया की जायेगी)

(2) भाग विधि: इस विधि के अन्तर्गत ऐसी दोनों (या अधिक) संख्याओं का परस्पर भाग करते हैं।

उदाहरण 1. 108 और 144 का महत्तम समापवर्तक निकालो।

हल:
```
108)144(1
    108
    ---
     36)108(3
        108
        ---
         x
```

महत्तम समापवर्त्तक = 36

उदाहरण 2. 216 और 252 का महत्तम समापवर्तक निकालो।

हल:
```
216)252(1
    216
    ---
     36)216(6
        216
        ---
         x
```

महत्तम समापवर्तक = 36

(नोट: यदि तीन संख्याओं का महत्तम समापवर्तक निकालना हो तो भी क्रिया ऐसी ही की जायेगी। पर पहले दोनों बड़ी संख्याओं का भाग करेंगे और उनका महत्तम समापवर्तक निकालने के बाद उससे तीसरी संख्या को भाग करके महत्तम समापवर्तक निकालेंगे।)

उदाहरण 3. 270, 300 और 450 का महत्तम समापवर्तक निकालो।

हल: पहले दोनों बड़ी संख्यायें लेंगे।

```
300)450(1
    300
    ---
    150)300(2
        300
        ---
         x
```

महत्तम समापवर्तक 150 आया। अब 150 और तीसरी संख्या अर्थात् 270 को लेंगे।

```
150)270(1
    150
    ---
    120)150(1
        120
        ---
         30)120(4
            120
            ---
             x
```

270, 300 और 450 का महत्तम समापवर्तक = 30

नियम: *दो संख्याओं का गुणनफल = उनका महत्तम स० x लघुत्तम स०*

अभ्यास के लिए प्रश्न

1. 38, 26 और 14 का महत्तम समापवर्तक क्या होगा?
   A. 7 B. 13
   C. 19 D. 2
2. 42, 49 और 63 का महत्तम समापवर्तक बताओ?
   A. 7
   B. 6
   C. 9
   D. उपरोक्त में से कोई भी नहीं
3. 6, 8 और 10 का लघुत्तम समापवर्त्य निकालें?
   A. 60 B. 120
   C. 240 D. 40
4. वह छोटी-से-छोटी संख्या बताओ जो 3, 5, 7 से पूरी-पूरी विभाजित हो सके?
   A. 70 B. 35
   C. 147 D. 105
5. वह छोटी-से-छोटी संख्या क्या होगी, जिसमें यदि 2, 4 और 6 से भाग दें, तो तीनों अवस्थाओं में 1 शेष बचे?
   A. 25 B. 37
   C. 13 D. 61
6. वह छोटी-से-छोटी संख्या बताओ जिसमें यदि 4, 5 और 13 से भाग दें, तो हर अवस्था में 3 शेष बचे?
   A. 133 B. 263
   C. 236 D. 233
7. किसी तराजू में कितने कि॰ग्रा॰ का बाट रखा जाये कि उससे 39 कि॰ग्रा॰, 65 कि॰ग्रा॰ और 91 कि॰ग्रा॰ गेहूं पूरा-पूरा तोला जा सके?
   A. 7 कि॰ग्रा॰ B. 5 कि॰ग्रा॰
   C. 11 कि॰ग्रा॰ D. 13 कि॰ग्रा॰
8. चार घण्टियों ने एक साथ बजना शुरू किया और वे क्रमश: 3, 4, 5 और 6 सेकेण्ड के अन्तर से बजती हैं। बताओ कितनी देर बाद वे पुन: एक साथ बजेंगी।
   A. 90 सेकेण्ड B. 60 सेकेण्ड
   C. 120 सेकेण्ड D. 360 सेकेण्ड
9. दो संख्याओं के महत्तम समापवर्तक और उनके लघुत्तम समापवर्त्य का गुणनफल 45 है। यदि उनमें से एक संख्या 3 हो, तो दूसरी संख्या होगी:
   A. 135 B. 345
   C. 5 D. 15
10. वह छोटी-से-छोटी संख्या क्या होगी, जिसे यदि 2, 3, 4 और 5 से भाग दें तो हर अवस्था में 1 शेष रहे?
    A. 31 B. 25
    C. 61 D. 21
11. वह छोटी-से-छोटी संख्या ज्ञात करो जिसमें यदि 9, 12, 16 और 30 से भाग दिया जाये, तो हर अवस्था में 3 शेष बचे?
    A. 363 B. 183
    C. 723 D. 717
12. वह छोटी-से-छोटी संख्या बताओ जिसमें यदि 11 जोड़ दें, तो वह 15, 21, 27 आर 30 से पूरी-पूरी विभाजित हो जाये?
    A. 1890
    B. 1901
    C. 1879
    D. उपरोक्त में से कोई भी नहीं।

उत्तरमाला

1	2	3	4	5	6	7	8	9	10
D	A	B	D	C	B	D	B	D	C
11	12								
C	C								

3

भिन्न और उनको हल करना

जब किसी इकाई के कई समान भाग किये जायें, तो उसके प्रत्येक भाग को या कई भागों को *भिन्न* कहते हैं।

जैसे: 1 का चौथा भाग = $\frac{1}{4}$; 1 का दसवां भाग = $\frac{1}{10}$

1 के 10 भागों में से 3 भाग = $\frac{3}{10}$; 1 के दस भागों में से 7 भाग = $\frac{7}{10}$

जब हम $\frac{1}{4}$ या $\frac{1}{10}$ या $\frac{3}{10}$ या $\frac{7}{10}$ भिन्न लिखते हैं, तो इनमें ऊपर वाले अंक ***अंश*** कहे जाते हैं और नीचे वाले अंक **हर** कहे जाते हैं।

जैसे: $\frac{1}{4}$ में 1 अंश है और 4 हर है; $\frac{1}{10}$ में 1 अंश है और 10 हर है; $\frac{3}{10}$ में 3 अंश है और 10 हर है; $\frac{7}{10}$ में 7 अंश है और 10 हर है।

भिन्नों की तुलना: यदि आप को यह पता लगाना हो कि उपरोक्त भिन्नों $\frac{1}{10}$, $\frac{3}{10}$ और $\frac{7}{10}$ में से कौन सबसे बड़ी है और कौन सबसे छोटी है, तो आप आसानी से बता देंगे; क्योंकि आप जानते हैं कि:

$\frac{1}{10}$ का अर्थ है – 10 समान भाग में से 1 भाग

$\frac{3}{10}$ का अर्थ है – 10 समान भाग में से 3 भाग

$\frac{7}{10}$ का अर्थ है – 10 समान भाग में से 7 भाग

अब 10 समान भाग में से 1 भाग, 3 भाग और 7 भाग हैं। स्वभावत: 7 भाग सबसे अधिक होगा और 1 भाग सबसे कम होगा। इसलिए $\frac{7}{10}$ भिन्न सबसे बड़ी होगी और $\frac{1}{10}$ भिन्न सबसे छोटी होगी।

ऊपर के उदाहरण में $\frac{1}{10}$, $\frac{3}{10}$ और $\frac{7}{10}$ हैं। इन सबके हर बराबर हैं। अत: जहाँ सभी भिन्नों के हर बराबर (समान) हों, वहां उनमें वह भिन्न सबसे बड़ी होती है, जिसका अंश सबसे बड़ा हो, और वह भिन्न सबसे छोटी होती है, जिसका अंश सबसे छोटा हो।

किन्तु यदि तुलना के लिए ली गई भिन्नों के हर अलग-अलग हों, जैसे $\frac{2}{10}$ और $\frac{1}{15}$ तब आप क्या करेंगे?

तब उनके हरों का लघुत्तम समापवर्त्य निकाल कर प्रत्येक भिन्न को समान हर वाली भिन्न में बदल लें। उसके बाद जिसका अंश बड़ा है, वह बड़ी भिन्न होगी और जिसका अंश छोटा है, वह छोटी भिन्न होगी।

$\frac{2}{10}$ और $\frac{1}{15}$ को लेकर इनके हर बराबर करें।

10 और 15 का लघुत्तम स॰ व॰ = 30

$$\frac{2}{10} = \frac{2 \times 3}{10 \times 3} = \frac{6}{30}$$

$$\frac{1}{15} = \frac{1 \times 2}{15 \times 2} = \frac{2}{30}$$

दोनों भिन्नों के हर बराबर हो गये: $\frac{6}{30}$ और $\frac{2}{30}$ (इनके मूल्य में कोई अन्तर नहीं पड़ा है)

अब $\frac{6}{30}$ और $\frac{2}{30}$ को देखकर आप बता सकते हैं कि $\frac{6}{30}$ बड़ी है और $\frac{2}{30}$ छोटी है।

भिन्नों को हल करने का नियम: भिन्नों के प्रश्नों को हल करने के लिए सदैव BODMAS शब्द में जिस क्रम में

ये अक्षर हैं, उसी क्रम में क्रिया करनी होती है।

BODMAS का तात्पर्य है:

B = ब्रैकेट = [{(—)}] = इसे सबसे पहले हल करें;

O = ओ (of) = का ..का.. = उसके बाद इसे हल करें;

D = डिवीजन = भाग .. ÷ = उसके बाद भाग हल करें;

M = मल्टीप्लीकेशन = गुणा ..x.. = उसके बाद गुणा करें;

A = एडीशन = जोड़ ..+.. = उसके बाद जोड़ करें;

S = सबट्रैक्शन = घटाना ..—.. = उसके बाद घटाने की क्रिया करें।

उदाहरण 1. $\frac{3}{7} \times \frac{5}{9} \div \frac{5}{7}$ को हल करें।

BODMAS नियम के अनुसार पहले (÷) करें और उसके बाद (x) करें।

$\frac{3}{7} \times \frac{5}{9} \div \frac{5}{7}$

$= \frac{3}{7} \times \left(\frac{5}{9} \times \frac{7}{5}\right)$

$= \frac{3}{7} \times \frac{7}{9}$

$= \frac{1}{3}$ उत्तर

उदाहरण 2. $\frac{4}{5} \times \left(\frac{5}{6} - \frac{1}{3}\right) \div \frac{3}{5}$

BODMAS नियम के अनुसार पहले ( ) हल करें, फिर ÷ करें और उसके बाद x हल करें।

$\frac{4}{5} \times \left(\frac{5}{6} - \frac{1}{3}\right) \div \frac{3}{5}$

$= \frac{4}{5} \times \frac{1}{2} \div \frac{3}{5}$

$= \frac{4}{5} \times \frac{1}{2} \times \frac{5}{3}$

$= \frac{2}{3}$ उत्तर

उदाहरण 3. 8 - [7 - {5 - (3 + 2 -1)}]

BODMAS नियम के अनुसार पहले ( ), फिर { } और उसके बाद [ ] हल करें और उसके बाद - हल करें।

8 - [7 - {5 - (3 + 2 -1)}]

= 8 - [7 - {5 - 4}]

= 8 - [7 - 1]

= 8 - 6

= 2 उत्तर

अभ्यास के लिए प्रश्न

1. $\frac{3}{4}$, $\frac{4}{5}$ और $\frac{1}{2}$ में सबसे बड़ी भिन्न कौन-सी है?

A. $\frac{3}{4}$ B. $\frac{4}{5}$

C. $\frac{1}{2}$

2. $\frac{1}{2}$, $\frac{1}{3}$, $\frac{1}{4}$ और $\frac{1}{5}$ में सबसे बड़ी भिन्न कौन-सी है?

A. $\frac{1}{5}$ B. $\frac{1}{4}$

C. $\frac{1}{3}$ D. $\frac{1}{2}$

3. $\frac{2}{5}$, $\frac{1}{3}$, $\frac{1}{2}$, $\frac{3}{10}$: इन भिन्नों को आरोही क्रम में (छोटी से बड़ी) लिखिए।

A. $\frac{2}{5}, \frac{1}{2}, \frac{1}{3}, \frac{3}{10}$ B. $\frac{1}{2}, \frac{1}{3}, \frac{2}{5}, \frac{3}{10}$

C. $\frac{2}{5}, \frac{1}{3}, \frac{1}{2}, \frac{3}{10}$ D. $\frac{3}{10}, \frac{1}{3}, \frac{2}{5}, \frac{1}{2}$

4. $\frac{1}{4}$, $\frac{2}{15}$, $\frac{2}{3}$, $\frac{4}{5}$: इन भिन्नों को अवरोही क्रम में (बड़ी से छोटी) मे लिखिए।

A. $\frac{2}{3}, \frac{4}{5}, \frac{2}{15}, \frac{1}{4}$ B. $\frac{2}{3}, \frac{1}{4}, \frac{4}{5}, \frac{2}{15}$

C. $\frac{4}{5}, \frac{2}{3}, \frac{1}{4}, \frac{2}{15}$ D. $\frac{2}{15}, \frac{1}{4}, \frac{2}{3}, \frac{4}{5}$

5. $\frac{3}{4}$, $\frac{1}{4}$, $\frac{1}{2}$, $\frac{2}{3}$: इन भिन्नों को अवरोही क्रम में (बड़ी से छोटी) लिखिए:

A. $\frac{3}{4}, \frac{2}{3}, \frac{1}{4}, \frac{1}{2}$ B. $\frac{3}{4}, \frac{1}{4}, \frac{2}{3}, \frac{1}{2}$

C. $\frac{3}{4}, \frac{2}{3}, \frac{1}{2}, \frac{1}{4}$ D. $\frac{3}{4}, \frac{1}{2}, \frac{1}{4}, \frac{2}{3}$

6. $\frac{7}{12}, \frac{5}{6}, \frac{1}{3}, \frac{2}{3}$: इन भिन्नों को आरोही क्रम में (छोटी से बड़ी) लिखिए:

A. $\frac{1}{3}, \frac{7}{12}, \frac{2}{3}, \frac{5}{6}$ B. $\frac{1}{3}, \frac{2}{3}, \frac{5}{6}, \frac{7}{12}$

C. $\frac{7}{12}, \frac{2}{3}, \frac{1}{3}, \frac{5}{6}$ D. $\frac{5}{6}, \frac{7}{12}, \frac{2}{3}, \frac{1}{3}$

7. $1\frac{3}{4} \div 2\frac{5}{8} \times 1\frac{1}{5} = ?$

A. $1\frac{1}{4}$ B. $1\frac{1}{5}$

C. $\frac{4}{5}$ D. $\frac{3}{5}$

8. $1\frac{1}{5} \times 1\frac{5}{6} \div 2\frac{1}{5} = ?$

A. $\frac{1}{2}$ B. 0

C. $\frac{11}{5}$ D. 1

9. $\frac{1}{3} \times \frac{1}{2} + \frac{1}{4} \times \frac{1}{5} = ?$

A. $\frac{2}{5}$ B. $\frac{11}{60}$

C. $\frac{13}{60}$ D. $\frac{7}{60}$

10. $\frac{2}{5} \times \frac{3}{4} + \frac{4}{9} \times \frac{3}{5} = ?$

A. $1\frac{31}{90}$ B. $\frac{31}{90}$

C. $\frac{90}{121}$ D. $\frac{17}{30}$

11. $\left(4\frac{7}{8} - 1\frac{1}{4}\right) \div \left(5\frac{1}{8} - 2\frac{1}{2}\right) = ?$

A. $8\frac{1}{21}$ B. $2\frac{1}{8}$

C. $1\frac{8}{21}$ D. $1\frac{2}{7}$

12. $\frac{4}{5} \times \left(\frac{5}{6} - \frac{1}{3}\right) \div \frac{3}{5} = ?$

A. $\frac{3}{8}$ B. $\frac{2}{3}$

C. $\frac{1}{9}$ D. $\frac{5}{8}$

13. $\frac{1}{2} + 4\frac{2}{5} - \frac{1}{3}$ का $6\frac{2}{5} = ?$

A. $\frac{19}{30}$ B. $\frac{1}{2}$

C. $1\frac{17}{30}$ D. $2\frac{23}{30}$

14. $3 - [4 - \{7 - (6 - \overline{5 - 4})\}] = ?$

A. 2 B. 1

C. 0

15. $\frac{5}{21} \div \left(\frac{4}{7} - \frac{3}{7}\right) + \frac{1}{5} = ?$

A. $\frac{1}{3}$ B. $1\frac{13}{15}$

C. $\frac{13}{15}$ D. $1\frac{2}{15}$

16. $2\frac{7}{10} \div 7\frac{1}{5} \times 2\frac{2}{5} = ?$

A. $\frac{1}{10}$ B. $\frac{5}{10}$

C. $\frac{3}{10}$ D. $\frac{9}{10}$

17. $5\frac{1}{2} + 1\frac{1}{4} \times \left(4\frac{1}{2} - 1\frac{3}{4}\right) \div \frac{1}{2} = ?$

A. $11\frac{1}{3}$ B. $14\frac{1}{7}$

C. $12\frac{3}{8}$ D. $3\frac{1}{3}$

18. $\frac{4}{8} \div \left(\frac{1}{2} - \frac{1}{3}\right) \times \frac{4}{6} = ?$

A. 1 B. $1\frac{1}{2}$

C. $2\frac{1}{2}$ D. 2

19. $2\frac{7}{10} \times 3\frac{1}{3} \div 3\frac{3}{5} = ?$

A. $3\frac{1}{2}$ B. $2\frac{1}{2}$

C. $2\frac{1}{4}$ D. $3\frac{1}{4}$

20. $\frac{1}{4} + \frac{1}{3} \times \left(\frac{1}{2} + \frac{1}{3}\right) \div 1\frac{1}{4} = ?$

A. $\frac{2}{9}$ B. $\frac{11}{36}$

C. $\frac{17}{36}$ D. $\frac{5}{9}$

उत्तरमाला

1	2	3	4	5	6	7	8	9	10
B	D	D	C	C	A	C	D	C	D
11	**12**	**13**	**14**	**15**	**16**	**17**	**18**	**19**	**20**
C	B	D	B	B	D	C	D	B	C

4

दशमलव भिन्न

(1) दशमलव भिन्न ऐसी भिन्न होती है, जिसका हर 10 या 10 का कोई गुणज होता है, जैसे .3, .7, .03, .003 आदि।

(2) दशमलव भिन्न के दाईं ओर अन्तिम अंक के बाद एक या अधिक शून्य बढ़ाने से मूल भिन्न के मूल्य में कोई अन्तर नही पड़ता, जैसे .1 और .100 या .1000 में कोई अन्तर नहीं है।

(3) दशमलव भिन्नों को जोड़ने और घटाने की विधि वैसी ही है, जैसी पूर्णांकों को जोड़ने व घटाने की है।

(4) किसी दशमलव भिन्न में 10 या 100 या 1000 से गुणा करना हो तो उसके दशमलव चिन्ह को क्रमशः एक या दो या तीन अंक दाईं ओर खिसका देते हैं, जैसे 2.352 x 10 = 23.52; 2.352 x 100 = 235.2 आदि।

(5) यदि किसी दशमलव भिन्न को किसी दूसरी द्रशमलव भिन्न से गुणा करना हो, तो दोनों दशमलव भिन्नों में दशमलव चिन्हों पर ध्यान दिये बिना उन दोनों की गुणा कर देते हैं। उसके बाद गिन लेते हैं कि गुण्य और गुणक दोनों में दशमलव चिन्ह के बाद कितने-कितने अंक हैं। उन अंकों को जोड़ लेते हैं और गुणनफल में उतने ही अंकों से पहले दशमलव चिन्ह लगा देते हैं, जैसे 3.15 x 7.26 को गुणा करना है। दशमलव अंक का ध्यान किये बिना 3.15 x 7.26 = 228690. गुण्य और गुणक दोनों में दशमलव चिन्ह के बाद दो-दो अंक हैं। इसलिए 2 + 2 = 4. अब गुणनफल 228690 में दाईं ओर से 4 अंक छोड़कर दशमलव चिन्ह लगा दें अर्थात् उत्तर 22.8690 होगा।

(6) किसी दशमलव भिन्न में किसी पूर्णांक से भाग करना हो, तो दशमलव चिन्ह को भूलकर भाग की साधारण क्रिया करें; किन्तु जब आप दशमलव बिन्दु को पार करें, उस समय भागफल में दशमलव चिन्ह लगा दें। जैसे 13.24 ÷ 4 को इस प्रकार हल करेंगे:

```
4)13.24(3.31
  12
  ---
   12
   12
   ---
     4
     4
    ---
     x
    ---
```

उत्तर = 3.31

(7) यदि किसी दशमलव भिन्न में 10 या 100 या 1000 से गुणा करना हो, तो उसके दशमलव चिन्ह को क्रमशः एक या दो या तीन अंक बाईं ओर खिसका देते हैं, जैसे 25.27 ÷ 10 = 2.527; 25.27 ÷ 100 = .2527.

(8) किसी दशमलव भिन्न में किसी अन्य दशमलव भिन्न से भाग करना हो, तो भाजक और भाज्य दोनों को 10 की न्यूनतम घात से गुणा करें ताकि भाजक पूर्णांक बन जाये। उसके बाद ऊपर बताई गई विधि से भाग की क्रिया करें।

(9) किसी दशमलव भिन्न को साधारण भिन्न में बदलना हो तो उसमें दशमलव चिन्ह की ओर ध्यान न दें: उसके बाद उस संख्या को अंश के रूप में लिख दें और उसके नीचे हर के स्थान पर 1 लिख दें। अब गिन कर देखें कि उस दी हुई दशमलव भिन्न में दाहिनी ओर से कितने अंक पहले दशमलव चिन्ह हैं। इसके बाद हर में 1 के बाद उतने ही शून्य लगा दें। जैसे—

11.25 को साधारण भिन्न में बदलो।

पहला चरण: 1125

दूसरा चरण : $\frac{1125}{1}$

तीसरा चरण : मूल दशमलव भिन्न में दाईं ओर से ***दो अंकों से पहले*** दशमलव चिन्ह

चौथा चरण : $\frac{1125}{100} = \frac{45}{4} = 11\frac{1}{4}$

स्मरण रखें–

साधारण भिन्न = दशमलव भिन्न

$\frac{1}{2}$ = .5

$\frac{1}{4}$ = .25

$\frac{1}{8}$ = .125

$\frac{1}{16}$ = .0625

$\frac{1}{32}$ = .03125

$\frac{3}{8}$ = .375

$\frac{5}{8}$ = .625

$\frac{3}{4}$ = .75

$\frac{7}{8}$ = .875

अभ्यास के लिए प्रश्न

1. 0.416 + 3.0 + 37.4 = ?

A. 40.816 B. 40.861
C. 41.061 D. 41.716

2. 10 − 0.385 = ?

A. 1.9615 B. 0.9615
C. 1.615 D. 9.615

3. 0.24 को सबसे छोटी भिन्न में बदल कर लिखेंगे:

A. $\frac{12}{50}$ B. $\frac{3}{25}$
C. $\frac{6}{25}$ D. $\frac{1}{8}$

निर्देश: प्रश्न 4 से 10 में साधारण भिन्न को दशमलव भिन्न में और दशमलव भिन्न को साधारण भिन्न में बदलो।

4. $\frac{3}{5}$ = ?

A. 0.25 B. 0.5
C. 0.6 D. 0.8

5. 0.25 = ?

A. $\frac{1}{2}$ B. $\frac{1}{4}$
C. $\frac{3}{4}$ D. $\frac{3}{5}$

6. 0.625 = ?

A. $\frac{1}{8}$ B. $\frac{3}{8}$
C. $\frac{2}{5}$ D. $\frac{5}{8}$

7. $\frac{3}{4}$ = ?

A. 0.375 B. 0.5
C. 0.75 D. 0.55

8. $\frac{3}{8}$ = ?

A. 0.375 B. 0.625
C. 0.875 D. 0.125

9. $4\frac{1}{20}$ = ?

A. 4.02 B. 4.05
C. 4.5 D. 4.2

10. 0.01 = ?

A. 1 B. $\frac{1}{10}$

C. $\frac{1}{100}$ D. $\frac{1}{1000}$

निर्देश: प्रश्न 11 से 20 तक सही उत्तर पर (✓) निशान लगायें।

11. 2.5 x 10 = ?

A. 25 B. 0.25

C. 250 D. 2.5

12. 4.05 x 100 = ?

A. 40.5 B. 40.500

C. 4.050 D. 405

13. 54.6 x 100 = ?

A. 0.546 B. 54.600

C. 5460 D. .0546

14. .25 x .25 = ?

A. .625 B. .0625

C. .125 D. .0125

15. .5 x .5 = ?

A. .55 B. 2.5

C. .025 D. .25

16. 16 ÷ 10 = ?

A. 0.16 B. 1.6

C. 1.06 D. 10.6

17. 85.4 ÷ 100 = ?

A. 8.54 B. .0854

C. 0.854 D. 854

18. 0.62 ÷ 100 = ?

A. 6.2 B. 62

C. 0.062 D. 0.0062

19. .5 ÷ .25 = ?

A. 0.025 B. 0.0625

C. 2 D. .02

20. .5 ÷ .125 = ?

A. .625 B. .575

C. 0.0575 D. 4

उत्तरमाला

1	2	3	4	5	6	7	8	9	10
A	D	C	C	B	D	C	A	B	C
11	12	13	14	15	16	17	18	19	20
A	D	C	B	D	B	C	D	C	D

5

प्रतिशत

प्रतिशत का अर्थ है प्रत्येक 100 पर। 3 प्रतिशत का अर्थ है- हर 100 पर 3; 20 प्रतिशत का अर्थ है- हर 100 पर 20. प्रतिशत का चिन्ह % है अर्थात् 3% का अर्थ है- 3 प्रतिशत और 20% का अर्थ है- 20 प्रतिशत।

रमेश को 100 अंकों में 60 अंक मिले। आप तुरन्त कह देंगे कि उसे 100 में से 60 अंक मिले। आप यह भी बता देंगे कि 100 में से 60 अंक मिलने का अर्थ है– 60% अंक मिले। लेकिन यदि रमेश को 50 अंकों वाले पर्चे में 40 अंक मिले हों, तो कैसे पता लगायेंगे कि उसे कितने प्रतिशत अंक मिले?

आइये देखें कि रमेश को कितने प्रतिशत अंक मिले।

50 में से मिले 40 अंक

$\therefore$ 1 में मिलेंगे $\frac{40}{50}$ अंक

$\therefore$ 100 में मिलेंगे $\frac{40}{50} \times 100 = 80$ अंक

उसे 100 में से 80 अंक मिले अर्थात् 80% अंक मिले।

एक दूसरे विषय में रमेश को 120 अंकों के पर्चे में 60 अंक प्राप्त हुए। बताओ उसे कितने प्रतिशत अंक मिले।

120 में से मिले 60 अंक

$\therefore$ 1 में मिलेंगे $\frac{60}{120}$ अंक

$\therefore$ 100 में मिलेंगे $\frac{60}{120} \times 100 = 50$ अंक।

उसे 100 में से 50 अंक मिले अर्थात् 50% अंक मिले।

किसी छात्र के 10 रु० खो गए। वह बताता है कि उसके 50% रुपये खो गए। क्या आप बता सकते हैं कि उसके पास कितने रुपये थे?

आइये पता लगायें कि उसके पास कितने रुपये थे।

50% = 10 रु०

$\therefore 1\% = \frac{10}{50}$ रु०

$\therefore 100\% = \frac{10}{50} \times 100 = 20$ रुपये

अतः छात्र के पास 20 रुपये थे।

स्मरण रखें–

प्रतिशत	=	**भिन्न**
10%	=	$\frac{1}{10}$
20%	=	$\frac{1}{5}$
25%	=	$\frac{1}{4}$
40%	=	$\frac{2}{5}$
50%	=	$\frac{1}{2}$
60%	=	$\frac{3}{5}$
80%	=	$\frac{4}{5}$
$12\frac{1}{2}\%$	=	$\frac{1}{8}$
$16\frac{2}{3}\%$	=	$\frac{1}{6}$
$37\frac{1}{2}\%$	=	$\frac{3}{8}$
$62\frac{1}{2}\%$	=	$\frac{5}{8}$
$33\frac{1}{3}\%$	=	$\frac{1}{3}$
$66\frac{2}{3}\%$	=	$\frac{2}{3}$
$8\frac{1}{3}\%$	=	$\frac{1}{12}$

कुछ नियम– इन नियमों को याद कर लें।

1. प्रतिशत को भिन्न में बदलने का नियम: प्रतिशत $\times \frac{1}{100}$ = भिन्न।

जैसे– 50% को भिन्न में बदलिए।

हल: $50 \times \frac{1}{100} = \frac{1}{2}$

2. भिन्न को प्रतिशत में बदलने का नियम: भिन्न $\times$ 100 = प्रतिशत।

जैसे– $\frac{1}{4}$ को प्रतिशत में बदलिए।

हल: $\frac{1}{4} \times 100 = 25$ प्रतिशत।

3. प्रतिशत को दशमलव में बदलने का नियम: प्रतिशत $\times \frac{1}{100}$ = दशमलव।

जैसे– 20% को दशमलव में बदलिए।

हल: $20 \times \frac{1}{100} = \frac{20}{100} = 0.2$

4. दशमलव को प्रतिशत में बदलने का नियम: दशमलव $\times$ 100 = प्रतिशत।

जैसे– 0.25 को प्रतिशत में बदलिए।

हल: $0.25 \times 100 = 25\%$

अभ्यास के लिए प्रश्न

1. किसी छात्र को 50 अंकों में 40 अंक मिले। उसे कितने प्रतिशत अंक मिले?

A. 40 प्रतिशत B. 80 प्रतिशत
C. 90 प्रतिशत D. 85 प्रतिशत

2. 240 रु० की राशि में मेरा हिस्सा 16 रु० है। बताओ मेरा हिस्सा कितने प्रतिशत है?

A. 6% B. 12%
C. 35% D. $6\frac{2}{3}\%$

3. एक परीक्षा में 200 विद्यार्थी बैठे। उनमें से केवल 25% विद्यार्थी पास हुए। बताओ कितने विद्यार्थी पास हुए?

A. 150 B. 100
C. 75 D. 50

4. 800 रु० का 5% कितना होगा?

A. 160 रु० B. 40 रु०
C. 200 रु० D. 16 रु०

5. किसी चुनाव में एक उम्मीदवार को 340 वोट मिले, जो कुल वोटों का 40% था। बताओ कुल कितने वोट पड़े?

A. 650 B. 950
C. 750 D. 850

6. 10% को भिन्न में कितना लिखेंगे?

A. $\frac{1}{10}$ B. $\frac{1}{20}$
C. $\frac{1}{100}$ D. $\frac{1}{5}$

7. 60% को भिन्न में कैसे लिखेंगे?

A. $\frac{2}{5}$ B. $\frac{3}{5}$
C. $\frac{4}{5}$ D. $\frac{1}{12}$

8. $\frac{4}{5}$ कितने प्रतिशत के बराबर है?

A. 45% B. 54%
C. 80% D. 60%

9. 75 का 48% क्या होगा?

A. 16 B. 34
C. 42 D. 36

10. 10, 25 का कितने प्रतिशत है?

A. 10% B. 40%

C. 15% D. 25%

11. एक व्यक्ति हर महीने अपने वेतन का 20% बचाता है। यदि वह हर महीने 40 रु॰ बचाता है, तो उसका मासिक वेतन कितना है?

A. 400 रु॰ B. 250 रु॰
C. 200 रु॰ D. 800 रु॰

12. एक परीक्षा में प्रश्नपत्र में कुल 300 प्रश्न थे। इनमें 63 प्रश्न अनिवार्य थे। बताओ कितने प्रतिशत प्रश्न अनिवार्य थे?

A. 30% B. 41%
C. 21% D. 27%

13. 15% को भिन्न में व्यक्त करो-

A. $\frac{1}{20}$ B. $\frac{-3}{20}$
C. $\frac{7}{20}$ D. $\frac{9}{10}$

14. किस संख्या का 17% 136 है?

A. 1750 B. 945
C. 800 D. 750

15. यदि 300 आमों में से 45 आम सड़ गये, तो कितने प्रतिशत आम सड़ गये?

A. 55% B. 18%
C. 20% D. 15%

16. 24% को साधारण भिन्न में कैसे लिखेंगे?

A. $\frac{6}{25}$ B. $\frac{1}{4}$
C. 24 D. $6\frac{1}{4}$

17. 63, 700 का कितने प्रतिशत है?

A. 21% B. 9%
C. 7% D. 3%

18. राम 40 रु॰ प्रतिदिन कमाता है और श्याम प्रतिदिन राम से 10% अधिक कमाता है। बताओ श्याम की प्रतिदिन की कमाई कितनी है?

A. 50 रु॰ B. 45 रु॰
C. 44 रु॰ D. 55 रु॰

19. किसी टब में 520 लिटर पानी भरा था। उसमें से 130 लिटर पानी निकाल लिया गया। बताओ कितने प्रतिशत पानी निकाल लिया गया?

A. 15% B. 30%
C. 40% D. 25%

20. 225 किस राशि का 25% है?

A. 1000 B. 900
C. 800 D. 850

उत्तरमाला

1	2	3	4	5	6	7	8	9	10
B	D	D	B	D	A	B	C	D	B
11	12	13	14	15	16	17	18	19	20
C	C	B	C	D	A	B	C	D	B

6

वर्गमूल

हम जानते हैं कि 3 x 3 = 9. इसी को हम 3^2 भी लिख सकते हैं।

ऊपर हमने 3 का वर्ग निकाला है। 3 x 3 = 9 (3 का वर्ग = 9)

वर्गमूल: किसी संख्या का वर्गमूल वह संख्या होती है, जिसका वर्ग उस संख्या (दी हुई संख्या) के बराबर हो। इस बात को हम अधिक साफ ढंग से समझाने का प्रयास करेंगे: मान लीजिए हमें 16 का वर्गमूल निकालना हो, तो 16 का वर्गमूल ऐसी संख्या होगी, जिसका वर्ग 16 होगा। हमें मालूम है कि 16, 4 का वर्ग है अर्थात् 4^2 है। अत: 16 का वर्गमूल 4 है। इसे हम $\sqrt{16}$ भी लिख सकते हैं।

वर्गमूल निकालने की विधियां: वर्गमूल निकालने की दो विधियां हैं:-

(i) गुणनखण्ड विधि, और (ii) भाग विधि।

(i) **गुणनखण्ड विधि:** इस विधि के अन्तर्गत हम इस बात का पता करते हैं कि उस संख्या के गुणनखण्ड क्या हो सकते हैं।

मान लीजिए हमें 64 का वर्गमूल निकालना है।

पहले हम 64 के गुणनखण्ड निकालेंगे।

64 = 2 x 2 x 2 x 2 x 2 x 2 (ये 64 के गुणनखण्ड हैं)

$= \overline{2\times2\times2} \times \overline{2\times2\times2} = 8\times8$

अब चूंकि = 8 x 8 = 64 है, अत: 64 का वर्गमूल 8 होगा।

इसी प्रकार मान लीजिए हमें 36 का वर्गमूल निकालना है।

36 का गुणनखण्ड = 2 x 2 x 3 x 3

$= \overline{2\times3} \times \overline{2\times3}$

= 6 x 6

चूंकि 6 x 6 = 36 है, अत: 36 का वर्गमूल 6 होगा।

(ii) **भाग विधि:** इस विधि के अन्तर्गत साधारण भाग जैसी विधि अपनाई जाती है।

जिस संख्या का वर्गमूल निकालना हो, उसे लिखिए और उसके बाद इकाई की ओर से दो-दो अंकों के समूह बना लीजिए।

मान लीजिए हमें 256 का वर्गमूल निकालना है। अत: हम 256 को निम्नलिखित ढंग से लिखेंगे।

$\overline{2}\ \overline{56}$

भाग की क्रिया के लिए एक जोड़े को इकाई मानेंगे- भले ही उसमें एक ही अंक हो या दो अंक।

	16
1	2 56
+1	1
26	1 56
	1 56
	x

इस प्रकार 256 का वर्गमूल 16 निकला।

पहले जोड़े में एक ही अंक केवल 2 है। इसलिए शुरू में 1 से 2 में भाग दिया गया। 2 के नीचे 1 आया और घटाने पर शेष 1 आया। ऊपर 1 बार गया।

अब अगला जोड़ा (56) नीचे उतारिये अर्थात् इस जोड़े को 1 के साथ लिखें। आपकी संख्या 1 56 हो गई। अब भाजक में भागफल जोड़ दें (1 + 1 = 2). अब आगे देखना है कि 156 में 2? से भाग जायेगा। यह ? मालूम नहीं है। अत: 2? को 21, 22, 23, 24, 25, 26, 27, 28, 29 मानकर जबानी भाग देकर देखें कि कितने से भाग करना ठीक होगा। आप पायेंगे कि 26 से भाग देने पर आपको ठीक संख्या मिल जायेगी।

दशमलव संख्याओं का वर्गमूल निकालने की विधि

(i) दशमलव संख्या में दशमलव बिन्दु से आरंभ करके दाईं ओर और बाईं ओर (दोनों ओर) दो-दो अंकों के जोड़े बना लें।

(ii) जब दशमलव चिन्ह के दाईं ओर का पहला जोड़ा नीचे उतारा जाये, उसी समय भागफल में दशमलव का चिन्ह लगा दें।

(iii) भाग की क्रिया उसी प्रकार करें, जैसी ऊपर पूर्णांकों का वर्गमूल निकालने में की थी।

जैसे– 16.8921 का वर्गमूल निकालें।

हल:

	4.11
4	$\overline{16}.\ \overline{89}\ \overline{21}$
4	16
81	89
1	81
821	821
	821
	x

उत्तर = 4.11

याद रखें: *इनकी सहायता से प्रश्न हल करने में सहायता मिलेगी:*

(i)

√1 = 1
√4 = 2
√9 = 3
√16 = 4
√25 = 5
√36 = 6
√49 = 7
√64 = 8
√81 = 9
√100 = 10
√121 = 11
√144 = 12

(ii)

1 का वर्गमूल = 1.000
2 का वर्गमूल = 1.414
3 का वर्गमूल = 1.732
4 का वर्गमूल = 2.000
5 का वर्गमूल = 2.236
6 का वर्गमूल = 2.449
7 का वर्गमूल = 2.645
8 का वर्गमूल = 2.828
9 का वर्गमूल = 3.000
10 का वर्गमूल = 3.162

(iii)

.1 का वर्गमूल = .3162
.2 का वर्गमूल = .4472
.3 का वर्गमूल = .5477
.4 का वर्गमूल = .6324
.5 का वर्गमूल = .7071
.6 का वर्गमूल = .7745
.7 का वर्गमूल = .8366
.8 का वर्गमूल = .8944
.9 का वर्गमूल = .9486

(iv)

.01 का वर्गमूल = .1000
.02 का वर्गमूल = .1414
.03 का वर्गमूल = .1732
.04 का वर्गमूल = .2000
.05 का वर्गमूल = .2236
.06 का वर्गमूल = .2449
.07 का वर्गमूल = .2645
.08 का वर्गमूल = .2828
.09 का वर्गमूल = .3000

अभ्यास के लिए प्रश्न

1. 121 का वर्गमूल = ?

A. 41 B. 11

C. 12 D. 17

2. $\sqrt{81}$ = ?

A. 11 B. 9

C. 8 D. 7

3. 729 का वर्गमूल = ?

A. 17 B. 23

C. 27 D. 31

4. $\sqrt{1849}$ = ?

A. 43 B. 39

C. 37 D. 51

5. 256 का वर्गमूल = ?

A. 13 B. 17

C. 19 D. 16

6. 8 का वर्गमूल = ?

A. 2.888 B. 2.828

C. 3.808 D. 4.828

7. .01 का वर्गमूल = ?

A. 1 B. .001

C. .1 D. .01

8. $\sqrt{.04}$ = ?

A. .2 B. .08

C. .02 D. .8

9. $\sqrt{9} + \sqrt{16}$ = ?

A. 25 B. 225

C. 7 D. 144

10. $\sqrt{36} + \sqrt{49}$ = ?

A. 13 B. 85

C. 375 D. 43

11. $\sqrt{100} - 1$ = ?

A. 11 B. 10

C. 10.3 D. 9

12. निम्नलिखित में से कौन्-सी संख्या पूर्ण नहीं है?

A. 81 B. 121

C. 144 D. 63

13. $\sqrt{9.61}$ = ?

A. 11.1 B. 3.1

C. 1.3 D. 3.01

14. 5.76 का वर्गमूल = ?

A. 2.04 B. 2.4

C. 2.38 D. 2.8

15. 143 में कम से कम कितना जोड़ा जाये कि योगफल पूर्ण वर्ग बन जाये?

A. 13 B. 1

C. 11 D. 9

16. 5 में कितने से गुणा करें कि गुणनफल पूर्ण वर्ग बन जाये?

A. 10 B. 7

C. 5 D. 3

17. 1 में कम से कम कितना जोड़ें कि योगफल पूर्ण वर्ग बन जाये?

A. 7 B. 15

C. 3 D. 24

18. $\frac{9}{36}$ का वर्गमूल = ?

A. 4 B. $\frac{1}{4}$

C. .4 D. $\frac{3}{6}$

19. $\sqrt{\frac{81}{121}} = ?$

A. 1.5 B. $\frac{2}{3}$

C. $\frac{9}{11}$ D. $\frac{11}{9}$

20. एक वर्गाकार खेत का क्षेत्रफल 16 वर्गमीटर है। उस खेत की लम्बाई क्या है?

A. 8 मीटर B. 4 मीटर

C. 2 मीटर D. 6 मीटर

उत्तरमाला

1	2	3	4	5	6	7	8	9	10
B	B	C	A	D	B	C	A	C	A
11	12	13	14	15	16	17	18	19	20
D	D	B	B	B	C	C	D	C	B

7

औसत

दो या दो से अधिक संख्याओं का औसत निकालने के लिए उन संख्याओं को जोड़ लिया जाता है। इस योगफल में उस संख्या से (जितनी संख्याओं को जोड़ा गया हो) भाग दे दिया जाता है। भागफल उन संख्याओं का औसत होता है।

मान लीजिए आपको 3, 5, 7 का औसत निकालना है।

पहले 3, 5, 7 को जोड़ लें: $3 + 5 + 7 = 15$

अब बताइये आपने कितनी संख्याओं को जोड़ा है? तीन संख्याओं को।

अब आप 15 में 3 से भाग दें: $15 \div 3 = 5$

अतः 3, 5, 7 का औसत 5 आया।

औसत निकालने की यही विधि है– चाहे संख्यायें भिन्न में हों, दशमलव में हों या पूर्णांक में हों।

नीचे हम कुछ उदाहरण देकर उन्हें हल करके देखेंगे:

उदाहरण 1. 30, 80 और 100 का औसत निकालिए।

हलः कुल 3 संख्यायें हैं।

$\therefore$ औसत $= \dfrac{30 + 80 + 100}{3}$

$= \dfrac{210}{3} = 70$

उदाहरण 2. 4, 5, 6, 7 और 8 का औसत निकालिए।

हलः कुल संख्यायें 5 हैं।

$\therefore$ औसत $= \dfrac{4 + 5 + 6 + 7 + 8}{5}$

$= \dfrac{30}{5} = 6$

उदाहरण 3. 5 अलग-अलग संख्याओं का औसत 7 है। बताओ उन पांचों संख्याओं का योग क्या होगा?

हलः संख्यायें 5 हैं। उनका औसत 7 है।

संख्याओं का योग = संख्याओं की संख्या x औसत

$= 5 \times 7 = 35$

उदाहरण 4. श्याम की आयु 18 वर्ष, मोहन की 7 वर्ष और गणेश की 8 वर्ष है। उनकी औसत आयु कितनी है?

हलः 3 बच्चों की आयु का योग $18 + 7 + 8$

$\therefore$ औसत $= \dfrac{18 + 7 + 8}{3}$

$= \dfrac{33}{3} = 11$ वर्ष

उदाहरण 5. 5 बच्चों की औसत आयु 12 वर्ष है। उनमें से 4 बच्चों की औसत आयु 14 वर्ष है। 5वें बच्चे की आयु क्या है?

हलः 5 बच्चों की आयु का योगफल $= 12 \times 5 = 60$ वर्ष

4 बच्चों की आयु का योगफल $= 14 \times 4 = 56$ वर्ष

5वें बच्चें की आयु $= 60 - 56 = 4$ वर्ष

अभ्यास के लिए प्रश्न

1. 5, 7, 12 और 16 का औसत है:
   A. 6 B. 8
   C. 9 D. 10
2. 5 संख्याओं का औसत 40 है। 6 संख्याओं का औसत 41 है। तो छठी संख्या = ?
   A. 50 B. 40
   C. 51 D. 46
3. एक विद्यार्थी को चार विषयों में क्रमशः 56, 75, 86 और 91 अंक मिले। उसके अंकों का कुल औसत क्या रहा?
   A. 71 B. 69
   C. 67 D. 77
4. पेट्रोल पर 30 दिन का औसत दैनिक व्यय 5 रु॰ 40 पैसे रहा। पूरे 30 दिनों में पेट्रोल पर कुल कितना धन व्यय हुआ?
   A. 140 रु॰ B. 162 रु॰
   C. 174 रु॰ D. 172 रु॰
5. गोविन्द की आयु 10 साल 7 महीने, पीटर की 10 साल 4 महीने, और अनूप की 11 साल 1 महीने है। तीनों की औसत आयु है:
   A. 10 साल 6 महीने
   B. 11 साल
   C. 10 साल 8 महीने
   D. 10 साल 4 महीने
6. चार बच्चों का वजन क्रमशः 11 कि॰ग्रा॰, 13 कि॰ग्रा॰, 14 कि॰ग्रा॰ और 18 कि॰ग्रा॰ है। उन चारों का औसत वजन क्या है?
   A. 12 कि॰ग्रा॰ B. 13 कि॰ग्रा॰
   C. 14 कि॰ग्रा॰ D. 15 कि॰ग्रा॰
7. 11 बच्चों की एक टीम का औसत वजन 35 कि॰ग्रा॰ है। उन सब बच्चों का कुल वजन कितना है?
   A. 46 कि॰ग्रा॰ B. 70 कि॰ग्रा॰
   C. 30 कि॰ग्रा॰ D. 385 कि॰ग्रा॰
8. 6 सेबों का वजन 1 कि॰ग्रा॰ 200 ग्राम है। एक सेब का वजन क्या है?
   A. 33 ग्राम B. 250 ग्राम
   C. 200 ग्राम D. 150 ग्राम
9. पांच विद्यार्थियों की औसत गैर-हाजिरी 46 है। इनमें से प्रथम 4 की औसत गैर-हाजिरी 45 है। बताओ पांचवे विद्यार्थी की औसत गैर-हाजिरी क्या है?
   A. 180 B. 50
   C. 85 D. 160
10. 5 संख्याओं का औसत 6 है। यदि इनमें से एक संख्या 6 निकाल दी जाये, तो शेष 4 संख्याओं का औसत क्या होगा?
    A. 5 B. 4
    C. 7 D. 6
11. तीन डिब्बों का औसत वजन 10 कि॰ग्रा॰ है। उनमें से दो डिब्बों का औसत वजन 8 कि॰ग्रा॰ है। तीसरे डिब्बे का वजन क्या है?
    A. 11 कि॰ग्रा॰ B. 14 कि॰ग्रा॰
    C. 12 कि॰ग्रा॰ D. 7 कि॰ग्रा॰
12. पांच बच्चों की औसत आयु 13 वर्ष है। एक बच्चे के आ जाने से औसत आयु 12 वर्ष हो जाती है। नये बच्चे की आयु है:
    A. 4 वर्ष B. 8 वर्ष
    C. 7 वर्ष D. 11 वर्ष
13. एक बल्लेबाज ने पांच मैचों में 55, 45, 110, 90, 100 रन बनाये। उसके रनों का औसत होगा:
    A. 100 B. 80
    C. 50 D. 120
14. 5 लड़कों की आयु का औसत 14 वर्ष है। उनमें से एक लड़का जिसकी आयु 14 वर्ष है चला गया। अब शेष

चार लड़कों की औसत आयु होगी:

A. 14 वर्ष B. 15 वर्ष

C. 13 वर्ष D. 16 वर्ष

15. पांच संख्याओं का औसत 14 है। उनमें से शुरू की तीन संख्याओं का औसत 15 है। बताओ अन्त की दो संख्याओं का औसत क्या होगा?

A. 14.5 B. 16

C. 12.5 D. 12

16. एक कक्षा में 40 लड़कियों की औसत आयु 15 वर्ष है। इनमें 24 की औसत आयु 14 वर्ष है। बताओ शेष की औसत आयु क्या होगी?

A. 16.5 वर्ष B. 18 वर्ष

C. 14.5 वर्ष D. 15 वर्ष

17. 40 लड़कों का औसत वजन 20 कि॰ग्रा॰ है। यदि उनके एक अध्यापक का वजन भी जोड़ दिया जाये, तो औसत वजन 1 कि॰ग्रा॰ बढ़ जाता है। उस अध्यापक का वजन है:

A. 21 कि॰ग्रा॰

B. 31 कि॰ग्रा॰

C. 51 कि॰ग्रा॰

D. 61 कि॰ग्रा॰

18. सोमवार, मंगलवार और बुधवार का औसत तापमान 40° था। मंगलवार, बुधवार और बृहस्पतिवार का औसत तापमान 41° था। यदि बृहस्पतिवार का तापमान 45° हो तो सोमवार का तापमान क्या होगा?

A. 41° B. 42°

C. 43° D. 44°

19. किसी विद्यार्थी को 4 विषयों में मिले अंकों का औसत 60 है। यदि पांचवे विषय में उसे 40 अंक मिले, तो उसका पांचों विषयों का औसत होगा:

A. 55 B. 50

C. 56 D. 59

20. आठ व्यक्तियों की औसत दैनिक आय 35 रु॰ है। दो अन्य व्यक्तियों की दैनिक आय क्रमश: 50 रु॰ और 60 रु॰ है। बताओ उन दसों व्यक्तियों की औसत दैनिक आय क्या है?

A. 40 रु॰ B. 36 रु॰

C. 39 रु॰ D. 41 रु॰

उत्तरमाला

1	2	3	4	5	6	7	8	9	10
D	D	D	B	C	C	D	C	B	D
11	12	13	14	15	16	17	18	19	20
B	C	B	A	C	A	D	B	C	C

8

अनुपात और समानुपात

अनुपात

दो सजातीय राशियों और मात्राओं के बीच जो संबंध होता है, उसे उन दोनों के बीच अनुपात कहते हैं। जैसे राम की आयु 12 वर्ष और सुषमा की 10 वर्ष है। उनकी आयु के बीच संबंध को कई प्रकार से व्यक्त किया जा सकता है, जैसे—

(i) राम सुषमा से 2 वर्ष बड़ा है

(ii) सुषमा राम से 2 वर्ष छोटी है

(iii) राम की आयु : सुषमा की आयु $= \frac{12}{10}$

(iv) राम की आयु : सुषमा की आयु = 12 : 10

ध्यान रहे कि अनुपात एक भिन्न है।

अनुपात का चिन्ह : है।

चूंकि अनुपात एक भिन्न है, जैसे $\frac{12}{10}$; अतः इसके दो पद हैं– 12 और 10. यदि किसी अनुपात के दोनों पदों में किसी एक ही संख्या से गुणा किया जाये या भाग किया जाये तो अनुपात बदलता नहीं। जैसे–

$\frac{12}{10}$ में दोनों पदों में 3 से गुणा करें। $\frac{12 \times 3}{10 \times 3} = \frac{36}{30}$

$\frac{12}{10}$ और $\frac{36}{30}$ दोनों समान हैं। इसी प्रकार

$\frac{12}{10}$ में दोनों पदों में 2 से भाग दें। $\frac{12 \div 2}{10 \div 2} = \frac{6}{5}$

$\frac{12}{10}$ और $\frac{6}{5}$ दोनों समान हैं।

$\frac{12}{10}$ को 12 : 10 भी लिख सकते हैं।

दोनों में 12 अनुपात का पहला पद है और 10 अनुपात का दूसरा पद है।

विलोमानुपात

किसी अनुपात के पहले और दूसरे पद को क्रमशः दूसरा और पहला पद बना दें, तो नया अनुपात पहले वाले अनुपात का विलोमानुपात कहा जाता है। जैसे $\frac{12}{10}$ या 12 : 10 का विलोमानुपात है $\frac{10}{12}$ या 10 : 12

समानुपात

जब दो अनुपातिक युग्म बराबर होते हैं, तो अनुपात की चारों राशियों समानुपात में कहलाती हैं। जैसे—

12 : 10 और 36 : 30 बराबर हैं। इन्हें हम 12 : 10 : : 36 : 30 लिखेंगे। समानुपात का चिन्ह : : है।

समानुपात में चार राशियां होती हैं। पहली और चौथी राशियों को बाह्य पद, और दूसरी और तीसरी राशियों को माध्यमिक पद कहते हैं।

प्रत्येक समानुपात में–

बाह्य पदों का गुणनफल = माध्यमिक पदों का गुणनफल

प्रथम पद x चौथा पद = दूसरा पद x तीसरा पद

उदाहरण के लिए 3 : 4 : : 6 : 8 में

प्रथम पद x चौथा पद (3 x 8) = दूसरा पद x तीसरा पद (4 x 6)

कौन-सा अनुपात बड़ा है?

हम जानते हैं कि अनुपात एक भिन्न है और कौन-सी भिन्न बड़ी और छोटी है–यह पता लगाना आप सीख चुके

हैं (अध्याय 3 में)।

उदाहरण 1. 3 : 5 और 5 : 7 में कौन-सा अनुपात बड़ा है?

हल: 3 : 5 = $\frac{3}{5}$ और 5 : 7 = $\frac{5}{7}$

$\frac{3}{5}, \frac{5}{7}$(पता लगाना है कि $\frac{3}{5}$ और $\frac{5}{7}$ में कौन-सी भिन्न बड़ी है)

$\frac{3}{5}, \frac{5}{7} = \frac{21, 25}{35}$

$= \frac{21}{35}, \frac{25}{35}$

इन दोनों भिन्नों में $\frac{21}{35} < \frac{25}{35}$

∴ अनुपात 5 : 7, अनुपात 3 : 5 से बड़ा है

उत्तर 5 : 7

उदाहरण 2. 50 पैसे और 1 रुपये का अनुपात बताओ।

हल: 50 पैसे : 100 पैसे

= 1 : 2

उदाहरण 3. 7 : 10 : : ? : 70 समानुपात में ? क्या है?

हल: प्रथम पद x चौथा पद = दूसरा पद x तीसरा पद

$7 \times 70 = 10 \times ?$

$? = \frac{7 \times 70}{10}$

= 49

उदाहरण 4. किसी कक्षा में 24 लड़के और 16 लड़कियां हैं, तो लड़कों की संख्या और लड़कियों की संख्या के बीच क्या अनुपात है?

हल: $\frac{\text{लड़कों की संख्या}}{\text{लड़कियों की संख्या}} = \frac{24}{16}$

= 24 : 16

= 3 : 2

उदाहरण 5. पत्थर का एक टुकड़ा लकड़ी के एक टुकड़े के वजन से तीन गुना भारी है। पत्थर के टुकड़े के वजन और लकड़ी के टुकड़े के वजन के बीच क्या अनुपात है?

हल: $\frac{\text{पत्थर के टुकड़े का वजन}}{\text{लकड़ी के टुकड़े का वजन}} = \frac{3}{1}$

∴ दोनों के वजन का अनुपात = 3 : 1

उदाहरण: 888 रु० को 3 : 5 में बांटिये।

हल: 3 : 5 का अनुपात है

∴ 3 + 5 = 8

अब 888 ÷ 8 = 111

∴ 111 x 3 = 333, और

111 x 5 = 555

∴ उत्तर = 333, 555

उदाहरण 7. दो संख्याओं के बीच 3 : 5 का अनुपात है। दोनों का योग 80 है। बताओ दोनों संख्यायें क्या हैं?

हल: अनुपात का योग = 3 + 5 = 8

पहली संख्या $= 80 \times \frac{3}{8} = 30$

दूसरी संख्या $80 \times \frac{5}{8} = 50$

दोनों संख्यायें हैं 30 और 50.

अभ्यास के लिए प्रश्न

1. 20 मिनट और 1 घण्टा के बीच क्या अनुपात है?

A. 1 : 3　　B. 2 : 3

C. 3 : 4　　D. 1 : 5

2. किसी स्कूल में 500 लड़के और 450 लड़कियां हैं। बताओ लड़कियों की संख्या और स्कूल के कुल छात्रों की संख्या के बीच क्या अनुपात है?

A. 10 : 9　　B. 9 : 10

C. 9 : 19　　D. 19 : 9

3. निम्नलिखित अनुपातों में से कौन-सा अनुपात 1 : 2 के बराबर है?

A. 5 : 15　　B. 4 : 10

C. 8 : 24　　D. 9 : 18

4. भाई-बहन दोनों ने पुरस्कार राशि 2 : 3 के अनुपात में बांट ली। यदि भाई को 1.5 लाख रुपया मिला, तो बहन को कितनी राशि मिलेगी?

A. 3 लाख B. 2.75 लाख
C. 3.25 लाख D. 2.25 लाख

5. किसी कक्षा में लड़कियों और लड़कों की संख्या का अनुपात 2 : 3 है। यदि कक्षा में 16 लड़कियां हों, तो कितने लड़के होंगे?

A. 20 B. 24
C. 22 D. 28

6. किसी व्यक्ति की आय और उसके व्यय का अनुपात 9 : 7 है। उसकी आय यदि 3600 रु० हो, तो उसकी बचत होगी:

A. 600 रु० B. 800 रु०
C. 700 रु० D. 900 रु०

7. निम्नलिखित अनुपातों में से कौन-सा अनुपात सबसे छोटा है?

1 : 2; 6 : 7; 3 : 5; 1 : 3

A. 6 : 7 B. 3 : 5
C. 1 : 2 D. 1 : 3

8. निम्नलिखित में रिक्त स्थान की संख्या बताओ:

3 : ? : : 21 : 35

A. 7 B. 6
C. 9 D. 5

9. यदि राम की मासिक आय 2640 रु० हो और उसकी पत्नी मधु की मासिक आय 1860 रु० हो, तो राम और मधु की मासिक आय का अनुपात होगा:

A. 7 : 10 B. 44 : 31
C. 31 : 44 D. 27 : 31

10. यदि 3674 रु० राम, श्याम और मोहन के बीच 2 : 4 : 5 के अनुपात में बांटे जायें, तो राम का हिस्सा कितना होगा?

A. 334 रु० B. 668 रु०
C. 500 रु० D. 444 रु०

11. यदि 18 : 24 : : x : 20, तो x का मूल्य होगा:

A. 11 B. 18
C. 12 D. 15

12. एक द्रव में 20% स्प्रिट, 30% पेट्रोल और 50% मिट्टी का तेल मिला हुआ है। द्रव में इन तीनों पदार्थों का अनुपात होगा:

A. 5 : 3 : 2 B. 2 : 3 : 5
C. 3 : 5 : 2 D. 2 : 5 : 3

13. यदि किसी अनुपात में दूसरा पद 22 है और अनुपात की भिन्न $\frac{7}{11}$ है, तो अनुपात का पहला पद क्या होगा?

A. 10 B. 15
C. 12 D. 14

14. एक त्रिभुज के तीनो कोणों के बीच्च अनुपात 2 : 3 : 5 है। यदि सबसे छोटा कोण 36° हो, तो सबसे बड़ा कोण कितने अंश का होगा?

A. 54° B. 72°
C. 90° D. 108°

15. 9 और 63 का विलोम अनुपात है:

A. $\frac{3}{7}$ B. $\frac{1}{6}$
C. $\frac{7}{1}$ D. $\frac{2}{7}$

16. यदि 26 फीट ऊंची इमारत की छाया की लम्बाई 39 फीट हो, तो 32 फीट ऊंची इमारत की छाया की लम्बाई होगी:

A. 43 फीट B. 44 फीट
C. 45 फीट D. 48 फीट

17. यदि 18 : x = x : 2 हो, तो x = ?

A. 9 B. 36
C. 16 D. 6

18. यदि कोई राशि $\frac{1}{2} : \frac{2}{3} : \frac{3}{4}$ के अनुपात में बांटी जाती है और $\frac{1}{2}$ = 102 रु० हो, तो पूरी राशि क्या होगी?

A. 255 रु. B. 153 रु.

C. 391 रु० D. 437 रु०

19. 12 : 15 : : ? : 25

A. .2 B. .02

C. 2 D. 20

20. 3, 4 और 21 का चौथा अनुपात है:

A. 25

B. 24

C. 28

D. 32

उत्तरमाला

1	2	3	4	5	6	7	8	9	10
A	C	D	D	B	B	D	D	B	B
11	12	13	14	15	16	17	18	19	20
D	B	D	C	C	D	D	C	D	C

9

हानि-लाभ

1. जिस मूल्य पर कोई वस्तु खरीदी जाये, वह *क्रय-मूल्य* होता है।

2. जिस मूल्य पर कोई वस्तु बेची जाये, वह *विक्रय-मूल्य* होता है।

3. यदि क्रय-मूल्य अधिक हो और विक्रय-मूल्य कम हो तो हानि होती है।

4. यदि क्रय-मूल्य कम हो और विक्रय-मूल्य अधिक हो, तो लाभ होता है।

5. (i) *लाभ = विक्रय-मूल्य − क्रय-मूल्य*
   (ii) *हानि = क्रय-मूल्य − विक्रय-मूल्य*

6. *लाभ और हानि सदैव क्रय-मूल्य पर जोड़े जाते हैं।*

7. लाभ और हानि दोनों प्राय: प्रतिशत (%) में व्यक्त किये जाते हैं।

सूत्रः $\text{लाभ } \% = \dfrac{\text{लाभ} \times 100}{\text{क्रय मूल्य}}$

$$\text{हानि } \% = \frac{\text{हानि} \times 100}{\text{क्रय मूल्य}}$$

उदाहरण 1. A ने एक कुर्सी 300 रु० में खरीदा और उसे 350 रु० में बेच दिया। उसे कितने प्रतिशत लाभ हुआ?

हलः प्रश्न को पढ़ने से स्पष्ट पता लगता है कि लाभ हुआ। कितना लाभ हुआ?

लाभ = विक्रय-मूल्य − क्रय-मूल्य

= 350 रु० − 300 रु०

= 50 रु०

उसे कुर्सी बेचने पर 50 रु० का लाभ हुआ। अब पता लगाना है कि यह 50 रु० कितने प्रतिशत होगा।

$$\text{लाभ } \% = \frac{\text{लाभ} \times 100}{\text{क्रय मूल्य}} = \frac{50 \times 100}{300} = 16\frac{2}{3}\%$$

उदाहरण 2. किसी व्यक्ति ने 2500 रु० में खरीदा गया सोफा सेट 2000 रु० में बेच दिया। उसे कितने प्रतिशत हानि हुई?

हलः पहले हानि का पता लगायें।

हानि = क्रय-मूल्य − विक्रय-मूल्य

= 2500 रु० − 2000 रु०

= 500 रु०

उसे 500 रु० की हानि हुई। अब पता लगाना है कि यह 500 रु० कितने प्रतिशत है।

$$\text{हानि } \% = \frac{\text{हानि} \times 100}{\text{क्रय मूल्य}} = \frac{500 \times 100}{2500} = 20\%$$

उदाहरण 3. 500 रु० में खरीदी गई टेबल 12% लाभ पर बेची गई। उसका विक्रय मूल्य बताओ।

हलः जब क्रय-मूल्य और लाभ % दिया हुआ हो, तो विक्रय-मूल्य निकालने का सूत्र:-

$$\text{विक्रय-मूल्य} = \frac{\text{क्रय मूल्य} \times (100 + \text{लाभ}\%)}{100}$$

इस प्रश्न में (i) क्रय-मूल्य = 500 रु०

(ii) लाभ % = 12

$$\therefore \text{ विक्रय-मूल्य} = \frac{\text{क्रय मूल्य} \times (100 + \text{लाभ\%})}{100}$$

$$= \frac{500 \times 112}{100}$$

$$= 560 \text{ रु॰}$$

उदाहरण 4. कोई वस्तु 10% हानि पर 585 रु. में बेची गई। बताओ वह कितने मूल्य पर खरीदी गई थी?

हलः यहां हमें दिया हुआ है- (i) विक्रय-मूल्य
(ii) हानि %

यहां पता लगाना है: क्रय-मूल्य

जब विक्रय-मूल्य और हानि % दिया हुआ हो, तो क्रय-मूल्य निकालने का सूत्र:-

$$\text{क्रय-मूल्य} = \frac{\text{विक्रय मूल्य} \times 100}{100 - \text{हानि\%}}$$

इस प्रश्न में (i) विक्रय-मूल्य = 585 रु॰
(ii) हानि % = 10

$$\therefore \text{ क्रय-मूल्य} = \frac{\text{विक्रय मूल्य} \times 100}{100 - \text{हानि\%}}$$

$$= \frac{585 \times 100}{90}$$

$$= 650 \text{ रु॰}$$

उदाहरण 5. कोई वस्तु 12% लाभ पर 21 रु. में बेची गई। उसका क्रय-मूल्य बताओ।

हलः यहां हमें दिया हुआ है- (i) लाभ %
(ii) विक्रय-मूल्य

यहां पता लगाना है: क्रय-मूल्य

जब विक्रय-मूल्य और लाभ प्रतिशत दिया हुआ हो, तो क्रय-मूल्य निकालने का सूत्र:-

$$\text{क्रय-मूल्य} = \frac{\text{विक्रय मूल्य} \times 100}{100 + \text{लाभ\%}}$$

इस प्रश्न में (i) विक्रय-मूल्य = 21 रु॰
(ii) लाभ % = 12

$$\therefore \text{ क्रय-मूल्य} = \frac{\text{विक्रय मूल्य} \times 100}{100 + \text{लाभ\%}}$$

$$= \frac{21 \times 100}{112}$$

$$= \frac{2100}{112}$$

$$= \frac{75}{4} = 18 \text{ रु॰ } 75 \text{ पैसे}$$

उदाहरण 6. एक अलमारी 2040 रु॰ में बेचकर किसी व्यक्ति को 15% की हानि होती है। बताओ वह उसे किस मूल्य पर बेचे कि उसे 15% लाभ हो?

हलः दिया हुआ है:- (i) विक्रय-मूल्य
(ii) हानि %

$$\therefore \text{ क्रय-मूल्य} = \frac{\text{विक्रय मूल्य} \times 100}{100 - \text{हानि\%}}$$

$$= \frac{2040 \times 100}{85}$$

$$= 2400 \text{ रु॰}$$

अब वह 15% लाभ कमाना चाहता है।
निकालना है विक्रय-मूल्य

$$\text{विक्रय-मूल्य} = \frac{\text{क्रय मूल्य} \times (100 + \text{लाभ\%})}{100}$$

$$= \frac{2400 \times 115}{100}$$

$$= 2760 \text{ रु॰}$$

उदाहरण 7. एक दुकानदार 10 रु॰ के 11 संतरे की दर से संतरे खरीदता है और उन्हें 11 रु॰के 10 संतरे की दर से बेचता है। उसे कितने प्रतिशत लाभ होता है?

हलः मान लीजिए कि वह संतरे खरीदने में 100 रु॰ खर्च करता है।

इसका अर्थ यह है कि वह (i) 110 संतरे खरीदता है; और
(ii) 110 संतरों का क्रय-मूल्य 100 है।

अब पता लगायें कि वह इन संतरों को किस मूल्य पर बेचता है।

$$\text{विक्रय-मूल्य} = \frac{11}{10} \times 110$$

$$= 121 \text{ रु॰}$$

$$\text{अब लाभ} = 121 - 100 = 21 \text{ रु॰}$$

चूंकि लाभ क्रय-मूल्य पर निकाला जाता है और क्रय-मूल्य 100 रु० है;

इसलिए लाभ प्रतिशत $= \frac{\text{लाभ} \times 100}{\text{क्रय मूल्य}}$

$= \frac{21 \times 100}{100}$

$= 21\%$

उदाहरण 8. एक व्यक्ति 1 रु० की 6 के हिसाब से गोलियां खरीदता है। वह 1 रु० में कितनी गोलियां बेचे कि उसे 20% लाभ हो?

हल: मान लीजिए कि वह सिर्फ 6 गोलियां खरीदता है। इसका अर्थ यह है कि (i) उसने 6 गोलियां खरीदीं; और

(ii) उसका क्रय-मूल्य 1 रु० है।

वह बिक्री पर 20% लाभ चाहता है।

विक्रय-मूल्य $= \frac{120}{100} = \frac{6}{5}$ रु०

उसे 20% लाभ कमाने के लिए 1 रु० में खरीदी गई 6 गोलियों को $\frac{6}{5}$ रु० में बेचना होगा।

चूंकि $\frac{6}{5}$ रु० में बेचता है 6 गोलियां

$\therefore$ 1 रु० में बेचेगा $\frac{6 \times 5}{6} = 5$ गोलियां

उत्तर: उसे 1 रु० में 5 गोलियां बेचनी चाहिए।

उदाहरण 9. एक दुकानदार अपनी वस्तुओं पर 30% अधिक मूल्य की पर्ची लगाता है। फिर पर्ची पर अंकित मूल्य पर खरीददार को 20% का बट्टा (छूट) देता है। बताओ दुकानदार को कितने प्रतिशत लाभ होता है?

हल: माना कि दुकानदार ने कोई वस्तु 100 रु० में खरीदी। उसने उस वस्तु पर पर्ची लगाई 100 + 30 = 130 रु० की।

वह खरीददार को 20% की छूट देता है। अर्थात् 100 रु० की वस्तु 80 रु० में देता है।

100 रु० की वस्तु देता है 80 रु० में

$\therefore$ 1 रु० की वस्तु देगा $\frac{80}{100}$ रु० में

$\therefore$ 130 रु० की वस्तु देगा $\frac{80 \times 130}{100} = 104$ रु० में

अत: उसका लाभ हुआ 104 − 100 = 4 रु०

चूंकि उसका क्रय-मूल्य 100 रु० ही था; अत: उसका लाभ % होगा = 4%.

अभ्यास के लिए प्रश्न

1. एक घड़ी 153 रु० में बेचने पर शिव को 10% की हानि होती है। 20% लाभ कमाने हेतु उसे वह घड़ी कितने में बेचनी होगी?

A. 175 रु० B. 305 रु०
C. 253 रु० D. 204 रु०

2. एक व्यक्ति ने एक कमीज 125 रु० में खरीदी और उसे 115 रु० में बेच दिया। उसे कितने प्रतिशत हानि हुई?

A. 3% B. 10%
C. 13% D. 8%

3. किसी वस्तु का क्रय-मूल्य 35 रु० है। उसे कितने रु० में बेचा जाये कि 5% का लाभ हो?

A. 40 रु०
B. 37 रु० 75 पैसे
C. 36 रु० 75 पैसे
D. 35 रु० 75 पैसे

4. कोई वस्तु 25% लाभ पर 60 रु० में बेची गई। उसका क्रय-मूल्य था:

A. 55 रु० B. 45 रु०
C. 48 रु० D. 50 रु०

5. एक सिलाई मशीन 4085 रु० में बेचने पर 5% की हानि

हुई, उस मशीन का क्रय-मूल्य क्या था?

A. 4200 रु० B. 4300 रु०

C. 4150 रु० D. 4250 रु०

6. एक दुकानदार ने 3 रु० के 8 नीबू के हिसाब से नीबू खरीदे। खरीदे गए नीबुओं पर 60% लाभ कमाने के लिए उसे नीबू किस हिसाब से बेचने होंगे?

A. 3 रु० के 5 नीबू

B. 5 रु० के 11 नीबू

C. 4 रु० के 7 नीबू

D. 1 रु० के 2 नीबू

7. एक घोड़ा और एक गाय में से प्रत्येक को 12000 रु० में बेचा गया। यदि घोड़े की बिक्री पर 20% लाभ हुआ और गाय की बिक्री पर 20% हानि हुई, तो पूरे सौदे में कितने प्रतिशत लाभ हुआ या हानि हुई?

A. 5% हानि

B. 6% लाभ

C. 4% हानि

D. 8% लाभ

8. एक छतरी का अंकित मूल्य 80 रु० है। दुकानदार उसे 68 रु० में बेच देता है। वह खरीददार को कितने प्रतिशत बट्टा (छूट) देता है?

A. 7% B. 15%

C. 11% D. 12%

9. 1640 रु० में खरीदा गया सोफा सेट 5% हानि पर बेचा गया। बताओ कितने पर बेचा गया?

A. 1558 B. 1585

C. 1595 D. 1600

10. 242 रु० में एक वस्तु को बेचकर किसी दुकानदार को क्रय-मूल्य के $\frac{1}{10}$ का लाभ हुआ। उस वस्तु का क्रय-मूल्य था:

A. 220 B. 216

C. 224 D. 210

11. दिनेश को एक छतरी 64 में बेचने पर 20% की हानि हुई। यदि वह उस छतरी को 100 रु० में बेचता, तो उसे कितने प्रतिशत लाभ या हानि होती?

A. 25% हानि B. 15% लाभ

C. 30% लाभ D. 25% लाभ

12. यदि 10 पुस्तकों का क्रय-मूल्य 8 पुस्तकों के विक्रय-मूल्य के बराबर हो, तो हानि या लाभ प्रतिशत बताओ।

A. 25% लाभ B. 25% हानि

C. 30% हानि D. 30% लाभ

13. एक दुकानदार गलत बाट का इस्तेमाल करके 25% लाभ कमाता है। बताओ वह 1 कि०ग्रा० माल तौलने के लिए जो बाट इस्तेमाल करता है, उसका असली वजन क्या है?

A. 750 ग्राम B. 800 ग्राम

C. 850 ग्राम D. 900 ग्राम

14. एक दुकानदार अपने ग्राहकों को अंकित मूल्य पर 12% बट्टा (छूट) देता है। किसी वस्तु पर, जिसे उसने 264 रु० में खरीदा था, 15% लाभ कमाने हेतु उसे कितना मूल्य अंकित करना चाहिए?

A. 325 रु० B. 316 रु०

C. 345 रु० D. 365 रु०

15. कोई व्यक्ति 5 रु० के 6 केले के हिसाब से केले खरीद कर उन्हें 6 रु० के 5 केले के हिसाब से बेच देता है। वह कितने प्रतिशत लाभ कमाता है?

A. 30% B. 44%

C. 33% D. 40%

16. 480 रु० में अपना रेडियो बेचने पर मुझे 20% की हानि हुई। मैंने उस रेडियो को किस कीमत पर खरीदा था?

A. 500 रु० B. 540 रु०

C. 600 रु० D. 620 रु०

17. एक दुकानदार 33 मीटर कपड़ा बेचकर 11 मीटर कपड़े के विक्रय-मूल्य के बराबर लाभ कमाता है। बताओ वह कितने प्रतिशत लाभ कमाता है?

A. 30% B. $33\frac{1}{3}\%$

C. 50% D. $33\frac{2}{3}\%$

18. एक दुकानदार अपना माल क्रय-मूल्य पर ही बेचता है किन्तु वह 1 किलोग्राम वाले बाट की जगह पर 900 ग्राम वाला बाट इस्तेमाल करता है। इस तरह कम तोल कर वह कितने प्रतिशत लाभ कमाता है?

A. 11% B. $11\frac{1}{2}\%$

C. $11\frac{1}{5}\%$ D. $11\frac{1}{9}\%$

19. रामदीन ने एक गाय खरीदी और 5% हानि पर 760 रु॰ में बेच दी। उसने गाय किस मूल्य पर खरीदी थी?

A. 800 रु॰ B. 820 रु॰

C. 825 रु॰ D. 780 रु॰

20. 288 रु॰ में खरीदी वस्तु 270 रु॰ में बेचने पर कितने प्रतिशत हानि होगी?

A. 7% B. $6\frac{1}{4}\%$

C. $5\frac{1}{6}\%$ D. $5\frac{1}{4}\%$

उत्तरमाला

1	2	3	4	5	6	7	8	9	10
D	D	C	C	B	A	C	B	A	A
11	12	13	14	15	16	17	18	19	20
D	A	B	C	B	C	C	D	A	B

10

साधारण ब्याज और चक्रवृद्धि ब्याज

यदि कोई व्यक्ति बैंक या साहूकार से रुपया उधार लेता है, तो उसे बैंक या साहूकार को *ब्याज* देना पड़ता है। जो धन उधार लिया जाता है, उसे *मूलधन* कहते हैं और *मूलधन + ब्याज को मिलाकर मिश्रधन* कहते हैं।

(जब तक स्पष्टतया चक्रवृद्धि ब्याज कहा न जाये, तब तक साधारण ब्याज ही माना जायेगा।)

साधारण ब्याज

जब उधार ली गई राशि अर्थात् मूलधन पर एक निश्चित अवधि के लिए और निश्चित दर पर ब्याज लगाया जाता है, तो उसे साधारण ब्याज कहते हैं।

I. साधारण ब्याज निकालने का सूत्र:

$$\textit{साधारण ब्याज} = \frac{\text{मूलधन x ब्याज दर x समय}}{100}$$

उदाहरण 1. रहीम ने 18 प्रतिशत वार्षिक ब्याज की दर से 5000 रु० तीन वर्ष के लिए उधार लिये। उसे कितनी राशि ब्याज के रूप में देनी होगी?

हल: 100 रु० का 1 साल का ब्याज = 18 रु०

$\therefore$ 1 रु० का 1 साल का ब्याज = $\frac{18}{100}$ रु०

$\therefore$ 5000 रु० का 1 साल का ब्याज = $\frac{5000 \times 18}{100}$ रु०

$\therefore$ 5000 रु० का 3 साल का ब्याज = $\frac{5000 \times 18 \times 3}{100}$

= 2700 रु०

ऊपर बताये गये सूत्र के अनुसार–

$\frac{5000 \times 18 \times 3}{100} = 2700$ रु०

II. मूलधन निकालने का सूत्र: जब

(i) ब्याज की राशि,

(ii) ब्याज दर, और

(iii) समय पता हो।

$$\textit{मूलधन} = \frac{\text{100 x साधारण ब्याज की राशि}}{\text{ब्याज दर x समय}}$$

उदाहरण 2. किसी धनराशि (मूलधन) पर 4 वर्ष में 2% वार्षिक ब्याज की दर से साधारण ब्याज 180 रु० होगा?

हल: हमें मूलधन निकालना है।

प्रश्न में दिया हुआ है– (i) साधारण ब्याज की राशि,

(ii) समय और

(iii) ब्याज दर।

सूत्र के अनुसार मूलधन

$$= \frac{\text{100 x साधारण ब्याज की राशि}}{\text{ब्याज दर x समय}}$$

$$= \frac{100 \times 180}{2 \times 4}$$

= 2250 रु०

उदाहरण 3. किस धनराशि पर 5 वर्ष में 6% वार्षिक ब्याज की दर से साधारण ब्याज 1350 रु० होगा?

हल: मूलधन = $\frac{\text{100 x साधारण ब्याज की राशि}}{\text{ब्याज दर x समय}}$

$$= \frac{100 \times 1350}{6 \times 5}$$

= 4500 रु०

III. ब्याज दर निकालने का सूत्र जब

(i) साधारण ब्याज की राशि,

(ii) मूलधन, और

(iii) समय पता हो।

$$\textit{ब्याज दर} = \frac{\text{साधारण ब्याज (राशि)} \times 100}{\text{मूलधन} \times \text{समय}}$$

उदाहरण 4. बताओ किस ब्याज दर से 450 रु० की राशि 3 वर्ष में साधारण ब्याज के हिसाब से 504 रु० हो जायेगी?

हलः हमें ब्याज दर मालूम करना है।

इस प्रश्न में दिया हुआ है–

(i) साधारण ब्याज (504 - 450)

(ii) मूलधन (450)

(iii) समय 3 वर्ष

$$\text{सूत्र के अनुसार ब्याज दर} = \frac{\text{साधारण ब्याज} \times 100}{\text{मूलधन} \times \text{समय}}$$

$$= \frac{54 \times 100}{450 \times 3}$$

$$= 4\%$$

उदाहरण 5. यदि 10 वर्षों में 150 रु० बढ़कर 200 रु० हो जाते हैं, तो वार्षिक ब्याज दर क्या होगी?

$$\textbf{हलः}\ \text{ब्याज दर} = \frac{\text{साधारण ब्याज} \times 100}{\text{मूलधन} \times \text{समय}}$$

$$= \frac{50 \times 100}{150 \times 10}$$

$$= \frac{10}{3}\% = 3\frac{1}{3}\%$$

IV. समय निकालने का सूत्रः जब

(i) साधारण ब्याज की राशि,

(ii) मूलधन, और

(iii) दर पता हो।

$$\textit{समय} = \frac{\text{साधारण ब्याज} \times 100}{\text{मूलधन} \times \text{दर}}$$

उदाहरण 6. कितने समय में 4% वार्षिक ब्याज दर से 50 रु० का मूलधन बढ़कर 55 रु० हो जायेगा?

हलः हमें समय निकालना है।

इस प्रश्न में साधारण ब्याज (55 - 50), मूलधन (50) और ब्याज दर 4% दिये हुए हैं।

$$\text{समय} = \frac{\text{साधारण ब्याज} \times 100}{\text{मूलधन} \times \text{समय}}$$

$$= \frac{5 \times 100}{50 \times 4}$$

$$= \frac{5}{2} = 2\frac{1}{2}\ \text{वर्ष}$$

चक्रवृद्धि ब्याज

जब कोई धन साधारण ब्याज पर उधार दिया जाता है, तो इस धन पर ब्याज की राशि निश्चित समय पर (प्रायः साल के अन्त में) मिल जाती है। यदि निश्चित समय पर ब्याज की राशि साहूकार या ऋणदाता को नहीं मिलती, तो साहूकार या ऋणदाता ब्याज की राशि को उधार दी गई राशि में जोड़ देता है और दोनों को जोड़ने से जो राशि बनती है, उस पर ब्याज जोड़ा जाता है। अगले साल भी अगर ब्याज की राशि साहूकार को नहीं मिलती, तो वह उस साल के ब्याज की राशि को पिछले साल के मूलधन में जोड़ देता है और जोड़ने से बनी राशि पर आगे ब्याज लेता है। आगे भी इसी ढंग से मूलधन में ब्याज जोड़कर उस सारी राशि पर ब्याज लगाया जाता है। इसे चक्रवृद्धि ब्याज कहते हैं।

चक्रवृद्धि ब्याज के प्रश्नों को हल करने के कुछ सूत्र इस प्रकार हैं:-

I. *चक्रवृद्धि ब्याज* =

$$\text{मूलधन}\left(1 + \frac{\text{ब्याज दर}}{100}\right)^{\text{समय}} - \text{मूलधन}$$

$$\textbf{II. \textit{मूलधन}} = \text{मिश्रधन}\left(\frac{100}{100 + \text{ब्याज दर}}\right)^{\text{समय}}$$

III. यदि ब्याज की दर हर अगले साल अलग-अलग हो तो-

***चक्रवृद्धि मिश्रधन* =**

$$\text{मूलधन}\left(1 + \frac{\text{ब्याज दर}^1}{100}\right)^{\text{समय}}\left(1 + \frac{\text{ब्याज दर}^2}{100}\right)^{\text{समय}}\left(1 + \frac{\text{ब्याज दर}^3}{100}\right)^{\text{समय}}$$ और इसी प्रकार आगे भी।

उदाहरण 1. 800 रु० पर 5% वार्षिक ब्याज दर से 2 वर्ष का चक्रवृद्धि ब्याज क्या होगा?

हलः मिश्रधन $= 800\left(1+\frac{5}{100}\right)^2$

$= 800\left(\frac{21}{20}\right)^2$

$= 800\left(\frac{21}{20} \times \frac{21}{20}\right)$

$= 882$ रु०

चक्रवृद्धि ब्याज = मिश्रधन − मूलधन

$= 882 - 800$

$= 82$ रु०

उदाहरण 2. 32000 रु० का $12\frac{1}{2}$ प्रतिशत वार्षिक ब्याज दर से 2 वर्ष का चक्रवृद्धि मिश्रधन निकालो।

हलः चक्रवृद्धि मिश्रधन = मूलधन$\left(1+\frac{\text{दर}}{100}\right)^{\text{समय}}$

$= 32000 \times \left(1+\frac{25}{2 \times 100}\right)^2$

$= 32000 \times \frac{9}{8} \times \frac{9}{8}$

$= 40500$ रु०

उदाहरण 3. 12000 रु० 5% वार्षिक चक्रवृद्धि ब्याज दर से कितने समय में 13230 रु० हो जायेगा?

हलः चक्रवृद्धि मिश्रधन = मूलधन $\left(1+\frac{100}{\text{दर}}\right)^{\text{समय}}$

$13230 = 12000\left(1+\frac{5}{100}\right)^{\text{समय}}$

$\therefore \left(1+\frac{5}{100}\right)^{\text{समय}} = \frac{13230}{12000}$

या $\left(\frac{21}{20}\right)^{\text{समय}} = \frac{441}{400} = \frac{21}{20} \times \frac{21}{20} = \left(\frac{21}{20}\right)^2$

$\therefore$ समय = 2 वर्ष

अभ्यास के लिए प्रश्न

1. 800 रु० की राशि पर $4\frac{1}{4}$ प्रतिशत वार्षिक ब्याज दर से 2 साल का ब्याज क्या होगा?

A. 35 रु० B. 68 रु०
C. 95 रु० D. 9 रु०

2. 2000 रु० की राशि 10 प्रतिशत वार्षिक ब्याज दर से 3 साल में बढ़कर कितनी हो जायेगी?

A. 3000 रु० B. 2600 रु०
C. 2800 रु० D. 3200 रु०

3. 5000 रु० की राशि पर 6% वार्षिक ब्याज दर से कितने समय में 900 रु० ब्याज प्राप्त होगा?

A. 5 वर्ष B. 3 वर्ष
C. 6 वर्ष D. 4 वर्ष

4. मैं कितनी पूंजी जमा कराऊं कि 3 साल में $2\frac{2}{3}$ प्रतिशत वार्षिक ब्याज दर से मुझे 180 रु० ब्याज में प्राप्त हों?

A. 2000 रु० B. 2500 रु०
C. 2550 रु० D. 2250 रु०

5. एक राशि 25 वर्ष में तीन गुनी हो गई। ब्याज की वार्षिक दर क्या थी?

A. 20% B. 8%
C. 15% D. 10%

6. कितने समय में 6% वार्षिक ब्याज दर से किसी राशि का मिश्रधन उससे दो गुना हो जायेगा?

A. 20 वर्ष B. 18 वर्ष
B. 15 वर्ष B. $16\frac{2}{3}$ वर्ष

7. 6 प्रतिशत वार्षिक ब्याज दर से कितने समय में 720 रु० की राशि पर 540 रु० ब्याज मिलेगा?

A. $12\frac{1}{2}$ वर्ष B. $15\frac{1}{2}$ वर्ष

C. $9\frac{1}{2}$ वर्ष D. $10\frac{1}{2}$ वर्ष

8. 1000 रु॰ बैंक में $1\frac{1}{2}$ साल जमा रखने पर 75 रु॰ ब्याज मिला। बताओ वार्षिक ब्याज दर क्या थी?

A. $7\frac{1}{2}\%$ B. 5%

C. $11\frac{1}{2}\%$ D. 2%

9. एक धनराशि 8 वर्ष में दो-गुनी हो जाती है। कितने समय में वह चार-गुनी हो जायेगी?

A. 16 वर्ष B. 32 वर्ष

C. 24 वर्ष D. 20 वर्ष

10. कितने समय में 1020 रु॰ की राशि 5% वार्षिक ब्याज दर से 1530 रु॰ हो जायेगी?

A. 11 वर्ष B. $12\frac{1}{2}$ वर्ष

C. 10 वर्ष D. $13\frac{1}{2}$ वर्ष

11. कोई राशि 10 वर्ष में दूनी हो जाती है। वार्षिक ब्याज दर क्या है?

A. 10% B. 15%

C. 20% D. 5%

12. कितनी राशि पर 4% वार्षिक ब्याज दर से 5 साल में 900 रु॰ ब्याज मिलेगा?

A. 5000 रु॰ B. 9000 रु॰

C. 3500 रु॰ D. 4500 रु॰

13. एक व्यक्ति 8% वार्षिक ब्याज दर पर 850 रु॰ कर्ज लेता है। उसे 442 रु॰ ब्याज देना पड़ा। बताओ उसे कितने समय का ब्याज देना पड़ा?

A. 4 वर्ष B. $4\frac{1}{2}$ वर्ष

C. $5\frac{1}{2}$ वर्ष D. $6\frac{1}{2}$ वर्ष

14. किसी राशि का साधारण ब्याज और चक्रवृद्धि ब्याज समान होगा यदि-

A. राशि आधी और दूनी हो

B. ब्याज की वार्षिक दर समान हो

C. समय समान हो

D. समय केवल 1 वर्ष हो और ब्याज वार्षिक जोड़ा जाये

15. चक्रवृद्धि ब्याज की किस वार्षिक दर से 2000 रु॰ की राशि 3 वर्ष में बढ़कर 2315.25 रुपये हो जायेगी?

A. $7\frac{1}{2}\%$ B. 10%

C. 5% D. $2\frac{1}{2}\%$

16. यदि चक्रवृद्धि ब्याज की दर $12\frac{1}{2}\%$ हो, तो 3200 रु॰ पर कितने समय का ब्याज 850 होगा?

A. 7 वर्ष B. 2 वर्ष

C. 5 वर्ष D. 3 वर्ष

17. 10% वार्षिक ब्याज दर से किस राशि का दूसरे वर्ष का चक्रवृद्धि ब्याज 132 रु॰ होगा?

A. 2200 रु॰ B. 1800 रु॰

C. 1600 रु॰ D. 1200 रु॰

18. किसी धनराशि पर 2 वर्ष के चक्रवृद्धि ब्याज और साधारण ब्याज का अन्तर 160 रु॰ है। यदि इस धनराशि का साधारण ब्याज 2880 रु॰ हो, तो ब्याज की वार्षिक दर क्या है?

A. $9\frac{1}{11}\%$

B. $1\frac{9}{11}\%$

C. $11\frac{1}{9}\%$

D. उपरोक्त में से कोई भी नहीं

19. चक्रवृद्धि ब्याज की वार्षिक दर क्या होगी यदि 625 रु॰ 2 वर्ष में बढ़कर 676 रु॰ हो जायें?

A. 5% B. 4%

C. 6% D. 7%

20. 10% वार्षिक चक्रवृद्धि ब्याज दर पर 2000 रु॰ कितने समय में 2420 रु॰ हो जायेंगे?

A. 5 वर्ष B. 3 वर्ष

C. 2½ वर्ष D. 2 वर्ष

उत्तरमाला

1	2	3	4	5	6	7	8	9	10
B	B	B	D	B	D	A	B	C	C
11	**12**	**13**	**14**	**15**	**16**	**17**	**18**	**19**	**20**
A	D	D	D	C	B	D	C	B	D

11

साझा

जब दो या दो से अधिक लोग मिलकर और पूंजी लगाकर कोई कारोबार करते हैं, तो कहा जाता है कि उन्होंने साझे में कारोबार शुरू किया है। ऐसे व्यापार/कारोबार में शामिल सभी लोग साझेदार कहलाते हैं।

साझे व्यापार में सम्मिलित सभी साझेदारों की पूंजी बराबर भी हो सकती है और कम-ज्यादा भी हो सकती है। यह भी हो सकता है कि उनकी पूंजी अलग-अलग समय के लिए व्यापार में काम आये; जैसे किसी की पूंजी 6 महीने, किसी की साल भर और किसी की इससे भी अधिक समय तक व्यापार में लगी रहे। यह भी हो सकता है कि साझेदारों की पूंजी बराबर हो और बराबर समय तक व्यापार में लगी रहे, किन्तु उनमें से किसी एक साझेदार के ऊपर कोई विशेष व्यापारिक जिम्मेदारी डाल दी जाये और उसके बदले में उसको विशेष लाभ देने की बात भी पहले से तय हो जाये। निष्क्रिय साझेदार पूंजी तो लगाता है पर स्वयं काम नहीं करता; सक्रिय साझेदार पूंजी भी लगाता है और काम भी करता है।

साझे व्यापार में सभी साझेदार पहले से निर्धारित शर्त के अनुसार लाभ के हकदार होते हैं। लेकिन हर साझेदार के लाभ की गणना उसकी पूंजी की मात्रा और व्यापार में उसकी पूंजी लगी रहने वाले समय के अनुपात में की जाती है।

उदाहरण 1. एक व्यापार में A, B और C ने क्रमशः 2000, 4000 और 5000 रु० लगाया। साल के अन्त में कुल 3674 रु० लाभ आया। बताओ तीनों साझेदारों को कितना-कितना लाभ मिलेगा।

हलः A, B और C की पूंजी = 2000, 4000, 5000 रु०

$\because$ व्यापार में लगी उनकी पूंजी का अनुपात = 2 : 4 : 5

5

अनुपातों का जोड़ = 2 + 4 + 5 = 11

लाभ की कुल राशि = 3674 रु०

$\therefore$ A का हिस्सा = $3674 \times \frac{2}{11} = 668$ रु०

B का हिस्सा = $3674 \times \frac{4}{11} = 1336$ रु०

C का हिस्सा = $3674 \times \frac{5}{11} = 1670$ रु०

उत्तर: A= 668 रु०; B = 1336 रु० और C = 1670 रु०

उदाहरण 2. A, B, C ने मिलकर कोई काम किया। यह तय हुआ कि लाभ में A को B से तीन गुना और B को C से चार गुना अधिक मिलेगा। काम समाप्त होने पर कुल 5100 रु० लाभ हुआ। बताओ A, B और C को इसमें से कितना-कितना धन मिला?

हलः साझेदार = A, B और C

लाभ में उनके भाग का अनुपात = 12 : 4 : 1

अनुपातों का जोड़ = 12 + 4 + 1 = 17

लाभ की कुल राशि = 5100 रु०

$\therefore$ A का हिस्सा = $5100 \times \frac{12}{17} = 3600$ रु०

B का हिस्सा = $5100 \times \frac{4}{17} = 1200$ रु०

C का हिस्सा = $5100 \times \frac{1}{17} = 300$ रु०

उत्तर: A= 3600 रु०; B = 1200 रु० और C = 300 रु०

उदाहरण 3. किसी काम में लाभ की राशि 136 रु० है। उस राशि को A, B और C में इस प्रकार बांटो कि A के भाग

का $\frac{1}{2}$, B के भाग का $\frac{3}{4}$ और C के भाग का $\frac{5}{6}$ सब बराबर हों।

हल: A के भाग का $\frac{1}{2}$ = B के भाग का $\frac{3}{4}$ = C के भाग का $\frac{5}{6} = 1$

$\therefore$ A का भाग $= 1 \times \frac{2}{1} = 2$

B का भाग $= 1 \times \frac{4}{3} = \frac{4}{3}$

C का भाग $= 1 \times \frac{6}{5} = \frac{6}{5}$

$\therefore \quad A : B : C$

$2 : \frac{4}{3} : \frac{6}{5}$

(चूंकि 3 और 5 का ल० स० व० = 15; इसलिए उपरोक्त को 15 से गुणा करने पर)

A : B : C = 30 : 20 : 18

अनुपातों का जोड़ = 30 + 20 + 18 = 68

कुल राशि = 136 रु०

$\therefore$ A का भाग $= 136 \times \frac{30}{68} = 60$ रु०

B का भाग $= 136 \times \frac{20}{68} = 40$ रु०

C का भाग $= 136 \times \frac{18}{68} = 36$ रु०

उत्तर: A= 60 रु०; B = 40 रु० और C = 36 रु०

उदाहरण 4. किसी व्यापार में A, B, C साझेदार थे और उन्होंने कुल 9400 रु० व्यापार में लगाये। इसमें A की पूंजी B की पूंजी से 1400 रु० अधिक थी और B की पूंजी C की पूंजी से 1000 रु० अधिक थी। 1 साल के अन्त में कुल 846 रु० लाभ हुआ। बताओ तीनों में से प्रत्येक को कितनी-कितनी धन-राशि मिलेगी?

हल: इस प्रश्न में बताया गया है कि B ने C से 1000 रु० अधिक लगाया और A ने B से 1400 रु० अधिक लगाया।

अगर हम अधिक वाली राशियां निकाल दें, तो A, B और C तीनों की पूंजी बराबर-बराबर हो जायेगी।

आइये हम पता लगायें कि उनकी पूंजी कितनी-कितनी थी।

B की पूंजी = C की पूंजी + 1000 रु०

A की पूंजी = B की पूंजी + 1400 रु०

= C की पूंजी + 1000 रु० + 1400 रु०

= C की पूंजी + 2400 रु०

कुल अधिक धन 1000 + 2400 = 3400 रु०

इस प्रकार पता लगा कि 3400 रु० अधिक लगा है। यदि यह 3400 रु० से निकाल दें, तो उसके बाद शेष की $\frac{1}{3}$ पूंजी C की पूंजी होगी।

कुल पूंजी = 9400 रु०

$\therefore$ C की पूंजी $= \frac{9400 - 3400}{3} = \frac{6000}{3} = 2000$ रु०

B की पूंजी = 2000 + 1000 = 3000 रु०

A की पूंजी = 3000 + 1400 = 4400 रु०

जब इनकी पूंजियों की राशि का पता लग गया तो लाभ भी पूंजी के अनुपात में बंट जायेगा।

उनकी पूंजियों का अनुपात = A : B : C

= 4400 : 3000 : 2000

= 22 : 15 : 10

अनुपातों का जोड़ = 22 + 15 + 10 = 47

अब चूंकि कुल लाभ = 846 रु०

$\therefore$ A का भाग $= 846 \times \frac{22}{47} = 396$ रु०

B का भाग $= 846 \times \frac{15}{47} = 270$ रु०

C का भाग $= 846 \times \frac{10}{47} = 180$ रु०

उत्तर: A= 396 रु०; B = 270 रु० और C = 180 रु०

उदाहरण 5. एक व्यापार में A और B दो साझेदार हैं। उनकी पूंजी क्रमश: 24000 रु० और 40000 रु० है। B निष्क्रिय साझेदार है अर्थात् कोई काम नहीं करता, जबकि A सक्रिय साझेदार है अर्थात् व्यापार में काम भी करता है। A को काम के बदले में कुल लाभ का 10% वेतन देने का निर्णय हो गया है। यदि साल के अन्त में व्यापार में 8000 रु० लाभ हुआ हो, तो बताओ प्रत्येक को कितनी-कितनी राशि मिली?

हल: कुल लाभ 8000 रु०

A का वेतन कुल लाभ का 10% = 8000 x $\frac{1}{10}$
= 800 रु०

शेष लाभ = 8000 - 800 = 7200 रु०

अब A और B की पूंजी का अनुपात =

A : B
= 24000 : 40000 या 3 : 5

अनुपातों का जोड़ = 3 + 5 = 8

A का भाग = 7200 x $\frac{3}{8}$ = 2700 रु०

A का कुल लाभ = 2700 + 800 = 3500 रु०

B का भाग = 7200 x $\frac{5}{8}$ = 4500 रु०

उत्तर: A का भाग 3500 रु०; B का भाग = 4500 रु०

उदाहरण 6. A, B, C ने मिलकर साझेदारी में व्यापार किया। A ने 2000 रु० 5 महीने के लिए लगाया; B ने 1200 रु० 6 महीने के लिए लगाया और C ने 2500 रु० तीन महीने के लिए लगाया। यदि अन्त में लाभ 2470 रु० हुआ, तो प्रत्येक को कितनी-कितनी राशि मिलेगी?

हल: तीन साझेदारों ने अलग-अलग राशियां पूंजी के रूप में लगाया और उनकी राशियां अलग-अलग समय तक व्यापार में लगी रहीं।

इनके बीच लाभ-वितरण का क्या अनुपात हो?

लाभ वितरण का अनुपात जानने के लिए हमें यह जानना होगा कि उनकी वही पूंजी 1 महीने के लिए कितनी पूंजी के बराबर थी।

A की पूंजी = 2000 रु० 5 महीने के लिए

$\therefore$ 1 माह के लिए A की पूंजी = 2000 x 5 = 10000 रु०

B की पूंजी = 1200 रु० 6 महीने के लिए

$\therefore$ 1 माह के लिए B की पूंजी = 1200 x 6 = 7200 रु०

C की पूंजी = 2500 रु० 3 महीने के लिए

$\therefore$ 1 माह के लिए C की पूंजी = 2500 x 3 = 7500 रु०

A, B, C की पूंजी का अनुपात = A B C
=10000 7200 7500
= 100 72 75

अनुपातों का जोड़ = 100 + 72 + 75 = 247

A का लाभ = 2470 x $\frac{100}{247}$ = 1000 रु०

B का लाभ = 2470 x $\frac{72}{247}$ = 720 रु०

C का लाभ = 2470 x $\frac{75}{247}$ = 750 रु०

उत्तर: A = 1000 रु०; B = 720 रु० और C = 750 रु०

उदाहरण 7. A, B, C ने एक व्यापार में क्रमश: 6000रु०, 8000 रु० और 10,000 रु० लगाया। काम आरंभ होने के 6 महीने बाद A ने उस व्यापार में 2000 रु० और लगाये पर B ने उसमें से 2000 रु० निकाल लिए। पूरे एक साल में कुल लाभ 4800 रु० रहा। प्रत्येक का लाभ बताओ।

हल: इस प्रश्न में साझेदार पूंजी घटाते और बढ़ाते रहे। अत: हमें यह निकालना होगा कि 1 महीने के लिए उनमें से प्रत्येक की कितनी पूंजी लगी रही।

A की पूंजी = 6 महीने के लिए 6000 रु०, और
अगले 6 महीने के लिए 6000 + 2000 = 8000 रु०

$\therefore$ 1 माह के लिए A की पूंजी = 36000 + 48000
= 84000 रु०

B की पूंजी = 6 महीने के लिए 8000 रु० और
अगले 6 महीने के लिए 8000 - 2000 = 6000 रु०

$\therefore$ 1 माह के लिए B की पूंजी = 48000 + 36000
= 84000 रु०

C की पूंजी = 10000 रु० 12 महीने के लिए

$\therefore$ 1 माह के लिए C की पूंजी = 120000 रु०

A, B और C की पूंजी का अनुपात
= A : B : C
84000 : 84000 : 120000
= 7 : 7 : 10

अनुपातों का जोड़ = 7 + 7 + 10 = 24

कुल लाभ = 4800 रु०

A का हिस्सा = 4800 x $\frac{7}{24}$ = 1400 रु०

B का हिस्सा = 4800 x $\frac{7}{24}$ = 1400 रु०

C का हिस्सा = 4800 x $\frac{10}{24}$ = 2000 रु०

उत्तर: A = 1400 रु०; B = 1400 रु० और
C = 2000 रु०

अभ्यास के लिए प्रश्न

1. यदि 840 रु० 3 : 7 : 11 के अनुपात में A, B, C में बांटा जाये, तो C को कितनी राशि मिलेगी?

A. 280 रु० B. 400 रु०
C. 420 रु० D. 440 रु०

2. 440 रु० A, B, C में इस तरह बांटा गया कि A को C से 4 गुना और B को C से तीन गुना मिला। बताओ A को कितना मिला?

A. 150 रु० B. 200 रु०
C. 220 रु० D. 240 रु०

3. श्याम और रघु ने क्रमशः 160000 रु० और 70000 रु० लगाकर साझेदारी में व्यापार किया। साल के बाद 23000 रु० लाभ में से रघु को कितनी राशि मिलेगी?

A. 16000 रु० B. 23000 रु०
C. 7000 रु० D. 9000 रु०

4. 87 रु० को A, B, C में इस प्रकार बांटो कि A को B से $1\frac{1}{2}$ और B को C से $2\frac{1}{2}$ गुना अधिक मिले। C को कितनी राशि मिलेगी?

A. 30 रु० B. 45 रु०
C. 15 रु० D. 12 रु०

5. A और B ने व्यापार में 3 : 2 के अनुपात में पूंजी लगाई। कुल लाभ में A का हिस्सा 600 रु० हो, तो कुल लाभ कितना हुआ?

A. 1200 रु० B. 1000 रु०
C. 800 रु० D. 1080 रु०

6. यदि किसी व्यापार में राम, मनु और किशोर ने क्रमशः 26000, 34000 और 10000 रु० लगाये हों, तो 3500 रु० के लाभ में मनु का हिस्सा होगा:

A. 1700 रु० B. 1600 रु०
C. 1500 रु० D. 500 रु०

7. किसी व्यापार में A 3000 रु० 4 महीने के लिए और B 2000 रु० 6 महीने के लिए लगाते हैं। यदि कुल लाभ की राशि 500 हो, तो A को कितना धन मिलेगा?

A. 300 रु० B. 250 रु०
C. 200 रु० D. 350 रु०

8. A और B दोनों बराबर पूंजी लगाकर कुल 300 रु० से कुछ काम शुरू करते हैं। 4 महीने बाद C भी इस काम में शामिल हो जाता है। वह (C) कितनी पूंजी लगाये कि साल के अन्त में तीनों को लाभ बराबर मिले?

A. 200 रु० B. 250 रु०
C. 225 रु० D. 275 रु०

9. A ने कोई व्यापार 4500 रु० से आरंभ किया। बाद में B ने उसमें साझेदारी कर ली और 5400 रु० की पूंजी लगाई। साल के बाद लाभ A और B के बीच 2 : 1 के अनुपात में बंटा। बताओ B ने कितने समय बाद उसमें पूंजी लगाई?

A. 5 महीने बाद
B. 8 महीने बाद
C. 6 महीने बाद
D. 7 महीने बाद

10. किसी व्यापार में A ने कुल पूंजी का $\frac{1}{3}$, B ने कुल पूंजी का $\frac{1}{4}$, C ने कुल पूंजी का $\frac{1}{5}$ और D ने कुल पूंजी का शेष भाग लगाया। 6000 रु० के लाभ में A को कितनी राशि मिलेगी?

A. 2000 रु० B. 2500 रु०
C. 2200 रु० D. 3000 रु०

11. A, B और C किसी व्यापार में साझेदार हैं और उनकी पूंजी क्रमशः 5000, 6000 और 4000 रु० व्यापार में लगी हुई है। A सक्रिय साझेदार है। उसे कुल लाभ का 30% वेतन के रूप में मिलता है। शेष लाभ उन तीनों में पूंजी के अनुपात में बंट जाता है। बताओ A को कितना धन मिलेगा यदि साल के अन्त

में कुल लाभ 3000 रु॰ हो?

A. 1800 रु॰ B. 1600 रु॰

C. 900 रु॰ D. 700 रु॰

12. यदि किसी व्यापार में A 400 रु॰ 12 महीने के लिए लगाता है, तो B उसी व्यापार में 8 महीने के लिए कितनी पूंजी लगाये कि अन्त में लाभ 2 : 1 के अनुपात में बंटे?

A. 400 रु॰ B. 600 रु॰

C. 200 रु॰ D. 300 रु॰

13. A और B मिलकर एक चरागाह किराये पर लेते हैं। A उसमें 10 गायें 9 महीने चराता है और B 20 गायें $7\frac{1}{2}$ महीने चराता है। यदि कुल किराया 30 रु॰ है, तो A को कितना किराया देना चाहिए?

A. 11 रु॰ 50 पैसे

B. 11 रु॰ 25 पैसे

C. 11 रु॰

D. 11 रु॰ 75 पैसे

14. किसी व्यापार में A, B और C क्रमश: 2000, 3000 और 4000 रु॰ लगाते हैं। साल के अन्त में कुल लाभ 5400 रु॰ हो, तो A को उसमें से कितना मिलेगा?

A. 2400 रु॰ B. 1800 रु॰

C. 1600 रु॰ D. 1200 रु॰

15. A, B और C एक व्यापार में 4700 रु॰ लगाते हैं। A ने B से 500 रु॰ अधिक और B ने C से 300 रु॰ अधिक लगाया है। अंत में 470 रु॰ लाभ हुआ। A को लाभ में कितना मिलेगा?

A. 150 रु॰ B. 120 रु॰

C. 200 रु॰ D. 230 रु॰

उत्तरमाला

1	2	3	4	5	6	7	8	9	10
D	C	C	D	B	A	B	C	D	C
11	12	13	14	15					
B	D	B	D	C					

12

काम और समय

समय और काम के प्रश्न हल करते समय स्मरण रखें–

1. प्राय: 1 दिन का काम निकाल लेने के बाद आगे प्रश्न हल करें।
2. यदि कोई व्यक्ति किसी काम को 10 दिन में पूरा करता है, तो वह व्यक्ति 1 दिन में $\frac{1}{10}$ काम करेगा।
3. यदि कोई मनुष्य 1 दिन में $\frac{1}{10}$ काम करता है, तो वह मनुष्य पूरा काम 10 दिन में कर लेगा।
4. यदि काम करने वालों की संख्या अधिक हो, तो काम कम दिनों में पूरा होगा; यदि काम करने वालों की संख्या कम हो, तो काम अधिक दिनों में पूरा होगा। काम करने वालों की संख्या और दिनों की संख्या एक-दूसरे के प्रतिलोमानुपात (inverse proportion) में होती हैं।

उदाहरण 1. यदि A किसी काम को 10 दिन में कर सकता है और B उसी काम को 12 दिन में पूरा कर सकता है तो बताओ दोनों मिलकर उस काम को कितने दिनों में पूरा कर लेंगे?

हल: A 10 दिन में पूरा काम करता है

$\therefore$ 1 दिन में $\frac{1}{10}$ काम करेगा

B 12 दिन में पूरा काम करता है

$\therefore$ 1 दिन में $\frac{1}{12}$ काम करेगा

A + B का 1 दिन का काम $= \frac{1}{10} + \frac{1}{12} = \frac{11}{60}$ काम

$\frac{11}{60}$ काम दोनों मिलकर करते हैं = 1 दिन में

$\therefore$ पूरा काम दोनों मिलकर करेंगे $= \frac{60}{11}$ दिन में

$= 5\frac{5}{11}$ दिन उत्तर

उदाहरण 2. A, B और C एक काम को अलग-अलग क्रमश: 6, 8 और 24 दिनों में पूरा करते हैं। तीनों मिलकर उस काम को कितने दिनों में पूरा करेंगे?

हल: A 6 दिन में पूरा काम करता है

$\therefore$ 1 दिन में $\frac{1}{6}$ काम करेगा

B 8 दिन में पूरा काम करता है

$\therefore$ 1 दिन में $\frac{1}{8}$ काम करेगा

C 24 दिन में पूरा काम करता है

$\therefore$ 1 दिन में $\frac{1}{24}$ काम करेगा

A + B + C का 1 दिन का काम $= \frac{1}{6} + \frac{1}{8} + \frac{1}{24}$

$= \frac{8}{24} = \frac{1}{3}$ काम

$\frac{1}{3}$ काम तीनों मिलकर करते हैं = 1 दिन में

$\therefore$ 1 काम तीनों मिल कर करेंगे = 3 दिन में

उत्तर = 3 दिन

उदाहरण 3. A किसी काम के $\frac{2}{5}$ भाग को 12 दिन में

करता है। B उसी काम के $\frac{3}{4}$ भाग को 18 दिन में करता है। बताओ दोनों मिलकर उसे कितने दिनों में पूरा करेंगे?

हल: A, $\frac{2}{5}$ काम करता है = 12 दिन में

$\therefore$ पूरा काम करेगा = $\frac{5}{2} \times 12 = 30$ दिन में

B $\frac{3}{4}$ काम करता है = 18 दिन में

$\therefore$ पूरा काम करेगा = $\frac{4}{3} \times 18 = 24$ दिन में

A 30 दिन में पूरा काम करता है

$\therefore$ 1 दिन में $\frac{1}{30}$ काम करेगा

B 24 दिन में पूरा काम करता है

$\therefore$ 1 दिन में $\frac{1}{24}$ काम करेगा

A + B का 1 दिन का काम = $\frac{1}{30} + \frac{1}{24} = \frac{9}{120}$

$= \frac{3}{40}$ काम

$\frac{3}{40}$ काम करते हैं दोनों मिलकर हैं 1 दिन में

$\therefore$ 1 काम करेंगे दोनों मिल कर = $\frac{40}{3}$ दिनों में

उत्तर = $13\frac{1}{3}$ दिन

उदाहरण 4. A और B मिलकर किसी काम को 30 दिन में, B और C मिलकर उसी काम को 36 दिन में और C और A मिलकर उसी काम को 40 दिन में कर सकते हैं। बताओ तीनों मिलकर उस काम को कितने दिनों में पूरा करेंगे?

हल: A + B का 1 दिन का काम $\frac{1}{30}$

B + C का 1 दिन का काम $\frac{1}{36}$

C + A का 1 दिन का काम $\frac{1}{40}$

इन्हें जोड़ने पर

2A + 2B + 2C का 1 दिन का काम

$= \frac{1}{30} + \frac{1}{36} + \frac{1}{40} = \frac{31}{360}$

A + B + C का 1 दिन का काम = $\frac{31}{360} \times \frac{1}{2} = \frac{31}{720}$

$\frac{31}{720}$ काम A + B + C मिलकर करते हैं 1 दिन में

$\therefore$ पूरा काम A + B + C मिलकर करेंगे = $\frac{720}{31}$ दिन

उत्तर = $23\frac{7}{31}$ दिन

उदाहरण 5. A, B और C मिलकर किसी काम को अलग-अलग क्रमशः 10 दिन, 12 दिन और 15 दिन में पूरा कर सकते हैं। तीनों ने मिलकर एक साथ काम आरंभ किया। 2 दिन बाद B बीमार हो गया। शेष काम को A और C पूरा करने में कितने दिन लगायेंगे?

हल: A का 1 दिन का काम = $\frac{1}{10}$

B का 1 दिन का काम = $\frac{1}{12}$

C का 1 दिन का काम = $\frac{1}{15}$

A + B + C का 1 दिन का काम = $\frac{1}{10} + \frac{1}{12} + \frac{1}{15}$

$= \frac{15}{60} = \frac{1}{4}$ काम

$\therefore$ A + B + C का 2 दिन का काम = $\frac{1}{4} \times 2 = \frac{1}{2}$ काम

अब शेष काम = $1 - \frac{1}{2} = \frac{1}{2}$ काम

अब शेष $\frac{1}{2}$ काम को A + C मिलकर करेंगे।

A + C का 1 दिन का काम = $\frac{1}{10} + \frac{1}{15} = \frac{6}{30} = \frac{1}{6}$

$\frac{1}{6}$ काम करते हैं A + C मिलकर 1 दिन में

$\therefore$ पूरा काम करेंगे A + C मिलकर = 6 दिन में

$\therefore \frac{1}{2}$ काम करेंगे A + C मिलकर = $\frac{6}{2} = 3$ दिन में

उत्तर = 3 दिन

उदाहरण 6. A और B किसी काम को अलग-अलग क्रमशः 14 और 21 दिन में पूरा कर सकते हैं। दोनों ने मिलकर काम शुरू किया। A काम समाप्त होने के 6 दिन पहले काम छोड़कर चला गया। बताओ कुल काम कितने दिनों में पूरा हुआ?

हलः चूंकि प्रश्न में यह नहीं बताया गया कि A और B दोनों ने मिलकर कितने दिन काम किया। अतः हम प्रश्न को दूसरे ढंग से हल करेंगे।

प्रश्न को पढ़ने से स्पष्ट है कि A काम समाप्त होने के 6 दिन पहले काम छोड़कर चला गया। इसका अर्थ यह है कि B ने अन्त में 6 दिन अकेले काम किया।

B का 1 दिन का काम $= \frac{1}{21}$

B का 6 दिन का काम $= \frac{6}{21} = \frac{2}{7}$

$\frac{2}{7}$ काम B ने अन्त में 6 दिन में अकेले पूरा किया।

इसका अर्थ यह है कि इससे पहले A + B ने मिलकर $1 - \frac{2}{7} = \frac{5}{7}$ काम किया था।

A + B का 1 दिन का काम $= \frac{1}{14} + \frac{1}{21} = \frac{5}{42}$

$\frac{5}{42}$ काम करते हैं A + B मिलकर 1 दिन में

$\therefore$ पूरा काम करेंगे A + B मिलकर $= \frac{42}{5}$ दिन में

$\therefore$ $\frac{5}{7}$ काम करेंगे A + B मिलकर $\frac{42}{5} \times \frac{5}{7} = 6$ दिन में

उत्तर = 6 दिन + 6 दिन = 12 दिन

उदाहरण 7. 5 वयस्क और 3 लड़के एक काम को 40 दिनों में पूरा कर सकते हैं। 11 वयस्क और 7 लड़के उसी काम को 18 दिन में पूरा कर सकते हैं। बताओ उस काम को 20 दिन में पूरा कराने हेतु 7 वयस्कों के साथ कितने लड़के काम पर लगाये जायें?

हलः 40 दिन में करते हैं = 5 वयस्क + 3 लड़के

$\therefore$ 1 दिन में करेंगे = 200 वयस्क + 120 लड़के

18 दिन में करते हैं = 11 वयस्क + 7 लड़के

$\therefore$ 1 दिन में करेंगे = 198 वयस्क + 126 लड़के

200 वयस्क + 120 लड़के = 198 वयस्क + 126 लड़के

या 200 वयस्क - 198 वयस्क = 126 लड़के - 120 लड़के

या 2 वयस्क = 6 लड़के

या 1 वयस्क = 3 लड़के

$\therefore$ 5 वयस्क + 3 लड़के = 18 लड़के

40 दिन में करते हैं = 18 लड़के

1 दिन में करेंगे = 18 x 40 लड़के

$\therefore$ 20 दिन में करेंगे $= \frac{18 \times 40}{20} = 36$ लड़के

7 वयस्क = 21 लड़के

$\therefore$ 36 - 21 = 15 लड़के साथ लगाने होंगे

उत्तर = 15 लड़के

अभ्यास के लिए प्रश्न

1. एक व्यक्ति एक काम को 10 दिन में पूरा कर सकता है। $\frac{4}{10}$ काम को वह कितने दिनों में पूरा करेगा?

A. 6 दिन में B. 4 दिन में
C. 3 दिन में D. 12 दिन में

2. A और B किसी काम को अलग-अलग क्रमशः 10 और 15 दिनों में पूरा कर सकते हैं। दोनों मिलकर उसे कितने दिनों में पूरा करेंगे?

A. $7\frac{1}{2}$ दिन में B. 5 दिन में
C. 6 दिन में D. 12 दिन में

3. A और B मिलकर किसी काम को 6 दिन में पूरा कर

सकते हैं। यदि A अकेला उस काम को 10 दिन में पूरा कर सकता है तो B उसे कितने दिनों में अकेले पूरा कर सकेगा?

A. 15 दिन में B. 8 दिन में
C. 16 दिन में D. 7 दिन में

4. 8 आदमी मिलकर एक मकान 52 दिनों में बनाते हैं। अगर 13 आदमी काम पर हों, तो वे मिलकर मकान कितने दिनों में बनाएंगे?

A. 10 दिन B. 12 दिन
C. 21 दिन D. 32 दिन

5. 6 आदमी मिलकर एक खेत 77 दिनों में जोतते हैं। कितने आदमी उसी काम को 42 दिनों में पूरा करेंगे?

A. 11 आदमी B. 13 आदमी
C. 17 आदमी D. 15 आदमी

6. यदि 20 आदमी किसी काम को 4 दिन में पूरा कर सकते हैं, तो 16 आदमी उससे दो गुने काम को कितने दिनों में पूरा करेंगे?

A. 12 दिन B. 8 दिन
C. 15 दिन D. 10 दिन

7. A और B किसी काम को अलग-अलग क्रमश: 15 दिनों और 20 दिनों में पूरा कर सकते हैं। यदि A और B दोनों C को साथ मिलाकर काम करते हैं, तो काम 5 दिनों में पूरा हो जाता है। बताओ C अकेला उस काम को कितने दिनों में पूरा कर सकता है?

A. 10 दिन B. 8 दिन
C. 12 दिन D. 14 दिन

8. 36 आदमी किसी काम को 49 दिनों में पूरा कर सकते हैं। यदि काम 21 दिनों में पूरा करना हो, तो कितने और फालतू आदमी उस काम पर लगाना जरूरी होगा?

A. 54 आदमी B. 48 आदगी
C. 42 आदमी D. 40 आदमी

9. 1 आदमी और 2 लड़के किसी काम को 50 दिनों में पूरा कर सकते हैं। 10 आदमी और 16 लड़के उसी काम को कितने दिनों में पूरा करेंगे?

A. $\frac{3}{10}$ दिन B. $\frac{5}{8}$ दिन
C. $\frac{3}{8}$ दिन D. $\frac{7}{10}$ दिन

10. A, B और C किसी काम को अलग-अलग क्रमश: 24, 30 और 40 दिन में पूरा कर सकते हैं। तीनों ने मिलकर एक साथ काम शुरू किया। C काम पूरा होने से चार दिन पहले काम छोड़ कर चला गया। बताओ काम कितने दिनों में पूरा हुआ?

A. 7 दिन B. 11 दिन
C. 13 दिन D. 10 दिन

11. 20 आदमी किसी काम को 30 दिन में पूरा कर सकते हैं। कितने दिनों बाद 5 व्यक्ति काम छोड़ दें कि काम 35 दिनों में पूरा हो?

A. 8 B. 6
C. 12 D. 15

12. राम श्याम की तुलना में 50% अधिक काम करता है। यदि श्याम किसी काम को 12 दिनों में करता है, तो राम उस काम को अकेले कितने दिनों में कर लेगा?

A. 6 दिन B. 8 दिन
C. 9 दिन D. 10 दिन

13. राम किसी काम को 8 दिन में पूरा कर सकता है। राम और श्याम मिलकर उसी काम को $4\frac{4}{9}$ दिनों में पूरा कर सकते हैं। बताओ श्याम अकेले कितने दिनों में उस काम को पूरा कर लेगा?

A. 12 दिन B. 9 दिन
C. 10 दिन D. 8 दिन

14. A किसी काम को 80 दिन में पूरा कर सकता है। उसने 10 दिन तक काम किया। बाकी काम B ने अकेले 42 दिनों में पूरा किया। बताओ A और B मिलकर उसे कितने दिनों में पूरा कर सकते हैं?

A. 24 दिन B. 26 दिन
C. 30 दिन D. 28 दिन

15. राम किसी काम को करने में श्याम से तीन गुना समय

लेता है। दोनों मिलकर किसी काम को $7\frac{1}{2}$ दिन में पूरा कर लेते हैं। बताओ राम उस काम को अकेले कितने दिनों में पूरा कर लेगा?

A. 24 दिन B. 26 दिन
C. 28 दिन D. 30 दिन

16. नल A किसी हौज को 10 मिनट में भर सकता है और नल B उस हौज को 15 मिनट में खाली कर सकता है। हौज खाली हो और दोनों नल एक साथ खोल दिये जायें, तो हौज कितने समय में भर जायेगा?

A. 50 मिनट B. 30 मिनट
C. 40 मिनट D. 45 मिनट

उत्तरमाला

1	2	3	4	5	6	7	8	9	10
B	C	A	D	A	D	C	B	B	B
11	12	13	14	15	16				
D	D	C	C	D	B				

13

समय, दूरी और रफ्तार

समय, दूरी और रफ्तार वाले प्रश्नों को हल करते समय निम्नलिखित सूत्रों को याद रखें:

(i) **दूरी** निकालना हो तो = रफ्तार x समय
अर्थात् **दूरी** = रफ्तार x समय

(ii) **रफ्तार** निकालना हो तो = $\frac{\text{दूरी}}{\text{समय}}$

अर्थात् **रफ्तार** = $\frac{\text{दूरी}}{\text{समय}}$

(iii) **समय** निकालना हो तो = $\frac{\text{दूरी}}{\text{रफ्तार}}$

अर्थात् **समय** = $\frac{\text{दूरी}}{\text{रफ्तार}}$

(iv) जब कोई रेलगाड़ी किसी खम्भे या वृक्ष को पार करती है तो वह
   (क) केवल अपनी लम्बाई के बराबर दूरी पार करती है।
   (ख) उतना ही समय लेती है, जितना समय उसे अपनी लम्बाई के बराबर दूरी पार करने में लगता है।

(v) जब कोई रेलगाड़ी किसी पुल या प्लेटफार्म को पार करती है, तो वह
   (क) अपनी लम्बाई + पुल या प्लेटफार्म की लम्बाई के बराबर दूरी पार करती है।
   (ख) उतना समय लेती है, जितना समय उसे अपनी लम्बाई + पुल या प्लेटफार्म की लम्बाई के बराबर दूरी पार करने में लगता है।

(vi) जब कोई रेलगाड़ी किसी दूसरी रेलगाड़ी को पार करती है (चाहे दोनों रेलगाड़ियां एक ही दिशा में जा रही हों या विपरीत दिशा में जा रही हों), तो उसे दोनों रेलगाड़ियों की लम्बाइयों के बराबर दूरी पार करनी होती है।

(vii) यदि रफ्तार 1 किलोमीटर प्रति घण्टा हो, तो
$= \frac{5}{18}$ मीटर प्रति सेकेण्ड होगी।

(viii) यदि रफ्तार 1 मीटर प्रति सेकेण्ड हो, तो
$= \frac{18}{5}$ किलोमीटर प्रति घण्टा होगी।

उदाहरण 1. यदि कोई रेलगाड़ी 54 किलोमीटर प्रति घण्टे की रफ्तार से चलती है, तो उसकी रफ्तार प्रति सेकेण्ड कितने मीटर होगी?

हलः रफ्तार 54 किलोमीटर प्रति घण्टा है।
हम जानते हैं कि 1 किलोमीटर प्रति घण्टा
$= \frac{5}{18}$ मीटर प्रति सेकेण्ड
$\therefore$ प्रति सेकेण्ड रफ्तार $= \frac{5}{18} \times 54$ मीटर
= 15 मीटर उत्तर

उदाहरण 2. यदि कोई रेलगाड़ी 22.5 मीटर प्रति सेकेण्ड की चाल से चलती है, तो उसकी रफ्तार प्रति घण्टा कितने किलोमीटर होगी?

हलः दी हुई रफ्तार 22.5 मीटर प्रति सेकेण्ड है।
हम जानते हैं कि यदि रफ्तार 1 मीटर प्रति सेकेण्ड हो

$= \frac{18}{5}$ किलोमीटर प्रति घण्टा होगी

$\therefore$ रफ्तार 22.5 मीटर प्रति सेकेण्ड $= \frac{45}{2} \times \frac{18}{5}$

= 81 किलोमीटर प्रति घण्टा

उदाहरण 3. यदि 50 मीटर लम्बी रेलगाड़ी 100 मीटर लम्बे पुल को 10 सेकेण्ड में पार करे, तो उस रेलगाड़ी की प्रति घण्टा रफ्तार क्या है?

हलः रेलगाड़ी की लम्बाई = 50 मीटर

पुल की लम्बाई = 100 मीटर

कुल लम्बाई = 150 मीटर

10 सेकेण्ड में = 150 मीटर

$\therefore$ 1 मिनट में $= \frac{150}{10} \times 60$ मीटर

$\therefore$ 60 मिनट में $= \frac{150}{10} \times \frac{60}{1} \times \frac{60}{1}$

= 54000 मीटर

= 54 किलोमीटर

उदाहरण 4. 45 किलोमीटर प्रति घण्टा की रफ्तार से भागती हुई एक रेलगाड़ी एक सिगनल खम्भे को 12 सेकेण्ड में पार करती है। बताओ रेलगाड़ी की लम्बाई क्या है?

हलः गाड़ी की रफ्तार = 1 घण्टे में 45 किलोमीटर

= 60 मिनट में 45000 मीटर

= 3600 सेकेण्ड में 45000 मीटर

गाड़ी सिग्नल का खम्भा पार करती है। अर्थात् उसे अपनी लम्बाई के बराबर दूरी पार करने में 12 सेकेण्ड का समय मिलता है।

अब चूंकि रेलगाड़ी 3600 सेकेण्ड में जाती है 45000 मीटर

$\therefore$ रेलगाड़ी जायेगी 12 सेकेण्ड में $\frac{45000 \times 12}{3600}$

= 150 मीटर

(यही 150 मीटर गाड़ी की लम्बाई है।)

उदाहरण 5: 280 मीटर लम्बी रेलगाड़ी 60 किलोमीटर प्रति घण्टे की रफ्तार से भाग रही है। 220 मीटर लम्बे पुल को पार करने में इसे कितना समय लगेगा?

हलः रेलगाड़ी की रफ्तार = 60 किलोमीटर प्रति घण्टा

= 60000 मीटर प्रति घण्टा

= 60000 मीटर 3600 सेकेण्ड में

तय की जाने वाली दूरी = रेलगाड़ी की लम्बाई + पुल की लम्बाई

= 280 मीटर + 220 मीटर

=500 मीटर

60000 मीटर जाती है = 3600 सेकेण्ड में

$\therefore$ 1 मीटर जाती है $= \frac{3600}{60000}$ सेकेण्ड में

$\therefore$ 500 मीटर जायेगी $= \frac{3600}{60000} \times 500$ सेकेण्ड में

= 30 सेकेण्ड में

उदाहरण 6. 121 मीटर लम्बी और 99 मीटर लम्बी दो रेलगाड़ियां विपरीत दिशा में जा रही हैं। उनमें एक की रफ्तार 54 किलोमीटर प्रति घण्टा है जबकि दूसरी की रफ्तार 36 किलोमीटर प्रति घण्टा है। कितने समय में दोनों रेलगाड़ियां एक दूसरे को पार कर लेंगी?

हलः दोनों रेलगाड़ियां विपरीत दिशाओं में एक-दूसरे की ओर बढ़ रही हैं। अतः एक-दूसरे को पार करने में उन्हें 121 मीटर + 99 मीटर = 220 मीटर की दूरी तय करनी होगी।

चूंकि दोनों रेलगाड़ियां क्रमशः 54 कि० मी० और 36 कि० मी० प्रति घण्टे की रफ्तार से चल रही हैं अर्थात् 54 + 36 = 90 किलोमीटर प्रति घण्टा उनकी रफ्तार है।

हम जानते हैं कि 1 किलोमीटर प्रति घण्टा रफ्तार

$= \frac{5}{18}$ मीटर प्रति सेकेण्ड

$\therefore$ 90 किलोमीटर प्रति घण्टा रफ्तार $= 90 \times \frac{5}{18}$

= 25 मीटर प्रति सेकेण्ड

अब $\because$ 25 मीटर 1 सेकेण्ड में

$\therefore$ 220 मीटर $= \frac{220}{25}$

$= 8\frac{4}{5}$ सेकेण्ड

अभ्यास के लिए प्रश्न

1. यदि किसी गाड़ी की रफ्तार 45 किलोमीटर प्रति घण्टा हो, तो वह 18 सेकेण्ड में कितनी दूरी तय करेगी?
   A. 200 मीटर B. 150 मीटर
   C. 250 मीटर D. 225 मीटर

2. 60 किलोमीटर प्रति घण्टा की रफ्तार से भाग रही रेलगाड़ी एक सिगनल खम्भे को 6 सेकेण्ड में पार कर लेती है। उस रेलगाड़ी की लम्बाई है:
   A. 150 मीटर B. 100 मीटर
   C. 125 मीटर D. 50 मीटर

3. 300 मीटर लम्बी एक रेलगाड़ी 900 मीटर लम्बे पुल को 1 मिनट 12 सेकेण्ड में पार कर लेती है। उस रेलगाड़ी की प्रति घण्टा रफ्तार है:
   A. 60 किलोमीटर B. 65 किलोमीटर
   C. 55 किलोमीटर D. 70 किलोमीटर

4. 130 मीटर लम्बी एक रेलगाड़ी 45 किलोमीटर प्रति घण्टे की रफ्तार से चलकर एक प्लेटफार्म को 30 सेकेण्ड में पार कर लेती है। प्लेटफार्म की लम्बाई है:
   A. 250 मीटर B. 240 मीटर
   C. 245 मीटर D. 255 मीटर

5. दो रेलगाड़ियां क्रमश: 200 मीटर और 175 मीटर लम्बी हैं और विपरीत दिशाओं में एक-दूसरी की ओर आ रही हैं। यदि उनकी रफ्तार 90 किलोमीटर प्रति घण्टा और 60 किलोमीटर प्रति घण्टा हो, तो वे एक-दूसरे को कितनी देर में पार कर लेंगी?
   A. 12 सेकेण्ड B. 18 सेकेण्ड
   C. 6 सेकेण्ड D. 9 सेकेण्ड

6. यदि दो रेलगाड़ियों की रफ्तार क्रमश: 45 किलोमीटर प्रति घण्टा और 10 मीटर प्रति सेकेण्ड हो, तो उनकी रफ्तारों का अनुपात होगा:
   A. 4 : 5 B. 6 : 7
   C. 5 : 4 D. 9 : 5

7. एक रेलगाड़ी 40 किलोमीटर प्रति घण्टे की रफ्तार से भाग रही है। एक व्यक्ति विपरीत दिशा से उस रेलगाड़ी की ओर 10 किलोमीटर प्रति घण्टे की रफ्तार से भाग रहा है। यदि रेलगाड़ी उस व्यक्ति को पार करने में 48 सेकेण्ड लगाती है, तो रेलगाड़ी की लम्बाई है:
   A. 400 मीटर B. 500 मीटर
   C. 450 मीटर D. 350 मीटर

8. 30 किलोमीटर प्रति घण्टे की चाल से जा रही 150 मीटर लम्बी रेलगाड़ी सिगनल को कितने समय में पार कर लेगी?
   A. 10 सेकेण्ड B. 12 सेकेण्ड
   C. 15 सेकेण्ड D. 18 सेकेण्ड

9. एक साइकिल सवार 15 किलोमीटर प्रति घण्टे की रफ्तार से चलकर एक पुल को 5 मिनट में पार कर लेता है, तो पुल की लम्बाई है:
   A. 1250 मीटर B. 2000 मीटर
   C. 1000 मीटर D. 1175 मीटर

10. एक व्यक्ति 3 घण्टे तक चलकर कुछ दूरी तय करता है। शुरू की आधी दूरी तक वह 4 किलोमीटर प्रति घण्टे की रफ्तार से चलता है और बाद की आधी दूरी 8 किलोमीटर प्रति घण्टे की रफ्तार से चलता है। बताओ उसने कुल कितनी दूरी का सफर किया?
    A. 8 किलोमीटर B. 12 किलोमीटर
    C. 15 किलोमीटर D. 16 किलोमीटर

11. एक रेलगाड़ी ने 8 घण्टे की यात्रा की। शुरू की आधी यात्रा 45 किलोमीटर प्रति घण्टे की रफ़्तार से और बाद की आधी यात्रा 55 किलोमीटर प्रति घण्टे की रफ्तार से की। बताओ रेलगाड़ी ने कुल कितनी दूरी की यात्रा की?
    A. 146 किलोमीटर B. 266 किलोमीटर
    C. 690 किलोमीटर D. 396 किलोमीटर

12. 6 मीटर प्रति सेकेण्ड रफ्तार का अर्थ है:
    A. 18.6 किलोमीटर प्रति घण्टा रफ्तार
    B. 22.6 किलोमीटर प्रति घण्टा रफ्तार

C. 21.6 किलोमीटर प्रति घण्टा रफ्तार

D. 20.6 किलोमीटर प्रति घण्टा रफ्तार

13. 540 मीटर लम्बी रेलगाड़ी को 54 किलोमीटर प्रति घण्टे की रफ्तार से 180 मीटर सुरंग को पार करने में कितना समय लगेगा?

A. 24 सेकेण्ड B. 36 सेकेण्ड

C. 48 सेकेण्ड D. 60 सेकेण्ड

14. कोई व्यक्ति 5 मिनट में 600 मीटर का पुल पार कर लेता है, तो उसकी प्रति घण्टे रफ्तार है:

A. 6 किलोमीटर B. 6.5 किलोमीटर

C. 7.5 किलोमीटर D. 7.2 किलोमीटर

15. 80 मीटर लम्बी एक रेलगाड़ी 45 किलोमीटर प्रति घण्टे की रफ्तार से चलकर 220 मीटर लम्बे प्लेटफार्म को कितने समय में पार कर लेगी?

A. 10 सेकेण्ड B. 18 सेकेण्ड

C. 24 सेकेण्ड D. 20 सेकेण्ड

उत्तरमाला

1	2	3	4	5	6	7	8	9	10
D	B	A	C	D	C	A	D	A	D
11	12	13	14	15					
D	C	C	D	C					

14

क्षेत्रफल

क्षेत्रफल संबंधी प्रश्नों में काम आने वाले सूत्र स्मरण रखें:

1. आयत

(i) क्षेत्रफल = लम्बाई x चौड़ाई

(ii) $\text{लम्बाई} = \frac{\text{क्षेत्रफल}}{\text{चौड़ाई}}$

(iii) $\text{चौड़ाई} = \frac{\text{क्षेत्रफल}}{\text{लम्बाई}}$

(iv) आयत का परिमाप = 2(लम्बाई + चौड़ाई)

उदाहरण 1. 60 मीटर लम्बे और 30 मीटर चौड़े आयत का क्षेत्रफल क्या होगा?

हल: आयत का क्षेत्रफल = लम्बाई x चौड़ाई

= 60 x 30

= 1800 वर्ग मीटर उत्तर

उदाहरण 2. 9 से॰ मी॰ लम्बे और 6 से॰ मी॰ चौड़े आयत का परिमाप क्या होगा?

हल: परिमाप = 2(लम्बाई + चौड़ाई)

= 2(9 + 6)

= 30 से॰ मी॰ उत्तर

उदाहरण 3. किसी आयत का क्षेत्रफल 84 वर्ग से॰ मी॰ है। उसकी लम्बाई 12 से॰ मी॰ है, तो उसकी चौड़ाई क्या होगी?

हल: $\text{चौड़ाई} = \frac{\text{क्षेत्रफल}}{\text{लम्बाई}}$

$= \frac{84}{12}$

= 7 से॰ मी॰ उत्तर

उदाहरण 4. किसी आयताकार खेत की भुजाओं (लम्बाई और चौड़ाई) के बीच अनुपात 4 : 3 है। उस खेत का क्षेत्रफल 270000 वर्ग मीटर है। बताओ उसकी लम्बाई क्या है?

हल: मान लीजिए कि उसकी चौड़ाई $3x$ है।

$\therefore$ उसकी लम्बाई $4x$ होगी।

उसका क्षेत्रफल = $4x \times 3x = 12x^2$

अब $12x^2 = 270000$ वर्ग मीटर

$\therefore x^2 = \frac{270000}{12}$ वर्ग मीटर

$x^2 = 22500$ वर्ग मीटर

$x = 150$ मीटर

$\therefore 3x = 450$ मीटर (चौड़ाई)

$\therefore 4x = 600$ मीटर (लम्बाई)

उत्तर = ल॰ 600 मीटर

2. वर्ग

(i) क्षेत्रफल = (भुजा)^2; $\frac{(\text{विकर्ण})^2}{2}$

(ii) भुजा = √क्षेत्रफल

(iii) विकर्ण = √2 भुजा

(iv) परिमाप = 4(भुजा)

उदाहरण 5. 40 मीटर विकर्ण वाले वर्गाकार खेत का क्षेत्रफल क्या होगा?

हल: $\text{क्षेत्रफल} = \frac{(\text{विकर्ण})^2}{2}$

$= \frac{(40)^2}{2}$

$= \frac{40 \times 40}{2}$

= 800 वर्ग मीटर उत्तर

उदाहरण 6. किसी वर्गाकार मैदान का क्षेत्रफल 4 हेक्टेयर है। उसका परिमाप क्या होगा?

हलः क्षेत्रफल = 4 हेक्टेयर = 40000 वर्ग मीटर

वर्ग की भुजा = $\sqrt{40000}$

= 200 मीटर

∴ परिमाप = 4(200)

= 800 मीटर

कमरा

(i) क्षेत्रफल = लम्बाई x चौड़ाई

(ii) चारों दीवारों का क्षेत्रफल = 2(ल॰ + चौ॰) x ऊंचाई

(iii) कमरे की ऊंचाई = $\frac{\text{चारों दीवारों का क्षेत्रफल}}{2\ (\text{ल॰} + \text{चौ॰})}$

(iv) कमरे की ल॰ + चौ॰

$= \frac{\text{चारों दीवारों का क्षेत्रफल}}{2 \times \text{ऊंचाई}}$

उदाहरण 7. किसी कमरे की लम्बाई 12 मी॰, चौड़ाई 11 मी॰ और ऊंचाई 9 मीटर है। उसकी चारों दीवारों का क्षेत्रफल क्या होगा?

हलः चारों दीवारों का क्षेत्रफल = 2(ल॰ + चौ॰) x ऊंचाई

= 2(12 + 11) x 9

= 414 वर्ग मीटर उत्तर

उदाहरण 8. किसी कमरे की लम्बाई व चौड़ाई क्रमशः 16 और 12 मीटर है। उसकी चारों दीवारों का क्षेत्रफल 560 वर्ग मीटर है। बताओ उस कमरे की ऊंचाई क्या है?

हलः कमरे की ऊंचाई = $\frac{\text{चारों दीवारों का क्षेत्रफल}}{2\ (\text{ल॰} + \text{चौ॰})}$

$= \frac{560}{2(28)} = 10$ मीटर

उत्तर = 10 मीटर

उदाहरण. एक बाग 15 मीटर लम्बा और 10 मीटर चौड़ा है। उसके चारों ओर 2 मीटर चौड़ा रास्ता है। उस रास्ते का क्षेत्रफल क्या होगा?

हलः ऊपर दिये गये विवरण के आधार पर यह आकृति बनाई गई है, जिसमें बाग और उसके चारों ओर बना रास्ता दिखाया गया है।

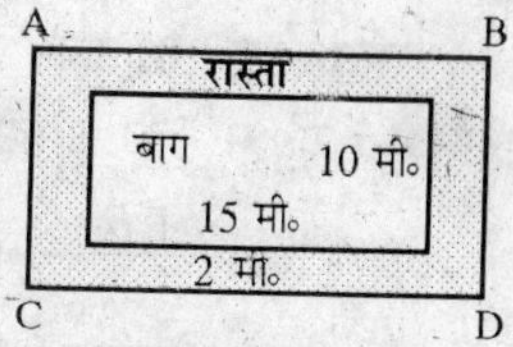

इस आकृति में ABCD का क्षेत्रफल (बाग + रास्ते का क्षेत्रफल निकाल लें। फिर बाग का क्षेत्रफल निकालें। ABCD का क्षेत्रफल − बाग का क्षेत्रफल = रास्ते का क्षेत्रफल होगा।

अब AC = 14 मीटर

और AB = 19 मीटर

∴ ABCD का क्षेत्रफल = 14 x 19 = 266 वर्ग मीटर

इसी प्रकार बाग का क्षेत्रफल = 15 x 10 = 150 वर्ग मीटर

ABCD का क्षेत्रफल − बाग का क्षेत्रफल = रास्ते का क्षेत्रफल

= 266 − 150 = 116 वर्ग मीटर

रास्ते का क्षेत्रफल = 116 वर्ग मीटर

त्रिभुज

(i) क्षेत्रफल = $\frac{\text{आधार} \times \text{ऊंचाई}}{2}$, अथवा

$\frac{1}{2} \times$ आधार x ऊंचाई

(ii) क्षेत्रफल = यदि त्रिभुज की तीनों भुजायें दी गई हों–यदि भुजायें a, b तथा c हों

क्षेत्रफल = $\sqrt{s(s-a)(s-b)(s-c)}$

जहां $s = \frac{a+b+c}{2}$ है।

(iii) समकोण त्रिभुज में कर्ण का वर्ग = शेष दोनों भुजाओं के वर्गों का जोड़

उदाहरण 9. एक त्रिभुज का आधार 4 से॰ मी॰ और उसकी ऊंचाई 3.6 से॰ मी॰ है। उसका क्षेत्रफल क्या होगा?

हलः–त्रिभुज क्षेत्रफल = $\frac{\text{आधार} \times \text{ऊंचाई}}{2}$

$= \frac{4 \times 3.6}{2}$

= 7.2 से॰ मी॰

उदाहरण 10. एक त्रिभुज की भुजायें क्रमशः 13, 14 और 15 से॰ मी॰ हैं। उसका क्षेत्रफल क्या होगा?

हल: $s = \frac{a+b+c}{2} = \frac{13+14+15}{2} = 21$ से॰ मी॰

त्रिभुज का क्षेत्रफल $= \sqrt{s(s-a)(s-b)(s-c)}$

$= \sqrt{21(21-13)(21-14)(21-15)}$

$= \sqrt{21 \times 8 \times 7 \times 6}$

$= \sqrt{7056}$

= 84 वर्ग से॰ मी॰ उत्तर

उदाहरण 11. किसी समकोण त्रिभुज की एक भुजा 12 से॰ मी॰ और दूसरी भुजा 5 से॰ मी॰ है। बताओ उसके कर्ण की लम्बाई क्या है?

हल: दोनों भुजाओं के वर्गों का जोड़ = कर्ण का वर्ग

$(12)^2 + (5)^2 =$ कर्ण का वर्ग

$\Rightarrow$ 144 + 25 = 169 = कर्ण का वर्ग

$\Rightarrow \sqrt{169}$ = कर्ण

$\therefore$ 13 = कर्ण

$\therefore$ कर्ण = 13 से॰ मी॰ उत्तर

उत्तर— कर्ण = 13 से॰ मी॰

वृत्त

(i) वृत्त की परिधि = $2\pi \times$ अर्द्धव्यास

(ध्यान रहे कि $\pi = \frac{22}{7}$ होता है।)

(ii) वृत्त का क्षेत्रफल = $\pi \times$ (अर्द्धव्यास)^2

(iii) वृत्त का अर्द्धव्यास = $\frac{\text{परिधि}}{2} \div \pi\left(\frac{22}{7}\right)$

उदाहरण 12. किसी वृत्ताकार खेत की परिधि 4400 मीटर है; उसका क्षेत्रफल क्या है?

हल: परिधि = 4400 मीटर

खेत का अर्द्धव्यास $= \frac{4400 \times 7}{2 \times 22}$

= 700 मीटर

अब वृत्त का क्षेत्रफल = $\pi \times$ (अर्द्धव्यास)^2

$= \frac{22}{7} \times \frac{700}{1} \times \frac{700}{1}$

उत्तर = 1540000 वर्ग मीटर

उदाहरण 13. किसी वृत्त का अर्द्धव्यास 6.3 से॰ मी॰ है। उस वृत्त की परिधि क्या होगी?

हल: वृत्त की परिधि = $2\pi \times$ अर्द्धव्यास

$= 2 \times \frac{22}{7} \times 6.3$

उत्तर = 39.6 से॰मी॰

6. चतुर्भुज

(i) समानान्तर चतुर्भुज का क्षेत्रफल = आधार $\times$ ऊंचाई

(ii) समचतुर्भुज का क्षेत्रफल

$= \frac{1}{2} \times$ (विकर्णों का गुणनफल)

(iii) समलम्ब चतुर्भुज का क्षेत्रफल

$= \frac{1}{2} \times$ (समानान्तर भुजाओं का योग) $\times$ (ऊंचाई)

उदाहरण 14. समानान्तर चतुर्भुज की एक भुजा 17 से॰ मी॰ है। दूसरी भुजा से इसकी लम्ब दूरी 13 से॰ मी॰ है। इस समानान्तर चतुर्भुज का क्षेत्रफल क्या होगा?

हल: समानान्तर चतुर्भुज का क्षेत्रफल = आधार $\times$ ऊंचाई

$= 17 \times 13$

उत्तर = 221 वर्ग से॰ मी॰

अभ्यास के लिए प्रश्न

1. किसी वर्गाकार खेत का विकर्ण 60 मीटर है। उसका क्षेत्रफल होगा:

A. 120 वर्ग मीटर B. 3600 वर्ग मीटर
C. 1800 वर्ग मीटर D. 900 वर्ग मीटर

2. किसी आयताकार खेत का परिमाप 480 मीटर है। उसकी लम्बाई और चौड़ाई का अनुपात 5 : 3 है। उसका क्षेत्रफल होगा:

A. 153,000 वर्ग मीटर

B. 135,00 वर्ग मीटर
C. 11300 वर्ग मीटर
D. 15500 वर्ग मीटर

3. एक आयताकार मैदान की चौड़ाई उसकी लम्बाई से 4 मीटर कम है। यदि उस मैदान का क्षेत्रफल 480 वर्ग मीटर हो, तो उसकी चौड़ाई होगी:

A. 18 मीटर B. 24 मीटर
C. 20 मीटर D. 16 मीटर

4. एक बाग 30 मीटर लम्बा और 15 मीटर चौड़ा है। उसके चारों ओर 5 मीटर चौड़ा एक फुटपाथ बना हुआ है। फुटपाथ का क्षेत्रफल होगा:

A. 450 वर्ग मीटर B. 1000 वर्ग मीटर
C. 850 वर्ग मीटर D. 550 वर्ग मीटर

5. एक मैदान 30 मीटर लम्बा और 20 मीटर चौड़ा है। उस मैदान में घास लगवाने का खर्च क्या होगा यदि घास लगवाने का खर्च 2 रु० प्रति वर्ग मीटर हो?

A. 300 रु० B. 900 रु०
C. 1200 रु० D. 1800 रु०

6. उस वर्गाकार खेत का क्षेत्रफल क्या होगा, जिसका विकर्ण 40 मीटर है?

A. 100 वर्ग मीटर B. 800 मीटर
C. 800 वर्ग मीटर D. 80 वर्ग मीटर

7. किसी वर्गाकार मैदान का क्षेत्रफल 40000 वर्ग मीटर है। उसके चारों ओर रस्सी की बाड़ लगाने के लिए कितनी रस्सी चाहिए?

A. 400 मीटर B. 800 मीटर
C. 40000 मीटर D. 32000 मीटर

8. एक वर्ग का क्षेत्रफल 11370.32 वर्ग मीटर है। उसका विकर्ण होगा:

A. 150.8 मीटर B. 105.8 मीटर
C. 108.5 मीटर D. 100.5 मीटर

9. एक वर्ग का विकर्ण 2.4 मीटर है। उसका क्षेत्रफल होगा:

A. 4.28 वर्ग मीटर B. 28.8 वर्ग मीटर
C. 2.88 वर्ग मीटर D. 5.86 वर्ग मीटर

10. दो वर्ग हैं, जिनका परिमाप क्रमशः 32 मीटर और 24 मीटर है। ऐसे वर्ग का परिमाप क्या होगा, जिसका क्षेत्रफल उपरोक्त दोनों वर्गों के क्षेत्रफल के बराबर हो?

A. 10 मीटर B. 40 मीटर
C. 20 मीटर D. 30 मीटर

11. एक कमरे की चारों दीवारों का क्षेत्रफल 168 वर्ग मीटर है। यदि उसकी चौड़ाई 8 मीटर और ऊंचाई 6 मीटर हो, तो उसकी लम्बाई क्या होगी?

A. 10 मीटर B. 4 मीटर
C. 8 मीटर D. 6 मीटर

12. एक व्यक्ति के पास एक वर्गाकार प्लाट है जिसकी लम्बाई 84 मीटर है। वह इतने ही क्षेत्रफल वाला ऐसा एक दूसरा प्लाट लेना चाहता है, जिसकी लम्बाई 144 मीटर हो। बताओ इस नये प्लाट की चौड़ाई क्या होगी?

A. 42 मीटर B. 56 मीटर
C. 70 मीटर D. 49 मीटर

13. एक कमरा 30 मीटर लम्बा और 20 मीटर चौड़ा है। उसमें 3 मीटर लम्बे और 2 मीटर चौड़े पत्थर के कितने टुकड़े लगेंगे?

A. 90 B. 110
C. 100 D. 120

14. एक कमरे का क्षेत्रफल 600 वर्ग मीटर है। उसके फर्श के आधे भाग में 3 वर्ग मीटर क्षेत्रफल वाले पत्थर के टुकड़े लगे हुए हैं। बताओ पत्थर के कितने टुकड़े फर्श में लगे हुए हैं?

A. 100 टुकड़े B. 33 टुकड़े
C. 300 टुकड़े D. 150 टुकड़े

15. एक कमरा 7.2 मीटर लम्बा और 4.8 मीटर चौड़ा है। यदि इसकी दीवारों का क्षेत्रफल 132 वर्ग मीटर हो, तो इसकी ऊंचाई है:

A. 4 मीटर B. 4.5 मीटर
C. 5 मीटर D. 5.5 मीटर

16. एक कमरे की लम्बाई और चौड़ाई के बीच 2 : 1 का अनुपात है और उसकी ऊंचाई 11 मीटर है। यदि कमरे

की चारों दीवारों का क्षेत्रफल 660 वर्ग मीटर हो, तो उसकी छत का क्षेत्रफल क्या होगा?

A. 300 वर्ग मीटर
B. 200 वर्ग मीटर
C. 250 वर्ग मीटर
D. 350 वर्ग मीटर

17. यदि किसी समकोण त्रिभुज का कर्ण 6.5 मीटर हो और उसकी एक भुजा 6 मीटर हो, तो दूसरी भुजा कितनी लम्बी होगी?

A. 5 मीटर B. 5.5 मीटर
C. 2 मीटर D. 2.5 मीटर

18. एक त्रिभुज की तीनों भुजाओं का परिमाप 24 से॰ मी॰ है और उन भुजाओं के बीच अनुपात 5 : 4 : 3 है। उस त्रिभुज का क्षेत्रफल होगा:

A. 48 वर्ग से॰ मी॰
B. 24 वर्ग से॰ मी॰
C. 36 वर्ग से॰ मी॰
D. 12 वर्ग से॰ मी॰

19. यदि किसी त्रिभुज की प्रत्येक भुजा को दो-गुना कर दिया जाये, तो उसका क्षेत्रफल:

A. दो गुना हो जायेगा
B. तीन गुना हो जायेगा
C. चार गुना हो जायेगा
D. पहले जितना ही रहेगा

20. एक त्रिभुज का आधार 1.5 मीटर और ऊंचाई 2 मीटर है। उसका क्षेत्रफल होगा:

A. 3 मीटर B. 3 वर्ग मीटर
C. 1.5 मीटर D. 1.5 वर्ग मीटर

21. एक वृत्त की परिधि 352 से॰ मी॰ है। उसका क्षेत्रफल होगा:

A. 9865 वर्ग से॰ मी॰
B. 448 वर्ग से॰ मी॰
C. 9856 वर्ग से॰ मी॰
D. 6589 वर्ग से॰ मी॰

22. किसी वृत्त का क्षेत्रफल 38.5 वर्ग से॰ मी॰ है। उसकी परिधि होगी:

A. 11 से॰ मी॰ B. 22 से॰ मी॰
C. 121 से॰ मी॰ D. 154 से॰ मी॰

23. एक वृत्त का व्यास 49 मीटर है। उसकी परिधि होगी:

A. 133 मीटर B. 154 मीटर
C. 119 मीटर D. 105 मीटर

24. एक पहिए का अर्द्धव्यास 1.75 मीटर है। 11 किलोमीटर चलने में पहिया कितने चक्कर लगायेगा?

A. 100 B. 110
C. 1000 D. 220

25. एक समानान्तर चतुर्भुज का क्षेत्रफल 72 वर्ग से॰ मी॰ है। उसकी ऊंचाई उसके आधार से दो गुनी है। इसका आधार होगा:

A. 6 से॰ मी॰ B. 3 से॰ मी॰
C. 4.5 से॰ मी॰ D. 12 से॰ मी॰

उत्तरमाला

1	2	3	4	5	6	7	8	9	10
C	B	C	D	C	C	B	A	C	B
11	**12**	**13**	**14**	**15**	**16**	**17**	**18**	**19**	**20**
D	D	C	A	D	B	D	B	C	C
21	**22**	**23**	**24**	**25**					
C	B	B	C	A					

सामान्य विज्ञान

वस्तुनिष्ठ प्रश्न

1. नाइट्रोजन के स्थिरीकरण में निम्न में से कौन-सी फसल सहायक है?
A. चावल B. गेहूँ
C. फली (बीन्स) D. मकई

2. निम्नलिखित में से कौन-सी बीमारी जीवाणुओं के द्वारा होती है?
A. चेचक B. पेचिस
C. कुष्ठ D. दमा

3. सूक्ष्म जीवाणुओं युक्त पदार्थ का शीतिकरण एक प्रक्रिया है, जिसका कार्य है :
A. जीवाणुओं का नाश करना
B. जीवाणुओं के विकास की गति को घटाना
C. जीवाणुओं को निष्क्रिय करना
D. जीवाणुओं के जीवद्रव्य का संकुचन करना

4. दूध के दही के रूप में जमने का कारण है :
A. माइकोबैक्टीरियम B. स्टैफाइलोकोकस
C. लैक्टोबैसिलस D. खमीर (यीस्ट)

5. जड़ें किस भाग से विकसित होती हैं?
A. प्रांकुर से B. मूलांकुर से
C. तने से D. पत्ती से

6. गाजर एक प्रकार से क्या है?
A. जड़ B. तना
C. पुष्प D. प्रकन्द

7. हल्दी के पौधे का खाने योग्य हिस्सा कौन-सा होता है?
A. जड़ B. प्रकन्द
C. फल D. कन्द

8. प्याज किसका परिवर्तित रूप है?
A. तने का B. जड़ का
C. पत्तियों का D. फल का

9. एक किलो चीनी का भार :
A. गहरी खान में अधिक होगा
B. ऊँचे पर्वत पर अधिक होगा
C. समुद्र तल पर सर्वाधिक होगा
D. सर्वत्र समान होगा

10. चिकित्सा शास्त्र का जनक किसे कहा जाता है?
A. अरस्तु B. थिओफ्रैस्टस
C. हिप्पोक्रेटस D. गैलन

11. हाइड्रोजन गैस से भरा गुब्बारा, पृथ्वी से चन्द्रमा पर ले जाया जाता है तो गुब्बारा चन्द्रमा पर :
A. ऊपर उठेगा B. फट जायेगा
C. नीचे गिरेगा D. न उठेगा, न गिरेगा

12. एक लिफ्ट एक समान वेग से ऊपर जा रही हो तो, उसमें स्थित व्यक्ति का भार :
A. बढ़ जायेगा B. घट जायेगा
C. अपरिवर्तित रहेगा D. इसमें से कोई नहीं

13. विरंजक चूर्ण है :
A. तत्त्व B. यौगिक
C. मिश्रण D. अपरूप

14. गैसों की श्यानता ताप के बढ़ने पर :
A. घटती है
B. बढ़ती है
C. अपरिवर्तित रहती है
D. पहले घटती है, फिर बढ़ती है

15. ठण्डे देशों में झीलों के जम जाने के पश्चात भी जलीय जन्तु जिन्दा रहते हैं, क्योंकि :
A. जलीय जन्तु बर्फ में जिन्दा रह सकते हैं
B. बर्फ के नीचे जल 4°C पर होता है
C. जलीय जन्तुओं के शरीर की बनावट के कारण
D. सभी असत्य हैं

16. बल गुणनफल है?
A. द्रव्यमान और वेग का
B. द्रव्यमान और त्वरण का
C. भार और वेग का
D. भार और त्वरण का

17. अनुवांशिकता एवं विभिन्नता के बारे में जानकारी देने वाली वनस्पति विज्ञान की शाखा को कहते हैं?
A. भू-वनस्पति विज्ञान B. सॅरीकल्चर
C. आनुवंशिकी D. उद्विकास

18. शून्य में स्वतंत्र रूप से गिरने वाली वस्तुओं की अवस्था का :
A. समान गति होता है B. समान वेग होता है
C. समान त्वरण होता है D. समान बल होता है

19. पदार्थ के संवेग और वेग के अनुपात से कौन-सी भौतिक राशि प्राप्त की जाती है?
A. वेग B. त्वरण
C. द्रव्यमान D. बल

20. इलेक्ट्रॉन की खोज की थी :
A. थॉमसन ने B. नील्स बोर ने
C. रदरफोर्ड ने D. फैराडे ने

21. जीवद्रव्य के पृथक्करण एवं संयोजन से सम्बन्धित वनस्पति विज्ञान की शाखा कहलाती है :
A. एग्रीकल्चर B. हॉर्टीकल्चर
C. टिशु कल्चर D. एक्वाकल्चर

22. परमाणु घड़ी निम्न प्रभाव के अंतर्गत कार्य करती है :
A. सीबेक प्रभाव B. पीजोइलेक्ट्रिक प्रभाव
C. पेल्टिजर प्रभाव D. क्राम्पटन प्रभाव

23. क्वार्टज घड़ियाँ निम्न सिद्धान्त के अनुसार कार्य करती हैं :
A. विद्युत चुम्बकीय प्रभाव
B. प्रकाश विद्युत प्रभाव
C. सीबेक प्रभाव
D. दाब विद्युत प्रभाव

24. मानव शरीर में विटामिन 'ए' संचित रहता है?
A. यकृत में B. आमाशय में
C. तिल्ली में D. उदर में

25. विटामिन सी का सबसे उत्तम स्रोत है?
A. सेब B. आम
C. आँवला D. दूध

26. जल के अन्दर हवा का एक बुलबुला किस तरह बर्ताव करता है?
A. एक उत्तल लेंस B. एक अवतल लेंस
C. एक समतल प्लेट D. इनमें से कोई नहीं

27. कारों, ट्रकों और बसों में ड्राइवर की सीट के बगल में कौन-सा दर्पण लगा होता है?
A. उत्तल दर्पण B. अवतल दर्पण
C. समतल दर्पण D. कोई नहीं

28. यदि द्रव्यमान परिवर्तित हुए बिना पृथ्वी अपनी वर्तमान त्रिज्या की सिकुड़कर आधी रह जाये तो दिन होगा :
A. 24 घण्टे का B. 12 घण्टे का
C. 6 घण्टे का D. 48 घण्टे का

29. यदि किसी पिण्ड को पृथ्वी से 11.2 किलोमीटर के वेग से फेंका जाये तो पिण्ड :
A. पृथ्वी पर कभी नहीं लौटेगा
B. 2 घण्टे के बाद लौट आयेगा
C. 24 घण्टे के बाद लौट आयेगा
D. कुछ निश्चित नहीं है

30. उपग्रह में समय ज्ञात करने के लिए, अन्तरिक्ष यात्री को क्या प्रयोग करना चाहिए?
A. लोलक घड़ी
B. स्प्रिंग घड़ी
C. दोनों
D. उपग्रह में समय ज्ञात नहीं किया जा सकता

31. यदि पृथ्वी की त्रिज्या 1% कम हो जाये, किन्तु द्रव्यमान वही रहे तो पृथ्वी तल का गुरुत्वीय त्वरण :
A. 2% बढ़ जायेगा B. 1% घट जायेगा
C. 2% घट जायेगा D. 1% बढ़ जायेगा

32. 'भारतीय विज्ञान संस्थान' कहाँ स्थित है?
A. बैंगलोर में B. बम्बई में
C. दिल्ली में D. लखनऊ में

33. पराध्वनिक विमानों की चाल होती है :
A. ध्वनि की चाल के बराबर
B. ध्वनि की चाल से अधिक
C. ध्वनि की चाल से कम
D. कुछ भी हो सकती है

34. भूस्थिर उपग्रह की पृथ्वी से ऊँचाई होती है :
A. 36,000 किलोमीटर B. 36 किलोमीटर
C. 10,000 किलोमीटर D. 100 किलोमीटर

35. निम्नलिखित में से किस पदार्थ में ऑक्सीजन नहीं है :
A. सीमेंट B. रेत
C. मिट्टी का तेल D. काँच

36. चिकित्सा शास्त्र के विद्यार्थियों को किसकी शपथ दिलायी जाती है?
A. अरस्तु B. डार्विन
C. थिओफ्रेस्टस D. हिप्पोक्रेटस

37. लेंस की क्षमता का मात्रक क्या है?
A. वाट B. डायोप्टर
C. जूल D. प्वाइज

38. रडार की कार्यप्रणाली निम्न सिद्धान्त पर आधारित है :
A. तरंगों का अपवर्तन
B. डाप्लर प्रभाव
C. रेडियो तरंगों का परावर्तन
D. रमन प्रभाव

39. न्यूटन की गति के नियमों के अनुसार निम्न में से कौन-सा कथन सत्य है?
A. प्रथम नियम से बल की परिभाषा ज्ञात की जाती है।
B. द्वितीय नियम से बल की परिभाषा ज्ञात की जाती है।
C. तृतीय नियम से संवेग संरक्षण सिद्धांत प्रतिपादित होता है।
D. उपर्युक्त सभी

40. किसी पिण्ड के उस गुणधर्म को क्या कहते हैं, जिससे वह सीधी रेखा में विराम या एकसमान गति की स्थिति में किसी भी परिवर्तन का विरोध करता है?
A. गतिहीनता B. जड़त्व
C. कुल भार D. अक्रियता

41. लेसर निम्न सिद्धान्त पर कार्य करती है :
A. विकरण का उद्दीप्ति उत्सर्जन
B. प्रकाश विद्युत प्रभाव
C. रमन प्रभाव
D. उपर्युक्त सभी

42. समुद्र की गहराई नापने के लिए कौन-सा उपकरण प्रयोग किया जाता है?
A. अल्टीमीटर B. फैदोमीटर
C. बैरोमीटर D. पायरोमीटर

43. कम्प्यूटर की IC चिप्स किस पदार्थ की बनी होती हैं?
A. सिलिकॉन की B. कार्बन की
C. कैल्शियम की D. इस्पात की

44. वह काल्पनिक रेखा जो फोकस एवं पोल से गुजरते हुए गोलाकार दर्पण पर पड़ती है, वह कहलाती है?
A. फोकल लेंथ B. मुख्य अक्ष
C. एपरचर D. इनमें से कोई नहीं

45. वह धातु जो अम्ल एवं क्षार के साथ क्रिया करके हाइड्रोजन निकालती है?
A. जिंक B. पोटेशियम
C. सोडियम D. कैल्सियम

46. निम्नलिखित में से कौन धातु होते हुए भी विद्युत का कुचालक है?
A. टिन B. तांबा
C. सीसा D. निकल

47. निम्नलिखित में किस अधातु में धातुई चमक पायी जाती है?
A. ग्रेफाइट B. आयोडिन
C. उपर्युक्त दोनों में D. इनमें से कोई नहीं

48. एक गुब्बारे में हाइड्रोजन व ऑक्सीजन गैस के बराबर-बराबर अणु हैं। यदि गुब्बारे में एक छेद कर दिया जाए तो :
A. हाइड्रोजन गैस तेजी से निकलेगी
B. ऑक्सीजन गैस तेजी से निकलेगी
C. सभी असत्य है
D. सभी सत्य है

49. कपूर के छोटे-छोटे टुकड़े जल की सतह पर नाचते हैं :
A. पृष्ठ तनाव के कारण B. श्यानता के कारण
C. कपूर का यह गुण है D. जल के घनत्व के कारण

50. पानी का घनत्व अधिकतम होता है?
A. 4°C पर B. 4K पर
C. 4°F पर D. – 4°C पर

51. निम्न में से किस पदार्थ में प्रोटीन नहीं पाया जाता है?
A. मांस B. दूध
C. चावल D. दाल

52. मानव का मस्तिष्क लगभग कितने ग्राम का होता है?
A. 1230 B. 1350
C. 1100 D. 1500

53. रक्त में पायी जाने वाली धातु है :
A. कैल्सियम B. जिंक
C. सोडियम D. लोहा

54. किण्वन का उदाहरण है :
A. दूध का खट्टा होना
B. खाने की ब्रेड का बनना
C. गीले आटे का खट्टा होना
D. उपर्युक्त सभी

55. निम्न में से कौन-सा आहार मानव शरीर में नये ऊतकों की वृद्धि के लिए पोषक तत्व प्रदान करता है?
A. फल B. सब्जियाँ
C. पनीर D. मिठाई

56. पृथ्वी पर सबसे अधिक मात्रा में पाया जाने वाला धातु तत्त्व कौन-सा है?
A. लोहा B. एल्युमिनियम
C. कैल्सियम D. सोडियम

57. मोती मुख्य रूप से किस पदार्थ का बना होता है?
A. कैल्सियम ऑक्जेलेट B. कैल्सियम सल्फेट
C. कैल्सियम कार्बोनेट D. कैल्सियम ऑक्साइड

58. मानव शरीर में सबसे अधिक मात्रा में कौन-सा तत्व पाया जाता है?
A. हाइड्रोजन B. नाइट्रोजन
C. कार्बन D. ऑक्सीजन

59. किस प्रकार के ऊतक शरीर के सुरक्षा कवच का कार्य करते हैं?
A. एपिथीलियम ऊतक B. पेशीय ऊतक
C. संयोजी ऊतक D. तन्त्रिकीय ऊतक

60. मनुष्य ने सर्वप्रथम किस जन्तु को अपना पालतू बनाया?
A. कुत्ता B. बकरी
C. बिल्ली D. गाय

61. किसके द्वारा आनुवंशिकता के विज्ञान को 'आनुवंशिकी' कहा गया है?
A. मेंडल B. कॉरेंस
C. मूलर D. वॉटसन

62. सौर ऊर्जा किससे प्राप्त होती है?
A. चन्द्रमा B. सागर
C. सूर्य D. हवा

63. धूल प्रदूषण रोकने के लिए सबसे उपयुक्त वृक्ष है :
A. महुआ B. पॉपुलस
C. नीम D. अशोक

64. सूर्य में होता है?
A. नाइट्रोजन B. फॉस्फोरस
C. ऑक्सीजन D. हाइड्रोजन व हीलियम

65. लाल चीटियों में कौन-सा अम्ल पाया जाता है?
A. ऐसीटिक अम्ल B. फॉर्मिक अम्ल
C. बेंजोइक अम्ल D. सल्फ्यूरिक अम्ल

66. निम्नलिखित में से कौन-सा रूपांतरित तना है?
A. गाजर B. शकरकन्द
C. आलू D. नारियल

67. भोजपत्र उत्पन्न होता है?
A. सिनकोना की छाल से B. बेटुला की छाल से
C. डबलर्जिया की छाल से D. पाइपर की पत्तियों से

68. प्याज-लहसुन में गंध किस तत्व की उपस्थिति के कारण होता है?
A. लीथियम B. सोडियम
C. पोटैशियम D. क्लोरीन

69. आलू किस कुल से सम्बन्धित है?
A. सोलेनेसी B. कम्पोजिटी
C. ग्रैमिनी D. क्रूसीफेरी

70. दालचीनी पेड़ के किस भाग से प्राप्त की ज़ाती है?
A. पत्ता B. तना
C. जड़ D. छाल

71. तारपीन का तेल किससे प्राप्त होता है?
A. यूकेलिप्टस से B. जानवरों की चर्बी से
C. ताड़ के वृक्ष से D. इनमें से कोई नहीं

72. इस सदी के प्रारम्भ में हवाई जहाज का आविष्कार किसने किया था?
A. राइट ब्रदर्स B. जेम्स वाट
C. हम्फ्री डेवी D. ब्राउन

73. पौधे के किस भाग से कॉफी प्राप्त होती है?
A. पुष्पों से B. बीजों से
C. पत्तियों से D. फलों से

74. निम्नलिखित में से किसमें प्रोटीन का सबसे अधिक स्रोत पाया जाता है?
A. उड़द B. चना
C. मटर D. सोयाबीन

75. चावल के पौधों में लगने वाला 'खैरा रोग' किसके कारण होता है?
A. फफूंदी के कारण B. जीवाणु के कारण
C. विषाणु के कारण D. जस्ता की कमी के कारण

76. चमगादड़ अंधेरे में उड़ते हैं, क्योंकि :
A. चमगादड़ पराश्रव्य तरंगें उत्पन्न करते हैं
B. चमगादड़ को अंधेरे में अधिक दिखाई देता है
C. उपर्युक्त दोनों सत्य हैं
D. उपर्युक्त दोनों गलत हैं

77. बर्फ में स्केटिंग करना प्रदर्शित करता है कि, दाब बढ़ाने पर बर्फ का गलनांक :
A. बढ़ जाता है
B. अपरिवर्तित रहता है
C. घट जाता है
D. पहले घटता है, फिर बढ़ता है

78. स्टेनलेस स्टील एक मिश्रधातु है, जबकि वायु है एक :
A. मिश्रण B. यौगिक
C. तत्व D. विलयन

79. पर्यावरण का अध्ययन जीव-विज्ञान की किस शाखा के अंतर्गत किया जाता है?
A. कार्यिकी B. आनुवंशिकी
C. पारिस्थितिकी D. वर्गिकी

80. फूलों के संवर्द्धन के विज्ञान को क्या कहते हैं?
A. फीनोलॉजी B. फ्लोरीकल्चर
C. एग्रोनॉमी D. बॉटनी

81. 'कोई पिण्ड तब तक विरामावस्था में ही बना रहेगा, जब तक उस पर कोई बाह्य बल कार्य नहीं करता है।' यह कथन किसका है?
A. न्यूटन B. आइंस्टीन
C. आर्किमिडीज D. गैलीलियो

82. न्यूक्लिऑन नाम सामान्यतः किसके लिये हैं?
A. इलेक्ट्रॉन और प्रोटॉन B. प्रोटॉन और न्यूट्रॉन
C. इलेक्ट्रॉन और न्यूट्रॉन D. इनमें से कोई नहीं

83. पोजिट्रॉन है एक :
A. धनावेशित इलेक्ट्रॉन
B. हीलियम
C. दो प्रोटॉन का आवेशित नाभिक
D. एक प्रोट्रॉन तथा एक न्यूट्रॉन का नाभिक

84. एग्रोफोरेस्ट्री क्या है?
A. वनों के लिए वृक्ष लगाना
B. फसल काटने के बाद वन लगाना
C. कृषि के साथ-साथ उसी भूमि पर काष्ठीय बारहमासी वृक्ष लगाना
D. इनमें से कोई नहीं

85. एक्सो-बायोलॉजी (Exo-biology) में निम्नलिखित में से किसका अध्ययन किया जाता है?
A. जीवित जीवों के बाह्य लक्षण का
B. पृथ्वी की सतह पर जीवन का
C. वायुमंडल के बाहरी परतों पर जीवन का
D. बाह्य ग्रहों तथा अंतरिक्ष में जीवन का

86. निम्नलिखित में से कौन-सा एक प्रकृति में अनुचुम्बकीय है?
A. लोहा B. ऑक्सीजन
C. हाइड्रोजन D. नाइट्रोजन

87. जो तत्त्व ऑक्सीजन पर प्रतिक्रिया नहीं करता है, वह है?
A. क्लोरीन B. आयोडीन
C. हीलियम D. नाइट्रोजन

88. निम्न में से कौन सर्वाधिक स्थायी तत्त्व है?
A. ऑक्सीजन B. नाइट्रोजन
C. सीसा D. रेडियम

89. निम्नलिखित में से क्या जल से हल्का होता है?
A. ऐलुमिनियम B. सोडियम
C. मैग्नीशियम D. मैंगनीज

90. सामान्य ट्यूबलाइट में कौन-सी गैस होती है?
A. आर्गन के साथ सोडियम वेपर
B. नियोन के साथ सोडियम वेपर
C. आर्गन के साथ मरकरी वेपर
D. नियोन के साथ मरकरी वेपर

91. गाय और भैंस के थनों में दूध उतारने के लिए किस हार्मोन की सुई लगाई जाती है?

A. सोमैटोट्रोपिन B. ऑक्सीटोसिन
C. इण्टरफेरॉन D. इन्सुलिन

92. परखनली शिशु के सम्बन्ध में कौन-सा कथन सत्य है?

A. निषेचन परखनली के अन्दर होता है।
B. शिशु का परिवर्धन परखनली के अन्दर होता है।
C. विषेचन माता के शरीर से बाहर होता है।
D. अनिषेचित अण्ड का परखनली के अन्दर परिवर्धन होता है।

93. मानव शरीर में पसलियों के कितने जोड़े होते हैं?

A. 12 B. 10
C. 14 D. 11

94. किस द्रव के एकत्रित होने पर माँसपेशियाँ थकान का अनुभव करने लगती हैं?

A. लैक्टिक एसिड B. पाइरूविक एसिड
C. बेंजोइक एसिड D. यूरिक एसिड

95. स्तनधारियों में लाल रुधिर कणिकाओं का निर्माण कहाँ होता है?

A. वृक्कों में B. अस्थिमज्जा में
C. यकृत में D. तिल्ली में

96. एक खगोलीय मात्रक की औसत दूरी है?

A. पृथ्वी और सूर्य के बीच की
B. पृथ्वी और चन्द्रमा के बीच की
C. बृहस्पति और सूर्य के बीच की
D. प्लूटो और सूर्य के बीच की

97. निम्नलिखित में से किसने न्यूटन से पूर्व ही बता दिया था, कि सभी वस्तुएँ पृथ्वी की ओर गुरुत्वाकर्षित होती हैं?

A. आर्यभट्ट B. वराहमिहिर
C. ब्रह्मगुप्त D. इनमें से कोई नहीं

98. जेट इंजन किस सिद्धांत पर कार्य करता है?

A. द्रव्यमान संरक्षण B. ऊर्जा संरक्षण
C. रैखिक संवेग संरक्षण D. कोणीय संवेग संरक्षण

99. साइकिल चालक को प्रारम्भ में अधिक बल क्यों लगाना पड़ता है?

A. क्योंकि साइकिल के पहिये जाम हो जाते हैं।
B. चालक जड़त्व पर विजय पाने के लिए अधिक बल लगाता है।
C. प्रारम्भ में घर्षण अधिक होता है।
D. उपरोक्त में से कोई नहीं।

100. भोजन की विषाक्तता उत्पन्न होती है?

A. क्लोस्ट्रीडियम टिटेनी द्वारा
B. क्लोस्ट्रीडियम बौटूलीनम द्वारा
C. साल्मोनेला टायफोसिस द्वारा
D. बैसिलस एन्थ्रेसिस द्वारा

101. ब्रह्माण्ड में कौन-सा तत्त्व सबसे अधिक मात्रा में पाया जाता है?

A. हाइड्रोजन B. हीलियम
C. नाइट्रोजन D. ऑक्सीजन

102. "पृथ्वी तथा अन्य ग्रह सूर्य के चारों ओर चक्कर लगाते हैं", यह सबसे पहले किसने सिद्ध किया था?

A. कॉपरनिकस B. अरस्तू
C. एडविन हबल D. गैलिलियो गैलीली

103. प्रेशर कुकर में खाना कम समय में तैयार हो जाता है, क्योंकि :

A. जल का क्वथनांक बढ़ जाता है।
B. जल का क्वथनांक घट जाता है।
C. खाना अधिक ऊष्मा नहीं लेता है।
D. उपरोक्त में से कोई नहीं।

104. ऊष्मा का सर्वोत्तम चालक है?

A. जल B. पारा
C. ऐल्कोहॉल D. ईथर

105. चावल को पकाने में कहाँ पर अधिक समय लगता है?

A. समुद्र तट पर B. समुद्र की गहराई में
C. शिमला में D. माउण्ट एवरेस्ट पर

106. लाल सागर का लाल रंग निम्नलिखित में से किसकी उपस्थिति के कारण होता है?

A. मॉस B. शैवाल
C. कवक D. जीवाणु

107. पेनीसिलीन की खोज किसने की थी?

A. एस. वाक्समेन ने B. रॉबर्ट कोच ने
C. एलेक्जेण्डर फ्लेमिंग ने D. पी. एहरीलिच ने

108. विश्व का सबसे बड़ा पुष्प कौन-सा है?

A. कमल B. रेफ्लेशिया
C. कैक्टस D. इनमें से कोई नहीं

109. जीवनचक्र की दृष्टि से पौधे का सबसे महत्त्वपूर्ण अंग कौन-सा है?
A. पुष्प B. पत्ती
C. तना D. जड़

110. श्वेत रक्त कण (W.B.C.) का मुख्य कार्य क्या है?
A. ऑक्सीजन का परिवहन
B. CO_2 ले जाना
C. रोग प्रतिरोधक क्षमता धारण करना
D. इनमें से कोई नहीं

111. 'बायोलॉजी' के जन्मदाता के रूप में किसे जाना जाता है?
A. थिओफ्रैस्टस B. हक्सले
C. लेमार्क D. अरस्तु

112. किस पौधे का फल भूमि के नीचे पाया जाता है?
A. आलू B. गाजर
C. प्याज D. मूंगफली

113. कोशिका को एक निश्चित रूप कौन प्रदान करती है?
A. कोशिका झिल्ली B. केन्द्रिका
C. कोशिका भित्ति D. गॉल्जीकाय

114. पत्तियों को हरा रंग किसके द्वारा प्राप्त होता है?
A. क्रोमोप्लास्ट B. क्लोरोप्लास्ट
C. ल्यूकोप्लास्ट D. टोनोप्लास्ट

115. राष्ट्रीय पर्यावरण अभियांत्रिकी संस्थान कहाँ स्थित है?
A. रांची में B. कटक में
C. जमशेदपुर में D. नागपुर में

116. सबसे बड़ा जीवित पक्षी कौन-सा है?
A. किवी B. पेंग्विन
C. शुतुरमुर्ग D. बाज

117. निम्नलिखित में से घोंसला बनाने वाला एक मात्र साँप कौन-सा है?
A. चेन वाइपर B. किंग कोबरा
C. करैत D. सॉ स्केल्ड वाइपर

118. 'पावो क्रिस्टेशस' किसका वैज्ञानिक नाम है?
A. बाघ B. मेढ़क
C. मनुष्य D. मोर

119. सबसे विशाल जीवित स्तनपायी प्राणी है :
A. हाथी B. ऊँट
C. नीली ह्वेल D. मनुष्य

120. निम्न में से सबसे छोटा पक्षी कौन-सा है?
A. किवी B. हमिंग बर्ड
C. शुतुरमुर्ग D. पेंग्विन

121. कमरे को ठंडा कैसे किया जा सकता है?
A. जल के बहने से
B. सम्पीड़ित गैस को छोड़ने से
C. रसोई गैस से
D. ठोस को पिघलाने से

122. ध्वनि तरंगों की प्रकृति कैसी होती है?
A. अनुप्रस्थ B. अनुदैर्घ्य
C. अप्रगामी D. विद्युत चुम्बकीय

123. प्रकाश के चिकने पृष्ठ से टकराकर वापस लौटने की घटना को क्या कहते हैं?
A. प्रकाश का अपवर्तन B. प्रकाश का परावर्तन
C. प्रकाश का विवर्तन D. प्रकाश का प्रकीर्णन

124. किसी मनुष्य के शरीर का सामान्य तापक्रम क्या होता है?
A. 98°F B. 98°C
C. 68°F D. 66°F

125. चिल्लाते समय व्यक्ति हमेशा हथेली को मुँह के समीप क्यों रखते हैं?
A. उस स्थिति में ध्वनि ऊर्जा सिर्फ एक दिशा में इंगित होगी।
B. ध्वनि स्वर का उतार-चढ़ाव घट जाता है।
C. ध्वनि स्वर का उतार-चढ़ाव बढ़ जाता है।
D. इस कार्यवाही का ध्वनि पर कोई प्रभाव नहीं होता है।

126. कार में रेडियेटर का क्या कार्य होता है?
A. इंजन को गर्म करना
B. गति को नियंत्रित रखना
C. विद्युत उत्पन्न करना
D. इंजन को ठण्डा रखना

127. भारी पानी की खोज किसने की?
A. जे. नीप्से B. एच.सी. युरे
C. मार्कोनी D. माइकल फैराडे

128. दूर दृष्टिदोष से पीड़ित व्यक्ति को :
A. दूर की वस्तुएँ दिखाई नहीं देती हैं
B. निकट की वस्तुएँ दिखाई नहीं देती हैं
C. वस्तुएँ तिरछी दिखाई देती हैं
D. वस्तुएँ उल्टी दिखाई देती हैं

129. किताब के ऊपर रखे किसी लेंस को ऊपर उठाने पर यदि मुद्रित अक्षरों का आकार बढ़ता हुआ दिखाई देता है, तो लेंस :

A. अवतल है | B. समतल है
C. उत्तल है | D. उपर्युक्त में से कोई नहीं

130. यदि किसी लेंस से अक्षरों का आकार छोटा दिखाई देता है, तो लेंस :

A. उत्तल है | B. समतल उत्तल है
C. समतल अवतल है | D. अवतल है

131. जीव विज्ञान शब्द का प्रयोग सर्वप्रथम किसने किया?

A. अरस्तू ने | B. पुरकिंजे ने
C. वॉन मॉल ने | D. लैमार्क तथा ट्रेविरेनस ने

132. कार्य का मात्रक है?

A. जूल | B. न्यूटन
C. वाट | D. डाइन

133. प्रकाश वर्ष इकाई है?

A. दूरी की | B. समय की
C. प्रकाश तीव्रता की | D. द्रव्यमान की

134. एक ही प्रकार के परमाणुओं से मिलकर बना पदार्थ कहलाता है?

A. तत्त्व | B. यौगिक
C. मिश्रण | D. द्रव

135. दो या दो से अधिक तत्त्वों के मात्रा के विचार से एक निश्चित अनुपात में संयोग करने से बना पदार्थ कहलाता है?

A. तत्त्व | B. यौगिक
C. मिश्रण | D. ठोस

136. किसी असंतुलित बल द्वारा किसी पिण्ड में उत्पन्न त्वरण :

A. बल के व्युत्क्रमानुपाती होता है।
B. बल के अनुक्रमानुपाती होता है।
C. बल के प्रभाव से स्वतंत्र होता है।
D. शून्य होता है।

137. निम्नलिखित में रो कौन एक अस्थायी कण है :

A. इलेक्ट्रॉन | B. प्रोटॉन
C. न्यूट्रॉन | D. पाई मेसोन

138. परमाणु नाभिक के अवयव हैं :

A. इलेक्ट्रॉन और प्रोटॉन
B. प्रोटॉन और न्यूट्रॉन
C. इलेक्ट्रॉन और न्यूट्रॉन
D. इलेक्ट्रॉन, प्रोटॉन और न्यूट्रॉन

139. सजावटी वृक्ष तथा झाड़ियों के संवर्द्धन से सम्बन्धित अध्ययन कहलाता है :

A. एग्रोनॉमी | B. ऑलेरीकल्चर
C. आरबोरीकल्चर | D. सिल्वीकल्चर

140. निकट दृष्टिदोष से पीड़ित व्यक्ति के चश्मे में कौन-सा लेंस प्रयोग किया जाता है?

A. उत्तल लेंस | B. समतल-उत्तल लेंस
C. अवतल लेंस | D. समतल-अवतल लेंस

141. वैज्ञानिक 'एडबर्ड जेनर' निम्नलिखित में से किस रोग से सम्बन्धित हैं :

A. हैजा | B. आन्त्र ज्वर
C. चेचक | D. लकवा (अंगघात)

142. मानव में गुर्दे का रोग किसके प्रदूषण से होता है?

A. कैडमियम (Cd) | B. लोहा (Fe)
C. कोबाल्ट (Co) | D. कार्बन (C)

143. बी.सी.जी. का टीका निम्न में से किस बीमारी से बचाव के लिए लगाया जाता है?

A. निमोनिया | B. काली खाँसी
C. टिटनेस | D. क्षय रोग

144. प्रकाश संश्लेषण के दौरान पैदा होने वाली ऑक्सीजन का स्रोत क्या है?

A. जल | B. कार्बन डाइ-ऑक्साइड
C. क्लोरोफिल | D. मीजोफिल कोशिकाएँ

145. पौधे का कौन-सा भाग श्वसन क्रिया करता है?

A. जड़ | B. पत्ती
C. बीज | D. इनमें से कोई नहीं

146. एम्पियर किसका मात्रक है?

A. विद्युत आवेश का | B. विद्युत धारा का
C. प्रतिरोध का | D. चुम्बकीय क्षेत्र का

147. 'वनस्पति विज्ञान' के जनक कौन हैं?

A. अरस्तू | B. डार्विन
C. थिओफ्रैस्टस | D. कैरोलस लीनियस

148. शरीर रचना के किस वर्गीकरण में लॉबस्टर सम्बद्ध होता है?

A. एरैक्निड्स | B. क्रस्टेशियन्स
C. कीड़े-मकोड़े | D. माइरियोपॉड्स

149. पुष्पों के अध्ययन को क्या कहा जाता है?
A. एन्थोलॉजी B. एग्रेस्टोलॉजी
C. फिनोटोलॉजी D. पॉलिनोलॉजी

150. वन अनुसंधान संस्थान कहाँ स्थित है?
A. शिमला B. शिलांग
C. देहरादून D. लखनऊ

151. निम्न में से कौन-सी गैस वायु से हल्की है?
A. ऑक्सीजन B. अमोनिया
C. क्लोरीन D. प्रोपेन

152. निम्नलिखित में से कौन-सी गैस वायु को सबसे अधिक प्रदूषित करती है?
A. कार्बन डाइऑक्साइड B. कार्बन मोनो ऑक्साइड
C. सल्फर डाइऑक्साइड D. हाइड्रोकार्बन

153. लोहा प्रचुर मात्रा में किसमें पाया जाता है?
A. दूध में B. अण्डे में
C. रसदार फलों में D. हरी सब्जियों में

154. ताँबा मुख्य रूप से विद्युत चालन के लिए प्रयोग किया जाता है, क्योंकि :
A. इसका गलनांक अधिक होता है।
B. यह सस्ता होता है।
C. यह बहुत टिकाऊ होता है।
D. इसकी विद्युत प्रतिरोधकता निम्न होती है।

155. किस खनिज से रेडियम प्राप्त किया गया था?
A. चूना पत्थर B. पिच ब्लैंड
C. रूटाइल D. हेमेटाइट

156. फोटोग्राफी में उपयोगी यौगिक तत्व कौन-सा है?
A. सिल्वर नाइट्रेट B. सिल्वर ब्रोमाइड
C. सल्फ्यूरिक अम्ल D. साइट्रिक अम्ल

157. वाहनों से निकलने वाली प्रदूषित गैस मुख्यतः कौन-सी है?
A. कार्बन डाइऑक्साइड B. कार्बन मोनोऑक्साइड
C. मार्श गैस D. नाइट्रोजन ऑक्साइड

158. भारत में मिथेन गैस का एक बड़ा स्रोत क्या है?
A. धान का खेत B. गेहूँ का खेत
C. गन्ने का खेत D. फलों का बगीचा

159. मानव शरीर में यूरिया सबसे अधिक किसमें होता है?
A. रक्त में B. माँसपेशियों में
C. मूत्र में D. आँसूओं में

160. कपास के रेशे, पौधे के किस भाग में पाये जाते हैं?
A. तने की छाल के तन्तु
B. जड़ के फ्लोएम तन्तु
C. बीजों पर अधिचर्मी रोम
D. पौधे की काष्ठीय तन्तु

161. निम्न में से 'श्वसन मूल' किस पौधे में पायी जाती है?
A. गेहूँ B. ज्वार
C. मक्का D. जूशिया

162. गन्ना और गेहूँ में किसके द्वारा परागण होता है?
A. कीटों द्वारा B. जन्तुओं द्वारा
C. हवा द्वारा D. जल द्वारा

163. वाष्पोत्सर्जन मापी यन्त्र कौन-सा है?
A. हाइग्रोमीटर B. लेक्टोमीटर
C. पोटोमीटर D. क्लाइनोमीटर

164. भूमि में अधिक गहराई पर बोए गए बीज प्रायः अंकुरित नहीं होते हैं, क्योंकि :
A. इन्हें वायु नहीं मिल पाती है।
B. इन्हें नाइट्रोजन नहीं मिल पाती है।
C. ये महान दबाव के अंतर्गत होते हैं।
D. इन्हें प्रकाश नहीं मिल पाता है।

165. मानव शरीर में 'एन्टअमीबा हिस्टोलिटिका' कहाँ पाया जाता है?
A. आन्त्र B. गला
C. आमाशय D. फेफड़ा

166. मानव के आँसू में कौन-सा एन्जाइम होता है, जिससे जीवाणु मर जाते हैं?
A. एमाइलेज B. यूरिऐज
C. लाइसोजाइम D. टॉयलिन

167. मानव शरीर की किस ग्रन्थि को 'मास्टर ग्रन्थि' कहा जाता है?
A. अग्न्याशय B. पीयूष
C. अवटू D. प्लीहा

168. किसका अधपका कच्चा मांस खाने से फीताकृमि मनुष्य की आन्त्र में पहुँचता है?
A. बकरी B. भेड़
C. गाय D. सूअर

169. स्तनपायी जीवों के हृदय में कितने चैम्बर होते हैं?
A. 2 B. 3
C. 4 D. 5

170. पेस मेकर का सम्बन्ध शरीर के किस अंग से है?
A. गुर्दा B. मस्तिष्क
C. फेफड़ा D. हृदय

171. मानव शरीर में 'रुधिर बैंक' का कार्य कौन करता है?
A. तिल्ली B. फेफड़ा
C. हृदय D. यकृत

172. प्रतिवर्ती क्रियाओं का नियंत्रण केंद्र कहाँ होता है?
A. प्रमस्तिष्क में B. अनुमस्तिष्क में
C. कशेरूक रज्जू में D. तंत्रिका कोशिका में

173. निम्न में से कौन-सा फूल सूर्य की दिशा में गति करता है?
A. कनेर B. सूरजमुखी
C. कमल D. गेंदा

174. ऐसे तत्त्व जिनमें धातु और अधातु दोनों के गुण पाये जाते हैं वे कहलाते हैं?
A. आदर्श धातु B. उपधातु
C. मिश्रधातु D. धातुमल

175. कॉलरा एवं टी.बी. के जीवाणुओं की खोज किस वैज्ञानिक के द्वारा की गई थी?
A. डार्विन B. लुई पाश्चर
C. रॉबर्ट कोच D. मेक्कुलाच

176. निम्न में से कौन एक उड़ने वाली छिपकली है?
A. गैको B. हीलोडर्मा
C. वैरेनस D. ड्रेको

177. घोंसला बनाने वाला एकमात्र साँप कौन-सा है?
A. चेन वाइपर B. करैत
C. किंग कोबरा D. सॉ स्केल्ड वाइपर

178. भारत में पायी जाने वाली सबसे बड़ी मछली कौन-सी है?
A. ह्वेल शार्क B. स्टोन फिश
C. मार्लिन D. हिल्सा

179. दालें किसका एक अच्छा स्रोत होती हैं?
A. प्रोटीन B. कार्बोहाइड्रेट
C. वसा D. सेल्यूलोज

180. देशी घी में से सुगन्ध क्यों आती है?
A. लैक्टोज़ के कारण B. डाइएसिटिल के कारण
C. केसीन के कारण D. इनमें से कोई नहीं

181. किस वैज्ञानिक ने सर्वप्रथम बर्फ के दो टुकड़ों को आपस में घिसकर पिघला दिया?
A. रमफोर्ड B. जूल
C. डेवी D. सेल्सियस

182. सबसे अधिक तीव्रता की ध्वनि कौन उत्पन्न करता है?
A. बन्दर B. गोरिल्ला
C. चिम्पांजी D. बाघ

183. जब ध्वनि तरंग चलती हैं, तो वे अपने साथ ले जाती हैं :
A. द्रव्यमान B. ध्वनि
C. ऊर्जा D. विभवांतर

184. सूर्य ग्रहण के समय सूर्य का कौन-सा भाग दिखाई देता है?
A. वर्णमण्डल B. किरीट
C. प्रभावमण्डल D. इनमें से कोई भाग नहीं

185. सूर्य की किरण में कितने रंग होते हैं?
A. 5 B. 9
C. 7 D. 6

186. दक्षिणी गोलार्द्ध में स्थित सबसे बड़ा कोयला क्षेत्र निम्न में से कौन-सा है?
A. कांसेप्सियन B. न्यू कैसल
C. नटान D. सांता कैंटेरिना

187. किस प्रकार की जलवायु में पॉडजोल का निर्माण होता है?
A. भूमध्यसागरीय B. आर्द्र शीतोष्ण
C. मानसून D. शुष्क एवं आर्द्र

188. पेट में भोजन को पचाने के लिए निम्नांकित में से किसकी खास आवश्यकता होती है?
A. हवा B. पानी
C. एंजाइम D. खनिज

189. कार्बन का सर्वाधिक शुद्ध रूप है?
A. कोयला B. चारकोल
C. हीरा D. ग्रेफाइट

190. निम्न में से सदिश राशि कौन-सी है?
A. वेग B. चाल
C. लम्बाई D. समय

191. केमिस्ट्री (रसायन) शब्द की उत्पत्ति किस देश से हुई है?
A. ईरान से B. मिस्र से
C. कनाडा से D. श्रीलंका से

192. रसायन विज्ञान के क्षेत्र में सर्वप्रथम नोबेल पुरस्कार किसको प्रदान किया गया?
A. अल्फ्रेड नोबेल को B. जॉन डाल्टन को
C. लॉर्ड रिथ को D. जे.एच. वाण्टहॉक को

193. प्रोटॉन की खोज किसने की थी?
A. थॉमसन ने B. रदरफोर्ड ने
C. चैडविक ने D. गोल्डस्टीन ने

194. नाभिक की द्रव्यमान संख्या क्या होती है?
A. नाभिक में न्यूक्लियानों की संख्या
B. नाभिक में प्रोटॉनों की संख्या
C. नाभिक में न्यूट्रॉनों की संख्या
D. इनमें से कोई नहीं

195. चट्टानों की आयु ज्ञात करने के लिए रेडियोएक्टिव आयु अंकन में किस समस्थानिक का उपयोग किया जाता है?
A. यूरेनियम का B. प्लूटोनियम का
C. थोरियम का D. कार्बन का

196. चाय में 'लाल रस्ट रोग' किसके कारण होता है?
A. जीवाणु B. लाइकेन
C. कवक D. शैवाल

197. 'कसीस का तेल' क्या कहलाता है?
A. नाइट्रिक अम्ल B. हाड्रोक्लोरिक अम्ल
C. एसीटिक अम्ल D. सल्फ्यूरिक अम्ल

198. 'हाइड्रोजन अम्लों का अनिवार्य अंग है।' यह किसने सिद्ध किया था?
A. डेवी ने B. लेवोसियो ने
C. फैराडे ने D. बॉयल ने

199. जब दो या दो से अधिक पदार्थ परस्पर संयोग करके केवल एक पदार्थ बनाते हैं तो यह अभिक्रिया कहलाती है :
A. योगात्मक B. वियोजन
C. बहुलकीकरण D. प्रतिस्थापन

200. वास्तविक केन्द्रक किसमें अनुपस्थित होता है?
A. जीवाणुओं में B. हरे शैवालों में
C. कवकों में D. लाइकेनों में

201. मानव शरीर में लाल रक्त कण का निर्माण कहाँ होता है?
A. हृदय B. तिल्ली
C. अस्थि मज्जा D. यकृत

202. लोहे में जंग लगने पर बनने वाला पदार्थ कौन-सा है?
A. फेरिक ऑक्साइड B. कैल्सियम क्लोराइड
C. सोडियम क्लोराइड D. इनमें से कोई नहीं

203. 'मैमथ' निम्नलिखित में से किसके पूर्वज थे?
A. कुत्ता B. हाथी
C. घोड़ा D. ऊँट

204. कौन-सी धातु अपने ही ऑक्साइड से रक्षित होती है?
A. ऐलुमिनियम B. लोहा
C. चाँदी D. सोना

205. शरीर के कौन-से अंग का प्रत्यारोपण नहीं किया जा सकता?
A. गुर्दा B. हृदय
C. मस्तिष्क D. फेफड़ा

206. आँखों की दूर दृष्टि की बीमारी किस कारण से होती है?
A. रेटिना का छोटा हो जाना
B. पुतली का फैल जाना
C. नेत्र गोलक का छोटा हो जाना
D. उपरोक्त में से कोई नहीं

207. एक वृक्ष के पुराने तने की अनुप्रस्थ काट में 50 वार्षिक वलय मिलते हैं। वृक्ष की आयु क्या होगी?
A. 25 वर्ष B. 49 वर्ष
C. 100 वर्ष D. 50 वर्ष

208. सूअरों को मानव रिहायशी क्षेत्रों से दूर रखना किसके उन्मूलन में सहायक है?
A. मलेरिया B. जापानी एनसेफेलाइटिस
C. फीलपांव D. पोलियो

209. पीलिया रोग में कौन-सा अंग दुष्प्रभावित होता है?
A. अग्न्याशय B. आमाशय
C. यकृत D. छोटी आँत

210. निम्नांकित में से कौन अधिकतम ध्वनि प्रदूषण का कारण है?
A. जेट उड़ान B. भारी ट्रक यातायात
C. चुनावी सभाएँ D. पॉप संगीत

211. सन् 1959 में कृत्रिम रूप से डी.एन.ए. को संश्लेषित करने हेतु 'नोबेल पुरस्कार' किसे मिला था?
A. कॉर्नबर्ग B. आकोआ
C. खुराना D. निरेनबर्ग

212. बॉक्साइट का रासायनिक सूत्र क्या है?
A. ऐलुमिनियम ऑक्साइड B. ऐलुमिनियम क्लोराइड
C. ऐलुमिनियम सल्फेट D. हाइड्रेटेड ऐलुमिना

213. निम्न में से किसमें लोहा प्रचुर मात्रा में पाया जाता है?
A. दूध B. अण्डा
C. हरी सब्जियाँ D. रसदार फल

214. निम्न में से किसे 'झूठा सोना' कहा जाता है?
A. SnS_2 B. FeS_2
C. $FeCl_3$ D. Fe_2O_3

215. किस प्रकार की तरंग का प्रयोग रात्रि दृष्टि उपकरण में किया जाता है?
A. रेडियो तरंग B. सूक्ष्म तरंग
C. अवरक्त तरंग D. उपरोक्त में से कोई नहीं

216. विद्युत बल्ब के मुकाबले फ्लूरोसेन्ट ट्यूब अधिक पसन्द की जाती है, क्योंकि :
A. उसकी रोशनी देने वाली सतह बड़ी होती है।
B. वोल्टता के घटने-बढ़ने का असर नहीं पड़ता।
C. ट्यूब में विद्युत ऊर्जा लगभग पूरी तरह से प्रकाश ऊर्जा में परिवर्तित हो जाती है।
D. उसकी रोशनी आँखों के लिए हानिकारक नहीं होती।

217. एक वर्णान्ध पुरुष व सामान्य महिला की सन्तानों में पुत्रों के वर्णान्ध होने की कितनी सम्भावना होती है?
A. 50 प्रतिशत B. 33 प्रतिशत
C. 25 प्रतिशत D. 0 प्रतिशत

218. 'तारा मछली' निम्नलिखित में से किस संघ का प्राणी है?
A. मोलस्का B. मत्स्य
C. ऑर्थ्रोपोडा D. इकाइनोडर्मेटा

219. निम्न में से किसमें अधोभूमिक अंकुरण पाया जाता है?
A. कद्दू B. मक्का
C. राइजोफोरा D. सेम

220. लोहे में जंग लगने की क्रिया किसकी सहायता से होती है?
A. जल B. जल एवं ऑक्सीजन
C. जल एवं CO_2 D. जल एवं नाइट्रोजन

221. तड़ित चालक किस से बनाये जाते हैं?
A. लोहा B. ऐलुमिनियम
C. ताँबा D. इस्पात

222. मनुष्य में नर का गुणसूत्र सम्मिश्रण होता है :
A. XX B. XY
C. XXY D. XYY

223. घरेलू मक्खी का लार्वा क्या कहलाता है?
A. प्यूपा B. इमेंगो
C. मेंगोट D. भेकशिशु

224. सामान्यतः अंकुरण के लिए किसकी आवश्यकता नहीं होती है?
A. प्रकाश B. जल
C. वायु D. ताप

225. 'हरा थोथा' या 'हरा कसीस' किस रासायनिक पदार्थ का प्रचलित नाम है?
A. कॉपर सल्फेट B. जिंक सल्फेट
C. मैग्नीशियम सल्फेट D. फेरस सल्फेट

226. विद्युत मोटर निम्न सिद्धान्त के अनुसार कार्य करती है :
A. फैराडे के नियम B. लेंज का नियम
C. ओम का नियम D. फ्लेमिंग का नियम

227. निम्न में से कौन-सा बम जीवन को नष्ट कर देता है, लेकिन भवनों को कोई क्षति नहीं पहुँचाता है?
A. न्यूट्रॉन बम B. हाइड्रोजन बम
C. परमाणु बम D. सभी असत्य हैं

228. परमाणु बम में निम्न सिद्धान्त कार्य करता है :
A. नाभिकीय संलयन B. प्रकाश विद्युत प्रभाव
C. फ्लेमिंग का नियम D. नाभिकीय विखण्डन

229. प्रकाश विद्युत सेल :
A. विद्युत को प्रकाश में बदलता है
B. प्रकाश को विद्युत में बदलता है
C. प्रकाश का संचय करता है
D. विद्युत का संचय करता है

230. घरों में पंखे, बल्ब आदि किस क्रम में लगे होते हैं?
A. श्रेणी क्रम में B. मिश्रित क्रम में
C. समान्तर क्रम में D. किसी भी क्रम में

231. खाद्य ऊर्जा को हम किस इकाई में माप सकते हैं?
A. कैलोरी B. केल्विन
C. जूल D. अर्ग

232. विद्युत धारा की इकाई है :
A. एम्पियर B. ओम
C. वोल्ट D. कूलम्ब

233. निम्न में से कौन, न तो तत्त्व है और न ही यौगिक :
A. वायु B. जल
C. पारा D. सोडियम क्लोराइट

234. पदार्थ की चतुर्थ अवस्था है :
A. ठोस B. तरल
C. प्लाज्मा D. गैस

235. श्वेत (सफेद) रक्त कणिकाओं का क्या कार्य है?
A. ऑक्सीजन ले जाना
B. कार्बन डाइ-ऑक्साइड ले जाना
C. रोग प्रतिरोधक क्षमता धारण करना
D. इनमें से कोई नहीं

236. किस रुधिर वर्ग का व्यक्ति सर्वदाता होता है?
A. A B. B
C. AB D. O

237. मानव शरीर में पाचन का अधिकांश भाग किस अंग में सम्पन्न होता है?
A. अग्न्याशय B. बड़ी आँत
C. छोटी आँत D. आमाशय

238. निम्न में से कौन-सा आहार मानव शरीर में नये ऊतकों की वृद्धि के लिए पोषक तत्व प्रदान करता है?
A. फल B. सब्जियाँ
C. पनीर D. मिठाई

239. राजस्थान में ताँबे का विशाल भण्डार किस क्षेत्र में स्थित है?
A. डीडवाना क्षेत्र में B. बीकानेर क्षेत्र में
C. उदयपुर क्षेत्र में D. खेतड़ी क्षेत्र में

240. भारत की प्रमुख धान्य फसल कौन-सी है?
A. चावल B. ज्वार
C. गेहूँ D. मक्का

241. पत्तियों के दो मुख्य कार्य होते हैं :
A. वाष्पोत्सर्जन व श्वसन
B. प्रकाश संश्लेषण व श्वसन
C. प्रकाश संश्लेषण व वाष्पोत्सर्जन
D. श्वसन व पाचन

242. डॉक्टर, चित्रकार, शिल्पकार आदि के द्वारा उपयोग किये जाने वाले कैल्सियम सल्फेट का लोकप्रिय नाम क्या है?
A. लाइम ऑफ सोडा B. पोटैशियम परमैंगनेट
C. प्लास्टर ऑफ पेरिस D. जिप्सम

243. सोने के आभूषण बनाते समय उसमें कौन-सी धातु मिलायी जाती है?
A. ताँबा B. पारा
C. प्लेटिनम D. ऐल्युमीनियम

244. मनुष्य के शरीर में 'एण्टअमीबा हिस्टोलिटिका' कहाँ पाया जाता है?
A. आँत में B. गले में
C. आमाशय में D. फेफड़े में

245. मच्छर में मलेरिया परजीवी का जीवन चक्र किसने खोजा था?
A. लुई पाश्चर ने B. रोनाल्ड रॉस ने
C. चार्ल्स डार्विन ने D. ग्रेगर जॉन मेण्डल ने

246. निम्न में से किसमें रक्त नहीं होता है, किंतु वह श्वसन करता है?
A. तिलचट्टा B. केंचुआ
C. हाइड्रा D. कंगारू

247. निम्नलिखित में से किसे 'जेली फिश' के नाम से जाना जाता है?
A. हाइड्रा B. फाइसेलिया
C. ऑरीलिया D. ऑबिलिया

248. अत्यधिक ऊँचे ताप की माप किससे की जाती है?
A. प्लेटिनम प्रतिरोध तापमापी से
B. ताप युग्म तापमापी से
C. पूर्ण विकिरण उत्तापमापी से
D. नाइट्रोजन गैस तापमापी से

249. इन्द्रधनुष बनने का क्या कारण है?
A. वायुमंडल में सूर्य की किरणों का जल बूंदों के द्वारा परावर्तन
B. वायुमंडल में सूर्य की किरणों का धूलकणों के द्वारा परावर्तन
C. प्रकाश का प्रकीर्णन
D. प्रकाश का ध्रुवण

250. सूर्य का ताप किसके द्वारा मापा जाता है?
A. प्लेटिनम तापमापी द्वारा
B. गैस तापमापी द्वारा
C. पाइरोमीटर तापमापी द्वारा
D. वाष्पन दाब तापमापी

251. प्राकृतिक रबड़ का वल्कनीकरण करने के लिए कौन-सी विधि प्रयुक्त होती है?
A. गंधक के साथ गर्म करना
B. कार्बन ब्लेक के साथ गर्म करना
C. क्लोरीन गैस मिलाना
D. डाइफेनिल ऐमीन मिलाना

252. अस्थि में कौन-सा लवण सर्वाधिक पाया जाता है?
A. कैल्सियम फॉस्फेट B. सोडियम क्लोराइड
C. फेरिक नाइट्रेट D. मैग्नीशियम कार्बोनेट

253. निम्न में से कौन-सी एक परमाण्विक गैस है?
A. हाइड्रोजन B. नाइट्रोजन
C. क्लोरीन D. हीलियम

254. मानव शरीर में हीमोग्लोबिन का कार्य क्या है?
A. ऑक्सीजन का परिवहन
B. जीवाणु को नष्ट करना
C. रक्ताल्पता को रोकना
D. लौह का उपयोग

255. वैश्विक तापन के फलस्वरूप हो सकता है :
A. समुद्र तल में वृद्धि
B. फसल के स्वरूप में परिवर्तन
C. तट रेखा में परिवर्तन
D. उपरोक्त सभी

256. निम्नलिखित में से किसमें विटामिन A होता है?
A. आलू B. टमाटर
C. गाजर D. पालक

257. 'केंद्रीय औषधि शोध संस्थान' कहाँ पर स्थित है?
A. नागपुर B. हैदराबाद
C. लखनऊ D. मैसूर

258. मूत्र के स्रावण को बढ़ाने वाली औषधि को क्या कहते हैं?
A. एड्रिनलीन B. मोनोयूरेटिक
C. डाइयूरेटिक D. ट्राइयूरेटिक

259. किसी वस्तु को गर्म करने पर उसके अणुओं की :
A. चाल बढ़ जायेगी। B. ऊर्जा कम हो जायेगी।
C. भार बढ़ जायेगा। D. भार घट जायेगा।

260. ऊष्मा एक प्रकार की ऊर्जा है, जिसे कार्य में बदला जा सकता है। इसका प्रत्यक्ष प्रमाण सबसे पहले किसने दिया था?
A. डेवी B. रमफोर्ड
C. सेल्सियस D. फारेनहाइट

261. कैंसर के उपचार के लिए प्रयुक्त रेडियो आइसोटोप है :
A. P-30 B. C-14
C. Co-60 D. P-32

262. आम के पौधे का वानस्पतिक नाम क्या है?
A. मूसा सेपियेण्टम B. डोकस-कैरोटा
C. मेन्जीफेरा इण्डिका D. इनमें से कोई नहीं

263. पीत ज्वर किसके द्वारा संचारित किया जाता है?
A. एण्डीज द्वारा B. एनोफेलिज द्वारा
C. घरेलू मक्खी द्वारा D. क्यूलेक्स द्वारा

264. किसी चुम्बक की आकर्षण शक्ति सबसे कम कहाँ पर होती है?
A. दोनों किनारों पर
B. मध्य में
C. चुम्बकीय अक्षर पर
D. सभी जगह समान होती है।

265. एक प्रिज्म (Prism) में से गुजरने पर किस रंग का प्रकाश सबसे अधिक अपवर्तित होता है?
A. हरा B. लाल
C. नीला D. बैंगनी

266. हम रेडियो की घुण्डी घुमाकर विभिन्न स्टेशनों के कार्यक्रम सुन सकते हैं। यह सम्भव है :
A. विस्पंद के कारण B. विवर्तन के कारण
C. अनुनाद के कारण D. व्यतिकरण के कारण

267. निम्न में से कौन-सी तरंगें शून्य में संचरण नहीं कर सकती :
A. प्रकाश B. ऊष्मा
C. ध्वनि D. इलेक्ट्रोमैग्नेटिक

268. तारपीन का तेल किससे प्राप्त किया जाता है?
A. यूकेलिप्टस B. जानवरों की चर्बी
C. ताड़ का वृक्ष D. उपरोक्त में से कोई नहीं

269. निम्नलिखित में से किससे लिटमस मिलता है?
A. जीवाणु B. कवक
C. शैवाल D. लाइकेन

270. सामान्यतः अंकुरण के लिए किसकी आवश्यकता नहीं होती है?
A. प्रकाश B. जल
C. हवा D. ताप

271. रंगने में काम आने वाला तीखा पदार्थ कौन-सा है?
A. कैल्सियम हाइड्रॉक्साइड B. ऐलुमिनियम सल्फेट
C. कैल्सियम कार्बोनेट D. जिंक फॉस्फेट

272. मुख्य क्वाण्टम संख्या क्या निर्धारित करती है?
A. नाभिक से इलेक्ट्रॉन की दूरी
B. उपकोश की आकृति
C. कक्षाओं में विभिन्न अभिविन्यास
D. इलेक्ट्रॉन का अपनी धुरी पर चक्रण

273. नाभिक की खोज के लिए रदरफोर्ड ने जब धातु के पतले पत्र पर एल्फा कणों की बौछार की तो :
A. अधिकांश एल्फा कण धातु की पन्नी को बिना विक्षेपण के पार करके चले गए।
B. सभी एल्फा कण धातु की पन्नी को पार कर गए।
C. अधिकांश एल्फा कण छोटे कोण बनाकर विचलित हो गए।
D. अधिकांश एल्फा कण वापस विचलित हो गए।

274. निम्नलिखित में से कौन रेडियोधर्मी पदार्थ उत्सर्जित करता है?
A. अल्फा कण B. बीटा कण
C. गामा कण D. उपरोक्त सभी

275. पृथ्वी की आयु का आकलन किया जाता है :
A. यूरेनियम डेटिंग से B. कार्बन डेटिंग से
C. परमाणु घड़ी से D. जैविक घड़ी से

276. किसी वस्तु का भार किस स्थान पर न्यूनतम होता है?
A. उत्तरी ध्रुव पर B. दक्षिणी ध्रुव पर
C. विषुवत रेखा पर D. पृथ्वी के केन्द्र पर

277. एक नदी में चलता हुआ जहाज समुद्र में आ जाता है, तब जहाज का स्तर :
A. पहले जितना ही रहेगा।
B. थोड़ा ऊपर उठ जायेगा।
C. थोड़ा नीचे आयेगा।
D. ऊपर या नीचे होगा, जो उसमें पड़े हुए भार पर निर्भर करता है।

278. 'सिरका' किसका जलीय विलयन है?
A. ऑक्सीजन अम्ल B. नींबू का अम्ल
C. ऐसिटिक अम्ल D. हाइड्रोक्लोरिक अम्ल

279. 'एडवर्ड जेनर' निम्नलिखित में से किस बीमारी से जुड़े हैं?
A. विषूचिका (हैजा) B. आन्त्र ज्वर
C. चेचक D. लकवा (अंगघात)

280. निम्नलिखित में किस विटामिन को हार्मोन माना जाता है?
A. A B. B
C. C D. D

281. SI में कितने मूल मात्रक हैं?
A. 5 B. 6
C. 7 D. 8

282. 'मोनोजाइट' निम्न में से किसका अयस्क है?
A. जर्कोनियम B. थोरियम
C. टाइटेनियम D. लोहा

283. निम्नलिखित में से कौन जल में आसानी से घुलनशील है?
A. कार्बन B. नाइट्रोजन
C. अमोनिया D. आयोडिन

284. तारे टिमटिमाते क्यों प्रतीत होते हैं?
A. तारों की दूरी के कारण
B. तारों की चमक के कारण
C. तारों के प्रकाश के वायुमंडलीय अपवर्तन के कारण
D. तारों के रंग के कारण

285. वृत्त का एक चक्कर लगाने में वस्तु को जो समय लगता है, उसे क्या कहते हैं?
A. आवर्तकाल B. वृत्ताकार गति
C. आवृति D. असमान वृत्तीय गति

286. वायु में ध्वनि का वेग :
A. तापमान के बढ़ने से घटता है।
B. तापमान के घटने से बढ़ता है।
C. तापमान पर आश्रित नहीं रहता है।
D. तापमान के घटने से घटता है।

287. 'कार्नेलाइट' किसका खनिज है?
A. मैग्नीशियम B. जिंक
C. सोडियम D. कैल्सियम

288. भारी जल एक प्रकार से क्या है?
A. शीतलक B. मंदक
C. अयस्क D. ईंधन

289. 'एक्वायर्ड इम्यूनो डेफीशियेंसी सिंड्रोम' (एड्स) किसके कारण होता है?
A. प्रोटोजोआ B. वायरस
C. फंगस D. बैक्टीरिया

290. हमारी मांसपेशियों के क्रियास्वरूप लगने वाले बल को कहते हैं?
A. दाब B. परिमाण
C. पेशीय बल D. इनमें से कोई नहीं

291. नवजात शिशुओं में हड्डियों की संख्या कितनी होती है?
A. 200 B. 206
C. 300 D. 306

292. जैव विकास को सर्वप्रथम किसने समझाया था?
A. न्यूटन B. आइंस्टीन
C. डार्विन D. लैमार्क

293. सामान्यतः निम्न में से किस तत्त्व को भविष्य का ईंधन कहा जाता है?
A. हाइड्रोजन B. मिथेन
C. प्राकृतिक गैस D. इथेनॉल

294. किसी तत्व के परमाणु के नाभिक में उपस्थित प्रोटॉनों की संख्या को .... कहते हैं।
A. परमाणु क्रमांक B. द्रव्यमान संख्या
C. क्वाण्टम संख्या D. एवोगाड्रो संख्या

295. 'आवर्त' सारणी' के क्षैतिज स्तम्भों को क्या कहते हैं?
A. आवर्त
B. वर्ग
C. विद्युत रासायनिक क्रम
D. अधातु

296. जीवों के 'प्राकृतिक चयन का सिद्धान्त' किसने प्रतिपादित किया था?
A. लैमार्क B. डार्विन
C. डी.ब्रीज D. मेंडल

297. निम्न में से वह कौन-सा तत्त्व है, जिसका परमाणु क्रमांक तथा परमाणु भार दोनों एक समान होता है?
A. हाइड्रोजन B. लिथियम
C. ऑक्सीजन D. हीलियम

298. आधुनिक आवर्त सारणी में आवर्तों की कुल संख्या कितनी है?
A. 5 B. 7
C. 9 D. 16

299. वंशागति का वाहक किसे कहा जाता है?
A. गुणसूत्रों को B. जीन को
C. कोशिका को D. DNA व RNA को

300. शाकाहारियों को अधिकतम प्रोटीन किससे प्राप्त होता है?
A. अनाज B. सब्जी
C. दूध D. दाल

301. एक 'गैल्वेनोमीटर' को 'वोल्टमीटर' में परिवर्तित करने के लिए गैल्वेनोमीटर के :
A. समानान्तर क्रम में कम प्रतिरोध का शंट लगाना चाहिए।
B. श्रेणीक्रम में कम प्रतिरोध जोड़ना चाहिए।
C. समानान्तर क्रम में उच्च प्रतिरोध का शंट लगाना चाहिए।
D. श्रेणीक्रम में उच्च प्रतिरोध जोड़ना चाहिए।

302. ध्वनि ऊर्जा को वैद्युत ऊर्जा में परिवर्तित करने वाले यन्त्र का नाम क्या है?
A. ऐम्प्लीफायर B. आलापक
C. माइक्रोफोन D. प्रेषित्र

303. 'गन मेटल' किसका अयस्क है?
A. निकल, टिन, ताँबा
B. ताँबा, फॉस्फोरस, निकल
C. मैंगनीज़, फॉस्फोरस, निकल
D. ताँबा, टिन, जिंक

304. छिछले हैंडपम्प से पानी पीने वाले लोगों को नीचे लिखे सभी रोगों के होने की सम्भावना है, सिवाय–
A. हैजा के B. टायफॉयड के
C. कामला के D. फ्लुओरोसिस के

305. निम्नलिखित में से कौन-सा रोग बैक्टीरिया से होता है?
A. तपेदिक B. पीलिया
C. चेचक D. उपरोक्त में से कोई नहीं

306. निम्नलिखित में से किसने एक्स किरणों का आविष्कार किया था?
A. रदरफोर्ड B. रौंट्जन
C. मैक्सवेल D. टोरिसैली

307. कोई भी नाव डूब जायेगी, यदि वह पानी हटाती है, अपने–
A. आयतन के बराबर B. भार के बराबर
C. पृष्ठ भार के बराबर D. घनत्व के बराबर

308. लहसुन की अभिलाक्षणिक गंध का क्या कारण है?
A. क्लोरो यौगिक B. सल्फर यौगिक
C. फ्लुओरीन यौगिक D. एसीटिक अम्ल

309. हीमोफ़ीलिया एक आनुवंशिक विकार है, जो उत्पन्न करता है–
A. होमोग्लोबिन स्तर में कमी
B. रूमेटी हृदय रोग
C. श्वेत रक्त कोशिका में कमी
D. रक्त का स्पन्दन न होना

310. किसी अपारदर्शी वस्तु का रंग उस रंग के कारण होता है, जिसे वह–
A. अवशोषित करती है। B. अपवर्तित करती है।
C. परावर्तित करती है। D. प्रकीर्ण करती है।

311. सी.वी. रमन को 'नोबेल पुरस्कार' कब मिला था?
A. 1930 B. 1940
C. 1950 D. 1970

312. निम्नलिखित में से किसमें ध्वनि की गति सबसे तेज होती है?
A. जल B. वायु
C. काँच D. ग्लिसरीन

313. उन शराब त्रासदियों में जिनके परिणामस्वरूप अंधता आदि होती है, उसका हानिकारक पदार्थ है–
A. एथिल ऐल्कोहॉल B. ऐमिल ऐल्कोहॉल
C. बेंजिल ऐल्कोहॉल D. मेथिल ऐल्कोहॉल

314. तेल जल के तल पर फैल जाता है। इसका क्या कारण है?
A. तेल जल की अपेक्षा अधिक घना है।
B. तेल जल की अपेक्षा कम घना है।
C. तेल का पृष्ठ तनाव जल से अधिक है।
D. तेल का पृष्ठ तनाव जल से कम है।

315. निम्नलिखित में से किस तत्त्व का सम्बन्ध दाँतों की विकृति के साथ है?
A. क्लोरीन B. फ्लोरीन
C. ब्रोमिन D. आयोडीन

316. रेडियोएक्टिव क्षय में सबसे तीव्रगामी उत्पाद क्या है?
A. एल्फा कण B. बीटा कण
C. गामा कण D. पॉजीट्रॉन

317. शीतकाल में कपड़े हमें गर्म रखते हैं, क्योंकि वे–
A. ऊष्मा प्रदान करते हैं।
B. ऊष्मा का विकिरण नहीं करते।
C. वायु को शरीर के साथ सम्पर्क में आने से रोकते हैं।
D. शरीर की ऊष्मा को बाहर जाने से रोकते हैं।

318. फोटोग्राफी में 'स्थायीकर' के रूप में प्रयुक्त होने वाला रसायन है?
A. सोडियम सल्फेट B. सोडियम थायोसल्फेट
C. अमोनियम परसल्फेट D. बोरेक्स (सुहागा)

319. निम्नांकित जोड़ों में से कौन-सा सुमेलित है?
A. निमोनिया – फेफड़े
B. मोतियाबिन्द – थायरॉइड ग्रंथि
C. पीलिया – आँख
D. मधुमेह – यकृत

320. निम्नलिखित में से कौन-सा एक शहद का घटक है?
A. ग्लूकोस B. सुक्रोस
C. माल्टोस D. फ्रक्टोस

321. 'पास्कल' निम्नलिखित में से किसकी इकाई है?
A. आर्द्रता B. दाब
C. वर्षा D. तापमान

322. रेफ्रिजरेटर में शीतलन किस प्रकार होता है?
A. फ्रीजर में जमी हुई बर्फ द्वारा
B. सम्पीड़ित गैस के सहसा प्रसार द्वारा
C. वाष्पशील द्रव के वाष्पन द्वारा
D. उपरोक्त में से कोई नहीं

323. निम्नलिखित में से कौन-सा हार्मोन नहीं है?
A. इन्सुलिन B. एड्रिनलीन
C. थायरोक्सिन D. हीमोग्लोबिन

324. सामान्य मानव का रक्तचाप है–
A. 120/80 B. 100/90
C. 80/110 D. 90/100

325. ऐल्फा-किरेटिन एक प्रोटीन है जो–
A. रक्त में उपस्थित है। B. त्वचा में उपस्थित है।
C. ऊन में उपस्थित है। D. अण्डों में उपस्थित है।

326. निम्नलिखित में से कौन-सा हाइड्रोजन का समस्थानिक नहीं है?
A. प्रोटियम B. ड्यूटीरियम
C. ट्राइटियम D. ओजोन

327. आधुनिक आवर्त नियम के प्रवर्तक कौन थे?
A. मोसले B. मेण्डलीफ
C. एवोगाड्रो D. डाल्टन

328. लम्बे समय तक कठोर शारीरिक कार्य के पश्चात मांसपेशियों में थकान अनुभव होने का कारण होता है–
A. ऑक्सीजन की आपूर्ति में कमी
B. पेशी तन्तु की थोड़ी-बहुत टूट-फूट
C. ग्लूकोज का अवक्षय
D. लैक्टिक अम्ल का संचयन

329. उद्दीपक दवाओं के सेवन से शरीर पर प्रभाव पड़ता है–
A. सेवन के बाद अस्थाई रूप से शरीर में स्फूर्ति एवं अतिरिक्त ऊर्जा का संचार
B. नींद आना
C. बेहोशी आना
D. उक्त में से कोई नहीं

330. मानव शरीर में त्वचा तल के नीचे विद्यमान वसा निम्नलिखित में से किसके विरुद्ध अवरोधक का काम करती है?
A. शरीर की ऊष्मा का क्षय
B. शरीर के लवणों का क्षय
C. वातावरण से हानिकारक सूक्ष्म जीवों का प्रवेश
D. आवश्यक शरीर द्रव्यों का क्षय

331. भार के अनुपात में जल में हाइड्रोजन व ऑक्सीजन का अनुपात कितना होता है?
A. 1:8 B. 8:1
C. 1:2 D. 2:1

332. आवर्त सारणी का लम्बा रूप किस पर निर्भर करता है?
A. परमाणु के आकार पर
B. परमाणु के द्रव्यमान पर
C. परमाणु संख्या पर
D. विद्युत ऋणात्मकता पर

333. सीसा का अयस्क है–
A. गैलेना B. इल्मेनाइट
C. बॉक्साइट D. इनमें से कोई नहीं

334. प्रोटीन बनाने के लिए कितने एमीनो एसिड आवश्यक होते हैं?
A. 10 B. 15
C. 25 D. 20

335. जिस विटामिन में कोबाल्ट होता है, वह है–
A. विटामिन B1 B. विटामिन B2
C. विटामिन B12 D. विटामिन B6

336. कौन-सा तत्व ब्रह्माण्ड में सर्वाधिक मात्रा में उपलब्ध है?
A. नाइट्रोजन B. हाइड्रोजन
C. ऑक्सीजन D. सिलिकॉन

337. शुद्ध जल होता है–
A. अम्लीय B. क्षारीय
C. उदासीन D. उपरोक्त में से कोई नहीं

338. निम्नलिखित में से मानव निर्मित तत्व की पहचान कीजिए?
A. कैलीफोर्नियम B. कार्बन
C. सोना D. कैल्सियम

339. निम्नलिखित में से किसका मांस 'सफेद मांस' कहलाता है?
A. गाय का मांस B. सूअर का मांस
C. भैंस का मांस D. मुर्गी का मांस

340. मधुमक्खियों में शहद व छत्ते का निर्माण कौन करता है?
A. राजा B. रानी
C. सैनिक D. श्रमिक

341. केंचुए द्वारा खाद तैयार करना क्या कहलाता है?
A. वर्मीकल्चर B. हार्टिकल्चर
C. पिसीकल्चर D. अरबोरीकल्चर

342. 'साइलो' क्या है?
A. जुताई का एक उपकरण
B. कटाई का एक उपकरण
C. कटाई के समय का एक त्यौहार
D. फसल भण्डारण हेतु बड़े भण्डार गृह

343. निम्नलिखित में से नाइट्रोजन युक्त उर्वरक है–
A. डीएपी B. सोडियम फॉस्फेट
C. यूरिया D. सुपर फॉस्फेट

344. निम्न में से कीटनाशी रसायन कौन-सा है?
A. सुपर फॉस्फेट B. पोटैशियम सल्फेट
C. मेलाथियोन D. अमोनियम क्लोराइड

345. पशुओं में होने वाला खुरपका रोग किसके कारण होता है?
A. वायरस B. जीवाणु
C. प्रोटोजोआ D. कीट

346. विशिष्ट प्रतिरोध का 'एस.आई.' (S.I.) मात्रक क्या है?
A. ओम/मीटर B. ओम/मीटर^2
C. ओम-मीटर D. ओम

347. फैराडे का नियम किस प्रक्रिया से सम्बंधित है?
A. इलेक्ट्रोलाइसिस B. गैसों की अभिक्रिया
C. गैसों का दाब D. तापमान एवं दाब

348. डार्विन की पुस्तक "ऑन दी ओरिजिन ऑफ स्पीसीज" कब प्रकाशित हुई थी?
A. 1849 B. 1859
C. 1869 D. 1879

349. निम्नलिखित में से कौन-सा रसायन फल पकाने के लिए उपयोग में लाया गया है?
A. सोडियम क्लोराइड B. कैल्सियम कार्बाइड
C. पोटैशियम क्लोराइड D. उपर्युक्त में से कोई नहीं

350. 1 वोल्ट विभवान्तर द्वारा त्वरित होने पर एक इलेक्ट्रॉन जितनी ऊर्जा प्राप्त करता है, उसे कहते हैं–
A. 1 जूल B. 1 इलेक्ट्रॉन वोल्ट
C. 1 अर्ग D. 1 वाट

उत्तरमाला

1	2	3	4	5	6	7	8	9	10
C	C	C	C	B	A	B	A	C	C
11	**12**	**13**	**14**	**15**	**16**	**17**	**18**	**19**	**20**
B	C	B	B	B	B	C	C	C	A
21	**22**	**23**	**24**	**25**	**26**	**27**	**28**	**29**	**30**
C	B	D	A	C	B	A	B	A	A
31	**32**	**33**	**34**	**35**	**36**	**37**	**38**	**39**	**40**
C	A	B	A	C	D	B	C	B	B
41	**42**	**43**	**44**	**45**	**46**	**47**	**48**	**49**	**50**
A	B	A	B	A	C	C	A	A	A
51	**52**	**53**	**54**	**55**	**56**	**57**	**58**	**59**	**60**
C	B	D	D	C	B	C	D	A	A
61	**62**	**63**	**64**	**65**	**66**	**67**	**68**	**69**	**70**
D	C	C	D	B	C	B	C	A	D
71	**72**	**73**	**74**	**75**	**76**	**77**	**78**	**79**	**80**
C	A	B	D	C	A	C	A	C	B
81	**82**	**83**	**84**	**85**	**86**	**87**	**88**	**89**	**90**
A	B	A	C	D	B	B	C	B	C
91	**92**	**93**	**94**	**95**	**96**	**97**	**98**	**99**	**100**
B	B	A	A	B	A	A	C	B	B
101	**102**	**103**	**104**	**105**	**106**	**107**	**108**	**109**	**110**
A	A	A	B	D	B	C	B	A	C
111	**112**	**113**	**114**	**115**	**116**	**117**	**118**	**119**	**120**
D	D	C	B	D	C	B	D	C	B
121	**122**	**123**	**124**	**125**	**126**	**127**	**128**	**129**	**130**
B	B	C	A	A	D	B	B	C	D
131	**132**	**133**	**134**	**135**	**136**	**137**	**138**	**139**	**140**
D	A	A	A	B	B	D	B	C	C

141	142	143	144	145	146	147	148	149	150
C	A	D	A	B	B	C	B	A	C
151	**152**	**153**	**154**	**155**	**156**	**157**	**158**	**159**	**160**
B	B	D	D	C	B	B	B	A	C
161	**162**	**163**	**164**	**165**	**166**	**167**	**168**	**169**	**170**
D	C	C	A	A	C	B	D	C	D
171	**172**	**173**	**174**	**175**	**176**	**177**	**178**	**179**	**180**
A	C	B	B	C	D	C	A	A	B
181	**182**	**183**	**184**	**185**	**186**	**187**	**188**	**189**	**190**
C	D	C	B	C	B	B	C	C	A
191	**192**	**193**	**194**	**195**	**196**	**197**	**198**	**199**	**200**
B	D	D	A	A	D	D	A	A	A
201	**202**	**203**	**204**	**205**	**206**	**207**	**208**	**209**	**210**
C	D	B	A	C	C	D	B	C	A
211	**212**	**213**	**214**	**215**	**216**	**217**	**218**	**219**	**220**
A	D	C	B	C	C	D	D	B	B
221	**222**	**223**	**224**	**225**	**226**	**227**	**228**	**229**	**230**
C	B	C	A	D	A	A	D	B	C
231	**232**	**233**	**234**	**235**	**236**	**237**	**238**	**239**	**240**
A	A	A	C	C	D	C	C	D	A
241	**242**	**243**	**244**	**245**	**246**	**247**	**248**	**249**	**250**
C	C	A	A	B	C	C	C	A	C
251	**252**	**253**	**254**	**255**	**256**	**257**	**258**	**259**	**260**
A	A	D	A	D	C	C	C	A	B
261	**262**	**263**	**264**	**265**	**266**	**267**	**268**	**269**	**270**
C	C	A	B	D	C	C	C	D	A
271	**272**	**273**	**274**	**275**	**276**	**277**	**278**	**279**	**280**
D	C	A	D	A	D	B	C	C	D
281	**282**	**283**	**284**	**285**	**286**	**287**	**288**	**289**	**290**
C	B	B	C	A	D	A	B	B	C
291	**292**	**293**	**294**	**295**	**296**	**297**	**298**	**299**	**300**
C	D	A	A	B	B	A	B	A	D
301	**302**	**303**	**304**	**305**	**306**	**307**	**308**	**309**	**310**
D	C	D	D	A	B	A	B	D	C
311	**312**	**313**	**314**	**315**	**316**	**317**	**318**	**319**	**320**
A	C	D	D	B	C	D	B	A	D
321	**322**	**323**	**324**	**325**	**326**	**327**	**328**	**329**	**330**
B	B	D	A	B	D	A	C	A	A
331	**332**	**333**	**334**	**335**	**336**	**337**	**338**	**339**	**340**
A	C	A	D	C	B	C	A	D	D
341	**342**	**343**	**344**	**345**	**346**	**347**	**348**	**349**	**350**
A	D	C	C	A	C	A	B	B	B

★ ★ ★

सामान्य बुद्धिमत्ता एवं तर्कशक्ति
(General Intelligence and Reasoning)

भाषिक

श्रृंखला (SERIES)

भाग-I अक्षर श्रृंखला (Letter Series)

अक्षर श्रृंखला में निहित अक्षरों का एक निश्चित क्रम होता है। दी गई अक्षर श्रृंखला में अक्षर वर्णमाला के सीधे क्रम में भी हो सकते हैं और वर्णमाला के विपरीत क्रम में भी। यही नहीं, एक ही श्रृंखला में अक्षर वर्णमाला के सीधे क्रम में और वर्णमाला के विपरीत या उल्टे क्रम में अर्थात् दोनों ही अनुक्रमों में भी हो सकते हैं। श्रृंखला में दिए गए क्रम में कुछ अक्षर छोड़े भी गए हो सकते हैं या ऐसा भी हो सकता है कि श्रृंखला में कुछ अक्षरों को एकाधिक बार प्रयुक्त किया गया हो या फिर वे क्रमागत हों। श्रृंखला एकल भी हो सकती है और एक ही श्रृंखला में एकांतर क्रम में दो अलग-अलग श्रृंखलाएं भी निहित हो सकती हैं। अक्षर श्रृंखला पर आधारित प्रश्नों को हल करते समय श्रृंखला के पैटर्न पर ध्यान दिया जाना आवश्यक होता है।

वर्णमाला के सीधे क्रम में अक्षरों की श्रृंखला है :

A B C D E F G H I J K L M N O P Q R S T U V W X Y Z

A ↓ पहला, E ↓ 5वाँ, J ↓ 10वाँ, O ↓ 15वाँ, T ↓ 20वाँ, Y ↓ 25वाँ

वर्णमाला के विपरीत या उल्टे क्रम में अक्षरों की श्रृंखला है :

Z Y X W V U T S R Q P O N M L K J I H G F E D C B A

Z ↓ पहला, V ↓ 5वाँ, Q ↓ 10वाँ, L ↓ 15वाँ, G ↓ 20वाँ, B ↓ 25वाँ

टिप्पणी : Z पर पहुंच कर श्रृंखला A से पुनः शुरू होती है और A पर पहुंच कर श्रृंखला Z से पुनः शुरू होती है।

हल किए गए उदाहरण

निर्देश: *नीचे दी गई श्रृंखला में प्रश्न चिह्न को प्रतिस्थापित करने के लिए दिए गए विकल्पों में से सही अक्षर का चयन करें :*

1. B D F H J ?

(*a*) L (*b*) O (*c*) M (*d*) K

उत्तर (*a*) : श्रृंखला में प्रत्येक दो अक्षरों के बीच वर्णमाला के सीधे क्रम में एक अक्षर छूट गया है।

B →(+2) D →(+2) F →(+2) H →(+2) J →(+2) L

2. A Z B Y C ?

(*a*) D (*b*) X (*c*) U (*d*) E

उत्तर (*b*) : इस श्रृंखला में बारी-बारी से दो श्रृंखलाएं अंतर्निहित हैं :

श्रृंखला *I* : A B C (प्राकृतिक क्रम अर्थात् वर्णमाला के सीधे क्रम में क्रमागत अक्षर)

श्रृंखला *II* : Z Y X (वर्णमाला के विपरीत क्रम में क्रमागत अक्षर)

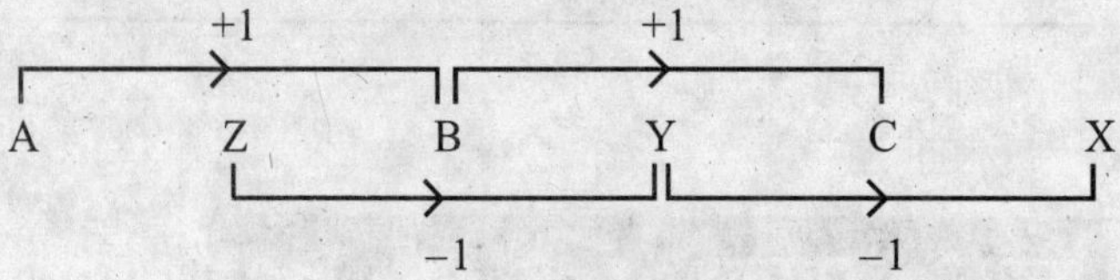

अभ्यास

निर्देश (प्र.सं. 1–10): *नीचे दी गई प्रत्येक श्रृंखला में अक्षरों का क्रम निर्धारित करें। तत्पश्चात् दिए गए विकल्पों में से उस विकल्प का चयन करें जिससे दी गई श्रृंखला में प्रश्न चिह्न प्रतिस्थापित होता हो।*

1. B Y C X D W E ?

(*a*) S (*b*) T

(*c*) U (*d*) V

2. A D C G E ?

(*a*) G (*b*) J

(*c*) I (*d*) L

3. L N P R T ?

(*a*) U (*b*) V

(*c*) W (*d*) Y

4. X O I F ?

(*a*) D (*b*) F

(*c*) B (*d*) E

5. B A F E J I P O ? U

(*a*) V (*b*) T

(*c*) S (*d*) Q

6. Z A A Y B B X C ?

(*a*) W (*b*) C

(*c*) V (*d*) D

7. A Z Y B X W C V U D T S E ?

(*a*) RS (*b*) ST

(*c*) RQ (*d*) QR

8. C A B F D E I G H ?

(*a*) JLK (*b*) JKL

(*c*) LKJ (*d*) LJK

9. B F K Q ?

(*a*) U (*b*) T

(*c*) X (*d*) Y

10. R K F ? B

(*a*) D (*b*) C

(*c*) E (*d*) B

व्याख्यात्मक उत्तर

1. (*d*) : दी गई श्रृंखला में बारी-बारी से दो अक्षर श्रृंखलाएं अंतर्निहित हैं।

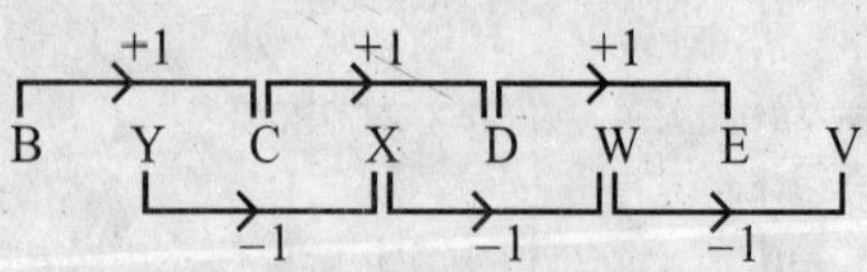

श्रृंखला I : BCDE (वर्णमला के सीधे क्रम में)

श्रृंखला II : YXWV (वर्णमाला के विपरीत क्रम में)

2. (*b*) : दी गई श्रृंखला में बारी-बारी से दो अक्षर श्रृंखलाएं अंतर्निहित हैं।

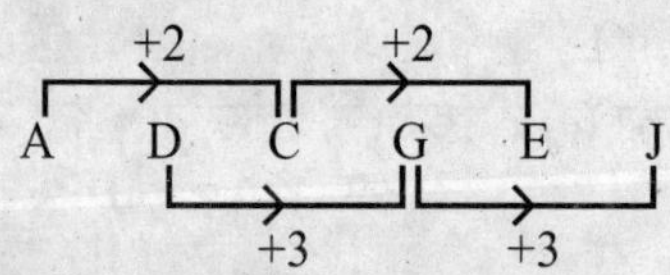

श्रृंखला I : ACE (श्रृंखला +2 पैटर्न का अनुपालन करती है)

शृंखला II : DGJ (शृंखला +3 पैटर्न का अनुपालन करती है)

3. (*b*) : शृंखला +2 पैटर्न का अनुपालन करती है, अर्थात्

L N P R T V

+2 +2 +2 +2 +2

4. (*b*) : शृंखला में दो सन्निकट अक्षरों के बीच वर्णमाला के विपरीत क्रम में क्रमश: 3 की कमी होती जाती है, अर्थात्

X O I F F

−9 −6 −3 −0

5. (*a*) : शृंखला में अंग्रेजी वर्णमाला के पांच स्वर (vowel) हैं अर्थात् (AEIOU) जिनमें से प्रत्येक के पहले वर्णमाला के सीधे क्रम में उसके ठीक बाद का क्रमागत अक्षर लिखा गया है।

B A F E J I P O V U

6. (*b*) : शृंखला में बारी-बारी से तीन शृंखलाएं अंतर्निहित हैं जिनमें से दूसरी और तीसरी शृंखलाएं एक जैसी हैं, अर्थात्

−1 −1

Z AA Y BB X CC

+1 +1

शृंखला I : ZYX (वर्णमाला के विपरीत क्रम में)

शृंखला II और III : ABC (वर्णमाला के सीधे क्रम में) अक्षर 'C' शृंखला II और III में उभयनिष्ठ है।

7. (*c*) : शृंखला में बारी-बारी से दो शृंखलाएं अंतर्निहित हैं।

+1 +1 +1 +1

A Z Y B X W C V U D T S E R Q

−1 −1 −1 −1 −1 −1 −1 −1 −1

शृंखला I : ABCDE (वर्णमाला के सीधे क्रम में)

शृंखला II : ZY XW VU TS RQ (वर्णमाला के विपरीत क्रम में एक साथ दो अक्षर)

8. (*d*) : वर्णमाला के सीधे क्रम में 3 अक्षरों के समूह से एक खंड निर्मित होता है। प्रत्येक खंड में 3 अक्षरों के समूह में पहला अक्षर बीच में है जिसकी दाहिनी ओर उसका क्रमागत अक्षर है तथा तीसरा क्रमागत अक्षर बीच के अक्षर की बायीं ओर अवस्थित है।

CAB FDE IGH LJK

9. (*c*) : शृंखला में दो सन्निकट अक्षरों के बीच अंतर में प्रत्येक चरण में एक की वृद्धि होती जाती है।

B F K Q X

+4 +5 +6 +7

10. (*b*) : शृंखला में दो क्रमागत अक्षरों के बीच वर्णमाला के विपरीत क्रम में अंतर में क्रमश: 2 की कमी होती जाती है।

R K F C B

−7 −5 −3 −1

भाग-II गलत या बेमेल अक्षर-शृंखला (Wrong Letter Series)

इस प्रकार के प्रश्नों में दी गई शृंखला में अभ्यर्थियों को ऐसे अक्षर या अक्षर-समूह ज्ञात करने की आवश्यकता नहीं होती जिनसे दी गई शृंखला पूर्ण होती है बल्कि उन्हें ऐसे अक्षर का पता लगाना होता है जो शृंखला में गलत या बेमेल हो।

हल किए गए उदाहरण

दी गई शृंखला में कौन-सा अक्षर गलत या बेमेल है ?

J M P T V Y

(*a*) J (*b*) P (*c*) T (*d*) Y

उत्तर (*c*) : शृंखला में दो सन्निकट अक्षरों के बीच वर्णमाला के क्रम में +3 का अंतर है।

J M P S V Y

+3 +3 +3 +3 +3

अत: अक्षर T के स्थान पर S होना चाहिए।

अभ्यास

निर्देश (प्र.सं. 1–10): *नीचे के प्रत्येक प्रश्न में दी गई अक्षर-शृंखला में कौन-सा अक्षर या अक्षर-समूह गलत या बेमेल है?*

1. A E H O U
(*a*) U (*b*) O
(*c*) H (*d*) E

2. C H M S W B
(*a*) C (*b*) S
(*c*) B (*d*) W

3. X S N I C Y
(*a*) Y (*b*) C
(*c*) S (*d*) I

4. Z A W B X C
(*a*) D (*b*) C
(*c*) X (*d*) W

5. M L O N Q P R
(*a*) R (*b*) O
(*c*) Q (*d*) L

6. D K R Y F L
(*a*) L (*b*) D
(*c*) R (*d*) Y

7. L N Q T W Z C F
(*a*) C (*b*) Q
(*c*) L (*d*) F

8. XW, DC, CB, NM, PQ
(*a*) NM (*b*) CB
(*c*) PQ (*d*) XW

9. B E I N S A I
(*a*) A (*b*) E
(*c*) S (*d*) I

10. Z T P K H F
(*a*) Z (*b*) P
(*c*) T (*d*) F

व्याख्यात्मक उत्तर

1. (*c*): शृंखला अंग्रेजी वर्णमाला के केवल स्वरों AEIOU से निर्मित है। अत: H के स्थान पर I होना चाहिए।

2. (*b*): शृंखला में दो सन्निकट अक्षरों के बीच वर्णमाला के सीधे क्रम में +5 का अंतर है।

C H M R W B
+5 +5 +5 +5 +5

अत: शृंखला में S के स्थान पर R होना चाहिए।
(शृंखला Z पर पहुंचने के बाद A से पुन: शुरू होती है।)

3. (*b*): शृंखला में दो सन्निकट अक्षरों के बीच वर्णमाला के उल्टे क्रम में –5 का अंतर है।

X S N I D Y
–5 –5 –5 –5 –5

अत: C के स्थान पर D होना चाहिए।

4. (*d*): दी गई शृंखला में दो शृंखलाएं अंतर्निहित हैं :

+1 +1
Z A Y B X C
–1 –1

शृंखला I : ZYX (वर्णमाला के विपरीत क्रम में)
शृंखला II : ABC (वर्णमाला के सीधे क्रम में)
अत: शृंखला में W के स्थान पर Y होना चाहिए।

5. (*a*): शृंखला में दो क्रमागत अक्षर विपरीत क्रम में लिखे गए हैं।

ML ON QP SR

अत: शृंखला में R के स्थान पर S होना चाहिए।

6. (*a*): शृंखला में दो सन्निकट अक्षरों के बीच +7 का अंतर है।

D K R Y F M
+7 +7 +7 +7 +7

अत: शृंखला में L के स्थान पर M होना चाहिए।

7. (*c*): शृंखला में दो सन्निकट अक्षरों के बीच +3 का अंतर है।

K N Q T W Z C F
+3 +3 +3 +3 +3 +3 +3

अत: L के स्थान पर K होना चाहिए।

8. (*c*): शृंखला कोई भी दो क्रमागत अक्षरों को वर्णमाला के विपरीत क्रम में शामिल करके निर्मित की गई है।

XW ← DC ← CB ← NM ← QP ←

अत: शृंखला में P से पहले Q आना चाहिए।

9. (*c*) : शृंखला में प्रत्येक चरण में दो सन्निकट अक्षरों के बीच अंतर में एक की वृद्धि होती जाती है।

B E I N T A I

+3 +4 +5 +6 +7 +8

अतः शृंखला में S के स्थान पर T होना चाहिए।

10. (*b*) : वर्णमाला के विपरीत क्रम में लिखी गई इस शृंखला में प्रत्येक चरण में दो सन्निकट अक्षरों के बीच अंतर में एक की कमी होती जाती है।

Z T O K H F

−6 −5 −4 −3 −2

अतः P के स्थान पर O होना चाहिए।

भाग-III संख्या-शृंखला (Number Series)

इस प्रकार की शृंखला में दी गई संख्याओं के समुच्चय एक दूसरे से एक विशेष पैटर्न या रुप में संबंधित होते हैं। संख्याओं के बीच संबंध *(i)* क्रमागत विषम/सम संख्याओं; *(ii)* क्रमागत अविभाज्य संख्याओं; *(iii)* किसी संख्या (या संख्याओं) का वर्गफल/घनफल जिसमें किसी संख्या को जोड़ने या घटाने पर परिवर्तन होता है/नहीं होता; *(iv)* पूर्ववर्ती संख्याओं का योग/गुणनफल/अंतर; *(v)* किसी संख्या से योग/घटाव/गुणा/भाग; और *(vi)* उपर्युक्त संबंधों के अनेक और भी संयोजनों पर आधारित होता है।

हल किए गए उदाहरण

1. नीचे दी गई संख्या-शृंखला को पूरा करने के लिए कौन-सा विकल्प उपयुक्त है?

4, 8, 12, 16, ?

(*a*) 18 (*b*) 20 (*c*) 22 (*d*) 24

उत्तर (*b*): शृंखला में अंतर्निहित संख्याएं 4 की गुणज (multiples) हैं। शृंखला में अंतर्निहित अवयवों की एक अन्य व्याख्या यह है कि शृंखला की दो आनुक्रमिक संख्याओं के बीच 4 का अंतर है।

4 8 12 16 20

× 2 × 3 × 4 × 5

या

4 8 12 16 20

+4 +4 +4 +4

2. दी गई शृंखला में प्रश्न चिह्न के स्थान पर क्या होगा?

2, 14, 98, 686, ?

(*a*) 1976 (*b*) 2548 (*c*) 980 (*d*) 4802

उत्तर (*d*) : शृंखला में अंतर्निहित संख्याएं 7 की गुणज हैं।

2 14 98 686 4802

× 7 × 7 × 7 × 7

(किसी दी गई संख्या-शृंखला में बारी-बारी से एकाधिक शृंखलाएं भी अंतर्निहित हो सकती हैं।)

अभ्यास

निर्देश (प्र.सं. 1–10): *शृंखलाओं को पूरा करने के लिए दिए गए विकल्पों में से लुप्त पद/संख्या ज्ञात करें।*

1. 3, 9, 27, 81, 243, ?
(*a*) 486 (*b*) 729
(*c*) 972 (*d*) 359

2. 1, 6, 12, 19, 27, ?
(*a*) 38 (*b*) 35
(*c*) 36 (*d*) 54

3. 8, 48, 16, 96, 32, ?
(*a*) 192 (*b*) 150
(*c*) 64 (*d*) 288

4. 2, 3, 6, 18, 108, ?
(*a*) 1944 (*b*) 1658
(*c*) 648 (*d*) 1008

5. 1, 2, 3, 2, 3, 5, 4, 5, ?
(*a*) 9 (*b*) 6
(*c*) 10 (*d*) 7

6. 3, 8, 13, 24, 41, ?
(*a*) 65 (*b*) 75
(*c*) 70 (*d*) 80

7. 0, 8, 24, 48, 80, ?
(*a*) 110 (*b*) 96
(*c*) 120 (*d*) 140

8. 0, 5, 22, 57, ?, 205
(*a*) 198 (*b*) 116
(*c*) 172 (*d*) 92

9. 6, 9, 18, 45, 126, 369, ?
(*a*) 1059 (*b*) 1095
(*c*) 1098 (*d*) 1089

10. 1, 2, 5, 12, 27, 58, 121, ?
(*a*) 246 (*b*) 247
(*c*) 248 (*d*) 249

व्याख्यात्मक उत्तर

1. (*b*) : शृंखला में निहित संख्याओं को अगली संख्या प्राप्त करने के लिए 3 से गुणा किया गया है।

2. (*c*) : शृंखला के आरंभिक पदों अर्थात् 1 और 6 के बीच 5 का अंतर है और तत्पश्चात् शृंखला की आनुक्रमिक संख्याओं के बीच अंतर में क्रमशः 1 की वृद्धि होती जाती है।

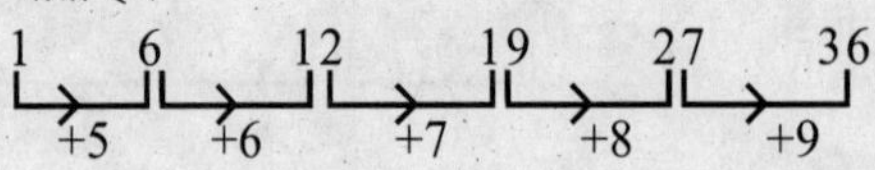

3. (*a*) : *व्याख्या I* : शृंखला में पहले 6 से गुणा करने और तत्पश्चात् 3 से भाग करने का पैटर्न अपनाया गया है जिसकी पुनरावृत्ति होती है।

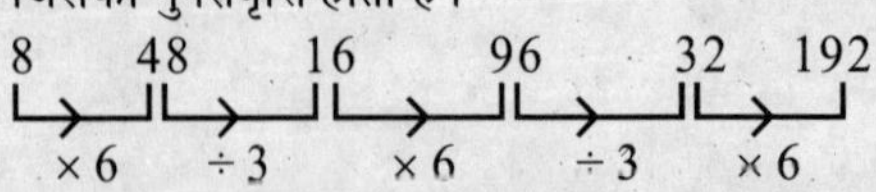

व्याख्या II : शृंखला में बारी-बारी से दो शृंखलाएं अंतर्निहित हैं और प्रत्येक शृंखला में पहले की संख्या को 2 से गुणा करने पर आनुक्रमिक संख्या प्राप्त होती है।

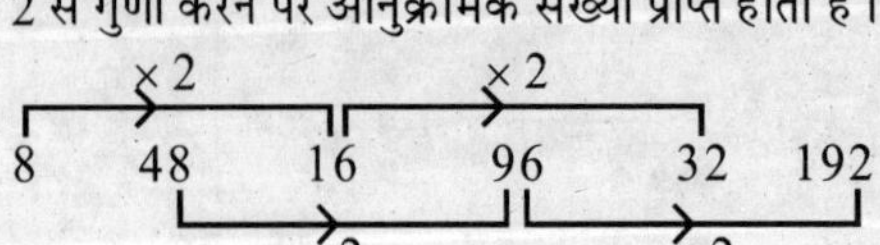

शृंखला I : 8, 16, 32

शृंखला II : 48, 96, 192

4. (*a*) : शृंखला में हर तीसरी संख्या पूर्ववर्ती दो संख्याओं का गुणनफल है।

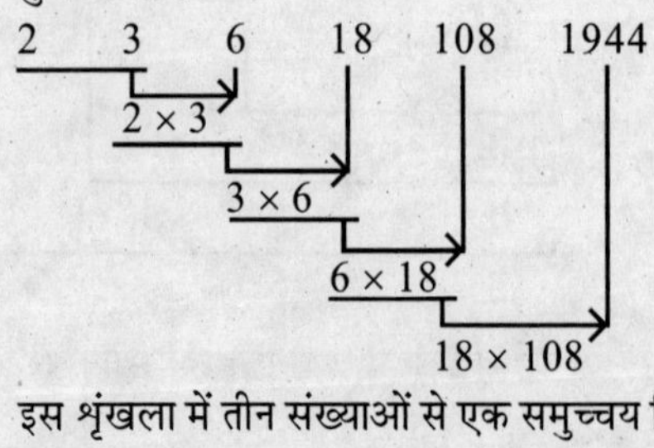

5. (*a*) : इस शृंखला में तीन संख्याओं से एक समुच्चय निर्मित होता है जिनमें से प्रत्येक समुच्चय में पहली दो संख्याएं सीधे क्रम में हैं तथा तीसरी संख्या पहली और दूसरी संख्याओं का योग है। अगले समुच्चय की पहली संख्या पूर्ववर्ती समुच्चय की पहली संख्या की दोगुनी है।

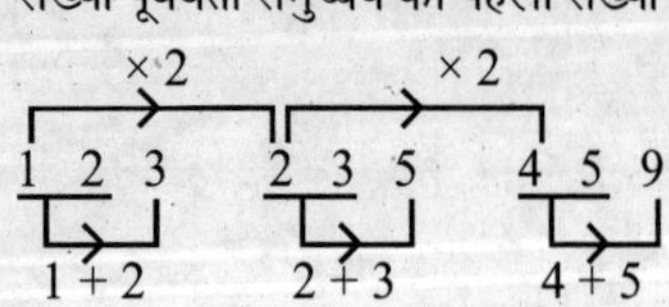

6. (*c*) : शृंखला में निम्नलिखित पैटर्न का अनुपालन किया जाता है :

(दी गई संख्या + अगली संख्या) +2 से आरंभ करके प्रत्येक चरण में 1 की वृद्धि करते हुए क्रमागत प्राकृतिक संख्या का योग :

3 8 13 24 41 70

(3+8) + 2

(8 + 13) + 3

(13 + 24) + 4

(24 + 41) + 5

7. (*c*) : शृंखला की संख्याएं प्राकृतिक क्रम में दो सम संख्याओं का गुणनफल हैं, अर्थात्

0	8	24	48	80	120
↓	↓	↓	↓	↓	↓
(0 × 2)	(2 × 4)	(4 × 6)	(6 × 8)	(8 × 10)	(10 × 12)

8. (*b*) : शृंखला निम्नलिखित पैटर्न का अनुपालन करती है : 1 से आरंभ करके प्राकृतिक संख्याओं का घनफल घटा 1 से आरंभ करके एकांतर विषम संख्याएं

0	5	22	57	116	205
↓	↓	↓	↓	↓	↓
$1^3–1$	$2^3–3$	$3^3–5$	$4^3–7$	$5^3–9$	$6^3–11$

9. (*c*) : शृंखला की आनुक्रमिक संख्याओं के बीच अंतर 3 की घात में वृद्धि के साथ बढ़ता है।

6 9 18 45 126 369 1098

+3 $+9 = 3^2$ $+27 = 3^3$ $+81 = 3^4$ $+243 = 3^5$ $+729 = 3^6$

10. (*c*) : शृंखला में निहित संख्या को 2 से गुणा करके 0 से आरंभ करके प्राकृतिक क्रम में संख्याओं को जोड़ने पर अगली संख्या प्राप्त होती है।

1 2 5 12 27 58 121 248

(1 × 2)+0 (2 × 2)+1 (5 × 2)+2 (12 × 2)+3 (27 × 2)+4 (58 × 2)+5 (121 × 2)+6

भाग-IV मिश्रित-शृंखला (Mixed Series)

मिश्रित-शृंखला में अक्षरों और संख्याओं का संयोजन होता है। इस प्रकार की शृंखला में अक्षरों और संख्याओं का एक सर्वनिष्ठ पैटर्न या अलग-अलग अनुक्रम पैटर्न हो सकता है।

हल किए गए उदाहरण

1. निम्नलिखित अक्षर-संख्या संयोजन शृंखला में प्रश्न चिह्न के स्थान पर क्या आएगा?

F6, H8, J10, L12, ?

(*a*) N15 (*b*) O14 (*c*) N14 (*d*) O13

उत्तर (*c*) : शृंखला में अक्षर वर्णमाला के सीधे क्रम में दो स्थान आगे की ओर बढ़ते हैं तथा संख्या वर्णमाला में अक्षरों के स्थान को इंगित करती है।

F6 H8 J10 L12 N14

+2 +2 +2 +2

2. दिए गए विकल्पों में से कौन-सा विकल्प निम्नलिखित शृंखला को पूरा करता है?

R(2)S, T(4)U, V(6)W, ?

(*a*) X(8)Y (*b*) Y(10)Z (*c*) Z(8)A (*d*) Y(6)Z

उत्तर (*a*) : अक्षर वर्णमाला के सीधे क्रम में हैं जबकि संख्याएं 2 की आनुक्रमिक गुणज हैं।

अभ्यास

निर्देश (प्र.सं. 1–3): *नीचे की प्रत्येक शृंखला में प्रश्न चिह्न के स्थान पर क्या आएगा ?*

1. 2B, 4C, 8E, 14H, ?
(*a*) 20L (*b*) 22L
(*c*) 21I (*d*) 16K

2. W(1)A, X(4)Z, Y(9)Y, ?, A(25)W
(*a*) X(11)Z (*b*) Z(21)A
(*c*) Z(16)X (*d*) Z(14)X

3. D2, I3, N6, S18, ?
(*a*) V72 (*b*) W36
(*c*) Y90 (*d*) X108

निर्देश (प्र.सं. 4 और 5): *नींचे की प्रत्येक अक्षर-संख्या शृंखला में कौन-सा पद बेमेल/शृंखला में उपयुक्त नहीं है ?*

4. G4T, J10R, M20P, P43N, S90L
(*a*) J10R (*b*) S90L
(*c*) M20P (*d*) G4T

5. B0R, G3U, E3P, J7S, H9N
(*a*) E3P (*b*) J7S
(*c*) H9N (*d*) G3U

व्याख्यात्मक उत्तर

1. (*b*) : शृंखला में संख्याओं का अनुक्रम +2, +4, +6 +8 का तथा अक्षरों का अनुक्रम +1, +2, +3, +4 का है।

2. (*c*) : शृंखला में दिए गए समूहों में बायीं ओर के अक्षर वर्णमाला के विपरीत क्रम में हैं और दाहिनी ओर के अक्षर वर्णमाला के सीधे क्रम में हैं तथा संख्याएं 1 से आरंभ करके प्राकृतिक क्रम में क्रमागत संख्याओं के वर्ग हैं।

3. (*d*) : अक्षर +5 पैटर्न का अनुपालन करते हैं और हर तीसरी संख्या अपनी पूर्ववर्ती दो संख्याओं का गुणनफल है।

4. (*a*) : शृंखला में दिए गए समूहों में बायीं ओर के अक्षर +3 पैटर्न का, दायीं ओर के अक्षर –2 पैटर्न का अनुपालन करते हैं तथा संख्याओं द्वारा (4 × 2) +1, (9 × 2)+2, (20 × 2) +3, (43 × 2) + 4 पैटर्न का अनुपालन किया जाता है। अत: J10R के स्थान पर शृंखला में J9R होना चाहिए।

5. (*b*) : शृंखला के दिए गए समूहों में बायीं ओर के अक्षर +5, –2 (5 चरण आगे, 2 चरण पीछे) पैटर्न का अनुपालन करते हैं जिसकी आगे भी पुनरावृत्ति होती है। समूहों में द्रायीं ओर +3, –5 (3 चरण आगे, 5 चरण पीछे) पैटर्न का अनुपालन किया जाता है जिसकी पुनरावृत्ति होती है। शृंखला की संख्याएं शृंखला में अपने पूर्ववर्ती दो संख्याओं के योग के बराबर हैं। अत: J7S के स्थान पर J6S होना चाहिए।

सादृश्य या संबंध

(ANALOGIES OR RELATIONSHIPS)

भाग-I शब्द सादृश्य (Word Analogy)

संबंध या सादृश्य परीक्षा में दिए गए दो शब्दों के बीच संबंध स्थापित किया जाता है और उसी संबंध को दिए गए अन्य शब्दों पर अनुप्रयुक्त किया जाता है। दिए गए दो शब्दों के बीच विभिन्न प्रकार के संबंध हो सकते हैं, अतः इस प्रकार के प्रश्नों को हल करते समय सर्वप्रथम यह ज्ञात करना होता है कि दिए गए दो शब्दों के बीच किस प्रकार का संबंध है। शब्दों के बीच विभिन्न संबंधों पर नीचे चर्चा की गई है :

हल किए गए उदाहरण

1. क्रिया-साधन संबंध **(Action Object Relationship)**

उदाहरण : जैसे गोली चलाना और 'बंदूक' का संबंध है उसी प्रकार 'खाने' से किसका संबंध है ?

(*a*) भूख (*b*) प्यास (*c*) रात्रि-भोज (*d*) फल

उत्तर (*d*) : दिए गए शब्दों के बीच संबंध यह है कि गोली चलाना एक क्रिया है और 'बंदूक' उस क्रिया को करने का एक विशिष्ट साधन या उपकरण है। इसी प्रकार 'खाना' एक क्रिया है और 'फल' इस क्रिया को करने अर्थात् खाने का साधन या उपकरण है।

2. **साहचर्य संबंध (Association Relationship)**

उदाहरण : जो संबंध 'ग्लैमर' और 'प्रसिद्धि' में है, ठीक वैसा ही संबंध 'रंग' का किससे है ?

(*a*) इंद्रधनुष (*b*) छाया (*c*) कला (*d*) चित्रकारी

उत्तर (*d*) : जिस प्रकार ग्लैमर से प्रसिद्धि प्राप्त होती है उसी प्रकार 'रंग' से चित्रकारी की जाती है।

3. **विपर्याय (विलोम) संबंध (Antonym Relationship)**

उदाहरण : अंतर्मुखी : बहिर्मुखी

(*a*) कोण : स्पर्श रेखा (*b*) चरम : अंतरिम (*c*) प्रतिकूल : अनुकूल (*d*) क्रिया : नियम

उत्तर (*c*) : संबंधित शब्द विपरीतार्थक हैं।

4. **कार्य-कारण संबंध (Cause and Effect Relationship)**

उदाहरण : चोट : दर्द

(*a*) कोटि : योग्यता (*b*) बादल गरजना : बिजली चमकना

(*c*) घूमाना : बिलोना (*d*) धन : परिश्रम

उत्तर (*b*) : जिस प्रकार चोट के कारण दर्द होता है उसी प्रकार बादल गरजने के कारण बिजली चमकती है।

5. कोटि या अंश संबंध (Degree Relationship)

उदाहरण : गुनगुना का जो संबंध 'गरम' से वही संबंध बिलखना या विलाप करने का किससे है ?

(*a*) सिसकना (*b*) चिल्लाना (*c*) मुस्कराना (*d*) शांत रहना

उत्तर (*a*) : 'गुनगुना' का अर्थ है 'थोड़ा गरम'। इसी प्रकार बिलखने या विलाप करने की निम्न कोटि है 'सिसकना'।

अभ्यास

निर्देश (प्र.सं. 1–5): *पूछे गए प्रत्येक प्रश्न में पहले दिए गए दो शब्दों के बीच संबंध स्थापित करें। तत्पश्चात् दिए गए विकल्पों में से उस विकल्प का चयन करें जिसके शब्द और प्रश्न में दिए गए तीसरे शब्द के बीच ठीक वैसा ही संबंध या सादृश्य हो जैसा कि पहले के दो शब्दों के बीच है।*

1. जो संबंध 'उन्माद' और 'सनक' में है वही संबंध 'भय' और निम्नलिखित में से किसमें है ?

(*a*) इच्छा (*b*) शौक
(*c*) आवश्यकता (*d*) डर

2. 'हकलाना' जिस प्रकार 'वाणी' से संबंधित है उसी प्रकार 'बहरापन' का संबंध निम्नलिखित में से किससे है ?

(*a*) कान (*b*) सुनना
(*c*) शोर (*d*) चुप्पी

3. जिस प्रकार 'नेता', 'अनुयायी' से संबंधित है, उसी प्रकार .... संबंधित है सिपाही से।

(*a*) कैप्टन (*b*) यूनिट
(*c*) सेना (*d*) बैरक

4. जिस प्रकार 'चिल्लाहट', 'फुसफुसाहट' से संबंधित है, उसी प्रकार 'मारना' निम्नलिखित में से किससे संबंधित है ?

(*a*) थप्पड़ मारने (*b*) छूना
(*c*) क्रोध (*d*) शोरगुल

5. जिस प्रकार 'पंजा', 'बिल्ली' से संबंधित है उसी प्रकार 'खुर' निम्नलिखित में से किससे संबंधित है ?

(*a*) घोड़ा (*b*) मेमना
(*c*) हाथी (*d*) शेर

निर्देश (प्र.सं. 6–10): *नीचे दिए गए प्रत्येक प्रश्न में :: चिह्न की बाईं ओर दो शब्द दिए गए हैं। इन दोनों शब्दों में कुछ संबंध है। वैसा ही संबंध :: चिह्न की दाईं ओर के दो शब्दों में है जिनमें से एक शब्द के स्थान पर प्रश्नवाचक चिह्न (?) है। प्रश्नवाचक चिह्न (?) के स्थान पर दिए गए विकल्पों में से एक उपयुक्त विकल्प का चयन करें।*

6. शिकारी : बंदूक :: लेखक : ?

(*a*) पुस्तक (*b*) कलम
(*c*) कविता (*d*) पृष्ठ

7. भोजन : आमाशय :: ईंधन : ?

(*a*) इंजन (*b*) ऑटोमोबाइल
(*c*) रेल (*d*) वायुयान

8. जल : रेत :: महासागर : ?

(*a*) द्वीप (*b*) नदी
(*c*) मरुभूमि (*d*) तरंगें

9. वयस्क : बच्चा :: फूल : ?

(*a*) बीज (*b*) कली
(*c*) फल (*d*) तितली

10. मोती : कंठहार :: फूल : ?

(*a*) पौधा (*b*) बगीचा
(*c*) पँखुड़ी (*d*) गुलदस्ता

व्याख्यात्मक उत्तर

1. (*d*) : संबंधित शब्द पर्यायवाची हैं।

2. (*b*) : 'वाणी' के दोष से 'हकलाने' की समस्या उत्पन्न होती है जबकि 'सुनने' में कठिनाई से 'बहरापन' उत्पन्न होता है।

3. (*a*) : जिस प्रकार 'अनुयायी' अपने 'नेता' से मार्गदर्शन प्राप्त करते हैं उसी प्रकार 'सिपाही' को अपने 'कैप्टन' से मार्गदर्शन प्राप्त होता है।

4. (*b*) : 'चिल्लाहट' की तीव्रता में अत्यधिक कमी कर दी जाए तो वह 'फुसफुसाहट' का रूप ले लेती है और यदि 'मारने' की तीव्रता कम कर दी जाए तो वैसी क्रिया 'छूना' मात्र रह जाएगी।

5. (*a*) : 'बिल्ली' के 'पैर में' 'पंजा' होता है जबकि 'घोड़ा' के पैर में 'खुर' होता है।

6. (*b*) : 'शिकारी' का हथियार 'बंदूक' है और 'लेखक' का हथियार 'कलम' है।

7. (*a*) : 'भोजन', 'आमाशय' में पचता है और 'ईंधन' की खपत 'इंजन' में होती है।

8. (*c*) : संबंधित शब्द एक दूसरे के लगभग विपरीतार्थक शब्द हैं।

9. (*b*) : 'बच्चा' विकसित होकर 'वयस्क' बनता है और 'कली' खिलकर 'फूल' बनती है।

10. (*d*) : बहुत से मोतियों को मिला कर 'कंठहार' और बहुत से फूलों को मिलाकर 'गुलदस्ता' बनाया जाता है।

भाग-II अक्षर सादृश्य (Letter Analogy)

इस प्रकार के सादृश्य में अक्षरों के दो दिए गए समुच्चयों के बीच संबंध स्थापित किया जाता है और तत्पश्चात् अक्षरों के दिए गए तीसरे समुच्चय पर पहले दो अक्षर समुच्चयों के बीच के संबंध को अनुप्रयुक्त करके अक्षरों के चौथे अपेक्षित समुच्चय को ज्ञात किया जाता है। दिए गए दो अक्षर समुच्चयों में से पहले समुच्चय के अक्षरों को कुछ चरण आगे या पीछे करके, संपूर्ण समुच्चय के अक्षरों को या समुच्चय के कुछ अक्षरों को उलटे क्रम में लिखकर दूसरे समुच्चय के अक्षरों को प्राप्त किया जा सकता है।

हल किए गए उदाहरण

निर्देश: *दिए गए विकल्पों में से कौन-सा अक्षर-समूह प्रश्नचिह्न (?) के स्थान पर आएगा?*

1. JILK : KLIJ : : MNPQ : ?

(*a*) QNPM (*b*) MPQN (*c*) QPNM (*d*) PNMQ

उत्तर (*c*) : :: की बायीं ओर के अक्षर-समूहों में से पहले अक्षर-समूह के अक्षरों को विपरीत क्रम में लिखकर दूसरा अक्षर-समूह प्राप्त किया गया है। यही संबंध :: की दाहिनी ओर के दिए गए अक्षर समूह के अक्षरों पर अनुप्रयुक्त करने पर अपेक्षित अक्षर-समूह प्राप्त होता है।

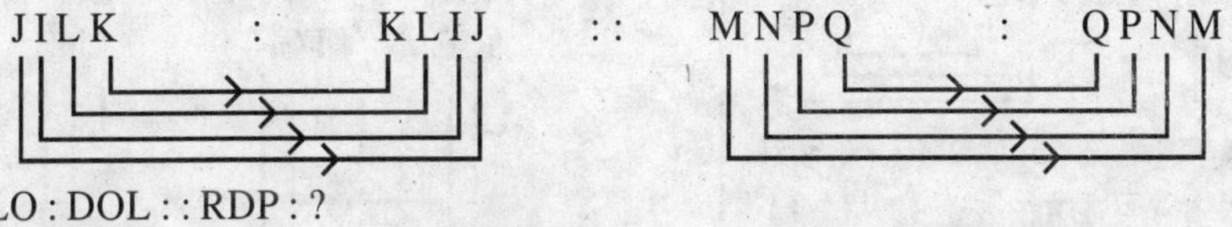

2. FLO : DOL : : RDP : ?

(*a*) PGM (*b*) MGP (*c*) GMP (*d*) MPG

उत्तर (*a*) : पहले और तीसरे अक्षरों को क्रमशः –2 और –3 चरण पीछे खिसका कर और दूसरे अक्षर को +3 चरण आगे बढ़ा कर :: चिह्न की बायीं ओर का दूसरा अक्षर समुच्चय प्राप्त होता है। यही संबंध :: चिह्न की दायीं ओर के पहले अक्षर समुच्चय पर लगाने पर प्रश्न चिह्न के स्थान पर अक्षर समुच्चय प्राप्त होता है।

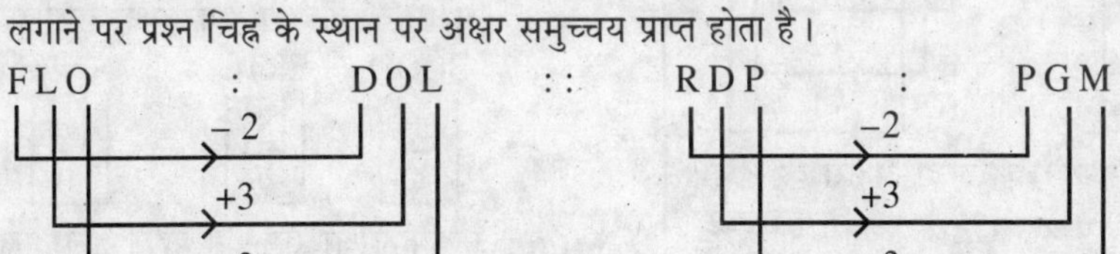

3. DumB : BonD : : RusT : ?

(*a*) MOst (*b*) TeNt (*c*) PaTH (*d*) WorK

उत्तर (*d*) : प्रत्येक समूह में सिरों पर स्थित दो अक्षर अंग्रेजी वर्णमाला के बड़े अक्षर हैं।

अभ्यास

निर्देश (प्र.सं. 1–10): *नीचे के प्रत्येक प्रश्न में एक लुप्त पद है। प्रश्न में :: चिह्न की बायीं ओर के दो अक्षर-समूहों में जो समानता या सादृश्य है वैसी ही समानता या सादृश्य :: चिह्न की दायीं ओर के दो अक्षर समूहों में है जिनमें से एक अक्षर समूह के स्थान पर प्रश्नवाचक चिह्न (?) लगा है। प्रश्नवाचक चिह्न (?) के स्थान पर लुप्त पद ज्ञात करें।*

1. GFC : CFG : : RPJ : ?
(*a*) JRP (*b*) JPR
(*c*) PJR (*d*) RJP

2. BCF : DEG : : MNQ : ?
(*a*) OPR (*b*) PQS
(*c*) OPP (*d*) QRT

3. NATION : ANITNO : : HUNGRY : ?
(*a*) HNUGRY (*b*) UNHGYR
(*c*) YRNGUH (*d*) UHGNYR

4. ACE : FGH : : LNP : ?
(*a*) QRS (*b*) PQR
(*c*) QST (*d*) MOQ

5. BOQD : ERTG : : ANPC : ?
(*a*) DQSF (*b*) FSHU
(*c*) SHFU (*d*) DSQF

6. BCDA : STUR : : KLMJ : ?
(*a*) VWXU (*b*) EFHG
(*c*) SRTU (*d*) QSRP

7. RUX : TRP : : BEH : ?
(*a*) SQN (*b*) QON
(*c*) QOM (*d*) QNL

8. BCDE : WVUT : : QRST : ?
(*a*) EFHG (*b*) JIHG
(*c*) POML (*d*) GEDC

9. AKU : AJS : : CRD : ?
(*a*) BQE (*b*) CQB
(*c*) DSB (*d*) APC

10. ODL : LOD : : PWN : ?
(*a*) WNP (*b*) NWP
(*c*) NPW (*d*) NMP

व्याख्यात्मक उत्तर

1. (*b*) : पहले समूह के अक्षरों को उलटे क्रम में लिखने पर दूसरा अक्षर-समूह प्राप्त होता है।

GFC : CFG : : RPJ : JPR

2. (*a*) : पहले और दूसरे समूह के तीनों अक्षरों के बीच वर्णमाला के सीधे क्रम में क्रमशः +2, +2 और +1 चरणों का अंतर है।

BCF : DEG : : MNQ : OPR

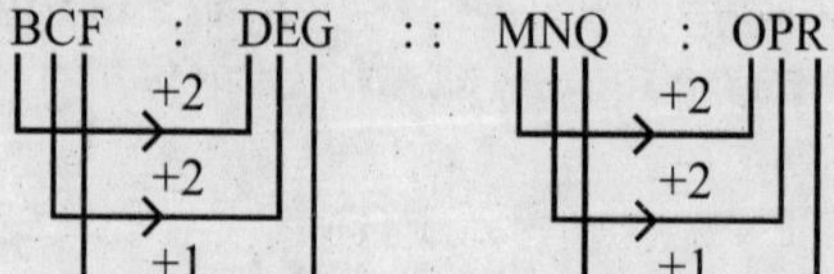

3. (*d*) : पहले समूह के अक्षरों को दो-दो अक्षरों के खंडों में विभाजित करके प्रत्येक खंड के अक्षरों को उल्टे क्रम में लिखने पर दूसरा अक्षर-समूह प्राप्त होता है।

NATION : ANITNO : : HUNGRY : UHGNYR

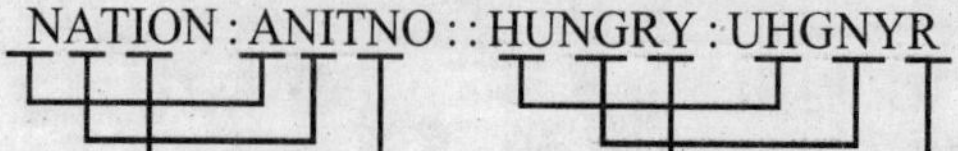

4. (*a*) : पहले और दूसरे समूह के तीनों अक्षरों के बीच वर्णमाला के सीधे क्रम में क्रमशः +5, +4, +3 चरणों का अंतर है।

ACE : FGH : : LNP : QRS

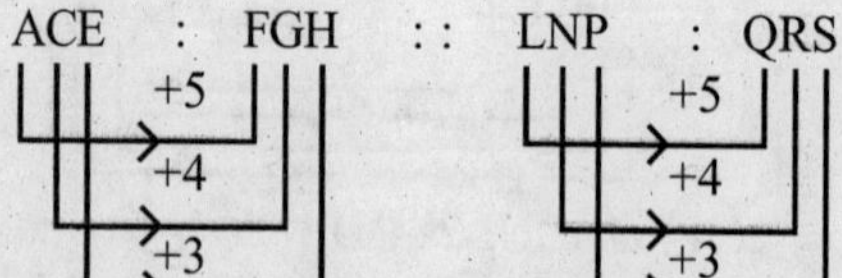

5. (*a*) : प्रत्येक अक्षर समूह में पहले और चौथे अक्षरों के बीच एक अक्षर छूटा हुआ है तथा दूसरे और तीसरे अक्षरों के बीच भी एक अक्षर छूटा हुआ है।

BOQD : ERTG : : ANPC : DQSF

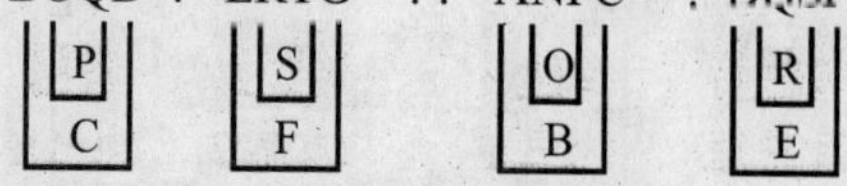

6. (*a*) : प्रत्येक अक्षर समूह में पहले तीन अक्षर क्रमागत हैं और उनके बाद अनुक्रम का आरंभिक चौथा अक्षर लिखा गया है।

ABCD : RSTU : : JKLM : UVWX

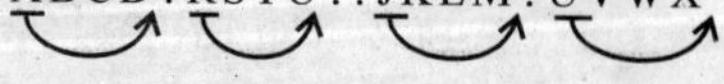

7. (c) : पहले समूह के अक्षरों में +3 का और दूसरे समूह के अक्षरों में –2 का अंतर है।

RUX : TRP : : BEH : QOM
+3 +3   –2 –2   +3+3   –2 –2

8. (b) : पहले अक्षर-समूह के आनुक्रमिक अक्षर वर्णमाला के सीधे क्रम में हैं और दूसरे अक्षर समूह के आनुक्रमिक अक्षर वर्णमाला के उलटे क्रम में हैं।

BCDE → : WVUT ← : : QRST → : JIHG ←

9. (b) : पहले अक्षर समूह के तीन अक्षरों में से पहले अक्षर के स्थान को परिवर्तित किए बिना अन्य दो अक्षरों को वर्णमाला के विपरीत क्रम में क्रमशः –1 और –2 चरण पीछे खिसकाने पर दूसरा अक्षर-समूह प्राप्त होता है।

AKU : AJS : : CRD : CQB
(–1, –2)

10. (c) : पहले अक्षर-समूह के पहले और दूसरे अक्षरों को तीसरे अक्षर के बाद रखने पर दूसरा अक्षर समूह प्राप्त होता है।

ODL : LOD : : PWN : NPW

भाग-III संख्या सादृश्य (Number Analogy)

संख्या सादृश्य में भी पहले दो दी गई संख्याओं के बीच संबंध स्थापित किया जाता है और तत्पश्चात् इस ज्ञात संबंध को संख्याओं के दूसरे जोड़े पर प्रयुक्त करके उसके लुप्त पद को ज्ञात किया जाता है। संख्याओं के बीच संबंध किसी भी एक पैटर्न पर आधारित हो सकता है, जैसे कि : *(i)* संख्याएं विषम/सम/अभाज्य संख्याएं हो सकती हैं; *(ii)* संख्याएं किसी एक संख्या का गुणज हो सकती हैं; *(iii)* संख्याएं भिन्न-भिन्न संख्याओं का वर्गफल/घनफल हो सकती हैं; *(iv)* दूसरी संख्या प्राप्त करने के लिए पहली संख्या में किसी संख्या को जोड़ा/घटाया/गुणा/ भाग किया जा सकता है; *(v)* दूसरी संख्या पहली संख्या के अंकों का योगफल/गुणनफल/अंतरफल हो सकती है, और *(vi)* दो दी गई संख्याओं के बीच संबंध उपर्युक्त किसी भी गणितीय परिकलनों के संयोजन द्वारा भी ज्ञात किया जा सकता है।

हल किए गए उदाहरण

निर्देश : *निम्नलिखित प्रश्नों में प्रश्न चिह्न (?) के स्थान पर लुप्त पद ज्ञात करें।*

1. 25 : 81 : : 36 : ?

(*a*) 121   (*b*) 93   (*c*) 65   (*d*) 103

उत्तर (*a*) : सभी संख्याएं भिन्न-भिन्न संख्याओं के वर्गफल को सूचित करती हैं।

25 : 81 : : 36 : 121
↓ ↓ ↓ ↓
5^2 9^2 6^2 11^2

2. 36 : 18 : : 72 : ?

(*a*) 164   (*b*) 134   (*c*) 94   (*d*) 14

उत्तर (*d*) : दूसरी संख्या पहली संख्या के अंकों का गुणनफल है।

36 : 18 : : 72 : 14
(3 × 6)   (7 × 2)

अभ्यास

निर्देश (प्र.सं. 1–10): *नीचे के प्रत्येक प्रश्न में चिह्न ': :' के पहले दो संख्याएं दी गई हैं जिनमें आपस में एक संबंध है तथा ': :' चिह्न के बाद में एक तीसरी संख्या दी गई है। दिए गए विकल्पों में से उस संख्या का चयन करें जिसका तीसरी संख्या के साथ वैसा ही संबंध हो जैसा संबंध संख्याओं के पहले जोड़े के बीच है।*

1. 1 : 11 : : 2 : ?
(*a*) 20 (*b*) 22
(*c*) 24 (*d*) 44

2. 18 : 27 : : 22 : ?
(*a*) 42 (*b*) 39
(*c*) 33 (*d*) 54

3. 14 : 20 : : 16 : ?
(*a*) 23 (*b*) 10
(*c*) 48 (*d*) 32

4. 0.16 : 0.0016 : : 1.02 : ?
(*a*) 10.20 (*b*) 0.102
(*c*) 0.0102 (*d*) 1.020

5. 5 : 24 : : 8 : ?
(*a*) 65 (*b*) 63
(*c*) 62 (*d*) 64

6. 65 : 30 : : 44 : ?
(*a*) 79 (*b*) 62
(*c*) 28 (*d*) 16

7. 30 : 42 : : 56 : ?
(*a*) 92 (*b*) 21
(*c*) 38 (*d*) 72

8. 190 : 10 : : 102 : ?
(*a*) 4 (*b*) 7
(*c*) 3 (*d*) 5

9. 6 : 18 : : 4 : ?
(*a*) 2 (*b*) 6
(*c*) 8 (*d*) 16

10. 2 : 11 : : ?
(*a*) 6 : 17 (*b*) 8 : 43
(*c*) 5 : 41 (*d*) 7 : 35

व्याख्यात्मक उत्तर

1. *(b)* : पहली संख्या के अंक को दो बार लिखने पर दूसरी संख्या प्राप्त होती है।

2. *(c)* : पहले जोड़े की संख्याएं 9 का गुणज हैं और दूसरे जोड़े की संख्याएं 11 का गुणज हैं :

$$\underset{9\times 2}{18} : \underset{9\times 3}{27} :: \underset{11\times 2}{22} : \underset{11\times 3}{33}$$

3. *(a)* : संख्याओं के बीच संबंध निम्नवत् है :

$$\underset{7\times 2}{14} : \underset{(7\times 3)-1}{20} :: \underset{8\times 2}{16} : \underset{(8\times 3)-1}{23}$$

4. *(c)* : पहली दशमलव संख्या को 100 से भाग करने पर दूसरी दशमलव संख्या प्राप्त होती है :

$$0.16 \xrightarrow{\div 100} 0.0016 :: 1.02 \xrightarrow{\div 100} 0.0102$$

5. *(b)* : पहली संख्या के वर्ग से 1 घटाने पर दूसरी संख्या प्राप्त होती है :

$$5 \xrightarrow{(5^2)-1} 24 :: 8 \xrightarrow{(8^2)-1} 63$$

6. *(d)* : दूसरी संख्या पहली संख्या के अंकों का गुणनफल है :

$$\frac{65 : 30}{(6\times 5)} :: \frac{44 : 16}{(4\times 4)}$$

7. *(d)* : संख्याएं विभिन्न संख्याओं के वर्ग में उन्हीं संख्याओं को जोड़ने पर प्राप्त होती हैं :

$$\underset{5^2+5}{30} : \underset{6^2+6}{42} :: \underset{7^2+7}{56} : \underset{8^2+8}{72}$$

8. *(c)* : दूसरी संख्या पहली संख्या के अंकों का योगफल है :

$$\frac{190 : 10}{(1+9+0)} :: \frac{102 : 3}{(1+0+2)}$$

9. *(c)* : पहली संख्या के वर्ग को 2 से भाग करने पर दूसरी संख्या प्राप्त होती है :

$$6 \xrightarrow{6^2 \div 2} 18 :: 4 \xrightarrow{4^2 \div 2} 8$$

10. *(c)* : पहली संख्या दूसरी संख्या के अंकों का योगफल है :

$$2 : \underset{(1+1)}{11} :: 5 : \underset{(4+1)}{41}$$

वर्गीकरण या विजातीय छांटना
(CLASSIFICATION OR ODD ONE OUT)

भाग-I विजातीय छांटना – शब्दों पर आधाारित समस्याएं

इस प्रकार के वर्गीकरण में चार शब्द दिए जाते हैं जिनमें से तीन शब्द तथ्य या अर्थ की दृष्टि से या अन्य किसी न किसी रूप में आपस में संबंधित होते हुए एक समूह बनाते हैं जबकि शेष केवल एक शब्द अन्य तीनों से भिन्न होता है। परीक्षार्थी को यह पता लगाना होता है कि वह एक कौन-सा शब्द है जो समूह से संबंधित नहीं है और इस कारण विजातीय है।

हल किए गए उदाहरण

निर्देश: *निम्नलिखित चार शब्दों में से उस एक शब्द का चयन करें जो अन्य तीन से भिन्न है :*

1. (*a*) पिता (*b*) माता (*c*) मित्र (*d*) भाई

उत्तर (*c*) : अन्य सभी के बीच रक्त-संबंध है।

2. (*a*) जल (*b*) जेली (*c*) नींबू शरबत (*d*) कॉफी

उत्तर (*b*) : अन्य सभी द्रव पदार्थ हैं।

अभ्यास

निर्देश (प्र.सं. 1–10): *यहां दिए गए प्रत्येक प्रश्न में तीन शब्द किसी न किसी प्रकार से समान हैं और इस कारण वे एक समूह बनाते हैं जबकि एक शब्द अन्य तीनों से भिन्न है। इस भिन्न या विजातीय शब्द को ज्ञात करें।*

1. (*a*) हरा (*b*) लाल (*c*) रंग (*d*) नारंगी

2. (*a*) अस्तबल (*b*) बिल (*c*) डोंगी (*d*) सुअर-बाड़ा

3. (*a*) बुध (*b*) चंद्रमा (*c*) बृहस्पति (*d*) मंगल

4. (*a*) खुश (*b*) उदास (*c*) प्रसन्नचित्त (*d*) प्रसन्न

5. (*a*) शंकु (*b*) वृत्त (*c*) त्रिभुज (*d*) आयत

6. (*a*) सीसा (*b*) पारद (*c*) तांबा (*d*) लोहा

7. (*a*) पतंग (*b*) चिड़िया (*c*) रेडार (*d*) जेट

8. (*a*) अतिवृष्टि (*b*) अनावृष्टि (*c*) भूस्खलन (*d*) युद्ध

9. (*a*) सिंहशावक (*b*) चूजा (*c*) सूअर (*d*) पिल्ला

10. (*a*) खरगोश (*b*) मगरमच्छ (*c*) केंचुआ (*d*) घोंघा

व्याख्यात्मक उत्तर

1. (c) : अन्य सभी विभिन्न प्रकार के रंग हैं।

2. (c) : डोंगी एक छोटी नाव होती है। अन्य सभी पशु–पक्षियों के निवासस्थलों के नाम हैं।

3. (b) : अन्य सभी ग्रहों के नाम हैं।

4. (b) : अन्य सभी आनन्द की अनुभूति को अभिव्यक्त करते हैं।

5. (a) : अन्य सभी आकृतियाँ द्विविमीय आकृतियाँ हैं।

6. (b) : अन्य सभी ठोस धातुएं हैं।

7. (c) : अन्य सभी हवा में उड़ने वाली वस्तुएं हैं। रेडार हवा में गमन करने वाली वस्तुओं की पहचान करता है।

8. (d) : अन्य सभी प्राकृतिक आपदाएं हैं। केवल युद्ध ही मानव द्वारा मानव समाज के समक्ष प्रस्तुत की जाने वाली एक कृत्रिम आपदा है।

9. (c) : अन्य सभी शब्द विभिन्न जंतुओं के शिशुओं के नाम हैं।

10. (a) : अन्य सभी रेंगने वाले जंतु हैं।

भाग-II विजातीय छांटना – अक्षरों पर आधारित समस्याएं

इस कोटि के अंतर्गत विकल्प के रूप में चार अक्षर-समूह या अक्षरों की एक शृंखला दी जाती है। परीक्षार्थी को इनमें से ऐसे विकल्प का चयन करना होता है जो अन्यों से भिन्न अर्थात् विजातीय हो।

हल किए गए उदाहरण

निर्देश: *निम्नलिखित अक्षर समूहों में से कौन–सा अक्षर समूह भिन्न या विजातीय स्वरूप का है ?*

1. (*a*) NOP (*b*) RTU (*c*) JKL (*d*) EFG

उत्तर (b) : प्रत्येक समूह में अक्षर क्रमागत हैं, जबकि विकल्प (*b*) के अक्षर-समूह में पहले दो अक्षरों के बीच एक अक्षर 'S' छूटा हुआ है।

2. (*a*) RUX (*b*) CFI (*c*) BDG (*d*) FIL

उत्तर (c) : प्रत्येक समूह में अक्षरों के बीच समान संख्या में अक्षर छूटे हुए हैं जबकि विकल्प (*c*) में पहले दो अक्षरों B और D के बीच एक अक्षर और अंतिम दो अक्षरों D और G के बीच दो अक्षर छूटे हुए हैं।

अभ्यास

निर्देश (प्र.सं. 1–10): *नीचे के प्रत्येक प्रश्न में अक्षर समूहों के रूप में चार विकल्प दिए गए हैं जिनमें से तीन में किसी न किसी प्रकार की समानता है और इस कारण वे एक समूह बनाते हैं। उस अक्षर समूह का चयन करें जो समूह से संबंधित नहीं है।*

1. (*a*) ACE (*b*) LOR (*c*) GIK (*d*) VXZ

2. (*a*) TSR (*b*) LKJ (*c*) PQO (*d*) HGF

3. (*a*) EF LM (*b*) KJ SR (*c*) XW HG (*d*) ED YX

4. (*a*) JOPK (*b*) BOPC (*c*) QOPR (*d*) TOPS

5. (*a*) JKkL (*b*) OPpQ (*c*) DEEf (*d*) VWwX

6. (*a*) BdfH (*b*) FHJL (*c*) RTvX (*d*) uVwX

7. (*a*) DFHEG (*b*) TWXUV (*c*) OQSPR (*d*) JLNKM

8. (*a*) MKGA (*b*) PNID (*c*) RPLF (*d*) VTPJ

9. (*a*) ABJNM (*b*) QRTUZ (*c*) IXYOQ (*d*) WGFPO

10. (*a*) EFGH (*b*) IRST (*c*) ULMN (*d*) JKLO

व्याख्यात्मक उत्तर

1. (*b*) : शेष सभी अक्षर समूहों में अगला अक्षर अपने पूर्ववर्ती अक्षर से वर्णमाला के सीधे क्रम में 2 अक्षर आगे का है जबकि विकल्प (*b*) के अक्षर समूह में +3 अनुक्रम का पालन होता है।

ABCDE (+2 +2)   LMNOPQR (+3 +3)

GHIJ K (+2 +2)   VWXYZ (+2 +2)

2. (*c*) : प्रत्येक समूह में अक्षर वर्णमाला के उलटे क्रम में हैं। केवल विकल्प (*c*) में अक्षरों का अनुक्रम बाधित हो रहा है।

3. (*a*) : शेष सभी समूहों में क्रमागत अक्षर वर्णमाला के उलटे क्रम में हैं।

KJ SR; XW HG; ED YX

–1 –1 –1 –1 –1 –1

केवल विकल्प (*a*) में ही क्रमागत अक्षर वर्णमाला के सीधे क्रम में है।

E F (+1)   L M (+1)

4. (*d*) : यहां दिए गए सभी अक्षर समूहों में बीच में 'OP' अक्षर हैं। विकल्प (*d*) में दोनों किनारों पर स्थित अक्षर वर्णमाला के उलटे क्रम में हैं, अर्थात्

TOPS (–1)

जबकि शेष सभी अक्षर समूहों में दोनों किनारों पर स्थित अक्षर वर्णमाला के सीधे क्रम में हैं।

JOPK (+1) ; BOPC (+1) ; QOPR (+1)

5. (*c*) : शेष समूहों में तीसरे अक्षर के रूप में दूसरे अक्षर की पुनरावृत्ति की गई है और उसे अंग्रेजी वर्णमाला के छोटे अक्षर के रूप में लिखा गया है जबकि विकल्प (*c*) के तीसरे अक्षर के रूप में दूसरे अक्षर की पुनरावृत्ति तो की जाती है किंतु उसे अंग्रेजी वर्णमाला के बड़े अक्षर के रूप में लिखा जाता है।

6. (*d*) : शेष समूहों में अंग्रेजी वर्णमाला के अक्षर चाहे छोटे हों या बड़े, किंतु दूसरे, तीसरे और चौथे स्थान पर स्थित अक्षर अपने पूर्ववर्ती अक्षरों से वर्णमाला के सीधे क्रम में 2 अक्षर आगे के हैं, अर्थात्

B D f H (+2 +2 +2) ; F H J L (+2 +2 +2) ; R T v X (+2 +2 +2)

केवल विकल्प (*d*) में अक्षर वर्णमाला के सहज क्रम (+1) में हैं, अर्थात्

u V w X (+1 +1 +1)

7. (*b*) : शेष समूहों में पहले, चौथे, दूसरे, पांचवें और तीसरे स्थानों पर स्थित अक्षरों से वर्णमाला का सीधा अनुक्रम बनता है। विकल्प (*b*), में पहले, चौथे, पांचवें, दूसरे और तीसरे स्थानों पर स्थित अक्षरों के मेल से वर्णमाला का सीधा अनुक्रम बनता है।

8. (*b*) : शेष समूहों में अक्षरों का अनुक्रम –2, –4, –6 के पैटर्न का पालन करता है, अर्थात्

M K G A (–2 –4 –6) ; R P L F (–2 –4 –6)

V T P J (–2 –4 –6)

विकल्प (*b*) में अनुक्रम का निम्नलिखित पैटर्न है:

P N I D (–2 –5 –5)

अत: सही पैटर्न होना चाहिए → P N J D (–2 –4 –6)

9. (*c*) : शेष समूहों में कम से कम दो जोड़े अक्षर वर्णमाला के क्रम में हैं, अर्थात्

ABJNM; QRTUZ; WGFPO

विकल्प (*c*) में केवल एक जोड़ा अक्षर-ही वर्णमाला के क्रम में है।

IXYOQ

10. (*d*) : शेष समूहों में पहला अक्षर 'स्वर' है जिसके बाद तीन क्रमागत अक्षर लिखे गए हैं।

भाग-III विजातीय छांटना – संख्याओं पर आधारित समस्याएं

इस प्रकार के वर्गीकरण में विकल्पों के रूप में विभिन्न संख्याएं दी जाती हैं। इन संख्याओं में से एक को छोड़कर जो अन्य से भिन्न होती है, शेष किसी न किसी रूप में आपस में संबंधित होती हैं और इस प्रकार एक समूह बनाती हैं। परीक्षार्थी को दी गई संख्याओं में यह समानता ज्ञात करनी होती है और तत्पश्चात् समूह से भिन्न संख्या का चयन करना होता है। विकल्पों के रूप में दी गई संख्याएं विषम/सम/क्रमागत संख्याएं, अभाज्य संख्याएं, किसी संख्या का गुणज, एक अंकीय, विभिन्न संख्याओं का वर्ग या घन, किसी अन्य संख्या का जोड़/घटा या किसी भी गणितीय परिकलन का संयोजन हो सकती है।

हल किए गए उदाहरण

निर्देश: *दिए गए विकल्पों में विषम संख्या ज्ञात करें।*

1. (*a*) 62 (*b*) 121 (*c*) 36 (*d*) 256

उत्तर (*a*) : अन्य संख्याएं क्रमश: 11, 6 और 16 के वर्ग द्वारा सूचित होती हैं।

2. (*a*) 27 (*b*) 132 (*c*) 93 (*d*) 154

उत्तर (*d*) : शेष संख्याएं 3 से विभाज्य हैं।

अभ्यास

निर्देश (प्र.सं. 1–10): *यहां प्रत्येक प्रश्न में चार विकल्प दिए गए हैं जिनमें से तीन किसी न किसी रूप में आपस में संबंधित होते हुए एक समूह बनाते हैं, जबकि शेष एक संख्या अन्य से भिन्न है। उस भिन्न संख्या का चयन करें जो समूह से संबंधित नहीं है।*

1. (*a*) 1948 (*b*) 2401 (*c*) 966 (*d*) 1449

2. (*a*) 182 (*b*) 169 (*c*) 130 (*d*) 158

3. (*a*) 3215 (*b*) 9309 (*c*) 4721 (*d*) 2850

4. (*a*) 1776 (*b*) 2364 (*c*) 1976 (*d*) 3776

5. (*a*) 7658 (*b*) 1234 (*c*) 9876 (*d*) 6543

6. (*a*) 18 (*b*) 12 (*c*) 30 (*d*) 20

7. (*a*) 9875432 (*b*) 98765 (*c*) 98756 (*d*) 9876543

8. (*a*) 5243 (*b*) 9251 (*c*) 4256 (*d*) 3257

9. (*a*) 2553 (*b*) 1224 (*c*) 7992 (*d*) 3885

10. (*a*) 3223 (*b*) 4554 (*c*) 6116 (*d*) 9887

व्याख्यात्मक उत्तर

1. (*a*) : शेष संख्याएं 7 से विभाज्य हैं।

2. (*d*) : शेष संख्याएं 13 का गुणज हैं।

3. (*b*) : शेष संख्याओं में किसी भी अंक का दो बार प्रयोग नहीं किया गया है।

4. (*b*) : शेष संख्याओं में आखिरी दो अंक एक से हैं।

5. (*a*) : शेष संख्याओं में उनके अंक गिनती के सीधे या उलटे क्रम में क्रमागत (निरंतर) हैं।

6. (*a*) : शेष सभी संख्याएं $3^2 + 3 = 12$, $5^2 + 5 = 30$, $4^2 + 4 = 20$ हैं।

7. (*c*) : शेष सभी संख्याओं में 987 के बाद अंक अवरोही या घटते हुए क्रम (decreasing order) में हैं।

8. (*a*) : शेष सभी संख्याओं में 25 बीच में है और सिरे के दो अंकों का योग 10 के बराबर है।

9. (*b*) : शेष सभी संख्याओं में दो सिरों पर स्थित अंकों का योग बीच में स्थित अंक के बराबर है जिसे दो बार लिखा गया है।

10. (*d*) : शेष सभी संख्याओं में अंतिम दो अंक पहले दो अंकों को उलटे क्रम में लिखने पर प्राप्त होते हैं।

भाग-IV विजातीय छांटना – शब्द समूहों से संबंधित समस्याएं

शब्दों, अक्षरों या संख्याओं के समूह का वर्गीकरण एकल शब्द, अक्षर या संख्या के वर्गीकरण से अधिक भिन्न नहीं होता। इसमें परीक्षार्थी को दो परस्पर संबंधित शब्दों के बीच संबंध की विशिष्टता या प्रकृति ज्ञात करनी होती है और तत्पश्चात् दिए गए विकल्पों में से उस शब्द युग्म का पता लगाना होता है, जो अन्य शब्द-युग्मों के संबंध पैटर्न का अनुपालन नहीं करता हो। संबंधित शब्द विपरीत या सदृश अर्थ या स्वरूप के हो सकते हैं अथवा उनकी अर्थ छटा और अर्थ निरुपण में भिन्नता हो सकती है या फिर उनमें एक विशेष तुकबंदी हो सकती है।

हल किए गए उदाहरण

निर्देश: *निम्नलिखित में से कौन-सा शब्द-युग्म अन्यों से भिन्न है?*

1. (*a*) अच्छा-बेहतर (*b*) गुनगुना-गरम (*c*) नफा-लाभ (*d*) फुसफुसाना-चिल्लाना

उत्तर (*c*) : अन्य शब्द-युग्मों में युग्म के शब्द सदृश अर्थ वाले हैं किंतु उनमें सादृश्यता या साम्यता की अवस्था या कोटि भिन्न-भिन्न है।

2. (*a*) कैंची-कपड़ा (*b*) चाकू-सब्जी (*c*) कुल्हाड़ी-लकड़ी (*d*) हथौड़ा-कील

उत्तर (*d*) : हालांकि शब्दों के बीच संबंध ठीक है किंतु कील को काटने के लिए हथौड़े का प्रयोग नहीं किया जाता है। शेष तीन युग्मों में बायीं ओर उपकरण का नाम दिया गया है जिसकी सहायता से दायीं ओर लिखी गई वस्तु को काट सकते हैं।

अभ्यास

निर्देश (प्र.सं. 1–20): *नीचे के प्रत्येक प्रश्न में शब्दों के उस जोड़े का चयन करें जो शेष तीन जोड़ों से भिन्न हो।*

1. (*a*) कुर्सी-फर्नीचर (*b*) शर्ट-वस्त्र
(*c*) कंठहार-आभूषण (*d*) बोगी-इंजन

2. (*a*) चित्रांकनी-कागज (*b*) पेंसिल-लेड
(*c*) कलम-स्याही (*d*) बुरुश-रंग

3. (*a*) युद्ध-शांति (*b*) वास्तविक-सहज
(*c*) अग्रगण्य-प्रथम (*d*) क्रोध-गुस्सा

4. (*a*) अंगूली-अंगूठी (*b*) सिर-टोपी
(*c*) कमर-मुकुट (*d*) पांव-जूता

5. (*a*) दिन-रात (*b*) चालाक-मूर्ख
(*c*) स्पष्ट-धुंधला (*d*) पहुंचना-आना

6. (*a*) क्विंटल-गैलन (*b*) गुलदस्ता-फूल
(*c*) पुस्तक-पृष्ठ (*d*) संसद-सांसद

7. (*a*) चिड़िया-चहचहाना (*b*) घोड़ा-भिनभिनाना
(*c*) शेर-गरजना (*d*) सांप-फुफकारना

8. (*a*) भतीजी-भतीजा (*b*) भाई-बहन
(*c*) पति-पत्नी (*d*) पिता-माता

9. (*a*) पेट्रोल-कार (*b*) तेल-लैम्प
(*c*) डीजल-लकड़ी (*d*) मोम-मोमबत्ती

10. (*a*) गंगा-नर्मदा (*b*) थार-गोबी
(*c*) आमाशय-हाथ (*d*) एवरेस्ट-पर्वत

11. (*a*) औषधि-चिकित्सक (*b*) फूल-कलाकार
(*c*) जूता-मोची (*d*) त्वचा-त्वचारोग विशेषज्ञ

12. (*a*) प्राधिकार-मंजूरी
(*b*) प्रतिकर्षण-आकर्षण
(*c*) तुनकमिजाज-दुस्तोषणीय
(*d*) श्वास-अस्तित्व

13. (*a*) पोलो-बर्फ का मैदान (रिंक)
(*b*) गोल्फ-लॉन
(*c*) टेनिस-कोर्ट
(*d*) शतरंज-बोर्ड

14. (*a*) उमंग-तरंग (*b*) नीड़-पीड़
(*c*) अपराध-रोकथाम (*d*) आन-बान

15. (*a*) सेना-सेनापति (*b*) कॉलेज-प्रिंसिपल
(*c*) जहाज़-कैप्टन (*d*) नौसेना-लेफ्टिनेंट

16. (*a*) रेलगाड़ी-पटरी
(*b*) पक्षी-उड़ना
(*c*) हवाई जहाज-आकाश
(*d*) पनडुब्बी-समुद्र

17. (*a*) जेली-सौम्य (*b*) पत्थर-कठोर
(*c*) रोवां-मुलायम (*d*) कांच-चिकना

18. (*a*) शाखा-पेड़ (*b*) मिनट-घंटा
(*c*) वाक्य-पैराग्राफ (*d*) विद्यार्थी-शिक्षक

19. (*a*) कुल-जोड़ (*b*) अभी-वर्तमान
(*c*) बड़ी-धारणा (*d*) हां-सहमत

20. (*a*) चार-चौगुना (*b*) तीन-तेरह
(*c*) दो-दोगुना (*d*) छह-छहगुना

व्याख्यात्मक उत्तर

1. (*d*) : बोगी रेलगाड़ी का एक हिस्सा होता है जो परिवहन का एक साधन है। कुर्सी, शर्ट और कंठहार क्रमशः फर्नीचर, वस्त्र और आभूषण हैं।

2. (*a*) : पेंसिल, कलम और ब्रुश से लिखने का माध्यम क्रमशः लेड, स्याही और रंग है। चित्रांकनी (क्रेयॉन) से लिखने या चित्र बनाने का माध्यम मोम होता है।

3. (*a*) : शेष सभी शब्द-युग्म समानार्थक शब्दों के युग्म हैं जबकि विकल्प (*a*) में दिया गया शब्द-युग्म विपरीतार्थक शब्दों का युग्म है।

4. (*c*) : मुकुट सिर पर पहना जाता है।

5. (*d*) : शेष शब्द-युग्म एक दूसरे के विपरीतार्थक हैं।

6. (*a*) : शेष सभी शब्द युग्मों में पहला दूसरे का समेकित रूप हैं।

7. (*b*) : शेष सभी में दूसरी पहले की बोली है। घोड़े हिनहिनाते हैं।

8. (*a*) : संबंधित शब्द-युग्मों में पहला पुल्लिंग और दूसरा स्त्रीलिंग है। विकल्प (*a*) में पहले स्त्रीलिंग और तत्पश्चात् पुल्लिंग दिया गया है।

9. (*c*) : पेट्रोल का उपयोग कार चलाने में, तेल का उपयोग लैम्प जलाने में और मोम का उपयोग मोमबत्ती जलाने में किया जाता है। डीजल और लकड़ी का आपस में ऐसा कोई संबंध नहीं है।

10. (*d*) : संबंधित शब्दों की पहचान एक जैसी है। (*a*) नदियों को, (*b*) मरुभूमि को और, (*c*) शरीर के अंगों को सूचित करते हैं जबकि विकल्प (*d*) में एवरेस्ट एक पर्वत शृंखला का नाम है।

11. (*b*) : चिकित्सक का औषधि, मोची का जूता और त्वचारोग विशेषज्ञ का संबंध त्वचारोग से है। फूलों की देख-रेख करने वाले व्यक्ति को माली कहते हैं।

12. (*b*) : शेष शब्द युग्म समानार्थक हैं जबकि प्रतिकर्षण और आकर्षण शब्द एक दूसरे के विपरीत अर्थ वाले हैं।

13. (*a*) : शब्द युग्मों में खेलों और उन्हें खेले जाने वाले स्थानों के बीच संबंध दर्शाया गया है। पोलो मैदान में खेला जाता है।

14. (*c*) : शेष शब्द-युग्मों में शब्दों के बीच एक विशेष लय है।

15. (*d*) : नौसेना का प्रमुख कमांडर होता है।

16. (*b*) : रेलगाड़ी पटरी पर, हवाई जहाज आकाश में और पनडुब्बी समुद्र के जल में चलती है। इसी प्रकार पक्षी हवा में उड़ते हैं और साथ ही ये सजीव प्राणी भी हैं।

17. (*a*) : शब्द युग्मों का दूसरा शब्द पहले शब्द की विशेषता बताता है। जेली मुलायम या अस्थिर होती है।

18. (*d*) : शेष समूहों में पहला शब्द दूसरे का हिस्सा है।

19. (*c*) : शेष समूहों के शब्द परस्पर समानार्थक हैं।

20. (*b*) : तीन से तिगुना

सांकेतिक भाषा परीक्षण
(CODING AND DECODING)

भाग-I

कूटलेखन या 'कोडिंग' संवाद-संप्रेषण की एक प्रक्रिया है जिसमें एक गुप्त भाषा का प्रयोग वास्तविक तथ्यों शब्दों/मूल्यों की अभिव्यक्ति या प्रस्तुतिकरण को एक ऐसी भाषा में परिवर्तित करने के लिए किया जाता है जिसे संवाद के प्रेषक और प्राप्तकर्ता के अतिरिक्त कोई तीसरा व्यक्ति समझ न सके। कूटभाषा में लिखने के लिए *(i)* शब्दों के अक्षरों के स्थान पर वर्णमाला के सीधे उलटे क्रम में एक या एकाधिक स्थान आगे या पीछे के अक्षरों को लिखा जाता है; *(ii)* अक्षरों के स्थान पर संख्याओं को या संख्याओं के स्थान पर अक्षरों को लिखा जाता है; *(iii)* दिए गए शब्द के कुछ या सभी अक्षरों को उलटे क्रम में लिखा जाता है; और *(iv)* शब्द के अक्षरों के स्थान पर वर्णमाला के उलटे क्रम में समस्थानिक अक्षरों को लिखा जाता है।

वर्णमाला को सीधे क्रम में लिखने पर प्राप्त शृंखला :

A B C D E F G H I J K L M N O P Q R S T U V W X Y Z

A ↓	E ↓	J ↓	O ↓	T ↓	Y ↓
प्रथम अक्षर	पांचवां अक्षर	दसवां अक्षर	पंद्रहवां अक्षर	बीसवां अक्षर	पच्चीसवां अक्षर

वर्णमाला को उलटे क्रम में लिखने पर प्राप्त शृंखला :

Z Y X W V U T S R Q P O N M L K J I H G F E D C B A

Z ↓	V ↓	Q ↓	L ↓	G ↓	B ↓
प्रथम अक्षर	पांचवां अक्षर	दसवां अक्षर	पंद्रहवां अक्षर	बीसवां अक्षर	पच्चीसवां अक्षर

टिप्पणी: Z पर पहुंचने के पश्चात् शृंखला A से पुनः शुरू होती है और A पर पहुंचने के पश्चात् शृंखला Z से पुनः शुरू होती है।

हल किए गए उदाहरण

1. यदि एक विशेष प्रकार की कूट भाषा में शब्द FACE को GBDF की तरह लिखा जाता हो तो इसी कूट भाषा में BADE को कैसे लिखा जाएगा?

(*a*) CBEF (*b*) CEBF (*c*) CFBE (*d*) CBFE

उत्तर (*a*) : शब्द के अक्षरों को वर्णमाला के सीधे क्रम में एक चरण आगे का अक्षर लिखकर कूटबद्ध किया गया है।

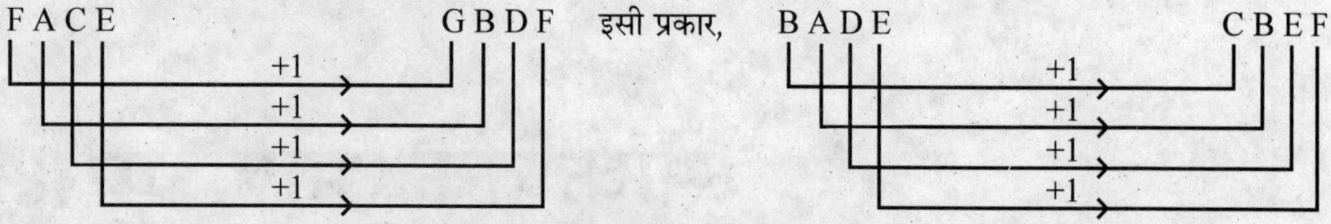

2. यदि किसी कूटभाषा में RESULT को 798206 लिखा गया हो तो उसी कूटभाषा में LET किस प्रकार लिखा जाएगा?

(*a*) 680 (*b*) 092 (*c*) 096 (*d*) 086

उत्तर (*c*) : अक्षरों को संख्याओं द्वारा कूटबद्ध किया गया है। दिए गए शब्द को कूटबद्ध करने के लिए संबंधित कूट संख्याएं ज्ञात करें।

R	E	S	U	L	T	→	अक्षर
7	9	8	2	0	6	→	कूट

अत: LET के लिए कूट संख्याएं निम्नवत् होगी :

L	E	T	→	अक्षर
0	9	6	→	कूट

अभ्यास

निर्देश (प्र.सं. 1–10): *निम्नलिखित प्रश्नों में दिए गए शब्दों या अक्षरों के लिए इंगित कूटभाषा के शब्द या अक्षर ज्ञात करें।*

1. यदि किसी कूट भाषा में CHAIR को FKDLU के रूप में लिखा जाए तो उसी कूटभाषा में RAID शब्द को किस प्रकार लिखा जाएगा?

(*a*) ULGD (*b*) ULKG
(*c*) ULDG (*d*) UDLG

2. यदि किसी कूटभाषा में CONDEMN को CNODMEN लिखा जाता है तो उसी कूटभाषा में TEACHER को कैसे लिखा जाएगा?

(*a*) TEACHER (*b*) TAEECHR
(*c*) TCAEEHR (*d*) TAECEHR

3. किसी कूटभाषा में COME को XLNV और ABLE को ZYOV लिखा जाता है। इसी कूटभाषा में MOLLY किस प्रकार लिखा जाएगा?

(*a*) NLOBO (*b*) NLBOO
(*c*) LNOOB (*d*) NLOOB

4. गदि किसी कूटभाषा में ACTION को ZXGRLM लिखा जाता हो तो उसी कूटभाषा में HEALTH को कैसे लिखा जाएगा?

(*a*) SVZOGS (*b*) TVZOGT
(*c*) RUZPGR (*d*) QVGOZQ

5. यदि किसी विशेष कूटभाषा में EARTHQUAKE को MOGPENJOSM के रूप में लिखा जाता हो तो उसी कूटभाषा में EQUATE निम्नलिखित में से किस प्रकार लिखा जाएगा?

(*a*) MENOPM (*b*) MENOMP
(*c*) MJOGPM (*d*) MNJOPM

6. किसी विशेष सांकेतिक भाषा में COUNTRY शब्द को EMWLVPA के रूप में कूटबद्ध किया जाता है। इसी विशेष भाषा में ELECTORATE किस रूप में लिखा जाएगा?

(*a*) CJCEVQPYWC (*b*) GJGERQTYVG
(*c*) CNCERQPCRG (*d*) GJGAVMTYVC

7. यदि PHILOSOPHY को HPLISOPOYH लिखा जाता हो तो ORNAMENTAL कैसे लिखा जाएगा?

(*a*) ROANEMNTLA
(*b*) ONRAMNEALT
(*c*) ROANEMTNLA
(*d*) ROANEMNATL

8. यदि किसी कूटभाषा में लिखे गए शब्द OPFGBCST का अर्थवाचन NEAR के रूप में किया जाता हो तो उसी कूटभाषा में कूटबद्ध IJVWHI का अर्थ निम्नलिखित में से क्या होगा?

(*a*) HAG (*b*) HUG
(*c*) HUT (*d*) KEG

9. किसी विशेष कूटलिपि में PUNCTUAL को 16598623 के रूप में कूटबद्ध किया जाता है। इसी

कूटलिपि में ACTUPULN निम्नलिखित में से किस प्रकार लिखा जाएगा?

(*a*) 29861653 (*b*) 29861635
(*c*) 28916135 (*d*) 29851536

10. यदि OUT को 152120 के रूप में कूटबद्ध किया जाता हो तो इसी नियम का प्रयोग करके IN को निम्नलिखित में से कैसे लिखा जाएगा?

(*a*) 1015 (*b*) 819
(*c*) 1813 (*d*) 914

व्याख्यात्मक उत्तर

1. (*d*) : शब्द को कूटबद्ध करने के लिए उसके अक्षरों से वर्ण-माला के क्रम में +3 चरण आगे के अक्षर लिए गए हैं।

CHAIR → FKDLU

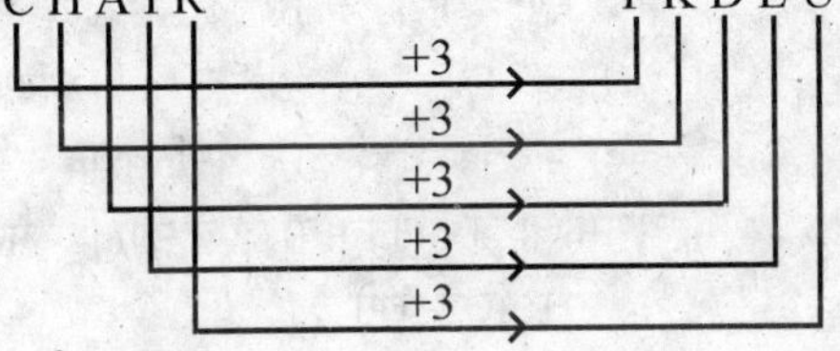

इसी प्रकार,

RAID → UDLG

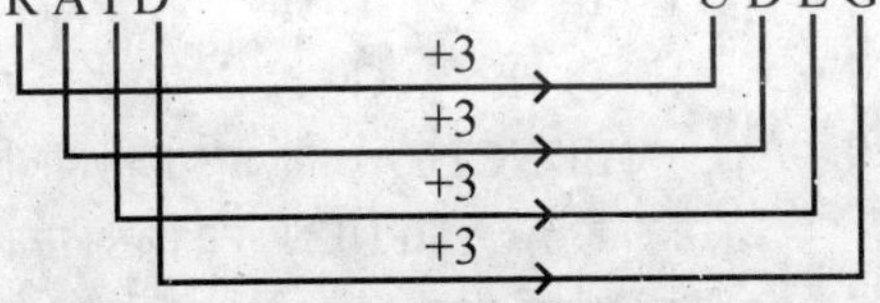

2. (*d*) : इस शब्द में दूसरे और तीसरे अक्षर एक दूसरे के स्थान पर आ जाते हैं और पांचवे और छठे अक्षरों द्वारा भी इसी नियम का पालन किया जाता है। शेष अक्षरों का स्थान अपरिवर्तित रहता है।

CONDEMN → CNODMEN

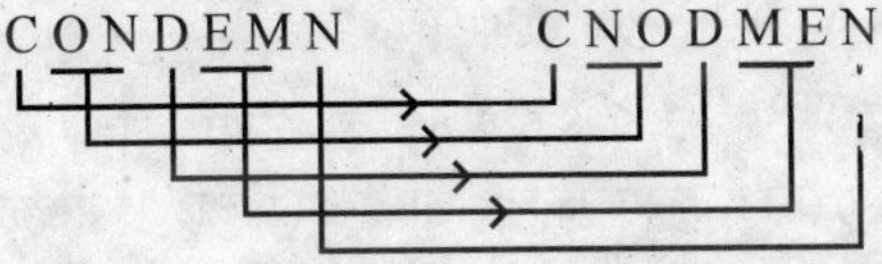

इसी प्रकार,

TEACHER → TAECEHR

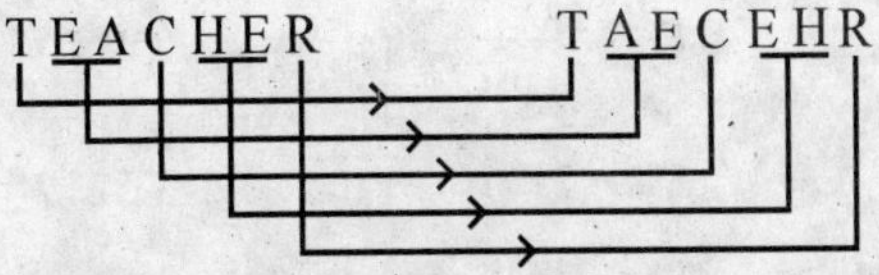

3. (*d*) : शब्द के अक्षरों को कूटबद्ध करने के लिए वर्णमाला के उलटे क्रम में समान स्थान वाले अक्षरों को लिया गया है।

C O M E → वर्णमाला के सीधे क्रम में अक्षर

X L N V → वर्णमाला के उलटे क्रम में समान स्थान वाले अक्षर

↓ ↓ ↓ ↓

3रा 15वां 13वां 5वां → वर्णमाला में अक्षरों का स्थान

A B L E → वर्णमाला के सीधे क्रम में अक्षर

Z Y O V → वर्णमाला के उलटे क्रम में समान स्थान वाले अक्षर

↓ ↓ ↓ ↓

1ला 2रा 12वां 5वां → वर्णमाला के अक्षरों का स्थान

इसी प्रकार,

M O L L Y → वर्णमाला के सीधे क्रम में अक्षर

N L O O B → वर्णमाला के उलटे क्रम में समान स्थान वाले अक्षर

↓ ↓ ↓ ↓ ↓

13वां 15वां 12वां 12वां 25वां → वर्णमाला में अक्षरों का स्थान

4. (*a*) : शब्द के अक्षरों को कूटबद्ध करने के लिए वर्णमाला के उलटे क्रम में समान स्थान वाले अक्षरों को लिया गया है।

A C T I O N → वर्णमाला के सीधे क्रम में अक्षर

Z X G R L M → वर्णमाला के उलटे क्रम में समान स्थान वाले अक्षर

↓ ↓ ↓ ↓ ↓ ↓

1ला 3रा 20वां 9वां 15वां 14वां → वर्णमाला में अक्षरों का स्थान

इसी प्रकार,

H E A L T H → वर्णमाला के क्रम में अक्षर

S V Z O G S → वर्णमाला के उलटे क्रम में समान स्थान वाले अक्षर

↓ ↓ ↓ ↓ ↓ ↓

8वां 5वां 1ला 12वां 20वां 8वां → वर्णमाला में अक्षरों का स्थान

5. *(d)* : EQUATE शब्द के अक्षर EARTHQUAKE शब्द से लिए गए हैं।

उत्तर कूट प्राप्त करने के लिए कूटबद्ध शब्द से अक्षरों का मिलान करें।

E A R T H Q U A K E → अक्षर
M O G P E N J O S M → कूट
E QUA T E→ कूटबद्ध किए जाने वाले अक्षर
M N J O PM→ उत्तर कूट

6. *(d)* : शब्द को कूटबद्ध करने के लिए शब्द के अक्षरों से वर्णमाला के क्रम में क्रमशः 2 चरण आगे और दो चरण पीछे के अक्षर लिए गए हैं।

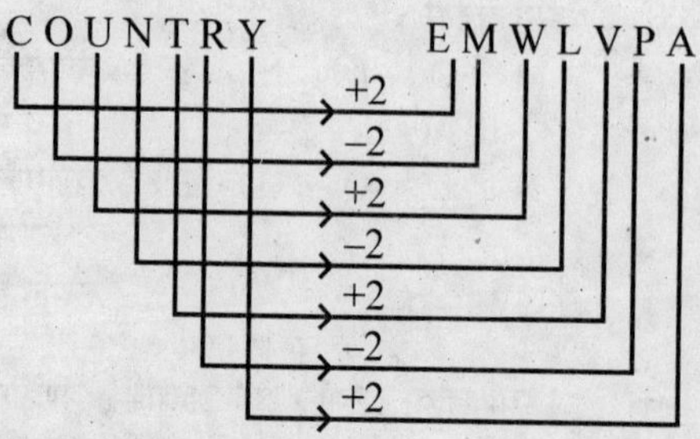

इसी प्रकार,

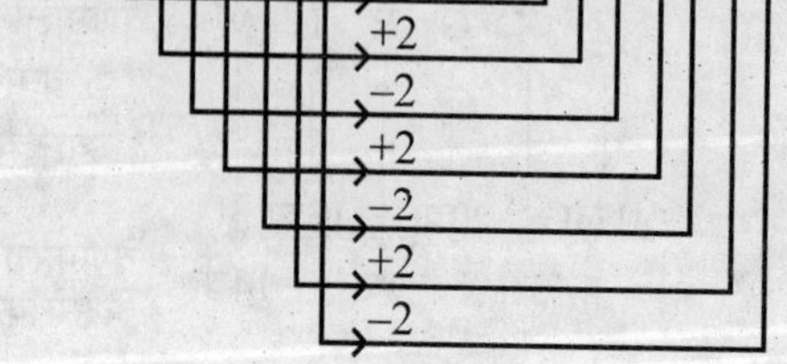

7. *(c)* : शब्द को कूटबद्ध करने के लिए उसके दो क्रमागत अक्षरों को एक दूसरे के स्थान पर लिखा जाता है।

इसी प्रकार,

8. *(b)* : कूटबद्ध शब्द का अर्थ-निर्वचन निम्नलिखित रूप में किया गया है :

↓ OP ↓ FG ↓ BC ↓ ST →कूट
N E A R →दिया गया शब्द

अतः कूटबद्ध शब्द का अर्थ-निर्वचन करने के लिए वर्णमाला के अनुक्रम में दो क्रमागत अक्षरों से पहले के अक्षर लिए जाते हैं।

इसी प्रकार,

↓ IJ ↓ VW ↓ HI → दिया गया शब्द
H U G → उत्तर शब्द

9. *(b)* : शब्द PUNCTUAL के अक्षरों को यादृच्छिक क्रम में लेकर ACTUPULN शब्द लिखा गया है।

इसी प्रकार संख्या कूट भी लिखा जाएगा

P U N C T U A L → दिया गया शब्द
1 6 5 9 8 6 2 3 → कूट

इसी प्रकार,

A C T U P U L N → कूटबद्ध किया जाने वाला शब्द

2 9 8 6 1 6 3 5→ उत्तर कोड

10. *(d)* : कूट लेखन के लिए प्रयोग में लाई गई संख्याएं वर्णमाला के सीधे क्रम (ABCD...) में अक्षरों के स्थान को सूचित करती है।

O U T → OUT
↓ ↓ ↓
15वां 21वां 20वां → 152120

इसी प्रकार,

I N → IN
↓ ↓
9वां 14वां → 914

भाग-II

कूट लेखन विभिन्न प्रकार से किया जाता है। कूटभाषा का प्रयोग न केवल शब्दों और संख्याओं के लिए किया जाता है बल्कि किसी शब्द-समूह, विवरण या कभी-कभी वाक्यों को भी कूटभाषा द्वारा संप्रेषित किया जाता है। इस प्रकार की कूटभाषा से भ्रम की स्थिति उत्पन्न हो सकती है किंतु कुछ प्रश्नों को हल कर लेने के बाद ऐसी कूटभाषा को समझना और हल करना अत्यंत सरल हो जाता है। इस प्रकार की कूटभाषा पर आधारित प्रश्नों को हल करने के लिए अक्षरों को गिनने या छोड़ने अथवा गणितीय परिकलनों की श्रमसाध्य प्रक्रिया को अपनाने की आवश्यकता नहीं होती बल्कि इनके लिए तेजी से मिलान करने या सादृश्यता स्थापित करने की क्षमता ही अपेक्षित होती है। कूट के रूप में अक्षरों या संख्याओं का प्रयोग किया जा सकता है।

हल किए गए उदाहरण

1. यदि किसी कूटभाषा में 'ra mei ket' का अर्थ है 'he is rich'; 'rui pha jeu' का अर्थ है 'run for money'; और 'pha rui ket' का अर्थ है 'money for rich' उस कूटभाषा में 'rich' के लिए निम्नलिखित में से किस कूट का प्रयोग किया गया है?

(*a*) ra (*b*) pha (*c*) ket (*d*) jeu

उत्तर (*c*) : दी गई जानकारी है :

कूट	**वाक्य**
1. ra mei *ket*	he is *rich*
2. rui pha jeu	run for money
3. pha rui *ket*	money for *rich*

कूटों और वाक्यों की तुलना करने पर यह स्पष्ट होता है कि वाक्य 1 और 3 दोनों में 'rich' शब्द है और दोनों ही वाक्यों में इसके लिए 'ket' शब्द का प्रयोग किया गया है।

2. यदि किसी कूटभाषा में 'ni ra ge' का अर्थ है 'who are you'; 'boi wo dur' का अर्थ है 'going far away'; और 'wo ge chi' का अर्थ है 'you went away' तो उस कूटभाषा में 'went' के लिए निम्नलिखित में से किस कूट का प्रयोग किया गया है?

(*a*) ra (*b*) chi (*c*) wo (*d*) boi

उत्तर (*b*) : दी गई सूचना है :

कूट	**वाक्य**
1. ni ra *ge*	who are *you*
2. boi *wo* dur	going far *away*
3. *wo ge* **chi**	*you* **went** *away*

'went' शब्द केवल तीसरे वाक्य में है। 'you' शब्द पहले और तीसरे दोनों वाक्यों में है जिसके लिए इन वाक्यों में 'ge' कूट का प्रयोग किया गया है। शब्द 'away' दूसरे और तीसरे दोनों वाक्यों में है जिसके लिए 'wo' कूट का प्रयोग किया गया है। एकमात्र 'chi' कूट ही ऐसा बचता है जिसका अर्थ 'went' है।

अभ्यास

निर्देश (प्र.सं. 1–10): *नीचे के प्रत्येक प्रश्न में कूटलेखन के पैटर्न को ध्यान से देखें और दिए गए विकल्पों में से सही उत्तर का चयन करें।*

1. यदि किसी कूटभाषा में (a) 'go ju mi' का अर्थ है 'plenty of money'; (b) pao ju go nei vu' का अर्थ है 'money creates lots of problems'; (c) 'kol vu nei' का अर्थ है 'problems create tension'; और (d) 'sol tun ju haw' का अर्थ है 'still money is needed' तो उस कूट भाषा में निम्नलिखित में से किसका अर्थ 'money' है?

(*a*) nei (*b*) ju
(*c*) haw (*d*) go

2. किसी कूटभाषा में (a) 'FOR' का अर्थ है 'old is gold'; (b) 'ROT' का अर्थ है 'gold is pure'; (c) 'ROM' का अर्थ है 'gold is costly'। इसी कूटभाषा में 'pure old gold is costly' कैसे लिखा जाएगा?

(*a*) TFROM (*b*) FOTRM
(*c*) FTORM (*d*) TOMRF

3. यदि किसी कूटभाषा में '415' का अर्थ है 'milk is hot'; '18' का अर्थ है 'hot soup'; और '895' का अर्थ है 'soup is tasty' तो उसी कूटभाषा में 'tasty' शब्द किस संख्या द्वारा निरूपित होगा?

(*a*) 9 (*b*) 8
(*c*) 5 (*d*) 4

4. यदि किसी कूटभाषा में '643' का अर्थ है 'she is beautiful', '593' का अर्थ है 'he is handsome', और '567' का अर्थ है 'handsome meets beautiful' तो उसी कूटभाषा में 'meets' शब्द निम्नलिखित में से किस संख्या द्वारा सूचित होगा?

(*a*) 5 (*b*) 3
(*c*) 7 (*d*) 6

5. किसी कूटभाषा में (a) 'dugo hui mul zo' का अर्थ है 'work is very hard'; (b) 'hui dugo ba ki' का अर्थ है 'Bingo is very smart'; (c) 'nano mul dugo' का अर्थ है 'cake is hard', और (d) 'mul ki qu' का अर्थ है 'smart and hard' इस कूट भाषा में 'Bingo' के लिए किस कूटशब्द का प्रयोग किया गया है?

(*a*) jalu (*b*) dugo
(*c*) ki (*d*) ba

6. किसी कूटभाषा में (a) 'pic vic nic' का अर्थ है 'winter is cold'; (b) 'to nic re' का अर्थ है 'summer is hot'; (c) 're pic boo' का अर्थ है 'winter and summer' और (d) 'vic tho pa' का अर्थ है 'nights are cold' इस कूटभाषा में 'summer' के लिए किस कूटशब्द का प्रयोग किया जाता है?

(*a*) nic (*b*) boo
(*c*) to (*d*) re

7. किसी कूटभाषा में (a) 'mx das sci' का अर्थ है 'good little frock'; (b) 'jm coz sci' का अर्थ है 'girl behaves good'; (c) 'ngv drs coz' का अर्थ है 'girl makes mischief'; और (d) 'das gp coz' का अर्थ है 'little girl fell' इस कूटभाषा में 'frock' के लिए किस कूट शब्द का प्रयोग किया गया है?

(*a*) mx (*b*) das
(*c*) sci (*d*) gp

8. किसी कूटभाषा में 'mu mit es' का अर्थ है 'who is she' और 'elb mu es' का अर्थ है 'where is she' इस कूटभाषा में 'where' के लिए किस कूटशब्द का प्रयोग किया जाता है?

(*a*) es (*b*) elb
(*c*) mu (*d*) mit

9. किसी कूटभाषा में '069' का अर्थ है 'grapes are sweet', '476' का अर्थ है 'very sweet fruit' और '509' का अर्थ है 'grapes are ripe'। इस कूटभाषा में निम्नलिखित में से किस अंक से 'ripe' शब्द सूचित होता है?

(*a*) 0 (*b*) 5
(*c*) 9 (*d*) 7

10. किसी कूटभाषा में 'roi ja kyo twa' का अर्थ है 'Moody is writing letters', 'pok ju ja twa' का अर्थ है 'Woody is writing cards', 'trn kyo pos un' का अर्थ है 'they are writing letters', और 'koi rus pok' का अर्थ है 'gifts and cards'। इसी कूटभाषा में 'Moody' के लिए किस कूटशब्द का प्रयोग किया गया है?

(*a*) ja (*b*) twa
(*c*) roi (*d*) kyo

व्याख्यात्मक उत्तर

1. (*b*) :

	कूट	वाक्य
1.	go *ju* mi	plenty of *money*
2.	pao *ju* go nei vu	*money* creates lots of problems
3.	kol vu nei	problems create tension
4.	sol tun *ju* haw	still *money* is needed

ऊपर के पहले, दूसरे और चौथे कूटों और संबंधित वाक्यों में 'ju' शब्द और उसके लिए 'money' शब्द लिखा गया है।

2. *(a)* :

कूट	वाक्य
1. FOR	old is gold

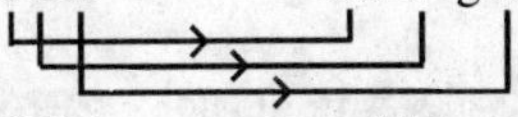

कूट	वाक्य
2. ROT	gold is pure

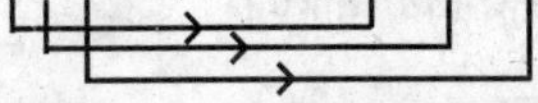

कूट	वाक्य
3. ROM	gold is costly

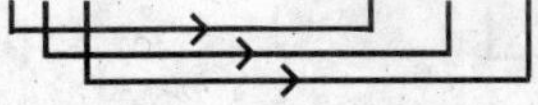

अत:,

F का अर्थ है old

O का अर्थ है is

R का अर्थ है gold

T का अर्थ है pure

M का अर्थ है costly

अत: 'pure old gold is costly' को 'TFROM' द्वारा व्यक्त किया जाएगा।

3. *(a)* :

कूट	वाक्य
1. 415	milk is hot
2. 18	hot soup
3. 895	soup is *tasty*

तीसरे कूट और उससे संबंधित वाक्य में दी गई न तो संख्या '9' और न ही शब्द 'tasty' को किसी अन्य कूट और वाक्य में दोहराया गया है।

4. *(c)* :

कूट	वाक्य
1. 643	she is beautiful
2. 593	he is handsome
3. 567	handsome *meets* beautiful

तीसरे कूट और उससे संबंधित वाक्य में दी गई न तो संख्या '7' और न ही शब्द 'meets' को किसी अन्य कूट और वाक्य में दोहराया गया है।

5. *(d)* :

कूट	वाक्य
1. *dugo hui* mul zo	work *is very* hard
2. *hui dugo* **ba** *ki*	**Bingo** *is very smart*
3. nano mul *dugo*	cake is *hard*
4. mul *ki* qu	*smart* and hard

दूसरे कूट और संबंधित वाक्य में निहित न तो 'ba' और न ही अर्थ शब्द 'Bingo' की पुनरावृत्ति होती है। (जिन शब्दों की पुनरावृत्ति होती है उन्हें तिरछे अक्षरों में लिखा गया है)

6. *(d)* :

कूट	वाक्य
1. pic vic nic	winter is cold
2. to nic *re*	*summer* is hot
3. *re* pic boo	winter and *summer*
4. vic tho pa	nights are cold

शब्द 'summer' और कूट 're' की दूसरे और तीसरे वाक्यों में पुनरावृत्ति होती है।

7. *(a)* :

कूट	वाक्य
1. **mx** *das sci*	*good little* **frock**
2. jm coz *sci*	girl behaves *good*
3. ngv drs coz	girl makes mischief
4. *das* gp coz	*little* girl fell

शब्द 'frock' केवल पहले वाक्य में है। कूट शब्द 'das' को चौथे वाक्य में और 'sci' को दूसरे वाक्य में दोहराया गया है। अत: स्पष्ट है कि 'frock' के लिए कूट शब्द 'mx' का प्रयोग किया गया है।

8. *(b)* :

कूट	वाक्य
1. *mu* mit *es*	who *is she*
2. **elb** *mu* es	**where** *is she*

कूट शब्दों 'mu' और 'es' को दोनों वाक्यों में दोहराया गया है। केवल कूट शब्द 'elb' ही बचता है जिसका अर्थ 'where' है।

9. *(b)* :

कूट	वाक्य
1. 069	*grapes are* sweet
2. 476	very sweet fruit
3. 509	*grapes are*

पहले और तीसरे वाक्यों में कूट संख्याओं '0' और '9' की पुनरावृत्ति होती है। अत: स्पष्ट है कि शेष कूट संख्या '5' का ही 'ripe' के लिए प्रयोग किया गया है।

10. *(c)* :

कूट	वाक्य
1. **roi** *ja kyo twa*	**Moody** *is writing letters*
2. pok ju *ja twa*	Woody *is writing* cards
3. trn *kyo* pos un	they are writing *letters*
4. koi rus pok	gifts and cards

'Moody' शब्द केवल पहले वाक्य में है। पहले वाक्य के कूट शब्दों 'ja' और 'twa' की दूसरे वाक्य में पुनरावृत्ति होती है और 'kyo' की तीसरे वाक्य में पुनरावृत्ति होती है। केवल कूट शब्द 'roi' ही बचता है जिसका अर्थ 'Moody' है।

भाग-III

एक अन्य प्रकार के कूट लेखन में किसी शब्द को कूट नाम दिए जाते हैं जिन्हें आगे भी कूटबद्ध किया जाता है। इस पैटर्न पर आधारित प्रश्न अर्थहीन प्रतीत हो सकते हैं किंतु कूट यथार्थता की बुनियादी बातों से हट कर नहीं होने चाहिए।

हल किए गए उदाहरण

1. यदि किसी कूट भाषा में 'केला' को 'जेली' कहा जाए, 'जेली' को 'हरा' कहा जाए, 'हरा' को 'सेब' कहा जाए, 'सेब' को 'आम' कहा जाए तो उसी कूटभाषा में पत्ते के रंग को क्या कहेंगे?

(*a*) हरा (*b*) आम (*c*) सेब (*d*) केला

उत्तर *(c)* : पत्ता हरे रंग का होता है और प्रश्न में उल्लिखित कूटों के अनुसार 'हरा' को 'सेब' कहा जाता है।

2. यदि 'धूसर' को 'भूरा', 'सफेद' को 'गुलाबी', 'लाल' को 'धूसर', 'काला' को 'लाल' और 'भूरा' को 'सफेद' कहा जाए तो 'कोयला' किस रंग का है?

(*a*) भूरा (*b*) सफेद (*c*) काला (*d*) लाल

उत्तर *(d)* : 'कोयला' काले रंग का होता है और प्रश्न में दिए गए कूटों के अनुसार 'काला' को 'लाल' कहा जाता है।

अभ्यास

निर्देश (प्र.सं. 1–10): *प्रत्येक प्रश्न में दी गई कूटबद्ध सूचना को अच्छी तरह समझें और दिए गए विकल्पों में से सही उत्तर का चयन करें।*

1. यदि किसी कूटभाषा में 'पानी' को 'नीला', 'नीला' को 'लाल', 'लाल' को 'सफेद', 'सफेद' को 'आकाश', 'आकाश' को 'वर्षा', 'वर्षा' को 'हरा', 'हरा' को 'हवा' और 'हवा' को 'मेज' कहा जाए, तो इस कूटभाषा में दूध के रंग को क्या कहेंगे?

(*a*) सफेद (*b*) वर्षा
(*c*) आकाश (*d*) हरा

2. यदि किसी कूटभाषा में 'प्रकाश' को 'अंधकार', 'अंधकार' को 'हरा', 'हरा' को 'नीला', 'नीला' को 'लाल', 'लाल' को 'सफेद' और 'सफेद' को 'पीला' कहा जाता हो तो इस कूटभाषा में रक्त का रंग क्या कहलाएगा?

(*a*) लाल (*b*) अंधकार
(*c*) सफेद (*d*) पीला

3. यदि किसी कूटभाषा में 'आकाश' को 'समुद्र', 'समुद्र' को 'पानी', 'पानी' को 'हवा', 'हवा' को 'बादल' और 'बादल' को 'नदी' कहा जाता हो तो प्यास लगने पर इस कूटभाषा में पीने के लिए किस चीज की मांग करेंगे?

(*a*) आकाश (*b*) हवा
(*c*) पानी (*d*) समुद्र

4. यदि किसी कूटभाषा में 'पीला' का अर्थ 'लाल', 'सफेद' का अर्थ 'हरा', 'लाल' का अर्थ 'नारंगी', 'नीला' का अर्थ 'सफेद' और 'हरा' का अर्थ 'नीला' हो तो उस कूटभाषा में आकाश का रंग क्या है?

(*a*) सफेद (*b*) हरा
(*c*) नीला (*d*) पीला

5. यदि किसी कूटभाषा में 'घर' को 'झोपड़ी', 'झोपड़ी' को 'नहर', 'नहर' को 'स्कूल', 'स्कूल' को 'मैदान', 'मैदान' को 'सुराही' और 'सुराही' को 'तार' कहा जाए तो इस कूटभाषा में छात्रों के पढ़ने की जगह को क्या कहेंगे?

(*a*) मैदान (*b*) सुराही
(*c*) झोपड़ी (*d*) स्कूल

6. यदि किसी कूटभाषा में 'बिल्ली' को 'घोड़ा', 'घोड़ा' को 'चूहा', 'कुत्ता' को 'खरगोश', 'खरगोश' को 'बिल्ली', 'चूहा' को 'कुत्ता' और 'शेर' को 'चींटी' कहा जाए तो इस कूटभाषा मे प्रयुक्त कूटों के आधार पर भौंकने वाले पशु को क्या कहेंगे?

(*a*) कुत्ता (*b*) बिल्ली
(*c*) शेर (*d*) खरगोश

7. यदि 'भूमि' को 'झील', 'झील' को 'पत्थर', 'पत्थर' को 'भारी', 'भारी' को 'स्टेडियम', 'स्टेडियम' को 'महासागर', 'महासागर' को 'वर्षा' और 'वर्षा' को 'आग' कहा जाए तो क्रिकेट के टेस्ट मैच खेले जाने वाले स्थान क्या कहलाते हैं?

(*a*) भारी (*b*) महासागर
(*c*) पत्थर (*d*) भूमि

8. यदि किसी कूटभाषा में 'चिड़िया' को 'राजा', 'राजा' को 'फूल', 'फूल' को 'घन', 'घन' को 'मेज', 'मेज' को 'मनुष्य' और 'मनुष्य' को 'चिड़िया' कहा जाए तो इस कूटभाषा में 'गुलाब' क्या है?

(*a*) मेज (*b*) फूल
(*c*) घन (*d*) मनुष्य

9. यदि किसी कूटभाषा में 'पानी' को 'पत्थर', 'पत्थर' को 'तेल', 'तेल' को 'हवा', 'हवा' को 'लकड़ी', 'लकड़ी' को 'गैस' और 'गैस' को 'द्रव' कहा जाए तो इस कूटभाषा में फर्नीचर किस चीज से बनता है?

(*a*) गैस (*b*) हवा
(*c*) तेल (*d*) द्रव

10. यदि किसी कूटभाषा में 'पिंजड़ा' को 'रॉकेट', 'रॉकेट' को 'फंदा', 'फंदा' को 'ग्रह', 'ग्रह' को 'हवाई जहाज', 'हवाई जहाज' को 'साइकिल' और 'साइकिल' को 'कार' कहा जाए तो इस कूटभाषा में पृथ्वी को क्या कहेंगे?

(*a*) साइकिल (*b*) रॉकेट
(*c*) ग्रह (*d*) हवाई जहाज

व्याख्यात्मक उत्तर

1. (*c*) : दूध का रंग 'सफेद' होता है और इस कूटभाषा में 'सफेद' को 'आकाश' कहते हैं।

2. (*c*) : रक्त का रंग 'लाल' होता है और इस कूटभाषा में 'लाल' को 'सफेद' कहते हैं।

3. (*b*) : प्यास लगने पर हम 'पानी' पीते हैं और इस कूटभाषा में 'पानी' को 'हवा' कहते हैं।

4. (*a*) : आकाश का रंग 'नीला' होता है और नीला का अर्थ 'सफेद' है।

5. (*a*) : छात्र 'स्कूल' में पढ़ते हैं और 'स्कूल' को इस कूटभाषा में 'मैदान' कहा जाता है।

6. (*d*) : भौंकने वाला पशु 'कुत्ता' है और 'कुत्ता' को इस कूटभाषा में 'खरगोश' कहते हैं।

7. (*b*) : टैस्ट मैच 'स्टेडियम' में खेले जाते हैं और 'स्टेडियम' को इस कूटभाषा में 'महासागर' कहा जाता है।

8. (*c*) : गुलाब एक 'फूल' है और 'फूल' को इस कूटभाषा में 'घन' कहा जाता है।

9. (*a*) : फर्नीचर 'लकड़ी' से बनता है और 'लकड़ी' को इस कूटभाषा में गैस कहते हैं।

10. (*d*) : पृथ्वी एक 'ग्रह' है 'ग्रह' को इस कूटभाषा में हवाई जहाज कहते हैं।

कथन विश्लेषण

(STATEMENT ANALYSIS)

तर्कबुद्धि परीक्षण से संबंधित इस प्रकार के प्रश्नों में कुछ कथन दिए जाते हैं। इन कथनों में कतिपय तथ्यों को अलग-अलग रूपों में तोड़-मरोड़ कर प्रस्तुत किया जाता है। ऐसे प्रश्नों को हल करने के लिए अभ्यर्थियों से यह अपेक्षा की जाती है कि वे दिए गए कथनों का विश्लेषण करें, दिए गए तथ्यों को सुव्यवस्थित और वर्गीकृत करें तथा तत्पश्चात् दिए गए कथनों से संबंधित प्रश्नों के उत्तर दें।

हल किए गए उदाहरण

1. आइसक्रीम बर्फ के समान ठंडा होता है। बर्फ ओले जितनी ठंडी नहीं होती। हिमकण बर्फ जितने ठंडे नहीं होते किंतु ये आइसक्रीम से अधिक ठंडे होते हैं। इनमें से सर्वाधिक ठंडा क्या है?

(*a*) ओला (*b*) आइसक्रीम (*c*) हिमकण (*d*) हिम

उत्तर (*a*) : ठंडक में वृद्धि को दर्शाने वाला क्रम है—आइसक्रीम, बर्फ, हिमकण, हिम, ओला।

2. नीचे दिए गए कथन को सावधानीपूर्वक पढ़ें और पूछे गए प्रश्नों (*i*) और (*ii*) के उत्तर दें :

पांच आदमी जिनमें से एक वजनी, दूसरा मोटा, तीसरा दुबला-पतला, चौथा नाटा और पांचवां लंबा है, एक दूसरे के पीछे दौड़ रहे हैं। वजनी और लंबे आदमियों में से एक तो कलाकार है और दूसरा बातुनी। दुबला-पतला आदमी जो बुद्धिमान भी है, बीच में दौड़ रहा है। नाटा आदमी काला नहीं है और गोरे रंग का आदमी दुबले-पतले आदमी से आगे दौड़ रहा है। वजनी आदमी जो कलाकार नहीं है, मोटे आदमी के सामने दौड़ रहा है।

(*i*) गोरा कौन है?

(*a*) लंबा आदमी (*b*) मोटा आदमी (*c*) नाटा आदमी (*d*) वजनी आदमी

उत्तर : (*b*)

(*ii*) लंबा आदमी क्या है?

(*a*) बुद्धिमान (*b*) बातुनी (*c*) कलाकार (*d*) काला

उत्तर : (*c*)

पांचों आदमियों के गुणों का चार्ट इस प्रकार है :

वजनी आदमी बातुनी है।
मोटा आदमी गोरा है।
दुबला-पतला आदमी बुद्धिमान है।
नाटा आदमी काला नहीं है।
लंबा आदमी कलाकार है।

अभ्यास

1. A, B, C, D और E पांच मित्र हैं जिनमें से A का वजन B से अधिक है, C का वजन D से कम है, B का वजन D से कम है किंतु E से अधिक है। इनमें से किसका वजन सबसे अधिक है?

(*a*) B (*b*) C
(*c*) A (*d*) कहा नहीं जा सकता

2. झांसी की तुलना में पुणे एक बड़ा शहर है, तथा चित्तौड़ की तुलना में सीतापुर एक बड़ा शहर है। रायगढ़ झांसी जितना बड़ा शहर नहीं है किंतु यह सीतापुर की तुलना में बड़ा शहर है। चित्तौड़ सीतापुर जितना बड़ा शहर नहीं है। इनमें से सबसे छोटा शहर कौन है?

(*a*) झांसी (*b*) पुणे
(*c*) चित्तौड़ (*d*) सीतापुर

3. राम के मुकाबले अजय अधिक काम करता है। आलोक और राजू दोनों एक जितना काम करते हैं। पंकज आलोक के मुकाबले कम काम करता है। राम आलोक के मुकाबले अधिक काम करता है। इनमें से सबसे अधिक काम कौन करता है?

(*a*) अजय (*b*) राम
(*c*) आलोक (*d*) राजू

4. विपुल, हंस से लंबा है। हंस, आनंद से लंबा है। आलोक, अशोक से लंबा है। अशोक, हंस से लंबा है। इन पांचों मित्रों से कौन सबसे अधिक लंबा है?

(*a*) विपुल (*b*) आलोक
(*c*) अशोक (*d*) कहा नहीं जा सकता

5. प्रमोद, गोपाल से लंबा है। गोपाल, मधु से कम लंबा है। यह जानने के लिए कि इनमें सबसे अधिक लंबा कौन है, निम्नलिखित में से कौन-सी अतिरिक्त जानकारी आवश्यक है?

(*a*) मधु, गोपाल से लंबी है
(*b*) मधु, प्रमोद के भाई से कम लंबी है
(*c*) प्रमोद, मधु से लंबा है
(*d*) प्रमोद, मधु के भाई से लंबा है

6. A की आयु B से अधिक है जबकि C और D की आयु E से अधिक है तथा E की आयु A और B की आयुओं के बीच है। यदि C की आयु B की तुलना में अधिक हो तो बताएं कि निम्नलिखित में से कौन-सा कथन अनिवार्यत: सत्य है?

(*a*) E की आयु B से अधिक है
(*b*) A की आयु C से अधिक है
(*c*) C की आयु D से अधिक है
(*d*) D की आयु C से अधिक है

7. विक्रम की लंबाई राजन से अधिक किंतु ऐनी से कम है। जमाल, ऐनी से अधिक लंबा है। सीता, विक्रम से अधिक लंबी है। राजन, सीता से कम लंबा है। इस समूह में सबसे कम लंबाई किसकी है?

(*a*) सीता (*b*) राजन
(*c*) विक्रम (*d*) कहा नहीं जा सकता

8. सुरेश की आयु कमल से उतनी ही अधिक है जितनी कि उसकी आयु प्रबोध से कम है। नवीन और कमल की आयु एक जैसी है। निम्नलिखित में से कौन-सा कथन असत्य है?

(*a*) सुरेश की आयु नवीन से अधिक है
(*b*) कमल की आयु सुरेश से कम है
(*c*) प्रबोध सबसे अधिक आयु का नहीं है
(*d*) नवीन की आयु प्रबोध से कम है

9. प्रमोद आयु में जयेश और सुधीर से बड़ा है। विकास, अनिल से छोटा है। इनमें किसकी आयु सब से अधिक है, यह जानने के लिए निम्नलिखित में से कौन-सी अतिरिक्त जानकारी अपेक्षित है?

(*a*) सुधीर, जयेश से बड़ा है
(*b*) अनिल, जयेश से बड़ा है
(*c*) विकास, प्रमोद से बड़ा है
(*d*) विकास, प्रमोद से छोटा है

10. पांच लड़कों में बसंत, मनोहर से लंबा है किंतु वह राजू जितना लंबा नहीं है। जयंत, दत्ता से लंबा है किंतु मनोहर से उसकी लंबाई कम है। इनमें सबसे अधिक लंबा लड़का कौन है?

(*a*) राजू (*b*) मनोहर
(*c*) बसंत (*d*) कहा नहीं जा सकता

11. A और D एक ही कक्षा में पढ़ते हैं। K और L एक ही कक्षा में पढ़ते हैं। D किस कक्षा में पढ़ता है? इस प्रश्न का उत्तर ज्ञात करने के लिए निम्नलिखित A और B कथनों में से किसमें दी गई सूचना आवश्यक है?

A. D, L से एक कक्षा कम में पढ़ता है
B. A का बड़ा भाई K के साथ पढ़ता है

(*a*) उपर्युक्त A और B दोनों में दी गई सूचनाएं पर्याप्त नहीं हैं
(*b*) उपर्युक्त A और B दोनों में दी गई सूचनाएं अपेक्षित हैं

(*c*) केवल A में दी गई सूचना पर्याप्त है

(*d*) केवल B में दी गई सूचना आवश्यक है

निर्देश (प्र.सं. 12 और 13): (A) गोपाल की लंबाई अशोक से कम किंतु केशव से अधिक है; (B) नवीन की लंबाई केशव से कम है; (C) जयेश की लंबाई नवीन से अधिक है; (D) अशोक की लंबाई जयेश से अधिक है।

12. इनमें सबसे अधिक लंबा कौन है ?

(*a*) गोपाल (*b*) अशोक

(*c*) जयेश (*d*) नवीन

13. उपर्युक्त प्रश्न का उत्तर देने के लिए निम्नलिखित में से कौन-सी सूचना आवश्यक नहीं है ?

(*a*) A (*b*) B

(*c*) C (*d*) D

निर्देश (प्र.सं. 14–16): *नीचे दिए गए कथन को ध्यानपूर्वक पढ़ें और इसमें दी गई सूचना के आधार पर पूछे गए प्रश्नों के उत्तर दें:*

रवि, हरी, मनु और जतिन चार मित्र हैं। इनमें से एक कानपुर में रहता है और उसे लिखने-पढ़ने का शौक है। हरी और जतिन लखनऊ में रहते हैं। हरी को डाक टिकटें एकत्रित करने का शौक है। लखनऊ में रहने वाले दोनों मित्रों में से प्रत्येक को सिक्के एकत्रित करने का शौक है। रवि इलाहाबाद में रहता है। लखनऊ में रहने वाला एक लड़का संगीत सुनना भी पंसद करता है। इलाहाबाद में रहने वाले लड़के को यात्रा करने और कॉमिक्स पढ़ने का शौक है। यदि सभी लड़कों में से प्रत्येक को दो शौक हों तो निम्नलिखित प्रश्नों के उत्तर दें :

14. कानपुर में कौन रहता है ?

(*a*) जतिन (*b*) मनु

(*c*) रवि (*d*) हरी

15. सिक्के एकत्रित करने और संगीत सुनने का शौक निम्नलिखित में से किसे है ?

(*a*) मनु (*b*) रवि

(*c*) हरी (*d*) जतिन

16. निम्नलिखित में से कौन-सा शौक रवि को नहीं है ?

(*a*) कॉमिक्स पढ़ना (*b*) पढ़ना

(*c*) यात्रा करना (*d*) कहा नहीं जा सकता

व्याख्यात्मक उत्तर

1. (*d*) : वजन के घटते क्रम में इन मित्रों को निम्नवत् श्रेणीबद्ध किया जा सकता है : A/D, B/C, E या A/D, B, C/E अत: इन मित्रों में से A या D का वजन सबसे अधिक है।

2. (*c*) : आकार के घटते क्रम में शहरों के नाम हैं: पुणे, झांसी, रायगढ़, सीतापुर, चित्तौड़।

3. (*a*) : इन व्यक्तियों के नामों का इनके द्वारा किए जाने वाले काम की मात्रा के घटते क्रम में निम्नलिखित अनुक्रम होगा :
अजय, राम, आलोक/राजू, पंकज।

4. (*d*) : लंबाई के घटते क्रम में इन व्यक्तियों के नाम हैं : विपुल/आलोक, अशोक, हंस, आनंद। अत: विपुल या आलोक में से कोई एक सबसे अधिक लंबा है।

5. (*c*) : दी गई सूचना के अनुसार प्रमोद और मधु दोनों ही गोपाल से अधिक लंबे हैं। विकल्प (*c*) में दी गई जानकारी से ही यह पता चलता है कि सबसे अधिक लंबा कौन है।

6. (*a*) : आयु के घटते क्रम में इन व्यक्तियों को निम्नवत् विन्यस्त किया जा सकता है :
A/C/D, E, B.

7. (*b*) : लंबाई के घटते क्रम में इन व्यक्तियों को निम्नवत् विन्यस्त किया जा सकता है:
जमाल/सीमा, ऐनी, विक्रम, राजन
या
जमाल, सीता/ऐनी, विक्रम, राजन

8. (*c*) : आयु के घटते क्रम में इन व्यक्तियों को निम्नवत् विन्यस्त किया जा सकता है :
प्रबोध, सुरेश, कमल/नवीन

9. (*c*) : आयु के घटते क्रम में इन व्यक्तियों को निम्नवत् विन्यस्त किया जा सकता है:
1. प्रमोद, जयेश/सुधीर और 2. अनिल, विकास
विकल्प (c) इन दोनों कथनों के बीच संबंध स्थापित करता है।

10. (*a*) : लंबाई के घटते क्रम में इन लड़कों को निम्नवत् विन्यस्त किया जा सकता है:
राजू, बसंत, मनोहर, जयंत, दत्ता

11. (*a*) : दोनों में से किसी भी कथन में उपयोगी सूचना नहीं दी गई है।

12. (*b*) : लंबाई के घटते क्रम में इन व्यक्तियों को निम्नवत् विन्यस्त किया जा सकता है:
अशोक, गोपाल/जयेश, केशव, नवीन
या
अशोक, गोपाल, केशव/जयेश, नवीन

13. (*c*) **14. (*b*)** **15. (*d*)** **16. (*b*)**

स्थान व्यवस्थीकरण (PLACE ARRANGEMENT)

स्थान व्यवस्थीकरण का सामान्य अर्थ है दी गई सूचनाओं के आधार पर व्यक्तियों या वस्तुओं का स्थान-क्रम निर्धारित करना। इसके लिए आवश्यक है कि स्थान-क्रम को अच्छी तरह समझा जाए और तत्पश्चात् दिए गए प्रश्नों को उपलब्ध कराई गई सूचना के आधार पर हल करने का प्रयास किया जाए।

हल किए गए उदाहरण

1. पांच लड़के एक सीढ़ी पर चढ़ रहे हैं। सीढ़ी पर डेविड लड़कों के बीच में है। कार्तिक सबसे पीछे है। अनमोल नीतिन से आगे है जो अनमोल और डैनी दोनों के पीछे है। सीढ़ी पर सबसे आगे कौन है ?

(*a*) डैनी (*b*) अनमोल

(*c*) डैनी या अनमोल (*d*) कहा नहीं जा सकता

उत्तर (*c*) : लड़कों के सीढ़ी पर चढ़ने का निम्नलिखित क्रम है :

डैनी		अनमोल
अनमोल		डैनी
डेविड	या	डेविड
नीतिन		नीतिन
कार्तिक		कार्तिक

अत: इस बात की पूर्ण संभावना है कि सीढ़ी पर सबसे आगे डैनी या अनमोल है।

2. पांच व्यक्ति किसी पंक्ति में एक दूसरे के पीछे चल रहे हैं। पंक्ति में सबसे आगे और सबसे पीछे चल रहे व्यक्तियों में एक व्यक्ति बुद्धिमान और दूसरा मूर्ख है। एक नाटे व्यक्ति के पीछे एक मजबूत कद काठी का व्यक्ति चल रहा है। मूर्ख व्यक्ति के सामने एक दुबला व्यक्ति चल रहा है। नाटा व्यक्ति बुद्धिमान व्यक्ति और मजबूत कद काठी के व्यक्ति के बीच में है। पंक्ति में बीचों-बीच कौन चल रहा है ?

(*a*) नाटा व्यक्ति (*b*) मजबूत कद-काठी का व्यक्ति

(*c*) दुबला व्यक्ति (*d*) बुद्धिमान व्यक्ति

उत्तर (*b*) : पांचों व्यक्तियों का पंक्ति में स्थान-क्रम निम्नवत् है :

मूर्ख, दुबला व्यक्ति, मजबूत कद-काठी का व्यक्ति, नाटा व्यक्ति, बुद्धिमान व्यक्ति।

अभ्यास

निर्देश (प्र.सं. 1–10): *निम्नलिखित प्रश्नों में व्यवस्थीकरण के पैटर्न को समझें और तत्पश्चात् दिए गए विकल्पों में से सही उत्तर का चयन करें:*

1. पांच लड़के एक पंक्ति में बैठे हैं। रघु, श्याम या अमित की बगल में नहीं बैठा है। अजय, श्याम की बगल में नहीं बैठा है। रघु, मयंक की बगल में बैठा है। यदि मयंक पंक्ति में बीच में बैठा हो तो अजय निम्नलिखित में से किसकी बगल में बैठा है?

(*a*) अमित (*b*) रघु
(*c*) मयंक (*d*) श्याम

2. मिनी, रजनी के दाएं और अनंता के बाएं बैठी है। सत्या, मिनी के दाएं बैठी है किंतु वह जया के बाएं है। यदि सभी लड़कियां उत्तर दिशा की ओर मुंह किए बैठी हों तो इनमें से सबसे बाएं छोर पर कौन बैठी है?

(*a*) जया (*b*) मिनी
(*c*) रजनी (*d*) सत्या

3. किट्टू, मोहन और सोहन के बीच बैठा है। राजू, सोहन की बायीं ओर और श्याम, मोहन की दाहिनी ओर बैठा है। यदि ये सभी मित्र दक्षिण दिशा की ओर मुंह करके बैठे हों, तो सबसे दाहिने छोर पर कौन बैठा है?

(*a*) मोहन (*b*) सोहन
(*c*) किट्टू (*d*) श्याम

4. A, B, C, D और E एक दूसरे के पीछे दौड़ रहे हैं। C, E के निकट नहीं है और A, D के निकट नहीं है। B, A के पीछे है और E, D के निकट नहीं है। इनके बीच में कौन व्यक्ति है?

(*a*) B (*b*) E
(*c*) A (*d*) कहा नहीं जा सकता

5. O, P, Q, R, S और T एक बेंच पर अपनी लंबाई के घटते क्रम में खड़े हैं। P, O से अधिक लंबा है किंतु S से उसकी लंबाई कम है। केवल S ही T से अधिक लंबा है। R, P से कम लंबा है किंतु वह Q से अधिक लंबा है। इनमें किसकी लंबाई सबसे कम है?

(*a*) O (*b*) Q
(*c*) P (*d*) कहा नहीं जा सकता

6. छह मित्र एक गोल घेरे में बैठ कर ताश खेल रहे हैं। केनी, डैनी की बायीं ओर बैठा है। माइकल, बॉब और जॉन के बीच बैठा है। रॉजर, केनी और बॉब के बीच बैठा है। माइकल की दाहिनी ओर कौन बैठा है?

(*a*) डैनी (*b*) जॉन
(*c*) केनी (*d*) बॉब

7. चार लड़कियां A, B, C और D एक गोल घेरे में बैठी हैं। B और C का मुंह एक दूसरे की ओर है। निम्नलिखित कथनों में से कौन-सा निश्चित रूप से सत्य है?

(*a*) A, C की बायीं ओर बैठी है
(*b*) D, C की बायीं ओर बैठी है
(*c*) A और D एक दूसरे के आमने-सामने बैठी हैं
(*d*) A, B और C के बीच नहीं बैठी है

8. 10 पुस्तकों के एक ढेर में 3 पुस्तकें इतिहास की, 3 हिंदी की, 2 गणित की और 2 अंग्रेजी की पुस्तकें हैं। यदि ऊपर से देखा जाए तो इतिहास और गणित की एक-एक पुस्तकों के बीच अंग्रेजी की एक पुस्तक है, गणित और अंग्रेजी की एक-एक पुस्तकों के बीच इतिहास की एक पुस्तक है, अंग्रेजी और गणित की एक-एक पुस्तकों के बीच एक हिंदी की पुस्तक है, हिंदी की दो पुस्तकों के बीच गणित की एक पुस्तक है तथा गणित और इतिहास की एक-एक पुस्तकों के बीच हिंदी की दो पुस्तकें हैं। इस ढेर में किस विषय की पुस्तक ऊपर से छठे स्थान पर है?

(*a*) अंग्रेजी (*b*) हिंदी
(*c*) इतिहास (*d*) गणित

9. पांच व्यक्ति A, B, C, D और E एक पंक्ति में आपकी ओर मुंह करके इस प्रकार बैठे हैं कि D, C की बायीं ओर बैठा है और B, E की दाहिनी ओर बैठा है। A, C की दाहिनी ओर बैठा है और B, D की बायीं ओर बैठा है। यदि E कोने में बैठा हो तो बीच में कौन बैठा है?

(*a*) A (*b*) B
(*c*) C (*d*) D

10. छह मित्र A, B, C, D, E और F एक गोल घेरे में खड़े हैं। B, F और C के बीच में है, A, E और D के बीच में है, F, D की बायीं ओर है। A और F के बीच कौन है?

(*a*) C (*b*) B
(*c*) D (*d*) E

निर्देश (प्र.सं. 11–13): *नीचे दिए गए कथन को ध्यानपूर्वक पढ़ें और पूछे गए प्रश्नों के उत्तर दें :*

A, B, C, D और E एक पंक्ति में खड़े हैं। पंक्ति के एक छोर पर D और दूसरे छोर पर C है। B, E की दाहिनी ओर खड़ा है। A, C की बायीं ओर खड़ा है तथा E, D और B के बीच खड़ा है।

11. पंक्ति के बीच में कौन खड़ा है ?
(*a*) E (*b*) D
(*c*) B (*d*) A

12. A निम्नलिखित में से किसके बीच खड़ा है ?
(*a*) B और D (*b*) E और B
(*c*) C और E (*d*) B और C

13. B की दाहिनी ओर कौन खड़ा है ?
(*a*) C (*b*) E
(*c*) A (*d*) D

निर्देश (प्र.सं. 14 और 15): *निम्नलिखित कथनों को सावधानी पूर्वक पढ़ें और पूछे गए प्रश्नों के उत्तर दें :*

एक शेल्फ में पांच कमीजें एक ढेर में एक के ऊपर एक रखी हुई हैं। इस ढेर में लाल कमीज नीली कमीज के ऊपर रखी गई है और हरे रंग की कमीज नारंगी रंग की कमीज के नीचे रखी गई है। नीली कमीज नारंगी रंग की कमीज के ऊपर तथा सफेद कमीज हरी कमीज के नीचे रखी गई है।

14. लाल और नारंगी रंग की कमीजों के बीच रखी कमीज किस रंग की है ?
(*a*) सफेद रंग की (*b*) हरे रंग की
(*c*) नीले रंग की (*d*) आंकड़े अपर्याप्त हैं

15. सबसे नीचे किस रंग की कमीज है ?
(*a*) लाल (*b*) सफेद
(*c*) नारंगी (*d*) कहा नहीं जा सकता

निर्देश (प्र.सं. 16–18): *निम्नलिखित प्रश्नों को ध्यानपूर्वक पढ़ें और पूछे गए प्रश्नों के उत्तर दें :*

(*i*) A, B, C, D और E एक पांच मंजिली इमारत में रहते हैं।
(*ii*) B और E भूतल पर नहीं रहते।
(*iii*) D, A से एक मंजिल ऊपर और C से एक मंजिल नीचे के तल पर रहता है
(*iv*) E सबसे ऊपर वाली मंजिल पर नहीं रहता।

16. D किस मंजिल पर रहता है ?
(*a*) दूसरी (*b*) चौथी
(*c*) पांचवीं (*d*) पहली

17. इनमें से कितने व्यक्ति C से ऊपर वाली मंजिल पर रहते हैं ?
(*a*) 3 (*b*) 2
(*c*) 4 (*d*) 1

18. उपर्युक्त दोनों प्रश्नों का उत्तर ज्ञात करने के लिए दिए गए चार कथनों में से किसे छोड़ा जा सकता है ?
(*a*) केवल (*iv*) (*b*) केवल (*ii*) और (*iii*)
(*c*) कोई नहीं (*d*) केवल (*i*)

निर्देश (प्र.सं. 19 और 20): *निम्नलिखित सूचना को ध्यान से पढ़ें और नीचे पूछे गए प्रश्नों के उत्तर दें :*

(*i*) एक मेज पर एक के ऊपर एक मनोविज्ञान, हिंदी, अंग्रेजी, समाज विज्ञान, अर्थशास्त्र, शिक्षाशास्त्र और लेखाशास्त्र विषयों की सात पुस्तकें रखी हैं।
(*ii*) इनमें समाज विज्ञान की पुस्तक सभी पुस्तकों के ऊपर है।
(*iii*) लेखाशास्त्र की पुस्तक शिक्षाशास्त्र की पुस्तक के ठीक नीचे है जो समाज विज्ञान की पुस्तक के ठीक नीचे रखी गई है।
(*iv*) अर्थशास्त्र की पुस्तक मनोविज्ञान की पुस्तक के ठीक ऊपर किंतु सभी पुस्तकों के बीच में नहीं रखी गई है।
(*v*) हिंदी की पुस्तक मनोविज्ञान की पुस्तक के ठीक नीचे रखी गई है।

19. लेखाशास्त्र और हिंदी की पुस्तकों के बीच किन विषयों की तीन पुस्तकें रखी गई हैं ?
(*a*) अर्थशास्त्र, मनोविज्ञान और हिंदी
(*b*) अर्थशास्त्र, मनोविज्ञान और शिक्षाशास्त्र
(*c*) अंग्रेजी, अर्थशास्त्र और मनोविज्ञान
(*d*) कहा नहीं जा सकता

20. अर्थशास्त्र की पुस्तक निम्नलिखित में से किन पुस्तकों के बीच रखी गई है ?
(*a*) लेखाशास्त्र और शिक्षाशास्त्र
(*b*) मनोविज्ञान और हिंदी
(*c*) अंग्रेजी और मनोविज्ञान
(*d*) कहा नहीं जा सकता

व्याख्यात्मक उत्तर

1. (*b*) : पांचों लड़कों के पंक्ति में बैठने का निम्नलिखित क्रम है:
अमित, श्याम, मयंक, अजय, रघु
या
अजय, रघु, मयंक, अमित, श्याम

2. (*c*) : इन सभी लड़कियों के बैठने का निम्नलिखित क्रम है:
रजनी, मिनी, अनंता, सत्या, जया
या
सत्या, जया, अनंता
या
सत्या, अनंता, जया

3. (*d*) : दक्षिण दिशा की ओर मुंह करके बैठने पर इन मित्रों के बैठने का निम्नलिखित क्रम होगा:
श्याम, मोहन, किट्टू, सोहन, राजू

4. *(a)* : दौड़ते समय ये व्यक्ति निम्नलिखित क्रम में एक दूसरे के पीछे होंगे:

E   E
A   A
B   या   B
C   D
D   C

5. *(d)* : लंबाई के घटते क्रम में ये व्यक्ति बेंच पर निम्नलिखित विन्यास में खड़े होंगे:

S   S
T   T
P   या   P
R   R
O   Q
Q   O

इनमें या तो O या फिर Q सबसे छोटा है। दी गई सूचना उत्तर ज्ञात करने के लिए पर्याप्त नहीं है।

6. *(d)* : इन छह मित्रों के बैठने का निम्नलिखित क्रम है:

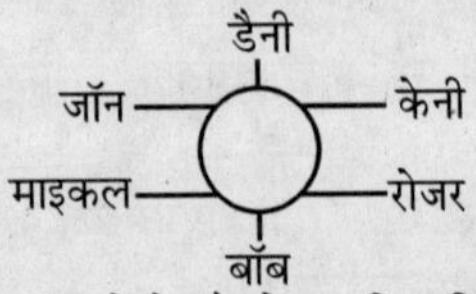

7. *(c)* : इन लड़कियों के बैठने का निम्नलिखित क्रम होगा:

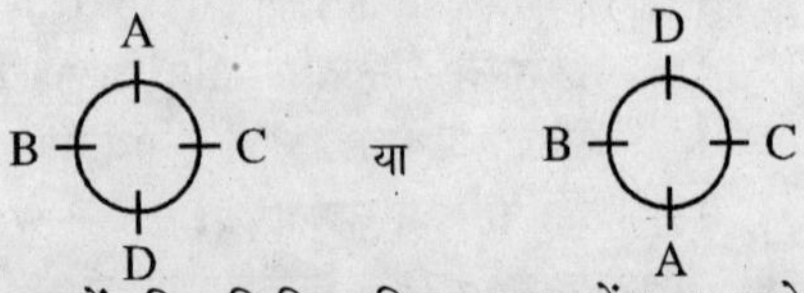

8. *(b)* : पुस्तकें निम्नलिखित विषय-क्रम में एक दूसरे के ऊपर रखी गई हैं:

पहला — इतिहास
अंग्रेजी
गणित
इतिहास
अंग्रेजी
छठा — हिंदी
गणित
हिंदी
हिंदी
दसवां — इतिहास

9. *(d)* : हमारी ओर मुंह किए बैठे इन व्यक्तियों का निम्नलिखित क्रम होगा:

A, C, D, B, E

10. *(c)* : ये मित्र निम्नलिखित क्रम में एक दूसरे की बगल में खड़े हैं

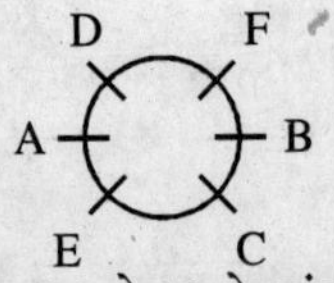

11. *(c)* : प्रश्न संख्या 16 से 18 के संदर्भ में बताए गए पांच व्यक्ति पंक्ति में निम्नलिखित क्रम में खड़े हैं:

D, E, B, A, C.

12. *(d)   **13. *(c)***

14. *(c)* : प्रश्न संख्या 14 और 15 के संदर्भ में शेल्फ में कमीजों को निम्नलिखित क्रम में रखा गया है:

लाल कमीज
नीली कमीज
नारंगी रंग की कमीज
हरे रंग की कमीज
सफेद कमीज

15. *(b)*

प्रश्न संख्या 16 से 18 के संदर्भ में दी गई सूचना के अनुसार पांच मंजिली इमारत में A, B, C, D और E निम्नलिखित क्रम में रहते हैं:

B
E
C
D
A — भूतल

16. *(d)*   **17. *(b)***   **18. *(c)***

19. *(c)* : पुस्तकें निम्नलिखित क्रम में एक दूसरे के ऊपर रखी गई हैं:

समाज विज्ञान
शिक्षाशास्त्र
लेखाशास्त्र
अंग्रेजी
अर्थशास्त्र
मनोविज्ञान
हिंदी

20. *(c)*

प्रश्न संख्या 21 से 25 के संदर्भ में दिए गए कथनों के अनुसार आवंटित किए गए फ्लैटों की अवस्थिति निम्नवत् है:

Q   T   S   ↑N   इनका मुख्य दरवाजा उत्तर दिशा में खुलता है

U   R   P   ↓S   इनका मुख्य दरवाजा दक्षिण दिशा में खुलता है

दिशा ज्ञान परीक्षण
(DIRECTION SENSE)

इस प्रकार के प्रश्न अभ्यर्थियों की सही दिशा-निर्देशों को समझने की योग्यता की जांच करने हेतु पूछे जाते हैं। ऐसे प्रश्न दिशा-चार्ट पर आधारित होते हैं:

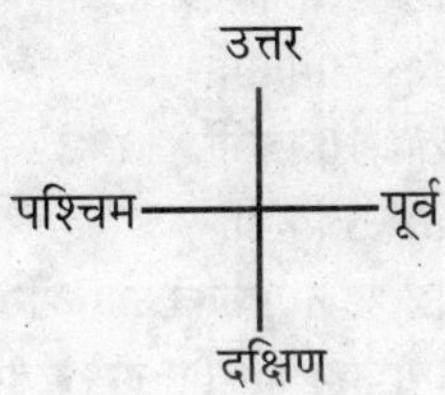

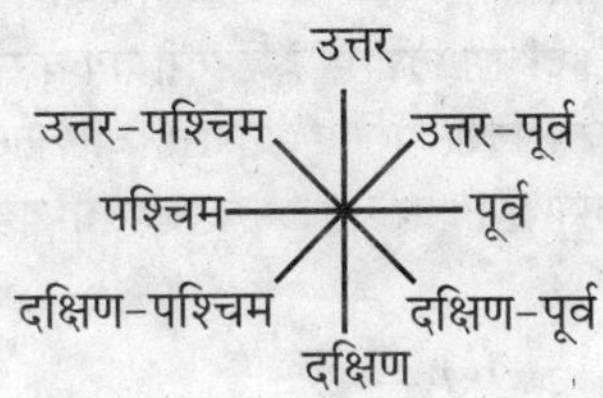

विभिन्न दिशाओं का बोध बाएं या दाएं मोड़ या कोणीय मोड़ों द्वारा निर्देशित होता है।

हल किए गए उदाहरण

1. एक व्यक्ति उत्तर दिशा में चल रहा है। वह दो बार दाहिने मुड़ता है और फिर चलने लगता है अब वह किस दिशा में चल रहा है?

(*a*) उत्तर (*b*) दक्षिण (*c*) पूर्व (*d*) पश्चिम

उत्तर (*b*) :

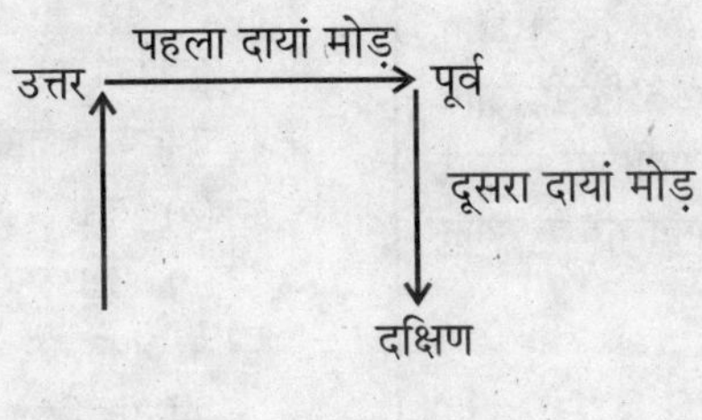

दिशा चार्ट का अनुसरण करने पर यह स्पष्ट होता है कि वह व्यक्ति अब दक्षिण दिशा में चल रहा है।

2. एक व्यक्ति पूर्व दिशा में चल रहा है। वह पहले 45° बाएं और तब 90° दाएं मुड़ता है। अब वह किस दिशा में चल रहा है?

(*a*) उत्तर (*b*) उत्तर-पश्चिम (*c*) दक्षिण-पूर्व (*d*) पश्चिम

उत्तर (c) : 45° मोड़ का अर्थ है, सीधी दिशा न होकर दो दिशाओं के बीच में जाना। 90° मोड़ में भी दो दिशाएं शामिल हैं और व्यक्ति उत्तर-पूर्व में न जाकर दक्षिण-पूर्व दिशा में जाने लगता है।

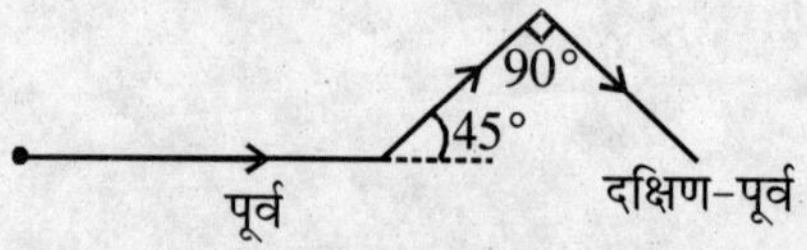

एक दिशा को छोड़कर दूसरी दिशा में जाने पर व्यक्ति किस दिशा में गति कर रहा है, इसे जानने के लिए सही दिशा-निर्देशों को समझने की आवश्यकता है। साथ ही अभ्यर्थियों को कागज पर दिशा की जानकारी होना भी आवश्यक है। दिशा चार्ट की सहायता से दूरियों को भी सरलतापूर्वक मापा जा सकता है।

अभ्यास

निर्देश (प्र.सं. 1–12): *नीचे के प्रत्येक प्रश्न में सही दिशा/दूरी दर्शाने के लिए दिए गए विकल्पों से सही उत्तर का चयन करें।*

1. किट्टू पहले पूर्व दिशा में चलता है और तब दक्षिण दिशा में चलता है। दक्षिण दिशा में कुछ दूरी तय करने के बाद वह पश्चिम दिशा में मुड़ जाता है और तब अपने बाएं मुड़ जाता है। अब वह किस दिशा में चल रहा है?

(*a*) उत्तर (*b*) दक्षिण
(*c*) पूर्व (*d*) पश्चिम

2. एक व्यक्ति पश्चिम दिशा में अपनी गाड़ी चला रहा है। वह दक्षिण दिशा में चले इसके लिए उसे निम्नलिखित में से कौन से मोड़ मुड़ने चाहिए?

(*a*) बायीं ओर, दायीं ओर, दायीं ओर
(*b*) दायीं ओर, दायीं ओर, बायीं ओर
(*c*) बायीं ओर, बायीं ओर, बायीं ओर
(*d*) दायीं ओर, दायीं ओर, दायीं ओर

3. ऋचा अपनी गाड़ी से दक्षिण दिशा में 8 किमी आगे चलकर बायीं ओर मुड़ जाती है और 5 किमी. आगे चलती है। वहां वह एक बार फिर से बायीं ओर मुड़कर 8 किमी. आगे चलती है। अब वह अपने शुरु के स्थान से कितनी दूरी पर है?

(*a*) 3 किमी.
(*b*) 5 किमी.
(*c*) 8 किमी
(*d*) 13 किमी.

4. डिंगी अपनी गाड़ी से उत्तर की ओर 40 किमी. की दूरी तय करती है, वहां वह दायीं ओर मुड़कर 50 किमी आगे जाती है जहां वह एक बार फिर से दायीं ओर मुड़कर 30 किमी. आगे जाती है, और तब फिर से दायीं ओर मुड़कर 50 किमी. और आगे जाती है। यहां वह अपने आरंभिक बिंदु से कितनी दूरी पर है?

(*a*) 90 किमी.
(*b*) 50 किमी.
(*c*) 10 किमी.
(*d*) 5 किमी.

5. देबू पहले पूर्व की ओर और तब उत्तर की ओर चलता है तथा वहां वह 45° दायें मुड़कर कुछ देर आगे चलता है और अंततः बायीं ओर मुड़ जाता है। अब वह किस दिशा में चल रहा है?

(*a*) उत्तर
(*b*) पूर्व
(*c*) दक्षिण-पूर्व
(*d*) उत्तर-पश्चिम

6. यदि उत्तर का उत्तर-पश्चिम, उत्तर-पश्चिम का पश्चिम, पश्चिम का दक्षिण-पश्चिम और इसी प्रकार अन्य दिशाओं का भी नामकरण किया जाए तो दक्षिण पूर्व को क्या कहा जाएगा?

(*a*) पूर्व (*b*) पश्चिम
(*c*) उत्तर-पूर्व (*d*) दक्षिण-पूर्व

7. मैं अपने घर से उत्तर दिशा में 15 मीटर चला, तब पश्चिम दिशा में मुड़कर 10 मीटर और आगे चला, यहां दक्षिण दिशा में मुड़कर मैंने 5 मीटर की एक अन्य दूरी तय की और तब पूर्व की ओर मुड़कर 10 मीटर की दूरी तय की। बताइए कि मैं अपने आरंभिक स्थान से किस दिशा में हूँ?

(*a*) पूर्व (*b*) पश्चिम
(*c*) उत्तर (*d*) दक्षिण

8. मैं अपने घर से उत्तर दिशा में चला और तब बायीं ओर मुड़ गया। अब कुछ देर तक आगे चलने के बाद मैं फिर से बायीं ओर मुड़ा और तब दायीं ओर मुड़ गया। बाद में आगे चलते हुए मैं बायीं ओर और एक बार फिर से बायीं ओर मुड़ा। बताइए कि अब मैं किस दिशा में चल रहा हूँ?

(*a*) उत्तर (*b*) दक्षिण
(*c*) पूर्व (*d*) पश्चिम

9. राज पश्चिम दिशा में चल रहा है। वह आगे चलते हुए अपने दाएं, फिर दाएं और तब बाएं, हर बार 135° के कोण पर मुड़ा। बताइए कि अब वह किस दिशा में चल रहा है?

(*a*) उत्तर-पूर्व (*b*) दक्षिण-पूर्व
(*c*) पूर्व (*d*) पश्चिम

10. जतिन अपने घर से उत्तर दिशा में 12 किमी. चलता है। तब वह अपनी दायीं ओर मुड़कर 12 किमी. की एक अन्य दूरी तय करता है। वह एक बार फिर से दायीं ओर मुड़ता है और 12 किमी. की एक अन्य दूरी तय करके बायीं ओर मुड़ता है ओर तब 5 किमी. आगे चलता है। बताइए कि इस समय वह अपने घर से कितनी दूरी पर है और किस दिशा में है?

(*a*) 7 किमी., पूर्व दिशा
(*b*) 10 किमी., पूर्व दिशा
(*c*) 17 किमी., पूर्व दिशा
(*d*) 24 किमी., पूर्व दिशा

11. एक महिला उत्तर दिशा में 12 किमी. चलती है, तब वह दक्षिण दिशा में 6 किमी. चलती है और तत्पश्चात् पूर्व दिशा में 8 किमी चलती है। इस समय वह अपने आरंभिक बिंदु से कितनी दूरी पर है और किस दिशा में चल रही है?

(*a*) 5 किमी., उत्तर-पूर्व (*b*) 5 किमी., पूर्व
(*c*) 10 किमी., उत्तर-पूर्व (*d*) 10 किमी., पश्चिम

12. दिव्या पूर्व दिशा में 10 किमी. की यात्रा करती है, और तब दक्षिण-पश्चिम दिशा में 10 किमी. की यात्रा करती है। वह एक बार फिर से मुड़कर उत्तर-पश्चिम दिशा में 10 किमी. चलती है। बताइए कि अब वह अपने आरंभिक बिंदु से किस दिशा में चल रही है?

(*a*) दक्षिण (*b*) उत्तर
(*c*) पश्चिम (*d*) पूर्व

व्याख्यात्मक उत्तर

1. (*b*)

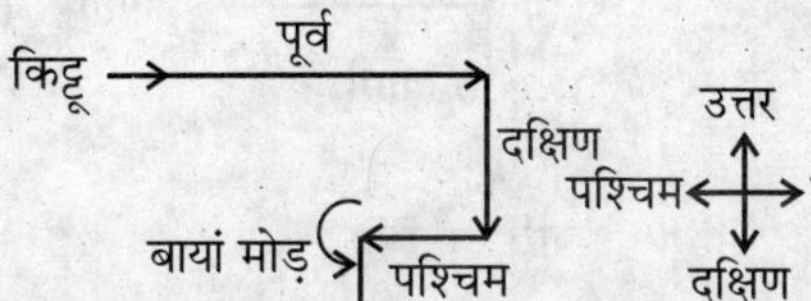

2. (*d*) :

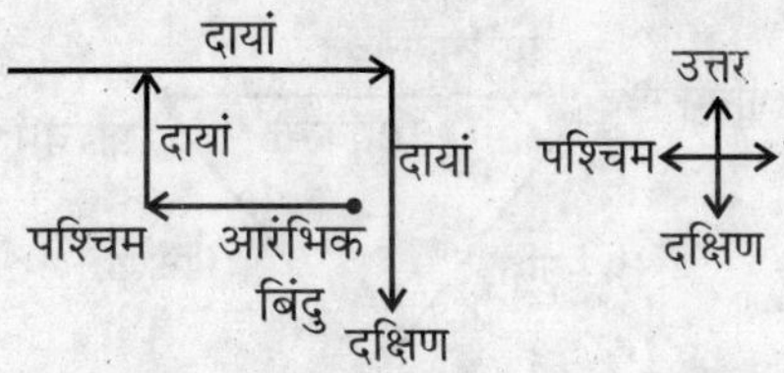

3. (*b*) :

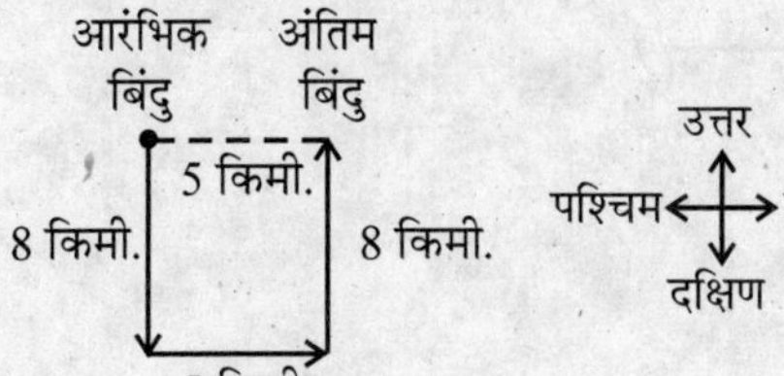

4. (*c*) :

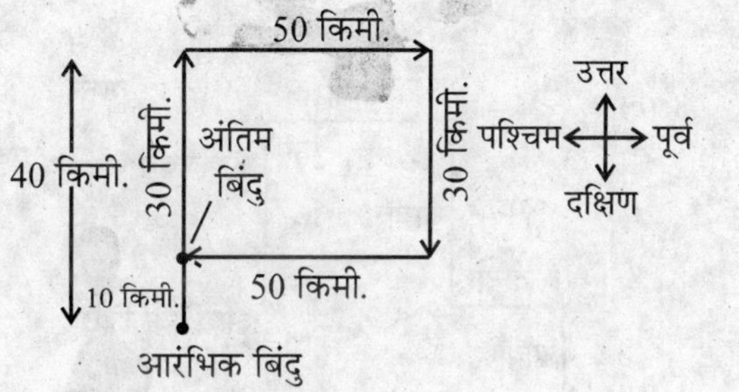

5. (*d*) :

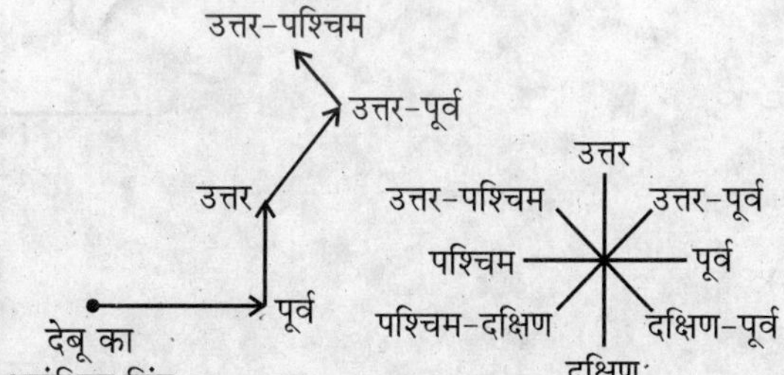

6. (a) : **मूल दिशाएं**

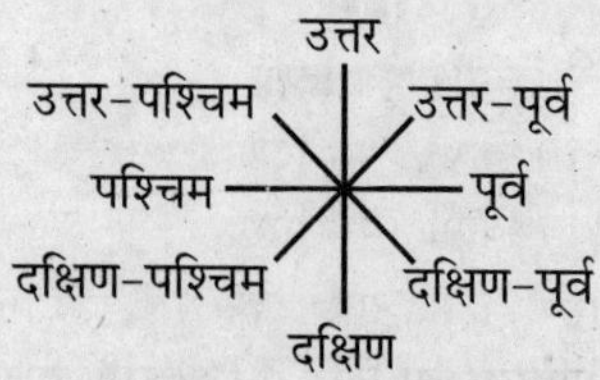

बदली हुई दिशाएं

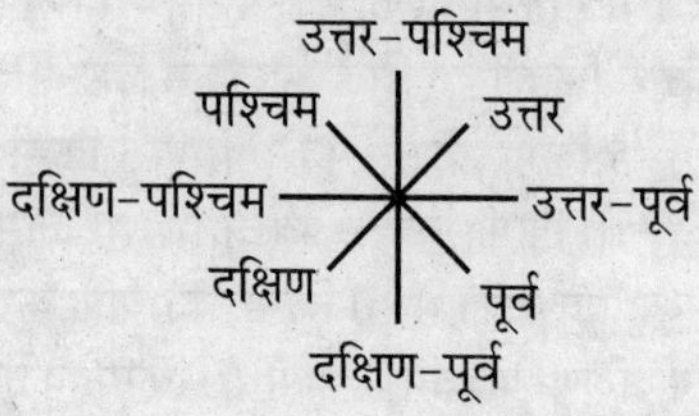

7. (c) :

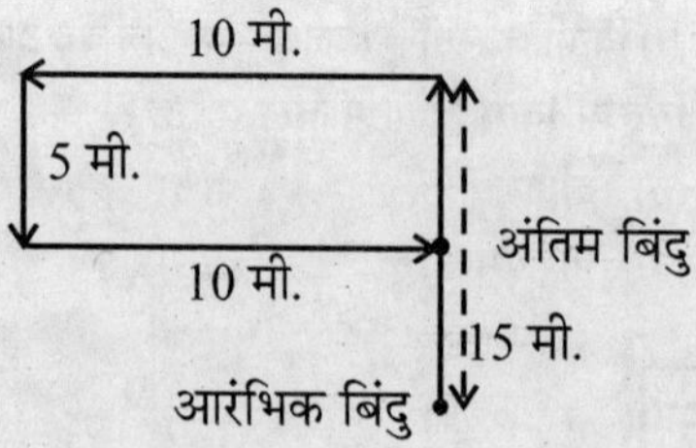

अंतिम बिंदु आरंभिक बिंदु से 10 मीटर उत्तर की ओर है।

8. (c) :

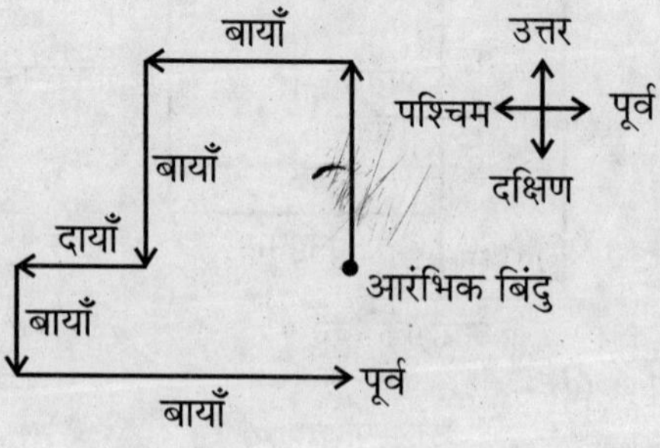

9. (a) :

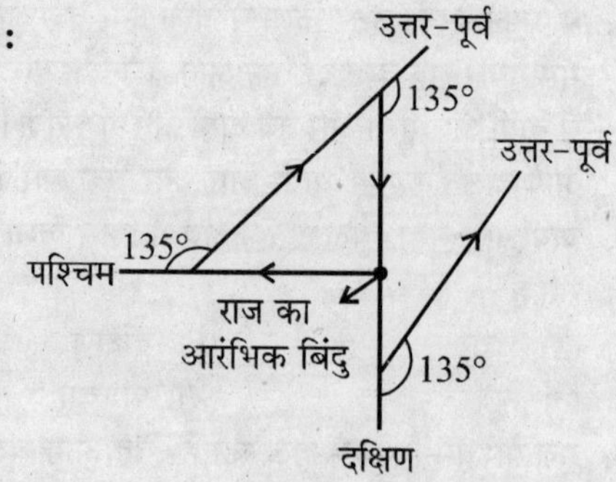

10. (c) : (12 किमी. + 5 किमी. = 17 किमी.)

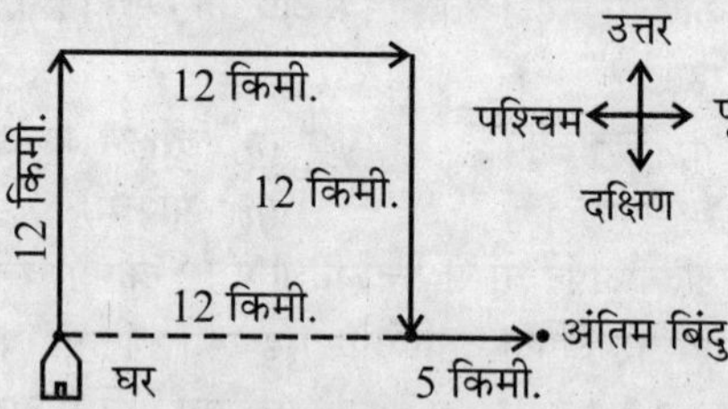

11. (c) : $ab = \sqrt{ac^2 + bc^2}$

$ab = \sqrt{8^2 + 6^2} = \sqrt{64 + 36} = \sqrt{100} = 10$

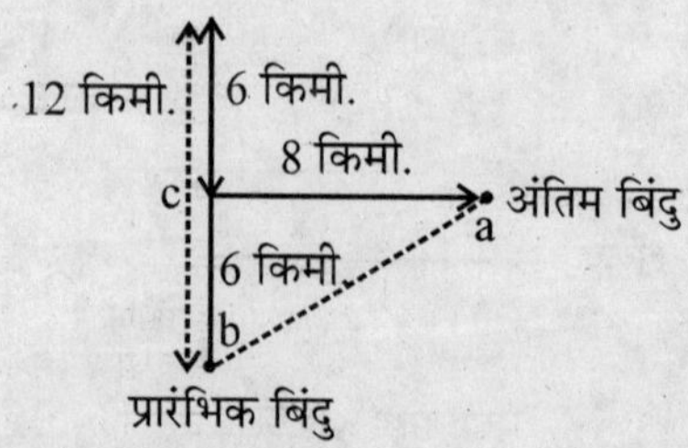

12. (c) :

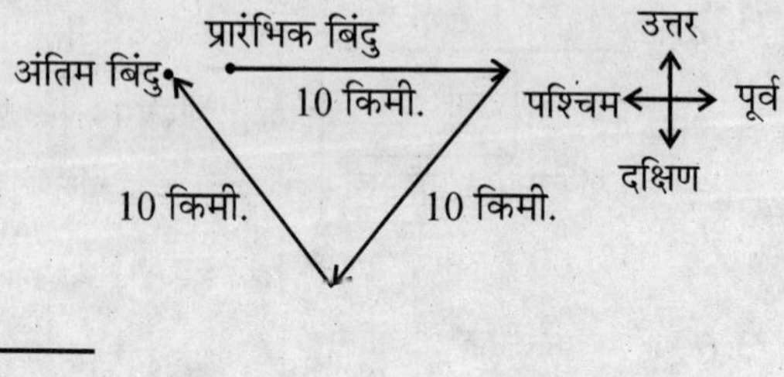

रक्त संबंधी परीक्षण (BLOOD RELATIONSHIPS)

रक्त संबंधों पर आधारित प्रश्नों को हल करने के लिए यह आवश्यक है कि परीक्षार्थी रिश्तों की जटिलता को तत्काल समझ सकें और किन्हीं दो व्यक्तियों के बीच किस प्रकार के संबंध हो सकते हैं, इस बारे में उन्हें स्पष्ट जानकारी हो। इस प्रकार के प्रश्नों को पूछने का अभिप्राय मुख्यत: यह सुनिश्चित करना है कि परीक्षार्थी कतिपय जटिल भाषा में व्यक्त रिश्तों को कितनी तत्परता से समझ सकते हैं और उत्तर के रूप में सही विकल्प का चयन कर सकते हैं।

इन प्रश्नों को हल करने में सहायक कुछ संबंधों के पैटर्न नीचे दर्शाए गए हैं :

पिता का पिता	—	दादा
मां का पिता	—	नाना
पिता की मां	—	दादी
मां की मां	—	नानी
पिता या मां का पुत्र	—	भाई
पिता या मां की पुत्री	—	बहन
पिता का भाई	—	चाचा
पिता की बहन	—	बुआ
मां का भाई	—	मामा
मां की बहन	—	मौसी
चाचा या चाची का पुत्र या पुत्री	—	चचेरा भाई, चचेरी बहन
पुत्र की पत्नी	—	पुत्रवधु
पुत्री का पति	—	दामाद
पति का भाई	—	देवर
पत्नी का भाई	—	साला
पति की बहन	—	ननद
पत्नी की बहन	—	साली
भाई की पत्नी	—	भाभी
बहन का पति	—	बहनोई
भाई का पुत्र	—	भतीजा
भाई की पुत्री	—	भतीजी

हल किए गए उदाहरण

1. एक फोटो की ओर संकेत करते हुए एक महिला ने कहा ''इस व्यक्ति के पुत्र की बहन मेरी सास है''। उस महिला के पति का उस व्यक्ति से क्या संबंध है जिसका वह फोटो है ?

(*a*) पुत्र (*b*) नाती (*c*) भतीजा (*d*) दामाद

उत्तर (*b*) : दिए गए प्रश्न के अनुसार संबंध चार्ट निम्नवत् दर्शाया जा सकता है :

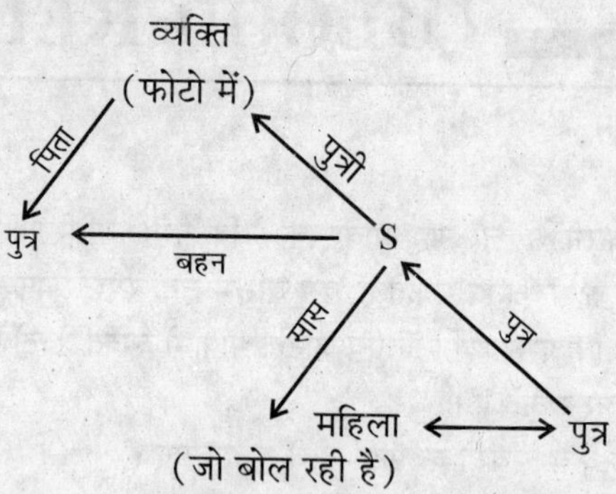

उस व्यक्ति के पुत्र की बहन (मान लें S) उस व्यक्ति की पुत्री है। यदि यह महिला 'S' उस महिला (जो बोल रही है) की सास है तो उसका विवाह 'S' के पुत्र से हुआ है। उस महिला के पति की मां S है और S फोटो वाले व्यक्ति की पुत्री है। अत: उस बोल रही महिला का पति फोटो वाले व्यक्ति का नाती है।

2. 'X', 'Y' की पत्नी है और 'Y', 'Z' का भाई है। 'Z', 'P' का पुत्र है। 'P' का 'X' से क्या संबंध है ?

(*a*) बहन (*b*) चाची (*c*) भाई (*d*) श्वसुर

उत्तर (*d*) : दिए गए प्रश्न के अनुसार संबंध चार्ट निम्नवत् दर्शाया जा सकता है :

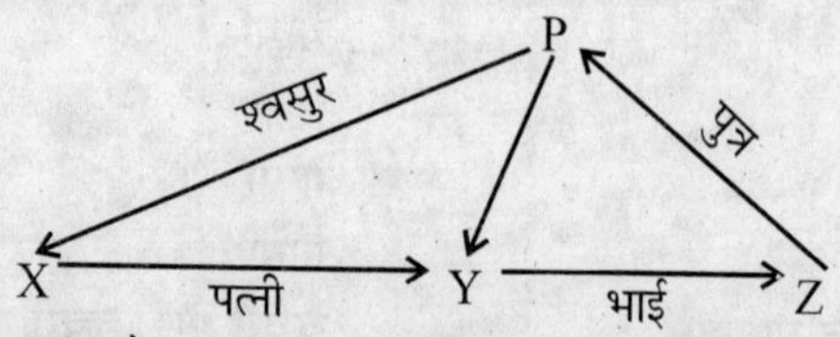

'Y', 'Z' का भाई है जो 'P' का पुत्र है। अत: 'Z' भी 'P' का पुत्र है। चूंकि 'P', 'Y' का पिता है और 'X', 'Y' की पत्नी है अत: 'P', 'X' का श्वसुर है।

अभ्यास

निर्देश (प्र.सं. 1–10): *नीचे के प्रत्येक प्रश्न में व्यक्तियों के बीच उल्लिखित संबंधों को सावधानीपूर्वक समझें और तब दिए गए विकल्पों में से सही उत्तर का चयन करें :*

1. A, B और C का पिता है। B, A का पुत्र है किंतु C, A का पुत्र नहीं है। C का A से क्या संबंध है ?

(*a*) पुत्री (*b*) पुत्र
(*c*) भतीजी (*d*) भतीजा

2. एक महिला ने कहा, ''वहां खड़ी लड़की मेरे दादा जी के एकमात्र पुत्र की पुत्री है''। उस महिला का उस लड़की से क्या संबंध है ?

(*a*) बहन (*b*) मां
(*c*) चाची (*d*) भतीजा

3. रवि अमित के पुत्र के पुत्र का भाई है। अमित, रवि का क्या है ?

(*a*) चचेरा भाई (*b*) पिता
(*c*) दादा (*d*) पुत्र

4. मयंक ने कहा, ''मेरी मां रजत के भाई की बहन है''। रजत का मयंक से क्या संबंध है ?

(*a*) चचेरा भाई (*b*) मामा
(*c*) चाचा (*d*) साला

5. लिली से परिचय कराते हुए राघव ने कहा, ''इसके पिता मेरी मां के एकमात्र पुत्र हैं''। लिली का राघव से क्या संबंध है ?

(*a*) चाची (*b*) पुत्री
(*c*) मां (*d*) बहन

6. अजय, विजय का भाई है। शुभा, अजय की बहन है। संजय, राहुल का भाई है और मेहुल विजय की पुत्री है। संजय का चाचा कौन है ?

(*a*) राहुल
(*b*) अजय
(*c*) मेहुल
(*d*) दी गई सूचना अपर्याप्त है

7. आदित्य, रवि का भाई है। भरत, जयंत के पिता हैं। ईला, रवि की मां है। आदित्य और जयंत आपस में भाई हैं। ईला का भरत से क्या संबंध है ?

(*a*) बहन (*b*) मां
(*c*) पुत्री (*d*) पत्नी

8. एक व्यक्ति ने अपने साथ आ रहे लड़के का परिचय देते हुए कहा, ''यह मेरी पत्नी की पुत्री के पिता का पुत्र है।'' वह लड़का उस व्यक्ति का क्या है ?

(*a*) दामाद (*b*) पुत्र
(*c*) भाई (*d*) पिता

9. A और B दो भाई हैं। C, B की बहन है। D, E की बहन है। E, A का पुत्र है। D का चाचा कौन है ?

(*a*) D (*b*) E
(*c*) B (*d*) C

10. वरुण ने अरुण की ओर संकेत करते हुए कहा, ''वह मेरी बहन के एकमात्र भाई का पुत्र है।'' अरुण का वरूण से क्या संबंध है ?

(*a*) पुत्र
(*b*) भाई
(*c*) भतीजा
(*d*) दी गई सूचना अपर्याप्त है

व्याख्यात्मक उत्तर

1. (*a*) :

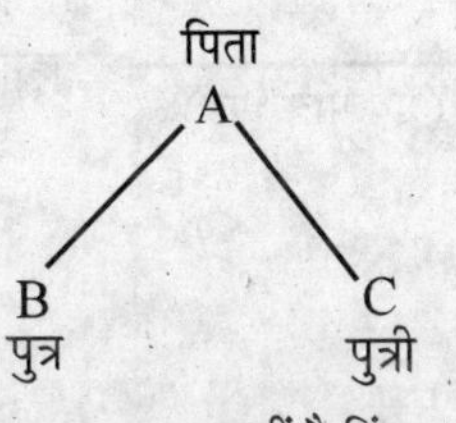

C, A का पुत्र नहीं है किंतु A, C का पिता है। अत: C, A की पुत्री है।

2. (*a*) :

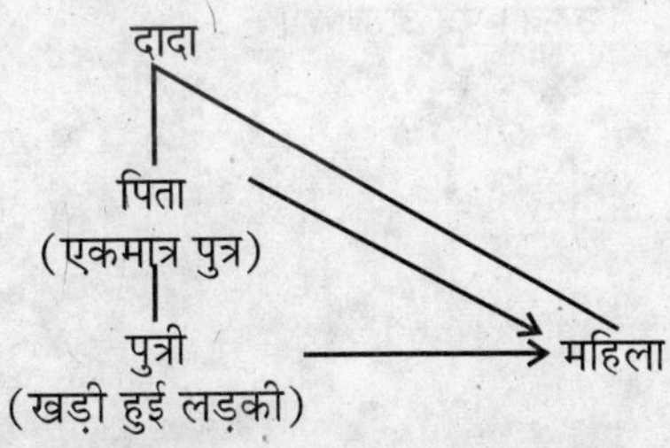

उस महिला के दादा का पुत्र उसके पिता हैं तथा पिता की पुत्री निश्चित ही उस महिला की बहन होगी।

3. (*c*) :

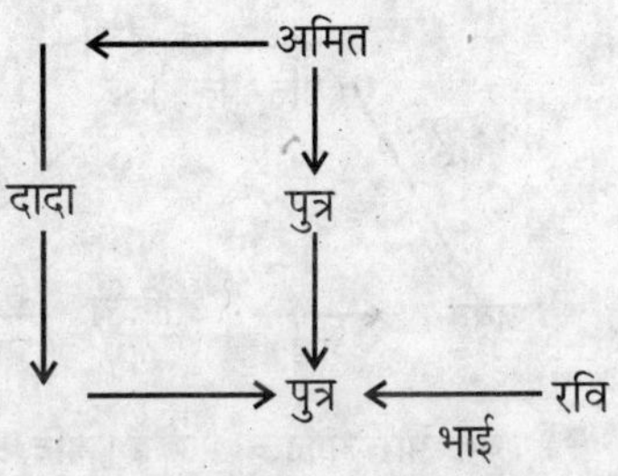

अमित के पुत्र का पुत्र अमित का पोता होगा। रवि अमित के पुत्र के पुत्र का भाई है, अत: अमित रवि के भी दादाजी हैं।

4. (*b*) :

मयंक की मां रजत के भाई की बहन है। अत: रजत भी मयंक की मां का भाई है। इस प्रकार रजत, मयंक का मामा हुआ।

5. (*b*) : संबंध चार्ट निम्नवत् है : माँ

↑ पुत्र

राघव

↓ पिता

लिली (पुत्री)

राघव जब कहता है, ''मेरी मां का एकमात्र पुत्र'' तो वह स्वयं अपने बारे में ही कह रहा होता है। इसके पिता का आशय है, 'लिली के पिता' अर्थात् स्वयं राघव। अत: लिली, राघव की पुत्री है।

6. (*d*) : 1. शुभा ⟶ अजय ⟶ विजय ↓ मेहुल (पुत्री)

2. संजय ⟶ राहुल (भाई)

यहां दो संबंध-समुच्चयों का उल्लेख किया गया है। दी गई सूचना अपर्याप्त है और इन दो भिन्न संबंध-समुच्चयों के बीच कोई संबंध स्थापित नहीं किया जा सकता।

7. (*d*) : प्रश्न पर आधारित संबंध चार्ट है :

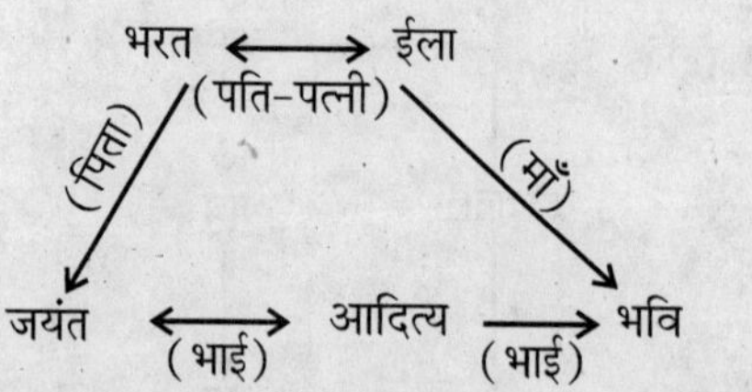

जयंत और आदित्य भाई हैं। यदि आदित्य, रवि का भाई है तो जयंत भी रवि का भाई है। यदि भरत, जयंत का पिता है तो वह आदित्य और रवि का भी पिता है। यदि ईला, रवि की मां है तो वह आदित्य और जयंत की भी मां है। इसका अर्थ है कि भरत और ईला पति-पत्नी हैं और तीनों बच्चों के माता-पिता हैं।

8. (*b*) : प्रश्न पर आधारित संबंध-चार्ट है :

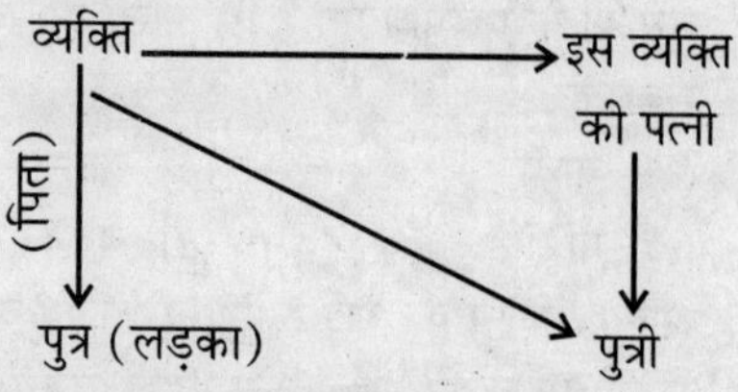

'उस व्यक्ति की पत्नी की पुत्री के पिता' का आशय है कि वह व्यक्ति स्वयं अपने बारे में बात कर रहा है, अत: वह लड़का उस व्यक्ति का पुत्र है।

9. (*c*) : प्रश्न पर आधारित संबंध-चार्ट है :

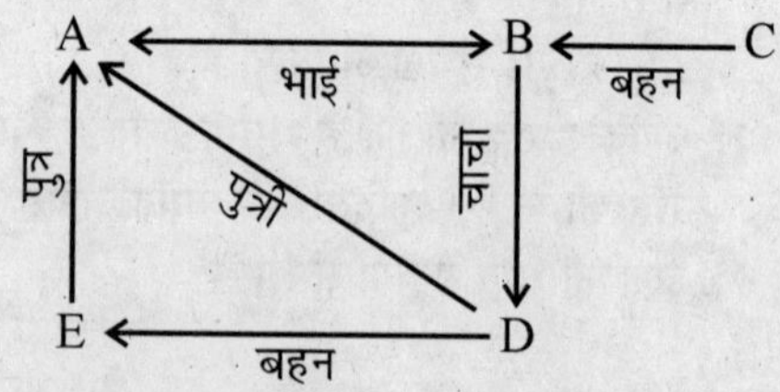

D, E की बहन है और E, A का पुत्र है। अत: D, A की पुत्री है। चूंकि A का भाई B है, अत: B, D का चाचा है।

10. (*a*) :

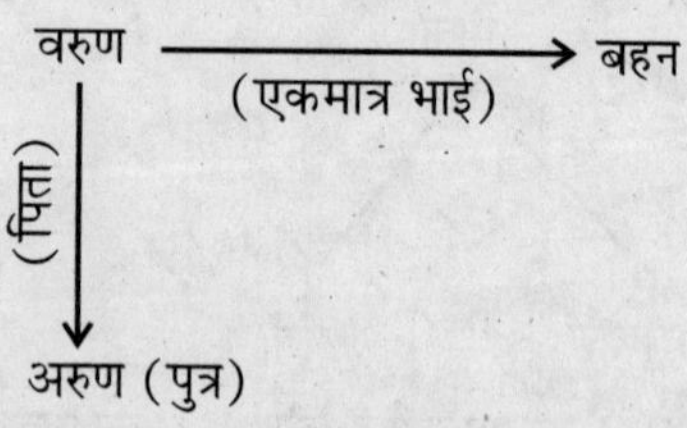

वरुण की बहन का एकमात्र भाई स्वयं वरुण है और उसका पुत्र अरुण है।

क्रम व्यवस्था और काल परीक्षण (ROWS AND RANKS)

इस प्रकार के प्रश्न किसी पंक्ति या लाइन में व्यवस्थित वस्तुओं की संख्या या कुछ छात्रों की एक कक्षा में किसी छात्र के क्रम-स्थान (कोटि) या कक्षा में छात्रों की कुल संख्या ज्ञात करने के लिए कतिपय सरल गणितीय परिकलनों पर आधारित होते हैं।

हल किए गए उदाहरण

1. पेड़ों की किसी पंक्ति में कोई एक पेड़ किसी एक सिरे से आठवें और दूसरे सिरे से तीसरे स्थान पर है। बताइए कि इस पंक्ति में कुल कितने पेड़ हैं?

(*a*) 11 (*b*) 9 (*c*) 10 (*d*) 12

उत्तर (*c*) : इस पंक्ति में पेड़ों की संख्या

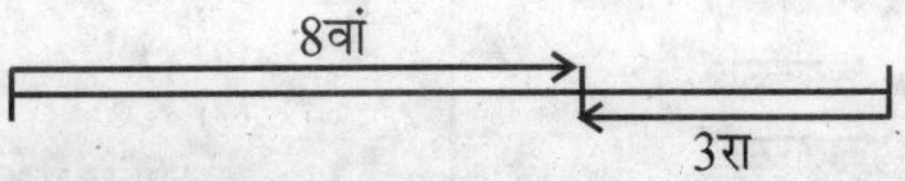

$(8 + 3) - 1 = 10$

2. यदि किसी कक्षा में योग्यता-क्रम में जानकी, पल्लवी से 12 स्थान आगे है और पल्लवी का कक्षा में 15वां स्थान है तथा जानकी का कक्षा में योग्यता-क्रम में चौथा स्थान है तो बताइए कि इस कक्षा में कुल कितने छात्र हैं?

(*a*) 23 (*b*) 27 (*c*) 31 (*d*) 33

उत्तर (*c*) : परिकलन करने पर निम्नलिखित उत्तर प्राप्त होता है :

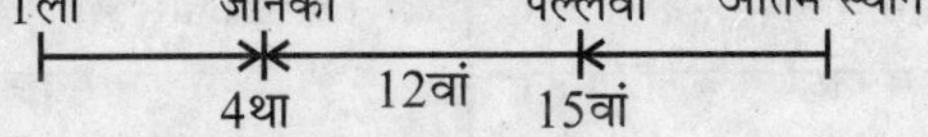

कक्षा में छात्रों की कुल संख्या = 4 + 12 + 15 = 31

अभ्यास

1. पेड़ों की एक पंक्ति में कोई एक पेड़ पंक्ति के दोनों छोरों से पांचवें स्थान पर है। इस पंक्ति में कुल कितने पेड़ हैं?

(*a*) 11 (*b*) 8
(*c*) 10 (*d*) 9

2. 53 छात्रों की एक कक्षा में जया का योग्यता-क्रम में 5 वां स्थान है। कक्षा में योग्यता-क्रम में नीचे से उसका क्रम-स्थान क्या है?

(*a*) 49 वां (*b*) 48 वां
(*c*) 47 वां (*d*) 50 वां

3. पैंसठ छात्रों की एक कक्षा में योग्यता-क्रम में मोहन का क्रम स्थान इक्कीसवां है। यदि योग्यता-क्रम में सबसे नीचे के छात्र का क्रम-स्थान 1 माना जाए तो योग्यता-क्रम में नीचे से मोहन का क्रम-स्थान क्या होगा?

(*a*) 44 वां
(*b*) 45 वां
(*c*) 46 वां
(*d*) दी गई सूचना अपर्याप्त है

4. लड़कों की एक पंक्ति में राहुल दाहिने से 12 वें स्थान पर और बाएं से चौथे स्थान पर खड़ा है। इस पंक्ति में और कितने लड़कों को शामिल करने पर पंक्ति में लड़कों की कुल संख्या 28 हो जाएगी?

(*a*) 12 (*b*) 14
(*c*) 20 (*d*) 13

5. लड़कों की एक पंक्ति में राजन दाहिने से दसवें स्थान पर है और सूरज बाएं से दसवें स्थान पर है। यदि राजन और सूरज आपस में अपना स्थान बदल लें तो सूरज बाएं से सताइसवें स्थान पर आ जाएगा। राजन अब पंक्ति में दाहिने से कितने स्थान पर खड़ा है?

(*a*) दसवें (*b*) छब्बीसवें
(*c*) उन्तीसवें (*d*) सताइसवें

6. 41 छात्रों की एक कक्षा में महेश और सुरेश योग्यता-क्रम में ऊपर से क्रमश: 11 वें और 12 वें स्थान पर हैं। योग्यता-क्रम में नीचे से इनका क्रम-स्थान क्या है?

(*a*) 32 वां और 33 वां (*b*) 29 वां और 30 वां
(*c*) 30 वां और 31 वां (*d*) 31 वां और 30 वां

7. किसी कक्षा में उमा योग्यता-क्रम में ऊपर से 8 वें और नीचे से 37 वें स्थान पर है। इस कक्षा में कुल कितने छात्र हैं?

(*a*) 47 (*b*) 46
(*c*) 45 (*d*) 44

8. एक पंक्ति में सादिक सामने से 14 वें स्थान पर और जोसफ अंत से 17 वें स्थान पर खड़ा है जबकि जेन, सादिक और जोसफ के बीच खड़ा है। यदि सादिक, जोसफ से आगे खड़ा है और पंक्ति में कुल 48 व्यक्ति खड़ें हो, तो सादिक और जेन के बीच पंक्ति में कितने व्यक्ति खड़े हैं?

(*a*) 5 (*b*) 6
(*c*) 7 (*d*) 8

9. किसी कक्षा में वार्षिक परीक्षा में उत्तीर्ण हुए छात्रों में योग्यता-क्रम में रोहन नीचे से सताइसवें स्थान पर और ऊपर से ग्यारहवें स्थान पर आया। यदि वार्षिक परीक्षा में इस कक्षा के 12 छात्र अनुत्तीर्ण घोषित किए गए हों तो परीक्षा में इस कक्षा के कितने छात्र शामिल हुए थे?

(*a*) 48 (*b*) 49
(*c*) 50 (*d*) कहा नहीं जा सकता

10. कुछ लड़के एक पंक्ति में बैठे हैं। P पंक्ति में बाएं से चौदहवें स्थान पर और Q दाहिने से सातवें स्थान पर बैठा है। यदि P और Q के बीच चार लड़के बैठे हों, तो इस पंक्ति में कुल कितने लड़के हैं?

(*a*) 19 (*b*) 21
(*c*) 25 (*d*) 23

11. एक पंक्ति में A, B, C, D और E कुल पांच मकान बने हैं। A, B की दाहिनी ओर, E, C की बायीं ओर और A की दाहिनी ओर अवस्थित है तथा B, D की दाहिनी ओर अवस्थित है। इनमें से कौन-सा मकान बीच में है?

(*a*) B (*b*) A
(*c*) D (*d*) E

12. इकतीस छात्रों की एक कक्षा में योग्यता-क्रम में माधव का स्थान सतरहवां है। योग्यता-क्रम में नीचे से उसका स्थान कितना है?

(*a*) 13 (*b*) 14
(*c*) 15 (*d*) 16

व्याख्यात्मक उत्तर

1. (*d*):

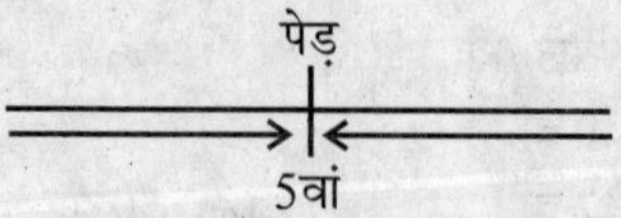

पंक्ति में पेड़ों की कुल संख्या
$= (5 + 5) - 1 = 9$

2. (*a*) :

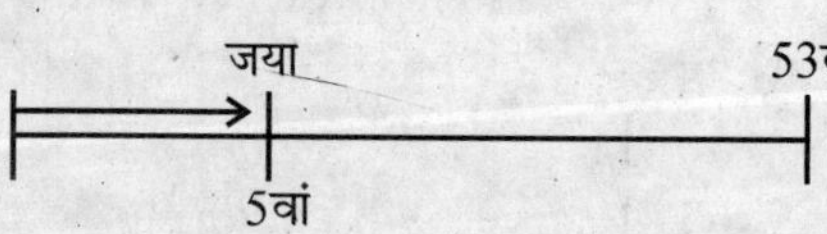

योग्यता-क्रम में नीचे से जया का स्थान
$= (53 - 5) + 1 = 49$ वां

3. (*b*) :

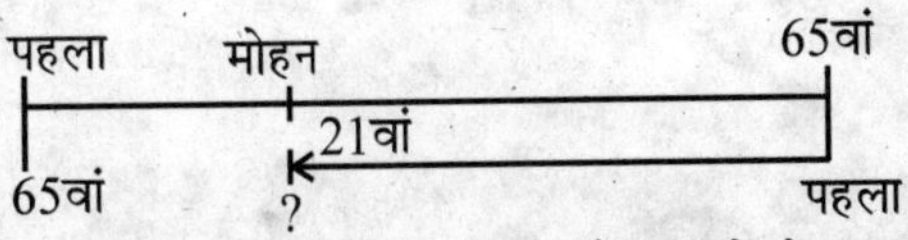

टिप्पणी : प्रश्न पूछने का अभिप्राय है कक्षा में योग्यता-क्रम में नीचे से मोहन का स्थान जानना।

मोहन का स्थान है = (65 – 21) +1 = 45 वां

4. (*d*) :

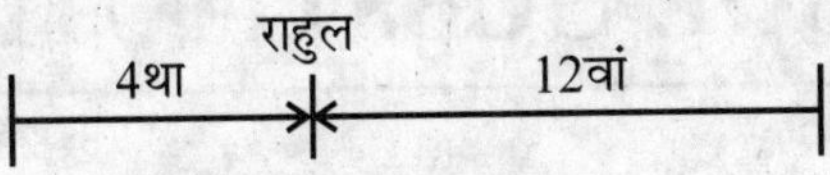

पंक्ति में लड़कों की कुल संख्या :
(4 + 12) – 1 = 15
पंक्ति में लड़कों की कुल संख्या 28 करने के लिए इसमें (28 –15) अर्थात् 13 लड़कों को शामिल करने की आवश्यकता है।

5. (*d*) :

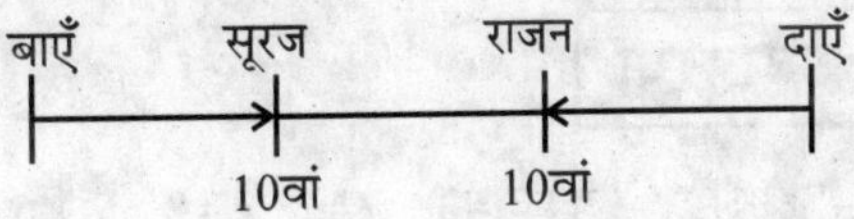

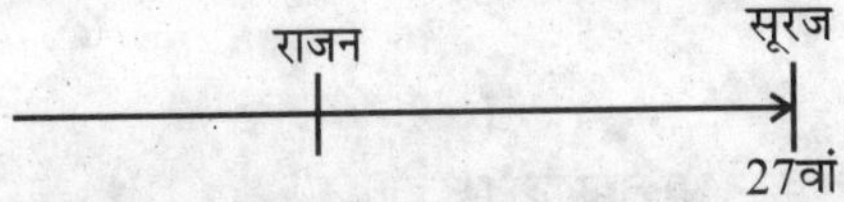

चूंकि लड़कों का क्रम-स्थान दोनों छोरों से समान है, अत: स्थान बदलने के बाद राजन का क्रम स्थान दाहिने से 27 वां होगा।

6. (*d*) :

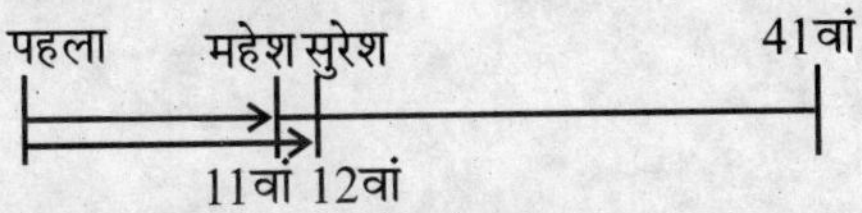

योग्यता-क्रम में नीचे से महेश का स्थान
= (41 – 11) + 1 = 31 वां
योग्यता-क्रम में नीचे से सुरेश का स्थान
= (41 – 12) +1 = 30 वां

7. (*d*) :

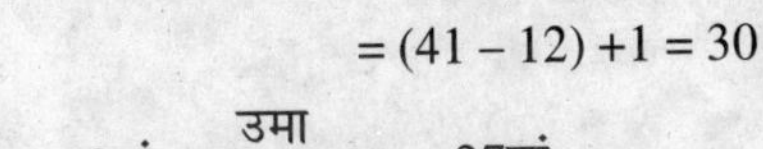

कक्षा में छात्रों की कुल संख्या
= (8 + 37) – 1 = 44

8. (*d*) :

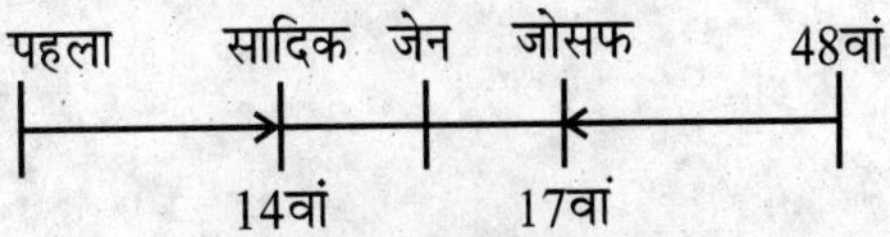

अंत से सादिक का क्रम स्थान:
(48 – 14) + 1 = 35 वां
सादिक और जोसफ के बीच व्यक्तियों की संख्या
= (35 – 17) – 1 = 17
जेन, सादिक और जोसफ के बीच में है, अर्थात् वह दोनों लड़कों से नौवें स्थान पर है।
∴ सादिक और जेन के बीच 8 व्यक्ति हैं।

टिप्पणी : (8 + 8) – 1 = 17

9. (*b*) :

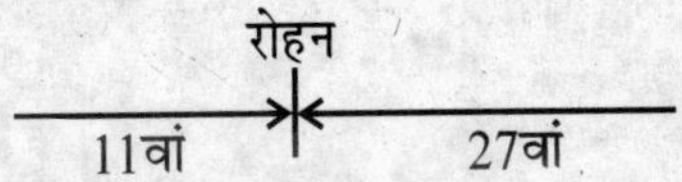

परीक्षा में उत्तीर्ण होने वाले छात्रों की संख्या
= (11+ 27) – 1 = 37
परीक्षा में अनुत्तीर्ण हुए छात्रों की संख्या = 12
परीक्षा में भाग लेने वाले छात्रों की कुल संख्या
= 37 + 12 = 49.

10. (*c*) :

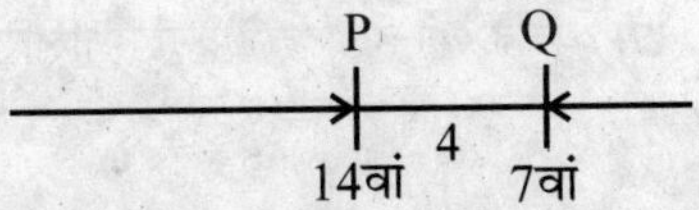

पंक्ति में लड़कों की संख्या
= (14 + 4 + 7) = 25

11. (*b*) : पंक्ति में अवस्थित मकान निम्नलिखित क्रम में हैं:
D B A E C

12. (*c*) :

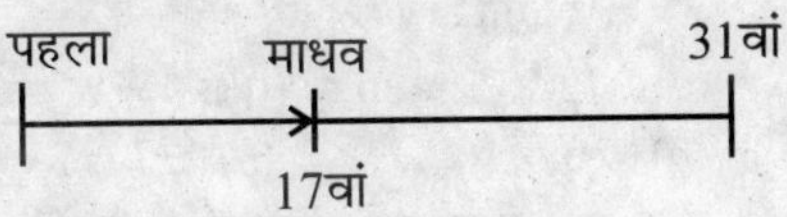

योग्यता-क्रम में नीचे से माधव का स्थान है:
(31 – 17) + 1 = 15 वां

प्रतीक (चिह्न) प्रतिस्थापन
(SYMBOL SUBSTITUTION)

इस प्रकार के प्रश्नों को हल करना अत्यधिक सरल है। ऐसे प्रश्नों को हल करने की एकमात्र अपेक्षा यह है कि उम्मीदवार दिए गए प्रतीकों या चिह्नों को प्रतिस्थापित करने और परिकलन की विद्या में पारंगत हों और अत्यधिक त्वरित गति से दिए गए प्रश्नों का हल ज्ञात कर सके। इस श्रेणी में पूछे गए कुछ सामान्य प्रकार के प्रश्न नीचे हल किए गए हैं।

हल किए गए उदाहरण

1. यदि '+' का अर्थ '×' हो, '×' का अर्थ '÷' हो, '÷' का अर्थ '–' हो और '–' का अर्थ '+' हो, तो $2 - 8 \times 2 + 6 \div 7$ का मान क्या होगा?

(*a*) 32 (*b*) 19 (*c*) 23 (*d*) 9

उत्तर (*b*) : दिए गए व्यंजक में गणितीय चिह्नों को प्रतिस्थापित करने पर नया व्यंजक होगा :

$2 + 8 \div 2 \times 6 - 7$

इस व्यंजक को हल करने के निम्नलिखित चरण होंगे :

$2 + 4 \times 6 - 7$

$2 + 24 - 7$

$26 - 7 = 19$

2. यदि '▲' का अर्थ '+' हो,

'■' का अर्थ '–' हो,

'●' का अर्थ '÷' हो,

'∗' का अर्थ '×' हो, तो

13 ▲ 5 ∗ 20 ● 10 ■ 9 = ?

(*a*) 26 (*b*) 37 (*c*) 14 (*d*) 55

उत्तर (*c*) : चिह्नों को प्रतिस्थापित करने पर प्राप्त हुआ नया व्यंजक है :

$13 + 5 \times 20 \div 10 - 9$

इस व्यंजक को हल करने के चरण होंगे :

$13 + 5 \times 2 - 9$

$13 + 10 - 9$

$23 - 9 = 14$

अभ्यास

1. यदि "+" का अर्थ "–" हो; "–" का अर्थ "×" हो; "×" का अर्थ "÷" हो और "÷" का अर्थ "+" हो, तो
$15 \times 5 \div 10 + 5 - 3 = ?$
(*a*) 9.5 (*b*) 0
(*c*) – 2 (*d*) 24

2. यदि "+" का अर्थ "–" हो; "–" का अर्थ "×" हो; "×" का अर्थ "÷" हो; और "÷" का अर्थ "+" हो, तो
$15 \times 3 \div 15 + 5 - 2 = ?$
(*a*) 0 (*b*) 10
(*c*) 20 (*d*) 6

3. यदि "+" का अर्थ "÷" हो; "×" का अर्थ "–" हो; "÷" का अर्थ "+" हो और "–" का अर्थ "×" हो, तो
$16 \div 8 \times 6 - 2 + 12 = ?$
(*a*) 22 (*b*) 24
(*c*) 23 (*d*) 20

4. यदि "+" का अर्थ "×" हो; "–" का अर्थ "÷" हो; "×" का अर्थ "–" हो और "÷" का अर्थ "+" हो, तो
$5 + 8 - 4 \times 2 \div 9 = ?$
(*a*) 15 (*b*) 13
(*c*) 17 (*d*) 11

5. यदि × का आशय जोड़ की संक्रिया से हो, ÷ का आशय घटाव की संक्रिया से हो, + का आशय गुणा की संक्रिया से हो और – का आशय भाग की संक्रिया से हो तो $(20 \times 6 \div 6 \times 4)$ निम्नलिखित में से किसके बराबर है?
(*a*) 5 (*b*) 24
(*c*) 25 (*d*) 80

6. यदि $A + B > C + D$, $B + E = 2C$ और $C + D > B + E$ हो, तो इसका निश्चित अर्थ यह है कि :
(*a*) $A > C$ (*b*) $A + B > 2D$
(*c*) $A + B > 2C$ (*d*) $A + B > 2E$

7. यदि $A + D > C + E$, $C + D = 2B$ और $B + E > C + D$ हो, तो इसका निश्चित अर्थ यह है कि :
(*a*) $A + D > B + E$ (*b*) $A + D > B + C$
(*c*) $A + B > 2D$ (*d*) $B + D > C + E$

8. यदि "+" का अर्थ "÷" हो; "÷" का अर्थ "–" हो; "–" का अर्थ "×" हो और "×" का अर्थ "+" हो, तो
$10 \div 2 - 15 + 3 \times 5 = ?$
(*a*) 10 (*b*) 15
(*c*) 25 (*d*) 5

9. यदि "+" का अर्थ "÷" हो; "×" का अर्थ "–" हो; "÷" का अर्थ "×" हो और "–" का अर्थ "+" हो, तो निम्नलिखित व्यंजक का मान क्या होगा?
$9 + 3 \div 4 - 8 \times 2 = ?$
(*a*) $6\frac{3}{4}$ (*b*) $-1\frac{3}{4}$
(*c*) $-6\frac{1}{4}$ (*d*) 18

10. यदि 'a' का आशय '÷' हो, 'b' का आशय '×' हो, 'c' का आशय '+' है और 'd' का आशय '–', हो, तो
5 c 20 a 4 b 2 d 10 = ?
(*a*) 5 (*b*) 10
(*c*) 15 (*d*) 20

व्याख्यात्मक उत्तर

1. (*c*) : $15 \div 5 + 10 - 5 \times 3$
$3 + 10 - 15 = -2$

2. (*b*) : $15 \div 3 + 15 - 5 \times 2$
$5 + 15 - 10 = 10$

3. (*c*) : $16 + 8 - 6 \times 2 \div 12$
$16 + 8 - 1 = 23$

4. (*c*) : $5 \times 8 \div 4 - 2 + 9$
$10 - 2 + 9 = 17$

5. (*b*) : $20 + 6 - 6 + 4 = 24$

6. (*c*) : $A + B > C + D > B + E$ or $2C$
$\therefore A + B > 2C$

7. (*b*) : 1. $A + D > C + E$
2. $B + E > C + D$ or $2B$
चूँकि 1 और 2 के बीच संबंध स्पष्ट नहीं है, तथापि यह निश्चित है कि $A + D > B + C$.

8. (*d*) : $10 - 2 \times 15 \div 3 + 5$
$10 - 10 + 5 = 5$

9. (*d*) : $9 \div 3 \times 4 + 8 - 2$
$12 + 8 - 2 = 18$

10. (*a*) : $5 + 20 \div 4 \times 2 - 10$
$5 + 10 - 10 = 5$

कृत्रिम मान और लुप्त संख्याएँ
(ARTIFICIAL VALUES AND MISSING NUMBERS)

इस प्रकार के प्रश्नों को हल करने के लिए संख्या संबंधी प्रश्नों को हल करने में निपुणता और गणितीय कौशल का होना अपेक्षित है। उत्तर प्राप्त करने के लिए अभ्यर्थियों के लिए यह अपेक्षित है कि वे अंकगणितीय चिह्नों या प्रतीकों के सही संयोजन का चयन करें जिसे दिए गए प्रश्नों में प्रश्न चिह्न के स्थान पर प्रतिस्थापित किया जा सके।

हल किए गए उदाहरण

1. यहाँ प्रश्न में दिए गए प्रश्न चिह्न (?) के स्थान पर प्रतिस्थापित करने के लिए सही विकल्प का चयन करें :

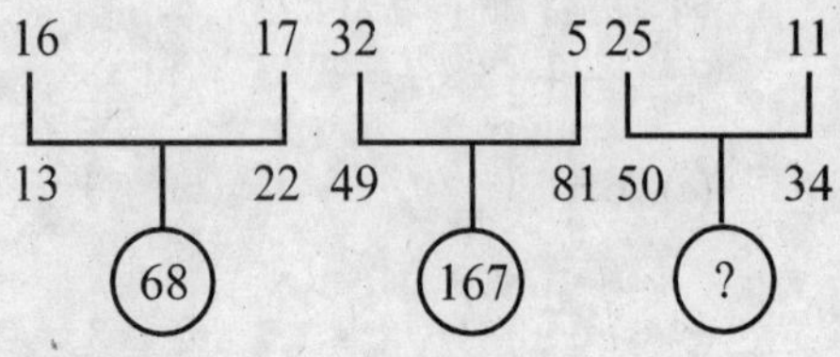

(*a*) 65 (*b*) 120 (*c*) 116 (*d*) 192

उत्तर (*b*) : गोल घेरे के भीतर दी गई संख्या शेष चार संख्याओं का योग है, अर्थात्

16 + 17 + 13 + 22 = 68

32 + 5 + 49 + 81 = 167, इसी प्रकार

25 + 11 + 50 + 34 = 120

2. यहाँ प्रश्न चिह्न के स्थान पर विकल्पों में दी गई कौन-सी संख्या आएगी ?

(*a*) 6 (*b*) 8 (*c*) 7 (*d*) 3

उत्तर (*a*) : दो सम्मुख संख्याओं का अंतर 4 है, अर्थात्

23 – 19 = 4 और 16 – 12 – 4

14 – 10 = 4 और 12 – 8 = 4, इसी प्रकार

9 – 5 = 4 और 6 – 2 = 4.

इस प्रकार के प्रश्नों में सही उत्तर ज्ञात करने का कोई निश्चित नियम नहीं है। सही उत्तर प्राप्त करने के विभिन्न तरीकों के बारे में जानने के लिए नीचे दिए गए अभ्यास में निहित प्रश्नों का हल ज्ञात करने का प्रयास करें।

अभ्यास

निर्देश (प्र.सं. 1–10): *नीचे दिए गए प्रत्येक प्रश्न में बताएँ कि प्रश्न चिह्न (?) के स्थान पर कौन-सी संख्या रखी जा सकती है ?*

1.

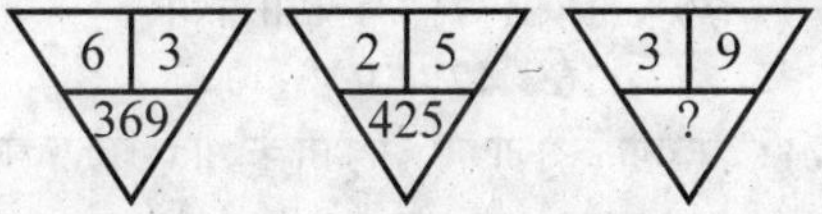

(*a*) 693 (*b*) 939
(*c*) 981 (*d*) 993

2.

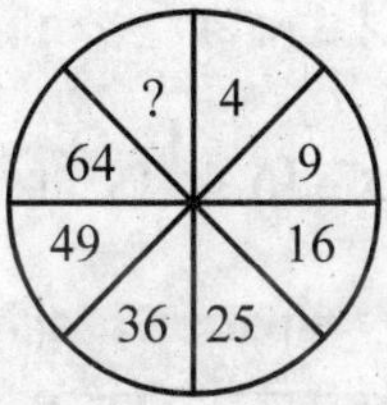

(*a*) 68 (*b*) 100
(*c*) 72 (*d*) 81

3.

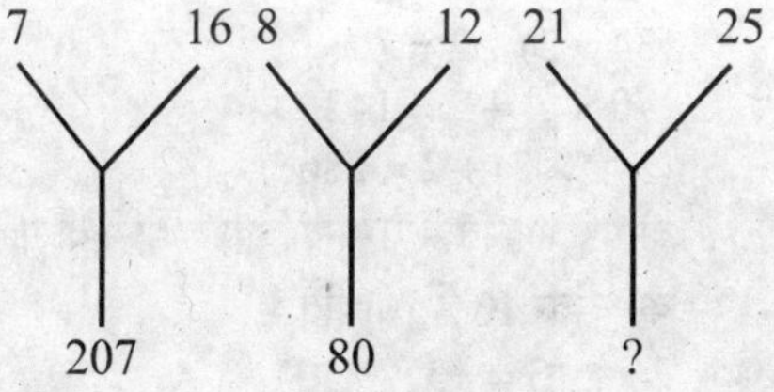

(*a*) 425 (*b*) 184
(*c*) 241 (*d*) 210

4.

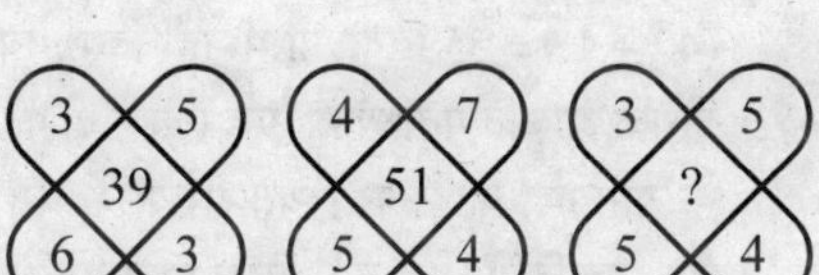

(*a*) 35 (*b*) 37
(*c*) 45 (*d*) 48

5.

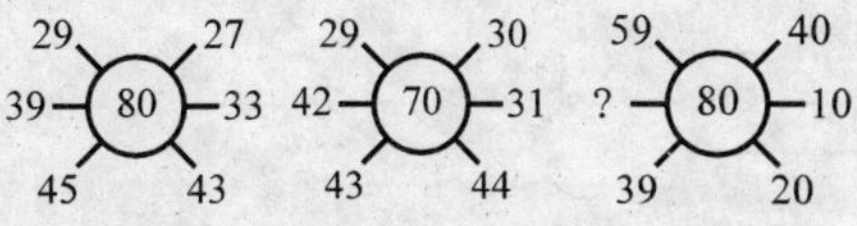

(*a*) 69 (*b*) 49
(*c*) 50 (*d*) 60

6.

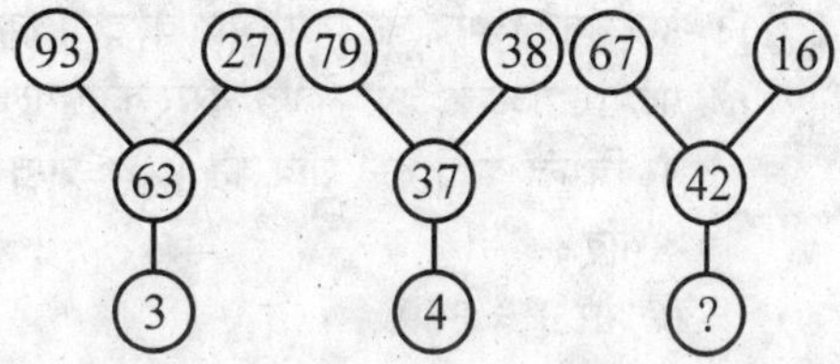

(*a*) 5 (*b*) 6
(*c*) 8 (*d*) 9

7.

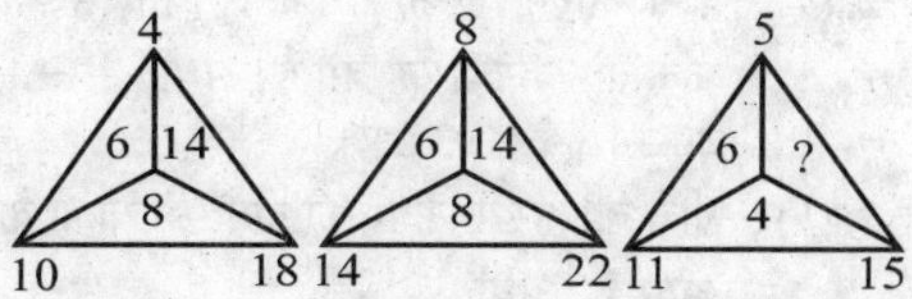

(*a*) 8 (*b*) 14
(*c*) 10 (*d*) 6

8.

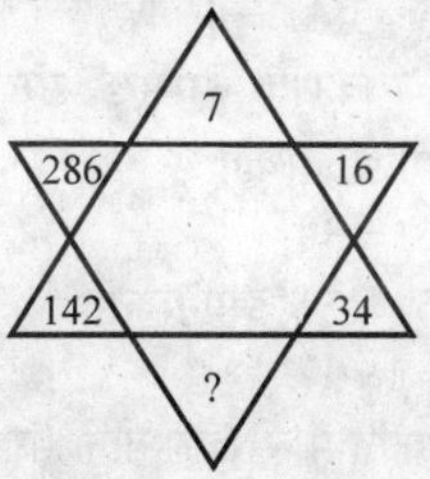

(*a*) 70 (*b*) 68
(*c*) 56 (*d*) 92

9.

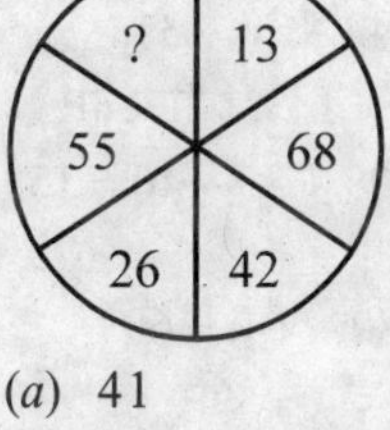

(*a*) 41 (*b*) 37
(*c*) 29 (*d*) 25

10.

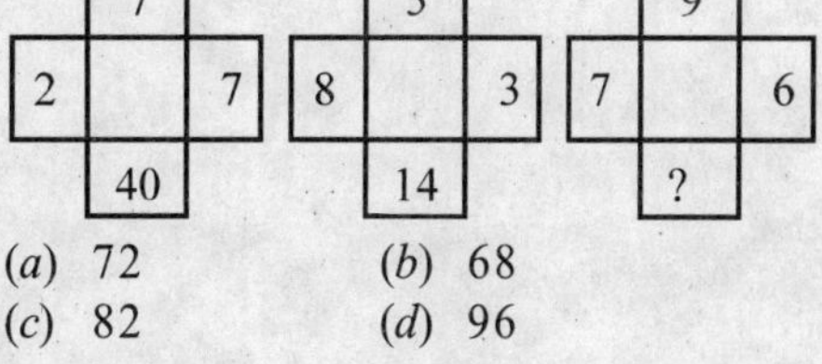

(*a*) 72 (*b*) 68
(*c*) 82 (*d*) 96

व्याख्यात्मक उत्तर

1. (*c*) : उलटे बने त्रिभुज के ऊपरी भाग के दोनों खानों में दी गई संख्याओं के वर्ग को एक दूसरे की बगल में रखने पर त्रिभुज के निचले शीर्ष की संख्या प्राप्त होती है, अर्थात्
6^2 और $3^2 = 369$
2^2 और $5^2 = 425$, इसी प्रकार
3^2 और $9^2 = 981$.

2. (*d*) : 4 से आरंभ करके प्रत्येक अनुवर्ती संख्या क्रमागत प्राकृतिक संख्या का वर्ग है। अर्थात् $2^2 = 4, 3^2 = 9, 4^2 = 16, \ldots 9^2 = 81$

3. (*b*) : नीचे की संख्या ऊपर की दोनों संख्याओं के वर्गों का अंतर है, अर्थात्
$16^2 - 7^2 = 256 - 49 = 207$
$12^2 - 8^2 = 144 - 64 = 80$, इसी प्रकार
$25^2 - 21^2 = 625 - 441 = 184$

4. (*b*) : बीच की संख्या विकर्णतः सम्मुख संख्याओं के गुणनफलों का योग है, अर्थात्
$(3 \times 3) + (5 \times 6) = 39$
$(4 \times 4) + (7 \times 5) = 51$, इसी प्रकार
$(3 \times 4) + (5 \times 5) = 37$

5. (*a*) : किसी भी एक आकृति में सरेखीय तीनों संख्याओं का योगफल समान है, अर्थात्
29 + 80 + 43 या 39 + 80 + 33
या 45 + 80 + 27 = 152
29 + 70 + 44 या 42 + 70 + 31
या 43 + 70 + 30 = 143, इसी प्रकार
59 + 80 + 20 या 39 + 80 + 40 = 159.
अतः लुप्त संख्या है :
$$159 - (80 + 10) = 69$$

6. (*d*) : प्रत्येक आकृति में दाहिने और बीच के घेरों की संख्याओं के योगफल को बायीं ओर के घेरे की संख्या से घटाने पर आकृति में सबसे नीचे के घेरे की संख्या प्राप्त होती है, अर्थात्
$93 - (27 + 63) = 3$
$79 - (38 + 37) = 4$, इसी प्रकार
$67 - (16 + 42) = 9$

7. (*c*) : प्रत्येक त्रिभुजाकार आकृति के भीतर बने प्रत्येक त्रिभुज में आधार पर स्थित संख्याओं का अंतर त्रिभुज के भीतर स्थित संख्या के बराबर है, अर्थात्
$10 - 4 = 6, 18 - 4 = 14$ और $18 - 10 = 8$
$14 - 8 = 6, 22 - 8 = 14$ और $22 - 14 = 8$, इसी प्रकार
$11 - 5 = 6, 15 - 5 = 10$ और $15 - 11 = 4$.

8. (*a*) : दी गई आकृति में 7 की संख्या से आरंभ करके दक्षिणावर्त अगली संख्या पहली संख्या के दोगुने से 2 अधिक है, अर्थात्
$(7 \times 2) + 2 = 16$
$(16 \times 2) + 2 = 34 \ldots$, इसी प्रकार
$(34 \times 2) + 2 = 70$
$(70 \times 2) + 2 = 142$
$(142 \times 2) + 2 = 286$

9. (*c*) : दी गई आकृति में सम्मुख त्रिज्यखंडों में दी गई संख्याओं का अंतर 13 है, अर्थात्
26 – 13 = 13
68 – 55 = 13, इसी प्रकार
अतः लुप्त संख्या है : 42 – 13 = 29
(42 + 13 = 55 विकल्पों में नहीं दिया गया है)

10. (*b*) : प्रत्येक आकृति में मध्यस्थ ग्रिड रेखा में दी गई संख्याओं के योगफल को ऊपर स्थित संख्या के वर्ग से घटाने पर आकृति में नीचे की संख्या प्राप्त होती है, अर्थात्
$7^2 - (2 + 7) = 40$
$5^2 - (8 + 3) = 14$, इसी प्रकार
$9^2 - (7 + 6) = 68$

अक्षर–अंक व्यवस्थापक मशीन संबंधी प्रश्न

(PROBLEMS BASED ON ENGLISH ALPHABET)

अंग्रेजी वर्णमाला पर आधारित प्रश्नों को हल करना अत्यधिक सरल है। इस प्रकार के प्रश्न वर्णमाला के सीधे क्रम में और साथ ही उलटे क्रम में भी दी गई श्रृंखलाओं पर आधारित होते हैं।

अंग्रेजी वर्णमाला का सीधा क्रम (Natural Order)

A B C D E F G H I J K L M N O P Q R S T U V W X Y Z

अंग्रेजी वर्णमाला का उलटा क्रम (Reverse Order)

Z Y X W V U T S R Q P O N M L K J I H G F E D C B A

श्रृंखला Z पर पहुँचने के बाद A से पुन: आरंभ होती है और उलटे क्रम में A पर पहुँचने के बाद Z से पुन: आरंभ होती है। इस श्रृंखला में A E I O U स्वर और शेष अक्षर व्यंजन कहलाते हैं।

हल किए गए उदाहरण

1. यदि वर्णमाला के पहले दस अक्षरों को उलटे क्रम में लिखा जाए तो निम्नलिखित में से कौन–सा अक्षर उस श्रृंखला के दाहिने छोर से बारहवें अक्षर की बायीं ओर का सातवाँ अक्षर होगा?

A B C D E F G H I J K L M N O P Q R S T U V W X Y Z

(*a*) H (*b*) C (*c*) I (*d*) B

उत्तर (*b*) : वर्णमाला के सीधे क्रम में दी गई श्रृंखला में पहले दस अक्षरों को उलटे क्रम में लिखने पर निम्नलिखित श्रृंखला प्राप्त होगी :

JIHGFEDCBAKLMNOPQRSTUVWXYZ

7th ← 12th ←

'Z' से गिनना आरंभ करने पर दाहिने छोर से बारहवाँ अक्षर 'O' है और 'O' की बायीं ओर का 7वाँ अक्षर 'C' है।

अभ्यास

निर्देश (प्र.सं. 1–10): *निम्नलिखित प्रश्न वर्णमाला के सीधे या उलटे क्रम में लिखी गई श्रृंखला पर तथा दिए गए शब्द में अक्षरों के स्थान परिवर्तन पर आधारित हैं।*

1. वर्णमाला के सीधे क्रम में लिखी गई श्रृंखला में बाएँ छोर से छठे अक्षर के ठीक पहले कौन–सा अक्षर होता है?

(*a*) U (*b*) E

(*c*) F (*d*) V

2. वर्णमाला में G और S के ठीक बीच में कौन–सा अक्षर है?

(*a*) L (*b*) N

(*c*) M (*d*) कोई अक्षर नहीं

3. यदि अंग्रेजी वर्णमाला में प्रथम अर्द्धांश के अक्षरों को उलटे क्रम में लिखा जाए तो दायीं ओर से नौंवें अक्षर की बायीं ओर का नौंवाँ अक्षर कौन-सा होगा?

(*a*) I (*b*) D
(*c*) F (*d*) E

4. यदि अंग्रेजी वर्णमाला को उलटे क्रम में लिखा जाए, तो दायीं और से सातवें अक्षर की बायीं ओर का आठवाँ अक्षर कौन-सा होगा?

(*a*) O (*b*) P
(*c*) N (*d*) Q

5. वर्णमाला में दाहिने छोर से तेरहवें अक्षर की दायीं ओर का पाँचवाँ अक्षर क्या होगा?

(*a*) R (*b*) S
(*c*) I (*d*) O

6. यदि अंग्रेजी वर्णमाला को उलटे क्रम में लिखा जाए तो P के दाएँ से छठा अक्षर कौन-सा होगा?

(*a*) J (*b*) W
(*c*) K (*d*) V

7. यदि अंग्रेजी वर्णमाला को दो बराबर हिस्सों में बाँट दिया जाए जिनमें पहले अर्द्धांश में A से M तक के और दूसरे अर्द्धांश में N से Z तक के अक्षर निहित हों, तो बाद वाले अर्द्धांश का कौन-सा अक्षर पहले वाले अर्द्धांश के J अक्षर के संगत होगा?

(*a*) W (*b*) Q
(*c*) V (*d*) R

8. यदि अंग्रेजी वर्णमाला को उलटे क्रम में लिखा जाए तो प्राप्त शृंखला में आपके बाएँ से सोलहवें अक्षर की बायीं ओर का बारहवाँ अक्षर कौन-सा होगा?

(*a*) X (*b*) W
(*c*) D (*d*) V

9. अंग्रेजी वर्णमाला में बाएँ से पाँचवें अक्षर से आंरभ करके यदि बारह अक्षरों को उलटे (विपरीत) क्रम में लिखा जाए तो प्राप्त शृंखला में दाएँ से चौदहवें अक्षर की बायीं ओर का सातवाँ अक्षर कौन-सा होगा?

(*a*) N (*b*) H
(*c*) L (*d*) O

10. यदि वर्णमाला में B से आरंभ करके सभी एकांतर स्थानों पर आने वाले अक्षरों को छोटे अक्षरों में और शेष अक्षरों को बड़े अक्षरों में लिखा जाए तो प्राप्त शृंखला के अक्षरों का प्रयोग करके 'September' माह को किस प्रकार लिखा जाएगा?

(*a*) SEptEMbEr (*b*) sePTemBeR
(*c*) SEptembER (*d*) SEpteMbeR

व्याख्यात्मक उत्तर

1. (*b*) :
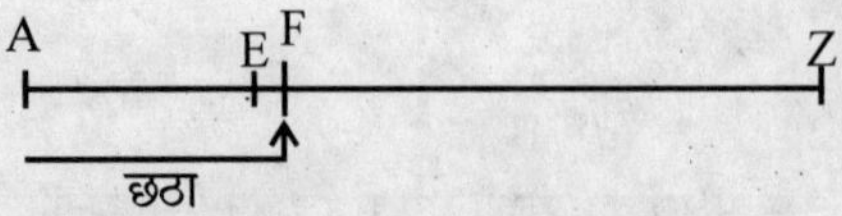

बाएँ से छठा अक्षर 'F' है और 'F' से ठीक पहले का अक्षर 'E' है।

2. (*c*) :
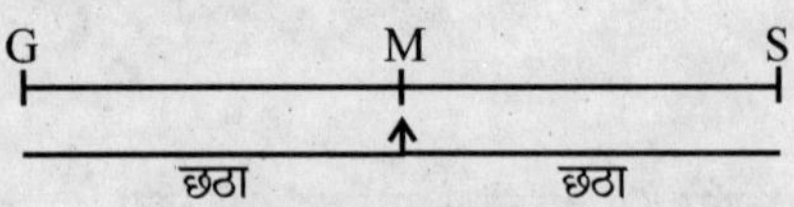

G और S के बीच का अक्षर M है।

3. (*d*) : MLKJIGHFEDCBANOPQRSTUVWXYZ

नौंवाँ नौंवाँ

4. (*a*) : ZYXWVUTSRQPONMLKJIHGFEDCBA

आठवाँ सातवाँ

5. (*b*) :
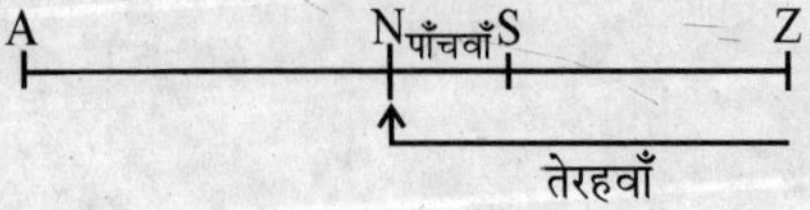

दाहिने छोर से तेरहवाँ अक्षर 'N' है और 'N' की दायीं ओर का पाँचवाँ अक्षर 'S' है।

6. (*a*) :
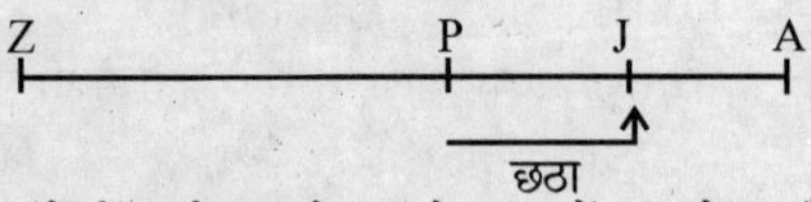

अंग्रेजी वर्णमाला के उलटे क्रम में 'P' के दाएँ से छठा अक्षर 'J' है।

7. (*a*) : A B C D E F G H I J K L M
N O P Q R S T U V W X Y Z

8. (*b*) :
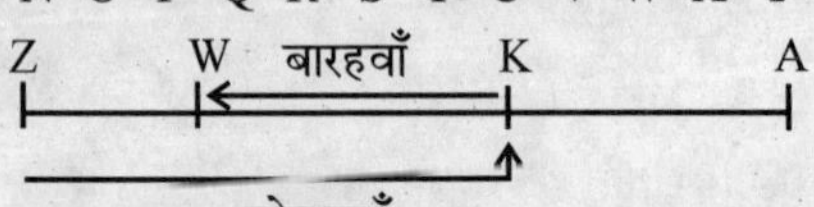

वर्णमाला के उलटे क्रम में बाएँ से सोलहवाँ अक्षर 'K' है और 'K' की बायीं ओर का बारहवाँ अक्षर 'W' है।

9. (*d*) : ABCDPONMLKJIHGFEQRSTUVWXYZ

सातवाँ चौदहवाँ

10. (*a*) : A b C d E f G h I j K l M n O p Q r S t U v W x Y z

कथन एवं वेन आरेख
(LOGICAL DIAGRAMS)

इस प्रकार के प्रश्नों में विकल्प के रूप में पाँच भिन्न-भिन्न आकृतियों का समुच्चय दिया जाता है। प्रत्येक आकृति संबंधित शब्दों के कुछ समूहों का एक तार्किक पैटर्न निरूपित करती है जिनमें प्रत्येक शब्द एक वर्ग को निरूपित करता है। अभ्यर्थी को दिए गए शब्दों के समुच्चय के लिए सर्वाधिक उपयुक्त तार्किक आकृति की पहचान करनी है। नीचे इन आरेखों द्वारा निरूपित कुछ संबंध दर्शाए गए हैं। संबंधित पैटर्नों को समझें और तत्पश्चात् दिए गए प्रश्नों के उत्तर दें।

हल किए गए उदाहरण

1. 

दिए गए वर्गों में कोई सदस्य समान (common) नहीं है।

उदाहरण : दूध, अंडे

2. 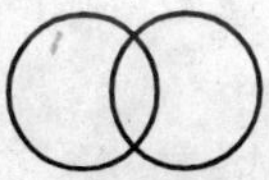

दिया गया आरेख यह दर्शाता है कि दोनों वर्गों में कुछ समान सदस्य हैं किंतु कोई भी वर्ग एक-दूसरे में पूर्णतः समाहित नहीं है।

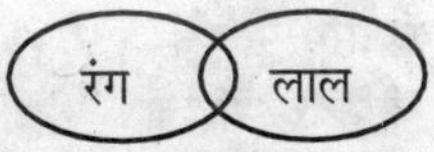

उदाहरण : रंग, लाल

3. 

दिया गया आरेख यह दर्शाता है कि एक वर्ग दूसरे में पूर्णतः समाहित है किंतु दूसरा वर्ग पहले वर्ग में समाहित नहीं है अर्थात् ये दोनों वर्ग आपस में मिले-जुले नहीं हैं।

उदाहरण : फल, सेब

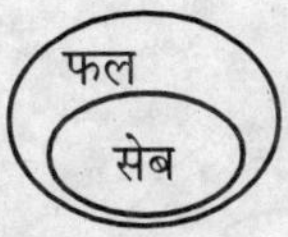

4. 

आकृति 2 के समान ही यह आकृति भी दर्शाती है कि तीनों वर्गों में कुछ समान (common) सदस्य हैं किंतु इनमें से कोई भी वर्ग एक-दूसरे में पूर्णतः समाहित नहीं है।

उदाहरण : लंबा, आदमी, शिक्षित

अभ्यास

निर्देश (प्र.सं. 1–5): *नीचे दिए गए पाँच तर्क आरेखों में से उस आरेख (आकृति) का चयन करें जो प्रश्न में दिए गए तीनों वर्गों के बीच संबंध को सर्वाधिक सुस्पष्ट रूप में प्रदर्शित करता है।*

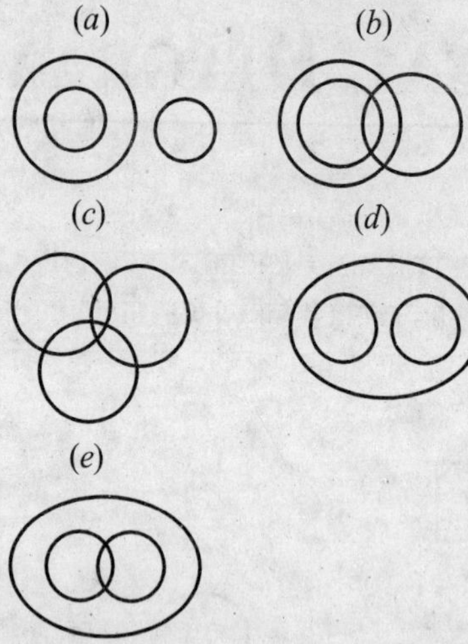

1. पक्षी, फल, आम
2. अपराधी, वकील, डकैत
3. तैराक, कुँआरा, पुरुष
4. स्मार्ट, इंजीनियर, महिला
5. सब्जियाँ, आलू, बैंगन

निर्देश (प्र.सं. **6–10**): *नीचे दिए गए पाँच तर्क आरेखों में से उस आरेख (आकृति) का चयन करें जो प्रश्न में दिए गए तीनों वर्गों के बीच संबंध को सर्वाधिक सुस्पष्ट रूप में व्यक्त करता है।*

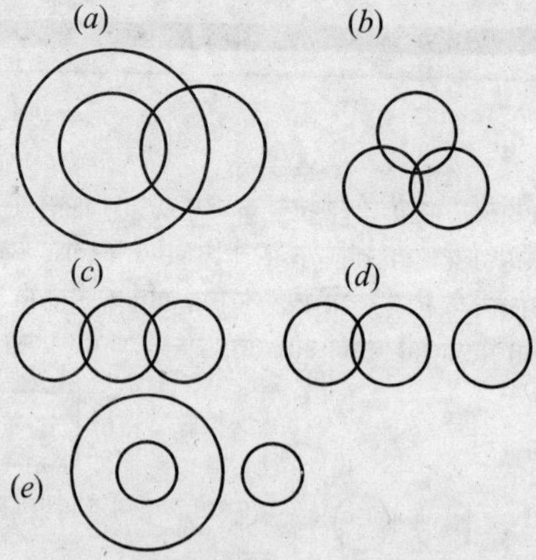

6. बहन, चचेरी–ममेरी–फुफेरी बहन, महिलाएँ
7. तारा, ग्रह, शनि
8. लोग, बुद्धिमान, धनी
9. पालतू पशु, बिल्लियाँ, कुत्ते
10. अभिनेता, मंच, फिल्म

व्याख्यात्मक उत्तर

1. (*a*) :

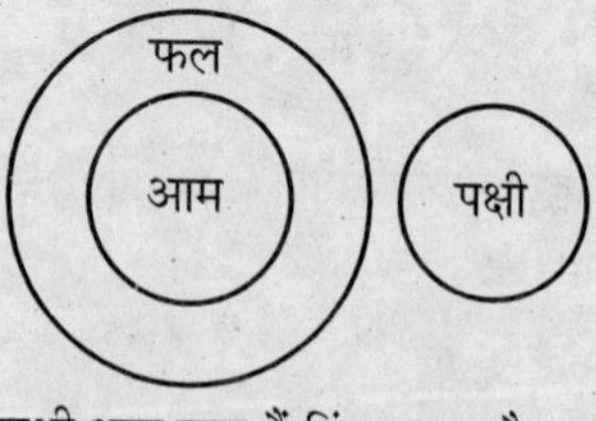

सभी आम फल हैं किंतु फल और आम में से कोई भी पक्षी नहीं है।

2. (*a*) :

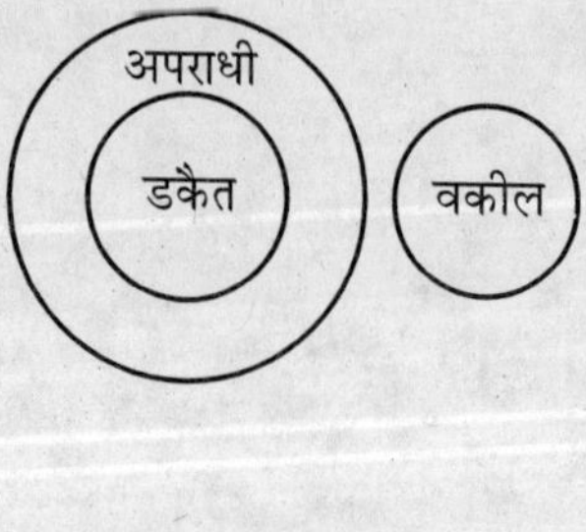

सभी डकैत अपराधी हैं किंतु अपराधी और डकैत में से कोई भी वकील नहीं हो सकता।

3. (*b*) :

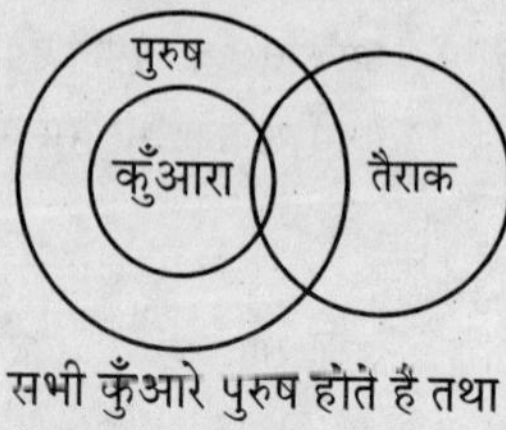

सभी कुँआरे पुरुष होते हैं तथा कुछ पुरुष और कुँआरे तैराक हो सकते हैं।

4. (*c*) :

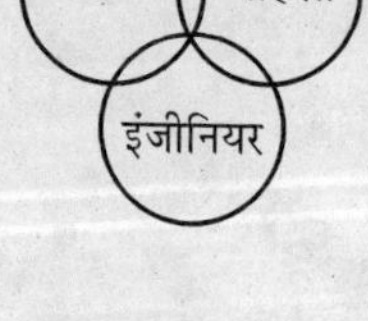

कुछ महिलाएँ स्मार्ट हो सकती हैं और कुछ महिलाएँ इंजीनियर हो सकती हैं तथा कुछ इंजीनियर स्मार्ट भी हो सकते हैं और महिला भी।

5. (*d*) :

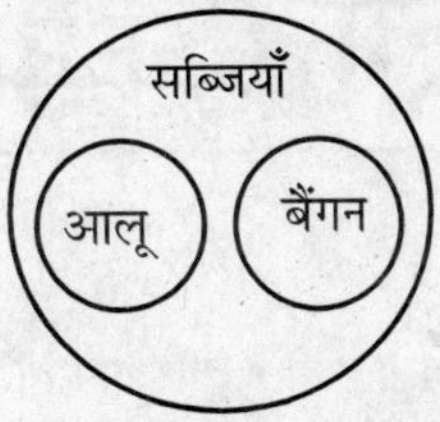

आलू और बैंगन दोनों सब्जियाँ हैं किंतु उनमें कोई समान गुण नहीं है। कुछ सब्जियाँ आलू हैं और कुछ बैंगन।

6. (*a*) :

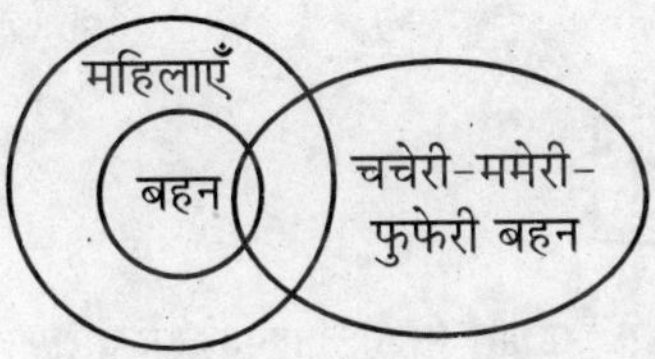

सभी बहनें महिलाएँ होती हैं। कुछ महिलाएँ जो बहनें हैं, चचेरी-ममेरी-फुफेरी बहनें हो सकती हैं या सभी चचेरी-ममेरी-फुफेरी बहनें कुछ महिलाएँ हैं।

7. (*e*) :

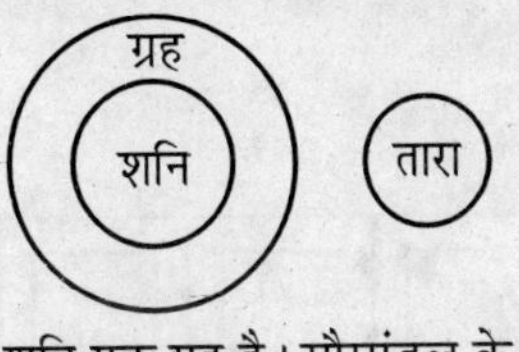

शनि एक ग्रह है। सौरमंडल के ग्रहों में एक ग्रह शनि है। तारा एक भिन्न वर्ग है।

8. (*b*) :

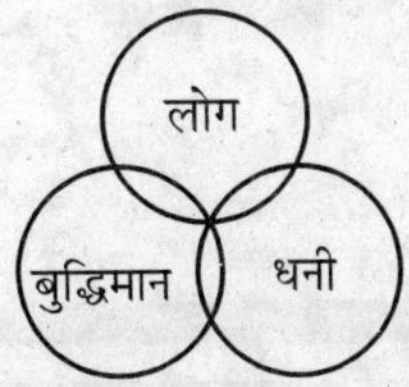

कुछ लोग बुद्धिमान हो सकते हैं और कुछ धनी हो सकते हैं तथा कुछ बुद्धिमान और धनी व्यक्ति लोगों की श्रेणी में शामिल हैं। कुछ बुद्धिमान धनी हो सकते हैं और कुछ बुद्धिमान व्यक्ति लोगों की श्रेणी में शामिल हैं या कुछ धनी बुद्धिमान हो सकते हैं और कुछ लोगों को बुद्धिमान कहा जा सकता है।

9. (*c*) :

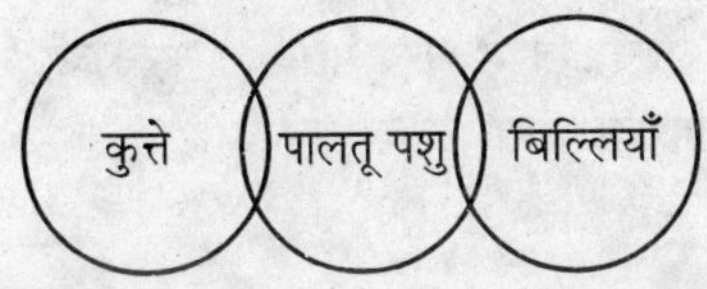

पालतू पशुओं में कुछ कुत्ते और कुछ बिल्लियाँ हो सकती हैं। कुछ कुत्ते और बिल्लियों को पालतू बनाया जा सकता है। किंतु कुत्ते और बिल्लियों का अलग-अलग वर्ग है।

10. (*b*) :

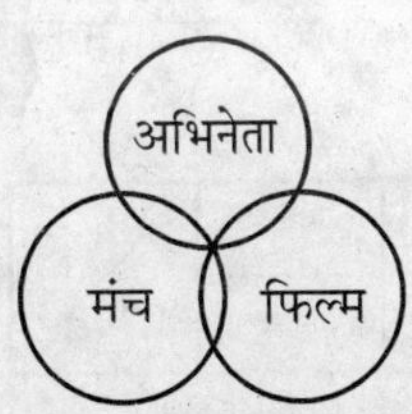

कुछ अभिनेता मंच से जुड़े होते हैं और कुछ फिल्मों से तथा मंच से जुड़े कुछ कलाकार और फिल्म से जुड़े कुछ कलाकार अभिनेता की श्रेणी में आते हैं।

अभाषिक

शृंखला (SERIES)

इस प्रकार की अभाषिक शृंखला (Non-Verbal Series) में, जो सर्वाधिक सामान्य प्रकार की शृंखला होती है, चार या पांच आनुक्रमिक प्रश्न आकृतियां एक निश्चित अनुक्रम निर्मित करते हैं और अभ्यर्थियों को दी गई उत्तर आकृतियों के सेट से उस एक आकृति का चयन करना होता है जिससे प्रश्न आकृतियों के समुच्चय की शृंखला सतत् हो जाए।

अभ्यर्थियों को प्रश्न आकृतियों के समुच्चय की शृंखला सतत् बनाने के लिए विभिन्न क्रियाएं, परिवर्तन, विस्थापन, क्रमावर्तन, पुनरावर्तन और बहुत से अन्य परिवर्तन करने की आवश्यकता होती है। निरंतर अभ्यास द्वारा शृंखला विषयक समस्याओं को हल करने में निपुणता प्राप्त की जा सकती है।

हल किए गए उदाहरण

नीचे पूछे गए प्रत्येक प्रश्न में उत्तर आकृतियों के समुच्चय से उस एक आकृति का चयन करें जिसे प्रश्न आकृतियों के बाद में रखने पर प्रश्न आकृतियों के समुच्चय की शृंखला सतत् हो जाए।

1. प्रश्न आकृतियां

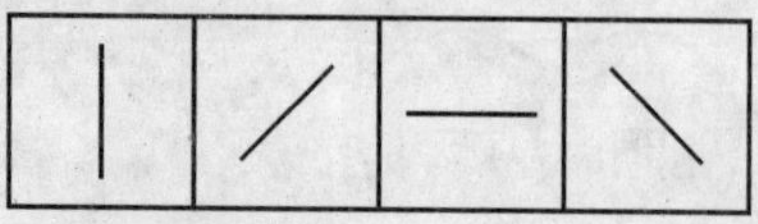

उत्तर आकृतियां

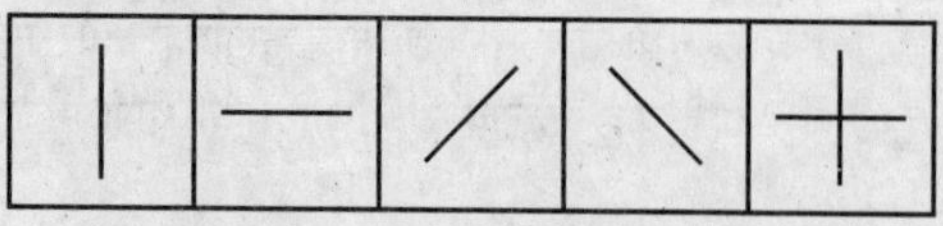

(*a*) (*b*) (*c*) (*d*) (*e*)

उत्तर (*a*): सभी आकृतियों में समान आकार की सीधी सरल रेखाएं दी गई हैं। उनकी दिशाएं और स्थिति परिवर्तित होती हैं। पहली आकृति में रेखा ऊर्ध्वाधर स्थिति में है। दूसरी आकृति में रेखा दक्षिणावर्त 45° के कोण से मुड़ जाती है और तीसरी आकृति में रेखा दक्षिणावर्त और 45° के कोण से मुड़ जाती है तथा चौथी आकृति में रेखा दक्षिणावर्त और 45° के कोण से मुड़ जाती है। अतः दो बातें स्पष्ट होती हैं: (i) रेखा दक्षिणावर्त घूमती है, और (ii) रेखा प्रत्येक चरण पर 45° के कोण से मुड़ती है।

अब चौथी आकृति (प्रश्न आकृति) भी दक्षिणावर्त 45° के कोण से मुड़नी चाहिए। अतः पांचवीं आकृति एक ऊर्ध्वाधर (उदग्र) रेखा होगी। इस प्रकार हमें ज्ञात होता है कि शृंखला को सतत् बनाने के लिए अगली आकृति एक ऊर्ध्वाधर या उदग्र सरल रेखा होगी।

2. प्रश्न आकृतियां

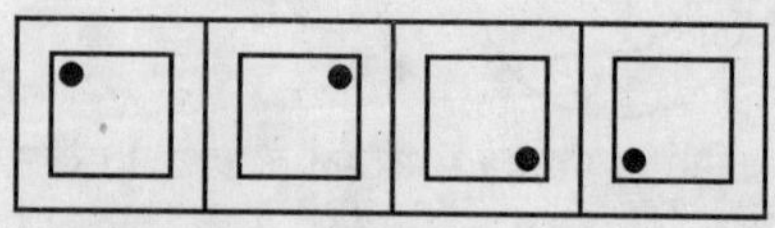

उत्तर आकृतियां

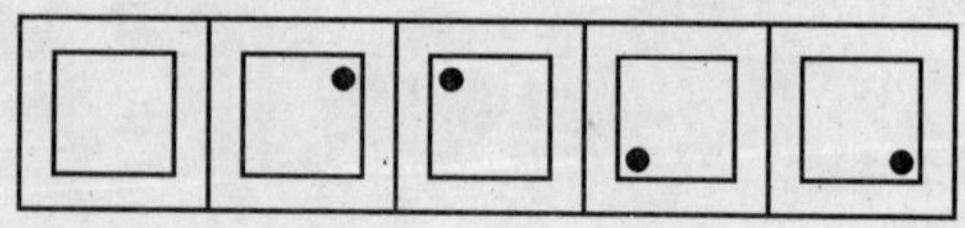

(*a*) (*b*) (*c*) (*d*) (*e*)

उत्तर (*c*): सभी चारों आकृतियां वर्ग हैं। जिनमें से प्रत्येक के भीतर एक काला बिंदु है। आकृतियों में वर्ग की अवस्थिति में परिवर्तन नहीं होता है बल्कि बिंदु की स्थिति परिवर्तित होती है। पहली आकृति में बिन्दु वर्ग के भीतर ऊपरी बाएं कोने पर अवस्थित है और दूसरी आकृति में बिन्दु वर्ग के भीतर ऊपरी दाएं

कोने पर पहुंच जाती है। तीसरी आकृति में बिन्दु निचले दाहिने कोने पर और चौथी आकृति में निचले बाएं कोने पर पहुंच जाती है। अतः दो तथ्यों का पता चलता है: (i) बिन्दु की अवस्थिति बाएं से दाएं अर्थात् दक्षिणावर्त परिवर्तित होती है, और (ii) यह प्रत्येक चरण पर वर्ग के एक कोने से दूसरे कोने पर पहुंच जाती है।

चौथी आकृति (प्रश्न आकृति) में बिन्दु निचले बाएं कोने पर अवस्थित है। अगले चरण में यह दक्षिणावर्त अगले कोने पर अर्थात् ऊपरी बाएं कोने पर पहुंच जाएगी। अतः प्रश्न आकृति में दी गई श्रृंखला को सतत् बनाने के लिए श्रृंखला की अगली अर्थात् पांचवीं आकृति में एक वर्ग होगा जिसके ऊपरी बाएं कोने पर एक बिन्दु अवस्थित होगा।

अभ्यास

निर्देश (प्र.सं. 1–30): *नीचे के प्रत्येक प्रश्न में आकृतियों के दो समुच्चय दिए गए हैं जिनमें से एक समुच्चय को* **प्रश्न आकृतियों** *का समुच्चय और दूसरे समुच्चय को* **उत्तर आकृतियों** *का समुच्चय कहा गया है। प्रश्न आकृतियों के समुच्चय से किसी न किसी प्रकार से एक श्रृंखला बनती है। उत्तर आकृतियों के समुच्चय से उस एक आकृति का चयन करें जिससे प्रश्न आकृतियों के समुच्चय की श्रृंखला संतत हो जाए।*

1. प्रश्न आकृतियां

उत्तर आकृतियां

(*a*) (*b*) (*c*) (*d*)

2. प्रश्न आकृतियां

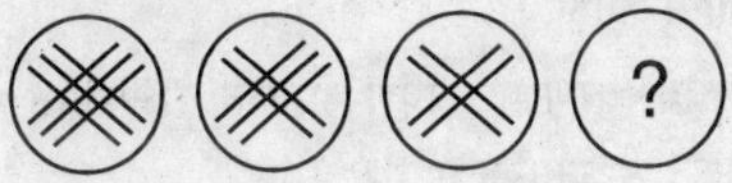

उत्तर आकृतियां

(*a*) (*b*) (*c*) (*d*)

3. प्रश्न आकृतियां

उत्तर आकृतियां

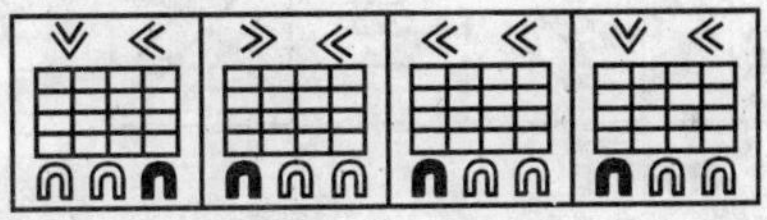

(*a*) (*b*) (*c*) (*d*)

4. प्रश्न आकृतियां

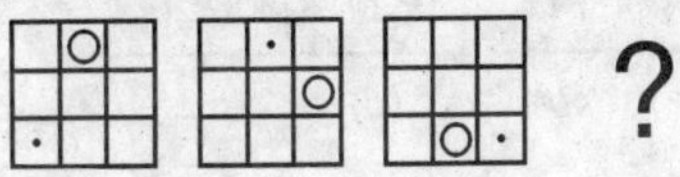

उत्तर आकृतियां

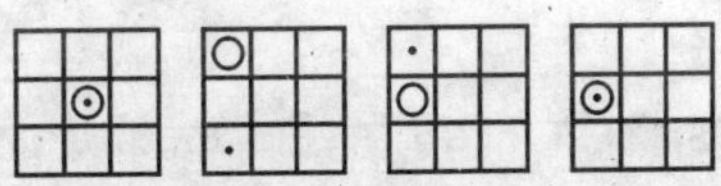

(*a*) (*b*) (*c*) (*d*)

5. प्रश्न आकृतियां

उत्तर आकृतियां

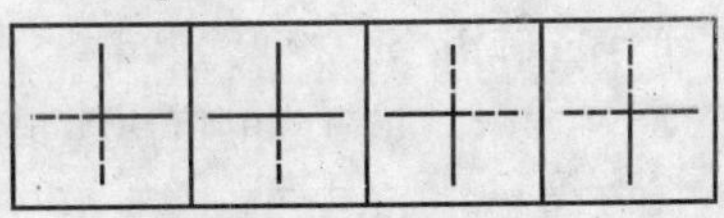

(*a*) (*b*) (*c*) (*d*)

6. प्रश्न आकृतियां

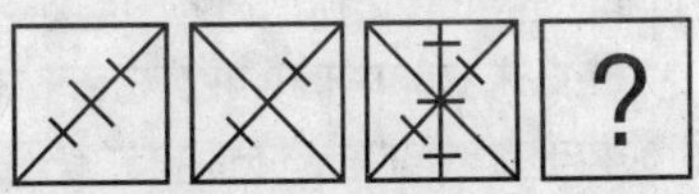

उत्तर आकृतियां

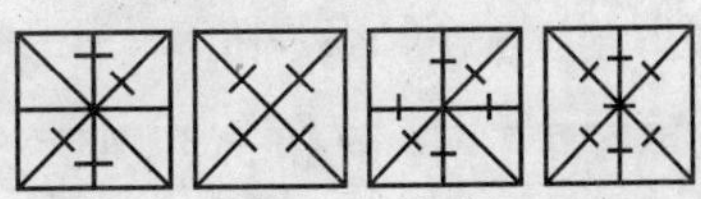

(*a*) (*b*) (*c*) (*d*)

7. प्रश्न आकृतियां

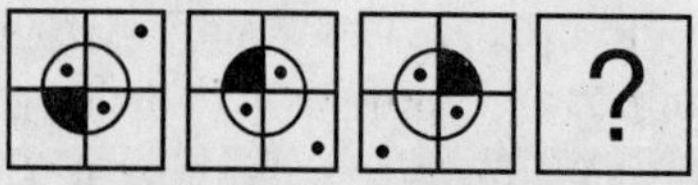

उत्तर आकृतियां

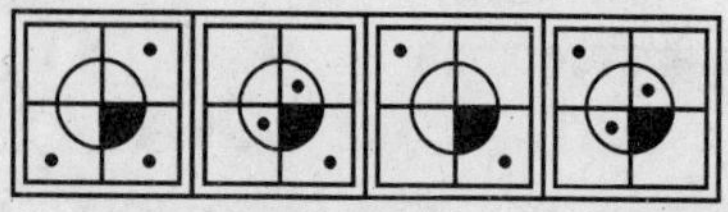

(*a*) (*b*) (*c*) (*d*)

8. प्रश्न आकृतियां

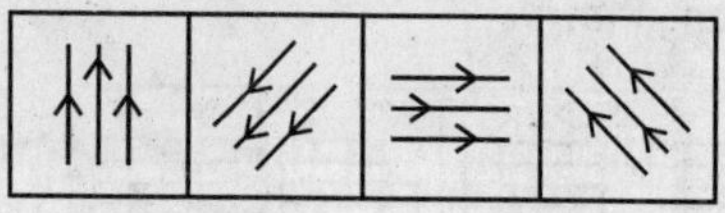

उत्तर आकृतियां

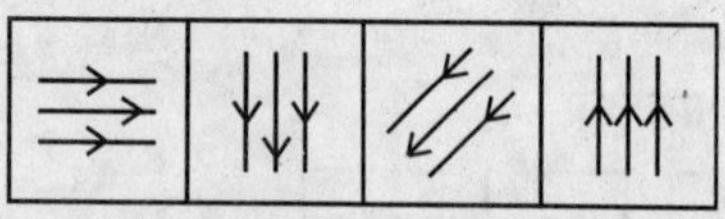

(*a*) (*b*) (*c*) (*d*)

9. प्रश्न आकृतियां

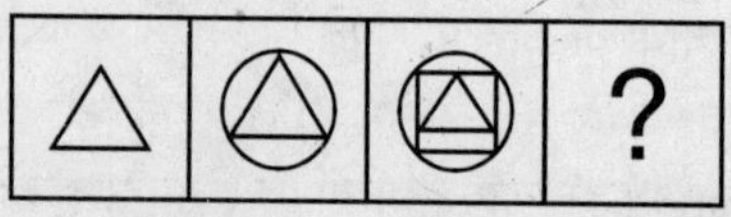

उत्तर आकृतियां

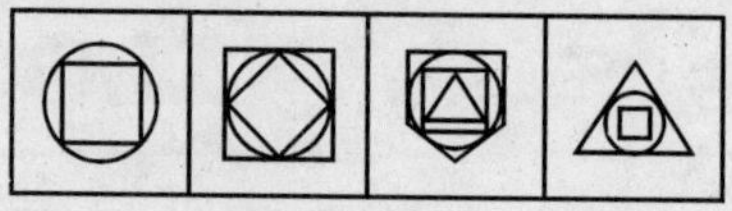

(*a*) (*b*) (*c*) (*d*)

10. प्रश्न आकृतियां

उत्तर आकृतियां

(*a*) (*b*) (*c*) (*d*)

व्याख्यात्मक उत्तर

1. (*c*) : एक आकृति से दूसरी आकृति में वृत्त क्रमशः दक्षिणावर्त 30° के कोण से घूम जाता है और प्रत्येक चरण में वृत्त के भीतर स्थित एक त्रिज्यीय रेखाखण्ड लुप्त होता जाता है।

2. (*d*) : तिरछे या विकर्णी रेखाखण्ड एक-एक करके एक निश्चित क्रम में लुप्त होते जाते हैं।

3. (*d*) : पहली आकृति में ऊपर बाएं स्थित >> अवयव क्रमशः अगली आकृति में वामावर्त 90° के कोण से घूम जाता है। आकृति में नीचे स्थित तीन अवयवों में से दाहिने ओर का एक अवयव दूसरी आकृति में छायांकित हो जाता है तथा उसके बाद की आकृति में इन तीनों में से दाहिने से बाएं के क्रम में केवल एक अवयव ही छायांकित होता जाता है।

4. (*d*) : वृत्त (गोल घेरा) और बिंदु अगली आकृति में दक्षिणावर्त क्रमशः दो और तीन खंड आगे खिसक जाते हैं।

5. (*a*) : प्रत्येक चरण में क्रॉस का चिह्न दक्षिणावर्त 90° के कोण से घूम जाता है।

6. (*a*) : पहली आकृति में विकर्ण पर बीच में स्थित रेखाखण्ड दूसरी आकृति में आगे बढ़कर वर्ग के सम्मुख कोनों को स्पर्श करता है। अगली आकृति में तीन रेखाखण्डों से युक्त एक नई रेखा जुड़ जाती है। शृंखला में निरंतरता स्थापित करने के लिए मध्यस्थ रेखाखण्ड को आगे बढ़ाकर वर्ग की भुजाओं से स्पर्श कराया जाना चाहिए।

7. (*d*) : प्रत्येक चरण पर संपूर्ण आकृति दक्षिणावर्त 90° के कोण से घूम जाती है।

8. (*b*) : एकांतर आकृतियों में तीर दक्षिणावर्त 90° के कोण से घूम जाते हैं और तीर के चिह्नों (बाणमुखों) की संस्थिति सामने से पीछे और पीछे से सामने होती जाती है।

9. (*c*) : प्रत्येक चरण पर पूर्ववर्ती आकृति-समुच्चय में एक नई आकृति जुड़ती जाती है।

10. (*a*) : पहली आकृति में सबसे बाहरी संरचना अगली आकृति में सबसे भीतर चली जाती है।

सादृश्य या संबंध
(ANALOGIES OR RELATIONSHIPS)

अभाषिक सादृश्य के प्रश्नों में दो प्रकार की आकृतियां दी जाती हैं जो (i) प्रश्न आकृतियां और (ii) उत्तर आकृतियां कहलाती हैं। प्रश्न आकृतियां दो भागों में विभाजित होती हैं। प्रश्न आकृतियों के नीचे उत्तर आकृतियां दी जाती है।

हल किए गए उदाहरण

1. प्रश्न आकृतियां

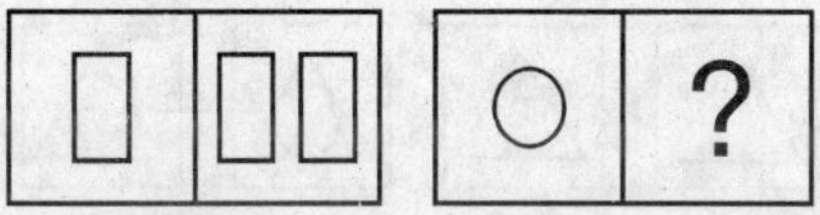

उत्तर आकृतियां

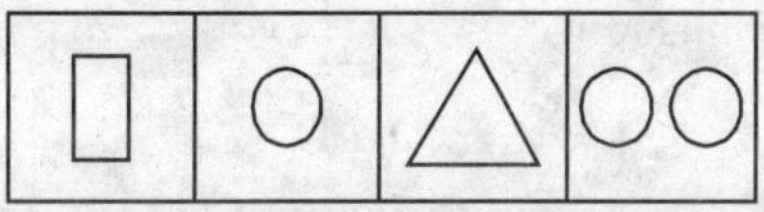

(*a*) (*b*) (*c*) (*d*)

उत्तर (*d*)**:** ऊपर दी गई प्रश्न आकृतियों के दो भाग हैं। पहले भाग में दो आकृतियां हैं जबकि दूसरे भाग में एक आकृति दी गई है जिसके बाद एक प्रश्न चिह्न (?) है। पहले भाग की आकृतियों के बीच एक विशेष संबंध है जिसके आधार पर दूसरे भाग की आकृतियों के बीच संबंध स्थापित किया जाना है।

प्रश्न आकृतियों के पहले भाग की दो आकृतियों में क्रमशः एक और दो आयत निहित हैं। पहली आकृति में एक आयत है जबकि दूसरी आकृति में दो आयत हैं। इसका अर्थ है कि उनके बीच संबंध यह है कि दूसरी आकृति में पहली आकृति में निहित आयत की संख्या की दोगुनी संख्या में आयत हैं।

दूसरे भाग की दोनों प्रश्न आकृतियों के बीच भी ठीक उसी प्रकार का संबंध होना आवश्यक है जैसा संबंध पहले भाग की दो प्रश्न आकृतियों के बीच है अर्थात् इस सादृश्य के आधार पर जबकि दूसरे भाग में पहली प्रश्न आकृति एक वृत्त है तो दूसरी प्रश्न आकृति में वृत्तों की संख्या दोगुनी अर्थात् 2 होगी।

2. प्रश्न आकृतियां

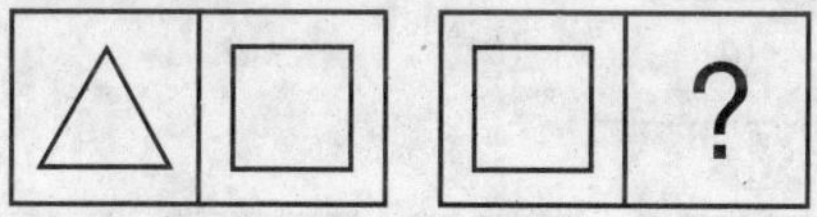

उत्तर आकृतियां

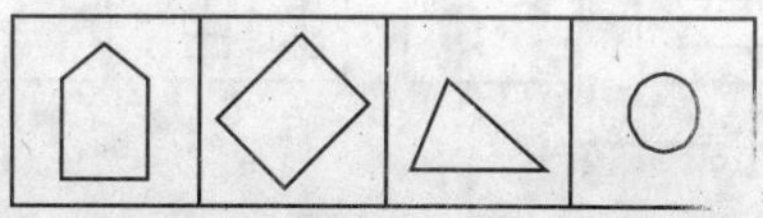

(*a*) (*b*) (*c*) (*d*)

उत्तर (*a*)**:** प्रश्न आकृतियों के पहले भाग में दी गई दोनों आकृतियों को देखें। पहली आकृति में एक त्रिभुज और दूसरी आकृति में एक वर्ग है। पहली आकृति (त्रिभुज) में तीन भुजाएं और तीन कोण हैं जबकि दूसरी आकृति (वर्ग) में चार भुजाएं और चार कोण हैं। इन दोनों आकृतियों के बीच संबंध यह है कि दूसरी आकृति में पहली आकृति की तुलना में एक भुजा और एक कोण अधिक है।

इस सादृश्य संबंध के आधार पर प्रश्न चिह्न (?) के स्थान पर रखी जाने वाली आकृति पाँच भुजाओं और पाँच कोणों वाली आकृति होनी चाहिए (जिसमें प्रश्न आकृतियों के दूसरे भाग की पहली आकृति से एक भुजा और एक कोण अधिक हो)।

अभ्यास

निर्देश (प्र.सं. 1–20): *प्रश्न आकृतियों में :: चिह्न के बाएं दी गई दो आकृतियों में से दूसरी आकृति का पहली आकृति के साथ एक विशेष संबंध है। :: चिह्न की दाईं ओर की दो आकृतियों के बीच भी ऐसा ही संबंध है। दिए गए विकल्पों से उस आकृति का चयन करें जिसे प्रश्न आकृतियों में प्रश्न चिह्न के स्थान पर रखा जा सकता है और जिसका :: चिह्न की दाईं ओर की पहली आकृति के साथ ठीक वैसा ही संबंध है जैसा कि :: चिह्न की बाईं ओर की दो आकृतियों के बीच है।*

1. प्रश्न आकृतियां

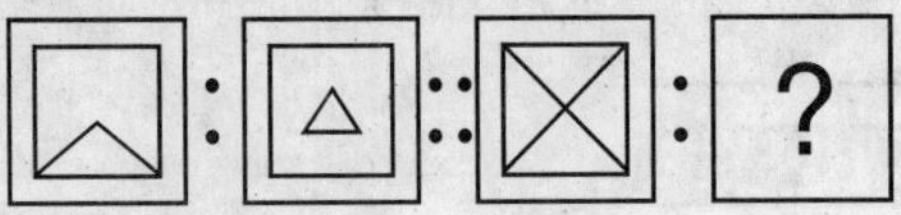

उत्तर आकृतियां

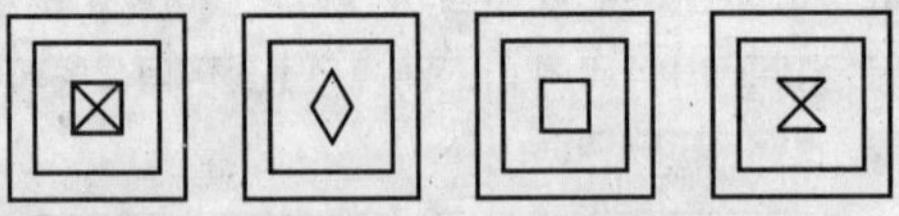

(*a*) (*b*) (*c*) (*d*)

2. प्रश्न आकृतियां

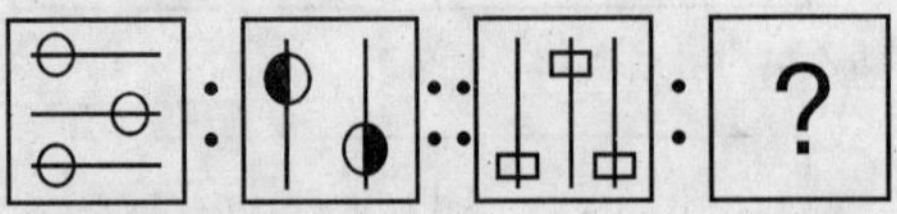

उत्तर आकृतियां

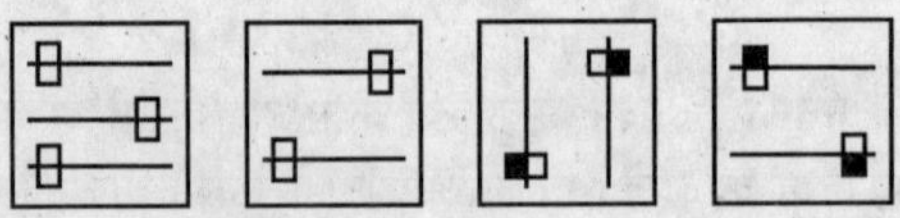

(*a*) (*b*) (*c*) (*d*)

3. प्रश्न आकृतियां

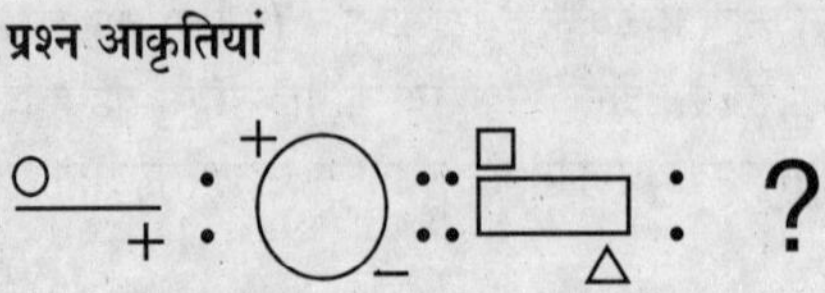

उत्तर आकृतियां

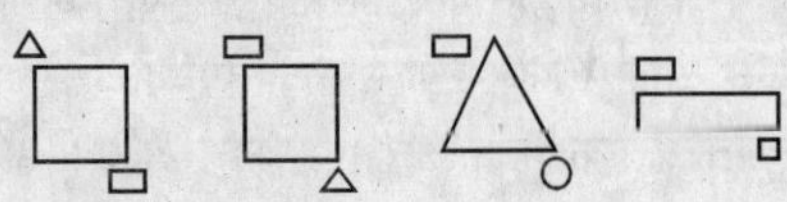

(*a*) (*b*) (*c*) (*d*)

4. प्रश्न आकृतियां

उत्तर आकृतियां

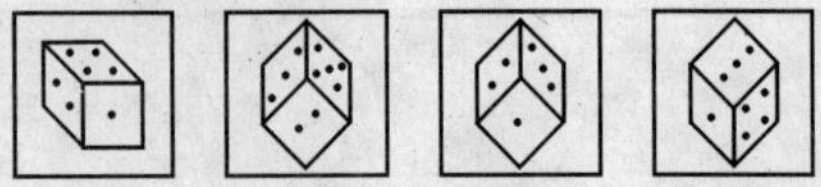

(*a*) (*b*) (*c*) (*d*)

5. प्रश्न आकृतियां

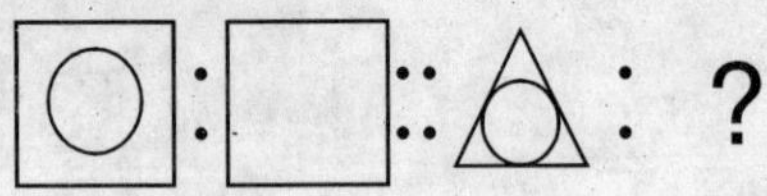

उत्तर आकृतियां

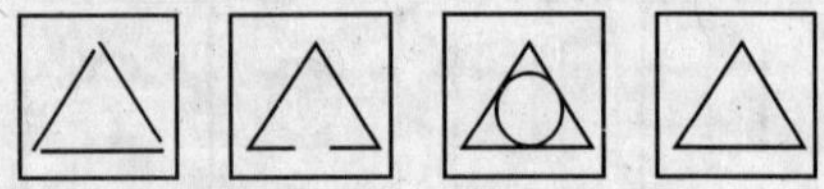

(*a*) (*b*) (*c*) (*d*)

6. प्रश्न आकृतियां

उत्तर आकृतियां

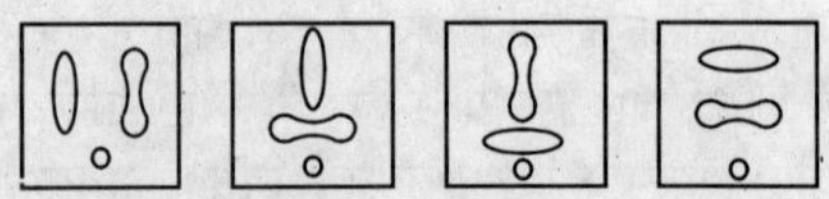

(*a*) (*b*) (*c*) (*d*)

7. प्रश्न आकृतियां

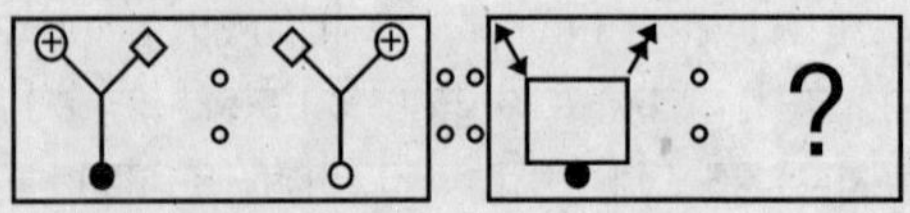

उत्तर आकृतियां

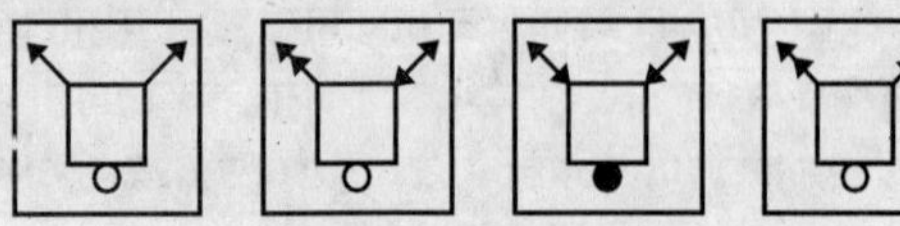

(*a*) (*b*) (*c*) (*d*)

8. प्रश्न आकृतियां

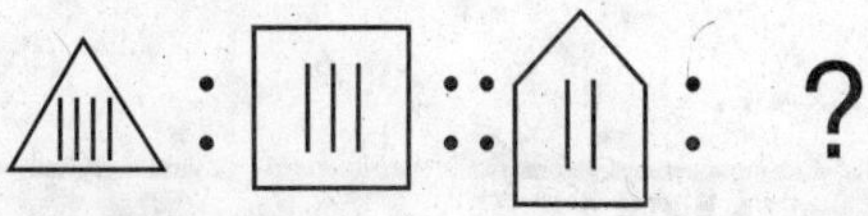

उत्तर आकृतियां

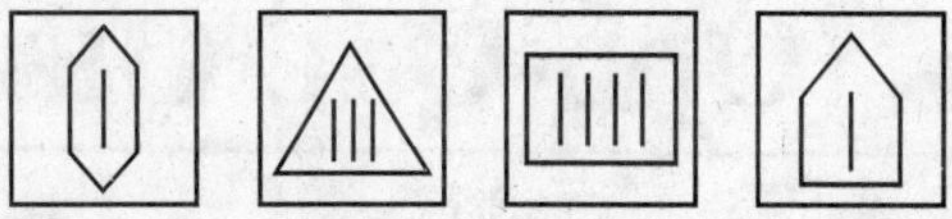

(*a*) (*b*) (*c*) (*d*)

9. प्रश्न आकृतियां

उत्तर आकृतियां

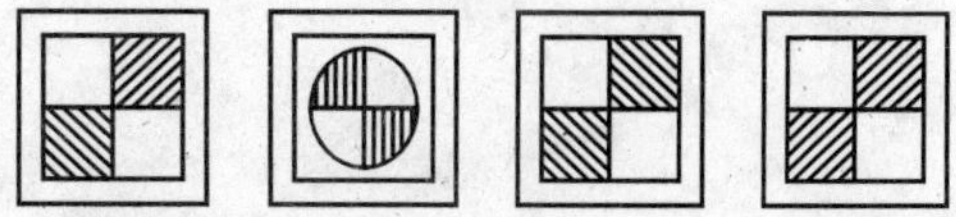

(*a*) (*b*) (*c*) (*d*)

10. प्रश्न आकृतियां

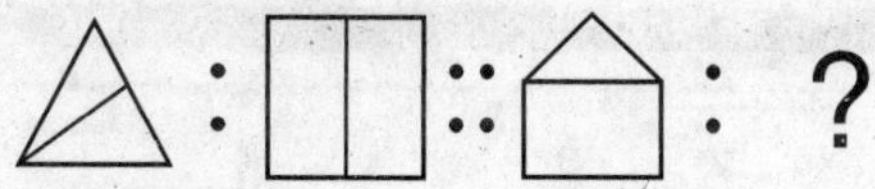

उत्तर आकृतियां

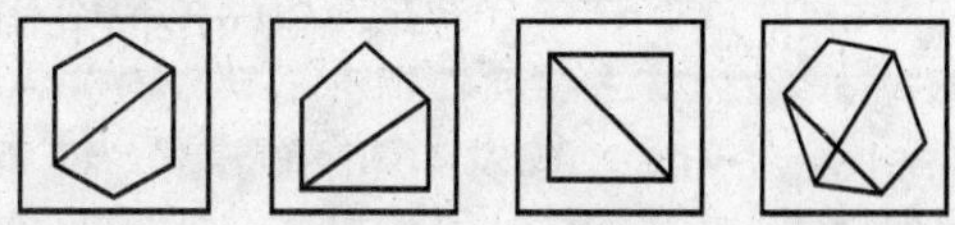

(*a*) (*b*) (*c*) (*d*)

व्याख्यात्मक उत्तर

1. (*d*) : पहली आकृति का त्रिभुज दूसरी आकृति में बीच में आ जाता है। इसी प्रकार शीर्ष पर जुड़े दो त्रिभुज भी उत्तर आकृति में बीच में आ जाते हैं।

2. (*d*) : पहली आकृति का संपूर्ण डिजाइन दूसरी आकृति में दक्षिणावर्त 90° के कोण से घूम जाता है और उसका एक अवयव लुप्त हो जाता है तथा रेखिका से जुड़े अवयव के परस्पर विपरीत दिशा वाले हिस्से छायांकित हो जाते हैं।

3. (*a*) : पहली आकृति से दूसरी आकृति में दाईं ओर नीचे का अवयव विकर्णतः सम्मुख कोने पर चला जाता है, बाईं ओर ऊपर का अवयव बड़ा हो जाता है और बीच में आ जाता है तथा बीच का अवयव छोटा होकर नीचे दाएँ कोने पर आ जाता है।

4. (*c*) : पहली आकृति से दूसरी आकृति में पाशे के फलक पर अंकित आकृति ऊपर से नीचे आ जाती है। दाहिनी ओर का डिजाइन अपरिवर्तित रहता है। जबकि बाईं ओर का डिजाइन बदल जाता है।

5. (*d*) : पहली आकृति में भीतर का अवयव दूसरी आकृति में लुप्त हो जाता है।

6. (*b*) : पहली आकृति के दो आधे अवयव दूसरी आकृति में ऊर्ध्वाधरतः पलट कर आपस में जुड जाते हैं और इस प्रकार निर्मित नया अवयव ऊपर शीर्ष पर पहुँच जाता है। पहली आकृति के दो क्षैतिजतः अवस्थित वक्र परस्पर जुड़कर एक नया अवयव निर्मित करते हैं और दूसरी आकृति में बीच में आ जाते हैं। पहली आकृति में दाएँ और बाएँ छोरों के दो सदृश अवयवों में से एक अवयव दूसरी आकृति में नीचे आ जाता है।

7. (*b*) : दूसरी आकृति में ऊपर के दो अवयव अपना स्थान बदल कर एक दूसरे के स्थान पर आ जाते हैं और वृत्त के भीतर का छायांकित भाग छायारहित हो जाता है।

8. (*a*) : पहली आकृति से दूसरी आकृति में एक ऊर्ध्वाधरतः रेखा कम हो जाती है और आकृति को निर्मित करने वाली रेखाओं की संख्या में एक की वृद्धि होती है।

9. (*a*) : पहली आकृति को वामावर्त 90° के कोण से घुमाने पर दूसरी आकृति प्राप्त होती है।

10. (*a*) : पहली आकृति से दूसरी आकृति में आकृति को निर्मित करने वाली रेखाओं की संख्या में एक की वृद्धि होती है।

विजातीय का चयन
(ODD-ONE OUT)

अभाषिक वर्गीकरण संबंधी तर्कबुद्धि परीक्षण विषयक प्रश्नों में आकृतियों का एक समूह दिया जाता है तथा अभ्यर्थियों से यह अपेक्षा की जाती है कि वे दी गई आकृतियों को उनके विशिष्ट गुणों या विशेषताओं के आधार पर अलग-अलग समूहों या वर्गों में वर्गीकृत करें। आकृतियों या मदों को उनकी बनावट, आकार, प्रतिरूप, संरचना, प्रकार, क्रम, रूप-रंग, कोटि, शैली, संघटक अवयवों और अन्य प्रकार की विशेषताओं में समानता के आधार पर समूहों या वर्गों में वर्गीकृत करना होता है और तत्पश्चात् उस समूह से भिन्न अर्थात् विजातीय आकृति की पहचान करनी होती है।

भाग–I

अभाषिक वर्गीकरण के इस प्रकार के प्रश्नों में प्रश्न आकृतियों और उत्तर आकृतियों के रूप में आकृतियों के दो समुच्चय नहीं दिए जाते बल्कि इनमें चार या पाँच आकृतियों का केवल एक ही समुच्चय दिया जाता है जिन्हें प्रश्न आकृतियाँ कहते हैं। इन प्रश्न आकृतियों में से एक आकृति शेष चार आकृतियों के समान या उनके सदृश नहीं होती। दूसरे शब्दों में तीन या चार आकृतियाँ किसी न किसी रूप में आपस में संबंधित होते हुए एक समूह बनाती हैं जबकि शेष केवल एक आकृति ही अन्यों से भिन्न अथवा विजातीय होता है जिसकी पहचान की जानी होती है।

हल किए गए उदाहरण

1. 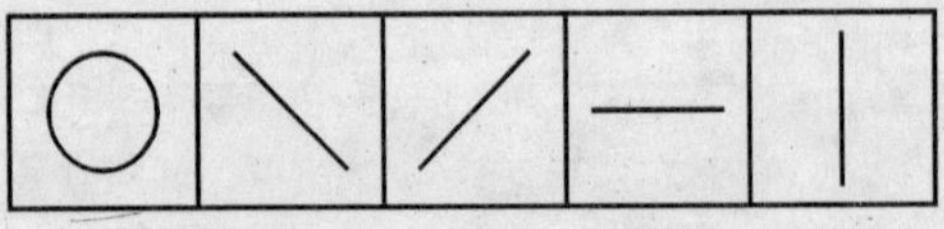

(*a*) (*b*) (*c*) (*d*) (*e*)

उत्तर (*a*)**:** दी गई आकृतियों में (*a*) एक वृत्त है जबकि (*b*), (*c*), (*d*) और (*e*) भिन्न-भिन्न दिशाओं को इंगित करने वाली सरल रेखाएं हैं। यहाँ ध्यान दें कि दी गई पाँच आकृतियों में से चार आकृतियों (*b*), (*c*), (*d*) और (*e*) में से प्रत्येक में एक सामान्य (सर्वनिष्ठ) विशेषता यह है कि ये सभी सरल रेखाएं हैं जो भिन्न-भिन्न दिशाओं को इंगित करती हैं, अतः ये चारों आकृतियां एक समूह या वर्ग निर्मित करती हैं। इन आकृतियों के विपरीत (*a*) एक वृत्त है जो अन्य आकृतियों से भिन्न अथवा विजातीय है।

अतः आकृति (*a*) समूह में शामिल न होने वाली आकृति अर्थात् एक विजातीय आकृति है।

2. 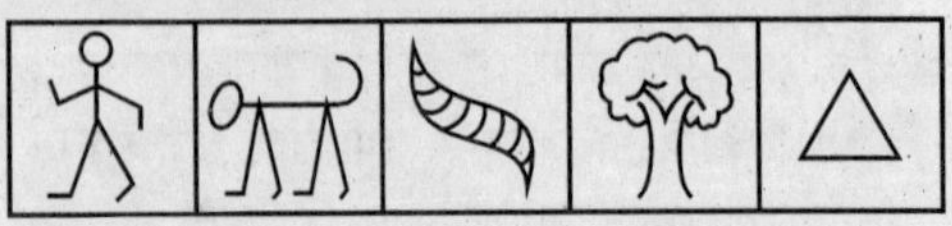

(*a*) (*b*) (*c*) (*d*) (*e*)

उत्तर (*e*)**:** आकृति (*a*) एक मानव आकृति है, (*b*) एक चौपाया पशु की आकृति है, (*c*) एक कीट, (*d*) एक पेड़ और (*e*) एक त्रिभुज है। इन पाँच अवयवों में से चार में एक सर्वनिष्ठ विशेषता है और वह यह है कि (*a*), (*b*), (*c*) और (*d*) (मानव, पशु, कीट और पेड़) सजीव जगत् से संबंधित हैं।

आकृति (*e*) एक त्रिभुज है और यह सजीव जगत् से संबंधित नहीं है। अतः आकृति (*e*) इस समूह में शामिल नहीं है।

अभ्यास

निर्देश (प्र.सं. 1–20): *नीचे के प्रत्येक प्रश्न में एक आकृति को छोड़कर अन्य सभी आकृतियाँ किसी-न-किसी रूप में आपस में संबंधित हैं और इस कारण वे एक समूह बनाती हैं। प्रत्येक प्रश्न में उस एक भिन्न आकृति का चयन करें जो अन्यों से संबंधित नहीं है अर्थात् जो भिन्न अथवा विजातीय है।*

1. 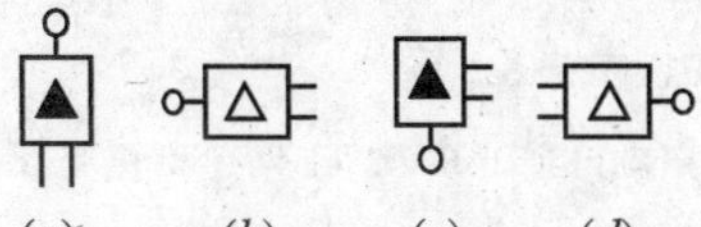

(*a*) (*b*) (*c*) (*d*)

2. 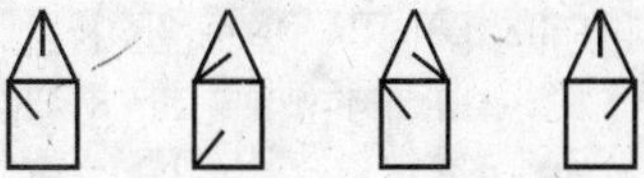

(*a*) (*b*) (*c*) (*d*)

3. 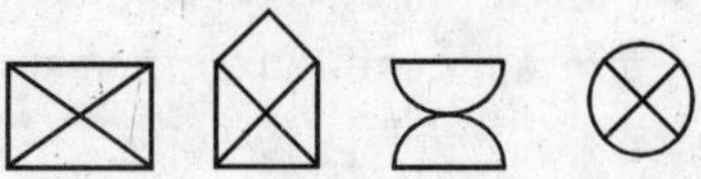

(*a*) (*b*) (*c*) (*d*)

4. 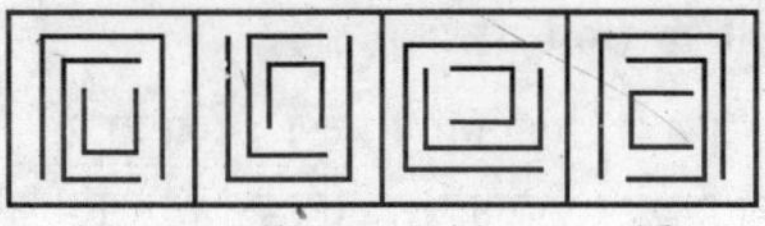

(*a*) (*b*) (*c*) (*d*)

5. 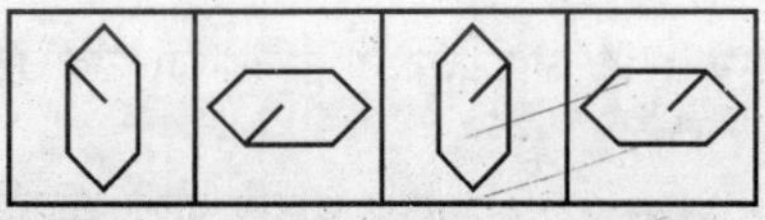

(*a*) (*b*) (*c*) (*d*)

6. 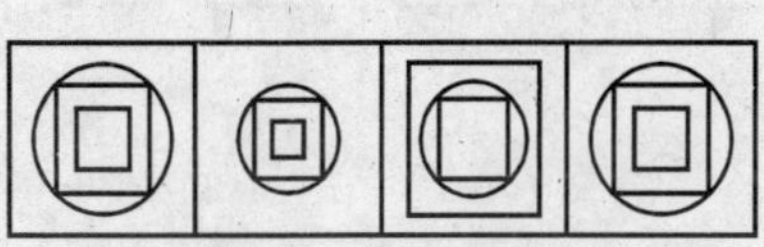

(*a*) (*b*) (*c*) (*d*)

7. 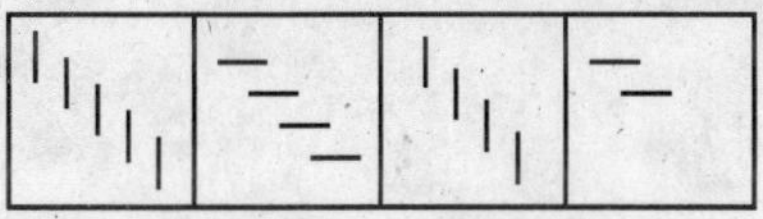

(*a*) (*b*) (*c*) (*d*)

8. 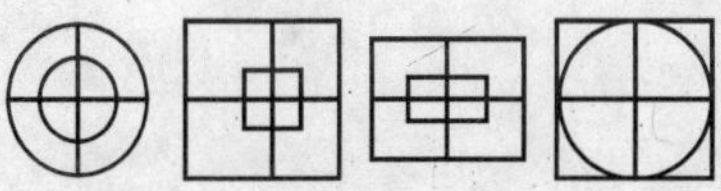

(*a*) (*b*) (*c*) (*d*)

9. 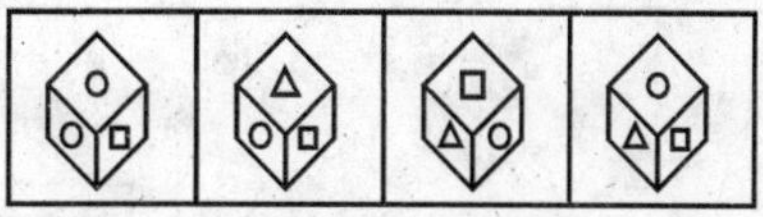

(*a*) (*b*) (*c*) (*d*)

10. 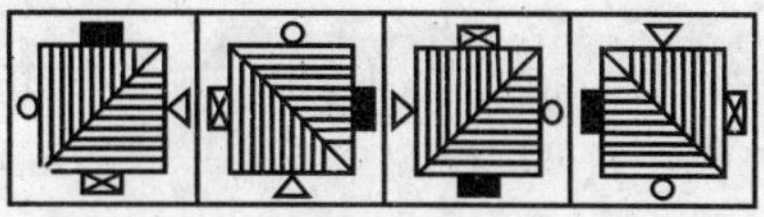

(*a*) (*b*) (*c*) (*d*)

11. 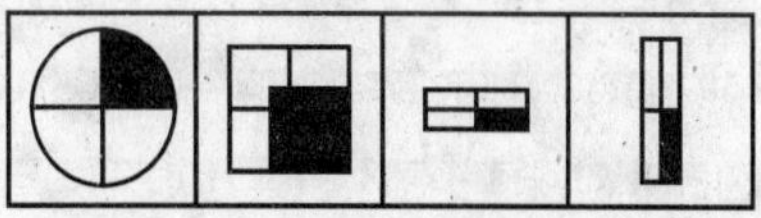

(*a*) (*b*) (*c*) (*d*)

12. 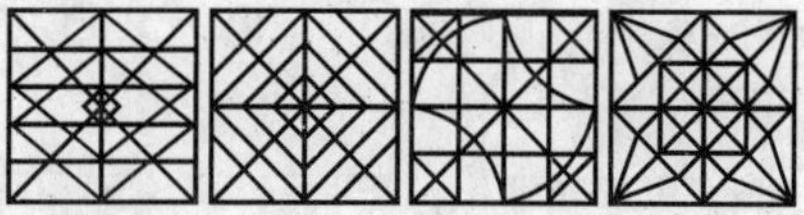

(*a*) (*b*) (*c*) (*d*)

13. 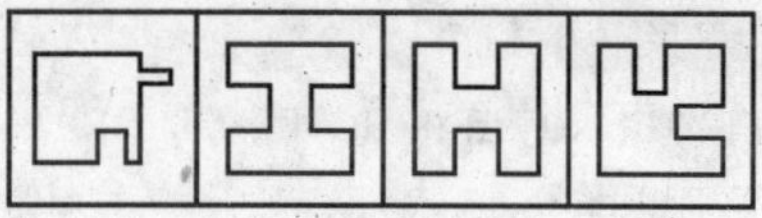

(*a*) (*b*) (*c*) (*d*)

14. 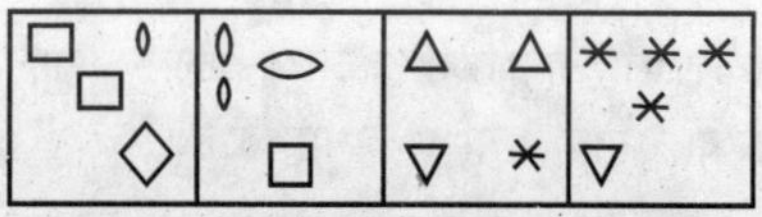

(*a*) (*b*) (*c*) (*d*)

15. 

(*a*) (*b*) (*c*) (*d*) (*e*)

16. 

(*a*) (*b*) (*c*) (*d*) (*e*)

17. 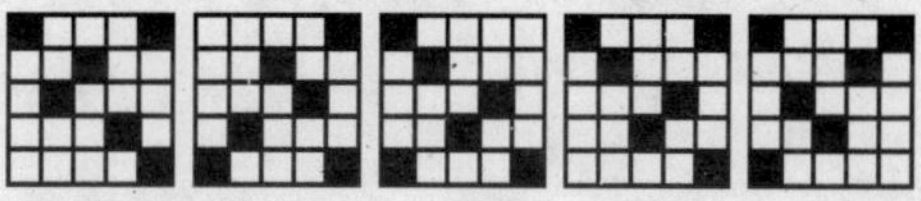

(*a*) (*b*) (*c*) (*d*) (*e*)

18. 

(*a*) (*b*) (*c*) (*d*) (*e*)

19. 

(a) (b) (c) (d) (e)

20. 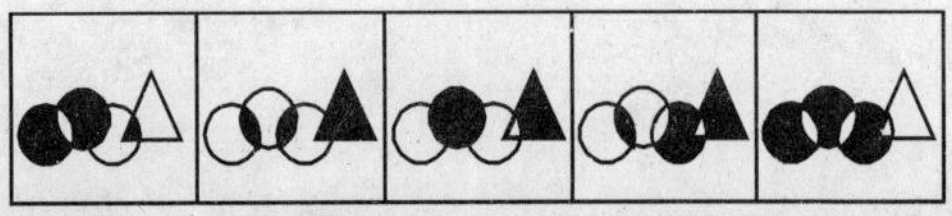

(a) (b) (c) (d) (e)

व्याख्यात्मक उत्तर

1. (c) : अन्य सभी आकृतियों में वृत्त युक्त रेखा और दो रेखाखंड वर्ग की सम्मुख भुजाओं पर अवस्थित हैं।

2. (c) : शेष सभी आकृतियों में एक रेखा के सिरों से एक ही दिशा में दो रेखाखंड खींचे जाते हैं। इस आकृति '(c)' में दो रेखाखंड दो विपरीत दिशाओं में खींचे जाते हैं।

3. (c) : शेष सभी आकृतियाँ चार भागों में विभक्त हैं।

4. (d) : केवल इसी आकृति में ही आकृति के मध्य में स्थित अवयव और दो अवयवों के बीच में स्थित अवयव परस्पर विपरीत दिशाओं में हैं।

5. (c) : शेष सभी आकृतियों को घुमा कर एक दूसरी आकृतियाँ प्राप्त की जा सकती हैं। इस आकृति में रेखाखंड गलत दिशा में है।

6. (c) : शेष सभी आकृतियों में बीच का और मध्यस्थ अवयव एक से हैं।

7. (a) : केवल इसी आकृति में रेखाखंडों की संख्या विषम है।

8. (d) : केवल इसी आकृति में दो अलग-अलग आकृतियाँ हैं जो दो समान भागों में विभाजित हैं।

9. (a) : केवल इसी आकृति में दो सदृश अवयव (वृत्त) निहित हैं।

10. (c) : शेष सभी आकृतियों को घुमाकर एक-दूसरी आकृतियाँ प्राप्त की जा सकती हैं।

11. (b) : शेष सभी आकृतियों में आकृति का केवल एक चौथाई भाग ही छायांकित है।

12. (c) : शेष सभी आकृतियों में वर्ग के सभी चारों खण्डों में एक जैसा पैटर्न है।

13. (a) : शेष सभी आकृतियों में वर्ग की दो भुजाओं पर कटान सदृश हैं।

14. (d) : केवल इसी आकृति में चार सदृश और एक भिन्न अवयव हैं। शेष सभी आकृतियों में तीन सदृश और एक भिन्न अवयव हैं।

15. (d) : आकृतियाँ (a) और (e) तथा आकृतियाँ (b) और (c) विपरीत युग्म निर्मित करती हैं। केवल आकृति (d) ही अकेला बचा रहता है।

16. (c) : अन्य सभी आकृतियाँ दक्षिणावर्त 90° के कोण से घूमी हुई रोमन संख्याएं हैं।

17. (d) : अन्य सभी आकृतियों में सदृश वर्ग ही छायांकित है। इस विकल्प में एक छायांकित वर्ग विकर्णतः सम्मुख कोने में है।

18. (a) : अन्य सभी आकृतियों में केवल दो रेखाखंड ही छायांकित हैं।

19. (d) : शेष सभी आकृतियों में पैटर्न (प्रतिरूप) को निर्मित करने वाली रेखाएं बाहर से भीतर की ओर दक्षिणावर्त खीची जाती हैं।

20. (c) : (a) और (d) तथा (b) और (e) आकृतियाँ सुमेलित विपरीत युग्म हैं। केवल आकृति (c) ही अकेली बच जाती है।

स्थान अवबोध
(SPACE VISUALIZATION)

इस प्रकार के प्रश्नों में एक पूर्ण आकृति के कटे हुए टुकड़े दिए जाते हैं जिनके साथ वह पूर्ण आकृति भी दी जाती है अर्थात् वह आकृति भी दी जाती है जिससे विभिन्न टुकड़े काटे गए हैं। कटे हुए टुकड़ों को देखकर यह पता लगाना होता है कि दिए गए टुकड़ों को मिलाकर कौन सी आकृति बनाई जा सकती है अर्थात् वह आकृति ज्ञात करनी होती हैं जिससे दिए गए टुकड़े काटे गए हैं। इस प्रकार के प्रश्नों को हल करने के लिए यह आवश्यक है कि अभ्यार्थी अपनी कल्पना शक्ति और स्थान बोध का भरपूर प्रयोग करें। प्रश्नों को हल करने की संपूर्ण प्रक्रिया एक मानसिक प्रक्रिया होती है, अतः अभ्यर्थियों के लिए यह आवश्यक है कि वे विभिन्न स्थानिक पैटर्नों को अपनी कल्पना की आँखों से निर्धारित करने में विशिष्ट निपुणता का प्रयोग करें। ऐसी विशिष्ट निपुणता किसी भी व्यक्ति के लिए तत्काल विकसित कर पाना संभव नहीं है किंतु यदि निरंतर सजग रहकर अभ्यास किया जाए तो निःसंदेह इसे प्राप्त किया जा सकता है।

हल किए गए उदाहरण

1. दी गई उत्तर-आकृतियों में से कौन-सी एक आकृति कागज के कटे हुए टुकड़ो का उपयोग करके बनाई जा सकती है।

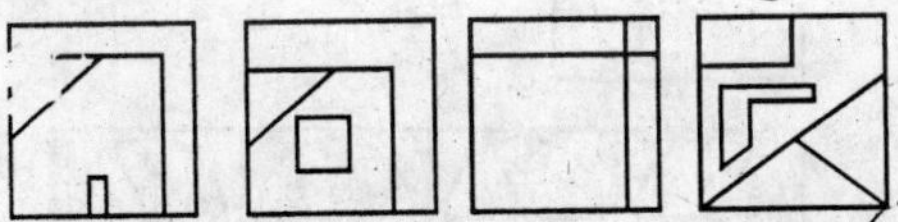

(a) (b) (c) (d)

उत्तर A : प्रश्न आकृतियों में कागज के दिए गए कटे हुए टुकड़ों को मिलाकर निम्नलिखित रूप में आकृति 'A' निर्मित की जा सकती है।

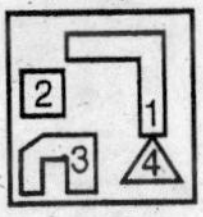

इन्हें व्यवस्थित करने पर नीचे दर्शाई गई आकृति प्राप्त होगी:

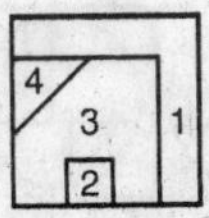

2. उत्तर-आकृतियों में दी गई कौन-सी आकृति प्रश्न में दी गई इस अनियमित आकृति को पूरा करेगी?

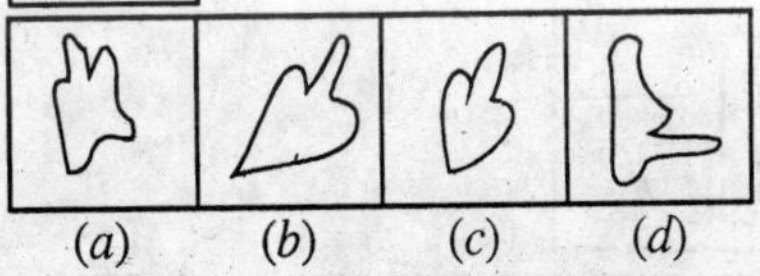

(a) (b) (c) (d)

उत्तर B : पूर्ण आकृति होगी:

3. नीचे पाँच रेखा-चित्र दिए गए हैं जिनमें से तीन को एक साथ मिलाकर एक समबाहु त्रिभुज बनाया जा सकता है। सही विकल्प ज्ञात करें।

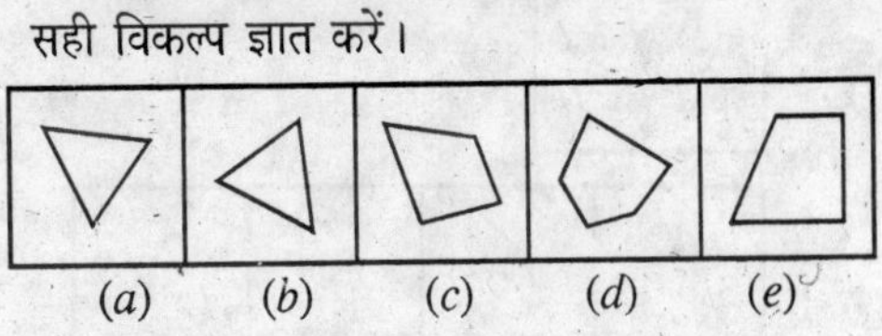

(a) (b) (c) (d) (e)

A. bca B. abc
C. cde D. bce

उत्तर **B :** विकल्प 'B' में दी गई आकृतियों को एक साथ मिलाकर नीचे दर्शाए गए अनुसार समबाहु त्रिभुज निर्मित किया जा सकता है।

4. नीचे पाँच रेखाचित्र दिए गए हैं जिनमें से तीन को एक साथ मिलाकर एक वर्ग बनाया जा सकता है। दिए गए विकल्पों में से सही विकल्प का चयन करें।

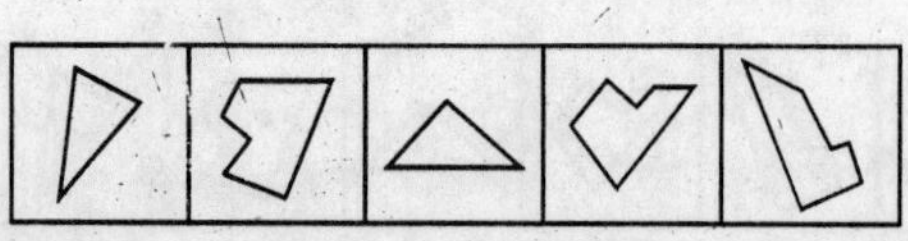

(*a*) (*b*) (*c*) (*d*) (*e*)

A. abc B. acd
C. ade D. abe

उत्तर **D:** विकल्प D में इंगित तीन रेखाचित्रों को निम्नवत् एक साथ रख कर वर्ग निर्मित किया जा सकता है।

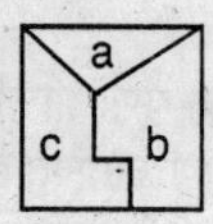

अभ्यास

निर्देश (प्रश्न 1 - 15) *प्रत्येक प्रश्न में बताएं कि प्रश्न आकृतियों के रूप में कागज के दिए गए सभी टुकड़ों को मिलाकर कौन-सी एक आकृति बनाई जा सकती है?*

1. 

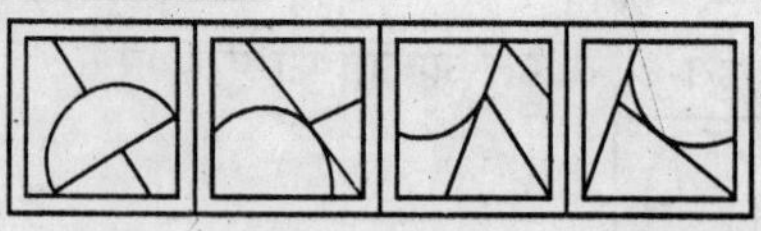

(*a*) (*b*) (*c*) (*d*)

2. 

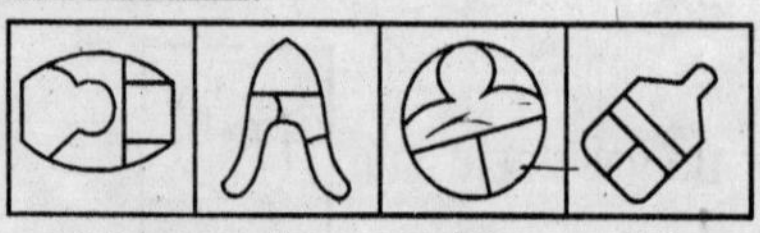

(*a*) (*b*) (*c*) (*d*)

3. 

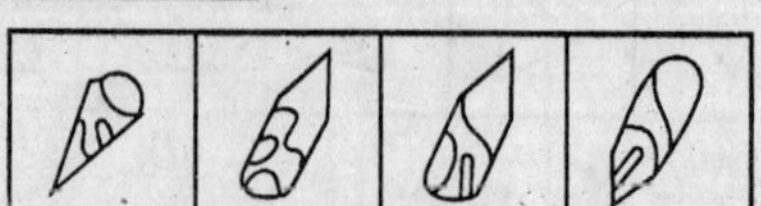

(*a*) (*b*) (*c*) (*d*)

4. 

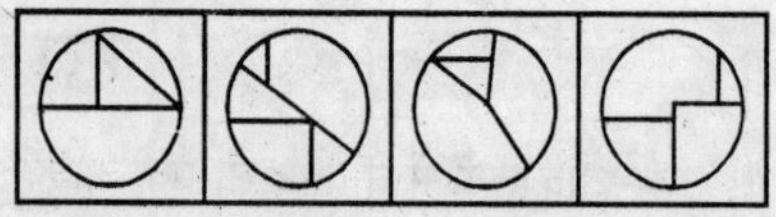

(*a*) (*b*) (*c*) (*d*)

5. 

(*a*) (*b*) (*c*) (*d*)

6. 

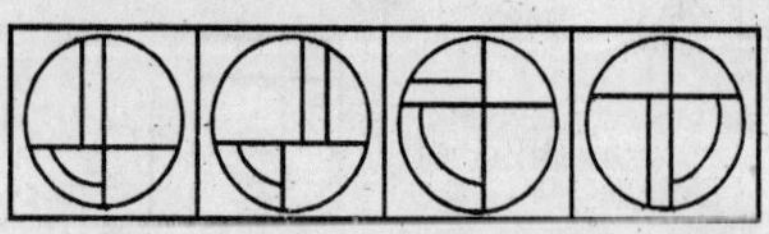

(*a*) (*b*) (*c*) (*d*)

7. 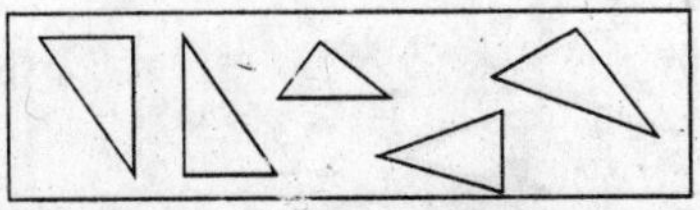

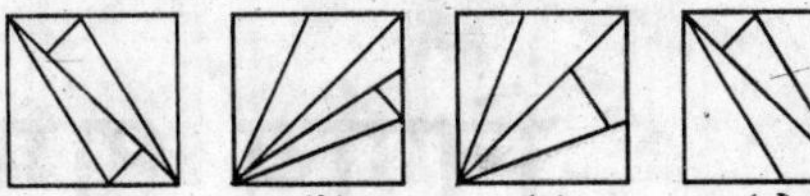

(a) (b) (c) (d)

8. 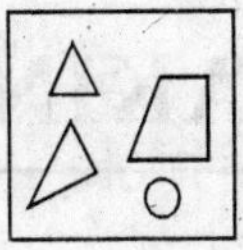

(a) (b) (c) (d)

9. 

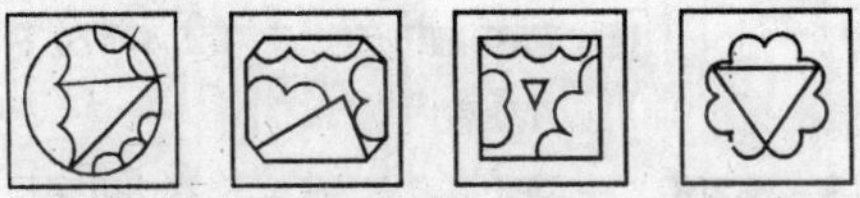

(a) (b) (c) (d)

10. 

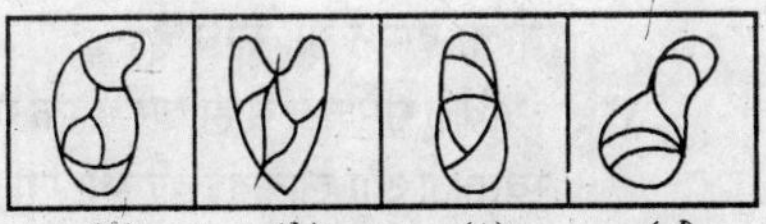

(a) (b) (c) (d)

निर्देश (प्रश्न 11 - 15) *नीचे के प्रत्येक प्रश्न में कागज के एक अनियमित टुकड़े को दो टुकडों में काटा गया है। जिनमें से एक टुकड़े को प्रश्न आकृति के रूप में दर्शाया गया है और उसके दूसरे लुप्त भाग को दी गई उत्तर आकृतियों में दर्शाया गया है। सभी उत्तर आकृतियों को ध्यान से देखें और दिए गए विकल्पों में से उस लुप्त भाग को ज्ञात करें:*

11. 

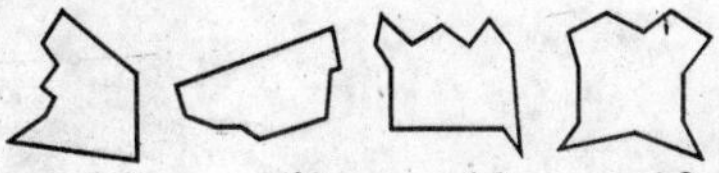

(a) (b) (c) (d)

12. 

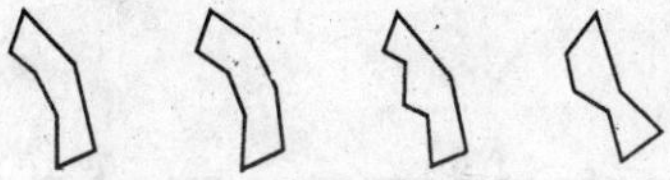

(a) (b) (c) (d)

13. 

(a) (b) (c) (d)

14. 

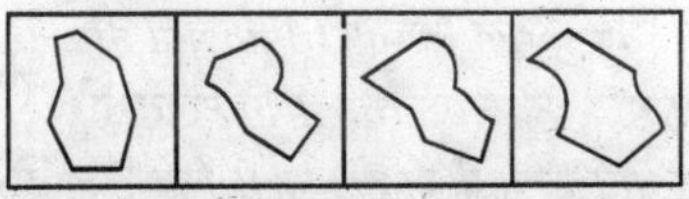

(a) (b) (c) (d)

15. 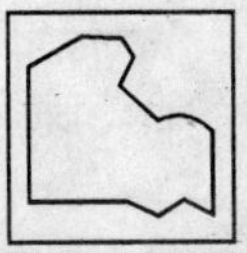

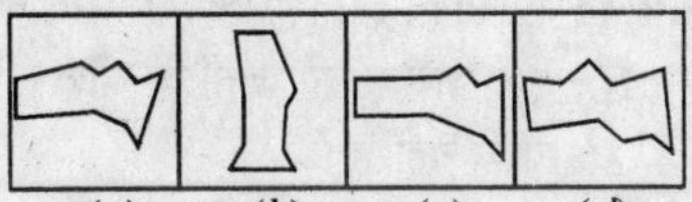

(a) (b) (c) (d)

उत्तरमाला

1	2	3	4	5	6	7	8	9	10
(b)	(d)	(c)	(a)	(b)	(a)	(d)	(c)	(d)	(d)
11	**12**	**13**	**14**	**15**					
(c)	(a)	(d)	(c)	(a)					

निर्णय क्षमता

(DECISION MAKING)

इस तार्किक प्रतिरूप में एक या दो कथन दिया जाता है जिसके साथ दो निष्कर्ष दिए जाते हैं। अभ्यर्थियों को दिए गए कथन को सत्य समझना है भले ही वे सर्वज्ञात तथ्यों से मेल न खाने वाले हों और सर्वज्ञात तथ्यों की ओर ध्यान न देते हुए केवल दिए गए कथन के आधार पर ही यह निर्णय करना है कि उन दो निष्कर्षों में से कौन सा निष्कर्ष निश्चित रूप से निकलता है या फिर क्या दोनों निष्कर्ष तर्कसंगत निकलते हैं अथवा कोई भी निष्कर्ष तर्कसंगत नहीं निकलता।

अभ्यास

निर्देश : *निम्नलिखित प्रश्नों में प्रत्येक प्रश्न में एक कथन दिया गया है जिसके बाद दो निष्कर्ष दिए गए हैं। दिए गए कथन को सत्य मानकर निर्णय करें कि दिए गए निष्कर्षों में से कौन सा निष्कर्ष दिए गए कथन से निश्चित रूप से तर्कसंगत निकलता है। अपना उत्तर*

(a) दीजिए यदि केवल निष्कर्ष I निकलता हो;

(b) दीजिए यदि केवल निष्कर्ष II निकलता हो;

(c) दीजिए यदि निष्कर्ष या तो I या II निकलता हो;

(d) दीजिए यदि न तो निष्कर्ष I और न ही II निकलता हो; और

(e) दीजिए यदि निष्कर्ष I और II दोनों निकलते हों।

1. कथन : प्रिंसिपल ने शिक्षक को छात्रों के सामने अपमानित किया।

निष्कर्ष I : प्रिंसिपल इस शिक्षक को पसंद नहीं करते।

II : इस शिक्षक को छात्रों के बीच लोकप्रियता प्राप्त नहीं है।

2. कथन : अच्छा स्वास्थ्य खाने संबंधी सही आदतों पर निर्भर करता है। अधिकतर लोग खाने के संबंध में किसी भी नियम का पालन नहीं करते।

निष्कर्ष I : अधिकतर लोगों का स्वास्थ्य निम्न कोटि का है।

II : लोग खाने संबंधी सही आदतों से परिचित नहीं हैं।

3. कथन : जब तक हमारे देश में आर्थिक समानता नहीं आती और लोगों को राजनीतिक स्वतंत्रता प्राप्त नहीं होती तब तक लोकतंत्र बेमानी है।

निष्कर्ष I : राजनीतिक स्वतंत्रता और लोकतंत्र के बीच चोली दामन का साथ है।

II : आर्थिक समानता से ही वास्तविक राजनीतिक स्वतंत्रता और लोकतंत्र की स्थापना हो सकती है।

4. कथन : आसमान में काले घने बादलों के छा जाने के बाद उन बादलों का गरजना शुरू होता है। वर्षा के बाद बादल गरजते हैं।

निष्कर्ष I : बादलों की गरजन वर्षा का कारण है।

II : काले-घने बादलों का छाना ही इनकी गरजन का कारण है।

5. कथन : 'पर उपदेश कुशल बहुतेरे।' अधिकांश चिकित्सक स्वयं अत्यधिक धूम्रपान करते हैं और दूसरों को धूम्रपान नहीं करने की सलाह देते हैं।

निष्कर्ष I : अधिकांश चिकित्सक लोगों को धूम्रपान नहीं करने की सलाह नहीं दे सकते।

II : चिकित्सक धूम्रपान को स्वास्थ्य के लिए हानिकारक नहीं मानते।

6. कथन : यदि श्रमिकों को कंपनियों के प्रबंधन में शामिल किया जाए तो वे अत्यधिक अभिप्रेरित होते हैं।

निष्कर्ष I : श्रमिकों को अधिक उत्पादन करने के लिए अभिप्रेरित किया जाना चाहिए।

II : श्रमिकों को कंपनियों के प्रबंधन में भाग लेने की अनुमति दी जानी चाहिए।

7. कथन : सर्वप्रथम यूरोप में शुरू हुए औद्योगिक आंदोलन से आधुनिक युग का सूत्रपात हुआ।

निष्कर्ष I : धनी और निर्धन के बीच असमानता क्रांति का कारण बनती है।

II : क्रांति समाज का कायापलट कर देती है।

8. कथन : अमेरिकी रक्षा मंत्री ने इस बात पर बल दिया कि वे पाकिस्तान को हथियारों की आपूर्ति जारी रखेंगे।

निष्कर्ष I : पाकिस्तान के पास हथियारों को निर्मित करने की क्षमता नहीं है।

II : इससे क्षेत्र में शांति स्थापित होगी।

9. कथन : धनवानों की तुलना में गरीब व्यक्ति अधिक विश्वास योग्य होता है। उन्हें यदि विश्वास में लिया जाए तो उपलब्धि आश्चर्यजनक हो सकती है।

निष्कर्ष I : गरीब लोग बहुत आश्चर्यजनक व्यक्तित्व के स्वामी होते हैं।

II : कुल मिलाकर धनी लोग विश्वास के योग्य नहीं होते।

10. कथन : सरकार ने अनेक उच्च स्तरीय वित्तीय संस्थाओं में निदेशक के पद पर नौकरशाहों की नियुक्ति करके इन संस्थाओं को लगभग बरबाद कर दिया है।

निष्कर्ष I : सरकार को वित्तीय संस्थानों में निदेशक के पद पर नियुक्ति संबंधित व्यक्ति की वित्त के क्षेत्र में विशेषज्ञता पर विचार करके करनी चाहिए।

II : वित्तीय संस्थानों के निदेशक को संस्थान द्वारा किए जाने वाले वित्तीय कार्य की अपेक्षाओं के अनुरूप विशेषज्ञता प्राप्त होनी चाहिए।

11. कथन I : सभी टमाटर लाल हैं।

II : सभी अंगूर टमाटर हैं।

निष्कर्ष I : सभी अंगूर लाल हैं।

II : कुछ टमाटर अंगूर हैं।

12. कथन I : सभी चित्रकार मुस्कराते हैं।

II : कुछ लेखक चित्रकार हैं।

निष्कर्ष I : सभी मुस्कराने वाले लेखक चित्रकार हैं।

II : कुछ लेखक मुस्कराते हैं।

13. कथन I : इस कार्यालय के सभी चपरासी दक्ष हैं।

II : रामू दक्ष नहीं है।

निष्कर्ष I : रामू इस कार्यालय का चपरासी नहीं है।

II : रामू को अधिक दक्ष होना चाहिए।

14. कथन I : सभी बुनकर कठोर परिश्रमी होते हैं।

II : कोई भी कठोर परिश्रमी मूर्ख व्यक्ति नहीं होता।

निष्कर्ष I : कोई भी बुनकर मूर्ख नहीं है

II : कुछ मूर्ख व्यक्ति बुनकर हैं।

15. कथन I : सभी मछलियां मोटरकार हैं।

II : सभी मोटरकार सब्जियां हैं।

निष्कर्ष I : कुछ सब्जियां मोटरकार हैं।

II : कुछ सब्जियां मछलियां हैं।

16. कथन I : कुछ कुत्ते पिल्ले हैं।

II : सभी घोड़े पिल्ले हैं।

निष्कर्ष I : कुछ कुत्ते घोड़े हैं।

II : कुछ घोड़े कुत्ते हैं।

17. कथन I : सभी सुंदर स्त्रियां माताएं हैं।

II : सभी माताएं समझदार हैं।

निष्कर्ष I : सभी सुंदर स्त्रियां समझदार हैं।

II : सभी माताएं सुंदर स्त्रियां हैं।

18. कथन I : कुछ खिलौने मेज हैं।

II : कोई भी मेज काला नहीं है।

निष्कर्ष I : कुछ खिलौने काले हैं।

II : कुछ खिलौने काले नहीं है।

19. कथन I : सभी नदियां पहाड़ हैं।

II : कुछ नदियां रेगिस्तान हैं।

निष्कर्ष I : कुछ पहाड़ रेगिस्तान हैं।

II : कुछ रेगिस्तान पहाड़ नहीं हैं।

20. कथन I : सभी पुरुष घोड़े हैं।

II : सभी घोड़े हाथी हैं।

निष्कर्ष I : सभी पुरुष हाथी हैं।

II : सभी हाथी पुरुष हैं।

उत्तरमाला

1	2	3	4	5	6	7	8	9	10
(a)	*(a)*	*(b)*	*(b)*	*(e)*	*(e)*	*(b)*	*(d)*	*(b)*	*(e)*

11. *(e)* : जबकि सभी टमाटर लाल हैं और सभी अंगूर टमाटर हैं तो सभी अंगूर लाल भी हैं। जबकि सभी अंगूर टमाटर हैं तो कुछ टमाटर निश्चित ही अंगूर हैं। अतः निष्कर्ष I और II दोनों सही हैं।

12. *(b)* : जबकि सभी चित्रकार मुस्कराते हैं और कुछ लेखक चित्रकार हैं, तो कुछ लेखक निश्चित ही मुस्कराते हैं, अतः केवल निष्कर्ष II सही है।

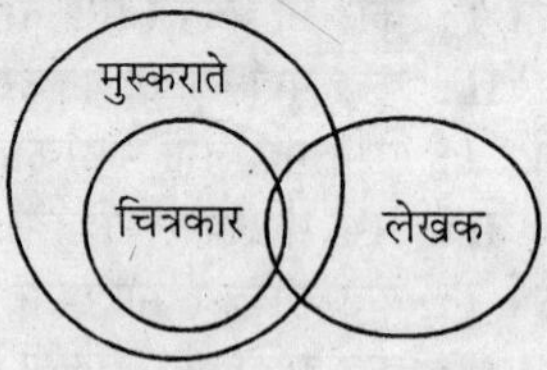

13. *(a)* : जबकि कार्यालय के सभी चपरासी दक्ष हैं, तो रामू इस कार्यालय का चपरासी नहीं हो सकता। अतः केवल निष्कर्ष I सही है।

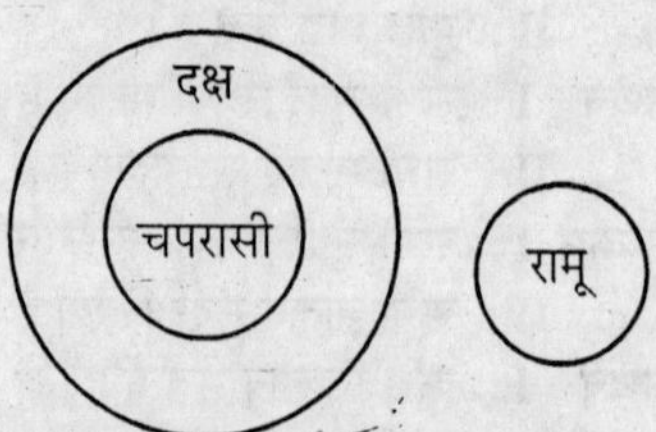

14. *(a)* : जबकि सभी बुनकर कठोर परिश्रमी हैं और कोई भी कठोर परिश्रमी व्यक्ति मूर्ख नहीं होता, तो कोई बुनकर मूर्ख नहीं है। अतः केवल निष्कर्ष I सही है।

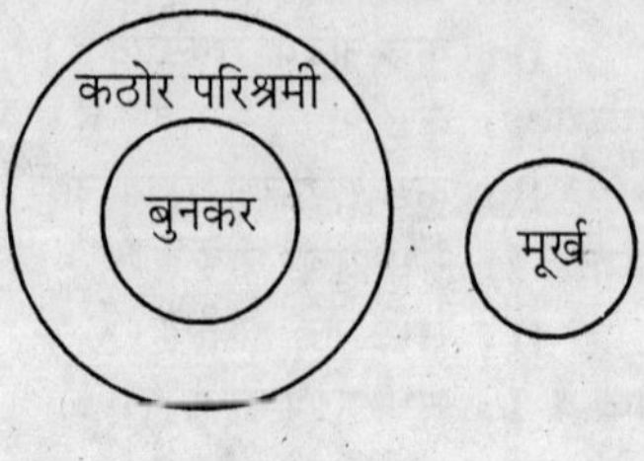

15. *(e)* :

16. *(d)* : दोनों कथनों में कोई संबंध स्थापित नहीं किया जा सकता। अतः न तो निष्कर्ष I और न ही निष्कर्ष II सही है।

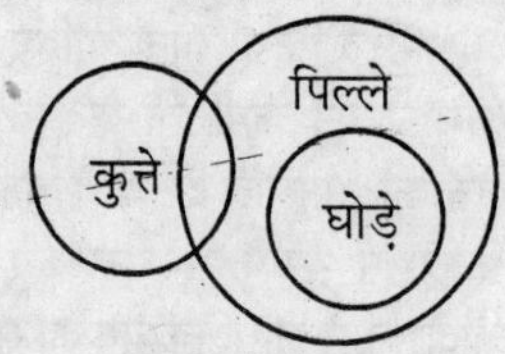

17. *(a)* :

18. *(c)* : जबकि कुछ खिलौने मेज हैं और कोई भी मेज काला नहीं है तो इससे यह सूचित होता है कि कुछ खिलौने काले हो सकते हैं क्योंकि सभी खिलौने मेज नहीं हैं। दूसरी ओर कुछ खिलौने काले नहीं भी हो सकते। अतः इस बात की संभावना है कि कुछ खिलौने काले हो भी सकते हैं और काले नहीं भी हो सकते। अतः निष्कर्ष I या निष्कर्ष II कोई भी सही हो सकता है।

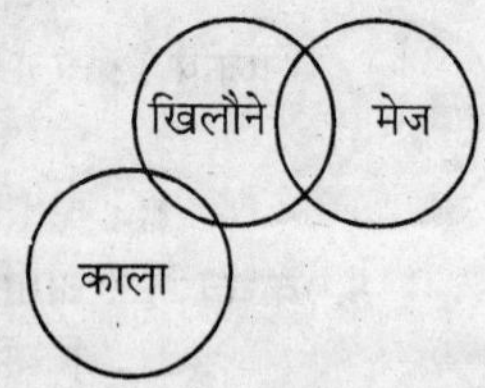

19. *(e)* : जबकि सभी नदियां पहाड़ हैं और कुछ नदियां रेगिस्तान हैं, तो कुछ रेगिस्तान पहाड़ नहीं हो सकते और साथ ही कुछ पहाड़ रेगिस्तान नहीं हो सकते। अतः निष्कर्ष I और II दोनों सही हैं।

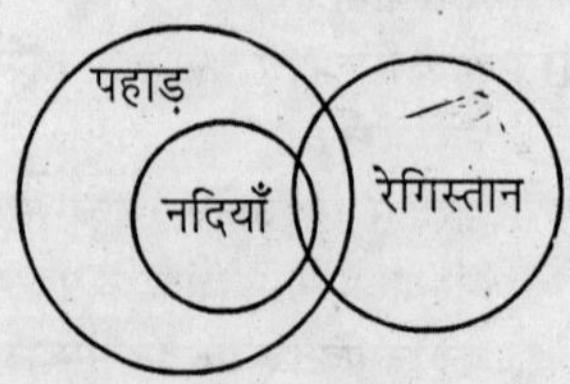

20. *(a)* : जबकि सभी पुरुष घोड़े हैं और सभी घोड़े हाथी हैं तो निश्चित ही सभी पुरुष हाथी हैं, किंतु सभी हाथी पुरुष ही होंगे, यह आवश्यक नहीं है। अतः केवल निष्कर्ष I सही है।

कथन पर्याप्तता
(DATA SUFFICIENCY)

इस प्रकार के प्रश्नों को हल करने के लिए एक सुव्यवस्थित दृष्टिकोण अपनाने की आवश्यकता है। इस प्रकार के परीक्षण में अभ्यर्थियों के लिए आवश्यक है कि वे दिए गए आंकड़ों या सूचनाओं का विश्लेषण करें और तत्पश्चात् यह निर्णय करें कि क्या दी गई सूचनाओं/आंकड़ों का प्रयोग करके प्रश्न का उत्तर ज्ञात किया जा सकता है।

अभ्यास

निर्देश : *नीचे के प्रत्येक प्रश्न में पहले एक प्रश्न दिया गया है और उसके नीचे कुछ सूचना प्रदान करने वाले I और II क्रमांकित दो कथन दिए गए हैं। आपको यह निर्णय करना है कि क्या कथन में दी गई सूचनाएं प्रश्न का उत्तर देने के लिए पर्याप्त हैं अथवा नहीं। दिए गए दोनों कथनों को सावधानीपूर्वक पढ़ें और अपना उत्तर निम्नवत् दें :*

उत्तर (*a*) दें यदि केवल कथन I में दी गई सूचना ही प्रश्न का उत्तर देने के लिए पर्याप्त हो जबकि केवल कथन II में दी गई सूचना प्रश्न का उत्तर देने के लिए पर्याप्त न हो।

उत्तर (*b*) दें, यदि केवल कथन II में दी गई सूचना ही प्रश्न का उत्तर देने के लिए पर्याप्त हो जबकि केवल कथन I में दी गई सूचना प्रश्न का उत्तर देने के लिए पर्याप्त न हो।

उत्तर (*c*) दें, यदि केवल कथन I या फिर केवल कथन II में दी गई सूचना प्रश्न का उत्तर देने के लिए पर्याप्त हो।

उत्तर (*d*) दें, यदि प्रश्न का उत्तर देने के लिए दोनों ही कथनों I और II में दी गई सूचनाएं पर्याप्त न हों, और

उत्तर (*e*) दें यदि दोनों कथनों I और II में दी गई सूचनाएं कथन का उत्तर देने के लिए अनिवार्य हों।

1. कमल के पिता कौन हैं ?
- I. कमल और नवीन आपस में भाई हैं।
- II. नवीन की मां अशोक के भाई की पत्नी है।

2. सुरेश के कितने पुत्र हैं ?
- I. कमल और सुहांस माला के बच्चे हैं।
- II. माला का विवाह सुरेश से हुआ है।

3. किसी विशेष कूटभाषा में '1 3' का अर्थ है 'धूम्रपान छोड़े' और '5 9' का अर्थ 'खतरनाक आदत' है। इस कूटभाषा में '9' और '5' का क्या अर्थ है ?
- I. '1 5 7' का अर्थ है 'गंदी आदत छोड़ें'
- II. '8 3 9' का अर्थ है 'धूम्रपान खतरनाक है'

4. इस वर्ष नारायण का जन्मदिन नवंबर में किस तारीख को है ?
- I. उसका जन्मदिन 8 तारीख के बाद किंतु 11 तारीख से पहले है।
- II. उसका जन्मदिनं मंगलवार को है।

5. राकेश का मासिक वेतन 14,000 रु. है। अनिल का मासिक वेतन कितना है ?
- I. अनिल का मासिक वेतन उसके स्वयं के और राकेश के औसत मासिक वेतन से 500 रु. अधिक है।
- II. राकेश और अनिल का औसत मासिक वेतन 14,500 रु. है।

6. अतुल सप्ताह के किस दिन मुंबई पहुंचा ?
- I. अतुल का भाई अतुल से एक दिन पहले मुंबई पहुंचा।
- II. अतुल की मां अतुल के भाई के मुंबई पहुंचने के दो दिन बाद वृहस्पतिवार को मुंबई पहुंची।

7. किसी कमरे में रह रहे बच्चों में से कितने लड़के हैं ?

I. 50% बच्चे सफेद ड्रेस में हैं।

II. केवल लड़के ही सफेद ड्रेस में हैं।

8. चार मित्रों A, B, C और D, में से किसका वजन सबसे अधिक है ?

I. B का वजन A से अधिक है किंतु D से कम है।

II. C का वजन B से कम है।

9. मोहन ने कल कार्यालय में कितने कप चाय पी थी ? (यह मानें कि उसने जितने कप चाय पी थी उसके लिए स्वयं भुगतान भी किया था।)

I. उसने उस दिन अपने चाय-नाश्ते पर 15 रु. खर्च किया।

II. उसके कार्यालय में चाय 1 रु. प्रति कप है।

10. शीला, नुपुर, मोहिनी और चंदा में कौन सबसे अधिक लंबी है ?

I. शीला, मोहिनी से अधिक लंबी है।

II. चंदा, नुपुर से अधिक लंबी है।

व्याख्यात्मक उत्तर

1. (*e*) : कथन के अनुसार कमल और नवीन की मां अशोक के भाई की पत्नी है। इसका अर्थ है कि अशोक का भाई कमल का पिता है। अत: प्रश्न का उत्तर देने के लिए दोनों कथन अनिवार्य हैं।

2. (*d*) : दोनों कथनों से यह स्पष्ट है कि सुरेश के कमल और सुहास दो बच्चे हैं। किंतु इनमें से किसी भी बच्चे का लिंग ज्ञात नहीं है। अत: दोनों कथन एक साथ भी प्रश्न का उत्तर देने के लिए पर्याप्त नहीं हैं।

3. (*c*) : कथन I के अनुसार '157' का अर्थ 'गंदी आदत छोड़ें' है। कूट '59' का अर्थ 'खतरनाक आदत' है। यहां कूट '5' और 'आदत' उभयनिष्ठ हैं, अत: 'खतरनाक' शब्द के लिए कूट '9' का प्रयोग किया गया है। कथन II के अनुसार '839' का अर्थ है 'धूम्रपान खतरनाक है'। कूट '59' का अर्थ 'खतरनाक आदत' है। यहां कूट '9' और खतरनाक उभयनिष्ठ हैं, अत: 'आदत' के लिए कूट '5' का प्रयोग किया गया है। अत: दोनों में से कोई भी एक कथन प्रश्न का उत्तर देने के लिए पर्याप्त है।

4. (*d*) : कथन से यह स्पष्ट नहीं है कि मंगलवार को कौन सी तारीख पड़ती है। अत: कथन I और II दोनों में दी गई सम्मिलित सूचना भी प्रश्न का उत्तर देने के लिए पर्याप्त नहीं है।

5. (*c*) : कथन I के अनुसार अनिल का मासिक वेतन उसके और राकेश के औसत मासिक वेतन से 500 रु. अधिक अर्थात 4000 + 500 = 4500. कथन II के अनुसार राकेश और अनिल का औसत मासिक वेतन 14,500 रु. है और कथन I के अनुसार अनिल का मासिक वेतन उसके स्वयं के और राकेश के औसत मासिक वेतन अर्थात 14,500 रु. से 500 अधिक (14,500 + 500) = 15,000 रु. हैं। अत: प्रश्न का उत्तर ज्ञात करने के लिए कथन I और II दोनों आवश्यक हैं।

6. (*e*) : अतुल की मां मुंबई बृहस्पतिवार को पहुंची और अतुल का भाई अपनी मां से दो दिन पहले अर्थात् मंगलवार को मुंबई पहुंचा। अतुल का भाई अतुल से एक दिन पहले मुंबई पहुंचा, अत: अतुल बुधवार को मुंबई पहुंचा। अत: उत्तर प्राप्त करने के लिए दोनों कथन आवश्यक हैं।

7. (*d*) : 50% बच्चे सफेद ड्रेस में हैं किंतु कमरे में लड़कों की संख्या ज्ञात नहीं की जा सकती। अत: दोनों कथन मिलकर भी प्रश्न का उत्तर नहीं दे सकते।

8. (*e*) : दोनों कथनों के अनुसार मित्रों का अवरोही क्रम D>B>A/C है। यहां D का वजन सबसे अधिक है। अत: प्रश्न का उत्तर देने के लिए दोनों कथन आवश्यक हैं।

9. (*d*) : चाय और नाश्ते दोनों पर 15 रु. खर्च किए गए। अत: दोनों कथनों का उपयोग करके भी प्रश्न का उत्तर ज्ञात नहीं किया जा सकता।

10. (*d*) : दोनों कथन आपस में संबंधित नहीं हैं, अत: दोनों कथनों से भी प्रश्न का उत्तर प्राप्त नहीं किया जा सकता।